L'ABBÉ R.-L. ALIS

HISTOIRE
DE LA
VILLE D'AIGUILLON
ET DE SES ENVIRONS
DEPUIS L'ÉPOQUE GALLO-ROMAINE JUSQU'A NOS JOURS

AGEN
FERRAN FRÈRES
LIBRAIRES-ÉDITEURS

Ste-RADEGONDE
AU PRESBYTÈRE
PAR AIGUILLON

1895

LK 7
29494

DU MÊME AUTEUR

Notice sur le Chateau, les anciens Seigneurs et la paroisse de Mauvezin, près Marmande, accompagnée de nombreux dessins, grand in-8º de X-679 pages, 1887. — Tournay, Desclée, Lefebvre et Cie.

Panégyrique de Saint-Vincent de Paul, *prononcé dans l'église de Saint-Pierre de Tonneins*, in-8º de 23 pages. — Tonneins, Georges Ferrier.

Panégyrique de Sainte-Jeanne de Valois, *prononcé le 4 février 1887 dans la chapelle du couvent des Religieuses de l'Annonciade à Villeneuve-sur-Lot*. — Marmande, Duberort, sœurs.

Histoire de la ville et de la baronnie de Sainte-Bazeille, depuis l'époque gallo-romaine jusqu'a nos jours, grand in-8º de IX-607 pages, 1892. — Agen, Ve Lenthéric.

SOUS PRESSE :

Histoire du Chateau et des Seigneurs de Caumont-sur-Garonne, grand in-8º d'environ 500 pages.

EN PRÉPARATION :

Histoire de la ville de Clairac, grand in-8º.

HISTOIRE

DE LA

VILLE D'AIGUILLON

ET DE SES ENVIRONS

DEPUIS L'ÉPOQUE GALLO-ROMAINE JUSQU'A NOS JOURS

PAR

L'ABBÉ R.-L. ALIS

MEMBRE DE LA SOCIÉTÉ DE L'HISTOIRE DE FRANCE
MEMBRE DU CONSEIL HÉRALDIQUE DE FRANCE
MEMBRE DE LA SOCIÉTÉ DES SCIENCES, LETTRES ET ARTS D'AGEN
LAURÉAT DE L'ACADÉMIE DE BORDEAUX

AGEN	Ste-RADEGONDE
FERRAN FRÈRES	AU PRESBYTÈRE
LIBRAIRES-ÉDITEURS	PAR AIGUILLON

1895

Il s'agit probablement de Neyrac, ancien nom de Bréquey.

Note de la page 65 (au Nord, et près, de Cadillac, non loin de Bordeaux
ex château d'Épernon)

DÉDICACE

A MONSIEUR PHILIPPE TAMIZEY DE LARROQUE
CORRESPONDANT DE L'INSTITUT

Cher Maitre,

Que d'autres, en vous dédiant leurs ouvrages, aient voulu célébrer le mérite de l'aimable écrivain et du célèbre érudit, je trouve, pour ma part, un charme de plus à offrir mon hommage à l'ami généreux dont le dévouement ne m'a jamais manqué. Daignez donc agréer la dédicace de ce livre comme un témoignage de ma vive gratitude et de mon affectueuse vénération.

R.-L. Alis,
Curé de Sainte-Radegonde.

INTRODUCTION

LETTRE DE M. PHILIPPE TAMIZEY DE LARROQUE
A L'AUTEUR

Larroque, pavillon Peiresc, par Gontaud, 22 novembre 1893.

Cher Monsieur le Curé et Ami,

Vous daignez me dédier votre nouveau livre. C'est un grand honneur que vous me faites. J'en suis aussi fier que reconnaissant. Je l'avoue, je mérite quelque peu ce flatteur hommage par ma vive affection pour vous et par ma profonde estime pour vos travaux. Je suis d'autant plus charmé de voir mon nom inscrit au front de votre monument, que ce monument est plus remarquable. Vous n'avez jamais, à divers points de vue, aussi bien réussi, soit que le sujet vous ait plus heureusement inspiré, soit que votre talent se soit encore perfectionné, comme ces excellents fruits qui deviennent meilleurs à mesure qu'ils mûrissent davantage.

On avait fort admiré, dans vos monographies de Mauvezin et de Sainte-Bazeille, la partie archéologique : cette partie a été traitée d'une façon supérieure dans votre nouvelle monographie. Mais aussi avec quel zèle vous vous étiez préparé à écrire l'histoire des antiquités d'Aiguillon et de la région environnante ! Vous ne vous êtes pas contenté de consulter patiemment les documents imprimés et inédits, et notamment, parmi ces derniers, l'important mémoire de feu M. le Colonel Duburgua : vous avez voulu étudier de près les ruines et le terrain ; vous avez dirigé et surveillé des fouilles nombreuses qui vous ont révélé de curieux secrets ; vous avez fait de grands sacrifices de temps, de peine, d'argent, pour nous faire connaître ce qui se cachait à tous les yeux : vous avez été un vaillant *piocheur* dans tous les sens du mot. Faut-il s'étonner du succès qui a couronné tant de généreux efforts ?

Si les antiquaires doivent apprécier beaucoup vos premières pages, les amis de l'histoire du Moyen-Age n'apprécieront pas moins votre ample et beau récit du mémorable siège d'Aiguillon. Jamais ce grand événement n'a été décrit d'une manière aussi exacte, aussi complète, aussi vivante. Profitant habilement des travaux de divers célèbres érudits du dernier siècle et de notre temps, améliorant tous ces travaux, vous avez mis autant de netteté dans votre narration que dans votre discussion. On ne pourra désormais lire les pittoresques, mais fantaisistes chapitres de Froissart sans recourir au lumineux commentaire de son *redresseur*. Aucun de vos sérieux lecteurs ne vous reprochera d'avoir consacré tant de pages de votre volume à un des plus considérables épisodes de l'histoire de l'Agenais et même de l'histoire générale, car, de même qu'il faut beaucoup d'hommes pour vaincre, le Dieu des armées favorisant, selon un mot fameux, les *gros bataillons*, il faut beaucoup de pages pour arriver à tout dire et définitivement sur un sujet à propos duquel on a tant discouru et tant combattu.

Que de choses encore qui, dans votre livre, attireront l'attention du lecteur, depuis l'époque gallo-romaine jusqu'à l'époque contemporaine ! Les voies de communication qui, par terre et par eau, sillonnaient ce pays d'Aiguillon qui est le délicieux jardin de la France ; les monuments anciens et modernes qui décoraient ou protégeaient la ville (églises, monastères, remparts, châteaux, etc.) ; l'histoire, jadis si confuse et si compliquée, maintenant, grâce à vous, si claire et si précise des seigneurs d'Aiguillon dont les possessions enchevêtrées ressemblaient en quelque sorte à ces pelotons de laine avec lesquels ont joué de jeunes chats : les détails parfois si piquants d'histoire locale (ecclésiastique ou civile) extraits des registres paroissiaux ou des actes de jurade; les documents inédits tirés des collections publiques de Paris (Bibliothèque Nationale) et d'Agen (Archives départementales) ou de diverses collections particulières, les uns qui, comme vos chartes du moyen-âge, représentent dans votre livre les larges et solides briques des murailles d'Aiguillon, les autres qui, comme les lettres inédites d'Antoine de Bourbon, de Jeanne d'Albret, de notre bien-aimé Henri IV, figurent les pierres de petit appareil qui sont d'un si bel effet en ces mêmes murailles. J'ajoute que vous faites passer devant nous une foule de personnages intéressants, à commencer par les capitaines de la guerre de Cent-Ans et à finir par le plus grand capitaine des temps modernes, foule où l'on distingue les châtelains d'Aiguillon qui appartinrent aux familles historiques du Fossat (de Madaillan), de Montpezat, de Foix, de Savoie, de Mayenne, de Richelieu, de Malvin de Montazet, et aussi une femme qui, par sa charité et par sa piété, fut presque une sainte, la fameuse nièce du cardinal de Richelieu, Marie de Wignerod, dont les neveux et petits-neveux furent beaucoup moins saints que cette vénérable bienfaitrice des maisons religieuses et hospitalières d'Aiguillon.

Si je n'ai pas tout dit sur les innombrables qualités de l'*Histoire d'Aiguillon*, j'en ai dit assez pour que l'on voie bien que peu de monographies méritent autant que la vôtre les suffrages du Conseil général de notre département, des Sociétés savantes de notre région et de ce public d'élite qui vaut mieux que le grand public, de même que quelques centaines de pièces d'or valent mieux que plusieurs milliers de gros sous.

Avec tous mes remerciements pour votre aimable dédicace, avec tous mes vœux pour vos nouveaux et redoublés succès, je vous prie d'agréer, cher Monsieur le Curé, les respectueux et affectueux hommages de votre dévoué serviteur et ami,

Ph. TAMIZEY DE LARROQUE.

A MES COLLABORATEURS

C'est d'abord à M. Duburgua que s'adressent mes meilleurs remerciments pour m'avoir communiqué le Mémoire manuscrit, laissé par son oncle, le regretté colonel Duburgua, et contenant une savante et consciencieuse étude archéologique sur Aiguillon et ses environs, qui porte la date de l'année 1886. Je suis heureux de mentionner ensuite la collaboration de M. Lafargue, conseiller de préfecture à Albi, qui, après avoir rassemblé nombre de matériaux en vue de l'histoire de sa ville natale, me les a gracieusement offerts et a remis ainsi entre mes mains sa démission d'historien d'Aiguillon. Parmi ces matériaux, je signalerai les plus importants : quinze documents inédits, extraits de la collection Bréquigny et transcrits à la Bibliothèque Nationale par l'infatigable et si obligeant travailleur, M. Tamizey de Larroque.

Quatre plans, dressés par le colonel Duburgua, accompagnent la partie descriptive de l'ouvrage. Ils ont été réduits, selon notre format, par mon compatriote et ancien ami de Collège, M. Gaston Lavergne (1). Nous devons encore à cet excellent dessinateur la

---

(1) M. Gaston Lavergne, pharmacien à Aiguillon, est surtout connu par de remarquables travaux sur les maladies de la vigne et du tabac qui lui ont mérité de nombreuses récompenses tant en France qu'à l'étranger. Son étude manuscrite intitulée : Statistique agricole et industrielle du canton de Port-Sainte-Marie vient d'être honorée des remerciments et des félicitations de la Société Nationale d'Agriculture de France, dont l'auteur était déjà lauréat. Il vient d'être choisi comme délégué du ministère de l'Agriculture pour l'étude des maladies cryptogamiques de la vigne.

Nous avons du même auteur : 1° Notice sur l'extension de la culture du Tabac en France et son rattachement au Ministère de l'Agriculture. Agen, 1888 ; — 2° Contribution à l'Histoire des Orobanches. Bordeaux-Montpellier, 1893. (Ouvrage honoré des souscriptions des Ministères de l'Agriculture et des Finances, du Conseil général de Lot-et-Garonne, etc., et couronné par la Société nationale d'Agriculture de France, la Société des Agriculteurs de France, etc.) — 3° Deux observations de parasitisme de l'orobanche rameuse sur la vigne. Agen, 1893. — 4° Le Black-rot et son traitement pratique (en collaboration avec M. Marre, professeur départemental d'agriculture de l'Aveyron), Paris-Montpellier-Bordeaux, 1894.

couverture du livre où est si heureusement reproduit le sceau de la commune de Lunac autour duquel rayonnent les armoiries des huit grandes familles qui ont occupé la baronnie et le duché d'Aiguillon. Enfin, les deux vues photographiques, dont l'une représente l'ancienne église de Saint-Félix et une partie du château du Fossat au moment de sa démolition en 1834 et l'autre l'état actuel des murailles romaines du château de Lunac, qui figure au frontispice de ce volume, ont été exécutées par M. l'abbé Etienne, curé de Bazens. La première a été prise d'après nature et la seconde sur une aquarelle dont les couleurs ont beaucoup pâli.

J'avoue qu'un si touchant dévoûment de la part de ces Messieurs rend difficile l'expression de ma reconnaissance, que je les prie néanmoins de vouloir bien agréer.

HISTOIRE
DE
LA VILLE D'AIGUILLON
ET DE SES ENVIRONS

CHAPITRE I

DESCRIPTION ARCHÉOLOGIQUE

Les deux rivières du Lot et de la Garonne décrivent à leur confluent un angle aigu dont le terrain plat se relève brusquement à peu de distance et forme, dans la direction de l'Est, une sorte de promontoire d'une assez grande étendue. C'est sur cette éminence, dont les pentes naturelles se relient, d'un côté, à la plaine submersible et, de l'autre, aux dernières ondulations des coteaux de cette partie de l'Agenais, que s'élève la ville d'Aiguillon.

Ainsi défendu par deux rivières et protégé contre les débordements par sa configuration, ce plateau qu'entoure un sol très fertile, dut, en même temps qu'attirer les regards, fixer l'attention des peuplades primitives qui vinrent dans ces contrées. Des silex taillés qu'on y rencontre assez fréquemment prouvent, en effet, que ces lieux furent habités à une époque et dans des conditions que, d'ailleurs, malgré tous les faits observés jusqu'à ce jour, la science des temps dits préhistoriques n'est point encore parvenu à nettement préciser (1).

Le *Dictionnaire archéologique de la Gaule* (époque celtique) rappelle la découverte de quelques deniers des Volcæ Tectosages trouvés près de la ville et la mise au jour dans le bas, à l'Est, d'une urne

---

(1) Voir *Souvenirs archéologiques de la ville d'Aiguillon et de ses environs*, par le marquis de Castelnau-d'Essenault (*Bulletin monumental*, dirigé par M. de Cougny, 5ᵉ série, t. 1, 39 de la Collection, 1873).

en terre à grains quartzeux renfermant des silex brûlés, des ossements calcinés et quelques monnaies.

En faisant une description minutieuse des environs, nous aurons l'occasion de mentionner tous les objets d'antiquité gauloise, gallo-romaine et du moyen-âge qu'on y découvre à chaque pas.

La ville a pris son nom de sa situation sur cette pointe de terre formée par la jonction du Lot et de la Garonne. *Aculeus, Aculeo, Acilio, Esquillonum, Aguyllon, Aiguillon,* tels sont les noms que l'on retrouve inscrits dans nos vieilles chartes. La dernière de ces dénominations n'est que la traduction française de la première qui signifie aiguillon, pointe, saillie de terre produite par la réunion de deux cours d'eaux. Le confluent du Lot et de la Garonne, au nord de l'ancienne île de Rébéquet, s'appelle encore la Pointe (1).

Les Romains, peuple essentiellement militaire et colonisateur, ne pouvaient négliger de remarquer et d'occuper une situation d'une telle importance stratégique. Aussi, la conquête de la Gaule terminée, reconnurent-ils bientôt les nombreux avantages que devait leur offrir, sur ce plateau naturellement fortifié, la création d'un vaste établissement, aux bords mêmes du grand fleuve qui séparait les Celtes des Aquitains. Ils assuraient ainsi leur domination sur les tribus remuantes et guerrières de ces deux peuples, facilitaient la surveillance des rives de la Baïse et du Lot, et par des routes nombreuses, rendaient plus sûres et plus promptes leurs communications avec Toulouse et Bordeaux.

Ces faits observés, les Romains se mirent à l'œuvre avec cette activité, cette précision, cette fécondité de ressources et cette supériorité

---

(1) « Cette pointe dont le nom, Genny-Coutet, semble d'origine anglaise, paroit d'une forme assez semblable à la langue de certains reptiles, à laquelle les naturalistes ont donné le nom de dard ou d'aiguillon. On peut croire encore qu'elle a donné aux seigneurs d'Aiguillon l'idée de leur devise : « *Durum est contra stimulum recalcitrare* », que nous avons vue gravée en gros caractères, dans un tableau placé en attique au-dessus de la porte d'un appartement de l'ancien château.» (*Recherches sur le pays du poëte Théophile de Viaud, suivies d'un précis historique des villes de Clérac, du Port-Sainte-Marie et d'Aiguillon en Agenois.* A Troyes, de l'Imprimerie, de la veuve Gobelet et fils, Imprimeur du Roi, 1788.)

Dans un document des *Rolles Gascons* (Extrait du catalogue publié à Londres en 1743, par Thomas Carte), nous lisons, sous la date du 18 février 1355 : « De auxilio concesso habitatoribus villæ Dert-Aculeo, pro reparatione clausuræ ibidem ». (I. 133.)

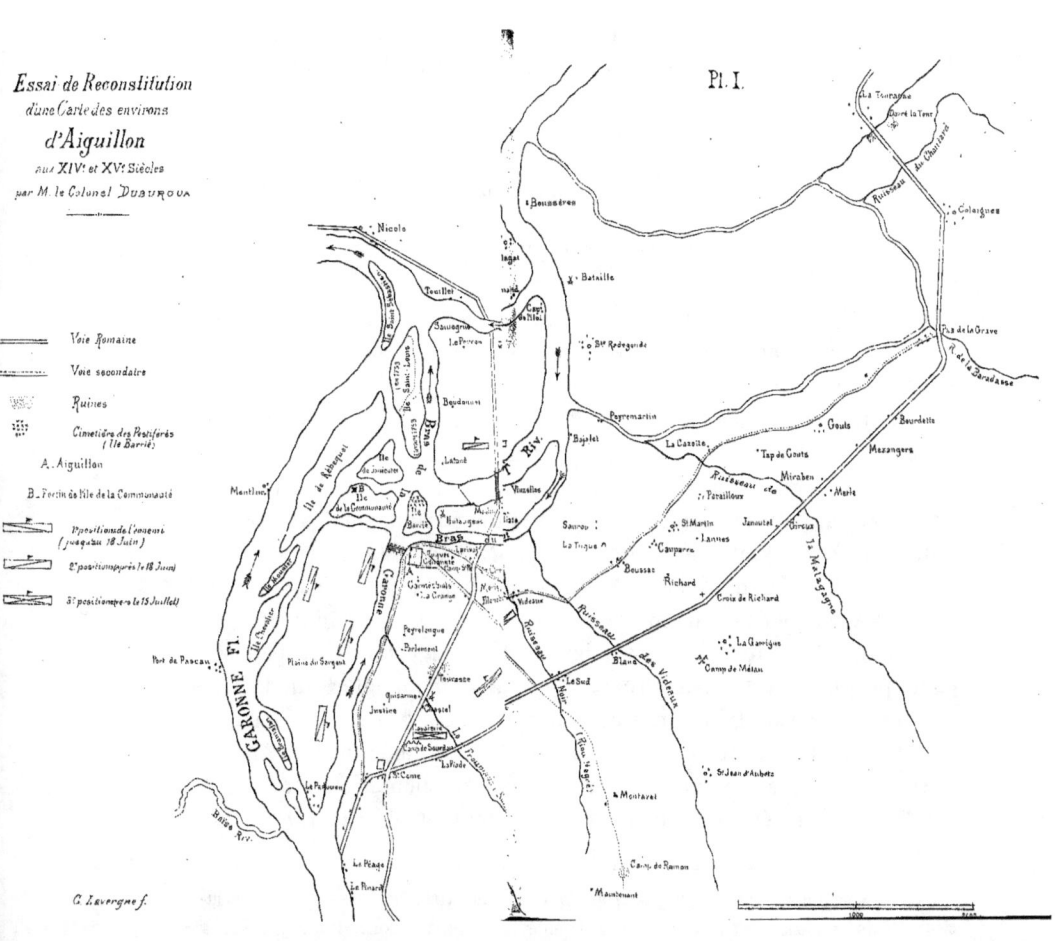

d'exécution qu'ils savaient apporter jusques dans leurs moindres travaux. D'importantes constructions ne tardèrent pas à remplacer les misérables habitations de la bourgade gauloise. Des murs se dressèrent en remparts contre les flancs du promontoire vis-à-vis la Garonne. Un *castrum*, de nombreuses routes, des tours à signaux complétèrent l'importance de la nouvelle station, à laquelle ses fondateurs donnèrent le nom de *Fines aculei* et de riches *villæ*, décorées de marbres, de peintures et de mosaïques, vinrent plus tard animer les campagnes environnantes.

ARTICLE PREMIER

COURS D'EAUX (1)

« Avant de parler de la ville, il est nécessaire de jeter un coup d'œil sur les cours d'eaux, sur les voies qui passaient aux environs et sur les débris d'antiquités qu'on y a trouvés.

» La tradition, Froissart et d'autres historiens sont d'accord pour faire baigner les murs d'Aiguillon par le Lot et la Garonne ou plutôt par deux embranchements de ces rivières (voir planche 1) dont le lit principal, le thalweg en un mot, n'a pas dû sensiblement varier. On voit, en effet, à toutes les époques, le Port-Sainte-Marie, Thouars, le Port-de-Pascau (Centudville), Monluc, Monheurt, Tonneins, le Mas-d'Agenais occuper leur même emplacement par rapport au fleuve.

» Pour le Lot, des travaux artificiels ont changé tant soit peu son cours près de son embouchure et l'ont forcé d'empiéter sur sa rive gauche. Ce travail d'érosion a commencé à l'époque de la construction des moulins et de la digue en 1569. Il a continué plus tard encore quand on a édifié le pont en pierre et celui du chemin de fer (2).

» Pendant la période historique, sans remonter plus haut, ces deux

---

(1) Nous mettons entre guillemets ce que nous avons extrait du savant et consciencieux *Mémoire manuscrit* qu'a laissé à sa famille le regretté colonel Duburgua sur la ville d'Aiguillon et ses environs. L'étude minutieuse que nous avons faite nous-mêmes de la contrée nous a permis de constater l'exactitude de ce beau travail archéologique, ainsi que de la carte topographique qui l'accompagne (planche 1) et dont nous devons la reproduction fidèle à M. Gaston Lavergne, pharmacien à Aiguillon.

(2) Le pont de pierre bâti sous Napoléon Ier et Louis XVIII, d'après les plans de M. Bourrousse de Laffore, architecte-ingénieur, et livré en 1825, est remarquable. Le pont métallique du chemin de fer fut construit en 1855.

rivières couvraient de leurs nombreuses îles toute la plaine qu'elles baignaient. Peu à peu, les sources et les affluents ont diminué d'importance ; les barrages, les atterrissements formés par les crues, la main de l'homme, l'élargissement du lit principal ont forcé les eaux à se retirer progressivement. L'île de Rébéquet figure encore sur la carte des environs d'Aiguillon en 1753. L'ancien domaine de ce delta peut être limité à l'étendue des débordements actuels quand, tous les obstacles qu'on leur oppose ayant été rompus, la nappe d'eau couvre la plaine. La Garonne surtout, dont le cours est très rapide, profite des occasions pour reprendre possession de son ancien domaine et ses efforts se portent de préférence sur les points où étaient situés ses embranchements principaux, entre le Péage et le Padouen, l'ancien passage de Monluc. Le Lot en fait autant à Pélagat (1).

» Il est difficile avec le peu de documents que l'on possède de reconstituer exactement la configuration des embranchements de ces deux rivières. Néanmoins avec les quelques données et souvenirs qui subsistent, on peut en essayer une restitution à peu près exacte.

» La boucle formée par la rive droite et les villages de Nicole et de Pélagat était fermée par un embranchement qui passait au pied même du Pech de Bère. Le nom de Cande ou Candie que la tradition, d'accord avec certains documents historiques, donne à ce sommet et aussi à Nicole prouve que le promontoire de cette station préhistorique

---

(1) Pélagat, aujourd'hui annexe de la paroisse de Nicole et section de la commune d'Aiguillon, est un village bâti au pied du Pech de Bère, sur le bord du Lot. Ce lieu possédait un établissement gallo-romain, car on trouve autour de l'ancienne petite église romane, dans le cimetière actuel, de nombreuses amorces de murs gallo-romains dont le parement se compose de moellons smillés en petit appareil liés par un ciment très dur. Ces murs ont en général 0 m 60 à 0 m 70 d'épaisseur. Le fossoyeur retire tous les jours des tombes qu'il creuse quantité de ces petites pierres carrées et d'épaisses tuiles à rebord.

Une note que M. G. Tholin, notre savant archiviste départemental, a eu l'obligeance de me communiquer, rappelle que des ouvriers, travaillant en décembre 1859 à la digue de Pélagat, découvrirent, à quelques mètres de la rive gauche, une cachette monétaire. Ce trésor se composait de quelques milliers de pièces de bronze de petit module renfermées dans un vase de forme presque ronde que recouvraient des tuiles à rebord. Voici leur attribution d'après un rapport adressé par M. Raynal, chef d'institution à Aiguillon, à M. le Préfet de Lot-et-Garonne :

« Valérien, 1 pièce ; Gallien, 63 pièces ; Salonine, 2 pièces ; Claude II le Gothique, 178 pièces ; Aurélien, 1 pièce ; Posthume, 2 pièces ; Victorin, 107 pièces ; Tétricus, 817 pièces ; de plus 600 monnaies n'ont pas été déterminées et des centaines d'autres ont été soustraites. »

dominait un confluent. Du reste, un Mémoire de M. Salvandy, procureur fondé du duc d'Aiguillon (1781), ne laisse aucun doute à cet égard. D'après ce rapport, la Garonne et le Lot passaient autrefois sous les murs d'Aiguillon ; j'ai déjà dit que c'était un de leurs embranchements. Celui de la Garonne avait son point de départ entre le Péage et le Padouen, suivait le pied du coteau, passait sous le *castrum* de Saint-Côme, sous les murs d'Aiguillon, sur l'emplacement du ruisseau du Fromadan (1), se dirigeait vers Latané, Boudonet, le Perron et allait se réunir vers Touillet à l'embranchement du Lot qui baignait le terrain où est maintenant Saint-Armand. Le nom de *Cap de l'Ilot* rappelle son point de jonction du côté de Pélagat.

» Pour soutenir une pareille opinion, il fallait que M. Salvandy eut entre les mains des documents certains ou des plans anciens qui, déposés dans les archives du château, doivent être en la possession des héritiers du duc d'Aiguillon, du moins en partie, car un grand nombre de ces pièces ont été détruites ou dispersées en 1793. Que de rôles en parchemin datant du moyen-âge ont été employés par les familles du pays à couvrir des pots de confitures, à faire des couvertures de registres et à protéger le dessus des grands ciels de lit d'autrefois ! »

Sur le promontoire élevé du Pech de Bère (2) qui fait face au confluent du Lot et de la Garonne et dont la pointe s'appelle *Cap dou*

---

(1) La rive droite de cet embranchement, sous les murs de la ville, venait baigner le pied du talus, et la rive était un peu au-delà et à droite de la route qui du pont de l'île se dirige sur le Port-de-Pascau. On y remarquait, il n'y a pas longtemps encore, des dépressions de terrain que la culture et les transports de terre ont à peu près comblées. C'était d'une largeur d'environ 125 mètres.

(2) « Il est d'usage dans ce pays, dit l'auteur anonyme des *Recherches sur le pays du poëte Théophile de Viaud*, etc., déjà citées, d'appeler les montagnes du nom de pech que l'on prononce pec. C'est ainsi que l'on nomme Pech de Boudon la montagne au-dessus de Saint-Côme ; Pech Dausseu celle qui a son commencement près Lagarrigue ; Pech de Bère celle qui s'étend depuis Pélagat jusqu'à Nicole ; Pech de Crauste la partie de cette montagne vers Bourbon ; Pech d'Espagnan et Pech de Rollin la montagne du côté de Gachot, etc. La montagne du Pech de Bère présente un tableau pittoresque hérissé de rochers minés par le temps, sillonnés par les torrents et les orages. Son escarpement, son étendue, l'aspect effrayant qu'offrent mille précipices creusés au milieu de ces rochers énormes qui semblent suspendus, prêts à se détacher et à rouler avec fracas sur les villages de Boudon, de Nicole et de Pélagat, bâtis à sa base, étaient de nature à frapper l'imagination du populaire. Le vulgaire a cru longtemps que quelques-uns de ces antres et de ces cavernes receloient de riches trésors cachés par les Anglais durant les troubles de la Guienne et qu'ils n'eurent pas le temps de reprendre quand ils furent chassés pour toujours, sous le règne de Charles VII. Tout près du sommet de

moundé (1), on a trouvé à diverses époques des haches en pierre polie dont une fait partie de la collection de M. Payen, architecte départemental. Ce dernier se souvient d'avoir vu sur ce point des fortifications en terre. « Dans l'excursion que j'ai faite en 1872 avec M. Vigneau, alors maire de Nicole, ajoute M. Tholin, j'ai moi-même trouvé dans une coupe de terrain un amas d'environ deux cents cailloux ronds ou pierres de fronde accompagnées d'un silex taillé. J'ai recueilli des fragments d'une poterie rouge épaisse et à gros grains dont le seul ornement consiste en creux ou dépressions tracées sans doute avec le pouce, ainsi qu'une molette en pierre polie de meule qui est au musée d'Agen. Nous avons aussi reconnu la coupe d'un fossé comblé par une terre noire mêlée d'ossements, et dont la plus grande largeur est de trois mètres sur un mètre cinquante de profondeur, et,

---

la montagne on voit les restes ou plutôt les commencements d'un ermitage pratiqué dans le roc par de pieux anachorètes...

« Le sommet de la montagne présente une vaste plaine de largeur inégale, d'où le regard s'égare dans un horizon sans bornes et jouit du spectacle imposant et magnifique qu'offrent les cours majestueux du Lot et de la Garonne et la réunion de leurs eaux au milieu d'une campagne agréable et diversement parée des plus riches productions. Au revers et à l'est de la montagne, on trouve le hameau de Lascombes, ainsi nommé de l'extrême profondeur du vallon au fond duquel il est bâti. Ce lieu dont la profondeur ténébreuse sembloit le destiner à être le repaire d'animaux nocturnes et malfaisants, est habité par des hommes qui paroissent former une horde à part et différer beaucoup de ceux qui habitent les bords de la Garonne dont ils ne sont pourtant séparés que par le diamètre de la montagne. Les rayons du soleil pénètrent à peine dans leur profonde demeure et s'ils ne sont pas privés en entier du bienfait de la lumière, on peut dire d'eux comme des planètes dans certains points de leur orbite, que pendant une très grande partie du jour ils n'en jouissent que par réflexion. Accoutumés à de plus longs crépuscules que leurs voisins, ils doivent avoir sur eux pendant la nuit des avantages dont on dit faussement peut-être qu'ils savent fort bien profiter. Quoiqu'il en soit de cette opinion défavorable, il paroit qu'on les regarde comme les Arabes du canton et que, sectateurs de Calvin dont ils suivent fidèlement la doctrine, ils ne passent pas pour en avoir le désintéressement. Au reste, nous pouvons assurer que la vue d'un étranger leur est très importune. Nous avons visité par un beau jour leur sombre demeure, et bien différents de ces peuples hospitaliers que l'on nous dit se tenir à la porte de leur ville pour y offrir au premier étranger qui se présente leurs maisons, ces hommes à demi-sauvages s'enfuirent à notre approche et s'enfermèrent dans leurs chaumières. » Aujourd'hui les habitants de Lascombes ne diffèrent pas de leurs voisins. On a élevé depuis en ce lieu un petit établissement d'eaux ferrugineuses qui n'a pas eu de succès. Les pierres dont sont construits les murs des châteaux et de l'enceinte d'Aiguillon paraissent provenir des carrières du Pech de Bère.

(1) Note manuscrite communiquée par M. Tholin.

un peu plus loin, sur deux points, des traces de terre brûlée qui devaient appartenir à une case circulaire gauloise en torchis, mêlées de fragments de poterie de la même époque. M. Vigneau a recueilli un silex taillé au-dessous d'un rocher dans la partie du coteau qui domine l'église de Nicole. Des monnaies du Bas-Empire ont été trouvées aussi sur ce plateau. » J'ai découvert moi-même, il y a peu de jours, des fours souterrains pour cuire l'argile remplis de débris de poterie rouge et grossière. D'autres ont mis au jour des auges en pierre et des restes de vieilles murailles. La bourgade gauloise fut remplacée par un oppidum romain, qui devint une petite ville au moyen-âge. « Valéri (1), dans son *Pouillé*, place dans l'archiprêtré de Montaut la rectorie « de Puy de Bure ». Pech de Bère est l'ancien nom de la paroisse. L'ancienne église était située sur la colline et n'a été définitivement abandonnée que dans le milieu du XVIIe siècle (2) ».

« On sait qu'une île sur la rive gauche du Lot, l'île Barrié, qui a laissé son nom à une rue située sur son emplacement, reprend le colonel Duburga, était formée par l'embranchement de la Garonne et celui du Lot qui passaient sous les murs d'Aiguillon. Elle était limitée au nord par le lit actuel de la rivière qui, par ses empiètements dûs aux causes susdites, en a fait disparaître le sommet. Il serait assez difficile d'indiquer l'étendue de cette île vers l'est ; il est probable qu'elle devait occuper l'emplacement du faubourg du Lot. Elle a dû s'atterrir à une époque assez éloignée, en même temps sans doute que le bras de cette rivière. Quand, il y a quelques années, on a relié, par des levées en terre et par un mur, la cale sèche du pont de pierre à celle du chemin de fer, pour mettre le faubourg du Lot à l'abri des inondations, on a trouvé beaucoup de cadavres durant l'exécution des travaux. La tradition raconte que, dans cette partie de l'île, on a inhumé les victimes de la peste noire (1348), sans doute aussi celles du fameux siège de 1346 et peut-être celles de la peste de 1653. En tous cas, on n'a retrouvé aucun débris de planches ni de clous indiquant qu'il y ait eu des cercueils, preuve d'enterrements précipités.

» En amont du cours de cette rivière, on rencontrerait difficilement la trace d'autres îles ; mais on peut avancer sans trop de témérité que les lits actuels des ruisseaux qui coulent dans cette plaine sont ceux des anciens bras. Les deux qui se réunissent au Pas-de-la-Grave dont une branche se jette dans le Lot près de Boussères et l'autre

---

(1) M. G. Tholin appelle Jean de Valier celui que M. l'abbé Durengues nomme Valéri.
(2) Note manuscrite communiquée par M. l'abbé Durengues.

près de Sainte-Radegonde forment encore actuellement une île et semblent confirmer mon opinion.

» Quant à l'embranchement du Lot qui passait sous les murs de la ville, il devait occuper le lit du ruisseau des Videaux qui se jette dans la rivière près de Bajalet, le quittait à peu près à la hauteur de la Mouliate et, suivant une dépression qui est visible encore au-dessous du Chrestian et de Larrival, venait passer sous les murs au nord d'Aiguillon, le long du Ravelin.

» A l'ouest de l'île Barrié, les cartes des environs (1), de 1748 et 1753, indiquent les emplacements de quelques îles dont les noms se sont conservés de nos jours : telles sont les îles de Janicoutet (Genny-Coutet), de la Communauté, de Saint-Louis, se reliant à l'île de Rébéquet vers le nord. L'examen de ces cartes démontre que l'île de la Communauté était atterrie ; celle de Janicoutet a dû l'être quelques années après, sans doute à l'époque de la suppression du bras de la Garonne qui, formant l'île de Rébéquet, a disparu un peu avant 1763. Elle existait en 1753, la carte le prouve et un contrat, passé en 1763 entre Paul Coq et Leaumont, sieur de Gachot, procureur fondé du duc d'Aiguillon, donne au premier l'autorisation de planter des saules sur l'emplacement du bras compris entre la route qui d'Aiguillon conduit à Rébéquet, au lieu dit le *Bout des Cartérées*, et le Lot. Il porte le nom de *Gaule de Paul Coq*. L'île de Saint-Louis a disparu vers 1772. Auparavant, les bateaux qui d'Aiguillon se dirigeaient sur Bordeaux, passaient par le bras adjacent aux terrains dits de *Sautegrue* ou de la *Communauté*. Mais, depuis et actuellement encore, le Lot s'est creusé aussi un nouveau lit entre ces deux îles et celle de Rébéquet ; il sert de passage à la navigation.

» L'île de Saint-Sébastien ne figure sur aucune des deux cartes. Tout prouve qu'elle a dû se former immédiatement après la disparition de l'île Saint-Louis. Les deux nouveaux courants du Lot et de la Garonne, se pressant l'un sur l'autre, ont dû accumuler les graviers ; puis les alluvions et la main de l'homme ont fait le reste.

» A quelle époque se sont atterris le bras de la Garonne qui passait sous les murs du château et celui du Lot qui baignait l'enceinte nord d'Aiguillon ? Probablement dans le cours du xvie siècle. Pour celui du Lot qui partait du Cap de l'Ilot et se dirigeait sur Touillet, il a dû disparaître plus tôt, peut-être avant le siège de 1346. L'histoire, la tradition et les documents nous font ici défaut.

---

(1) Voir ces Cartes dans la salle des délibérations à la mairie d'Aiguillon.

» A côté de l'île de Rébéquet, en remontant le cours de la Garonne, on trouve l'île Mounié, tout auprès l'île Chevalier ou des Chevaliers, l'île de Bramefan. Elles ont sans doute disparu à l'époque où les ducs d'Aiguillon ont fait exécuter les levées de terre, au xviiie siècle.

» On peut donc, à l'aide de ces données, reconstituer approximativement le cours des deux rivières qui baignaient les plaines plus ou moins submersibles suivant les saisons et dans certains endroits marécageux, surtout du côté du Lot.

» Un historien, je ne sais lequel, a avancé que le nom de Cartérées ou Quartérées avait été donné à la plaine baignée par la Garonne, parce que, lors du siège de 1346, le pont de bateaux établi sur le bras qui passait sous les murs de la ville avait été détruit et refait quatre fois. Ce n'est pas sérieux. D'ailleurs ce pont ne fut renversé que deux fois, comme on le verra plus loin. Ce nom indique une mesure agraire, un lot de terrain. Une cartérée valait six cartonnats. Parmi nos papiers de famille, j'ai quelques reçus qui viennent appuyer mon opinion. L'un de ces papiers, du 16 février 1678, porte un reçu en règle « de l'afferme de la 29e carterade de terre appartenant à la Communauté qui est du costé de la rivière du Lot, au lieu appelé Sautegrue ». D'autres, depuis 1638 jusqu'en 1670, indiquent les 1rs, 3e, 7e, 16e, 24e et 40e carterades. Ces documents prouvent aussi que les biens de la Communauté s'étendaient sur les deux rives du Lot.

FONTAINES

« Je signalerai autour de la ville : 1° la fontaine du Bernet, à l'extrémité du faubourg du Muneau, adossée au pied du talus soutenu par un mur de six mètres de hauteur sur dix mètres de longueur, qui semble ancien. » L'auteur anonyme des *Recherches sur le pays*, etc., qui avait fait un long séjour à Aiguillon, au xviiie siècle, nous donne la description suivante : « A l'extrémité du faubourg du Muneau peuplé de laboureurs et de vignerons, on trouve une fontaine d'une très belle forme qui pourroit faire croire qu'elle faisoit partie de quelque petit fort placé au-dessus de l'espèce de tertre au pied duquel elle est construite. Ce qui paroit confirmer cette conjecture, c'est l'usage où l'on étoit avant l'invention de la poudre de faire une espèce de fortification à la tête des faux bourgs où les partis ennemis alloient faire le coup de lance. » La « très belle forme » de cette fontaine a disparu depuis l'époque de notre chroniqueur.

» 2° La fontaine de Castillon, sous l'école des Frères, était assez intéressante ; mais les travaux de la gare et du chemin de fer l'ont fait disparaître ou plutôt l'ont transformée en borne-fontaine.

» 3° La fontaine qui passe sous le château actuel et sous la terrasse d'où elle débouche pour se jeter dans le Fromadan, alimentait autrefois deux bassins avec jets d'eaux qui ont disparu depuis quelques années. On l'appelle indifféremment le Turon ou le Tulon. Ce nom, qui désigne une source, est assez commun dans le Sud-Ouest. A Saint-Macaire, la source du Turon a donné son nom à un faubourg ; près de Lectoure, la source du Jourdain s'appelle le Touron ; l'acqueduc de cette ville prend ses eaux à une source nommée le Touron ; à Marmande on retrouve le ruisseau du Touron « les coureaux du Touron » ; près de Monségur de Fumel, il y la source et le ruisseau du Touron ; aux environs de Périgueux, la source du Toulon alimente les fontaines de cette ville. Une inscription trouvée en ce lieu et déposée au musée présente une dédicace à la divinité d'Auguste et au dieu Telonus, protecteur de la source (1). Comme toutes ces dénominations indiquent une seule et même chose, on peut en tirer la conséquence que toutes ces fontaines étaient dédiées à Telonus, dieu gaulois. Aiguillon était donc un centre plus ou moins habité avant la conquête.

ARTICLE II

VOIES DE COMMUNICATION

« Les Romains avaient pour habitude de suivre autant que possible des lignes droites pour l'établissement de leurs routes ; il s'agissait avant tout de raccourcir les distances. Mais ils savaient aussi se conformer aux accidents de terrain ; et souvent des courbes nombreuses affectaient leurs tracés. Si, dans leur construction, on retrouve quelquefois les différentes couches indiquées par Vitruve, ce n'est, en Gaule, que pour les grandes artères. Dans les provinces reculées, les routes ont été presque toujours construites comme celles de notre époque, d'après le système de Mac-Adam, qui n'est en somme qu'une manière de faire des Romains. On connaît en France beaucoup de voies qui étaient formées de pierrailles sur toute leur épaisseur. C'est généralement le cas de celles du Sud-Ouest.

---

(1) On sait que les fontaines étaient autrefois sanctifiées et dédiées à quelque divinité,

» Les Gaulois aussi avaient des routes étroites (1) que les Romains ont utilisées, restaurées, empierrées et plus ou moins élargies. Ces chemins étaient généralement sinueux, encaissés, et, avant la conquête, avaient une largeur de un mètre à un mètre cinquante.

» La Gaule soumise, César et Auguste surtout s'empressèrent de consolider leur victoires, et, pour atteindre ce but, employèrent le moyen le plus efficace : ils ouvrirent des communications directes du centre de l'Empire jusqu'à ses extrêmes limites. Mais c'est surtout à partir du règne d'Auguste que date la construction de ces routes dont le réseau était à peu près achevé à la fin du IIe siècle.

» Il reste dans le pays fort peu de traces de ces voies antiques. Dans les plaines basses submersibles, les alluvions, et, sur les hauteurs, le défaut d'entretien, le tracé de nouvelles routes sur leurs parcours, la pioche des riverains et d'autres causes ont contribué à les faire disparaître.

§ Ier. — Voie d'Eysses, par la Tourasse de Bourran, a Saint-Come.

« Au village de la Tourrasse, près de Bourran, il existait autrefois un tronçon de voie antique d'une longueur de quatre-vingts mètres environ. Ce vénérable fragment a été détruit, il y a quelques années. Il se dirigeait sur Coleignes (Colonia ?) et était la continuation de la route qui faisait communiquer la *Mansio d'Excisum* avec celle d'Aiguillon, en passant par Sainte-Livrade, Le Temple, Lafitte. Cette voie est encore connue sous le nom de *Camin-herrat*. La route actuelle est assise à peu près partout sur son parcours. Son prolongement direct de Bourran à Aiguillon n'existe que depuis 1782 et n'avait même été exécuté, à cette dernière date, que jusqu'à la route de l'ancien Passage entre les moulins et Vinzelles.

---

(1) « On peut se demander comment deux véhicules venant en sens inverse pouvaient passer. J'ai eu en Italie, l'année 1867, l'explication de ce fait. Entre Corneto et Monte-Romano, presque à moitié-chemin et à 150 mètres environ à gauche de la route actuelle, on apercevait un tronçon de chemin qui porte le nom de Via di Galli (route des Gaulois). Sa largeur était de 1 mètre 50 environ. Mais ce qu'il y avait de remarquable, outre son nom, c'était, de distance en distance, des plates-formes faisant office de voies de garage. Elles étaient placées de telle façon que de l'une d'elles on pouvait apercevoir celles d'amont et d'aval. J'ai pu suivre cette route sur une étendue de 2 kilomètres. Existe-t-elle encore ? La pioche l'avait déjà sapée en bien des endroits et on commençait à cultiver le terrain à l'entour. »

» La direction de la voie de la Tourasse à Coleignes formait (voir planche I) par rapport à celle de Bourran-Lafitte, un angle à peu près droit. Les Romains avaient été obligés de modifier le tracé direct pour éviter les inondations du Lot, qui, à partir de ce point jusqu'à Aiguillon, tranformait la plaine en marécages, ce qui, en grande partie, arrive encore de nos jours. De Coleignes la voie se dirigeait sur le Pas-de-la-Grave, passait, sur la haute plaine, à la Bourdette, Mézangès, Miraben, Merle, Giroux, la Croix de Richard, Blanc, le Sud, la Piade et Saint-Côme.

I. — *La Tourasse de Bourran.* — « On peut signaler sur ce parcours ou à proximité quelques souvenirs antiques. Le nom bien significatif de la Tourasse près de Bourran ne laisse aucun doute sur l'existence d'une tour dont la place ne serait peut-être pas trop difficile à déterminer. Immédiatement au sortir du village, après avoir franchi un ruisseau qui traverse l'ancienne voie, on trouve un emplacement qui, d'un côté, porte le nom de *Darrè la Tour* et, de l'autre, un champ qui est appelé *Aous Campots* (1). Le propriétaire a découvert, il y a une vingtaine d'années, en opérant des défrichements, des carreaux en terre rouge, revêtus de couleurs blanche, brune ou verte avec ou sans vernis ou glaçures. Les uns étaient unis, les autres représentaient des animaux : un lièvre, un cygne, un cerf. Ils semblent appartenir au XIIIe ou au XIVe siècle, c'est-à-dire à la transition de la brique mate à la brique vernie, si on en juge par quelques fragments déposés dans ma collection. Ces carreaux posés sur un béton assez friable, étaient recouverts de 0^m 50 de terre environ. Inutile d'ajouter que ces débris ont disparu depuis longtemps ».

II. — *Le Pas-de-la-Grave.* — M. Adrien Merle, habitant du lieu de Mourlères, que passionneraient volontiers les études archéologiques, m'a utilement secondé dans les fouilles que j'ai faites sur la motte ou éperon de Gouts. Il a récemment découvert au Pas-de-la-Grave, sur le bord de la haute plaine, en face de l'habitation de M. Aymard, une petite tasse en poterie dite samienne, quantité de

---

(1) « Ce nom est donné aussi à un ancien cimetière de Monflanquin qui a fourni des débris antiques et du moyen-âge. Ce mot semble pouvoir être rapproché du *Camparoumo* du Mas d'Agenais. Le radical étant le même, le suffixe n'en serait qu'une abréviation. A rappeler aussi les *Champeaux* traversés par la voie de Paris aux provinces du Nord et dont l'emplacement a été occupé par un cimetière romain et plus tard par celui des Innocents. Faut-il faire dériver ce nom de *Compitum* (carrefour) ? »

tuiles à rebord et de débris d'anciennes poteries. De nouvelles recherches nous indiqueraient, je crois, en ce lieu l'établissement d'une riche villa.

III. — *Au Boué*, près du Pas-de-la-Grave, dans la propriété de Mme Larrat, de Clairac, le sieur Guitton, métayer, a trouvé, il y a environ dix ans, en défonçant une vieille vigne derrière la maison, d'antiques murailles, des débris d'ossements humains ensevelis la tête en bas, ainsi qu'une hache en bronze qui lui a été enlevée.

IV. — *Gouts* (1). — Dans ce lieu, dont le nom ancien est *Cadron de Gouts* (2), on a trouvé des antiquités. L'église est peut-être bâtie sur les ruines d'un temple païen. On a mis au jour dans le cimetière des auges en pierre dont une existe encore en grande partie, et par derrière et contre le cimetière des fragments d'armes et d'armures en fer, qui, portés au presbytère de Sainte-Radegonde, ont disparu depuis quelques années.

L'éperon, qui est en avant de la maison d'habitation et en face de l'église sur le bord de la route, a dû supporter un établissement gallo-romain de quelque importance et être occupé même à une époque plus reculée, car on y a découvert, en faisant quelques travaux à côté d'une citerne en forme carrée de l'époque romaine et un peu plus bas, une hache en bronze à bords droits, dite hache à main (3).

J'ai conduit moi-même, à plusieurs reprises pendant l'été de 1893, sur cet éperon, quelques vaillants jeunes gens de ma paroisse pour y pratiquer des fouilles dans tous les sens. Le succès a couronné nos efforts. Les objets divers retirés de ces fouilles sont des trois époques gauloise, gallo-romaine et moyen-âge, comme on va le voir : deux haches en pierre dépolie ; quelques silex ; trois grosses briques fort dures, de forme circulaire, d'un diamètre d'environ 0^m 50 et d'une épaisseur un peu moindre, percées chacune d'un trou dans leur centre.

---

(1) Ce nom est assez commun : à côté, il y a le Tap de Gouts, le moulin de Gouts aux environs de Galapian ; Goux, près d'Allons ; Goux, près de Bouglon ; Goux, près de Caumont, avec butte et ancien cimetière ; Gouts, aux environs de Meilhan ; Gouts, près de Puymirol ; Goux, près de Colayrac ; Gouts, près de Penne, etc., etc.

(2) Voir le *Pouillé de Valéri*.

(3) Cette hache fait partie de la collection Duburgua. Même type que les haches trouvées à Agen et à Montauban citées dans le *Dictionnaire archéologique de la Gaule*. Longueur, 0^m 195.

Ces briques servaient en guise de plombs à faire enfoncer les filets des pêcheurs gaulois (1). Ajoutons à ces premiers objets d'innombrables fragments de grosse poterie gauloise, grands et petits vases, quelques-uns portant les dessins de cette période, quatre rondelles de grès d'un diamètre à peu près égal à celui de nos pièces de 5 francs et d'une épaisseur trois ou quatre fois plus forte que celle de ces pièces, percées au centre. On croit généralement que ces rondelles étaient des amulettes et servaient en même temps de parure aux femmes gauloises. Le musée d'Agen en montre de semblables. N'oublions pas de mentionner une magnifique corne de renne et deux dents de sanglier. Déjà, avant nous, M. Bégoulle, l'ancien propriétaire de ce terrain, y avait aussi trouvé une corne de renne, dont le bout était taillé en forme de lance, pour la pêche probablement. J'ai ouï dire qu'à quelques mètres de distance de l'éperon, dans les prairies assez marécageuses qui bordent la route, plusieurs archéologues de la région avaient pu constater des traces d'habitations lacustres. Voilà pour la période gauloise.

L'époque gallo-romaine nous a été révélée par de nombreuses amorces de murailles enfouies dans le sol à 1^m 50 environ de profondeur et revêtues de moellons smillés (2) en petit appareil, par quantité de tuiles à rebord, de fragments de mosaïques d'une facture assez grossière plaquées sur un ciment de couleur rosée, par d'innombrables débris de grosse ou fine poterie rouge, grise et noire, servant à tous les usages et portant quelquefois des dessins de l'époque; enfin par deux objets en bronze, une jolie petite boucle et les deux tiers d'une agrafe.

Le moyen-âge est représenté par d'épaisses murailles en appareil moyen, des surfaces carrelées avec de grosses briques qui paraissent être du XIIe ou XIIIe siècle, deux fragments de belle poterie vernie artistement travaillée et représentant dans des médaillons ronds ou sur les rebords des animaux héraldiques, enfin par un éperon en fer et une coquille, percée à son extrémité de deux petits trous pour pouvoir être attachée à la pèlerine de quelque dévot personnage. Tous ces décombres et objets divers (3) jetés dans un pêle-mêle effroya-

---

(1) Un de ces poids pour filets est en la possession de M. Adrien Merle, de Mourlères, et les deux autres en celle de M. Gaston Lavergne, pharmacien à Aiguillon.

(2) Une pierre de petit appareil, trouvée dans une de nos tranchées, porte sur une de ses faces le chiffre romain VII. Elle devait servir de poids à peser.

(3) J'ai en ma possession plusieurs de ces objets et j'ai porté ceux qui m'ont paru plus curieux à Agen pour la collection du Musée.

ble parmi les charbons et les cendres, désordre qui témoigne de plusieurs destructions violentes. Des fouilles plus étendues mettraient au jour une infinité d'autres fragments des trois époques dont nous venons de parler.

V. — *Bois de Saint-Martin.* — A six ou sept cents mètres de la voie, on rencontre le bois de Saint-Martin, propriété de M. Duburgua, entre Parailloux et Cauparre. On le fit défricher en 1812 ou 1813. Cet emplacement, qui portait dans le *Pouillé* de Valéri le nom de *Saint-Martin de La Béousse*, a été occupé, sans doute depuis l'introduction du christianisme dans la contrée, par un cimetière. « Une petite église dédiée à saint Martin en occupait le centre et mesurait douze mètres de longueur sur huit de largeur. Le cimetière avait une superficie de vingt-deux ares, soit un rectangle de cinquante mètres de longueur et de quarante-quatre de largeur. On y découvrit presque au niveau du sol une dizaine de cercueils ou auges en pierre, la plupart ayant servi à plusieurs ensevelissements. L'une de ces auges, aux parois épaisses, formant un rectangle aussi large aux pieds qu'à la tête, indique l'époque mérovingienne. Il sert actuellement d'abreuvoir à la ferme de Saurou. Une autre plus étroite des pieds que de la tête, est moins ancienne (VIIe ou VIIIe siècle). Après avoir servi à une première inhumation vers cette date, elle avait reçu un autre corps, vers le XIe siècle sans doute. Ce qui le prouve, c'est un emboîtement circulaire pour la tête et mobile au lieu d'être taillée dans la masse de la pierre comme dans les tombeaux de cette dernière époque. Le défunt tenait à être enseveli selon la mode du temps ! Cette auge est maintenant dans la cour de la ferme de Cauparre où elle servait naguère encore, *proh pudor !* à rincer les barriques. Elle provient ainsi que la première des carrières de Lacépède. Deux autres moins épaisses, moins massives, par conséquent moins anciennes, servent l'une de ponceau et l'autre de canal pour conduire les eaux dans un bassin. Les autres (1) enfin et les couvercles de quelques-unes ont été brisés et employés à ériger un socle surmonté d'une croix de fer placée dans le cimetière même au-dessus du caveau qui renferme les nombreux ossements que l'on a retrouvés. Le cimetière était encore en usage au XVIe siècle, car on y a trouvé des monnaies, quelques-

---

(1) Le calcaire grossier de ces sarcophages a tous les caractères de la pierre de Monsempron.

unes en argent, à l'effigie de Henri III, sur un cadavre inhumé dans une de ces auges !

Dans un coin de ce champ des morts, quelques cadavres étaient jetés pêle-mêle les uns sur les autres. Il semblerait qu'il y ait eu, à proximité, quelque combat à l'époque des guerres de religion, et ces corps, sur lesquels on a trouvé aussi des monnaies du même prince, auraient pu appartenir à ceux qui ont succombé pendant l'action. Faut-il rapporter à cette date la destruction de la petite église ? Où était le centre habité, qui inhumait ses morts en cet endroit ? »

VI. — *La Tuque*. — A peu de distance du bois de Saint-Martin sont les deux villages de Cauparre et de Boussac. Près de ce dernier s'élève un assez grand tumulus qui n'a jamais été fouillé. Cependant M. Guitard trouva sous les racines d'un noyer qu'il venait de faire arracher au bord de cette sépulture militaire, plusieurs lances, qui ont disparu depuis longtemps, et M. Péjac, habitant de Cauparre, rencontrait, il y a bientôt trois ans, sur le tumulus un petit vase gallo-romain, qu'il donna à M. Gauthier, vérificateur de culture à Aiguillon.

VII. — *La Tourasse de Lagarrigue et les environs*. — On voyait encore, il y a une cinquantaine d'années, les vestiges d'une tour romaine, à proximité du village, au lieu appelé *la Croix de Richard*, où passait l'ancienne voie de la Tourrasse de Bourran à Saint-Côme (1). J'ai remarqué moi-même des moellons smillés en petit appareil encastrés dans le mur-nord de l'église de Lagarrigue. Ne proviennent-ils pas des ruines de la Tourasse ?

Au hameau du Sud et dans les environs, le sol a, dit-on, mis au jour des débris gallo-romains.

Entre la Piade et Saint-Côme, sur le bord de la route actuelle, on a découvert récemment, à 0 ^{m} 50 de profondeur, des traces de l'antique voie.

§. II. — Voie de Nicole a l'ancien Passage et a Saint-Come.

« La rive droite du delta du Lot a dû être en communication avec la rive gauche et un chemin devait en être la conséquence. Cette voie, connue autrefois sous le nom de *chemin royal*, passait par Nicole, tournait à angle droit sous le Pech-de-Bère et se dirigeait sur

---

(1) *Souvenirs archéologiques*, etc., cités.

l'ancien Passage, en amont des moulins. Elle existe encore mais complètement abandonnée. Elle est établie sur la partie la plus élevée de la plaine formée par la boucle du Lot (1). Elle occupait, sur la rive gauche, la route d'Aiguillon à Clairac, suivait le chemin qui conduit à Larrival, et se dirigeait sur Saint-Côme en ligne droite, par Blanchard et la Tourasse.

I. — *Vinzelles et le Tuquet.* — « Dans la plaine submersible à toutes les époques on n'a trouvé aucun témoin d'un autre âge. Néanmoins la ferme de Vinzelles (vini cellæ), à côté de l'ancien Passage, indique l'emplacement d'un entrepôt destiné à embarquer et à débarquer les vins qui provenaient des coteaux voisins ou qui descendaient le Lot, sans passer par la ville.

» Lorsqu'on a gagné la haute plaine, on rencontre le Tuquet, dont le nom indique certainement une butte ou tombelle depuis longtemps effacée et l'on arrive à la Tourasse. »

II. — *La Tourasse.* — Entre Saint-Côme et Aiguillon, sur le bord de la grande route et au point où vient se joindre à celle-ci une ancienne voie romaine, qu'on nomme dans le langage du pays *caminherrat*, dans un hameau qui dut être occupé par des villæ romaines et sans doute aussi par un cimetière, se dresse une petite tour massive construite en blocage paremené de moellons smillés. Elle est ronde, très dégradée et d'une hauteur actuelle d'environ douze pieds sur six de diamètre. La partie la mieux conservée est la base, qui s'élève en talus jusqu'à trois pieds au-dessus du sol. Cette tour est désignée sous le nom de Tourasse, et l'on suppose, non sans motifs, que c'était une de ces tours à signaux comme les Romains en construisaient le long de la plupart de leurs voies et dont MM. du Mège, Chaudruc de Crazannes et Bourrousse de Laffore ont signalé depuis longtemps l'existence dans ces contrées du Midi. Cette destination primitive de la Tourasse est d'autant plus probable que, sans parler encore de nombreuses médailles du Haut-Empire découvertes dans les environs, cette tour correspondait, vers le couchant, avec celle de Peyrelongue, située près de Buzet, et, du côté du levant, avec cette autre dont on voyait les vestiges, il y a un demi-siècle, près du village de Lagarrigue, et

---

(1) « Au siècle dernier (1734-1755), elle était en fort mauvais état du côté de Nicole, puisque, pour faciliter le passage de la duchesse d'Aiguillon, on dut réparer ce chemin, afin que son carrosse ne versât pas.

avec une quatrième, dont nous avons aussi parlé, la Tourasse de Bourran (1). Il devait y avoir d'autres tours intermédiaires qui ont disparu.

M. le colonel Duburgua ne partage pas tout à fait ce sentiment et formule son opinion en ces termes : « Jusqu'à preuve bien établie du contraire, je crois que cette tour est un tombeau. Voici mes raisons : aux environs de Rome, sur la voie Nomentane, après avoir traversé le pont fortifié jeté sur l'Anio, on a devant soi une montée qui conduit sur le Mont Sacré, célèbre dans les annales du peuple romain. A mi-côte, on aperçoit du côté de la route un groupe de tours isolées, absolument semblables, comme forme, dimension, appareils, à celle de la Tourasse. Elles sont mentionnées comme *Sepolcri antichi*. L'une d'elles, dont la base est apparente, laisse entrevoir une cavité intérieure ayant une ouverture de 0^m 60. de côté environ Des fouilles seules pourront donner le mot de l'énigme. Ce monument est à rapprocher de la pile de Duravel sous laquelle on mentionne une crypte. La tradition veut que le fils du duc de Bourgogne soit inhumé sous la Tourasse. Il n'y a même pas à signaler l'erreur. On en fait aussi le tombeau d'un chevalier anglais tué en 1346. A cette époque sans doute, des traces apparentes permettaient de connaître sa destination. Il serait intéressant de s'en assurer. Des personnes très compétentes pensent que la tour en question était une vigie : c'est fort possible. Dans certaines circonstances on a pu l'utiliser comme moyen de communication, par des signaux, avec les environs, surtout entre les deux *castra* d'Aiguillon et de Saint-Côme. Les clochers de nos églises ont rempli aussi le même rôle dans beaucoup d'occasions, quoiqu'ayant une destination différente. Les tours vraiment appropriées à cet objet et dont celles qui sont disséminées sur les bords de la mer en Italie et ailleurs ne sont que des réminiscences, ne devaient pas être pleines dans leur masse et renfermaient un poste de surveillance. D'autres font de la Tourasse une borne pour indiquer les *Fines* des Nitiobriges. Il semble surprenant qu'on ait placé des limites à cet endroit du plateau quand, à quelques centaines de mètres plus loin, on en avait de naturelles fournies par un cours d'eau. »

A droite et à gauche du chemin, aux environs de la Tourasse, dans un rayon de cent mètres environ, on a mis au jour, à différentes époques, une statuette en bronze et d'autres antiquités, des fragments de

---

(1) *Souvenirs archéologiques*, cités.

poteries dites samiennes, des monnaies d'or, d'argent et de bronze, aux effigies des Empereurs romains, des Antonins surtout. M. Boussac, propriétaire à La Gravisse, possède un grand nombre de ces pièces, dont nous donnons ici l'attribution, d'après une note qu'a bien voulu nous communiquer M. Gaston Lavesgue, qui en a fait un inventaire :

Une pièce d'or, très bien conservée : *Cæsar Augustus Domitianus*. — Au revers : *Princeps juventutis*.

Une en argent, bien conservée : *Imperator Titus Cæsar Vespasianus*.

Une autre en argent, très bien conservée : *Imperator Cæsar Vespasianus Augustus*. — Au revers : *Jovis custos*.

Deux autres pièces en argent détériorées, plus sept autres en bronze bien conservées dont les inscriptions sont les suivantes :

Diva Augusta Faustina. — Au revers : *Æternitas*.

Nero Cæsar Augustus Pontifex Maximus. — Au revers : *Tribunitia potestate imperator*.

M. Antoninus.

Tiberius Claudius Cæsar Augustus. — Au revers : *Tribunus populi imperator. Libertas augusta*.

Constantinus Augustus. — Au revers : *Providentiæ succ*.

Imperator Augustus Tribunus populi. — Au revers : *Agrippa*.

Claudius Augustus.

Enfin un grand nombre d'autres monnaies, qui ne peuvent être déchiffrées et treize petites pièces partagées par le milieu. »

M. Boussac conserve d'autres objets gallo-romains provenant de découvertes faites dans sa terre. Nous signalerons un tronçon en bronze d'épée romaine délicatement travaillé, un support en bronze de lampe, de jolis anneaux et des fragments de boucles en bronze, etc. etc., enfin et surtout un petit sceau en lapis-lazuli représentant un guerrier de haute stature, coiffé d'un casque romain, un pied sur une base de colonne et recevant une grande palme qu'un personnage plus petit lui présente.

En 1827, le père de M. Boussac trouva dans un puits de construction gallo-romaine une statuette en bronze de Pluton, haute de six pouces, dont les yeux et l'extrémité du pénis sont en or. M. de Saint-Amans, qui l'a décrite (page 199) et dessinée (planche 22) dans son *Essai sur les Antiquités du département de Lot-et-Garonne*, l'attribue faussement à Jupiter ; mais il ajoute avec raison : « On ne saurait voir en ce genre rien de plus parfait que cette figurine, dont le dessin, quoique bon, ne peut rendre tous les traits, surtout l'air de jeunesse éternelle qui, malgré l'épaisse chevelure et la barbe touffue, caractérise si bien la divinité. » Elle fut vendue 25 fr. à un entrepreneur, qui la revendit 300 fr. Plus tard, un antiquaire la paya 2,500 fr. Elle appartient aujourd'hui à la famille de Vivens, de Clairac.

Six autres puits, semblables au premier, ont été successivement découverts dans le seul champ de La Gravisse ; deux ont été restaurés et servent à l'alimentation du voisinage. Tous ces divers objets n'indiquent-ils pas l'emplacement en ce lieu de riches villas. M. Tholin voit dans ces puits des silos funéraires. L'un a servi de citerne jusqu'à ces dernières années. Il avait la forme d'un cône tronqué et était revêtu d'un parement de pierres non maçonnées. Les infiltrations des eaux l'avaient transformé en puits d'arrosage jusqu'au moment où il s'est éboulé. A citer encore, non loin de là, la ferme de Peyrelongue, dont le nom indique peut-être l'emplacement d'une pierre levée (menhir.)

§ III. — Voie de la Tourasse a Saint-Come

« A côté de la tour, contre la maison qui lui fait face, à gauche de la route, on aperçoit quelques mètres d'un reste de la voie antique dont la direction est visible jusqu'au ruisseau du Fromadan et un peu au-delà. Du jour où elle a été remplacée par la nouvelle route, au siècle dernier, les propriétaires riverains l'ont fait disparaître peu à peu. Elle formait le prolongement de Blanchard à la Tourasse, traversait le cimetière actuel de Saint-Côme ou à peu près et se dirigeait en ligne droite sur le *castrum*. Elle porte sur la carte des environs d'Aiguillon, de 1753, le nom de vieux chemin et servait de ligne de communication avec le Port-Sainte-Marie.

I. — *La Justice.* — « A côté de cette voie, on découvre le plateau de la Justice, emplacement des fourches patibulaires de la juridiction, situées de façon à être vues des voyageurs par terre et par eau. Il n'en reste que le nom. (1)

II. — *La Plaine du Sergent.* — « Au-dessus de ce plateau, dans

---

(1) « Au siècle dernier (1779), on exposait au carrefour des deux routes qui se dirigeaient sur Aiguillon et Nicole les cadavres des condamnés à être rompus vifs sur la roue. Il est probable que si le supplice s'exécutait sur le plateau de la Justice, l'exposition se faisait au pied de la Tourasse, depuis la construction de la Grande route qui traverse Aiguillon. »

la plaine entre Peyrelongue et Saint-Côme, on remarque la Plaine du Sergent ou des Sergents. Quels souvenirs peut bien évoquer ce nom ? Celui des officiers de justice et de police ou bien celui des gens d'armes (servientes armorum), troupe d'élite, bien exercée, qui constituait l'élément le plus sérieux de l'infanterie pendant la guerre de Cent-Ans et même avant, puisque nous trouvons ce corps s'illustrant par sa défense du pont de Bouvines en 1214 ?

III. — *Le Parlement.* — « Entre Peyrelongue, la grande route et le Fromadan, on trouve le lieu du Parlement. Ce nom est-il un souvenir d'un lieu de justice ou bien d'une conférence, d'un pourparler et, dans ce dernier cas, un terrain neutre où Français et Anglais, en 1346, ont pu discuter les termes d'une suspension d'armes, proposer des échanges de prisonniers, enlever les tués et les blessés ?

IV. — *Le camp de Sourdeau.* — « Entre le ruisseau du Fromadan et Saint-Côme est le camp de Sourdeau qui doit dater seulement du xvie siècle et dont le centre occupe à peu près l'emplacement du nouveau cimetière de ce village.

V. — *Le Quadrivium.* — « C'est au *castrum* même de Saint-Côme, du côté de la face-est située au pied du coteau, que la route ci-dessus et celle qui a été décrite plus haut sous le nom de *Camin herrat* formaient le Quadrivium avec leurs prolongements dont l'un, suivant les pentes du coteau, passait par Boussères, Vidalot, Mazères, (Maceria), Romas, le Port-Sainte-Marie, etc... Le peu de largeur de ce chemin à toutes les époques doit le faire classer parmi les voies gauloises romanisées. Il faisait communiquer l'oppidum de Cande au Pech de Bère avec celui d'Aginnum à Bellevue, par le Port-Sainte-Marie, Clermont-Dessous, Fourtic, La Pouleille, Fourlane, Lusignan, Saint-Cirq, Le Bédat, Rouquet. Sur la carte d'Etat-Major on peut suivre la trace de ce chemin ou plutôt de ses tronçons, car, en beaucoup d'endroits, il a disparu, surtout aux débouchés des vallées ; en d'autres, il s'est confondu soit avec la route actuelle, soit avec le chemin de fer. En tous cas, c'était l'ancienne voie d'Aiguillon à Agen, avant l'ouverture de la route actuelle.

VI. — *Fines.* — « La commission de la Carte des Gaules évalue la distance entre Aginnum et Fines à trente-trois kilomètres cinq cents. J'ai mesuré aussi exactement que possible le parcours de cette voie en décrivant au passage de chaque vallée une courbe plus ou moins prononcée qui devait de toute nécessité exister pour adoucir les pentes des deux versants. Après plusieurs essais, je suis arrivé à ce résultat : j'ai trouvé trente-un kilomètres d'Agen au Tuquet, près de Blanchard, c'est-à-dire jusqu'à l'extrémité de la haute plaine, dont la base était baignée autrefois par l'affluent du Lot qui passait sous les murs d'Aiguillon, et trente-trois kilomètres cinq cents jusqu'au pied du coteau du Pech de Bère sur l'emplacement du bras de cette rivière qui autrefois en baignait la base. D'où il semble résulter, si les mesures ont pu être prises exactement, que ce serait au pied du Pech de Bère que devraient être reportées les *Fines* de l'Itinéraire d'Antonin. Mais s'il y a erreur dans la mesure, s'il n'a pas été possible de tenir compte de certaines pentes ou détours qui n'existent plus et qui ont pu allonger la route de deux kilomètres cinq cents, ce serait alors à l'extrémité de la haute plaine, à hauteur d'Aiguillon. Jamais cette distance ne pourra être assignée à Tonneins, Lamarque, le Mas-d'Agenais, Clairac ou Damazan. Cette limite n'était pas certainement les *Fines des Nitiobriges* de ce côté, mais sans doute celles du *Pagi Aginnensis* ou *civitatis Agenni*, c'est-à-dire du territoire d'Agen.

» A partir du *castrum* de Saint-Côme, l'autre prolongement de voie, *Camin herrat*, traversait la basse plaine, se dirigeait sur la Garonne entre le Péage et le Padouen, franchissait ce fleuve et allait aboutir à Thouars. Tout semble indiquer que le chemin qui conduit de Saint-Côme au Péage doit occuper à peu près l'emplacement de cette voie, que des alluvions successifs ont recouvert profondément ; mais son souvenir se maintient encore. (1)

» C'est, on n'en peut douter, pour être maîtres de ces routes que les Romains avaient élevé le *castrum* de Saint-Côme qui surveillait l'embranchement de la Garonne passant sous ses murs, ainsi que le cours de ce fleuve, tandis que le *castrum* d'Aiguillon dominait les deux cours d'eaux. Ces deux établissements assuraient la possession du triangle dont le sommet était à Aiguillon et la base sur la voie comprise entre Saint Côme et le village du Sud.

---

(1) C'est la *Tenarèse* (Iter Cæsaris), voie romaine qui, partant d'Eauze (Elusa), passait à Sos (oppidum des Sociates), à Barbaste, à Saint-Côme, à la Croix-de-Richard de Lagarrigue, au Pas-de-la-Grave, à Coleignes, à Bourran, etc., traversait le Lot et arrivait à Eysses (Excisum), où elle se confondait avec la voie d'Agen à Vésonne. (*Congrès scientifique de Bordeaux*, t. II, p. 103).

§ IV. — Voies Secondaires

« La description de ces routes démontre clairement qu'aucune d'elles ne passait par Aiguillon. Mais il y avait un embranchement, existant encore, qui part de Blanchard et se bifurque à la Conquête (voir planche I). L'un des bras se dirige, en longeant l'ancien cimetière sur la porte du sud, dite Porte d'en Haut ; et l'autre sur la porte du nord, dite Porte d'en Bas (voir planche IV).

» Sur cette bifurcation deux noms caractéristiques : la Conquête, qui est sans doute le souvenir d'un fait d'armes en 1346, et le Camp Saint-Pé. Le propriétaire de ce dernier emplacement, M. G. Nebout y a trouvé des boulets en pierre qui pourraient bien être reportés à l'époque du siège de 1346. Il est probable qu'il y avait là un dépôt d'approvisionnement gardé par un poste d'une certaine importance. Cette position, du reste, était très bien choisie, elle surveillait les deux débouchés qui se dirigent vers la ville, la voie romaine entre le Tuquet et Blanchard, les berges de l'embranchement du Lot qui passait au pied et flanquait la droite de l'attaque sur le plateau.

« Le nom donné à ce camp doit être reporté au XVIe siècle et, sans doute, à l'année 1575. A l'époque du siège de Madaillan, Monluc avait placé des détachements de l'armée catholique à Lafitte et à Aiguillon, pour surveiller le cours du Lot et de la Garonne, que les protestants semblaient tentés de traverser. Le camp de Sourdeau, placé à côté du *castrum* de Saint-Côme, surveillait le Quadrivium et le fleuve ; le Camp Saint-Pé, réoccupé à cette occasion, grâce à sa bonne position, couvrait les passages du Lot et les routes qui y conduisaient ; le Camp de Métau, (1) à Lagarrigue, gardait la route et se reliait au Camp de Lafitte par le Camp de Raynal, intermédiaire et situé sur le plateau *dés Téoulès* entre ce bourg et celui de Massonneau mais plus rapproché *dés Téoulès*.

« A partir de Blanchard, ce chemin, dont il vient d'être question plus haut, en se prolongeant, devait passer par la Cibadère (2), couper

---

(1) Ces trois noms de Saint-Pé, de Sourdeau et de Métau répondent à ceux de trois honorables familles qui ont laissé des traces à partir de cette époque, et ceux de leurs membres qui vivaient alors avaient dû lever des troupes dont ils avaient pris le commandement.

(2) A la Cibadère, ancien fief noble, en longeant la route qui monte à Ranse, autre ancien fief noble, sur la droite, entre la propriété de M. Gignoux et celle de M. Lignac, se trouve un pan de muraille gallo-romaine qui sert aujourd'hui de soutènement à un

vers le village du Sud la route de la Tourasse-Bourran à Saint-Côme et mettre Aiguillon en communication avec cette dernière voie et aussi avec le vallon de Montazet qui, avec ses eaux fraîches et limpides, réunissait tout ce qui pouvait plaire aux Gallo-Romains.

I. — *Le Camp de Ramon*. — « Au-dessus de la maison de Montazet (1) on remarque un plateau qui porte le nom de Camp de Ramon. Cette dénomination ne paraît pas désigner un castrum proprement dit, mais bien un établissement agricole, une villa entourée de murs, en état de résister à un coup de main, à une surprise. C'était le cas de beaucoup de ces édifices un peu éloignés des grands centres. Cet emplacement avait d'abord été défriché par le grand père de MM. Merle de Massonneau sur une superficie de trente ares environ. On y avait trouvé partout des substructions en petit appareil et on en avait retiré une grande quantité de débris de toutes sortes; mais il en restait encore, lorsque leur père résolut de faire place nette et mit à nu les restes d'une villa avec ses mosaïques, sa salle de bains, son hypocauste, des fragments de tuyaux de plomb. On y recueillit deux vases intacts, des débris d'ustensiles en terre (2), des tuiles à rebord et des marbres de diverses couleurs. D'après la position et la direction des ruines, le bois de Maintenant, qui est à côté, doit recéler une grande partie des substructions de cette riche villa, ainsi que l'emplacement qui sur ce même plateau forme un taillis situé entre ce qui a été découvert et la ferme de Montazet.

§ V. — ANCIEN CHEMIN

« Il est encore un chemin de la catégorie des voies établies par les Gaulois qu'il est utile de signaler. C'est celui qui, partant du Pas-de-la-

---

terrain de cette dernière propriété. D'autres amorces de murailles permettent de croire à l'emplacement en ce lieu d'une villa romaine.

(1) Ancienne maison noble appartenant aux Montpezat, seigneurs d'Aiguillon, puis à un cadet de cette famille, Bernard de Montpezat, qui la donna à Jeanne de Montpezat, sa fille. Celle-ci la porta dans la famille Malvin, par son mariage avec Charles de Malvin en 1489. Elle est aujourd'hui la propriété de M. Valler, avocat général à Bordeaux, qui l'a acquise de M. Merle de Massonneau.

(2) La collection Duburgua possède des morceaux de vases noirâtres à pâte grossière qui ont tous les caractères de la période gauloise voisine de la conquête et semblent donner la date de ces constructions qui se rapporteraient peut-être au Ier ou au IIe siècle de notre ère.

Grave, passe par Gouts (1), Saint-Martin (2), Boussac (3), les Videaux, le Christian (4), et traverse à Larrival la voie qui, de l'ancien Passage, se dirige sur la Tourasse. Il contournait les murs d'Aiguillon et passait sous les murs du castrum de Saint-Côme. Il est reconnaissable sur tout son parcours, excepté autour de la ville. Presque partout défoncée autrefois, cette voie a été reconstituée, il y quelques années.

« Il existait aussi une autre variété de chemins construits dans lits des ruisseaux. Ils ne sont pas relativement très anciens, car ils doivent dater de l'époque où, les eaux du Lot par suite des atterrissements s'étant retirées, ces ruisseaux ne s'alimentaient plus que par les sources et les ruisseaux des coteaux voisins. Ils servaient à faire communiquer la plaine du Lot avec la haute plaine et à desservir les fermes et les maisons de campagne. On peut citer celui de Vinzelles qui passe par la Mouliate et les Videaux ; celui de Bajalet à Saurou et à Boussac ; celui de Peyremartin (5) à la Cazotte. On ignorera bientôt l'affectation singulière de ces petits cours d'eaux dont quelques uns continuent encore de remplir le même objet mais désormais sous la forme de routes bien entretenues. »

ARTICLE III.

CASTRUM DE SAINT-COME

« Cette forteresse forme un rectangle d'environ quatre-vingt-dix mètres de longueur (face parallèle à la grande route) sur cinquante de largeur (côté de la route de Ventamil). Le petit appareil extérieur, semblable à celui de la Tourasse, sans assises de briques, semble reporter cette construction aux premiers temps de l'occupation romaine. La face sud-ouest, qui est la mieux conservée, a une hauteur apparente de cinq mètres et de neuf à dix mètres au-dessus du niveau de la grande route. Elle est, comme les autres, munie de contre-forts de un mètre cinq de largeur sur quatre-vingt centimètres

---

(1) Sous les murs de l'église et les ruines de l'éperon.
(2) Sous le cimetière mérovingien.
(3) A côté du tumulus appelé la Tuque.
(4) Nom donné autrefois à des léproseries ou à quelques groupes de Parias ou Cagost.
(5) Ce nom paraît rappeler un monument mégalithique.

d'épaisseur, espacés régulièrement de trois mètres. La face intérieure du mur est verticale, garnie de blocage cimenté comme la masse et sans petit appareil. La face extérieure est construite, au contraire, sur un plan incliné, de telle façon que le mur au sommet a un mètre d'épaisseur et un mètre quatre-vingt à sa sortie du sol actuel, c'est-à-dire cinq mètres plus bas. Il faudrait déblayer ou sonder pour avoir les dimensions de sa base primitive. Les arcades qui, dans l'origine, reliaient entre eux les contre-forts, ont disparu avec le couronnement. Ce vénérable débris est en très mauvais état ; de nombreuses fissures, des pertes d'aplomb produites par la poussée des terres et par un manque absolu de réparations, indiquent suffisamment qu'avant longtemps ses vestiges auront disparu. Les faces nord et est, recouvertes de terre jusqu'au niveau du sol, en indiquent seules l'emplacement. »
Plus de vingt maisons modernes de la paroisse de Saint-Côme sont construites en petit appareil provenant de ces ruines gallo-romaines.

« A l'intérieur, on a retrouvé un peu partout des restes de constructions primitives. En se plaçant au centre et en faisant face à la Garonne, on a découvert autrefois, à cinquante centimètres du sol actuel, des fondements de murs et des mosaïques de la bonne époque, car des fragments assez considérables qu'on a enlevés, étaient encore tellement solides qu'un habitant du village, M. Galie, a pu en tirer parti pour en faire le tablier d'un ponceau destiné à traverser un fossé devant sa maison. Du côté opposé, à droite et à soixante centimètres de profondeur, on mit au jour, il y a une cinquantaine d'années, des tombeaux mérovingiens, des plaques de ceinturon, des boucles caractéristiques de l'époque, d'autres objets en bronze et aussi des silos. Tout a disparu. »

Le marquis de Castelnau d'Essenault rapporte dans ses *Souvenirs archéologiques*, déjà cités, qu'entre le mur sud-ouest et l'église et tout près de celle-ci un paysan, labourant son champ, mit au jour en l'année 1849 une excavation d'environ cinq pieds de diamètre sur autant de profondeur et dans laquelle étaient quelques ossements. Tout à côté de cette espèce de puits ou de caveau se trouvait un réservoir de forme octogone, peu profond, solidement bâti et cimenté et dont l'intérieur était paremente de briques à rebord. Un petit canal, ouvert au fond de cette piscine, servait à l'écoulement des eaux dans la direction de la terrasse. Des fragments d'un pavé en mosaïque, composée de petits cubes de pierre, de brique et de marbre et dont les dessins paraissent avoir été purement géométriques, furent aussi découverts, à la même époque, près de ce bassin. Enfin, la mention que le baron Chaudruc de Crazannes a déjà faite de deux inscriptions antiques retrouvées parmi ces ruines, confirment pleinement l'existence en ce lieu d'un de ces établissements romains dont les vestiges se rencontrent si nombreux sur notre sol.

« A quelle époque, demande le colonel Duburgua, le castrum a-t-il été détruit ? La question, faute de documents, est difficile à résoudre. Mais la découverte des tombeaux mérovingiens sur son emplacement peut faire supposer que les Francs qui envahirent cette partie de la Gaule au vi^e siècle, le trouvèrent ruiné ou exécutèrent eux-mêmes cette besogne. Des fouilles qui seraient faites autour de l'église et du castrum fourniraient d'intéressantes découvertes. »

L'une des deux inscriptions mentionnées plus haut et retirées d'un puits jadis comblé par des décombres, à Saint-Côme, est ainsi conçue, d'après la planche III correspondant aux pages 218-220 de l'*Essai sur les Antiquités du Département de Lot-et Garonne* :

SEX. IVL. ACCEPTVS
GENIO. AMB
ISSOVI CVM
BONNI

« Ce fragment, dit Saint-Amans (*ibidem*), mentionne un génie topique ou local, espèce de patron de paroisse auquel Saint-Côme a succédé, et pour lequel *Sextus Julius Acceptus* avait sans doute une dévotion particulière. *Ambissovicum* était peut-être le nom du village ; sa situation voisine de deux rivières permettrait de le conjecturer sans difficulté, si la première syllabe *Amb.* atteignait le bord du marbre, et si l'on était assuré qu'elle fît partie du mot *issovicum*, de la troisième ligne... Ce nom *Ambissovicum* a pu signifier autrefois bourg des deux eaux, ou des deux rivières, ce qui se trouverait justifié par sa position topographique. Si l'inscription était entière, nous saurions à quoi nous en tenir à ce sujet, et pourquoi ce nom est à l'accusatif. Au surplus, c'est une idée que je hasarde en passant, et que je défère en toute humilité, au tribunal suprême de la science. Je n'entreprendrai point d'expliquer le reste de l'inscription trop fracturée. »

M. le colonel Duburgua écrit à son tour : « M Chaudruc de Crazannes a présenté, dans le *Recueil de la Société des Sciences et Arts d'Agen*, une note relative à une inscription votive sur un buste d'Hermès découvert dans un puits à Saint-Côme. Elle se traduit par : « Sextus Julius Acceptus au Génie du bourg d'Ambissus. » Ce savant pense que cet ex-voto a dû être transporté à Saint-Côme et pourrait provenir de Saint-Jean d'Aubetz ou d'Ambetz, autre part d'Aubesq. Ce hameau, situé sur le coteau à quatre kilomètres au moins du castrum ou d'un cours d'eau quelconque, ne semble réunir aucune des conditions qui caractérisent un confluent. A mon avis, je crois que cette inscription, trouvée à Saint-Côme, lui appartient bien et désigne le nom que portait autrefois ce lieu. En jetant un coup d'œil sur le castrum et sur sa position, on peut admettre que, sous sa protection, a dû se former une certaine réunion de maisons qui se sont disséminées comme toujours le long des routes. La route qui se dirigeait sur la Garonne et qui côtoyait son embranchement jusqu'à sa jonction avec le fleuve au Péage, c'est-à-dire sur un parcours de cinq à six cents mètres environ, a dû être le point principal de l'agglomération et donner au village le nom de *Ambissus Vicus*. — M. de Saint-Amans dit *Acceptus*, M. de Crazannes dit d'abord *Accepus* et ensuite *Accetus*. L'inscription étant perdue ou égarée, il est difficile de se prononcer. Si l'on s'en rapporte à une inscription du Musée lapidaire de Lyon, c'est *Acceptius* qu'il faudrait dire. Ce nom qui est inscrit deux fois de cette façon sur un tombeau me paraît plus acceptable. »

L'autre fragment d'inscription, trouvé avec le premier que nous venons de décrire, porte :

IVENTVS ⊳ VIA ⊳ IVLI
ANA ⊳ PRO ⊳ SALVTE ⊳ IMP A

« Ce second fragment, poursuit M. de Saint-Amans, indique une voie julienne que je ne trouve mentionnée nulle autre part. Comme il nous est également impossible de lire en totalité cette inscription, nous nous bornerons à faire observer que la voie dont il s'agit, et qu'on trouve ici pour la première fois, devait être ou la route romaine, de Bordeaux à Agen, indiquée dans ma première notice, ou bien celle qui descendait des Pyrénées et se rendait à Eysses, en croisant la première vers Saint-Côme, poste militaire romain, ainsi que nous l'avons déjà fait remarquer. A laquelle de ces deux routes la qualification de *Via Juliana* pouvait-elle être appliquée ? Or, la dernière de ces voies, connue dans le pays sous le nom de *Ténarèse*, qu'on fait dériver d'*Iter Cæsaris*, nous semble être plutôt la *Via Juliana* de l'inscription que la première. Celle-ci est mentionnée, sans dénomination particulière, dans la table théodosienne et l'itinéraire d'Antonin ; la voie julienne paraît ici pour la première fois, et ne peut, à mon avis, désigner que la Ténarèze, à laquelle on donne aussi le nom vulgaire de *Chemin ferré*, si l'on réfléchit qu'elle n'existait pas lors de la rédaction de l'itinéraire d'Antonin, et qu'à cette seule raison elle a peut-être dû son omission dans la table théodosienne... »

Nous trouverons au chapitre IX, *Histoire ecclésiastique*, la description de l'église romane de Saint-Côme et la mention relative à celle de Saint-Pastour, voisine de la première.

Entre le Péage et Boussères de Mazères, le coteau forme un promontoire qui fait saillie sur la route actuelle. On l'appelle le *Roc de Pinne*. Cette dénomination peut être rapprochée de celle que les Gaulois ont donnée à une de leurs divinités topiques, le dieu Penn (1). Le nom de cet emplacement, si peu distant de celui qui fut dédié au Génie du bourg d'Ambissus, est à signaler.

ARTICLE IV

CASTRUM D'AIGUILLON

« L'enceinte de la ville forme un rectangle de deux cent cinquante mètres de longueur sur cent soixante mètres de largeur. Ce périmètre n'est autre que celui d'un camp romain qui, d'après les règles de la castramétation, devait contenir quatre cohortes (sans les auxiliaires), soit la moitié d'une légion, par conséquent deux mille cinq cents hommes environ (2) (Voir planche IV).

» Cette enceinte, comme tous les *castra stativa*, devait être formée d'un remblai en terre surmonté de solides palissades et précédé d'un fossé large et profond. Elle dut être élevée ou pendant la troisième campagne de César en 56 avant Jésus-Christ, après la prise de Sos et de Bazas par Crassus, ou pendant la huitième campagne, cinq ans plus tard, à l'époque du siège d'Uxellodunum.

» Quand la pacification fut complète, quelques années après la conquête des Gaules, sous le gouvernement impérial, les camps établis par les Romains furent en partie évacués, mais continuèrent à être entretenus, afin d'être utilisés au besoin. Celui d'Aiguillon, position stratégique importante, dut se trouver dans ces conditions.

» Une grande partie de cet emplacement dut être affectée comme refuge, en temps de guerre, à ceux qui habitaient les environs ; mais, à peu près partout, un certain espace fut réservé et confié, sans doute,

---

(1) Penn signifie montagne, sommet.
(2) La planche IV indique ce périmètre du camp romain.

à la garde d'un corps de soldats indigènes ou auxiliaires sous le commandement d'un gouverneur et d'officiers romains. Ils constituaient une sorte de milice nationale, levée et entretenue par le pays même. Leur recrutement ne devait s'opérer que parmi les colons résidents ou agglomérés. Le but était de défendre la ville et son territoire. C'était à peu près l'organisation de nos bureaux et de nos goums en Algérie. Cet espace ou réduit était tout indiqué au confluent des deux rivières, et les substructions gallo-romaines de la terrasse de M. le docteur Nebout qui seront décrites au § II, ne sont qu'un reste du premier château et de la maison du gouverneur.

§ I. — Le Réduit.

« Le réduit, entièrement construit en petit appareil, devait comprendre la partie du mur-ouest depuis l'emplacement de l'ancienne église (église nouvelle) jusqu'à la terrasse de M. le docteur Nebout et par là se relier du côté-nord jusqu'à la grande rue, mais pas plus loin (voir planche IV, A K L M C D E). Cette supposition est appuyée sur la découverte relativement récente d'un mur en petit appareil romain mis au jour en creusant une cave dans une maison (maison Belly) faisant l'angle d'une petite rue conduisant de la grande rue au presbytère actuel et parallèle à l'avenue qui se dirige sur l'église (L de la planche IV). Cette substruction, bien reconnue dans la partie déblayée, se dirigeait en ligne droite sur la sacristie actuelle de l'église en M (1). Ce fragment de mur a été trouvé à vingt centimètres au-dessous du niveau de la rue ; il a une profondeur de deux mètres qui est celle de la cave, mais il se prolonge plus bas. En avant, on a rencontré à un mètre cinquante du sol de la rue un parquet en mosaïque de basse époque (2). Entre celui-ci et le mur romain s'adosse un seuil de porte de un mètre dix de largeur portant sur un mur de quatre-vingt-dix

---

(1) « On avait déjà découvert, quelques années auparavant, une autre amorce de mur romain quand on construisait une cave dans l'ancienne maison Bibal. »

J'ai moi-même constaté, en dehors du réduit, mais à peu de distance du mur romain de la maison Belly, la présence d'une amorce de construction romaine revêtue de moellons non taillés, reliés par un ciment très dur, d'un mètre environ de hauteur, sur toute la base du mur-sud de la cave de la pharmacie Lavergne

(2) « Lorsqu'au siècle dernier, on construisit l'aile du château destinée au théâtre, on découvrit sur cet emplacement une mosaïque dont personne ne dut sans doute s'occuper. »

Pl. II.

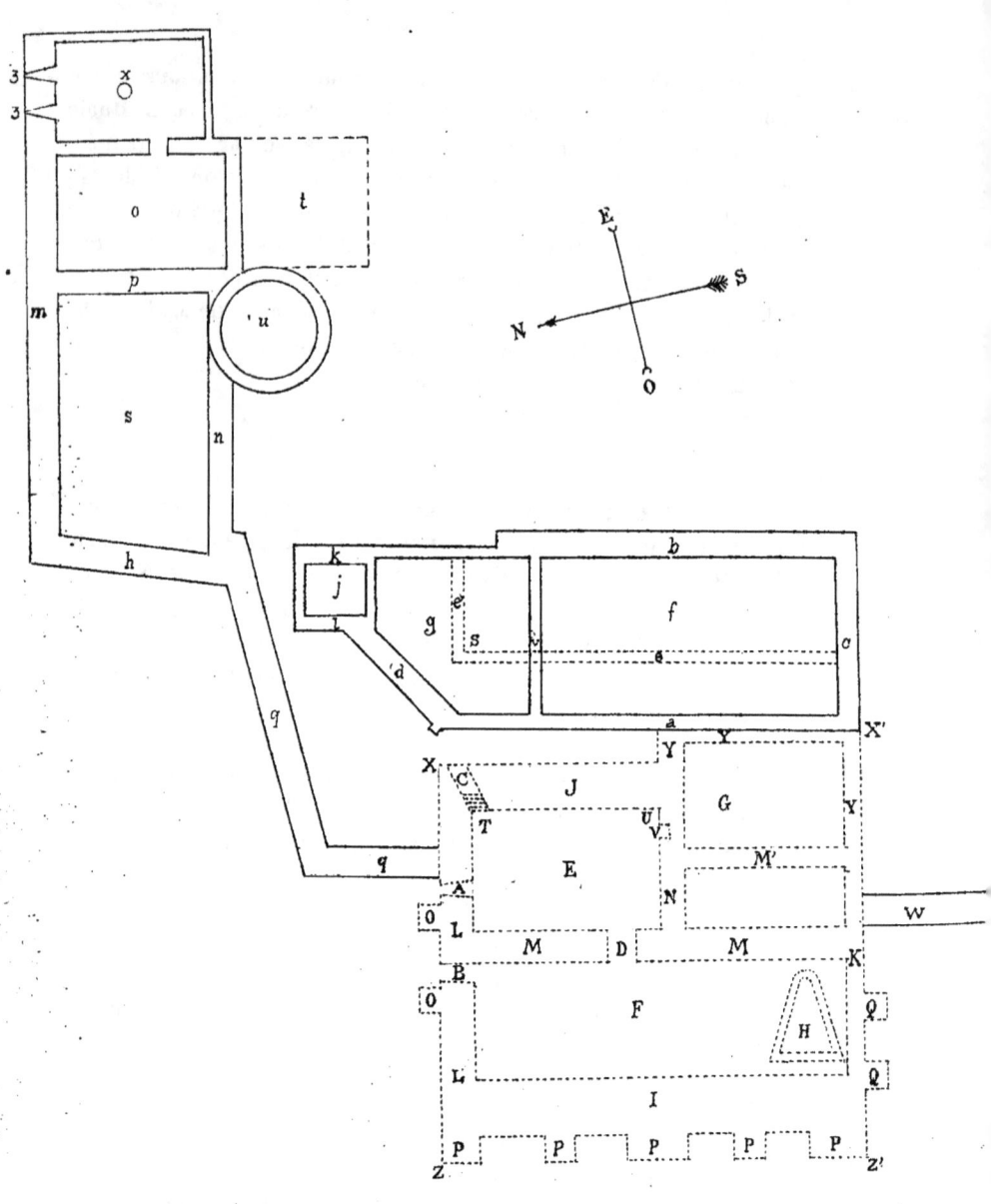

Château de Lunac.
(état actuel)

N. Les caves romaines et les amorces de murs romains sont figurées par des lignes pointillées, les lignes pleines délimitent le Château de Lunac proprement dit.

G. Lavergne f.

centimètres d'épaisseur, bâti en gros moellons bruts, sans parements, liés par un ciment très dur. Les fouilles n'ont pas été poussées assez loin pour pouvoir essayer d'en faire une reconstitution. Mais son appareil, qui est semblable à celui du Ravelin, (côté-nord), semble fixer une époque intermédiaire entre cette construction et celle de l'enceinte de la ville. Quelle était sa destination ? Une tour ajoutée plus tard au mur romain ? Une poterne pour communiquer la nuit d'un quatier à l'autre ? On ne sait.

» Revenons au mur romain de la maison Belly. Il s'engage un peu sous la grande rue (de cinquante centimètres environ, on n'est pas allé plus loin). Il est probable qu'il doit faire un angle droit et suivre cette voie jusqu'à la Porte d'en Bas (voir n° 18 de la planche IV). S'il en était autrement, s'il se prolongeait en droite ligne, on en aurait trouvé les traces à l'époque où l'on a construit, devant la cour de la gendarmerie (ancien couvent des carmes), les caves des maisons placées en bordure sur la rue.

» Cette enceinte A K L M C D E de la dite planche IV, constituait le réduit romain et plus tard le bourg de Lunac. Ce quartier ne renferme pas de caves ; mais quand on en construira, on y fera certainement des découvertes intéressantes. »

§ II. — Le Castellum Romain.

Le castellum romain faisait naturellement partie du réduit qui devait être construit partout dans les mêmes conditions. Il n'en reste que des ruines dont la plus intéressante est un grand pan de muraille C D étayé de contre-forts en arcade, et au pied duquel passe actuellement le chemin de fer du Midi (v. planche IV). Ce mur, d'une hauteur de douze mètres cinquante, sert de soutènement à une terrasse établie sur la voûte même d'antiques salles.

Les descriptions qui en ont été faites jusqu'à ce jour sont ou incomplètes ou fautives. Nous avons cru devoir nous livrer à un examen plus approfondi, pour donner de ce premier castrum une étude plus satisfaisante (voir planche II pour la description qui suit).

Cette belle ruine offre tous les caractères de l'architecture le plus habituellement en usage dans la Gaule aux premiers siècles de notre ère. Son appareil de revêtement se compose de petits moellons smillés, d'environ quatre pouces de côté, à joints épais de ciment et dont les assises régulières sont maintenues de niveau, à distances égales, par de doubles rangées de grandes briques. On remarque, en effet, partout où les murs sont restés intacts, cinq assises de pierres du petit appareil, séparées par deux assises de cordons de briques.

Cinq contre-forts (PPPPP), de largeur diverse et d'une épaisseur, près du sol, de deux mètres, qui diminue graduellement à partir de leur base, s'élèvent jusqu'à son sommet, où les relient l'un à l'autre des archivoltes extradossées dont les claveaux sont séparés par des carreaux posés de champ. Sur les cintres reliant ces contre-forts, chaque claveau en pierre alterne avec deux briques dont les dimensions sont partout les mêmes (quarante à quarante-deux centimètres sur chaque côté, avec trois centimètres d'épaisseur). Mais au-dessus des cintres la grosse brique fait son apparition ; c'est une preuve que cet édifice a été démantelé à la même époque que les murs de l'enceinte. Le couronnement primitif n'existe donc plus; il se trouve aujourd'hui remplacé par le parapet d'une terrasse qui dépend de l'habitation de M. le docteur Joseph Nebout.

A son extrémité-nord, en Z, le mur L, de un mètre soixante d'épaisseur, se dirigeait en retour d'équerre vers le levant, en X. C'est maintenant de ce côté que, par une sorte de brèche A, qui devait au moyen-âge servir de poterne, on pénètre dans les deux salles ou caves parallèlement disposées en E et F et circonscrites par la muraille que nous venons de décrire. La brèche A, ouverte dans le mur romain L, est à plein-cintre, de un mètre cinquante de largeur sur un mètre soixante-cinq de hauteur. Elle n'a rien du style romain et a dû être faite au moyen-âge pour les besoins de la défense. — A côté, une autre brèche B, donnant dans la seconde cave F, est sans doute de même origine que sa voisine A. Elle a été ouverte entre deux contre-forts romains OO, qui subsistent en partie. — Le reste de la façade du mur L forme un placage de pierres de moyen appareil comme celui de la façade-sud du mur K et des murs de la ville W. Cet ouvrage aurait donc été ruiné avant la construction de l'enceinte de pierre et réparé à cette époque (1). La masse est en blocage romain.

Au-delà de la dernière des arcades, vers l'ouest, la grande muraille I, qui a deux mètres soixante-quinze d'épaisseur, se relie en angle droit, en Z', du côté du levant, mais sa construction dans cette partie, présente de nombreuses traces de reprises, qui ont fait à peu près disparaître ses caractères primitifs.

---

(1) Nous verrons plus loin que la construction de l'enceinte de pierre de la ville d'Aiguillon est du xiie siècle.

Le mur-sud K était construit dans les mêmes conditions que celui de l'ouest I : les restes de petit appareil, les cordons de briques, le fragment de deux contre-forts (QQ) le prouvent suffisamment ; partout où les pierres de petit appareil manquent, elles ont été remplacées par d'autres d'appareil moyen, qui sont semblables à celles de l'enceinte du xii⁰ siècle, mais qui ne forment qu'un placage. Ce mur K n'a que quatre-vingt centimètres d'épaisseur. Il faut dire qu'il était moins exposé que son parallèle L, du côté duquel se sont portées presque toujours les attaques des assiégeants. C'est contre le mur K que vient tomber perpendiculairement le mur de ville W ou l'enceinte du xii⁰ siècle.

Pénétrons, par la brèche A, dans la première cave E, dont le mur J, d'une épaisseur égale sans doute à celle de son parallèle I, est contigu au terre-plein de la terrasse. Cette salle souterraine a dix mètres de longueur, six mètres de largeur et cinq mètres de hauteur que l'on peut mesurer rigoureusement depuis que l'auteur de cette monographie s'est rendu compte, en fouillant le sol, que les débris accumulés par les siècles sur le sol primitif présentent à peine une épaisseur de vingt centimètres. Nous avons, d'ailleurs, trouvé les fondations du mur J à cinquante centimètres au-dessous du sol actuel et à trente de l'ancien sol, au moins vers l'angle U. Mais nous devons dire, pour être très exacts, que les fondations du mur J reposent dans toute leur étendue sur un banc de gravier qui va en montant de l'angle T à l'angle U, de telle sorte qu'ayant un mètre vingt de profondeur à leur départ en T, elles ne mesurent plus que cinquante centimètres à l'autre extrémité U, au-dessus du sol actuel.

A droite et à gauche, à une hauteur moyenne de quatre-vingt centimètres, les murs sont en petit appareil sans cordons de briques et font une petite saillie de huit centimètres. Au-dessus, ils ont cinq assises de pierres de petit appareil séparés régulièrement par un double cordon de briques ; mais, à partir de la naissance de la voûte, on trouve un double cordon de briques romaines et quatre assises de moellons taillés en forme de claveaux ; un autre double cordon de briques et ainsi de suite, avec cette particularité que la première assise de pierres entre les cordons de briques est de soixante dix centimètres, la seconde d'un peu moins, de manière que, vers le sommet de la voûte à plein-cintre, il n'y a plus qu'une simple rangée de claveaux. La même disposition se rencontre dans la cave F.

Dès qu'on est entré dans la cave E, par la brèche A, on découvre dans l'épaisseur du mur J, près de l'angle T, une arcature en briques romaines qui par ses deux extrémités touche au niveau du sol. La présence de cet ouvrage a fait croire à plusieurs archéologues, qui ne savaient où placer l'entrée primitive, que c'était là une amorce annonçant par dessous cette arcature, une entrée de la cave, l'entrée primitive. Or, j'ai fait fouiller jusqu'aux fondations du mur J en cet endroit et j'ai pu me convaincre qu'il n'y avait pas la moindre trace d'ouverture, la muraille étant établie sur ce point dans les mêmes conditions que dans le reste de son étendue. Le banc de gravier sur lequel repose le mur J paraît seulement plus mouvant et partant moins résistant vers l'angle T, de sorte que l'arcature, établie au-dessus, pourrait bien n'avoir d'autre objet que la consolidation de la muraille.

C'est par-dessus cette arcature, à deux mètres soixante-cinq du sol actuel, que l'on trouve, je crois, l'entrée primitive, voûtée en pleincintre et pratiquée dans l'épaisseur de la muraille en forme d'escalier C. Sa largeur est de un mètre dix et sa hauteur de un mètre soixante-dix. Quant à sa longueur ou profondeur, elle ne pourrait être mesurée qu'en enlevant le mur de refend qui ferme depuis je ne sais quelle époque cette ouverture pour empêcher les terres supérieures du rez-de-chaussée de s'écouler dans la cave. Elle tient toute l'épaisseur du mur J qui est probablement de deux mètres soixante-quinze. Les trois dernières marches inférieures de cet escalier, *entièrement construites en ciment fort dur*, cessent tout-à-coup, ce qui laisse supposer qu'une échelle de bois s'ajoutait à la plus basse pour communiquer avec le sol. C'est au-dessus de la plus haute des trois que se dresse le mur de refend qui empêche désormais la communication avec le rez-de-chaussée de l'ouvrage, qui, fermé à sa gorge, était plus élevé et constituait une tour de flanquement.

Au fond de la première cave E est un petit réduit V pratiqué dans le mur N à soixante-dix centimètres au-dessus du sol. Il a cinquante centimètres de largeur, soixante de hauteur et soixante-sept de profondeur. On en trouve de semblables dans les anciens châteaux.

Tous ceux qui ont étudié avant nous les substructions de ce puissant ouvrage des Romains, ont cru à l'existence d'une autre salle, faisant suite à la première, derrière le mur N. Nous y avons cru nous-mêmes. Cela paraissait si naturel ! M. le docteur Nebout vient de faire ouvrir une brèche dans le mur N, au-dessus du réduit V ; mais quelle n'a pas été notre déception lorsque nous nous sommes trouvés en présence d'un local comblé de terre et de débris. Notre première pensée a été cependant de croire à l'existence d'une autre salle dont la voûte s'était effondrée, entraînant dans sa ruine, les terres qu'elle soutenait. Mais un examen plus attentif et des fouilles plus avancées dans l'espace G nous ont montré que le mur J ne se prolongeait pas au delà de la première salle E, et qu'un nouveau mur M', dont nous n'avons pu mesurer l'épaisseur, partait perpendiculairement au mur N et devait probablement aller en ligne droite à la rencontre du mur K. Serions-nous en présence d'une tour servant de donjon et flanquant l'ancien château romain à l'angle sud-est, pour le défendre du côté de la ville ? Nous ne savons expliquer autrement l'existence du mur M' et le retour en équerre des murs N et J. Aussi essayons-nous d'établir sur la planche II par des lignes de petits points, comme pour tout le reste, cette partie de l'ouvrage que nous supposons à tort ou à raison avoir été établie de la manière susdite.

La première salle E était mise en communication avec la grande salle F par une ouverture à plein-cintre en D, qui, datant de la construction primitive, a un mètre quatre-vingt-dix de hauteur et un mètre soixante de largeur qui est celle du mur de séparation M. Plus tard on a bouché en partie cette ouverture, en réservant toutefois dans la baie primitive une entrée plus étroite, qui a été remaniée encore à une époque relativement récente. La salle F a la même hauteur et la même largeur que la première, mais sa longueur est de vingt mètres.

Au bout de cette salle, en H, nous avons mis à jour, en fouillant le sol, un bassin, en forme de trapèze, dont les murs, d'une épaisseur de soixante centimètres, ne paraissent pas de construction romaine. Nous n'avons pas touché le fond à plus de trois mètres de profondeur. Ce devait être un réservoir de vivres comme on en trouve dans les châteaux forts. Il peut en exister d'autres, c'est ce que de nouvelles fouilles pourraient nous révéler.

Des divers sondages pratiqués dans le sol de ces belles salles souterraines nous avons retiré quantité de tuiles à rebord, les unes minces et les autres plus épaisses; des débris de marbre et de mortier romain, des plaques de ciment polies comme du marbre, le tout mêlé à des morceaux de grosses briques du moyen âge et de tuiles-canal.

« J'ai remarqué, écrit le colonel Duburgua, la même construction et pris les mêmes mesures sur les voûtes des aqueducs de Bonnant aux environs de Lyon et sur ceux de Saint-Irénée de cette dernière ville.. »

Ce premier château a été élevé sur le point le plus fort du plateau à l'angle nord-ouest de l'enceinte.

Maison d'habitation. — Devant le château que nous venons de décrire, s'élevait, du côté de la ville, la maison d'habitation gallo-romaine, qui devait être probablement affectée au logement du gouverneur. J'en découvris des amorces assez considérables, en faisant pratiquer, en juillet 1893, des fouilles dans la partie *f* et *g* du château de Lunac (voir planche II) servant, au moyen-âge, d'annexe, de magasin ou de caserne. Nous mimes au jour, à vingt centimètres au-dessous du niveau actuel du sol, l'angle S des murs *ee'*, de construction romaine, revêtus d'un parement de moellons smillés à joints épais de ciment très dur, comme dans l'ouvrage que nous venons de décrire. Le mur *e* se trouve sur une étendue de sept mètres et le mur *e'* sur une longueur de douze mètres(1). Ce dernier est établi à la distance de quatre mètres quatre vingt-quinze de l'extérieur du mur J de la première cave E, en supposant que celui-ci ait l'épaisseur du mur I, qui lui est parallèle, c'est-à-dire deux mètres soixante-quinze, disposition qui laissait un passage suffisant ou une cour entre le château et la maison d'habitation, car ce mur devait être plus long que son amorce actuelle et se prolonger jusqu'en *c*.

Le mur *e'* étant sur le même alignement que l'intérieur du mur L, son parallèle en *c*, qui occupait la place du mur qu'on voit encore, devait être également sur le même alignement que le mur K Y, ce qui faisait abriter la maison d'habitation dans toute son étendue par le grand ouvrage de défense élevé sur les salles souterraines dont nous avons donné la description. Au reste, ces deux murs *e e'*, n'ayant qu'une épaisseur de soixante centimètres, n'étaient point construits en vue de la défense, mais pour l'habitation luxueuse du maitre. Ce qui nous confirme dans ce sentiment, c'est la découverte dans ce logis, en S, de fragments de stucs très fins et très durs recouverts de diverses peintures comme celles qu'on trouve dans les fouilles du Mont-Palatin à Rome, d'Herculanum et Pompéi et ailleurs. Quelques-uns de ces fragments sont peints en rouge avec des filets de couleur verte de plusieurs nuances; d'autres ont un fond jaune pâle semé de feuilles qui paraissent avoir été noires ou d'un vert-bleu très foncé ; d'autres enfin ne présentent plus que des couleurs difficiles à déterminer, à cause de leur vétusté. Ces fragments, détachés des murailles à l'époque sans doute d'une destruction du castrum romain, étaient empâtés dans le béton qui avait servi à construire le second sol de ce logis, car le sol primitif, plus bas de vingt centimètres environ, se trouve plus résistant

---

(1) Le mur *e* est parallèle au mur *d* du château de Lunac et en est distant de 2m50.

et composé d'un fond de ciment aujourd'hui fort dégradé et recouvert peut-être, à l'origine, de mosaïques en rapport avec la richesse des murailles.

§ III. — Le Château de Lunac (1).

Le château de Lunac a remplacé le castellum romain. Situé à l'extrémité du promontoire qui dominait le confluent des deux bras du Lot et de la Garonne, il ne pouvait occuper dans la ville une assiette plus propre au rôle qu'il devait remplir. Les Romains, comme on l'a vu, n'avaient pas négligé cette position.

Il se compose de deux parties bien distinctes (voir planche II), séparées par une cour (voir n° 9 de la planche IV) : 1° un vaste bâtiment rectangulaire f, datant de la construction du xiie siècle et de la restauration des murs de l'enceinte au xiiie siècle. Il ne saurait y avoir de doute à cet égard. Cette partie devait probablement servir d'annexe, de magasin ou de caserne. 2° Un corps de logis ou maison d'habitation, de même forme, de même appareil que le précédent, par conséquent son contemporain.

I. — *Bâtiment annexe.* — Il est situé à gauche en entrant dans la cour et composé de deux parties, 1° d'un rectangle f et 2° d'un corps de logis g, le premier mesurant quatorze mètres quatre-vingt-dix de longueur et le second huit mètres vingt-cinq.

1° Le mur a, de quatre-vingt-cinq centimètres d'épaisseur, autrefois

---

(1) Le château de Lunac, habité d'abord par les seigneurs de ce nom, devint depuis le xve siècle l'entière propriété des Montpezat, seigneurs d'Aiguillon. Jeanne de Montpezat, fille de Bernard de Montpezat, un cadet de cette dernière maison, l'apporta en dot un siècle plus tard à Charles de Malvin de Montazet, dont les descendants le gardèrent jusqu'en 1739. Par acte du 13 décembre de cette année, il fut vendu par Anne-Charles-François de Malvin de Montazet à Antoine du Gasquet, qui, étant mort sans héritiers directs, le laissa à sa nièce Marguerite Dorothée Nebout de Riberot, fille de Joseph Nebout de Riberot, lieutenant général de la sénéchaussée d'Aiguillon, et de Marie du Gasquet. Ladite de Riberot épousa le 18 nov. 1766, Simon Pierre Merle de Massonneau. A leur décès, le château passa (1815) à leur fils Jean-Antoine Merle de Massonneau. Le fils de ce dernier le vendit par acte du 28 mars 1884, à M. le docteur Nebout, qui l'habite avec sa famille.

Nous verrons que le château de Lunac est désigné dans un acte du commencement du xviie siècle sous le nom de château de *Levarhon*, dénomination que je n'ai pas rencontrée avant cette époque. On l'appelait aussi dans les deux derniers siècles le *Petit Château*, car il avait beaucoup perdu de son importance après la Guerre de Cent-Ans.

crénelé à son sommet, n'a plus que huit mètres quatre vingt de hauteur. Il n'est qu'à un mètre soixante du mur J, appuyé contre le terre-plein de la terrasse. Il est tout entier en briques du xiii® siècle. Ces briques ont trente-trois centimètres de longueur et vingt de largeur sur une épaisseur variant entre cinq et sept centimètres. Il a dû remplacer un mur plus épais et bâti, comme son parallèle b, en pierres d'appareil moyen. Le mur qui relie les deux parties ci-dessus est en briques de mêmes dimensions. Celui de la façade b, sur la cour, a un mètre trente d'épaisseur, de même que celui qui, adossé au jardin Leaumont (en c), n'est que la continuation du mur K Y qui forme le côté-sud de la terrasse. L'appareil en pierres de ces deux derniers est semblable à celui des murs extérieurs $m\ h\ q\ w$. Les grosses briques qui ont servi à les réparer indiquent suffisamment qu'ils sont contemporains de l'enceinte primitive (xii® siècle), dont ils ont partagé les vicissitudes. Mais ils formaient une enceinte intérieure. A l'époque où l'on a construit les murs de ville, la terrasse n'était pas dans l'état où elle est actuellement : c'était l'édifice romain quadrangulaire, fermé à sa gorge, élevé de deux étages au moins ; il formait un donjon. Grâce à son excellente position, il avait été transformé en réduit et, comme tel, mis en état de résister contre un ennemi qui se serait emparé de la ville. Mais cette muraille, ayant à éprouver une attaque moins forte, n'avait qu'une épaisseur de un mètre trente au lieu de l'épaisseur de un mètre quatre-vingt-cinq affectée partout à l'enceinte. Le mur de façade b, sur la cour, se reliait primitivement au côté-ouest h de la maison d'habitation dont il est le prolongement et laissait en dehors la partie formant actuellement la maison de maître s, qui était limitée par le mur de clôture de la rue, lequel devait avoir d'autres assises que celles d'aujourd'hui.

L'intérieur de ce bâtiment-annexe a conservé son mur de séparation v en grosses briques ; la toiture est récente ainsi que les ouvertures qui ont vue sur la cour. De ce côté, l'ancienne muraille du xii® siècle n'a que sept mètres cinquante de hauteur ; on l'a surélevée depuis peu. Elle était crénelée comme toutes les murailles du château. La façade a, sur la terrasse, offre quelques particularités. La fenêtre la plus rapprochée de l'angle sud-ouest est située à mi-hauteur entre le sol et le plancher. Elle mesure un mètre quarante de hauteur sur quatre-vingt centimètres de largeur. Son arc n'est ni ogival, ni en plein-cintre, mais forme un angle d'équerre avec trois moulures qui, à leur intersection avec le reste de l'ouverture, ne se prolongent le long du mur que de quelques centimètres. La deuxième ouverture, à côté, est au 1ᵉʳ étage, à hauteur d'appui. Taillée en embrassure plus large intérieurement qu'extérieurement (un mètre trente de hauteur sur un mètre de largeur), elle affecte la forme de l'ogive. La troisième, à plein-cintre, est aussi au 1ᵉʳ étage, à hauteur d'appui, et placée à un mètre quarante de la précédente. Elle est bouchée (un mètre vingt de haut sur soixante-quinze centimètres de largeur). 2º La seconde partie *g* du bâtiment est une annexe qui, ajoutée au xvᵉ siècle, a dû remplacer la continuation de la partie *f* que nous venons de décrire, ruinée sans doute pendant le siège de 1346. Une ancienne porte aujourd'hui murée (hauteur deux mètres, largeur un mètre soixante-cinq) et surmontée d'une accolade, indique cette époque. Elle est bâtie en pierres d'appareil et ouverte dans le mur *d*, qui a une épaisseur de un mètre vingt. A l'intérieur *g* existe une ancienne cheminée adossée au mur en briques *a*. Elle paraît dater aussi du xvᵉ siècle. Son foyer a une profondeur de cinquante-cinq centimètres, une largeur de deux mètres cinquante et une hauteur jusqu'à la hotte, qui est droite, de deux mètre dix. Les moulures qui forment les jambages et le manteau n'ont rien de particulier.

Toujours sur la continuation de la façade en briques *a*, sous la charpente actuelle, au 2ᵉ étage et à gauche de cette cheminée, une ouverture ogivale, en forme de meurtrière (hauteur quatre-vingt-dix centimètres, largeur dix centimètres), est bouchée depuis longtemps. A une distance de deux mètres cinquante de celle-ci se montre une baie ogivale (hauteur un mètre cinquante, largeur soixante-deux centimètres).

Enfin une tour carrée *j*, bâtie en pierres de moyen appareil comme le mur *d*, flanque cette dernière partie du bâtiment. Elle paraît être du xvᵉ siècle et est voûtée, au rez-de-chaussée, en berceau cintré reposant sur les deux murs parallèles *k i* dont le premier *k* a un mètre d'épaisseur environ et le second un peu moins.

II. — *Maison d'habitation.* — Elle est adossée par deux de ses côtés à l'enceinte *h* et *m*. La façade *n*, sur la cour, est en briques du xiiiᵉ siècle et d'une épaisseur de un mètre trente. Elle est démantelée. La cuisine *o* est séparée du rectangle *s* par un mur *p*, de un mètre dix d'épaisseur ; elle est en voûte d'arête, d'une hauteur de trois mètres au-dessus du sol actuel, mais l'ancien niveau du sol paraît avoir été un mètre soixante plus bas, car par une fissure du carrelage la sonde obtient cette profondeur. La cheminée est relativement récente, ainsi que la fenêtre, percée dans le mur de ville *m*. Cette cuisine formait dans la cour le prolongement d'un édifice *t*, faisant un angle droit avec l'habitation ; le plan de 1748, conservé à la mairie d'Aiguillon, le représente encore. Une amorce de ce prolongement indique qu'il était bâti en pierres d'appareil moyen.

L'angle de ce bâtiment avec la maison est occupé par une tour ronde *u* qui doit être du xv⁰ siècle, ou du commencement du xvi⁰. Ses murs ont une épaisseur de quatre-vingt centimètres. La porte extérieure, remaniée autrefois, et convertie plus tard en fenêtre, éclaire le bas d'un escalier en calimaçon, de chêne massif.

De l'autre côté, attenant à la cuisine et séparée par un mur de soixante-huit centimètres d'épaisseur, une petite cour *x* (de sept mètres soixante-quinze de longueur sur cinq mètres trente de largeur) présente dans son milieu un puits, qui doit être contemporain des autres édifices. En outre, on remarque adossées au mur de ville *m* deux casemates contigües l'une à l'autre donnant accès à deux meurtrières *z z* dont une est bouchée et dont l'autre en bon état, située à un mètre cinquante du sol actuel, forme embrasure. Cette dernière a vingt centimètres de largeur sur un mètre de hauteur.

Nous devons conclure que l'ensemble du château de Lunac semble appartenir à trois époques distinctes, les xii⁰, xiii⁰ et le milieu ou la fin du xv⁰ siècles (1).

§ IV. — Le Château du Fossat (2).

De ce château, il ne reste que le souvenir transmis par une aquarelle de M. Borie, ancien professeur de dessin, qui l'avait exécutée, vers 1820, d'une façon très exacte et que nous reproduisons ici. Sa comparaison avec le plan de la ville de 1748 le prouve suffisamment.

Ce château fut bâti dans les premières années du xiv⁰ siècle, comme nous le verrons plus loin, et remanié dans la seconde moitié du xv⁰, après l'expulsion définitive des Anglais. « Depuis cette dernière époque, écrit le colonel Duburgua, ce ne fut plus qu'un manoir incapable par lui-même de soutenir un siège régulier, susceptible néan-

---

(1) Nous nous sommes beaucoup servi dans la description des châteaux de Lunac et du Fossat, du *Mémoire manuscrit* du colonel Duburgua que nous avons complété et quelque peu rectifié.

(2) Le château du Fossat appartint d'abord à leurs fondateurs, les du Fossat, puis aux Montpezat, et par ces derniers, à leurs successeurs mentionnés dans le cours de cette histoire.

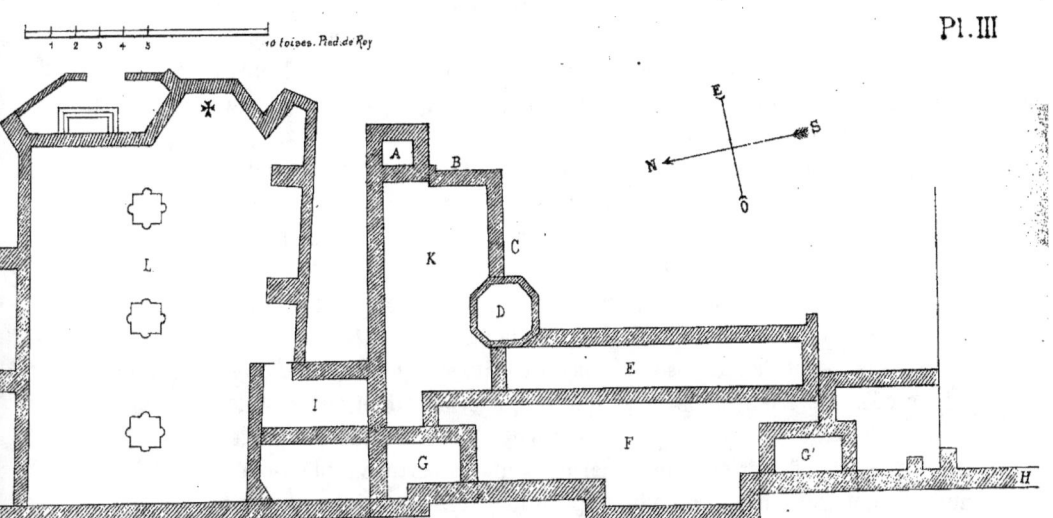

Église S.t Félix et Château du Fossat
d'après un plan de la Ville d'Aiguillon dressé en 1748
par M. Villeminot Ingénieur-géographe

moins de résister à un coup de main. Le canon était assez perfectionné pour faire brèche dans les murs. Les seigneurs, instruits par l'expérience, commençaient à sacrifier la force et la solidité de leurs châteaux à des demeures qui, tout en conservant les apparences des anciennes forteresses, étaient mieux appropriées à la commodité et aux besoins de l'époque.

« Du côté de l'église Saint-Félix L et en avant, on remarquait (voir planche III) une tour carrée A, garnie de créneaux et de fenêtres étroites à partir du 1er étage. Il n'y avait pas de porte. Elle servait autrefois, au moins depuis le xve siècle, de cage d'escalier au corps de logis K, lequel, formant un carré long, était aussi élevé que la tour A. Cette partie de l'édifice accusait la disposition des anciens donjons. Sa forme, semblable à celles des châteaux de Loches, de Montélimard, etc., constituait la forme primitive de la forteresse (1). Son appareil était en pierre. »

Dans la seconde moitié du xve siècle, cette construction avait été remaniée de la façon suivante : sur la façade-est, en B, qui se reliait à la tour carrée A, on voyait une fenêtre (transformée plus tard en porte), formant arc à anse de panier, ornée de festons ; au-dessus une fenêtre dans le même style ; au 2e étage, une autre surmontée d'un arc en accolade et de deux aiguilles pyramidales.

Sur la face-sud, en C, les fenêtres du 1er étage, ayant été modifiées ou percées postérieurement ainsi que la porte, n'avaient aucun style ; celle du 2e étage conservait quelques traces d'un arc à anse de panier. Au-dessus et à l'intérieur, on remarquait une ouverture à plein-cintre appartenant, sans doute, à l'édifice primitif. Vers le milieu de cette face du donjon, on avait élevé une tour hexagonale D avec porte à anse de panier surmontée d'une accolade et de deux aiguilles pyramidales et, sur une de ces façades, à chaque étage, une petite fenêtre montrant les mêmes sculptures. Cette tour était découronnée et formait la cage d'un escalier à vis (xve siècle) communiquant avec tous les étages du château.

Perpendiculairement à cette partie du donjon qui devait être affectée en temps de guerre à l'habitation particulière du châtelain, on apercevait une partie d'un vaste bâtiment E, dont la construction du château actuel a fait disparaître le reste. On y voyait encore une

---

(1) Beaucoup de donjons anglais et normands présentent aussi une tour carrée en saillie sur la masse principale.

porte à anse de panier et au-dessus une grande fenêtre à meneaux se coupant à angle droit, surmontée de festons. L'escalier de la tour hexagonale D placé dans l'angle desservait aussi cet édifice (1).

Le rez-de-chaussée de cette vaste annexe devait servir de logement aux gens d'armes, aux serviteurs et aussi de magasin. Au 1er étage était la grande salle seigneuriale où se tenaient les assemblées et où se faisaient les banquets d'apparat et les cérémonies pour hommages et investitures.

Cet édifice était séparé du mur d'enceinte H, à l'ouest, par une cour ou plutôt un couloir F. Il formait courtine flanquée par deux tours carrées G G' garnies de machicoulis en pierre. Contigües au château, d'un côté, elles étaient, de l'autre, encastrées dans le mur d'enceinte et formaient corps avec lui ; par conséquent, sans autre saillie au dehors que par leurs machicoulis. Elles interceptaient le passage du chemin de ronde et isolaient la défense du château.

A proximité et attenant aux murs un escalier servait de communication avec la plaine des Cartérées. Il n'a été construit que vers le milieu du xviie siècle.

A l'extrémité du grand corps de bâtiment se trouvaient des constructions qui devaient sans doute constituer des décharges, des magasins.

Entre le château et l'église, un passage I en maçonnerie donnait communication avec les tribunes de la chapelle du château (ancienne église L). Il servait encore au même usage sous les ducs d'Aiguillon, pendant le dernier siècle ; il a peut-être été construit au xve siècle.

Parallèlement à l'avenue qui conduit à l'église, il existait une vaste construction, détruite en 1834 (voir planche IV, 15), qui a servi d'écurie à toutes les époques, sauf une partie qui constituait l'hôtel de ville et aussi une prison. Remaniée à diverses époques, elle paraissait être du xve siècle. On y distinguait encore une fenêtre en arc à anse de panier.

Le château avait primitivement une enceinte du côté de la ville (F N O de la planche IV) ; il n'en reste pas de traces ; mais il est probable qu'elle s'accolait à la tour A du donjon, suivait la direction des anciennes écuries, tournait à droite, passait sur l'emplacement de la rue qui se dirige vers le couvent des Filles de la Croix et, par le côté-sud,

---

(1) Toutes les sculptures des portes et fenêtres ont été acquises, lors de la destruction complète du château en 1834, par le marquis de Lusignan et transportées au château de Xaintrailles.

se reliait au mur de ville. C'est l'enceinte désignée sur la planche IV par I F N O P et renfermant, même avant la construction du château, l'ancien bourg du Fossat, ou ancien quartier de Mandillot. L'église était en dehors, entre les deux bourgs de Lunac et du Fossat, et accessible aux fidèles par l'ancienne avenue qui y conduit encore aujourd'hui (1).

« Il résulte d'un procès-verbal d'estimation des bâtiments et dépendances du château fait par les citoyens Lespinasse et Duburgua, aïeul du colonel, commissaires du directoire exécutif du canton d'Aiguillon, le 19 germinal an VII, que le vieux château possédait un souterrain (cave) sur toute son étendue. Il existe encore. Il est voûté en briques avec des arcs doubleaux en pierre ; une porte située à moitié escalier de la terrasse du château actuel communiquait par un souterrain avec la cave de la grande salle. Il avait dû servir comme moyen de communication avec l'extérieur. Lors de la construction de la terrasse, on a dû le remanier, tout en le conservant.

« Le procès-verbal mentionne encore le rez-de-chaussée K, alors composé de sept pièces, y compris la cuisine. Le 1er étage avait six pièces très dégradées ; le 2e étage complètement en ruines n'avait plus de toiture. Le parquet de la grande salle et la charpente n'existaient plus. La tour hexagonale avait son escalier rompu en plusieurs endroits ; son couronnement et sa toiture avaient disparu.

« L'édifice (15 de la planche IV) qui bordait l'avenue de l'église se composait d'une grande et moyenne écurie avec cave, d'un étage avec petit corridor et six petites chambres, d'un fénil. A l'extrémité-est, il y avait un four et une boulangerie. Le tout en mauvais état.

Le château neuf et l'ancien K, ses dépendances et jardins, de la contenance d'un peu plus de quatre hectares, furent estimés 105000 fr, et ne trouvèrent pas acquéreur parce que la commission eut le bon esprit de ne pas diviser l'immeuble, afin de le conserver intact. »

§ V. — Le Beffroi.

« Le Beffroi, gage et symbole des libertés municipales, renfermait la cloche destinée à convoquer les bourgeois. Il était carré, comme

---

(1) Cette avenue servait primitivement de cimetière à la ville et séparait les deux bourgs du Fossat et de Lunac. On n'enterrait dans ce cimetière que les personnes pauvres. Les autres avaient des sépultures dans l'église paroissiale, dans l'église et le cloître des carmes.

les tours des portes, et tenait, d'un côté, à l'angle nord-ouest de la façade de l'église des Carmes ; de l'autre, il était près de l'ancien mur romain qui sur cette face clôturait le bourg de Lunac (voir planche IV, 19). Situé en dehors des deux bourgs du Fossat et de Lunac, il appartenait à la ville d'Aiguillon proprement dite et constituait le siège de sa juridiction. Il portait une horloge en 1755. Sa destruction doit dater de celle de la façade de l'église des Carmes en 1786.

§ VI. — Anciennes Maisons.

« Aucune n'offre un grand intérêt. Deux ou trois maisons en pierre semblent accuser la fin du xve siècle. D'autres en pans de bois de la même époque et des xvie et xviie siècles, à toits à auvents, dont les ouvertures ont été remaniées, constituaient en grande partie le bourg de Lunac ou ancien quartier de Lauqué. Celles qui furent démolies pour la construction du château actuel et de ses dépendances, au bourg du Fossat, quartier de Mandillot (1), étaient bâties dans le même style et, comme les maisons qui existent encore, n'avaient qu'un étage. Il y en a dont les portes sont surmontées de frontons brisés et de cartouches. Elles indiquent suffisamment la première moitié du xviie siècle. Telles sont les maisons de MM. Arthur Nebout, Begoulle (1648), le palais de justice, etc. Celles qui sont plus récentes ont dû être élevées à l'époque où l'enceinte était jugée à peu près inutile, car on les avait adossées contre cette muraille, en supprimant, par conséquent, le chemin stratégique qui la contournait intérieurement, opération très heureuse qui nous a conservé presque intacte une partie des vieux murs d'Aiguillon. »

ARTICLE V

ENCEINTE DE LA VILLE.

L'enceinte de la ville, avons nous dit, forme un rectangle de deux cents cinquante mètres de longueur sur cent soixante de largeur environ (v. planche IV). Les murs ont une épaisseur de un mètre quatre-

---

(1) Dans la plupart des anciennes villes, il existait divers quartiers réunis dans une enceinte commune qui constituaient des bourgs à peu près distincts appartenant à des seigneurs différents, et possédant souvent des coutumes particulières. C'était le cas pour Aiguillon.

vingt-cinq. Ils se composent de deux parements en pierre de moyen appareil, régulier au dehors et en moellons non taillés du côté opposé, ou en briques épaisses, séparées par un intervalle rempli de gravier gros et petit dont le mortier offre peu de consistance et s'effrite à un simple grattage. Cette disposition a été remarquée sur toutes les faces.

L'appareil moyen régulier (moellons carrés généralement, de trente centimètres de côté environ, quelquefois rectangulaires), formant l'enceinte actuelle, doit appartenir au commencement ou à la première moitié du XIIe siècle.

L'appareil en briques épaisses si communes dans l'Agenais aux XIIe XIIIe et XIVe siècles, peut être attribué ici au XIIIe siècle. L'épaisseur des briques varie entre cinq, six et sept centimètres. Leur largeur est de vingt centimètres ; leur longueur est comprise entre trente-deux et trente-quatre centimètres.

§ I. — Construction de l'Enceinte.

« Les Sarrazins, les Francs de Pépin-le-Bref, les Normands qui envahirent le Midi, et d'autres peuples avant eux, durent avoir facilement raison des fortifications en terre, garnies de palissades qui devaient défendre la ville. Plusieurs fois relevées, elles furent souvent abattues et Aiguillon dût subir les tristes et graves conséquences d'une prise de possession plus ou moins violente. Enfin arriva un moment où l'on songea à élever des murs offrant une résistance plus sérieuse. Ce fut sans doute au commencement du XIIe siècle que s'effectua cette opération. En ce temps-là, toutes les notions d'art militaire étaient oubliées. Aussi le Vauban de l'époque ne trouva rien de mieux que d'élever des murs exactement sur l'enceinte des Romains. Comme les fortifications en terre ne pouvaient avoir de flanquements, il se garda bien d'ajouter des tours. S'il fit timidement exception pour les portes de la ville, ce fut sans doute en souvenir des anciennes barbacanes qui en défendaient les abords. Il trouva mieux encore : il avait remarqué que les Romains, sur la fin de leur domination, élevaient, de distance en distance, contre le talus intérieur, des parapets, des élévations en terre (cavaliers) (1) destinés à dominer le terrain environnant et aussi à placer des batteries de balistes et de catapultes. Il fit donc construire des tours, mais en saillie à l'intérieur seulement.

---

(1) Ce système fut suivi au VIIe siècle et plus tard encore.

» Cet aperçu prouve que la date de la construction de l'enceinte d'Aiguillon doit être antérieure à l'époque de la fondation des bastides de l'Agenais, qu'elle a pu leur servir de modèle quant à la forme qui dérive bien d'un camp romain. Mais les ingénieurs du xiiie siècle ont ajouté des perfectionnements en construisant des tours en plus ou moins grand nombre pour flanquer les courtines.

§ II. — Démantèlement et Restauration des Murs.

« Ces murs ne restèrent pas longtemps intacts ; ils furent ruinés en partie. Il reste à en déterminer l'époque, qui doit être celle de la guerre des Albigeois (1208-1223). Faut-il en accuser Simon de Montfort, après la prise de Casseneuil et de Penne en 1212, ou après celle de Marmande (1214), dont les murs furent abattus en grande partie ? Ne serait-ce pas en 1222, après la prise de Port-Sainte-Marie, qui fut démantelé ? Faut-il pousser jusqu'en 1229, au traité de Meaux, qui stipulait la démolition des murs de trente villes situées sur les domaines laissés à Raymond VII, comte de Toulouse, c'est-à-dire sur le territoire de Toulouse, l'Agenais, le Rouergue, l'Albigeois jusqu'au Tarn et le Quercy, sauf la ville de Cahors ? Aiguillon fut-il compris sur cette liste ?

» C'est vraisemblablement pendant l'une de ces périodes que l'enceinte fut non détruite mais démantelée, de telle façon que les amorces qui restaient pussent permettre de la relever promptement. Les débris de ces démolitions servirent à combler plus ou moins les fossés. Le mur-nord, au Ravelin, qui n'en avait pas, n'eut pas à souffrir, il est vierge de briques. Celui de l'ouest est détruit en partie ; au couvent des Filles de la Croix, ses assises ont été rasées à peu près à la hauteur du 1er étage. Le mur de ville, derrière le nouveau château et la vieille église a disparu ; il ne reparaît intact et sans briques qu'au presbytère actuel, il forme ensuite les fondations de la maison Leaumont. Au château de Lunac attenant à cette dernière demeure, il a été abattu au niveau du sol, la terrasse romaine en porte des traces suffisantes.

» On peut relever assez facilement les traces de ce démantèlement sur une grande partie des faces sud et est. Le moyen appareil, qui partout forme la base, s'élève en certains endroits jusqu'aux créneaux ; un peu plus loin il laisse voir une brèche plus ou moins large, bouchée avec des briques et alterne ainsi. En somme, la construction primitive en pierres d'appareil montre des déchiquetures plus ou moins grandes fermées avec des briques. Cette disposition se voyait surtout à l'angle du mur sud-est, qui s'est effondré, il y a quelques années, mais dont il reste une photographie d'autant plus précieuse qu'elle laisse voir des restes de défense que l'on ne retrouve pas ailleurs. Les murs, à partir de cet angle jusqu'à la Place, ont été démolis en partie jusqu'au niveau du sol ; les contre-forts ont disparu. Plus loin le chevet de l'église des Carmes est mélangé de pierres et de briques. Le mur de la gendarmerie qui est attenant, a conservé son revêtement en pierres, mais il a été abattu à la hauteur du 1er étage. Celui qui suit (ancienne maison Borie) est tout en briques ; il en est de même du suivant. A côté, celui de la maison Argenton est rasé à hauteur du 1er étage et ce qui subsiste n'offre aucune trace de briques. La pierre et la brique alternent au mur encore entier de la maison Arthur Nebout. Les deux autres maisons qui terminent ce côté-est ont leur revêtement primitif jusqu'à la hauteur du 1er étage. Au-dessus, le mur beaucoup plus récent est moins épais.

» On a pu remarquer en certains endroits, au milieu de la maçonnerie, de larges ouvertures bouchées avec des briques de même dimension que les autres. On a cru qu'elles étaient dûes au canon de 1346. Ce n'est pas possible, parce que les bombardes avec leurs boulets en pierre n'avaient pas encore fait leur apparition et si, contre toute vraisemblance, on les avait employées à ce siège, elles n'auraient pu faire brèche dans des murs aussi solides que ceux d'Aiguillon. Nous reprendrons ce sujet.

» Lorsqu'on songea à relever les murs, on consolida d'abord ce qui était debout et on utilisa simultanément avec les briques les pierres qu'on retirait des fossés en les déblayant. Beaucoup de ces dernières durent être employées par les habitants à la reconstruction de leurs maisons et de leurs édifices. De là l'emploi des briques pour suppléer les pierres qui manquaient.

» A quelle époque dut s'effectuer cette restauration ?

» A la mort de Raymond VII, en 1249, Alphonse, comte de Poitiers, son gendre et frère de Saint-Louis, hérita des possessions de son beau-frère. Aussitôt installé, le nouveau comte de Toulouse s'empressa, tout en fondant quelques bastides, de reconstruire les murs des villes que le traité de Meaux avait fait abattre, et d'autres encore. On peut donc placer le relèvement de l'enceinte entre 1250 et 1271, année de la mort d'Alphonse (1).

---

(1) Les murs de Condom démantelés en exécution du traité de Meaux, furent relevés en 1255 ; les murs d'Agen le furent également à cette époque.

§ III. — Détails de l'Enceinte.

« Aucune meurtrière ne se voit sur le plein des murs, dont la hauteur actuelle varie entre neuf et dix mètres, mesurés à partir du sol des deux promenades sud et est (ancien glacis ou lices, 3, de la plancæe IV). Si on tient compte de l'exhaussement du terrain, si on rétablit les créneaux et leurs merlons qui devaient au moins avoir une hauteur d'homme (deux mètres) à partir du chemin de ronde, on peut affirmer sans exagération que les murs étaient élevés d'environ quinze mètres au-dessus du niveau du sol de l'époque. Il est difficile, du reste, de donner une mesure exacte de cette hauteur : non seulement le couronnement a été détruit partout, mais encore on a abaissé plus ou moins, selon les besoins, toutes les parties de l'enceinte.

» Quant au fossé (v. planche IV) qui défendait la face-est, quelles étaient sa profondeur et sa largeur ? Elles devaient être considérables. On a pu en avoir autrefois un spécimen entre les murs de la gendarmerie et les allées de la Croix. Cette largeur s'étendait jusqu'à cette promenade. La profondeur devait être en proportion. On peut donner à la première vingt-cinq mètres et à la seconde dix mètres environ (1).

» Le fossé de la face-sud paraissait moins large ; mais il faut tenir compte qu'il a été diminué en largeur à l'époque où l'on a tracé la promenade. Le mur qui formait la contrescarpe était récent (XVIIIe siècle).

1 — *Mur de l'Ouest.* — « Le plan 1748 montre le côté-ouest (2) de l'enceinte formant une ligne brisée, soutenue, à partir du couvent, par des contre-forts irrégulièrement espacés jusqu'au château du Fossat ; ensuite on n'en voit plus qu'un derrière l'église (3) (v. planche

---

(1) La profondeur des fossés variait ordinairement entre un peu plus du tiers et un peu moins de la moitié de leur largeur. Exemple : fossés de la ville d'Angers vers 1230, largeur 30 mètres, profondeur 12 ; — château d'Angers, largeur 30 mètres, profondeur 13 ; — Villandraut, larg. 20 mètres, profond. 8 ; — Saint-Emilion, larg. de 18 à 20 mètres, profond. de 8 à 9 mètres ; — Bastille, larg. 25 mètres, profond. 12.

(2) Nous supposons que les faces de l'enceinte sont exactement orientées et que le méridien traverse la grande rue. On ne s'écarte, en somme, que d'une façon très peu sensible de l'orientation vraie.

(3) Dans une *Vue perspective de la ville et du château d'Aiguillon*, donnée aux Archives départementales de Lot-et-Garonne, par M. J. Serret (E. suppl. 848), on voit que les contre-forts, indiqués sur notre planche IV aux murs ouest, sud et est, sont reliés l'un à l'autre par des archivoltes extradossées en ogive, ce qui devait élargir le chemin de ronde.

IV). Il est probable qu'on a dû se conformer à l'assiette du terrain, en suivre les sinuosités pour établir les murs le plus solidement et le plus près possible de l'escarpement. La terrasse de M. le docteur Nebout indique seule un flanquement sérieux de ce côté. Cette dernière s'élevait autrefois à la même hauteur que l'enceinte à laquelle elle était reliée et dont le prolongement se terminait en crémaillère avant de se souder au mur-nord (voir aussi planche II).

II. — *Mur du Sud.* — « Le mur du sud était soutenu dans toute sa longueur par des contre-forts régulièrement espacés et, comme le reste de la construction, revêtus en pierres et en briques. Du côté du couvent des Filles de la Croix existait une tour en saillie à l'intérieur seulement (voir 13 de la planche IV), fermant le chemin de ronde. Sur cette face se trouvait aussi une porte de ville, la *Porte d'en Haut*. D'après le plan, elle devait être carrée, voûtée, dépassant un peu le mur au-dehors. Elle était probablement bâtie dans les mêmes conditions et avec les mêmes matériaux que les murailles dont elle avait dû suivre les vicissitudes ; elle devait les dominer, se fermer au moyen d'un pont-levis (invention toute récente, Froissart en parle) et être munie de portes solides à chacune de ses extrémités avec une herse en son milieu.

III. — *Angle du mur sud-est. Maison dite des Templiers.* — « L'angle du mur sud-est était formé par un contre-fort plus large que les autres, mais moins épais. (V. 14 de la pl. IV). Cette partie de la muraille était surmontée d'un édifice que la tradition appelait la Maison des Templiers. C'était peut-être une halte, un point de correspondance entre le Temple-sur-Lot, le Port-Sainte-Marie et Saint-Côme que ces chevaliers possédaient et par conséquent un point de la ville qu'ils devaient défendre en temps de guerre. Il est à remarquer que les maisons des Templiers étaient généralement adossées aux remparts. C'était, en tous cas un corps de garde, comme la tour du couvent ci-dessus décrite, comme d'autres encore qui se trouvaient sur la face-est. A une époque où les surprises étaient à redouter, où des révoltes intérieures pouvaient se produire, il était indispensable de prendre les plus grandes précautions ; on construisit donc des ouvrages qui coupaient les chemins de ronde. Cette disposition mettait l'assaillant qui s'était emparé d'une courtine, dans le cas d'être arrêté par des obstacles à peu près infranchissables. Ces postes contenaient des escaliers au moyen desquels on montait sur les parapets qui, sans eux, étaient inaccessibles de l'intérieur. C'était aussi une mesure de précaution prise contre les habitants, qui, dans le cas d'une demande de capitulation ou d'une révolte de leur part, étaient par ce moyen à la merci d'une garnison favorisée de toutes les facultés de se garder contre eux.

» Cet édifice était entièrement bâti en briques du xiii° siècle. Il prenait jour sur la face-sud, vers son milieu, par une fenêtre géminée et, du même côté, près de l'angle, par une porte. Sur la face-est, on voyait l'amorce d'une autre porte et un peu plus bas, dans le mur d'enceinte, une baie. Toutes ces ouvertures étaient à plein-cintre. Elles devaient être, comme dans d'autres villes, garnies de solides volets de bois, à pivots horizontaux, tenant lieu de meurtrières et permettant, en les entr'ouvrant, de voir le pied de la muraille sans se découvrir, tout en garantissant, en temps ordinaire, les postes contre les intempéries. Ces murs avaient environ quatre-vingt-cinq centimètres d'épaisseur et étaient en retraite sur ceux de l'enceinte. — Sur la face-est de cet ouvrage, on remarquait deux lignes parallèles de trous carrés, séparés horizontalement et verticalement par des intervalles égaux. Ils étaient destinés à soutenir les hourds en bois. Sur la ligne inférieure, au moyen de trous (1) placés à l'intersection du mur de l'édifice avec celui de l'enceinte qui, plus épais que le premier, était en saillie, on faisait glisser des poutrelles, sur lesquelles on établissait le plancher ; plus haut, d'autres servaient avec celles d'en bas à relier les madriers jointifs verticaux, percés de meurtrières et le tout soutenait les soliveaux engagés dans la partie supérieure au-dessus de laquelle on posait une toiture assez solide pour résister aux pierres lancées par les mangonneaux et les trébuchets. Ces défenses avaient pour but de battre, sans se découvrir, le pied de la muraille au moyen du jet des pierres, flèches et autres projectiles et de flanquer l'angle des deux courtines. Cette disposition était moins visible sur le côté sud-est. On entrait dans cet ouvrage par la porte-est ou par celle de l'angle-sud. Le plan de 1748 laisse voir à cet angle un flanquement carré qui n'a jamais été un ouvrage de maçonnerie adossé au mur. Une photographie de cette partie prouve que des traces de liaison ou de raccord n'ont jamais existé. L'artiste a voulu probable indiquer la projection des hourds sur un plan horizontal. Cette défense, à cet angle, destinée à surveiller le fond des fossés-est et sud, était absolu-

---

(1) Ces trous avaient été fermés, il y avait longtemps, pour empêcher les eaux pluviales de s'écouler au-dedans. On en voyait très bien les amorces à l'intérieur.

ment indispensable et a duré longtemps. Agen, au xvıe siècle, refaisait ses hourds ; son plan de 1648 en montre encore des échantillons. On voit à Coucy (Porte de Laon) des fragments considérables de hourds en bois.

IV. — *Mur de l'Est.* — « La face-est, formant une ligne légèrement brisée, était soutenue par des contre-forts jusqu'à hauteur de l'église des carmes. (12 de la pl. IV). Le plan de 1748 montre l'emplacement d'une tour carrée en saillie à l'intérieur seulement (13 de la pl. IV), qui a disparue avec une partie des murs depuis qu'on a ouvert la Place actuelle, à la fin du xvIIIe siècle. A l'intersection du chevet de l'église des carmes et de la caserne de la gendarmerie se trouvait une demi-tour ronde extérieure. Sa forme et sa disposition indiquent qu'elle a du être ajoutée plus tard, sans doute après 1348. Avant que cette façade n'eut été gâtée par un crépissage, il était facile de s'assurer que cette défense avait été accolée seulement à l'enceinte. Elle était destinée peut-être à protéger une poterne. On peut reporter à la même époque la construction de machicoulis, le long du chevet ; les consoles en pierre subsistent encore. Ils avaient pour but de protéger cette poterne et ses abords. Le mur de ville de la maison Arthur Nebout montre encore à son sommet quelques trous carrés qui paraissent destinés à supporter des hourds.

V. — *Mur du Nord.* — « La face-nord forme aussi une ligne brisée et laisse voir l'emplacement de la *Porte d'en Bas* (3, pl. IV), qui devait être semblable à la *Porte d'en Haut*, mais qui paraît n'avoir pas eu de saillie de flanquement.

§ VI. — Défenses Extérieures.

I. — *Côté Ouest.* — « La défense extérieure en avant des murs était assurée par un escarpement inaccessible dont le pied, baigné par un bras de la Garonne, rendait tout ouvrage inutile.

II. — *Côté Sud.* — « Du côté-sud s'étendaient les lices (que remplacent de nos jours les glacis et les chemins couverts) occupées par la promenade actuelle (3 de la pl. IV). Sur leur emplacement, un peu en avant des fossés, on élevait un remblai de solides palissades (barrières) garnies de meurtrières, précédées d'un fossé (*b c d e* du profil sur *a w*, pl. IV) et formant un abri très efficace contre les surprises et un obstacle sérieux contre les attaques de vive force (1). Ces défenses constituaient un ouvrage avancé dont il fallait d'abord s'emparer, souvent avec de grandes pertes et qu'il était difficile de conserver à cause de la proximité des murs de l'enceinte (planche IV, profil sur $a\,w$).

» On communiquait de la porte du dehors par un pont-levis, 7, se rabattant sur un pont dormant, 8, (établi sans doute sur des piles de maçonnerie ou de bois) qui traversait le fossé, 4, à l'extrémité duquel s'élevait sans doute une barbacane, 2, (chastel ou bastide en bois), entourée d'un parapet garni de palissades qui se reliaient à celles des lices (3, planche IV). Rien ne subsiste, il est vrai, de tous ces ouvrages; mais une ville forte comme Aiguillon devait se trouver dans les mêmes conditions que les autres, surtout depuis sa prise de possession par les Anglais (2).

III. *Côté Est*. — Le côté-est devait, comme celui du sud, être défendu par des lices (promenade de la Croix) garnies de parapets et de palissades.

IV. *Côté Nord ou du Ravelin*. — « Sur ce côté on trouve aussi des lices, mais avec une autre disposition. Le mur d'enceinte avait laissé, entre lui et l'escarpement, un certain espace indispensable pour assurer une libre communication de la Porte d'en Bas soit avec le plateau, soit avec la rivière. A cet effet, on avait élevé un mur de soutènement servant en même temps de défense extérieure qui porte encore le nom de Ravelin (6, 6, 6, de la pl. IV) et dont les traces subsistent partout. Il prend naissance en bas de la pente E, qui conduit au Pont de l'île, à peu près en face de la maison Soulié, suit la montée parallèlement à la face-nord de l'enceinte; au sommet et à la hauteur de la grande rue, 19, il tourne à gauche jusqu'à la descente qui, de la ville, donne accès dans la rue de Bayonne et la rue du Roi, tourne à angle droit parallèlement à la première de ces rues jusqu'à hauteur de l'ancien palais de justice, dont, par un nouvel angle droit, il forme le côté intérieur situé sur le prolongement de la contrescarpe des anciens fossés-est. De ce point, cet ouvrage par une ligne brisée vient se relier à l'escarpe et occupe par conséquent la largeur du fossé de ville qui venait se terminer à son pied. A cette intersection un mur très épais coupe le Ravelin en deux parties et donne de cette

---

(1) C'était, en somme, une réminiscence des ouvrages des Romains.
(2) Bergerac et d'autres villes avaient leurs barrières; Froissart en parle.

façon une double défense. L'enceinte de ces lices est construite en moellons bruts, liées par un ciment très dur. Les murs ont un mètre trente d'épaisseur.

» Il existe encore des traces très apparentes d'un mur de un mètre d'épaisseur, construit dans les mêmes conditions que celui du Ravelin. C'est le mur R S Z T U V X qui s'étend de l'extrémité-est, longe les crêtes du plateau, suit par un angle presque droit la pente du terrain, effleure une ancienne fontaine (*la houm d'aou crabé*) entre dans le jardin Duburgua, le traverse en diagonale, passe sous la tour dite du Pavillon, sert de fondation à la façade des maisons contiguës à la face-nord du Ravelin jusqu'aux escaliers de la rue du Roi. La continuation de ce mur a toutes les apparences d'un quai qui se prolongeait et contournait la ville sur sa face-ouest en passant au pied des talus. Une tradition très vivace signale la découverte, vers le milieu du siècle dernier, d'un mur au bas de la terrasse de M. le docteur Nebout, et d'un autre sous le vieux château du Fossat. On y a trouvé de forts anneaux de fer pour amarrer les bateaux. Les anciens du pays racontent que les Anglais (en 1430 sans doute) essayèrent de débarquer dans cette partie et que leurs bateaux furent repoussés par des hommes armés de gaffes. Un peu plus loin, quand on a construit la terrasse du château actuel, on a trouvé les restes d'un vieux mur garni également d'anneaux de fer. La partie comprise dans l'espace P R S Z, entre le jardin Duburgua et l'ancien palais de justice, paraît constituer un dock ou entrepôt, un chantier de construction. De ces données on peut conclure qu'Aiguillon possédait un quai le long des bras du Lot et de la Garonne autour de la ville, au nord et à l'ouest. Sa proximité (sept à huit mètres) du Ravelin exclut toute idée d'ouvrage de fortification. Ce mur relativement peu élevé était probablement muni d'un parapet avec des coupures pour le transbordement des marchandises. Cette construction existait-elle à l'époque du siège de 1346 ? Les Anglais ne l'auraient-ils pas élevée après ce siège, pour se concilier de plus en plus l'esprit des habitants en facilitant leur commerce avec les plus grands bénéfices, et en essayant de faire d'Aiguillon un port aussi commode que possible.

» Au bas de la montée du Ravelin, en E' (voir planche IV), vers la rue de l'Ile, devait se trouver la première porte d'entrée de l'ouvrage munie d'un pont-levis. Froissart la cite. On constate en ce lieu des amorces de vieux murs en briques. Cette porte devait se relier à l'enceinte par un mur ou des palissades qui suivaient la montée de l'escarpement jusqu'à l'angle des murailles du château de Lunac. — Il ne subsiste de ces défenses que le mur du Ravelin qui était encore visible, au ras du sol, il y a quelques années, et dont la hauteur devait se conformer à celle de la pente.

» Le plan de 1748 montre au sommet de la montée, à côté de la porte de ville (Porte d'en Bas), deux massifs de maçonnerie en K' qui indiquent les montants d'une porte ou d'un arceau ; l'un d'eux se relie aux murs de l'enceinte et l'autre aux lices. Pareillement et à hauteur de l'angle nord-est de l'enceinte, on remarque aussi deux massifs, se faisant face, dont l'un lui est accolé et l'autre est adossé au mur qui divise le Ravelin en deux parties. Plus loin, à hauteur de la contrescarpe, une fermeture et des défenses devaient se relier aux barrières des lices du côté-est.

» Pour assurer le passage du fossé, il fallait traverser un pont dormant, 8, sur pilotis sans doute, facile à détruire au besoin, occupant une largeur égale à celle de la porte d'entrée située entre l'angle nord-est de l'enceinte et le Ravelin. Ce pont laissait de cette façon un intervalle entre lui et le mur des lices ; il devait se relier à l'escarpe, probablement au moyen d'un pont-levis. Toutes ces portes ont disparu ; les travaux exécutés pour le passage de la grande route ont abaissé le terrain afin de donner une pente aussi douce que possible. Mais il est facile de se rendre compte qu'avant ces travaux cette position de la voie était au même niveau que le sol de la Porte d'en Bas, d'un côté, et la plaine de la Conquête, de l'autre.

» En résumé, pour entrer dans la ville des deux côtés-nord, il fallait traverser trois portes et d'autres obstacles, sans doute.

» A l'angle nord-est de ce mur des lices et sous la cour du palais de justice, il existe un couloir voûté, d'une largeur de deux mètres et d'une longueur de sept mètres. Au milieu se trouve une chambre également voûtée, de deux mètres de largeur et de deux mètres dix de longueur, communiquant avec le couloir au moyen d'une porte sur le côté, et tout auprès une lucarne étroite. Cette casemate est attenante à une tour carrée (le Pavillon) qui porte sa date (1515) et qui avec une autre semblable, détruite depuis longtemps, élevée à l'extrémité opposée de la courtine du Ravelin, formait une bastion flanquant les murs de cet ouvrage au nord et à l'est. Il est probable qu'à cette époque l'embranchement du Lot avait disparu ou tendait à disparaître, et, grâce aux progrès faits par l'artillerie, on dut songer à assurer d'une manière plus sérieuse la défense des murs, en élevant une construction qui permettait en même temps de battre le cours du Lot. Il y a quelques années, on voyait encore au Pavillon une embrasure pour couleuvrine destinée à battre la courtine parallèle à la rue de Bayonne. Le rez-de-chaussée de la tour a servi plus tard de prison. A l'angle de la dite tour et du mur des lices, on perça une porte communiquant par un escalier (aujourd'hui fermé) dans le couloir ou casemate dont nous venons de parler, et l'on transforma en cachot le réduit qui y est attenant. Mais ce n'est pas la destination première de cette construction dont la date est antérieure à celle de la tour et par conquent à celle du palais de justice. C'était probablement un poste souterrain destiné à abriter ou à cacher des hommes de garde, ou un dépôt de vivres ou de matériel de défense. Il serait intéressant de savoir si le couloir qui précède ce réduit ne se prolongeait pas à l'intérieur de chaque côté du mur. Tout semblerait l'indiquer. La tradition rapporte que sous la tour de la Porte d'en Bas il existait un souterrain qui longeait les murs du Ravelin. Peut-être des circonstances ultérieures permettront de s'assurer d'un fait qui paraît assez vraisemblable. En tous cas, pour entrer dans le couloir avant la construction de la tour, il fallait une porte. Où était-elle située ?

» Une réflexion à propos de la tour du Pavillon. Si on consulte la carte du duché d'Aiguillon en 1677 par P. du Val d'Abbeville (1), géographe du roi, qui l'a dressée à la façon de celle de Peutinger, on voit au confluent du Lot et de la Garonne la mention d'un fortin ruiné. D'après le dire de mon grand'père, propriétaire de cet emplacement qui en fit enlever, au commencement de ce siècle, le peu de matériaux qui restaient encore, il était élevé en avant de l'angle de secteur formé par la levée en terre qui, d'un côté, est parallèle au Lot et, de l'autre, lui est perpendiculaire, par conséquent entre le sommet de cet angle et l'ancien bras de l'île de Rébéquet. Il était donc à l'extrémité-ouest de l'île de la Communauté (2) (voir planche I). On

---

(1) Sur cette carte ne sont indiqués ni les degrés, ni les diverses natures de terrains, leurs pentes et leurs hauteurs. Seulement à titre de document historique son travail paraît d'un intérêt bien supérieur à celui des cartes de nos jours et nous croyons même qu'en dessinant sur les lieux le duché d'Aiguillon, Pierre du Val, fort savant géographe aussi, avait l'intention de faire une véritable carte archéologique. Aucune route, à l'exception du *Camin herrat*, n'y est indiquée, mais toutes les petites villes comme Aiguillon, Port-Sainte-Marie, Damazan, Sainte-Livrade, Tonneins, Clairac, Castelmoron, y figurent avec indication de leurs fossés, remparts, tours et bastions. Les châteaux et les maisons nobles historiques, soigneusement désignés, y sont caractérisés par des tourelles et pavillons sommés de girouettes ; les églises et les abbayes par leur clocher surmonté d'une croix (Voir *Souvenirs historiques*, etc., cités).

(2) « On voyait encore, vers le milieu du XVIIe siècle, les restes de quelques fortifi-

sait que Nicole possédait le *Fort Haut* et le *Fort Bas* et que le vicomte de Turenne, après avoir pris Castillon et Meilhan, fut blessé d'un coup d'arquebuse, à l'attaque de l'un des deux en 1587. On cherche vainement aujourd'hui leur position. Faut-il supposer que le *Fort Bas* occupait Nicole et le *Fort Haut* le plateau de l'oppidum de Candes, ou faut il les placer dans le village même comme fort d'amont et fort d'aval? Le but de tous ces ouvrages consistait à défendre les passages du Lot et de la Garonne. Ils devaient remplir les mêmes fonctions que les forts de Blaye, du Pâté et de Médoc sur la Gironde.

» Plus tard, au xvii° siècle, en construisant un mur parallèle à celui du Ravelin, côté-est, et en le reliant aux flancs des deux tours, on édifia un palais de justice, à l'époque où Mme de Combalet, nièce du cardinal de Richelieu, obtint le titre de duchesse d'Aiguillon, c'est-à-dire à partir de 1638. Mais comme l'épaisseur des tours (un mètre trente-cinq) et leurs petites ouvertures pouvaient empêcher l'air et la lumière de circuler, on les démolit jusqu'à hauteur du 1er étage ; on diminua leur profondeur en reculant leurs faces de trois mètres soixante-quinze, ce qui les transforma en tours carrées de rectangulaires qu'elles étaient. On peut voir encore les substructions de la tour dite du Pavillon, dont il ne reste de l'époque primitive que la face-nord et le flanc-ouest, ce dernier protégeant la courtine du Ravelin. »

La description archéologique des églises d'Aiguillon est réservée pour le chapitre IX : *Histoire ecclésiastique*.

Nous terminerons ce chapitre par cette belle et juste réflexion de M. Viollet Le Duc (*Dict. d'architecture*, t. III, p. 191) : « La féodalité était un rude berceau, mais la nation qui y passa son enfance et put résister à ce rude apprentissage de la vie politique, devait acquérir une vigueur qui lui a permis de sortir des plus grands périls sans être épuisée. »

---

cations sur la droite de la Garonne, près de l'île de Rébéquet, de même que les ruines d'un château situé à l'ouest et non loin de l'église de Monluc et qui avait été habité par le célèbre maréchal de ce nom. » (*Recherches sur le pays du poète Théophile de Viaud*, etc., citées.)

CHAPITRE II

HISTOIRE MILITAIRE ET CIVILE

Premiers seigneurs connus : Les Lunac, les Montpezat, les du Fossat, les d'Aiguillon.— Guerre des Albigeois. — Les seigneurs de Miramont. — District et juridiction de Port-Sainte-Marie. — Accord passé entre le sieur de Saint-Pastour et les Carmes. — Transaction entre les co-seigneurs de Lunac et ceux du Fossat. — Bastide de Nicole. — Confiscation par le roi de France du duché de Guienne. — Libertés et coutumes de Lunac. — Un troubadour.

Pas plus que les autres villes établies près de la Garonne, Aiguillon ne fut à l'abri des ravages que causaient partout sur leur chemin les invasions des Barbares. Au commencement du ve siècle, vers l'an 410, l'Aquitaine est dévastée, pillée, incendiée par les hordes farouches des Suèves, des Alains et des Vandales. Ces derniers auraient même pris *Acilio* (Aiguillon), rasé ses barrières et détruit son castellum. Peu d'années après (412 à 415), Ataulf, roi des Visigoths se serait en personne emparé de cette ville et y aurait établi l'arianisme (1). En 422, l'Aquitaine, ayant été maintenue sous la domination romaine par le général Constance, est cédée à Wallia, roi des Goths, pour y habiter pendant quatre vingt-dix années (2). La bataille de Vouillé, où Clovis tua Alaric II de sa propre main (507), eut pour résultat immédiat de mettre fin au royaume de Toulouse ou des Visigoths dans la Gaule.

Antérieurement au xiiie siècle, l'histoire de la province ne mentionne pas d'autres faits touchant Aiguillon. On peut donc croire que jusqu'alors, si l'importance de l'ancien castrum n'avait pas complètement

---

(1) Nous ne savons où M. Mélet (*Monographie sommaire de la commmune d'Aiguillon*, p. 30) a trouvé la mention de la prise d'Aiguillon par les Vandales et un peu plus tard par Ataulf en personne.

(2) *Arch. hist. de la Gironde*, xv, 18.

disparu avec l'occupation romaine, elle était du moins fort amoindrie. « N'étant point le siège d'un évêché et ne possédant ni monastère, ni aucune de ces grandes fondations religieuses auxquelles, depuis l'invasion des Barbares et les premiers temps de la monachie, un grand nombre de nos villes sont redevables de leur conservation ou même de leur existence, on comprend, en effet, que cette ville n'ait pas laissé de traces dans l'histoire durant cette période (1). » Cependant, au VIIIe siècle, les Sarrazins et, au IXe, les Normands qui détruisirent Agen en 840, ne durent pas épargner Aiguillon qui se trouvait sur leur passage.

Nous avons vu au chapitre précédent que cette dernière ville était déjà divisée, avant le XIIIe siècle, en trois seigneuries bien distinctes.

1° La plus ancienne était sans contredit celle de Lunac, dont le château du XIIe siècle avait remplacé le castellum romain. Elle renfermait avec une juridiction qui s'étendait assez loin, le bourg et la forteresse, circonscrits au nord par le Ravelin, à l'ouest par la clôture de l'enceinte jusqu'à l'église Saint-Félix, au sud par la grande rue et à l'est par l'avenue qui conduit à ladite église paroissiale. (Voir planche IV, A K L M C D E).

Le sceau de la commune et du castrum de Lunac que nous reproduisons sur la couverture de ce volume représente une porte de ville à trois tours, dont la plus élevée, au centre, est flanquée d'un soleil à droite et d'un croissant de lune à gauche. La légende porte :

S ᶜOMVNITATIS-CASTRI-DE-LVNACIO-ACULEI (2)

2° La seconde seigneurie portait le nom de Fossat et devait tirer son origine, on ne sait à quelle époque lointaine, d'un partage de la terre d'Aiguillon entre plusieurs co-seigneurs. Elle occupait l'emplacement compris entre l'avenue de l'église au nord, les murs de l'enceinte à l'ouest et au sud jusqu'à la Porte d'en haut, et la grande rue à l'est jusqu'à ladite avenue (voir planche IV, I F N O P).

---

(1) *Souvenirs archéol.*, déjà cités.
(2) Ce même type se montre sur les sceaux de Raymond VI et de Raymond VII, comtes de Toulouse. M. de Saint-Amans : *Essai sur les antiquités*, etc., cité, p. 231, signale le sceau de la commune et du château de Lunac, en donne le dessin (planche X, 4) et l'attribue faussement à la commune et au château de Laugnac. Si ce savant eut su qu'Aiguillon renfermait dans ses murs le bourg et le château de Lunac, il eut évité cette erreur.

3° Enfin la ville d'Aiguillon proprement dite formait une troisième seigneurie et avait pour limites la grande rue à l'ouest, depuis la Porte d'en haut jusqu'à la Porte d'en bas, et tout l'espace, à l'est, jusqu'aux murailles de l'enceinte de ce côté (voir planche IV).

La seigneurie de Lunac comptait plusieurs co-seigneurs de ce nom, ainsi que des barons de Montpezat. Plusieurs du Fossat aussi possédaient, ensemble et pas indivis, le domaine et le bourg du Fossat, tandis que la seigneurie d'Aiguillon proprement dite devait, ce nous semble, appartenir aux seigneurs de ce nom que nous allons rencontrer bientôt.

Depuis quelle époque les seigneuries de la ville d'Aiguillon étaient-elles au pouvoir des familles dont nous venons de parler ? Nous l'ignorons. Cette possession devait être ancienne. Toujours est-il qu'en l'année 1317 Amanieu et Arnaud Garcie du Fossat déclarent à Edouard II, roi d'Angleterre et duc de Guienne, que leurs prédécesseurs, et non d'autres, ont eu la seigneurie de ce nom dans la ville d'Aiguillon depuis un temps immémorial « a tempore quo non extat memoria (1) » comme s'exprime la charte.

M. Tholin, notre savant archiviste, incline à penser que la maison du Fossat a dû tirer son nom du nom même de ce dernier lieu. Leurs armes sont « d'argent à trois bandes de gueules (2). »

Toutefois ce n'est pas avant le XIIe siècle que nous trouvons mentionnés tous ces divers personnages. Gautier du Fossat, Bertrand et son frère Arnaud de Montpezat sont, en effet, du nombre des chevaliers qui se trouvent à la cour de Guillaume IX, duc de Guienne, comte de Poitiers, et signent, de 1120 à 1125, la charte par laquelle ce prince, à son retour d'Espagne, où il a vaincu plusieurs rois maures près de Cordoue, reconnaît la *Sauvetat* de l'abbaye de Grande Sauve, dans l'Entre-Deux-Mers. Les autres chevaliers sont Amanieu d'Albret ; Guillaume Seguin, seigneur d'Escoussans ; autre Guillaume Seguin, seigneur de Rions et son frère Amanieu ; Hélie

---

(1) *Bibl. Nat. Coll. Bréquigny*, t. XXI, p. 61. *Rot. Vasc. anno 10 Edwardi II*, membr. 9.

(2) On dit aussi : « bandé d'argent et de gueules ». Voir *Nobiliaire de Guienne et de Gascogne*, t. IV, p. 286, par J.-F. Bourrousse de Laffore. Voir ces armes sur la couverture de ce volume.

Talleyrand, comte de Périgord et son frère Raymond, vicomte de Turenne ; Guillaume et Arnaud de Vésonne, etc., (1).

Ce même Gautier du Fossat, fils de N. du Fossat et de dame Giraude, donne, de 1125 à 1130, avec ses deux frères, Arnaud et Giraud du Fossat, quelques unes de ses terres sises entre le bourg de Meneaux, la Garonne et l'Auvignon, pour fonder le couvent du Paravis (2).

Guillaume du Fossat est témoin, en 1162, au contrat de mariage entre la fille de Roger Bernard, comte de Foix, et Guillaume Arnaud de Marquefave (3).

Un baron de Montpezat de l'Agenais, qui n'est pas autrement désigné, pendant que Louis VII le jeune est roi de France et Aliénor duchesse de Guienne, épouse dame Flandrine, qui, vers l'année 1150, fonde l'abbaye de Peyrignac ou de Pérignac, dans la commune et la vallée de Montpezat, arrosée par la Bausse (4). Leur fils s'allie, à son tour, avec dame Rainfrède, qui a transmis son nom à plusieurs de ses descendants et qui, l'an 1187, donne à Dieu, à l'abbaye de Fontevrault et au monastère de Vopillon (5) tout ce qu'elle a et doit avoir dans le lieu de Maleval (6).

Le 1er avril 1176 (v. st.) Arnaud de Montpezat, (probablement celui qui précède) et B. de Montpezat, son frère, ainsi que leur allié B. de Villemur prennent à fief de Raymond V les châteaux de Monclar et de Montpezat et cèdent au comte de Toulouse tous leurs droits sur le château de Caylus (7).

Au mois de mars 1188, Pierre de Montpezat donne à Guillem, abbé de Grandselve, droit de pâture et de passage sur tous ses domaines (8).

Les armes de Montpezat sont « de gueules à 2 balances d'or posées l'une au-dessus de l'autre (9). »

---

(1) *Hist. de la Grande Sauve*, t. II, p. 29, par l'abbé Cirot de La Ville.
(2) *Hist. rel. et monum. du diocèse d'Agen*, par l'abbé Barrère, t. I, p. 319.
(3) *Hist. générale de Languedoc*, par dom Vaissete, édition Privat, t. V, p. 1258.
(4) *Gallia Christiana*, in-folio, Paris, 1720, t. II, p. 951. — *Hist. relig. et monum. du diocèse d'Agen*, t. I, p. 326-327, par l'abbé Barrère.
(5) Vopillon (en latin *Vallis Pillonis*) est situé dans le canton actuel de Condom.
(6) *Gallia christ.*, citée, t. II, p. 912-913. — *Hist. relig. et mon.*, etc., citée, t. I, p. 333.
(7) *Hist. gén. de Languedoc*, citée, t. VIII, col. 1943.
(8) *Ibidem*, col. 1843.
(9) *Nobiliaire de Guienne et de Gascogne*, cité, t. IV, p. 269. Voir ces armes sur la couverture de ce volume.

Guillaume d'Aiguillon (Willelmus Aguillons) est témoin, en 1146, d'un acte par lequel le comte de Clermont confirme la donation faite par Réry de Goussainville aux religieux de Notre-Dame-du-Val de deux charrues de terre à Goussainville. Les autres seigneurs présents sont Ansold et Bernard son frère, Hugues de Faye et Ansel de l'Isle (1). Ledit Guillaume Aguillons est-il bien notre ?

Au mois de février 1188, Pierre et Aimeri de Lunac, frères, Guillem Bernard et Amanieu de la Motte avaient aussi donné au même abbé Guillem le droit de passer librement sur la Garonne (2) ?

Au commencement du XIIIe siècle, Arnaud de Montpezat a pour suzerain Raymond VI, comte de Toulouse et par suite pour ennemis intraitables Simon, comte de Montfort et l'armée des Croisés appelés à combattre les Albigeois. Le chef de cette croisade prend et rase le château de Montpezat en l'année 1214. Les chevaliers qui gardaient la place s'étaient enfuis à son approche. Montfort fait raser pareillement toutes les places fortes des seigneurs révoltés. Il met des Français dans celles qu'il veut bien épargner (3).

C'est sans doute à la même époque qu'Aiguillon, comme les autres villes situées sur les bords de la Garonne, tomba au pouvoir de Simon, qui la garnit d'une bonne troupe pour la garder contre les Albigeois. Ce dernier ayant péri le 25 juin 1218 devant Toulouse qu'il tenait assiégée, Amaury, qui était loin de posséder le prestige de son père, lève le siège de cette ville en juillet et se tient sur la défensive depuis Carcassonne où il s'est replié. Alors le jeune comte de Toulouse, Raymond VII profite de son inaction, pour reconquérir l'Agenais, à la tête de ses soldats. Mais il ne lui faut pas combattre, c'est une réaction des plus promptes. Condom, Marmande, Aiguillon et presque toutes les autres villes, à l'exception d'Agen, s'empressent d'ouvrir leurs portes à ce prince, après avoir exterminé elles-mêmes les grosses garnisons que Simon de Montfort y avait placées (4).

---

(1) *Inventaires et documents. Arch. de l'Emp.*, du marquis de Laborde. *Monuments historiques*, publiés par Jules Tardif, n° 492, p. 264.

(2) *Hist. gén. de Languedoc*, citée.

(3) *Hist. de l'Agenais, du Condomois et du Bazadais*, t. I, p. 250-251, par J. F. Samazeuilh.

(4) *Hist. de l'Agenais*, t. I, p. 56-57, par J. Andrieu. — *Hist. de l'Agen. du Cond. et du Baz.*, citée, t. I, p. 259-260. — *Hist. rel. et mon.*, etc., citée, t. I, p. 364. — *Notice sur Marmande*, p. 17, par Tamisey de Larroque.

Un fragment du *Poëme de la Croisade contre les hérétiques Albigeois*, publié et traduit par M. Fauriel dans la *Collection des Documents inédits sur l'Histoire de France* (1837), semble indiquer que la ville d'Aiguillon ne se rendit pas à Raymond VII avec le même empressement. « Le vaillant jeune comte, y est-il dit (page 592), parcourt ses terres pour les recevoir et y être reconnu, pour occuper Condom, Marmande et Clairac, pour attaquer, prendre et tenir Aiguillon, confondre, occire et détruire les Français. »

Arnaud de Montpezat se hâta de reconstruire son château, source principale de sa puissance.

En l'année 1214, Pierre d'Aiguillon et sa femme Perronelle reconnaissent avoir cédé à Grandselve leurs péages de Caumont (1).

Philippe-Auguste confirme en 1217 les coutumes et privilèges de Miramont, situé à quatre kilomètres d'Aiguillon. « Le Seigneur Roi, est-il dit, confirme la dite charte, sauf son droit et celui d'autrui, et aussi à condition que si les hommes de Miramont viennent à prendre quelqu'un des gens du roi, ils cessent de le retenir dès que le roi le réclamera, et le laissent aller en paix avec tous ses biens (2).

Au mois de juillet 1224, dame Aldiarde, femme de Gautier du Fossat, donne à Hélie, abbé de Grandselve, libre passage à Thouars, tant en amont qu'en aval (3).

Autre exemption de péages et de leudes sur la Garonne est accordée, en avril 1228, par Astorg de Lunac, Anier-Sanche de Caumont, Vidal de la Falconeira, Guillem-Saisset de Clermont, Guillem-Raymond de Pins dit Tinhos et Pagane, fille de Pierre de la Falconeira, pour les lieux de Monheurt, de Clermont, de Caumont et de la Falconeira (4).

---

(1) *Hist. Gén. de Lang.*, citée, t. VIII, col. 1854.

(2) *Bibl. Nat. Reg. de Philippe-Auguste*, ms. n° 8408. Col. I, pièce 89. — *Ordonnances des Rois de France*, 1217, t. II. — D'après la table des *Ordonnances*, *Miromonte* est le même que *Miromonte* de la charte de Lunac reproduite plus loin. Les coutumes de Miramont sont perdues. Miramont était une bastide probablement très forte. Le plateau escarpé sur lequel elle était assise domine Lagarrigue. Elle joua un rôle pendant le fameux siège d'Aiguillon de 1346. Elle eut une justice jusqu'en 1789. Aujourd'hui la destruction de ses anciennes murailles est complète et ce n'est plus ni une commune, ni une paroisse, mais un hameau.

(3) *Hist. gén. de Lang.*, citée, t. VIII, col. 1856.

(4) *Ibidem*, col. 1857.

Le même Astorg de Lunac donne, en avril 1233, à Grandselve le libre passage sur ses terres et l'exempte de tout droit de péage (1).

Les armes des Lunac sont « d'azur à un croissant de lune d'argent versé ».

On lisait dans le Cartulaire de l'Evêché d'Agen qu'Arnaud de Montpezat avait abandonné à l'évêque, le 3 février 1239, la dîme de Sainte-Radegonde qui est entre Aiguillon et Gouts (2).

Le 8 juillet 1242, Henri III, roi d'Angleterre et duc de Guienne accorde à Guillem d'Aiguillon des lettres d'amnistie datées de Bordeaux, en vertu desquelles il lui pardonne sa désertion et sa rebellion et le relève de la sentence portée contre lui à cause du meurtre qu'il avait commis sur la personne d'Ade de Monceaux (3).

Ce prince est vaincu, les 16 et 20 juillet de cette même année, à Taillebourg et à Saintes, par saint Louis, roi de France. Le 3 septembre suivant, Raymond VII, comte de Toulouse, étant venu à Bordeaux auprès du roi d'Angleterre, signe avec lui un traité de ligue offensive et défensive, qui est juré, du côté du monarque, par ses quatorze barons du Bordelais, et, du côté dudit comte, par les comtes de Bigorre, de Comminges et de Foix, et par vingt-quatre de ses vassaux au nombre desquels se trouvent Arnaud-Garcie et Gautier du Fossat, Arnaud de Montpezat et la commune d'Agen (4).

Par lettres datées de La Réole le 10 novembre, Henri III déclare devoir payer à Arnaud de Miramont, qui se tiendra à son service avec dix chevaliers, du mercredi après la fête de Saint-Martin au dimanche, fête de Saint-André de la même année, la somme de 19 livres sterling pour ses gages et ceux desdits chevaliers (5).

Le 7 avril 1243, Gautier et Arnaud-Garcie du Fossat et Arnaud de Montpezat figurent parmi les vingt-deux barons, châtelains et chevaliers du diocèse d'Agen, qui promettent à Louis IX, roi de France, de tenir la main à ce que le traité fait à Paris soit observé par Raymond VII, comte de Toulouse, dans l'armée duquel ils combattent, et de s'unir à l'Eglise pour expulser les hérétiques. Cet acte est passé à l'église de Notre-Dame, sous les murs de Castelsarrazin (6).

---

(1) *Hist. gén. de Languedoc.*, t. VIII, col. 1858.
(2) Note manuscrite du *Pouillé du Diocèse d'Agen*, par l'abbé Durengues.
(3) *Rôles Gascons transcrits et publiés par Francisque Michel*, p. 140.
(4) *Conventiones, Litteræ et Acta publica,* par Thomas Rymer, t. I, part. I, p. 144.
(5) *Rôles Gascons*, cités. p. 88.
(6) Original conservé aux *Arch. Nation.*, sect. histor., carton J. 309, n° 80.

Le 18 avril suivant, il est mandé, par lettres du roi d'Angleterre datées de Bordeaux, à tous les chevaliers y dénommés de se rendre auprès de ce prince, à la cour de Saint-Sever depuis le jour de Pâques au 3 septembre, pour y répondre sur certains différends et recevoir justice. Au nombre de ces seigneurs se trouve Ogier de Miramont (1).

Par d'autres lettres de ce roi datées aussi de la même ville le 22 août suivant, mandement est adressé à Ogier de Miramont et à plusieurs barons de se trouver auprès de lui à Bordeaux, le dimanche des Rameaux, pour rendre l'hommage et les devoirs auxquels ils sont tenus, excepté le service militaire. Ils se rendront aussi à Bayonne le samedi avant la fête de Saint-Pierre-aux-Liens, avec armes et chevaux, pour se tenir à la disposition du roi (2).

Le même prince déclare, le 6 septembre, qu'Arnaud de Miramont, qui a été à son service avec huit chevaliers pendant 16 jours, et avec dix pendant 18 jours, recevra 28 livres et 16 sols de gages (3).

Alphonse de Poitiers, comte de Toulouse, rend la vicomté d'Auvillars à Arnaud Othon, vicomte de Lomagne et d'Auvillars, qui lui en fait hommage lige le 4 juin 1251, en présence d'Arnaud de Montpezat et autres chevaliers (4).

Nous trouvons dans l'ordonnance des enquêteurs envoyés en 1252 par Alphonse, comte de Toulouse, dans le Querci et l'Agenais, Arnaud-Garcie du Fossat, Ponce-Amanieu et Arnaud de Montpezat et Arnaud de Marmande comme présents à l'enquête pour eux et pour d'autres barons et chevaliers de l'Agenais (5).

De ses camps en dehors de La Réole, le roi d'Angleterre donne et concède, le 8 septembre 1253, à Arnaud-Garcie du Fossat, 40 livres bordelaises, sa vie durant, à prendre sur la chambre royale, chaque année à la Saint-Michel, pour s'entretenir à son service (6).

Le 12 octobre suivant, à Bazas, Arnaud de Miramont fait hommage au monarque anglais pour les fiefs de Taillecavat qu'il tient de ce prince, sauf le droit d'autrui (7).

---

(1) *Rôles Gascons*, cités, p. 213.
(2) *Ibidem*, p. 211.
(3) *Ibid.*, p. 245.
(4) *Hist. gén. de Lang.* Ed. de 1840, t. VI. pp. 88, 485, 486.
(5) *Hist. gén. de Lang.* Ed. Privat, citée, t. VII. col. 426.
(6) *Rôles Gascons*, cités, p. 264. — Le même jour, Arnaud-Garcie de Montpezat reçoit 50 livres bordelaises pour le même objet. (*Ibid.* p. 264).
(7) *Ibid.* p. 280.

Par lettres datées de Bazas le 19 novembre de la même année, Henri III fait savoir qu'il est tenu envers son parent, Alphonse, comte de Toulouse, à lui payer la somme de 7,258 livres 2 sous et 10 deniers de monnaie bordelaise pour tous les maux, rapines, dommages et autres méfaits que ses gens de Bordeaux, de La Rochelle, de Rions, de *Villa Lata*, de Portets, de Nérac (1), de Podensac, de Langon, de Saint-Macaire, de Caudrot, de La Réole, de Gironde, de Sainte-Bazeille et de Meilhan ont causés aux gens dudit comte à Agen, à Moissac, à Rabastens, à l'Isle, à Montauban, à Marmande, à Villemur, à Galliac, à *Aiguillon*, à Villedieu, à Clairac, à Caumont, au Mas-d'Agenais, à Tonneins, à Penne-d'Agenais, à Auvillars, à Saint-Barthélemy, à Castelmoron et à Gontaud, laquelle somme il promet, pour lui et ses héritiers, de payer audit Alphonse ou à son ordre, à la maison de la milice du Temple de Paris, à la mi-carême, de son règne la vingt-huitième année (2).

Le 27 novembre suivant, le roi d'Angleterre donne de Bazas des lettres qui nous apprennent qu'Elie de Rudel, seigneur de Bergerac, Amalvin de Varreys et Colomb du Bourg s'étaient obligés à amener devant le roi quand il le voudrait, pour comparaître à sa cour, Pierre de Lunac, détenu dans les cachots de Bordeaux. Ce prince mande à Pierre Chaceporc de faire remettre le prisonnier à ces seigneurs ou à l'un d'eux, afin qu'il soit livré au bailli (3).

C'est encore de Bazas que le monarque anglais ordonne, le 15 février 1254, à Pierre Chaceporc de faire tenir à Arnaud de Miramont 20 marcs d'argent, et 10 de plus lorsque le Trésorier reviendra d'Angleterre, pour s'entretenir à son service (4).

Par lettres datées de Meilhan le 17 mars de la même année, ce prince reconnait devoir à Arnaud de Montpezat 131 livres 6 sous 9 deniers sterling pour l'arriéré de ses gages depuis le vendredi, veille

---

(1) *De Neyraco*. Est-ce bien Nérac de Lot-et-Garonne ? Nous ne le croyons pas. Il s'agit probablement d'une autre localité voisine des sus-nommées dans le Bordelais.

(2) *Rôles Gascons,* cités, p. 211.

(3) *Ibidem*, p. 373. — Francisque Michel a mal lu en transcrivant *Petrum de Lunano* pour de *Lunacio*. Du reste, l'orthographe des noms propres est bien souvent défectueuse dans ces anciennes chartes. A ces défauts il faut ajouter les fautes plus nombreuses encore de leur éditeur.

(4) *Ibid.* p. 387.

de Saint-Nicolas jusqu'au samedi après la fête de Saint-Grégoire. Cette somme lui sera payée après Pâques, au retour de son trésorier (1).

Seize jours plus tard, en vertu d'autres lettres royales datées aussi de Meilhan, il doit être payé, à la même époque, pour les gages du même seigneur et de ses neuf chevaliers, qui ont servi du vendredi, veille de Saint-Nicolas jusqu'au samedi avant la fête des saints Tiburce et Valérien, et pour les gages de ses huit sergents, qui ont servi avec lui depuis le dimanche, lendemain de la fête de Saint-Nicolas jusqu'au dit samedi, la somme de 171 livres 14 sous 8 deniers sterling (2).

Par lettres patentes datées encore de Meilhan le 29 mai 1254, le roi d'Angleterre accorde sa protection à Bernard d'Aiguillon pour tout le temps que celui-ci lui demeurera fidèle (3).

Le même prince déclare de Bordeaux le 10 août suivant que Bernard de Miramont recevra 10 livres sterling pour l'arriéré de ses gages et 4 livres 19 sous sterling pour les chiens qu'il a perdus au service du roi, sommes qui lui seront comptées dans la quinzaine de la Nativité de la B. V. Mairie (4).

Il reconnaît, le 27 octobre, devoir à Elie d'Aiguillon pour un cheval perdu au service du roi en Gascogne (ce qui est certifié par Drogon de Barentin) 15 marcs sterling qui lui seront payés à Bordeaux, le jour de la Saint-Martin (5).

---

(1) *Ibid.* p. 320. — Arnaud de Montpezat devait avoir pour parent Pierre de Montpezat, en faveur duquel le roi d'Angleterre avait donné des lettres datées de Bazas le 1er janvier précédent, qui nous font connaître que Guillaume de Montrevel s'était obligé à amener devant le roi le lendemain de l'Epiphanie ou tout autre jour agréé par ce prince, Pierre de Montpezat, pour répondre sur les transgressions qui lui sont imputées par Rodolphe de la Haye. Henri III mande à Jourdain de Oxonia, préposé dans l'Entre-Deux-Mers, de faire remettre audit Pierre tout le bétail qu'on lui avait confisqué par suite desdites transgressions. (*Ibid.*, p. 264).

(2) *Ibid.* p. 332.

(3) *Ibid.* p. 342.

(4) *Rôles Gascons*, cités, p. 540. — De Bordeaux le 10 sept. 1254, le roi d'Angleterre fait savoir que Guillaume de Rions et Guillaume de Montpezat, chevaliers et autres, damoiseaux, chevaliers et bourgeois de Rions alors présents audit Rions, ont promis, pour eux et leurs héritiers, au roi Henri et à Edouard, son fils aîné et à leurs successeurs que, si, pour quelque raison que ce soit, Guillaume de Seguin, seigneur de Rions, s'écartait de la fidélité qu'il doit à l'Angleterre, la seigneurie de Rions avec ses appartenances passerait aux mains de ce prince. (*Ibid.* p. 542). Guillaume de Montpezat doit être parent d'Arnaud de Montpezat.

(5) *Ibid.* p. 524.

D'après le Cartulaire de l'Evêché d'Agen, P. de Lunac abandonne, le 12 novembre 1257, à l'évêque la dîme de Saint-Jean d'Aubès (1).

Le 24 février 1262 est fait un accord entre Gelis, moine et cellerier de Grandselve et Gautier du Fossat et ses frères, par devant P., archidiacre d'Agen, conservateur des privilèges apostoliques de ladite abbaye, au sujet des péages de la Garonne. Il est décidé que l'abbé ou tout autre des siens passera sur ce fleuve, sans payer aucun droit à Clermont, à Thouars, au Fossat et à Aiguillon, avec une certaine quantité de blé, de vin, etc., provenant des domaines de ces religieux (2).

Durant le XIIIe siècle et peut-être avant cette époque, les barons de l'Agenais rendaient hommage à l'évêque d'Agen, et cinq des plus puissants d'entre eux portaient le prélat sur leurs épaules à sa première entrée. « L'évêque d'Agen, à son entrée dans la ville après son sacre, écrit Argenton, descend à la porte de l'Eglise Saint-Caprais, où il est reçu en procession. Il monte ensuite sur un trône spécialement préparé à cet effet, devant l'autel du Saint. Cela fait, les nobles hommes, le seigneur de Clermont-Dessus, les seigneurs du Fossat, de Boville et de Madaillan et le seigneur de Fumel le portent sur leurs bras et sur leurs épaules, de l'autel de Saint-Caprais à la porte de l'église de Saint-Etienne, où il est encore reçu processionnellement. Le cortège ayant défilé, les mêmes seigneurs le portent à l'autel de Saint-Etienne où ils le déposent. Après cela, l'Evêque célèbre la messe solennelle, et le même jour, il tient sa cour. Le lendemain, il reçoit le serment de ses vassaux et l'hommage pour leurs fiefs. » (3)

Or nous lisons au tome VIII des *Archives historiques de la Gironde* (p. 350-351) la déclaration de Guillaume, nouvel évêque

---

(1) Autrefois paroisse, aujourd'hui annexe de la paroisse de Lagarrigue. C'était l'église de Miramont.

(2) *Hist. gén. de Lang.*, déjà citée, t. VIII. 1867.

(3) Procès-verbal d'entrée. Pièces justific. d'Argenton, ms. — « Les du Fossat, dit M. Tholin (*Ville libre et Barons*, p. 174), tiraient peut-être leur nom d'un quartier de la ville d'Aiguillon dont ils étaient seigneurs. C'est à ce titre, sans doute, qu'un de leurs représentants jouissait d'une prérogative alors recherchée. Un Madaillan partageait avec lui cet honneur, non pas en raison du château de Madaillan d'Agen, qui devait être alors aux du Fossat, mais bien comme baron de Madaillan-Vieux » aujourd'hui de la commune de Roumagne, canton de Lauzun.

d'Agen (1), constatant qu'après avoir été reçu à la porte de l'église de Saint-Caprais, le 22 juillet 1263, il a été porté sur les bras des seigneurs de Clermont-Dessus, du Fossat, de Boville, de Madaillan et de Fumel, depuis l'autel de Saint-Caprais jusqu'à l'église de Saint-Etienne, où il a célébré la messe. Ces seigneurs ont aussi fait hommage à l'évêque et reçu de lui en fief leurs châteaux avec leurs appartenances.

Le 11 septembre 1263, un accord est fait entre les procureurs de Grandselve et P. Paul de Lunac, chevalier, Guillaume de Lunac, damoiseau, et Raymond Huc de Salves, leur beau-frère, par l'entremise de P. archidiacre d'Agen. Les procureurs demandaient l'exemption de tout péage sur la Garonne. On concède le libre passage à Aiguillon pour un membre de la communauté avec une certaine quantité de marchandises nécessaire au monastère et 120 tonneaux de vin des vignes de l'abbaye (2).

Les plus anciens témoignages que nous possédions sur les divisions de la partie de l'Agenais comprise entre la Garonne et le Lot (3) se trouvent dans les procès-verbaux de prestation de serment de fidélité des villes agenaises à Philippe-le-Hardi.

A la mort d'Alphonse de Poitiers, comte de Toulouse, seigneur de l'Agenais, Guillaume de Cohardon, sénéchal de Carcassonne et de

---

(1) Cet évêque est Guillaume IV, qui, d'après l'abbé Du Temps, avait été évêque de Lydes ou de Diospolis.

(2) *Hist. gén. de Lang.*, citée, t, viii. Col. 1868.

(3) La partie de l'Agenais qui s'étend entre le Lot et la Garonne était, en 1271, divisée en cinq grandes juridictions : Port-Sainte-Marie, qui comprenait dans ses dernières limites, à l'Est, les châteaux ou paroisses de Cours, Floirac, Pechbardat, Lusignan ; — Sainte-Livrade, qui, se rattachant à Villeneuve, n'atteignait pas le territoire d'Agen ; — Villeneuve, qui comprenait, au Sud, Noallac, Monberos (*sive Fontirou*) et Sainte-Colombe ; — Penne, qui formait un angle, vers le Sud, en englobant Cassignas, Monbalen, Laroque-Timbaut et Bajamont ; — Tournon, qui ne nous touchait pas ; — Puymirol, qui, à l'Ouest, absorbait aussi Laroque, Sauvagnas, Pléneselves, Castelculier. — Ces subdivisions sont les mêmes que l'on trouve simplement indiquées dans un état des baylies de l'Agenais de l'année 1259. (Bibl. Nat. n° 9019, f° 14. — Trés. des Chartes, I, 317, n° 62. Cité d'après Boutaric. *Saint-Louis et Alphonse de Poitiers*, p. 175. En 1259, l'Agenais tout entier était divisé en 14 baylies ; en 1271, celles-ci étaient toutes royales, moins Sainte-Livrade dont un quart seulement appartenait au roi, successeur des comtes de Toulouse. (Voir *Ville libre et Barons*, par G. Tholin, archiviste du département de Lot-et-Garonne, p. 5.)

Béziers, fut délégué par le roi de France pour recevoir ces hommages. Il parcourut l'Agenais, en 1271, et rallia facilement les villes et les barons à sa cause. Ces assises solennelles fournirent à chacun l'occasion de déclarer quels étaient ses droits et ses possessions (1).

Nous donnons ici l'hommage de la grande juridiction ou district de Port-Sainte-Marie, en 1271, d'après une copie tirée le 4 juillet 1729, du Trésor royal de la Chambre des Comptes de Montpellier,

« Sachent tous que les consuls du Port-Sainte-Marie, diocèze d'Agen, ont esté convoqués tant pour eux que pour la jurisdiction de ladite ville, paroisses et châteaux qui sont dans la seigneurie et district et vantlieue de lad. ville devant le seigneur Guillaume de Cohardon, écuyer, sénéchal de Carcassonne et Béziers, gouverneur pour le Roy de France de la Compté de Toulouze et terres de l'Agenois, devant lui assemblés dans la citté d'Agen auxquels il a expozé et fait aparoir de sa commission et lettres patentes du Roy énoncées et à lui adressées pour tout ce qui concerne la Compté de Toulouze et terres de l'Agenois, pour être lad. ville du Port-Sainte-Marie avec toute son avanlieue, châteaux, villes et paroisses qui sont dans la jurisdiction et district, remises et guardées es mains de l'excellentissime seigneur Philippe par la grâce de Dieu Roy de France, assisté de messieurs Barthélemi de Pech, clerc et juge royal de Carcassonne, qui les a requis au nom dudit seigneur Roy comme leur souverain seigneur incontinant et sans délay faire et prêter le serment de fidélitté, ce que les d^{ts} consuls de ladite ville du Port-Sainte-Marie, tant pour eux que pour tous ceux de ladite ville, bourgs, châteaux et paroisses qui sont dans ladite jurisdiction et distric d'icelle, ont fait sur les saints Evangiles de Dieu et ont juré comme sus est dit que ledit seigneur Roy de France est leur vray seigneur dominant et qu'ils lui appartiennent et lur biens et droits ; c'est pourquoi il doit de tout son pouvoir les guarder et défendre et sauver comme ayant toujours esté fidelles aux Rois ses aucteurs et comme ils seront à ceux qui le succèderont contre tous ceux qui peuvent vivre et mourir. Le nom *(sic)* desquels conseuls sont, à sçavoir, Fori Descamps, Arnald Coler, Arnald de Bazens, Arnald Delrieus tant pour lui que pour Bernard Artifau et Pierre de Penefort, ses collègues, et avec eux les plus notables et distingués de la ditte ville du Port, Bernard

---

(1) On trouve des fragments de ces actes dans les Archives de Laroque-Timbaut (portefeuille AA. 2), aux Archives départementales (E. suppl. Frespech, FF. 4). Un exemplaire plus complet existe aux Archives nationales (Q. 1, n° 254). M. O. Fallières en possède une copie. (*Ibidem*, p. 4).

de Praisas, Arnald Mathieu Villat, Picon Villat de Bazens, Decodat Despierre, Raimond Pierre et Guillaume de La Boere, reconnaissant que ladite ville du Port avec ses droits et appartenances, sa juridiction et distric a sy devant apartenu au seigneur Raymond, compte de Toulouze, avec sa haute et basse justice avec toute sa jurisdiction, sauf la juridiction des seigneurs, châteaux et lieux enclassez dans ledit distric, l'église, prieuré, bourg par eux possédez au tems de son décès et n'ont *(sic)* joui et possédé jusques ce presant, même du tems d'Alphonce, compte de Poitiers et de Toulouze et dame Janne son épouze, par certain acord amiablement fait avec le prieur dudit lieu pour sa moitié de la justice de la ville et bourg du Port et de son territoire comme il fut prouvé par ledit prieur par tradition, comme aussi ledit seigneur comte et comtesse de Poitiers et de Toulouze ont ci devant donné et assigné 300 l. de rente annuelle sur le château de Lavardac et sur la moitié du château de Limons et château de Cauderoue avec leurs jurisdictions au compte de Perigort pour la dot de sa femme, fille du seigneur Pierre Raymond Deandusie *(d'Ambrus ?)* qu'aujourd'hui ledit seigneur possède au préjudice de l'acord et affectation sy devant marquée ; — ont reconnu que dans la seigneurie et distric du Port-Sainte-Marie sont les châteaux sous écrits : le château d'Aiguillon et ses fossés, avec sa jurisdiction et ses apartenances, le château de Miramon, le château de Gouts, le château de Gualapian, le château de Saint-Salvi, le bourg de Domenipech, le château de Saint-Sardos, le château de Laffitte, le bourg de Cruemont, le bourg de Quitimon, le château de Praisas, le château de Cours, le château de Floirac, le château de Frégimon, le bourg de Bazens, village d'Espiens, village du Malartic, le château de Clermon, la paroisse de Bon Repeaux, le village de Pechbardac, la paroisse de Lacépède, le bourg de Lusignan, de même qu'autres paroisses, villages, châteaux et bourgs avec lur apartenances qui sont jusques à l'androit où la rivière de Lot se jette dans celle de Guaronne en montant en haut du rivage de Guaronne jusques au pont de Viduil et de là en traversant jusques au ruisseau de La Beausse et de là en descendant jusques au fleuve de Lot et de là jusques dans la Guaronne et au delà de la Guaronne la paroisse de Saint-Laurant. Dans laquelle vanlieue estoit sy devant le château de Lavardac avec sa jurisdiction que le seigneur Raymond, compte de Toulouze, constitua en dot le château et seigneurie de Lavardac, dans laquelle seigneurie sont le château de Medeissant, le château d'Espiens, le château de Bruch, le château de Limons, le château de Feugarolles, le château de Thouars, le village du Parabis avec les paroisses et villages, châteaux et bourgts susdits où s'étendoit ladite seigneurie de Lavardac jusques dans le Bruillois jusques au pont de Barbaste et de là jusques dans la Guaronne, toute laquelle seigneurie, châteaux et lieux qui sont dans ladite seigneurie maintenant sont comme sy devoit être et comme elles estoit sy devant de la jurisdiction de la vanlieue du Port-Sainte-Marie, lequel château de Lavardac, château de Cauderoue, château de Limons sont aliénés comme sus est dit au compte de Périgort ; — ont de plus reconnu qu'ils devoient exercer toute fidelitté envers le seigneur Roy suivant les coutumes d'Agennois sous reservation de leurs libertés, bon uzages et bonnes couteumes qu'ils puvent prouver.

« Cette acte a été faite dans Agen, l'an de Notre Seigneur 1271, le 17e des Kalandes du mois de décembre en presance de Hugon de Roquefort, prieur du Port, Jean Roche d'Agen et dudit Barthelemi du Pech et de moy Pierre de Praisas, notaire si-devant dit si le tout écrit, raignant Philipe Roy de France et me suis signé.

« Tiré du Trésor royal de la Chambre des Comptes de Montpelier le 4 juillet 1729. Signé d'Ache, substitut de Monsieur le Procureur général.

Carrouge Guarde du Port royal. » (1)

Les Grands Carmes, institués en Orient en 1205, s'établirent à Agen et à Aiguillon vers 1272 (2). Ces religieux élevèrent leur couvent dans le faubourg du Muneau de cette dernière ville, au lieu qui porte encore le nom de « *aous Carmés biels.* »

Le 4 avril 1273, Ogier de Miramont, chevalier, fils d'Ogier de Miramont dont nous avons parlé plus haut, reconnait tenir du roi d'Angleterre le château de Miramont et ses dépendances. Il reconnaît aussi que le sénéchal de Gascogne, Luc de Thany, lui a prêté 100 marcs d'argent et employé 1,500 sous morlans aux réparations dudit château. Les témoins sont : Bertrand de Noalhan, seigneur de Noalhan ; Peyre de Buzet ; noble Arnaud Garsies de Sescars, chevaliers ; noble Bertrand de Ladils (3) ; noble Jordan Pansava ; Ramon du Mirailh ; Ber-

---

(1) La communication de ce document est dûe à l'obligeance de M. Aymard, ancien juge de paix de Port-Sainte-Marie.

(2) *Hist. de l'Agenais*, par J. Andrieu, t. I, p. 72, note 3.

(3) Voir sur Bertrand de Ladils et sa Maison : *Notice sur le Château et les seigneurs de Mauvezin*, par l'abbé R. L. Alis, pages 51, 60, 61, 62, 63, 64, 68, 79, 504, 523, 543.

nard Baur, clerc. « Fait le 5ᵉ jour de l'entrée d'avril, le siège vacant, Rostand, prieur de Saint-Macaire (1) ».

Le 20 septembre 1274, Vital de Miramont donne des lettres patentes datées de Saint-Sever et conçues en ces termes : « Vous saurez que nous reconnaissons tenir de l'illustrissime seigneur roi d'Angleterre la terre de *Runecose* (2) dans la paroisse de Saint-Martin de *Vuaus* (3), et que je suis tenu de faire et percevoir devant le seigneur roi ou à son mandement le compélment de la justice « *complementum justitiæ* ». Je suis également tenu, lorsque le seigneur d'Esca remplit son office auprès du seigneur roi, d'assister au repas de ce prince et de servir une chandelle à la main. Cette chandelle doit être telle qu'elle puisse brûler pendant tout le repas du seigneur roi et pendant que je prendrai moi-même mon repas avec les servants et que je m'en reviendrai à mon logis en la tenant à la main, ce que j'ai juré en touchant corporellement les saints Evangiles, en présence de Pierre Stui., chevalier, lieutenant du sénéchal Luc de Thany, à la cour de Saint-Sever, le jour de la lune avant la fête de Saint-Mathieu, évangéliste, n'étant tenu à rien plus ni à rien moins pour raison de ladite terre. En foi de quoi j'ai donné ces lettres patentes au même seigneur Pierre Stu., au lieu et nom du seigneur roi et de son sénéchal, signées du sceau de vénérable homme Garcie-Arnaud, abbé de Saint-Sever, le mardi avant la fête de Saint-Mathieu, évangiliste, l'an 1274 (4).

Arnaud de Montpezat, dont nous avons déjà parlé, eut pour fils et héritier Amanieu I, seigneur baron de Montpezat, qui donna des coutumes aux habitants de ce dernier lieu en l'année 1279. Amanieu eut pour fils aîné Rainfroid I de Montpezat, co-seigneur de Lunac, que

---

(1) *Arch. hist. de la Gir.* v. 328 : *Recognitiones feodorum.*

(2) Ce nom a dû disparaître. On pourrait aussi se demander si le copiste a bien lu.

(3) Il s'agit ici de l'ancienne paroisse de Saint-Martin de la Beausse ou de la Béousse dont l'église a disparu au xvıᵉ siècle et dont mention sera faite au chapitre IX : *Histoire ecclésiastique*. Cette église était située entre celle de Gouts et le village de Cauparre, sur la limite des paroisses actuelles de Sainte-Radegonde et Lagarrigue. — *Vuaus* est l'ancienne orthographe ou la corruption de *Beousse*, ancien fief noble, appartenant aujourd'hui à M. le comte d'Antin et situé dans cette dernière paroisse, à peu de distance de l'emplacement de l'église de Saint-Martin. La Beousse faisait autrefois partie de la paroisse de Saint-Martin et devait dépendre, au xıııᵉ siècle, comme Lagarrigue, des seigneurs de Miramont, ses voisins. Aujourd'hui Miramont dépend de la commune et de la paroisse de Lagarrigue.

(4) *Arch. hist. de la Gir.* v. 333 : *Recognitiones feodorum,*

M. Bourrousse de Laffore croit avoir été marié avec N. de Lunac, fille de l'un des principaux seigneurs d'Aiguillon (1).

En 1279, Rainfroid, encore damoiseau, assiste à un acte solennel des plus importants pour le pays de l'Agenais. Le traité d'Amiens avait été signé le 23 mai de cette même année. Le 9 du mois d'août suivant, Guillaume de Neuville, archidiacre de Blois, et Radulphe d'Estrades, maréchal de France, réunis dans le cloître des Frères-Prêcheurs d'Agen, remettent au nom de Philippe-le-Hardi, roi de France, le comté d'Agenais à Edouard I, roi d'Angleterre, duc de Guienne, représenté par Guillaume de Valence, oncle paternel dudit Edouard. Parmi les principaux personnages de l'Agenais présents à cet acte se trouvent Gautier et Amanieu I du Fossat, chevaliers, et Rainfroid de Montpezat, damoiseau (2).

Rainfroid de Montpezat était chevalier en 1283 et avait porté secours au roi de Castille au nom du roi d'Angleterre : « Gaston, par la grâce de Dieu, vicomte de Béarn, étant à Pampelune, constate, le 25 janvier 1283, avoir vu Hugelin de Vikio, familier du roi d'Angleterre et payant pour ledit monarque, compter à Rainfroid de Montpezat, chevalier, 50 livres morlanes, pour l'achat de deux chevaux perdus au service que ledit de Montpezat faisait au roi de Castille, au nom du roi d'Angleterre (3). »

La traduction en français d'un *Vidimus* de 1402 déposé aux Archives départementales de Lot-et-Garonne (S^t. E. 823, portant à la cote GG. 1 : Copie de la translation des Pères Carmes dans la ville d'Eguillon par M. de St-Pastour (4) alors seigneur d'Eguillon, 1281) relate un acte du 22 mars 1281, par lequel Pierre de Saint-Pastour concède au frère Laurent, provincial des Carmes (5) un emplacement dans l'intérieur de la ville d'Aiguillon, à la condition que ces religieux détruiraient leur couvent et leur église situés en dehors des murs pour les

---

(1) *Nobiliaire de Guienne et de Gascogne*, par J.-F. Bourrousse de Laffore, t. IV, p. 276 et 277.

(2) *Ibidem*. — *Hist. de la Gascogne*, par l'abbé Monlezun, t. VI, p. 301 à 303. — *Hist. relig. et monum.*, citée, t. II, p. 40. — *Documents hist. sur la Maison de Galard*, par J. Noulens, t. I, p. 89 à 91.

(3) *Rymer*, t. I, part. II, p. 217.

(4) Saint-Pastour était un fief noble, près de Saint-Côme. Voir au chapitre IX : *Histoire ecclésiastique* ce qui est dit sur le lieu et l'église de Saint-Pastour.

(5) L'ordre des Carmes fut introduit en France par Saint Louis.

reconstruire à l'intérieur. Si cet acte témoigne que les Carmes s'établirent de bonne heure dans ce lieu, il prouve aussi qu'ils finirent par ne pas accepter la proposition de Saint-Pastour ou l'éludèrent, puisqu'en 1346 ils occupaient encore leur emplacement hors des murs. Ce ne fut qu'en 1348, comme nous le verrons plus loin, qu'ils se firent concéder dans l'intérieur de la ville le local où ils ont resté jusqu'à la Révolution (1).

L'accord passé le 22 mars 1281 entre Pierre de Saint-Pastour et les RR. PP. Carmes est le suivant :

« Au nom du Seigneur, ainsi soit-il. Sachent tous presens et à venir, que devant examiner, voir, lire et même entendre ce present public instrument, que le sieur Pierre de Saint-Pasteur, ayant l'administration des affaires publiques et doué d'une grande piété, pour surcroit des biens des frères de l'ordre de la Bienheureuse Marie du Mont-Carmel, et même pour l'honneur de Dieu et de la même Vierge Marie, a résolu de pourvoir en même temps à toutes lesd. affaires; pour cette cause, après que led. sieur de Saint-Pastour a déclaré son intention au vénérable frère Laurens, prieur provincial des frères dud. ordre dans la province de Guienne, et que led. frère Laurens prieur a attentivement considéré les causes qui touchoient justement led. sieur de Saint-Pasteur, lequel il voyoit en toutes choses, il avoit veu, et qu'il sçavoit certainement trez affectionné et trez intentionné pour led. ordre de la B. M. du Mont-Carmel et pour son avancement; led. frère Laurens, prieur provincial, voyant dans le dessein dud. sieur de Saint-Pasteur l'utilité de l'ordre et l'augmentation de la seureté des biens dud. couvent de Guilhon, acquiesça au juste et pieux dessein dud. sieur de Saint-Pasteur, et l'accepta pour luy et ses successeurs dans toutes les circonstances dud. proposé et dans toute son extension, et led. frère

---

(1) Il est facile de retrouver l'endroit primitif ; il porte encore, comme nous l'avons dit, le nom de « Aous Carmés biels. » Il est situé à l'extrémité du faubourg du Muneau, à gauche du coude que forme la grande route. A la place s'élève une métairie appartenant à M. Henri Garrigue. Il y a quelques années, en creusant une fosse pour éteindre de la chaux, on trouva deux cadavres inhumés côte-à-côte à une profondeur de trente centimètres environ, sans traces de clous ou de cercueils. A cette même époque, en démolissant un vieux mur, construit avec des matériaux de l'ancien couvent, on en retira un chapiteau de colonne orné d'une tête de moine que le propriétaire a conservé. Il est probable qu'on trouverait les anciennes substructions si on creusait le sol à une certaine profondeur. Non loin, à deux cents mètres environ, on trouve un lieu dit la *Grange* (peut-être celle des Carmes). Il ne reste que le nom et l'emplacement occupé par une ferme toute moderne.

Laurens, prieur provincial a fait cela librement, sans aucune ruse ny fraude, sans force ny crainte, sans contrainte ni gêne, mais authorisé de tout le droit du couvent, du consentement de toute la province, et de l'advis du vénérable frère Charles, prieur conventuel, lequel il consulta touchant la teneur dud. proposé et qu'il interrogea sur l'estat des affaires du couvent. Sur cela, voicy quelle est la teneur dud. proposé, et de la pieuse volonté dud. sieur de Saint-Pasteur, à sçavoir, que led. sieur de Saint-Pasteur ayant l'administration des affaires publiques, et du couvent desd. frères dud. ordre de la B. M. du Mont-Carmel de Guilhon, pour le present et à venir, pour luy et ses successeurs, donne, fait bail, cède et quitte auxd. frères dud. ordre de la B. M. du Mont-Carmel de Guilhon et à leurs successeurs, par les mains dud. frère Laurens, prieur provincial, une certaine place dans lad. ville de Guilhon située et posée, confrontée du costé d'orient et de septentrion avec les murs (1) de lad. ville de Guilhon, et du costé de l'occident avec une rue publique (2), et de ce costé, en prenant le terme de la confrontation, inclusivement depuis la tour (3), laquelle tour et lesd. murailles donne led. sieur de Saint-Pasteur pour bâtir une église, un petit clocher, un chapitre, un dortoir, un réfectoire et autres endroits nécessaires à l'Ordre; lequel clocher led. sieur a promis faire bâtir à ses propres dépens, en compensation, reconnoissance et gratification de l'acquiescement que fait à presant le vénérable dit frère Laurens, prieur provincial, que l'église et le clocher et le couvent dud. ordre estant hors la ville de Guilhon, soient détruits et démolis avec toutes leurs murailles, et que les matériaux soient transportés dans lad. ville de Guilhon pour bâtir lad. neuve église et le clocher et le couvent, cependant avec le consentement et stipulation dud. sieur de Saint-Pasteur et dud. frère Laurens, prieur provincial, que pour toujours, par droit du sieur et débonaire possesseur, il demeurera auxd. frères le fonds et la terre de lad. église, clocher et couvent, selon ses limitations et confrontations, comme elles le sont

---

(1) La ville d'Aiguillon était donc close de murailles au xiiie siècle, comme il est dit au chapitre I.

(2) Cette rue était la grande rue actuelle, qui bornait autrefois, à l'Est, les bourgs de Lunac et du Fossat et à l'ouest, le bourg d'Aiguillon.

(3) Il s'agit de la tour du beffroi décrite au chapitre I, et à laquelle fut adossée la façade de l'église des Carmes en 1348, car l'emplacement que donne Pierre de Saint-Pasteur aux religieux carmes est le même qui leur sera concédé 67 ans plus tard et qu'ils occuperont définitivement jusqu'à la Révolution.

dans le present, à sçavoir, du costé de l'orient et de l'occident avec deux rues publiques, du costé du midy avec une petite rue particulière et privée, et du costé du septentrion avec un fossé de la Corderie appelé Embarat (1), led. fonds exempt de tout droit d'échoppes et manœuvres ; sur toute connoissance et observation sûre et inviolable de la promesse et stipulation de cette cause, led. sieur de Saint-Pasteur et led. frère Laurens, prieur provincial, à la jurisdiction de tous les juges spirituels et temporels se sont supposés soumis, et renoncent à tous leurs biens particuliers et du couvent que chacun pour cela a affectés, et principalement à la jurisdiction et arbitrage du reverendissime père monseigneur d'Agen et sénéchal d'Agen et de la Gascogne, à sçavoir afin que led. sieur de Saint-Pasteur pour luy et ses successeurs et led. prieur provincial pour luy et ses successeurs et pour tous les frères qui seront et qui sont dans lesd. couvent de Guilhon, pour tous les droits écrits et non écrits, canon et civil, et pour tous les privilèges et à obtenir, qu'ils ne viennent à supposer en quelque manière, par ruse ou malice, ou tromperie, led. sieur de Saint-Pasteur et led. frère Laurens, prieur provincial, ont promis lesd. choses pour toujours durables, stables et permanentes. Tout cela s'est passé dans le château de la ville de Guilhon (2), l'an depuis l'incarnation du seigneur 1281, le 22 jour du mois de mars ; sous le règne de Philippe, roy de France, et monseig. Eduard roy d'Angleterre, duc de Guienne, et Jean évêque d'Agen ; il y a pour témoins les vénérables et discrets hommes Me Antoine Bonadeo (Bonadieu) et Jean Ducasse dans le droit licentier et Guillaume Cazanova habitants de lad. ville et jurisdiction de Guilhon, et moy Pierre Tardieu, no^{re} commun qui appellé et prié par led. sieur de Saint-Pasteur et frère Laurens, prieur provincial, ay réduit et accordé les choses cy-dessus en une forme publique et ay posé mon cachet, led. sieur de Saint-Pasteur et led. frère Laurens, prieur provincial, ont aussy mis leurs cachets pour assurance desd. choses cy-mentionnées. »

---

(1) Il s'agit ici de l'emplacement occupé par le premier couvent des carmes au faubourg du Muneau. La rue de l'Orient mentionnée dans cet acte n'existe plus, ce qui prouve que l'ancien faubourg du Muneau s'étendait plus loin que le faubourg actuel. J'en dirai autant de la petite rue particulière et privée au midi. Le fossé de la Corderie appelé Embarat a disparu avec ce dernier nom. — Le sieur de Saint-Pastour est dit possesseur de ce territoire.

(2) Ce château était celui de Lunac, le seul qui existât encore à Aiguillon ; nous verrons bientôt par d'autres actes qu'il n'est pas question du château du Fossat avant les premières années du xive siècle, ce dernier château n'existant pas encore.

« J'ay trouvé dans mes protocoles ce present et cy-dessus écrit public instrument, et l'ay veu, non pas effacé, ny bissé ny gaté, mais à l'abry de tout soubçon, l'ay tiré et transcrit en la forme cy-dessus écrite, requis par le frère André, prieur conventuel des frères de l'ordre de la B. M. du Mont-Carmel du couvent de Guilhon, en présence des vénérables hommes Bertrand de Moles et Jean de Quissat, domiciliers. En foy desquels moy Jacques de Morhono n^{re} public l'ay soubscrit en leur présence, et l'ay signé de mon saing ordinaire dans lad. ville de Guilhon le jour avant le mois de juin, l'année du seig^r 1402, sous le règne de monseig^r Henry par la grâce de Dieu Roy d'Angleterre. »

Le 12 novembre 1282, Edouard I mande à son sénéchal de Gascogne, Luc de Thany, de clore et de fortifier le château de Miramont de murs et de fossés, et lui alloue les sommes qu'il a déjà employées à cette entreprise et celles qu'il devra dépenser encore (1).

En l'année 1286, Bibien de Blazerte et Ogier de Miramont, chevaliers, et Ayssin de Galard, damoiseau, reconnaissent, avec leurs coseigneurs, tenir du roi d'Angleterre le lieu de Galard et celui de *Puenfortan* (Puy-Forte-Aiguille ?) et les fiefs et arrière-fiefs avec leurs juridictions qui sont dans les dits lieux, pour lesquels ils doivent faire 100 sols morlans d'acapte au changement du seigneur et un écuyer armé pour le service, ainsi que l'hommage et le serment de fidélité (2).

Contestations et querelles s'étant élevées relativement à des droits de passage, de péage et de pontonnage au port de la Garonne dit de Centudville (3) et au fief de Manin de Bigoria (4) et à celui dit de *Sergabuo* (5), entre Arnaud Garcie II du Fossat, damoiseau, et Bonafoux du Fossat, fils mineur et héritier de feu Bonafoux du Fossat,

---

(1) *Arch. hist. de la Gir.* VII. 146.

(2) *Ibidem*, III. 361.

(3) Ce port n'est autre que le Port-de-Pascau, voisin d'Aiguillon. Nous le trouvons écrit de plusieurs manières à cette époque : Centudvilla, Centud villa, Sentud villa et Sent-Uville. La première forme paraît la plus ancienne et Sent-Uville n'en est qu'une mauvaise orthographe.

(4) On lit dans la charte tantôt Bigoria et Begorra. Entre le Port-Sainte-Marie et Aiguillon, mais beaucoup plus près de la première ville, on trouve le lieu de Bigorne.

(5) Qu'était-ce que *Sergabue ?* C'était un lieu situé sur les bords de la Garonne au-dessous d'Aiguillon, comme le fief de Monin et de Pierre Bigoria, peut-être dans les Cartérées.

co-seigneur du Fossat d'Aiguillon, d'une part, et Rainfroid I de Montpezat, Arnaud et Julienne de Montpezat, son fils et sa fille, encore mineurs, Guillaume I de Lunac, chevalier, et son frère Bertrand de Lunac, et leur nièce Marmande de Lunac, fille de feu P. Paul de Lunac, et Arnaud d'Auvignon, damoiseau, co-seigneurs de Lunac d'Aiguillon, d'autre part, tous ces divers personnages s'en remirent à la sentence arbitrale que prononcerait Guillaume Raymond de Pins, damoiseau, seigneur de Taillebourg, pour terminer ce différend et généralement toute dispute passée ou future, promettant d'ailleurs de se conformer à la décision à intervenir et de l'exécuter sous peine d'une amende de 1000 marcs d'argent payable par la partie qui aurait violé la dite sentence, savoir, moitié au roi d'Angleterre, duc d'Aquitaine et moitié à l'autre partie.

Raymond de Campagne, sénéchal d'Agenais et de Querci, donna le jeudi après la fête de Saint-Barthélemy 1287, Amanieu du Fossat, chevalier, pour tuteur à Bonafoux du Fossat encore dans sa minorité.

En conséquence, le 29 août de cette même année, l'arbitre désigné par les parties, Guillaume Raymond de Pins décida que la moitié du péage prélevé au dit passage de la Garonne appartiendrait à perpétuité à Arnaud-Garcie et Bonafoux du Fossat, et l'autre moitié à Rainfroid de Montpezat et ses enfants Arnaud et Julienne, à Guillaume, Bertrand et Marmande de Lunac et à Arnaud d'Auvignon, ainsi qu'à leurs héritiers. Les pactes et conventions faits entre les pères et prédécesseurs des parties en cause qui sont contenus dans des actes écrits de la main d'Hélie de Prohensia, notaire d'Agen ou dans d'autres actes passés depuis par d'autres notaires, seront observés par lesdites parties et leurs successeurs.

Les parties en cause solliciteront du roi d'Angleterre qu'il veuille bien revêtir de son autorité ladite sentence arbitrale et y apposer son sceau.

De plus, Amanieu du Fossat, tuteur de Bonafoux du Fossat, fera ratifier ce traité par son pupille dès que celui-ci aura atteint sa quatorzième année et qu'il en sera requis par l'une ou l'autre des parties. Rainfroid de Montpezat en fera autant pour ses deux enfants Arnaud et Julienne, ainsi que Guillaume de Lunac pour Marmande, sa nièce.

L'arbitre se réserve, en outre, le droit d'interpréter sa propre décision et aussi d'entendre les témoins avant de juger à qui doit appartenir la propriété du fief de Monin de Bigoria, et du tènement de Sergabue, et, au besoin, de modifier et de corriger sa sentence.

Toutes clauses auxquelles les parties présentes donnent leur consentement et apportent leur ratification. Les témoins sont : Aymeric de Pailloles, chanoine de Saint-Caprais, Ogier de Puy-Barsac, Raymond d'Estillac, Aymeric de Prayssas, chevaliers, Barthélemy de Caumont, Hugue de Trémonts, Gaston Boc le jeune, Guillaume Bertrand de Vilars, Arnaud d'Escayrac, Raymond de La Roque, Hugue de Vilère, damoiseaux et Raymond du Bernet, notaire. Ainsi prononcé et ordonné à Agen, dans le cloître de Saint-Caprais le 3e jour avant la fin d'août 1287.

Suit la charte en date du jeudi après la fête de Saint-Barthélemy par laquelle R. de Campagne nomme Amanieu du Fossat tuteur de Bonafoux du Fossat.

Vingt mois plus tard, le 1er mai 1289 intervint entre les mêmes parties une nouvelle sentence arbitrale dont voici le résumé :

Arnaud-Garcie et Banafoux du Fossat représenté par Amanieu du Fossat, son tuteur, d'une part ; Guillaume, Bertrand et Marmande de Lunac et Arnaud d'Auvignon, ce dernier faisant tant pour lui que pour Rainfroid de Montpezat et Arnaud et Julienne, d'autre, ayant eu contestation à l'occasion des justices, péages et possessions dépendant des deux bourgs et du château d'Aiguillon et des passages sur le fleuve de Garonne, choisissent pour arbitre Raymond de Pins, seigneur de Taillebourg et promettent de se soumettre à sa décision sous peine d'une amende de 1500 marcs d'argent, payable par la partie qui aurait violé la sentence arbitrale, moitié au roi d'Angleterre et moitié à l'autre partie.

Arnaud d'Auvignon s'engage à faire ratifier la prochaine décision par Rainfroid de Montpezat et par ses enfants, Arnaud et Julienne de Montpezat, dès que ceux-ci auront atteint leur puberté.

En conséquence, il est prononcé et décidé que la moitié du péage ou pontonnage perçu à raison du passage au port de Centudville appartiendrait à Arnaud-Garcie et Bonafoux du Fossat et l'autre moitié à Rainfroid et ses enfants, à Guillaume, Bertrand et Marmande de Lunac et à Arnaud d'Auvignon, ainsi qu'à leurs successeurs, à perpétuité.

Les pactes et conventions précédemment faits entre les pères et prédécesseurs des parties en cause, en quelque manière qu'ils aient été faits, seront inviolablement observés.

Amanieu du Fossat fera ratifier la dite sentence arbitrale par son pupille dès que celui-ci aura atteint sa quatorzième année. Arnaud d'Auvignon la fera ratifier de même par Rainfroid de Montpezat en son nom et au nom de ses dits enfants, dès que ceux-ci auront atteint leur quatorzième année. Guillaume de Lunac en fera autant à l'égard de Marmande, sa nièce.

Les seigneurs de Lunac auront la moitié du péage et pontonnage, mais leurs co-seigneurs n'en pourront rien percevoir avant d'avoir ratifié le présent arbitrage et donné de bons titres contenant leur engagement formel d'en observer les clauses.

La moitié des eaux et îles, à partir du milieu du fief de Pierre de Begoria (1) qui sont et seront vers la partie inférieure dudit fief et vers le côté du Lot, doit appartenir à la juridiction et au domaine des seigneurs de Lunac, l'autre moitié des eaux et îles qui se trouvent vers la partie supérieure du fief et les tapies du Fossat, doit appartenir à la juridiction et au domaine des seigneurs du Fossat.

Les pactes et conventions ayant été passés précédemment entre les co-seigneurs du bourg du Fossat et du château de Lunac, conserveront toute leur valeur, à l'exception de ce qui concerne la division du fief de P. de Begorra, des eaux et îles susdites.

Le coral ou navire qui est sur le passage de la Garonne à Centudville sera commun à toutes les parties et à leur commun usage tant que ledit bac durera, sauf à être reconstruit à leurs frais, proportionnellement à leur part dans le péage ou pontonnage.

Arnaud-Garcie et Amanieu du Fossat, comme tuteur de Bonafoux du Fossat, mettront incontinent les seigneurs de Lunac en possession de la moitié des droits de péage et pontonnage et autres droits sus-énumérés.

S'il s'élève quelque contestation entre les parties en cause et leurs familles à l'occasion du péage et autres questions résolues par l'arbitrage, il en sera référé à deux seigneurs de Prayssas, dont le premier sera choisi par l'une des parties et le second par l'autre, et ce qu'ils auront décidé à ce sujet, le seigneur suzerain ou qui que ce soit en son nom le devra faire exécuter comme chose jugée.

Les seigneurs du bourg du Fossat ne pourront aliéner en quelque forme que ce soit ledit bourg (2) du Fossat ou quelque chose de ses

---

(1) Pierre de Bigoria avait dû succéder à Monin de Bigoria dans cet intervalle de 20 mois; car il s'agit dans la seconde sentence arbitrale du même fief que dans la première.

(2) Le château du Fossat n'était pas encore construit. On signale dans cet acte, à diverses reprises, les seigneurs du *bourg* du Fossat, et les seigneurs du *château* de Lunac.

dépendances, si ce n'est en faveur des successeurs et héritiers de leur sang, ou bien en faveur des seigneurs de Lunac. De leur côté, les seigneurs du château de Lunac prendront le même engagement envers ceux du bourg du Fossat.

Les seigneurs du Fossat et de Lunac s'engageront les uns à l'égard des autres à ne permettre sur leurs territoires respectifs la construction d'aucune bastide et à n'admettre au paréage de leurs domaines autres personnes que les héritiers de leur sang ou les seigneurs leurs partenaires.

Dans le cas où les seigneurs du Fossat seraient forcés d'aliéner leurs domaines, ils ne pourront le faire qu'en faveur des héritiers de leur sang ou des seigneurs de Lunac leurs partenaires, et réciproquement, aux conditions indiquées dans la sentence arbitrale. Toute aliénation, cession ou échange faits en dehors de ces conditions, sera nul de plein droit.

Toutes clauses que les parties présentes ratifient et s'engagent à observer par serment et sous la peine plus haut énoncée, promettent Guillaume et Bertrand de Lunac de les faire ratifier par Marmande de Lunac, leur nièce; Arnaud d'Auvignon par Rainfroid, Arnaud et Julienne de Montpezat, et Amanieu du Fossat par Bonafoux du Fossat, son pupille.

Les témoins sont : Raymond-Bernard du Fossat, prieur du Mas; Ogier de Miramont; Rostand de *Honoratis*, chevaliers; Guillaume R. Ferréol; Barthélemy de Pins; B. de Saint-Germain; Fort Sanche de Vindalhac et Jean des Roches, notaire.

L'acte est fait en triple expédition, savoir, un pour Amanieu du Fossat, l'autre pour Arnaud-Garcie du Fossat et la troisième pour les seigneurs de Lunac, par Jean des Roches, notaire général agenais, à Condom, le 1er mai 1289 (1).

Cette même année Raymond Bernard de Rovignan, damoiseau, seigneur d'Auterive et du bourg de Saint-Pierre de Tonneins, exempte Grandselve des péages et leudes dans l'étendue de ses domaines; son exemple est suivi par Rainfroid de Montpezat (2).

Une première bastide ayant été détruite à Nicole, au lieu autrefois

---

(1) *Arch. départ. de Lot-et-Garonne*, E. Suppl. 754 (CC. 1. Liasse. 2 pièces, parchemin). Nous devons à l'obligeante érudition de M. O. Fallières l'analyse de ces documents inédits.

(2) *Hist. gén. de Languedoc*, citée, t. vııı. Col. 1878.

appelé Cande (1), près d'Aiguillon, le sénéchal Raymond de Campagne et le trésorier d'Agenais Jean de Candeure (2) avec le concours de Gaillard de La Roque, abbé de Clairac (3), en élevèrent une nouvelle sur le même emplacement. Le 20 mai 1293, le roi d'Angleterre Edouard I donne des lettres en vertu desquelles il confirme la reconstruction de cette bastide ainsi que les libertés et coutumes que lesdits sénéchal et trésorier d'Agenais avaient données et concédées aux bourgeois et habitants de Nicole par lettres signées de leurs sceaux et du sceau de la cour royale de Gascogne. — Ce prince confirme encore à la même date, les conventions faites au sujet du paréage de la bastide de Nicole entre Raymond de Campagne et Jean de Caudeure, d'une part, et l'abbé et le couvent de Clairac, d'autre. Bréquigny indique aussi un mandement aux mêmes sénéchal et trésorier de l'Agenais pour qu'ils examinent et fixent les privilèges et coutumes de la nouvelle bastide (4).

A la suite d'une querelle survenue à Bayonne en 1292, entre des matelots anglais et normands, d'où résultèrent une tentative sur La Rochelle et des déprédations sans nombre, Philippe-le-Bel demanda raison à Edouard Ier de ces hostilités, et le cita, l'année suivante, pour répondre de l'insulte. Parmi les griefs invoqués, le roi de France se plaignait d'une suprise du château de Buzet, de la mutilation d'un de ses sergents à Villeréal et du meurtre de plusieurs autres à Castelculier.

Le roi d'Angleterre envoya son frère pour faire sa soumission, et il fut convenu que le duché de Guienne serait livré à Philippe, qui s'engageait à le restituer dans quarante jours. Les villes reçurent, en effet, l'ordre d'ouvrir leurs portes. Bordeaux même accueillit le connétable Raoul de Clermont, délégué à cette occasion, et lui prêta serment; mais bientôt un revirement se produisit. Le roi de France voulut retenir son gage et cita de nouveau le roi d'Angleterre à comparaître de-

---

(1) Les lettres d'Edouard disent « in loco vocato *Cangio*. » La tradition dit Candie et Cande.

(2) Dans le *Recueil de Rymer* (t. i. 3ᵉ part. p. 67, à l'année 1299), le trésorier de l'Agenais est nommé *de Candanere*.

(3) Depuis 1281 jusqu'en 1296. Voir *Gallia christiana*, t. ii, col. 942.

(4) Documents inédits relatifs à l'*Hist. de l'Agenais*, par Tamisey de Larroque, p. 30-31. — *Bibl. Nat. Coll. Bréquigny*, t. ii, p. 138. *Ex Vasconn. Rot. anno XX et XXI Ed. 1 membr. 7.*

vant la cour de Paris. Edouard, se disant trahi, éluda la citation et rechercha des alliés, pendant que le Parlement de Paris prononçait la confiscation de ses fiefs en France. Après avoir fait appel, en juin 1294, à l'évêque d'Agen et à la noblesse d'Agenais, qui répondirent par une prestation de serment au Roi Philippe, il organisa activement une flotte imposante, confiée à son neveu Jean, duc de Bretagne, qui débarqua à l'embouchure de la Garonne en décembre suivant (1). Déjà, par lettres du 29 juin de cette même année, le roi d'Angleterre avait convoqué Rainfroid de Montpezat et Amanieu du Fossat ainsi que tous les Grands de Gascogne pour l'aider dans cette expédition (2).

« En Bernard Agulhon » est au nombre des cent cinquante-deux otages que prit, à Bordeaux, en 1294, Raoul de Nesle (3), connétable de France et dont il envoya huit à Marmande, quatre-vingt-onze à Toulouse et cinquante-trois à Carcasonne (4).

L'expansion communale des xiie et xiiie siècles provoqua la multiplication des bastides que la prospérité transforma presque toutes en villes de quelque importance. Ce fut la fin de la féodalité. Comme dans tout le reste de la France, ces villes neuves surgirent donc nombreuses en Agenais et il serait intéressant d'en avoir la nomenclature complète. La vieille ville et l'ancien château de Lunac d'Aiguillon, soumis dès 1218 au comte de Toulouse et réunis à la couronne d'Angleterre en 1318, reçurent en 1295 de Philippe-le-Bel la concession d'une charte de libertés et coutumes. Voici à quel sujet :

Déjà, les co-seigneurs de Lunac, Rainfroid de Montpezat et Bertrand de Lunac et Arnaud d'Auvignon, Guillaume et Astorg de Lunac, frères, fils de feu Guillaume de Lunac, chevalier, avaient fait entre eux et le roi de France, représenté par son sénéchal d'Agenais, Jean de Maignelers, chevalier, un paréage touchant la juridiction de la ville et du château de Lunac, en vertu duquel lesdits co-seigneurs avaient donné et cédé au roi la moitié de la justice et de la juridiction haute et base dudit château et de ses appartenances, la moitié des nasses et pêcheries sur la Garonne et le Lot, avec la moitié des îles, marchés et foires et de toute autre chose appartenant auxdits chevaliers et damoi-

---

(1) *Hist. de l'Agenais*, citée, t. i, p. 76.
(2) *Rymer*, t. i, part. iii, p. 134. Pierre de Montpezat est aussi convoqué.
(3) Raoul de Clermont, seigneur de Nesle, nommé connétable en 1285, mort en 1302 à la bataille de Coutrai.
(4) *Arch. munic. de Bordeaux : Livre des coutumes*, p. 410.

seaux, qui tenaient à fief de ce prince leur château de Lunac. Le contrat fut passé par Dulcet de Gosson, notaire de tout le duché d'Aquitaine.

En retour de ces libéralités, Philippe IV dit le Bel, accorda aux seigneurs et aux habitants présents et futurs de Lunac, le lendemain de la fête de la Circoncision 1295, le code suivant de libertés et coutumes « aussi bonnes et meilleures, dit la charte, qu'il ait été concédé à aucune ville de l'Agenais », dont nous donnons l'analyse de la manière suivante :

1° Le Roi ou ses successeurs n'imposeront dans ladite ville ni taille, ni droit de gite, ni prêt forcé.

2° Il sera permis aux habitants de ladite ville d'aliéner leurs biens meubles et immeubles à toute personne, sans préjudice des droits des seigneurs, et si ce n'est que les immeubles ne pourront être aliénés aux ecclésiastiques et aux nobles qu'aux conditions qu'il n'en résulte aucun préjudice au Roi ou aux seigneurs.

3° Les habitants de ladite ville pourront marier leurs filles où ils voudront et faire leurs fils clercs.

4° Le Roi se réserve le droit de se servir des forêts et carrières qui sont dans leur territoire.

5° On ne pourra saisir au nom du Roi, les biens et les personnes desdits habitants, s'ils offrent d'ester à droit, excepté dans les cas qui importeront confiscation de corps et d'avoir.

6° Ils ne pourront être cités hors du territoire pour faits passés sur le territoire, si ce n'est pour faits qui concernent le Roi et ses gens.

7° Si quelqu'un des habitants de ladite ville meurt intestat ou n'a pas disposé raisonnablement de ses biens dans l'expression de ses dernières volontés et n'a pas d'enfants, ni d'héritiers pour lui succéder, les baillis et consuls de ladite ville remettront tous les biens du défunt une fois inventoriés à deux personnes probes de ladite ville qui les garderont une année et un jour, et si pendant ce laps de temps, un héritier se présente qui doive succéder, les biens du défunt lui seront intégralement remis avec les revenus acquis depuis le décès. Dans le cas contraire, tous les biens meubles et immeubles qui sont tenus du Roi à fief ou censive ou de tout autre manière, lui seront délivrés, sauf le droit du véritable héritier si dans la suite il se présente, et sauf le droit des seigneurs desquels sont tenus les immeubles, s'ils ont, par le droit ou la coutume du pays, un droit sur ses biens. Toutefois les dettes du défunt qui seront prouvées, seront payées sur ses biens tant par le roi que par les autres seigneurs auxquels ces biens seront parvenus, et cela au prorata de la partie de ces biens qui seront parvenus à chacun.

8° Les testaments que feront devant témoins dignes de foi les habitants de ladite ville, seront valables, pourvu que les enfants, les seigneurs ou autres n'y soient sans cause privés de leurs droits.

9° L'accusé d'un crime ne pourra être forcé à se justifier par le duel; mais on pourra prouver le crime par les vois de droit.

10° Les habitants pourront acquérir par vente, donation ou inféodation, hormis les choses qui exigeront le consentement du seigneur, et les fiefs militaires : sauf ce qui est observé par rapport aux personnes nobles.

11° Les droits dûs au roi seront, pour la possession d'un terrain de cinq cannes ou aunes de largeur sur vingt de longueur, de 6 deniers d'oblies de monnaie courante payables chaque année à la fête de saint Gérard, et autant d'acapte à la mutation du seigneur ; et pour l'acquisition d'un terrain, de la douzième partie du prix d'achat qui sera payée par l'acheteur ; et si les oblies ne sont pas acquittées au terme échu, il sera donné 5 sous de monnaie courante pour gage, ensuite les oblies susdites.

12° Si des incendies et autres malifices cachés sont perpétrés dans ladite ville, sa juridiction ou ses appartenances, il sera infligé par le roi ou son lieutenant une amende conforme aux bons usages, statuts et coutumes du pays.

13° Les baillis ou prévôts du roi entrant en exercice, seront tenus de jurer publiquement devant les habitants du lieu de remplir leur office avec fidélité, de rendre la justice à chacun de leur mieux et d'observer et garder les coutumes bonnes et approuvées et les statuts de ladite ville faits ou approuvés par le roi.

14° Les consuls catholiques seront remplacés tous les ans à Pâques ; les habitants devront élire, ce même jour, six autres consuls catholiques qu'ils prendront parmi les hommes qu'ils croiront en toute bonne foi devoir être utiles au roi et à ladite ville. Les nouveaux consuls jureront au bailli et au peuple de se comporter bien et fidèlement envers le roi, de garder ses droits, de gouverner fidèlement le peuple, de tenir de leur mieux le consulat et de ne rien recevoir de personne pour l'exercice de leur charge. A son tour, la communauté de ladite ville jurera aux consuls de leur donner en conscience un bon et fidèle conseil quand elle en sera par eux requise, sauf le droit du roi.

15° Lesdits consuls auront soin des places, rues, ponts et fontaines ; et pour les entretenir, ils lèveront les sommes nécessaires, de l'avis de vingt-quatre habitants élus par le peuple. Ils ne pourront faire d'autres levées sans permission du Roi ou de son bailli ; les consuls et le bailli puniront ceux qui jetteront des ordures dans les places.

16° Quiconque aura des possessions dans ledit lieu, contribuera aux dépens communs.

17° Les comestibles venant du dehors seront portés au marché avant d'être vendus à ceux qui achettent pour revendre, à moins que la vente n'en soit faite au-delà d'une demi-lieue (1) de la ville, sous peine d'une amende de deux sous et demi de monnaie courante, payable également et par le vendeur et par l'acheteur, pourvu qu'on n'ait pas à faire avec des étrangers ignorant probablement ladite coutume.

18° Quiconque frappera de colère son semblable avec le poing, la main, le pied, le glaive, un bâton, une pierre, une tuile ou de toute autre manière, sans effusion de sang, sera puni d'une amende de cinq sous de monnaie courante, et de soixante sous, si le sang coule.

19° Quiconque frappera et mutilera son semblable, sera condamné par le bailli ou son lieutenant et les consuls, à une amende de vingt livres et au-dessous selon la gravité du délit et réparera l'injure qu'il aura faite à la victime. L'amende portée par le bailli et les consuls ne pourra dépasser la somme de vingt livres.

20° Quiconque aura frappé son semblable en présence du bailli ou de son lieutenant, payera vingt livres ou au-dessous selon la gravité du délit ; mais s'il y a effusion de sang et gravité des coups, l'amende sera portée au maximum de trente livres par la sentence juridique du bailli et des consuls.

21° Quiconque tuera son semblable sera réputé homicide, sera condamné par le jugement de la cour royale et des consuls, et les biens qu'il tiendra du roi seront entièrement confisqués au profit de ce prince.

22° Quiconque aura dit de colère des paroles injurieuses à son semblable sera puni d'une amende de deux sous et demi et réparera l'injure qu'il aura faite à la victime ; et si de telles paroles sont prononcées en présence du bailli ou de la cour, l'amende sera de cinq sous avec réparation de l'injure à l'égard de la victime.

23° Quiconque aura contrevenu au ban sera puni d'une amende de soixante sous.

24° Quiconque aura enlevé une chose saisie par justice sera puni selon la qualité de l'excès commis.

---

(1) Une lieue d'alors équivalait à 4,444 mètres.

25° On ne pourra saisir les habits d'usage journalier, ni le lit, ni les outils dont on se sert pour gagner sa vie.

26° Les habitants du territoire jouiront des mêmes privilèges que les habitants de la ville.

27° On ne pourra saisir qu'après citation, jugement, contumace et terme de paiement échu; hormis le cas de confiscation.

28° Quiconque aura fraudé l'impôt, sera condamné à dix sous d'amende et acquittera l'impôt qu'il n'a pas payé.

29° L'adultère, homme ou femme, surpris en flagrant délit ou convaincu par des témoins dignes de foi, ou s'avouant coupable au tribunal, courra nu par la ville ou payera cent sous d'amende à son choix.

30° Quiconque aura tiré l'épée avec colère, sans avoir frappé, payera une amende de dix sous et réparera l'injure qu'il a commise.

31° Quiconque entrera de jour dans les jardins, vignes ou prés d'autrui et y prendra sans une nécessité inévitable fruits, foin, paille ou bois pour la valeur de douze deniers ou au-dessous, sera condamné à une amende de deux sous et demi, dont le tiers ira aux consuls pour la réparation des places, rues, ponts et fontaines, etc., et les deux autres tiers au roi et à ses successeurs. Si la valeur de la chose dérobée dans lesdits lieux dépasse douze deniers, l'amende sera de dix sous payables au roi. Si le vol est commis la nuit, l'amende sera de trente sous payables au roi et aux consuls, comme il est dit plus haut et le voleur donnera satisfaction à ceux qu'il aura ainsi dépouillés.

32° Si un bœuf ou une vache ou tout autre gros bétail entre dans les jardins, vignes ou prés d'autrui, le maître de ces animaux payera six deniers; et pour un porc ou une truie qui aura pénétré dans lesdits lieux, quatre deniers; et pour deux moutons, chèvres ou boucs, un denier. Le roi aura les deux tiers de cette amende et les consuls l'autre tiers.

33° Les poids et mesures seront réglés par le bailli et les consuls.

34° Quiconque tiendra de faux poids ou de fausses mesures ou une aune fausse, payera une amende de soixante sols pour le roi et ne pourra jamais plus exercer le commerce dans lequel il aura de la sorte été trouvé en faute.

35° Relativement à l'assignation pour dette ou obligation, si on la reconnait sur le champ, on ne doit point d'amende, mais on doit satisfaire dans huit ou quinze jours ou payer une amende de cinq sous.

36° Pour une simple plainte civile après jugement rendu, il sera payé une amende de cinq sous, et quant au poursuivant, si ce qu'il demande dans sa pétition est sans fondement, il payera une amende de même valeur et sera condamné à indemniser la partie adverse de ses dépens.

37° Quiconque n'aura pas comparu sur l'assignation, sera condamné à payer deux sous et demi d'amende envers le roi et à indemniser la partie adverse de ses dépens.

38° Le bailli ne doit toucher l'amende que la si partie est satisfaite.

39° Dans les causes d'immeubles, l'amende est de cinq sous après le jugement.

40° Le marché sera le mardi; et si un bœuf ou une vache, un porc ou une truie d'un an et au-dessus y est vendu par un étranger, le vendeur payera un droit d'un denier.

41° Et si c'est un âne ou ânesse, un cheval ou une jument, un mulet ou une mule d'un an et au-dessus, le vendeur étranger payera un droit de quatre deniers, et si ces animaux ont moins d'un an, il ne payera rien.

42° Et si c'est une brebis, un bélier, une chèvre ou un bouc, le droit sera d'une obole.

43° Pour la charge en blé d'une bête de somme, on payera un denier; pour une moindre charge, une obole, et pour un simple boisseau, rien;

44° Pour la charge en verres d'un homme, un denier ou un verre valant un denier;

45° Pour la charge en gros cuirs d'une bête de somme, quatre deniers; pour la chage d'un homme ou pour une seule peau ou gros cuir, un denier; pour la charge en fer ou en étoffes de laine d'une bête de somme, quatre deniers; pour les chaudrons, vases, marmites, couteaux, faux, serpes, etc., et choses comestibles, qui font la charge d'une bête de somme, le vendeur étranger payera, comme droit d'entrée, deux deniers; pour la charge d'un homme, un denier; et pour moins, rien.

46° Il y aura foires le lendemain de la Saint-Martin d'hiver et dans la quinzaine de Pâques et elles dureront huit jours. Tout marchand étranger ayant une ou plusieurs trousses d'objets à vendre, donnera pour l'entrée et la sortie, pour l'étalage et l'impôt de sa marchandise quatre deniers, et pour la charge d'un homme de marchandises, un denier; et pour les objets achetés à l'usage de la maison il ne sera rien donné par l'habitant de ladite ville.

47° Il est donné et concédé, pour faire partie du ressort et du district de ladite ville, les paroisses de Saint-Côme, de Saint-Félix d'Aiguillon, de Miramont, de Galapian, de Gouts, de Lesterne, de Dominipech, de Lacépède, de Quittemont, jusqu'au ruisseau appelé la Bausse, et les autres paroisses, situées entre les premières susdites et le Lot, les paroisses de Clairac, de Sainte-Marie de Pélagat, de Saint-Symphorien, de Nicole, d'Unet, de Tonneins, de Monheurt, de Saint-Jean de Monluc et de Sainte-Marie de Sentudville (ou Port-de-Pascau).

48° Il est donné et concédé pour les habitants de la ville et de son territoire la liberté d'acheter le sel où ils voudront, de le porter même dans la ville par terre ou par eau, pour leur usage.

49° Les droits du marché de bestiaux seront au Roi. Pour la vente d'un bœuf ou d'une vache, on donnera deux deniers; pour un porc, un denier, et pour une brebis ou un bélier, une obole.

50° Les actes des notaires de ladite ville auront force d'actes publics; le Roi se retient tout droit non exprimé dans les présentes lettres, et le pouvoir d'y ajouter selon les circonstances et les usages et coutumes du diocèse d'Agen.

51° Pour les droits d'Ost à payer au Roi et aux Seigneurs de Lunac, chaque habitant donne au prince pour son armée deux sous et six deniers, et aux seconds pour le même objet deux sous et six deniers lorsque la nécessité arrivera de faire par lesdits habitants ladite armée; et cela seulement une seule fois dans l'année et non après.

52° Les droits anciens des habitants sur la Garonne et le Lot leur sont réservés. Tous les habitants présents et futurs jouiront à jamais de tous les droits et devoirs et libertés qu'ils ont et ont eus dans les ports de ces deux rivières, dans les pêcheries et padouens dudit lieu, excepté la pêche du poisson appelé *Miles*, et ni le Roi, ni le bailli ou son lieutenant ne pourront leur porter à cet égard aucun préjudice ou embarras, ni faire aucune innovation.

53° Les achats ou inféodations précédentes, par contrat ou sans contrat, seront valables, et les habitants présents et futurs pourront librement et sûrement, sans aucun empêchement et perturbation, donner à fief ce qu'ils voudront de leurs terres, vignes et autres possessions et l'inféoder de nouveau à toute personne libre, sauf le droit du Roi et d'autrui.

54° Aucun habitant ne pourra être obligé par le sénéchal ou les officiers du roi à bâtir ou demeurer dans un autre lieu lorsqu'il voudra bâtir ou faire sa résidence dans ladite ville ou dans sa juridiction, quand même il ait plusieurs possessions dans plusieurs autres lieux.

55° Tous ces privilèges sont accordés auxdits habitants tels qu'ils en ont joui, sauf les droits du Roy et d'autrui.

Ces présentes franchises furent données par Jean de Manalers(1) au nom du Roi, à Aiguillon, le jour de mardi, lendemain de la circoncision du Seigneur, l'année 1295 (v. st.) en présence des témoins Gaillard de La Roque, abbé de l'église, Bernard de Bassac (camer. clar.) Bertrand de Boville, prieur de Saint-Côme, Gauvain de Bonconseil, juge-mage d'Agen; M⁰ Raymond de Bernadoc, (defensoris Domini nostri), Simon de Clar, bailli (de Casseneuil), Guillaume de Cambrois, bailli d'Agen; Begun de Dun (de Duno), bailli du Port-Sainte-Marie; M⁰ Arnaud Gautier, Armand Servac, Jean des Camps, Raymond de Mazères, Guillaume de Verneuil, Guillaume Mauri, Jean de Flament, Arnaud de Galapian, Thomas de Lauriole, Arnaud de Béguin, Pierre de Vilote et Ducet de Gosson, notaire public de la sénéchaussée d'Agenais et de tout le duché d'Aquitaine, qui du commandement de Jean de Malalers (2) écrivit tout ce qui précède et le rédigea en forme d'instrument public et y opposa son sceau, sous le règne de Philippe, roi de France, Bertrand étant évêque d'Agen (3).

Nous ne savons si les divers seigneurs d'Aiguillon furent longtemps fidèles au roi de France; mais Rainfroid de Montpezat eut bientôt opéré sa conversion du côté du roi d'Angleterre, car dans un compte final des arrérages dûs aux barons de l'Agenais combattant dans l'armée de ce dernier prince en Gascogne, et daté du jeudi avant l'Annonciation (21 mars 1297), on voit qu'il est dû : « Primo à messire Rainfred, seigneur de Montpezat, 47 livres (4). »

Aiguillon a donné le jour durant le XIII⁰ siècle, à un célèbre troubadour. Parmi ces poëtes nomades qui murmuraient des cantilènes d'amour ou excitaient au combat, trois noms seulement ont échappé à l'oubli

---

(1) Au commencement de la charte, nous lisons *Maignalers*.

(2) Ce nom est donc écrit de trois manières dans la charte : *Maignelers, Manaler,* et *Malalers.*

(3) *Ordonnances des Rois de France*, par MM. de Villevault, M⁰ des requêtes, intendant du commerce maritime et de Bréquigny, de l'Académie française et de celle des Inscriptions et Belles Lettres, t. XII, p. 397 à 403. — Trés. des Chartes, Reg. 48, pièce 124, mss. de Colbert, vol. VIII, p. 404, mss. de M. Bertin, t. XIII, f⁰ 130, recto. Ces lettres ressemblent beaucoup à celles qui ont été accordées aux habitants de Mont-Chabrier (V. XII, 362), aux habitants de Tournai (p. 368) et aux habitants de Pontieux (p. 367).

(4) *Bibl. Nat. Fonds du Cange,* 9501, p. 67, mss. ; *Documents hist, sur la maison de Galard,* cités, t. I, p. 127.

dans notre région : ceux d'Elias de Barjols, de Pujols; d'Hugues de Penne, de Mossat; de Lantelm ou Lantelmet, d'Aiguillon. La vie de ce dernier est ignorée, on sait seulement qu'il fit un long voyage en Italie. On ne connaît de lui qu'un sirvente de trente-cinq vers et deux tensons.

Er ai ieu tendut mon trabuc (1).

Ce sirvente est très remarquable. Il présente les mêmes rimes et le même rhythme qu'une autre pièce des manuscrits inscrits sous le nom de Bertrand de Born :

Mailolin joglar molastruc.

L'un de ces sirventes a dû servir de modèle à l'autre, à moins qu'ils ne soient tous deux l'imitation d'une chanson perdue. Dans la première hypothèse, l'éminent professeur de langue romane à la Faculté de Montpellier, M. Chabaneau, n'hésite pas à donner sa préférence à la pièce de Lantelm, et si l'attribution est exacte, si l'on n'a pas confondu l'œuvre de l'imitateur avec celle du maître, c'est un grand honneur pour le troubadour aiguillonais de s'être montré supérieur au célèbre Périgourdin. Le *Er ai tendut* est une virulente satire dirigée contre un baron inconnu dont le poëte stigmatise l'avarice et la lâcheté. On s'est demandé s'il ne s'agissait pas du comte de Périgord, Hélie V (2).

---

(1) *Bibl. du Vatican*, ms. 3205, f° 57. Lantelmet de la Ghillon. — *Bibl. Nat.* 12474. f° 246. Lantelmet de Laghillon.

(2) *Hist. de l'Agenais*, cité, t. i, p. 82. — *Bibliographie générale de l'Agenais* par le même auteur, t. ii. p. 49. L'*Histoire littéraire de la France*, t. xix, p. 597, dit quelques mots de cette composition dont on retrouve des fragments dans Raynouard (*Choix*, t. v, p, 248) et dans Millot (*Hist. des troubadours*, t. iii, p. 417). En 1884, M. Chabaneau a publié la pièce in-extenso d'après le ms. de la Biblioth. Nation. et avec un savant commentaire, dans la *Revue des langues romanes*, p. 232 : *Poësies inédites du Périgord, II. Bertrand de Born*. Elle a été reproduite par le *Bulletin de la Soc. Archéol. du Périgord* (1884). Les deux tensons de Lantelm ont été conservé, l'une par le ms, n° 15211 (f° 76) de la Bibl. Nat. : *Ramon una dona pros e valens* : l'autre par le ms. n° 3207 (f°57) de la Bibl. du Vatican ; *Lanfranc quils vostres falz ditz coill*.

Dans la première de ces pièces, Lantelm a pour interlocuteur un troubadour du nom de *Raimon*, à qui il pose cette question : « Une dame a un amant : le mari l'apprend et il enferme la femme. Quel est celui des trois qui souffre le plus ? »

Le troubadour génois Lanfranc est l'interlocuteur de la seconde.

Raynouard a donné un court fragment de chacune de ces deux compositions (*Choix*, t. v. p. 247) — Voir, *Bibliographie gén. de l'Agenais* citée.

CHAPITRE III

Rivalités et violences entre les seigneurs de Lunac et ceux du Fossat.
— Commencement de la guerre de Cent-Ans.

D'après ce que nous venons de voir au chapitre précédent, Pierre et Aimeri de Lunac, frères, qui vivaient au xiie siècle, furent au nombre des bienfaiteurs de Grandselve, auquel ils concédèrent, en 1188, le libre passage sur la Garonne. L'un d'eux est père d'Astorg Ier de Lunac qui suivit l'exemple de son prédécesseur en donnant à cette abbaye les mêmes privilèges (1228 et 1233). Astorg dut avoir pour enfants : 1° Pierre-Paul de Lunac, qui était mort avant 1287 en laissant une fille et unique héritière, Marmande de Lunac, dont nous ignorons la destinée ; 2° Guillaume Ier de Lunac, qualifié chevalier en 1287, mort avant 1295, dont les deux fils, Guillaume II et Astorg II de Lunac ont leurs noms inscrits dans la charte de Philippe-le-Bel, en 1295 ; 3° Bertrand de Lunac, et 4° une fille mariée avant 1263 à Raymond Huc de Salves. Nous verrons plus loin qu'Astorg II de Lunac eut pour fils Guillaume III et Gualard de Lunac, avec lesquels s'éteignit, dans la seconde moitié du xive siècle, cette ancienne famille, qui eut pour héritière celle de Montpezat.

Les Montpezat remontent dans nos chartes au xie siècle. Bertrand et Arnaud Ier de Montpezat, frères, nés sous le règne de Philippe Ier, longtemps avant la première croisade et contemporains de Louis VI le Gros, furent vassaux du dernier duc de Guienne, père d'Aliénor, successivement reine de France et d'Angleterre. Ils eurent pour héritier N. de Montpezat qui avait épousé, avons-nous dit, dame Flandrine, fondatrice, en 1150, de l'abbaye de Pérignac. Ce dernier eut pour successeur N. de Montpezat (probablement Arnaud II), marié avec dame Rainfrède, qui fit des libéralités à l'abbaye de Fontevrault, en 1187. Il laissa Arnaud III, seigneur baron de Montpezat, qui vit son château rasé, en 1214, par Simon de Montfort et vivait encore en 1254. Il eut pour fils et héritier Amanieu Ier de Montpezat, père de Rainfroid Ier, qui avait deux enfants mineurs en 1289, Arnaud IV et Julienne de Montpezat. Il fit son testament en 1302, mais il vivait encore 13 ans plus tard, car il reçut d'Edouard II, roi d'Angleterre, comme les autres principaux barons de Guyenne, des lettres datées des 5 avril 1312 et 17 juillet 1315. Nous retrouverons plus loin sa postérité (1).

Pour Arnaud d'Auvignon, co-seigneur de Lunac, il disparaît de notre histoire sans laisser d'autres traces de son nom et de sa famille.

Nous avons dit aussi que les du Fossat possédaient très anciennement la seigneurie de ce nom dans la ville d'Aiguillon. Le premier que nous ayons trouvé est Gautier Ier du Fossat, qui était, en 1120 et 1125, du nombre des seigneurs de la cour de Guillaume IX, duc de Guienne et comte de Poitiers. Il peut être père de Gautier II du Fossat, témoin, le 30 Mars 1167, d'un don fait au monastère de Cadoin par Rudel II, seigneur de Bergerac (2). Gautier II doit avoir eu pour fils Guillaume du Fossat, dont il a été fait mention dans un acte de 1162. A son tour, Guillaume a laissé probablement deux fils : 1° Gautier III du Fossat, marié avec dame Aldiarde, qui donna en 1224 à Hélie, abbé de Grandselve, libre passage à Thouars sur la Garonne ; et 2° Arnaud-Garcie Ier du Fossat, mentionné dans des actes de 1242 à 1253.

De ce dernier ont dû provenir les quatre suivants :

1° Amanieu Ier du Fossat, chevalier, seigneur de Madaillan, tuteur, en 1287 et 1289 de son neveu Bonafoux du Fossat et père de : 1° Gautier IV du Fossat, qui mourut, comme Amanieu Ier, en 1298 et laissa une fille, Indie et un fils Amanieu II, seigneur de Madaillan, époux de Marthe de Lagraulet et mort en 1307 ; 2° d'Amanieu III du Fossat, né vers 1270, qui est dit cousin germain dudit Bonafoux, en hérita ainsi que de son neveu, ledit Amanieu II, et devint par ces deux successions seigneur du Fossat d'Aiguillon, de Madaillan et d'au-

---

(1) Voir *Nobiliaire de Guyenne et de Gascogne,* cité, t. IV, p. 269 et suiv.
(2) Courcelles : Généal. de Bergerac, t. IV.

très lieux ; 3º de Marie du Fossat, mariée avec Raymond-Bernard de Montpezat, petit-fils dudit Rainfroid Iᵉʳ de Montpezat.

 11º Gautier V du Fossat, qui, d'accord avec ses frères, donna, en 1262, aux religieux de Grandselve libre passage à Clermont, à Thouars, au Fossat et à Aiguillon et dut avoir pour fils et héritier Arnaud-Garcie II du Fossat, une des parties en cause dans la transaction ou sentence arbitrale de 1287 et 1289, qui doit être père de Gautier VI du Fossat, placé en ces dites années sous la tutelle de son oncle, Raymond-Bernard du Fossat, prieur du Mas.

 111º Bonafoux du Fossat, mort avant 1287, laissant un fils en bas âge, autre Bonafoux, dont la tutelle avait été confiée à son oncle Amanieu Iᵉʳ, seigneur de Madaillan, et qui mourut jeune en donnant à son cousin, Amanieu III du Fossat, tout ce qu'il possédait à Aiguillon, Sainte-Livrade, Coleignes et Saint-Salvy (1).

 1vº Raymond-Bernard du Fossat, prieur du Mas-d'Agenais et tuteur de son neveu, Gautier VI du Fossat, en 1287 (2).

Nous continuerons la descendance en temps et lieu.

Au commencement du xivᵉ siècle, Bertrand de Lunac, Guillaume II et Astorg II de Lunac, frères, Rainfroid Iᵉʳ de Montpezat et ses enfants Arnaud et Julienne de Montpezat, étaient co-seigneurs de Lunac d'Aiguillon ; Arnaud-Garcie II et Amanieu III du Fossat, co-seigneurs du Fossat.

Nous avons trouvé en 1146 Guillaume d'Aiguillon, en 1214 Pierre d'Aiguillon et sa femme Perronelle, en 1242 autre Guillaume d'Aiguillon, en 1254 Bernard et Elie d'Aiguillon. Mais nous en ignorons la généalogie. Nous allons rencontrer bientôt d'autres seigneurs de ce nom.

---

(1) *Ville libre et Barons*, cités, p. 19.

(2) Raymond-Bernard du Fossat, fils de feu Arnaud-Garcie du Fossat, chevalier, reconnaît tenir, en 1287, du seigneur d'Agenais trois parts à Thouars avec ses appartenances et une part au château de Manoruc, ce qui doit faire, avec les co-seigneurs dudit lieu, un chevalier pour l'armée. Il dit que la barrière de Castelmoron garantit Thouars. Il reconnaît devoir fidélité et hommage. Il reconnaît, en qualité de tuteur de Gautier du Fossat, son neveu, tenir du seigneur d'Agenais le château de Bruch avec ses appartenances, excepté ce qu'il tient de Gaston de Bruilhois (*Arch. hist. de la Gir.* I. 362 et 376: Registres des hommages rendus au roi d'Angleterre dans les sénéch. d'Agenais et de Condomois.)

Les morts simultanées du comte Alphonse et de la comtesse Jeanne avait rompu le lien qui, depuis un siècle, avait rattaché l'Agenais à la fortune des comtes de Toulouse. Cet avantage d'une capitale voisine, de prompts secours aux heures de péril était perdu. Cependant, dans cette grande lutte engagée désormais entre la France et l'Angleterre, il fallait subir les événements. Les crises et les conflits se succédaient de Paris à Londres. Quel devait être le lendemain ? Combien d'incertitudes dans l'exécution des traités ! Les actes mêmes des souverains en témoignent : après avoir saisi l'Agenais, en 1271, le roi de France le rend à l'Angleterre huit années plus tard (1), en vertu de conventions qui remontaient elles-mêmes à vingt années (1259). Dans l'intervalle, combien d'intrigues, combien de divisions entre les communes et les seigneurs, selon les intérêts ou les préférences de chacun !

En 1279, Philippe-le-Hardi avait délié les villes et les barons de l'Agenais des serments qu'ils lui avaient prêtés en 1271 ; mais des révolutions politiques si multipliées, des changements aussi soudains ne pouvaient être acceptés par tous d'un cœur impassible. Bientôt la guerre rallumée, en 1293, chacun reprit sa liberté d'action. Le même fait se reproduisit pendant toute la durée de ces luttes de plus d'un siècle.

Or, il arriva souvent que, tandis que la ville d'Agen manifestait ses préférences pour la cause française, des seigneurs établis dans son voisinage ou même dans sa juridiction, s'allièrent au parti contraire. C'était gagner l'appui des Anglais et, de la sorte, non seulement les seigneurs purent garder des positions défendues par leurs châteaux-forts, mais encore il leur fut assez facile d'accroître leurs domaines (2).

Parmi les nombreuses usurpations des seigneurs à la fin du XIIIe siècle et au commencement du XIVe, nous ne signalerons que celles qui concernent notre sujet. Ainsi, en l'année 1298, Gautier VI du Fossat, damoiseau, occupa Duns et Sarrossa et usurpa au roi sa juridiction haute et basse sur le territoire de la paroisse de Floirac (valeur annuelle : 15 livres et plus).

Trois ans après, Amanieu II du Fossat, chevalier, seigneur de Madaillan, usurpa au roi sa juridiction haute et basse de Madaillan, ainsi

---

(1) Voir la série des pièces relatives à cette cession : *Chartes d'Agen*, n° LX. — *Rymer*, t. I, 2ᵉ part., p. 179.

(2) Nous empruntons les réflexions si judicieuses qui précèdent à M. Tholin. (*Ville libre et barons*, pp. 12, 13).

que dans les paroisses de Fraisses, Cardounet, Saint-Denis et Laugnac (1), ce qui peut être évalué à 25 livres et plus par an.

Rainfroid Ier de Montpezat usurpa au même prince sa juridiction haute et basse dans la paroisse de Saint-Médard et dans Camasiis et Cap de Birissa, dont la valeur annuelle était estimée à plus de 20 livres (2).

On s'étonnera peut-être que ces coups de main aient été exécutés tous à la fois, avec tant de succès, que la répression n'ait pas été plus active. Mais il faut connaître l'état d'anarchie que nous révèle l'enquête de 1311, dont nous avons extrait ces détails. Durant les premières années du xive siècle, le bouleversement est complet dans notre malheureux pays : aux droits jusque-là reconnus, aux usages établis se substitue partout la loi du plus fort. Les seigneurs ne furent pas les seuls coupables en ce temps-là, mais aussi les mandataires et les représentants du roi, tels que les sénéchaux et les baillis, le clergé, les consuls eux-mêmes. La justice est vénale, et les forts et les riches, assurés de l'impunité, donnent un libre cours à leurs haines, à leurs vengeances ; les querelles privées, même entre les seigneurs, se dénouent souvent par de lâches assassinats ; les attentats contre les personnes et contre les propriétés se multiplient. C'est le régime de la terreur précédant la guerre civile. Ainsi, l'équilibre si laborieusement établi par la ferme sagesse d'Alphonse de Poitiers, comte de Toulouse, qui avait partout maintenu l'ordre, était rompu. Désormais, les barons armés convoitaient les revenus des terres et des péages et s'efforçaient de grossir, en même temps que leur territoire, le nombre de leurs vassaux, et, n'étant plus contenus, ils franchirent partout les limites de leurs domaines. Tandis que les opprimés se bornaient à faire entendre leurs plaintes, les oppresseurs s'employaient à faire accepter leur situation nouvelle par les souverains auxquels ils avaient déjà rendu et promettaient de rendre des services (3).

En l'année 1305, Arnaud IV de Montpezat, co-seigneur de Lunac et fils de Rainfroid Ier de Montpezat, Astorg II de Lunac, fils de feu Guillaume Ier de Lunac, Hugue Bertrand, clerc, fils du seigneur Pierre de

---

(1) M. Tholin croit qu'il faut dire Doulougnac.

(2) *Arch. Hist. de la Gir.*, viii, p. 267-268 : Enquêtes des usurpations commises sur le domaine du roi en Guienne, 31 mars 1311. — Nous devons la publication de ce texte à M. Tamizey de Laroque, qui l'a transcrit aux Archives Nationales. (K. 1170).

(3) *Ville libre et Barons*, p. 15-17. — Voir aussi (*ibidem*, note D, p. 166-173) la revue sommaire des crimes et des méfaits reprochés aux uns et aux autres.

Podevin, Raymond de Fouguerolles et un autre personnage qui n'est pas nommé, tuèrent à Aiguillon, Ogier II, seigneur de Miramont, damoiseau, qui était parent d'Arnaud-Garcie II du Fossat et dont nous avons parlé au chapitre précédent. Les meurtriers furent arrêtés à Agen par le sénéchal Guillaume de Deen. Mais Arnaud de Montpezat et Astorg de Lunac furent absous par sentence définitive dudit sénéchal d'Agenais, ainsi que Hugue Bertrand par l'official d'Agen, contre la conscience publique qui les accusait de cet homicide. On disait que leurs biens auraient dû passer dans les mains du roi si justice eût été faite (1).

Cependant, malgré l'inique indulgence du sénéchal, il n'en est pas moins vrai qu'en 1308 Arnaud de Montpezat se trouvait en prison pour crimes au Châtelet de Paris, au moment où la juridiction du château de Montpezat, dont il était un des co-seigneurs, était confisquée par arrêt de cette année pour abus, le juge seigneurial et les consuls ayant fait pendre deux hommes qui avaient appelé au roi. Arnaud n'avait été compris ni dans cette dernière plainte, ni dans le jugement rendu contre ses partenaires (2).

Encore en 1308, un Agenais, Etienne Loga, commit un autre meurtre sur la personne d'un hospitalier dans la maison de l'hôpital de Saint Pastour, près d'Aiguillon. Il fut pendu un an et demi après son crime dans cette dernière ville. Le coupable possédait une maison dans sa ville natale et plusieurs vignes avec un jardin au quartier de la Recluse qui furent vendus par Hust Sayt, trésorier d'Agen et le bailli de l'évêque six mois après l'exécution du propriétaire (3).

L'année suivante, Jourdain de l'Isle et le seigneur de Caumont, accompagnés d'une multitude d'hommes armés, à pied et à cheval, envahirent, enseignes déployées, le territoire de Calezun qui appartenait à Arnaud-Garcie II du Fossat, brûlèrent des maisons, tuèrent de leurs mains et firent tuer plusieurs personnes, incendièrent les bois et arrachèrent les vignes. Quelques-uns de leurs serviteurs par ordre des maîtres, tuèrent encore, un jour de marché dans Agen, un parent d'Arnaud-Garcie du Fossat et lesdits seigneurs reçurent même les meurtriers (4). Ces crimes et dévastations, dit l'enquête faite à ce

---

(1) *Arch. hist. de la Gir.* viii. 274.

(2) *Inventaires et documents. Arch. de l'Emp. Actes du Parlement de Paris,* n° 7937, p. 629.

(3) *Arch. hist. de la Gir.* viii. 274.

(4) *Ibidem.* — Ce Jourdain de l'Isle était seigneur de Cazaubon, Cornillan, Mon-

sujet le 31 mars 1311, auraient dû faire tomber entre les mains du roi les biens des coupables.

Le 5 avril 1312, le roi d'Angleterre, par lettres datées d'York, fait sommation aux comtes de Foix et d'Armagnac, aux vicomtes de Lomagne et de Benauges, à Gaston d'Armagnac, vicomte de Bruillois, à Jourdain de l'Isle, au sire d'Albret, à plusieurs Caumont, du Fossat, et Gontaud, à Rainford Ier et Arnaud IV de Montpezat et à Arnaud de Marmande, de venir le joindre avec armes et chevaux, en vertu du service qu'ils lui doivent (1).

Au mois de juillet suivant, les habitants de Lunac d'Aiguillon obtiennent du roi Philippe-le-Bel une nouvelle confirmation des libertés et coutumes accordées à leur commune et confirmées par le même prince en 1295 parce que la charte qui les renfermait avait été brûlée dans un incendie fortuitement arrivé dans la ville (2).

Le 26 février 1313, Edouard II enjoint au connétable de Bordeaux de faire rendre à Bourgeois de Til (Burgesio de Tilio) les baillies de Marmande, d'Aiguillon et de Nicole (3).

Le 17 juillet 1315, ce prince donne des lettres de créance à son sénéchal de Gascogne, Amalric de Créon, au sire d'Albret, au chevalier de Benstède et au clerc Thomas de Cambridge, relativement à quelques affaires qui cocernaient son honneur et son duché. Parmi les seigneurs à qui s'adressaient encore ces lettres, on remarque Amanieu III du Fossat, chevalier, seigneur de Madaillan, Gautier VI du Fossat, seigneur de *Berrossa* (ou *Sarrossa?*), Rainfroid Ier de Montpezat, etc. Les évêques, abbés et prieurs en reçurent de semblables que le roi ne négligea pas d'envoyer en même temps aux consuls et communes de Port-Sainte-Marie, d'Aiguillon, etc. (4).

Amanieu III du Fossat, chevalier, seigneur de Madaillan et co-seigneur du Fossat d'Aiguillon, possédait de nombreuses places fortes.

---

gaillard et co-seigneur de Sainte-Bazeille. Accusé d'un grand nombre de crimes, il fut pendu au gibet de Paris, la veille de la Trinité 1323. (Voir sur ce triste personnage *Hist. de la ville de Sainte-Bazeille*, p. 69-70). Quant à son complice, est-ce bien le seigneur de Caumont? J'incline à penser que c'était plutôt Alexandre de Caumont, seigneur de Sainte-Bazeille.

(1) *Rymer*, t. II. 1re part. p. 2.
(2) *Ordon. des Rois de France*, déjà citées, t. XII, p. 403.
(3) *Notice sur la ville de Marmande*, p. 35. Coll. Bréquigny, t. XIX, p. 274.
(4) *Hist. de l'Agenais, du Condom. et du Baz.* déjà citée, t. I. p. 353-354.

Dévoué au parti anglais, il fut largement récompensé de ses services et devint un grand personnage. Quelques traits de sa vie méritent d'être rappelés. Fils d'Amanieu Ier, le même sans doute à qui le roi d'Angleterre avait demandé assistance en 1294, pour reconquérir l'Agenais, il avait recueilli, depuis quelques années, l'héritage de son jeune cousin Bonafoux du Fossat. Il était maire de Bordeaux en 1311, sénéchal d'Agenais en 1313 et un moment sénéchal de Guienne en 1319, pendant un voyage en Angleterre d'Antoine Pessaigne de Janua. En 1315, le roi d'Angleterre le comprit, ainsi que Rainfroid Ier de Montpezat, au nombre des barons auxquels il demandait des secours pour la guerre d'Ecosse. Son neveu, Amanieu II du Fossat s'était, avons-nous dit, emparé, en 1301, des paroisses de Fraysses, Cardounet, Saint-Denis et Doulougnac, sans se maintenir cependant en possession des deux dernières. Amanieu III maintint les usurpations. Il donna sa sœur, Marie du Fossat, en mariage à Bernard de Montpezat, qui était, comme lui, un des plus puissants seigneurs de l'Agenais. Deux lettres des rois d'Angleterre, Edouard II et Edouard III (1325 et 1328) prouvent qu'il était jusque-là fidèle à leur cause. Tel était le dangereux voisin dont les Agenais avaient à contenir les envahissements. En lui cédant les droits du salin d'Agen (1317) comme paiement des sommes qu'il lui devait, Edouard avait même fourni l'occasion à ce terrible Amanieu de prendre pied dans la ville. Un recours au roi d'Angleterre au sujet des paroisses usurpées laissait peu d'espoir d'obtenir justice. Néanmoins les consuls d'Agen usèrent de cette voie légale : en l'année 1318, ils adressèrent leurs plaintes à Edouard, qui recevait, au même moment, une requête contradictoire d'Amanieu du Fossat. Chacune des parties affirmait que, de tout temps, le droit de justice sur les paroisses de Cardounet et de Fraysse lui avait appartenu. Le monarque anglais manda bien à son sénéchal de Gascogne de faire une enquête (1), mais cette information ne dut pas aboutir puisque, l'année suivante, c'était Amanieu du Fossat lui-même qui était sénéchal. Celui-ci paraît avoir abusé singulièrement de son élévation pour arrondir ses domaines ou opprimer ses voisins ; d'autres que les Agenais eurent à s'en plaindre. Il exerça notamment des persécutions si intolérables contre les habitants de Monclar (2), que le roi d'Angleterre

---

(1) *Chartes d'Agen*, n° CXLVIII. Voir sur cette pièce la note E de *Ville libre et Barons*, p. 173-178.

(2) *Documents inéd. relatifs à l'Hist. de l'Agenais*, par Tamizey de Larroque, p. 48. *Lettre du roi Edouard, du 28 avril 1320.*

dut prendre cette ville sous sa protection spéciale. A cette occasion, il adressa, à deux reprises, les plus sévères remontrances à du Fossat, auquel d'ailleurs il avait retiré le gouvernement de la province après moins d'une année (1).

Le 3 juin 1316, Edouard donne pouvoir au sénéchal de Gascogne, Amaury de Créon, de traiter en son nom avec Arnaud-Garcie II du Fossat pour l'échange du château du Fossat d'Aiguillon et ses appartenances contre égale valeur de certains revenus appartenant au roi d'Angleterre. Ce prince désire être renseigné très exactement avant de traiter (2).

C'est la première fois qu'il est fait mention du château du Fossat à Aiguillon. D'après les termes de l'accord établi en 1281 entre Pierre de Saint-Pastour et les religieux carmes, et de la sentence arbitrale de 1287 et 1289, il est aisé de voir qu'il n'y avait dans cette ville qu'un seul château, celui de Lunac, à ces dernières dates. Le château du Fossat a donc été bâti peu de temps après, sous le règne d'Edouard Ier, à la fin du XIIIe siècle. « Aiguillon, dit M. Jules Andrieu (*Hist. de l'Agenais* t. I, p. 93), fut fondé par Philippe-le-Bel, malgré de très vives protestations des habitants de Port-Sainte-Marie (1300 ou 1301) ». Aiguillon existait déjà en forme de bastide avec son château et son bourg de Lunac. Il ne saurait donc être question ici que du château du Fossat qu'on venait à peine d'élever.

Des événements graves venaient de s'accomplir à Aiguillon. Arnaud-Garcie du Fossat, aidé de nombreux fauteurs et complices, avait porté la dévastation et la mort dans le bourg de Lunac. Il n'avait dans sa fureur reculé devant aucun crime, vol, homicide, incendie, etc. Il fut jeté en prison et condamné à de très fortes amendes, lorsqu'intervint en sa faveur une amnistie accordée par le roi d'Angleterre. Le 18 juillet suivant, en effet, Edouard II mande à son sénéchal, Amaury de Créon, de faire cesser les plaintes d'Arnaud-Garcie du Fossat, qu'on retenait dans les fers, malgré les lettres de pardon que le prince ordonne de publier (3).

---

(1) *Ville libre et Barons*, déjà cités, p. 19-20.

(2) Bibl. Nat. Coll. Bréquigny, t. XX. p. 311. Not. Vasc. ann. 9 Ed. II, membr. 2. — Voir ce document inédit publié in extenso à la fin du volume : *Notes et pièces justificatives*, n° I.

(3) Bibl. Nat. Coll. Bréquigny, t. XX, p. 338. Rot. Vasc. ann. 9 Ed. II, membr. 21. — Voir ce document inédit publié à la fin du volume ; *Notes et pièces justificatives*, n° II.

Après la ruine de leur bourg, les consuls et habitants de Lunac se mirent à réédifier leur bastide qui s'accroissait et se repeuplait tous les jours. Mais la lutte était ouverte. Les officiers du roi d'Angleterre avaient fait élever un pilori sur la place publique d'Aiguillon dans le bourg du Fossat, à côté de l'ancien pilori relevant des seigneurs de ce dernier lieu. De là, récriminations d'Amanieu et d'Arnaud-Garcie du Fossat qui se plaignent à Edouard II de cette violation de leurs droits. Ils écrivent à ce prince qu'à raison de la seigneurie qu'ils possédaient dans la ville d'Aiguillon, eux et leurs prédécesseurs et non d'autres, en commun et par indivis, de temps immémorial, ils avaient aussi un pilori et diverses libertés, et c'est au préjudice de leurs droits et libertés que les officiers royaux ont fait élever à côté de leur pilori anciennement établi sur la place publique un second pilori, dont ils réclament la destruction.

Le roi d'Angleterre mande, en conséquence, le 12 octobre 1317, à son sénéchal de Gascogne d'examiner si la plainte des seigneurs du Fossat est bien fondée et lui ordonne de faire enlever ce pilori dans le cas où on l'aurait construit au préjudice de leurs droits et en violation de leurs libertés, ne voulant en rien préjudicier auxdits seigneurs, mais désirant les traiter au contraire d'autant plus gracieusement qu'Amanieu du Fossat est constamment attaché à sa suite et à son service (1).

Dans un grand nombre de provinces de France, nul seigneur ne pouvait bâtir un château-fort sans obtenir l'autorisation du roi ou le consentement des communes. Il en était autrement dans l'Agenais, où chacun pouvait élever sur ses terres des constructions à pierre et à chaux, munies de tours, de créneaux et de portes fortifiées (2). Profitant donc de ces libertés et coutumes, Arnaud-Garcie et Bonafoux du Fossat avaient fait élever un château-fort dans leur seigneurie d'Aiguillon et même un portail en pierre dans leurs murs entre leur juridiction et celle des seigneurs de Lunac. Ces derniers ayant protesté

---

(1) *Coll. Bréquigny*, t. XXI, p. 61. Rot. Vasc. ann. 10 Ed. II, membr. 9. — Voir ce document inédit publié aux *Notes et pièces justificatives*, n° III.

(2) Tout bourgeois d'Agen pouvait bâtir sur ses propriétés une place-forte, et, qui plus est, donner des coutumes à ceux qui viendraient se fixer sur ce domaine. (*Coutumes d'Agen*, publiées par M. A. Moullié, chap. XXXI. *Rec. de la Soc. d'Agr. des Sc. et Arts d'Agen*, 1re série, t. V, p. 296). On peut citer un exemple de ce genre à Lamothe-Bezat.

contre l'établissement de ce portail, après les dévastations et les ruines portées dans leur bourg par Arnaud-Garcie du Fossat, leur implacable ennemi, le sénéchal de Gascogne, Amaury de Créon fit renverser et détruire cet ouvrage, sans vouloir permettre aux seigneurs du Fossat de le rétablir à leurs frais. Ceux-ci portèrent leurs plaintes au roi d'Angleterre en lui remontrant que, selon les libertés et coutumes usitées en Agenais, tout seigneur de ces parties pouvait licitement clore les châteaux et villes de murailles, créneler les tours et faire des portes.

En conséquence, le 14 octobre 1317, Edouard II, désirant maintenir les droits desdits seigneurs et leur être d'autant plus agréable qu'Amanieu du Fossat reste constamment attaché à sa personne et à son service, mande à son sénéchal de Gascogne d'examiner si Amanieu et Arnaud-Garcie du Fossat sont bien fondés à se plaindre de la destruction de leur portail et de faire des informations pour savoir si les seigneurs de ces parties peuvent réellement clore et créneler les châteaux et les villes et élever des tours et des portes. Il lui ordonne, dans le cas de l'affirmative, de permettre la réédification du portail injustement détruit (1).

L'information du sénéchal ne fut pas favorable aux du Fossat, à cause des entreprises criminelles dirigées naguère par Arnaud-Garcie contre le bourg de Lunac. Aussi le roi d'Angleterre interdit-il de reconstruire le portail entre les deux juridictions. Mais, peu émus des défenses du prince, les du Fossat passent outre et se mettent à réédifier cet ouvrage.

Indignés à juste titre de cette rébellion, les consuls de Lunac en informent le roi et le supplient de ramener à exécution la sentence portée contre les seigneurs du Fossat. En conséquence, Edouard donne le 26 juillet 1320, de nouvelles lettres par lesquelles il fait connaitre que les consuls de Lunac lui ont remontré par leur pétition qu'à raison des grands dommages causés naguère auxdits consuls et à un grand nombre de personnes par Arnaud-Garcie du Fossat, chevalier, et des désobéissances et rébellions à l'égard des officiers du roi dans le même lieu, il fut définitivement jugé et prononcé que le portail et les murs du château du Fossat d'Aiguillon seraient détruits jusqu'à terre sans espoir de réédification, mais que, malgré tout et en viola-

---

(1) *Bibl. Nat. Coll. Bréquigny*, t. xxi, p. 65. *Rot. Vasc. ann. 10 Ed. II, membr.* 9. — Voir ce document inédit publié aux *Notes et pièces justificatives,* n° IV.

tion de cette sentence, Amanieu et Arnaud-Garcie du Fossat, de concert avec les habitants de leur bourg, font relever ladite porte sur le même emplacement. Le roi d'Angleterre ordonne à son sénéchal de faire exécuter la sentence rendue à cet effet, en faveur des consuls de Lunac et de ne pas permettre qu'il soit élevé au château du Fossat, portail, ni muraille (1).

D'autres causes de rivalités et de haines existaient entre les seigneurs de Lunac et ceux du Fossat. En effet, les officiers du roi Edouard Ier, à la procuration des seigneurs de Lunac, avaient construit une bastide près des murs du bourg du Fossat, au lieu appelé encore Castillon, à l'entrée du faubourg du Muneau, pour contrebalancer sans doute la nouvelle puissance des seigneurs du Fossat, qui élevaient en ce moment leur château-fort. Arnaud-Garcie et Bonafoux du Fossat se plaignirent vivement au roi d'Angleterre de cette entreprise hardie qui tournait si fort à leur préjudice, qu'il équivalait à leur exhérédation. Ce prince accueillit favorablement leur requête et ordonna la démolition de la nouvelle bastide, ce qui fut exécuté.

Mais, sans avoir égard à la sentence portée par Edouard Ier, les officiers d'Edouard II, toujours à la procuration des seigneurs de Lunac, se mirent en l'année 1317, à relever les murs de cette bastide. De nouvelles plaintes sont alors adressées au monarque anglais par Arnaud-Garcie et Amanieu du Fossat, cousin et héritier de feu Bonafoux du Fossat. Edouard II, ne voulant nuire en rien aux intérêts des pétitionnaires, mais désirant, au contraire, les traiter d'autant plus gracieusement qu'Amanieu demeure constamment à sa suite et à son service, ordonne, le 14 octobre 1317, à son sénéchal de Gascogne de prendre des informations sur la reconstruction de cette bastide et sur la réalité des défenses portées à cet égard par le feu roi, son père. Et, si le cas est tel que l'expriment les seigneurs du Fossat, il ne sera permis à personne d'attenter à leurs droits et justice leur sera rendue (2).

Tous ces griefs avaient tellement surexcité le courroux d'Arnaud-Garcie du Fossat qu'en l'année 1321, pénétrant de nouveau, à la faveur du silence et des ombres de la nuit, dans le bourg de Lunac, il y

---

(1) Bibl. Nat. Coll. Bréquigny, t, xxii, p. 239. Rot. Vasc. ann. 13 et 14 Ed. II, membr. 8. — Voir ce document inédit publié aux *Notes et pièces justificatives*, n° V.

(2) *Ibidem*, t. xxi, p. 69. Rot. Vasc. ann. 10 Ed. II, membr. 9. — Voir ce document inédit publié aux *Notes et pièces justificatives*, n° VI.

mit le feu une seconde fois, passa au fil de l'épée un grand nombre d'habitants et fit prendre la fuite aux autres, au moment où cette bastide, nouvellement relevée de ses ruines, venait de se repeupler merveilleusement. Les consuls s'empressent d'en porter leurs plaintes, en style tragique, au roi d'Angleterre, en le suppliant de confirmer les lettres à eux données autrefois par les sénéchaux Amaury de Créon et Guillaume de Montagut, de mander aux sénéchaux de Gascogne et d'Agenais présents et futurs de faire sans retard rétablir et repeupler leur bastide et de lui accorder en même temps ses anciennes franchises et libertés (1). Edouard II charge son sénéchal d'informer sur ces faits et de prendre telles mesures qu'il verra convenir à l'avantage du roi et à l'utilité du pays.

Le même jour, les consuls et autres notables de Lunac, s'adressant encore à Sa Majesté, lui font connaître qu'Arnaud-Garcie du Fossat fut condamné par Amaury de Créon à payer de fortes amendes au roi, à eux-mêmes, et à tous ceux auxquels il avait porté de graves dommages en dépouillant les uns, blessant et tuant les autres, mettant le feu à leurs maisons et se rebellant contre les officiers royaux, et à subir la démolition du portail de son château d'Aiguillon, ce qui fut exécuté. Mais Amanieu et Arnaud-Garcie du Fossat, ajoutent-t-ils, ont relevé ledit portail contre la teneur de cette sentence, dont ils n'ont pas appelé. C'est pourquoi les pétitionnaires supplient de nouveau Sa Majesté qu'elle daigne mander au sénéchal de Gascogne et d'Agenais de faire détruire le nouveau portail et exécuter sans retard ladite sentence en tous ses articles. Le roi ordonne qu'il soit fait ainsi parce que c'est justice (2).

Thibaud le Bourgoignon, châtelain royal de Lauzerte, avait été chargé par la Cour de faire observer les coutumes et privilèges accordés aux habitants de Lunac d'Aiguillon. Requis par les consuls de Port-Sainte-Marie de leur donner copie de ces privilèges et coutumes qui, disaient-ils, les intéressaient, il avait refusé. Ceux-ci firent appel. Me Etienne Lachoux, commissaire délégué par le sénéchal de Périgord pour juger l'appel, blâma le châtelain de Lauzerte. Un arrêt vint

---

(1) Bibl. Nat. Coll. Bréquigny, t. xxII, p. 287. *Ex bundellis in Turre London.* — Voir ce document inédit aux *Notes et pièces justific.*, n° VII.

(2) *Ibidem.* — Voir ce document inédit publié aux *Notes et Pièces justificatives*, n° VII *bis*.

encore confirmer ce jugement le 7 juillet 1318. De là, nouvel appel des deux parties (1).

Cette même année, les villes d'Aiguillon, de Montpezat, de Nicole, de Miramont, de Port-Sainte-Marie, de Marmande, de Vianne, de Villeneuve-d'Agen, de Castillonnès, de Monclar, de Grateloup, de Comdom, de Sainte-Foy, etc., furent annexées à la couronne d'Angleterre en considération de leur fidélité et de leurs services. Par cet acte, le roi s'interdit de les mettre hors de sa main (2).

En 1320, Bernard de Montpezat envahit le territoire du bailliage de Port-Sainte-Marie, ce qui exige une information (3).

Les consuls et habitants de Lunac adressent une pétition au roi d'Angleterre afin d'en obtenir les mêmes franchises pour leurs vins que celles du château du Fossat situé dans la même bastide d'Aiguillon. Il y a, disent-ils, dans Aiguillon, deux châteaux, dont l'un est appelé du Fossat et l'autre de Lunac. Le roi possède une partie du second qui ne jouit pas cependant pour ses vins de la franchise de la coutume de Bordeaux, tandis que les habitants du Fossat, où le roi n'a rien, en jouissent. C'est pourquoi les habitants de Lunac demandent d'être aussi favorisés à cet égard que leurs voisins du Fossat, d'autant plus que le feu roi Edouard Ier, de bonne mémoire, leur donna des lettres qu'ils sont prêts à montrer, par lesquelles il leur promettait la concession de libertés aussi étendues que celles qu'il aurait octroyées aux bastides les plus privilégiées de l'Agenais et jouissant de ladite franchise (4). En conséquence, Edouard II mande, le 26 juillet 1320, à son sénéchal de prendre des informations à ce sujet et de les lui transmettre sans retard (5).

Les habitants de Lunac avaient acheté quantité de matériaux pour construire un pont sur le Lot à Aiguillon. Mais, on ne sait par quel concours de circonstances, l'exécution de ce projet fut retardée. En-

---

(1) *Inventaires et docum.*, déjà cités. *Actes du Parlem. de Paris*, n° 5467, p. 248.
(2) *Rymer*, Ed. de La Haye, 1745, t, II, 1re part. p. 150.
(3) *Rolles Gascons*, Th. Carte, t. I, p. 58.
(4) Bibl. Nat. Coll. Bréquigny, t. XXII, p. 285. *Ex bundellis in Turre London.* — Voir ce document inédit publié aux *Notes et pièces justificatives*, n° VIII.
(5) *Ibidem*, t. XXII, p. 91. Rot. Vasc. ann. 13 et 14 Ed. II, membr. 7. — Voir ce document inédit publié aux *Notes et pièces justificatives*, n° IX.

fin, les consuls de ce lieu supplient le roi d'Angleterre qu'il veuille bien mander au sénéchal de Gascogne et d'Agenais de leur faire remettre les bois, les pierres et le ciment destinés à cette construction, et de contraindre, s'il le faut, les détenteurs de ces matériaux ou leurs héritiers à les restituer aux consuls et habitants de la nouvelle bastide de Lunac. Ils signalent Raymond de Marquès, citoyen de Bazas, Othon de Cazenove, et Guillaume-Bertrand Le Coyl, chevaliers, qui sont déjà morts, et Guillaume et Arnaud Mauri, comme les principaux personnages auxquels on doit s'adresser pour retirer de leurs mains ou de celles de leurs successeurs les diverses choses mentionnées plus haut (1). Le 26 juillet 1320, Edouard ordonne à son sénéchal de faire une enquête, d'entendre les témoins et de rendre aux consuls une exacte et prompte justice (2).

En même temps, lesdits consuls supplient le roi d'Angleterre de maintenir et de faire observer les coutumes, libertés et franchises, ainsi que le paréage qui furent accordés au seigneurs de Lunac relativement à la bastide de Nicole. Ce prince écrit à son sénéchal d'observer le paréage, après en avoir pris connaissance, et de lui faire parvenir le résultat de l'information qu'il aura faite au sujet desdites libertés et coutumes (3).

Le 7 octobre 1320, le sénéchal de Périgord reçoit mandement de poursuivre et de punir Arnaud et Guillaume d'Aiguillon, frères, et leurs complices, accusés de meurtre sur les personnes de Guillaume-Raymond de Vaux et Raymond-Guillaume Malet, dans le village du Mas, crimes impunis jusqu'à ce jour bien que les victimes fussent sous la protection du roi (4).

Le 4 mai 1322, il est ordonné au sénéchal de Périgord d'annuler l'appel interjeté par le procureur du roi d'Angleterre, duc de Guienne et les seigneurs et consuls de Nicole, de Lunac et d'Aiguillon, d'une

---

(1) *Bibl. Nat. Coll. Bréquigny*, t. xxii, p. 287. *Ex bundellis in Turre London.* — Voir ce document inédit publié aux *Notes et pièces justific.*, n° X.

(2) *Ibid.* p, 87. Rot. Vasc. ann. 13-14 Ed. II, membr. 8. — Voir ce document inédit aux *Notes et pièces justific.*, n° XI.

(3) *Ibid.* p. 285. *Ex bundellis in Turre London.* — Voir ce document inédit aux *Notes et pièces justificatives*, n° XII.

(4) *Invent. et docum.*, déjà cités. *Arch. de l'Emp. Actes du Parlement de Paris*, n. 6154, p. 329.

sentence dudit sénéchal rendue en faveur d'Amanieu et d'Arnaud-Garcie du Fossat (1).

Le 9 juin 1323, mandement au même sénéchal de faire arrêter et conduire au Châtelet de Paris Arnaud et Guillaume d'Aiguillon, frères, Guillaume-Raymond, Garcie « *de Nulhano* », Jean « *Bouc* », des Coutures, et autres coupables d'avoir attaqué avec guet-apens, Gaillard Malet, du Mas d'Agenais, et Guebarde des Angles, sa mère, et autres habitants du Mas, et d'avoir tué Raymond-Guillaume (2).

Rainfroid Ier, seigneur de Montpezat et autres places, co-seigneur de Lunac d'Aiguillon, était mort vers 1315. Ses fils, Arnaud IV et Hugues, lui succédèrent. Hugues de Montpezat n'était plus en 1324 et laissait pour héritier son fils Bernard, appelé aussi Raymond-Bernard, qui avait épousé Marie du Fossat, fille d'Amanieu Ier, seigneur de Madaillan et sœur d'Amanieu III. Raymond-Bernard de Montpezat ne vivait plus le 28 mars 1328 et avait eu pour fils aîné Rainfroid II, seigneur de Montpezat et co-seigneur de Lunac (3). Quant à Arnaud IV, fils de Raymond Ier et frère d'Hugues, c'était un personnage considérable que nous retrouverons plus loin.

Charles IV dit le Bel, succéda à Philippe-le-Long en 1322. En septembre de l'année suivante, il réclama l'hommage que lui devait Edouard II comme duc de Guienne. Ce dernier envoya le 16 novembre auprès du roi de France trois ambassadeurs pour lui exposer que la situation ne lui permettait pas de s'éloigner de l'Angleterre, et en même temps le prier de réprimer les entreprises faites à son préjudice, notamment en Agenais, et spécialement à Saint-Sardos, où se construisait, au mépris de ses droits, une bastide ou forteresse.

Saint-Sardos, à 18 kilomètres d'Agen, enclave dans les possessions anglaises, dépendait du monastère de Sarlat. Cette dépendance avait été confirmée encore par le pape Eugène III en 1153. Or, l'abbé de Sarlat et ses religieux ayant donné le temporel en paréage au roi de France, celui-ci était dès lors co-seigneur du territoire de Saint-Sardos, et avait ainsi le droit d'y établir une bastide.

Cependant, un arrêt fut bénévolement rendu en faveur du roi d'An-

---

(1) *Invent. et docum.* déjà cités, n. 6801, p. 450-451.
(2) *Ibid.* n. 7256, p. 527.
(3) *Nobiliaire de Guyenne et de Gascogne*, t. IV, p. 277 et suiv.

gleterre ; mais quatre autres arrêts ayant consacré les droits irrécusables du roi de France, ce dernier prit possession officielle et les travaux, un moment suspendus, furent aussitôt repris.

Sur de nouvelles réclamations d'Edouard II, Charles-le-Bel fit encore arrêter les ouvrages le 5 mai 1324, en espérant que la difficulté soulevée s'applanirait promptement ; mais, peu de jours après, les Anglais envahissaient et détruisaient la bastide, et faisaient pendre le procureur du roi de France, près du poteau supportant les armes royales. Le butin enlevé était transporté au château de Montpezat, dont le seigneur avait participé à l'expédition.

Cette nouvelle provoqua à la cour de France une profonde et bien juste indignation. Charles-le-Bel fit citer les coupables devant le Parlement de Toulouse (1). Un grand nombre des seigneurs du pays, entre autres le sénéchal de Guienne, Raoul Basset de Drayton et Raymond-Bernard de Montpezat, avaient participé à ce coup de main qui devait avoir de si graves conséquences. C'était le prélude de la Guerre de Cent-Ans. Quarante seigneurs demandèrent grâce au roi de France et l'obtinrent. Toutefois ils devaient être bannis et leurs biens confisqués.

Après avoir tenté de désavouer les coupables, le roi d'Angleterre ne voulut pas d'abord souscrire à la saisie du château de Montpezat, où l'on avait transporté le butin fait à Saint-Sardos. Lorsqu'après de longs pourparlers, il s'apprêtait à donner satisfaction sur ce point et sur quelques autres, il était trop tard. La guerre entre les deux nations était partout engagée au mois de juillet 1324 (2).

Edouard avait nommé son frère, le comte de Kent, lieutenant général en Guienne, et s'était aussitôt préparé. Charles-le-Bel avait déjà chargé son oncle, le comte Charles de Valois, de saisir cette province et le Ponthieu. L'armée française, entrée en Agenais le 3 août 1324, prit Lafox et Agen qui ne se rendit pas sans avoir fait quelques difficultés. En moins de deux mois, les principales villes de l'Agenais furent soumises, le château de Montpezat fut rasé. Amanieu III du Fossat, retranché à Puymirol, dont il était capitaine, résista avec succès. Son château de Madaillan fut assiégé, mais cette dernière entreprise paraît avoir échoué, car, deux ans après, cette place était encore au pouvoir des Anglais. Penne et quelques autres châteaux résis-

---

(1) *Hist. de l'Agenais,* déjà citée, t. I, p. 111-112.
(2) *Ville libre et Barons,* déjà cités, t. I, p. 21-22.

tèrent, mais Port-Sainte-Marie, Tonneins, Marmande, Sainte-Foy, Sainte-Bazeille, etc., ouvrirent leurs portes. Le comte de Valois prit La Réole le 22 septembre et conclut une trêve avec son adversaire jusqu'au 14 avril 1325. Enfin, un traité très laborieusement préparé fut signé le 31 mai de cette dernière année pour une suspension d'armes de deux mois (1).

Peu après la mort d'Edouard II, la paix fut conclue à Paris, le 31 mars 1327, entre le roi de France et Edouard III, qui ratifia ce traité à la date du 11 avril. La Guienne fut rendue au nouveau roi d'Angleterre. Les barons qui avaient pris part à la guerre furent amnistiés, à l'exception de onze, parmi lesquels figurent Amanieu III du Fossat et Arnaud de Durfort, qui devaient être bannis, après confiscation de leurs biens, et Edouard s'engageait à faire démolir leurs châteaux, en présence d'un commissaire français. Mais la confiscation ayant été prononcée au profit du roi d'Angleterre, celui-ci s'empressa de rendre leurs possessions aux seigneurs et, ce qui est plus grave, il ne fit pas exécuter la clause d'après laquelle le château de Madaillan aurait dû être rasé. La ville d'Agen allait subir, pendant plus de deux siècles, les conséquences du manque de foi de ce prince (2).

Arnaud IV de Montpezat et Arnaud-Garcie II du Fossat, seigneurs d'Aiguillon, avaient reçu le 30 septembre 1324, du roi Edouard II, une lettre circulaire les engageant à marcher contre les Français (3).

Edouard III écrit le 28 mars 1328 de Nicole à Jean de Haustède, son sénéchal de Gascogne et à Jean de Weston, son connétable de Bordeaux, pour leur annoncer son intention de recouvrer ses droits et héritages en France. Il leur ordonne de convoquer à cet effet tous ceux qui pourront l'aider. Il ajoute qu'il a chargé Bérard d'Albret et Arnaud de Montpezat d'agir de même auprès des nobles et autres leurs amis (4).

Le même jour et du même lieu, le roi d'Angleterre s'adresse à Rainfroid II, seigneur de Montpezat et lui dit qu'il a entendu la bonne vaillance et amour que son féal et bien-aimé Raymond-Bernard, seigneur de Montpezat, son père (que Dieu reçoive !) avait pour Edouard, son prédécesseur, et qu'il a su également les grands dommages que ledit Bernard avait éprouvés et que lui-même, Rainfroid, éprouve de

---

(1) *Hist. de l'Agenais*, déjà citée, t. I, p. 114-115.
(2) *Ville libre et Barons*, p. 23.
(3) *Rymer*, t. II, part. II, p. 111.
(4) *Ibidem*, part. III, p. 9.

jour en jour à cause de la perte de ses biens et de la destruction du château de Montpezat, pour leur fidélité au roi d'Angleterre. Il l'invite à lui rester fidèle et lui promet d'aviser à la restitution de son château et de l'indemniser de ses autres pertes (1).

Le 22 juillet 1331, des lettres du même prince datées de Lincoln font connaître son intention de récompenser ceux qui se sont dévoués à la défense du roi d'Angleterre, soit sous le règne de son père, soit sous le sien. Rainfroid II et Arnaud IV de Montpezat en reçoivent de semblables (2).

Le 20 septembre 1332, le roi d'Angleterre donne au sénéchal de Gascogne et au connétable de Bordeaux des lettres portant concession à Arnaud de Montpezat, en dédommagement de ses pertes dans les dernières guerres, des terres et revenus du Bordelais, Arnaud Bernard de Pessac, au produit annuel de 800 livres tournois, terres et revenus qui ne lui avaient été d'abord assignés que sur le pied de 500 livres. Edouard III rappelle, en effet, que le roi de France a pris à Arnaud de Montpezat, seigneur d'Aiguillon, ses terres et revenus et lui a même détruit son château de fond en comble, pour le punir de son adhésion et de sa fidélité à Edouard II et à son lieutenant en Guienne, Edmond, comte de Kent et à lui-même, et des services signalés qu'il a rendus à la cause anglaise. Aussi daigne-t-il concéder gracieusement audit Arnaud 800 livres d'indemnité, au lieu des 500 qui lui étaient déjà allouées, sur les terres et revenus d'Arnaud-Bernard de Pessac, de Bordeaux, rebelle et ennemi du feu roi son prédécesseur, jusqu'à ce que les possessions et fiefs dudit de Montpezat occupés par le roi de France lui soient restitués (3).

Charles-le-Bel étant mort le 1ᵉʳ février 1328, Philippe IV de Valois lui avait succédé. L'année suivante, Edouard III, invité à rendre hommage au nouveau roi de France, répondit d'une manière arrogante. Philippe saisit aussitôt ses revenus et réunit une armée à Bergerac. Alors Edouard se ravisa et rendit son hommage à Amiens le 6 juin de la même année. Néanmoins, ce jeune prince, qui se trouvait humilié, disait-il, de la vassalité d'un fils de roi envers un fils de comte, affec-

---

(1) *Rymer*, t. II, part. II, p. 10.
(2) *Rymer*, t. II, part. III, p. 68.
(3) *Bibl. Nat. Coll. Bréquigny*, t. xxv, p. 51. *Rot. Vasc. ann. 6. Ed. III membr.*
3. — Voir ce document inédit aux *Notes et pièces justificatives*, nᵒ XIII.

tait toujours des prétentions à la couronne de France, bien que ces prétentions eussent été catégoriquement écartées en 1328. Dès 1336, la situation s'assombrit, et la guerre devint bientôt inévitable.

Philippe VI commit Pierre de Galard, grand-maitre des arbalétriers et Pierre-Raymond de Rabasteins, sénéchal d'Agenais, pour contenir les Anglais en Guienne et s'assurer du concours de Gaston II, comte de Foix. Sans déclaration officielle, les hostilités commencèrent. En mai 1337, des commissaires furent chargés de saisir la Gascogne, et le 20 de ce mois, le comte de Foix fut convoqué pour la fin de juin à Marmande.

Le connétable Raoul, comte de Brienne et de Guines, lieutenant général en Languedoc, fut mis à la tête d'une armée, s'empara de Villeneuve d'Agen le 10 juillet suivant, et, ce même jour, invita le comte de Foix à le rejoindre à Aiguillon le lendemain, pour arrêter leur plan de campagne (1). La lettre du connétable est conçue en ces termes :

« De par le connestable de France lieutenant du Roy nostre Sire.
» Chiers cousin, nous entendons et serons si à Dieu plaist vendredi au
» disner à Aguillon. Si vous prions que vous au disner avecques nous
» au dict lieu soiez, et illecques nous vous dirons nostre volonté, et
» ce que nous a esté mandé du Roy nostre Sire.
» Donné à Villeneuve le jeudi dixiesme jour de juillet au couchier (2) ».

Aiguillon leur ouvrit ses portes. La campagne, du reste, n'eut pas grande importance.

En janvier 1338, le sire d'Erquery, puis Le Gallois et le comte de Foix, ce dernier accompagné de 150 hommes d'armes et de 1,500 fantassins, mirent le siège devant Madaillan qui capitula le 16 mars. Amanieu III du Fossat, qui probablement défendait lui-même son château, fut fait prisonnier à la grande joie des Agenais.

Le 24 juillet suivant, les consuls d'Agen adressent au roi de France une lettre par laquelle ils protestent de leur fidélité et ensemble de celle des habitants de Puymirol et de Villeneuve. Ils lui rappellent qu'ils lui ont déjà annoncé la prise d'Amanieu du Fossat et ils l'engagent à tout faire pour gagner ce seigneur à sa cause. Ses propriétés personnelles sont considérables ; c'est le meilleur « capitaine des Gascons que les Anglois ayent en cestes parties, excepté le captal ». Les

---

(1) *Hist. de l'Agenais,* déjà citée, t. I, p. 118-120.
(2) Bibl. Nat. Coll. Doat, t. 186, p. 163.

Anglais lui ont confié le commandement.de nombreuses places, entre autres Penne, Port-Sainte-Marie, Castelmoron, Clairac, La Parade. Sa soumission entrainerait sans doute celle du sire de Montpezat (Rainfroid II), son neveu « et croyons que entre cy et La Reole [ne] demorroyent petitz lieux qui ne venissent tost à vostre obeissance. »

Cette requête des Agenais fut trop bien écoutée. Ce sont eux, ces fidèles serviteurs, que Philippe de Valois devait sacrifier pour gagner du Fossat. Il rendit à la liberté le seigneur de Madaillan, le remit en possession de son château, et, qui plus est, lui céda le territoire jadis usurpé par lui et qu'on avait eu tant de peine à recouvrer : les paroisses de Cardounet, Doulougnac, Fraysses, Saint-Denis, Quissac et Saint-Julien furent, de par la volonté du roi, distraites de la juridiction d'Agen et livrées au plus implacable ennemi des Agenais (1). Les lettres de Philippe VI sont de l'année 1342. La captivité d'Amanieu du Fossat avait duré quatre ans. Amanieu avait été acheté. Il s'était *tourné* français. Après quelques années, le chevalier Amanieu du Fossat, au mépris de la foi jurée, se *tournera* anglais. Le roi de France, libéré de ses engagements par la félonie de ce seigneur, révoquera la cession qu'il avait consentie en sa faveur des six paroisses (2).

Après la prise de Madaillan, l'armée française se porta devant Penne dont l'investissement se transforma en blocus et traîna en longueur. Le sire d'Erquery fut tué, et le roi nomma à sa place les comtes de Foix et d'Armagnac. Penne se rendit en janvier 1339 à Gaston de Foix, qui bientôt quitta la Guienne avec Le Gallois de la Baume et fut remplacé par Pierre de La Palu, sénéchal de Toulouse. Celui-ci, parti de Marmande avec son armée, assiège Puyguilhem en 1339. En même

---

(1) *Ville libre et Barons,* pp. 29, 30, 33. — M. Tholin ajoute en note : Nous ne savons où trouver les originaux de ces documents ; mais voici, d'après un *factum* pour le duc d'Aiguillon (pièce *e*, page 6 de la note M), des renseignements qui ne furent pas contestés par la partie adverse.

En l'année 1342, Philippe de Valois aurait accordé quatre lettres à Amanieu du Fossat. La première statuait sur la restitution à lui faite du château de Madaillan, des autres châteaux que lui ou ses auteurs possédaient avant la guerre et de la juridiction sur les six paroisses. La seconde lui assurait qu'il serait compris dans tous les traités à passer avec le roi d'Angleterre. La troisième comportait une abolition ou amnistie générale accordée à lui, à ses gens, aux habitants de sa terre à l'occasion des excès commis tant par lui que par ses prédécesseurs pendant les guerres. La quatrième l'autorisait à prendre les armes contre les ennemis du roi et les siens, notamment contre le seigneur d'Albret.

(2) Lettres patentes de Mars 1350, FF. 139.

temps, Philippe VI nomme Jean de Marigny, évêque de Beauvais, son lieutenant en Gascogne et en Languedoc. Ce prélat se rend à Marmande, convoque le comte de Foix à La Réole, et ralliant l'armée, prend part aux réductions des villes du Bordelais, Blaye, Bourg, etc. Dans cette dernière place, le sire d'Albret et Alexandre de Caumont, seigneur de Sainte-Bazeille, furent faits prisonniers (1).

En l'année 1340, tandis que Philippe de Valois était à Paris sans faire la guerre, on vint lui annoncer que les Anglais avaient brûlé et pillé tout le pays autour de la place forte d'Aiguillon en Gascogne. Les habitants avaient envoyé au roi pour lui demander du secours. Aussi ce prince envoya-t-il le connétable Gaucher de Castillon, le maréchal Miles de Noyers et plusieurs autres capitaines avec de grandes troupes (2).

En juin de cette même année, Edouard III écrivant aux communautés et aux nobles de Gascogne au sujet de ses droits sur le royaume de France, s'adressa principalement aux villes d'Agen, de Marmande, de Francescas, de Penne, de Miramont, de Monflanquin, de Port-Sainte-Marie, de Tonneins, de Puymirol, de Monclar, de Villeréal et aux seigneurs de Seyches (Rudel), de Montpezat (Isarn de Balenxs), d'Aiguillon (Arnaud de Montpezat), de Tonneins (Etienne de Ferriol), de Saint-Barthélemy (Guiscard de Caumont), etc. (3). En effet, le 20 du même mois, ce prince signifie à Arnaud de Montpezat qu'il veut recouvrer la couronne de France, à laquelle il a droit, dit-il, par sa mère, Isabelle de France. Il engage le seigneur d'Aiguillon à l'aider (4).

Cependant Arnaud de Montpezat et Guillaume de Lunac restèrent sourds, cette fois, à l'appel du roi d'Angleterre et servirent dans le parti français, car nous avons des quittances de gages de ces deux seigneurs ainsi mentionnées dans l'*Inventaire des sceaux de la collection Clairambault* (t. Ier, p. 570 et 579) :

— « Guillaume de Lunac, écuyer.

Sceau rond, de 25 mill. Ecu croissant versé. Légende détruite.

Establie d'Aiguillon. — Quittance de gages. Agen, 11 décembre 1340.

---

(1) *Hist. de l'Agenais*, déjà citée, t. I, p. 120-122.
(2) *Chronographia regum francorum*, publiée pour la Soc. de l'Hist. de France, par H. Moranvillé, t. I, p. 25.
(3) *Rymer*, t. II, 4ᵉ partie, p. 77.
(4) *Ibidem*, t. v, p. 192, cité par l'abbé Monlezun : *Hist. de la Gascogne*, t. III, p. 245.

— « Guillaume de Lunac, écuyer.

Sceau rond, de 20 mill. Ecu au croissant.

Guerres de Gascogne. — Quittance de gages. Agen, 13 mars 1341 (n. st.).

— « Arnaud de Montpezat d'Aiguillon.

Sceau rond, de 23 mill. Ecu portant deux balances l'une sur l'autre dans un quadrilobe. Légende détruite.

Guerres de Gascogne. — Quittance de gages. Marmande, 4 octobre 1341. »

En l'année 1340, Guillaume, archevêque d'Auch et Pierre de La Palu, sénéchal de Toulouse et d'Albi, donnent aux consuls d'Agen les maisons ayant appartenu à Monin de La Cassagne, rebelle au roi de France, afin qu'en les abattant on puisse agrandir la place du marché qui est au-devant de la cathédrale Saint-Etienne (1).

Le 8 juin 1341, Edouard III, voulant indemniser Raymond de La Cassagne, bourgeois d'Agen, lui donne à vie Aiguillon, La Montjoie et La Sauvetat-de-Savères avec tous leurs droits et revenus, *quand ces lieux seront retombés aux mains du roi d'Angleterre*. Ce prince rappelle l'adhésion et la fidélité de Raymond à son parti dans la présente guerre et les maux qu'il en a soufferts. Ainsi, le frère et le cousin dudit La Cassagne et plusieurs de ses hôtes ont été tués ; sa femme, ses enfants et ses amis sont retenus dans les fers ; ses biens et ses possessions complètement détruits et consumés par les rebelles (2).

Rainfroid de Montpezat avait été dépossédé par le roi de France du château de Montpezat, au moins d'une partie, car, le 13 octobre 1341, Philippe de Valois en donna une moitié à Pierre II de Gontaud (3), et nous venons de voir que, d'après *Rymer*, Ysarn de Balenxs était qualifié seigneur de Montpezat l'année précédente.

Les Français reprirent Vianne en 1342. Quelques autres faits d'armes se produisirent encore en divers lieux de Guienne, à Langon, notamment et à Sainte-Bazeille.

Une trêve entre les deux rois fut signée le 25 septembre et expira

---

(1) *Arch. d'Agen*, DD. 35.
(2) *Bibl. Nat. Coll. Bréquigny*, t. XXVI, p. 165. *Rot. Vasc. ann. 15 Ed. III, membr. 25*. — Voir ce document inédit aux *Notes et pièces justific.*, n° XIV.
(3) De Courcelles : *Diction. des pairs de France*, etc., t. II, Art. de Gontaud-Biron, p. 14.

l'année suivante. Survint bientôt une nouvelle trêve qui fut rompue en 1345. La guerre allait prendre désormais dans la province une allure plus vive. En juin, les ennemis s'emparèrent du château de Montrevel aux portes d'Agen, presque à l'insu des habitants de cette ville (1). Ce fut le début des hostilités.

---

(1) *Hist. de l'Agenais,* déjà citée, t. I, p. 123-124.

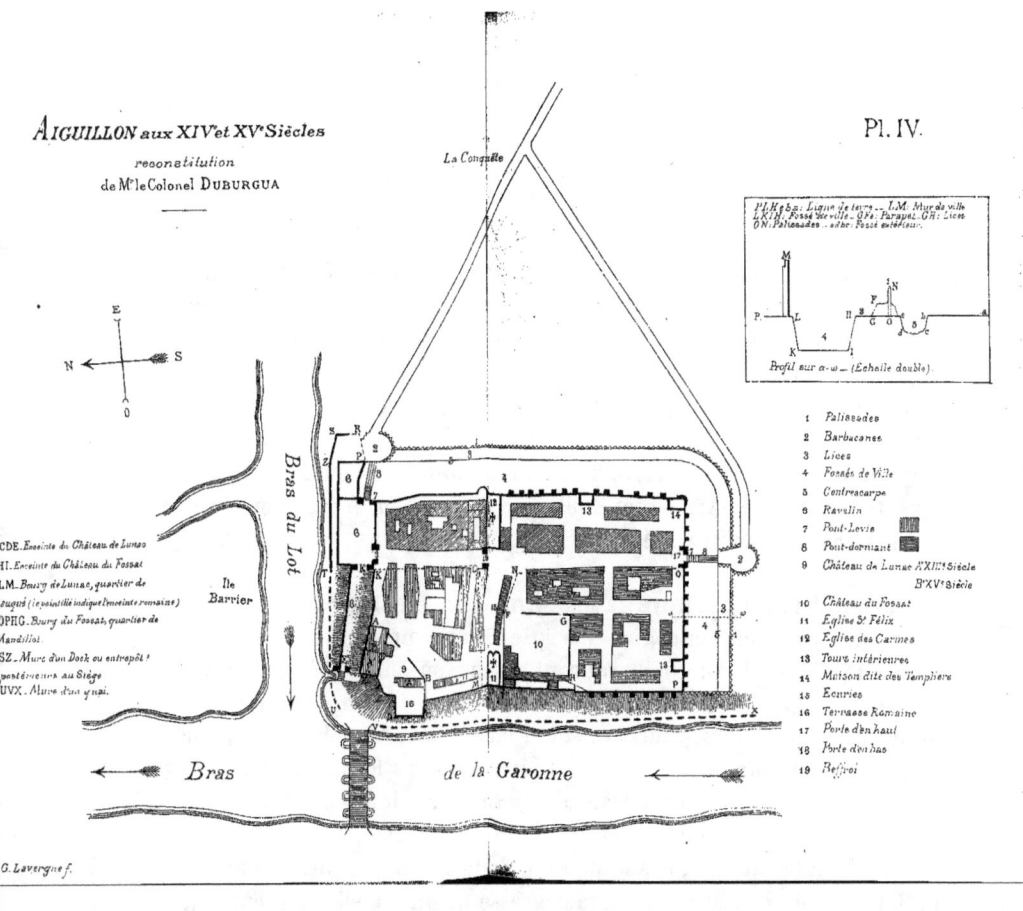

CHAPITRE IV

Suite de la guerre de Cent-Ans. — Siège d'Aiguillon.

A l'époque où nous sommes arrivés (1345), Guillaume III et Gualard de Lunac, fils et héritiers d'Astorg II de Lunac, étaient co-seigneurs de Lunac d'Aiguillon avec Arnaud IV de Montpezat et Rainfroid II, seigneur de Montpezat et autres places.

Amanieu III du Fossat, seigneur de Madaillan et Gautier VI du Fossat étaient seigneurs du Fossat d'Aiguillon.

Quant aux seigneurs d'Aiguillon proprement dit, nous n'en trouvons plus de traces après Arnaud et Guillaume d'Aiguillon, frères, dont nous avons parlé au chapitre précédent.

Edouard III rompt la trêve de Malestroit et envoie Henri de Lancastre, comte de Derby en Gascogne. Parti de Southampton avec des forces considérables, ce dernier débarque à Bayonne en juillet 1345 et se rend à Bordeaux dont les habitants l'accueillent avec enthousiasme (1). Il prend Blaye, puis Bourg-sur-Mer, où il laisse deux cents hommes pour la garde de la ville et du château et vient assiéger Bergerac (2), où se tient, à la tête des forces françaises, Bernard Jourdain, comte de l'Isle, commandant pour le roi en Limousin, Périgord et Saintonge, afin de disputer aux Anglais le passage de la Dordogne. Derby s'arrête un jour et une nuit à une petite forteresse qu'on appelle Montcuq (3),

---

(1) *Chroniques de Froissart*, publiées pour la *Soc. de l'Hist. de France* par Siméon Luce, t. II, p. XII.

(2) *Chronographia regum francorum*, déjà citée, t. I, p. 250.

(3) *Chroniques de Froissart*, citées,

et le lendemain de cette halte, il envoie deux cents hommes d'armes de ses coureurs menant grande proie jusqu'aux barrières de Bergerac, qui n'était pas loin de Montcuq. Ceux de la ville, convoitant cette proie, sortent au nombre de seize cents : les Anglais fondent sur eux d'un seul choc et les tuent, à l'exception du châtelain qui est fait prisonnier (1).

Le matin de ce même jour, Gautier de Mauny, dînant à la table du comte de Derby, propose de livrer immédiatement l'assaut pour boire à souper des vins des seigneurs de France. A la suite d'un premier assaut, les Anglais emportent le premier pont ainsi que les barrières et se rendent maîtres du faubourg. Un second assaut dirigé contre les remparts reste infructueux. Ce que voyant, Derby fait venir de Bordeaux un certain nombre de navires avec lesquels il attaque Bergerac par eau et réussit à rompre sur une grande étendue les palissades qui défendent la ville de ce côté. Le comte de l'Isle, sentant que la place n'est plus tenable, fait déloger la garnison et se sauve en toute hâte à La Réole. Les habitants de Bergerac s'empressent de se rendre ce jour même, 24 du mois d'août, au général anglais.

Celui-ci, après s'être rafraîchi deux jours dans cette ville, la quitte pour attaquer Périgueux. Chemin faisant, il soumet Lanquais, les Lèches, Maduran, Lamonzie, Pinac, Lalinde, La Force, la Tour de Prudaire, Beaumont, Montagrier, l'Isle-Jourdain et Bonneval. Après des tentatives infructueuses contre Périgueux et Pellegrue, il s'empare du château d'Auberoche, dont les habitants se rendent sans coup férir, ainsi que la ville de Libourne, et rentre à Bordeaux.

Le comte de l'Isle, informé du retour de Derby dans cette dernière ville, met le siège devant Auberoche et fait venir de Toulouse quatre machines de guerre pour abattre les remparts du château. Les assiégés font savoir au général anglais la détresse où ils se trouvent. A la nouvelle du danger que court la garnison, Derby rallie en passant les gens d'armes qui se tiennent à Libourne sous Richard de Stafford et ceux qui occupent Bergerac sous les ordres de Pembroke et vient livrer bataille aux Français, à quelque distance d'Auberoche, le 23 octobre, les met en déroute et fait prisonnier le comte de l'Isle avec deux cents chevaliers. Le vainqueur laisse dans cette dernière place une garnison sous le commandement d'Alexandre de Caumont, seigneur de Sainte-Bazeille et vient à Bergerac, dont il ne repart que le 26, pour chevaucher contre La Réole. Il reçoit sur sa route la soumission de Sainte-

---

(1) *Chronogr.*, citée.

Bazeille (1), s'empare de Meilhan et, après avoir mis pendant quinze jours le siège devant Monségur (2), reçoit à composition le capitaine de cette forteresse, se fait rendre Aiguillon, emporte d'assaut Castelsagrat; après quoi, il met le siège devant La Réole.

Tel est du moins, en résumé, le récit de Froissart dans ses *Chroniques* publiées par M. Siméon Luce (t. III, pp. XII-XXIII). Ici, ce savant commentateur fait cette observation : « Il est probable que Derby, après la victoire d'Auberoche, sépara son armée en deux corps chargés d'opérer, l'un sur les bords de la Garonne, l'autre sur les rives du Lot; au premier, qui avait La Réole pour objectif, reviendraient les affaires de Sainte-Bazeille et de Meilhan ; au second, dont Aiguillon était le point de mire, devraient être rapportées les entreprises contre Monségur-sur-Lot et Castelsagrat. Faute d'avoir supposé cette division en deux corps d'armée, que les nécessités stratégiques rendent au moins vraisemblable, Jean-le-Bel et Froissart ont été amenés à confondre deux mouvements de troupes parfaitement distincts et à présenter comme successives des opérations qui ont pu être simultanées ».

Les habitants de La Réole ouvrent d'eux-mêmes et de bon gré, le 13 novembre, les portes de leur ville à Derby (3), mais le château résista jusqu'à la dernière extrémité. Le comte prend ensuite Montpezat, Castelmoron et Villefranche en Agenais, tandis que ses gens s'emparent de Miramont, de Tonneins et de Damazan. Puis il va mettre le siège devant Angoulême dont les habitants prennent l'engagement de se rendre, s'ils ne sont pas secourus dans un mois (4).

---

(1) Voir *Hist. de la ville et de la baronnie de Sainte-Bazeille*, par l'abbé Alis, p. 78.

(2) Il s'agit ici de Monségur, canton de Monflanquin, Lot-et-Garonne.

(3) C'est ce qui résulte de plusieurs documents authentiques et notamment des termes d'une donation faite par Derby le 26 janvier 1346. (*Arch. hist. de la Gir.* t. 302. — Bertrandy: *Etudes sur les Chroniques de Froissart*, pp. 162 et 163).

(4) *Chroniques de Froissart*, déjà citées. — M. Siméon Luce ne croit pas, peut-être à tort, à ce siège d'Angoulême. Cette expédition de Derby en personne dans l'Angoumois à la fin de 1345 ou au commencement de 1346, écrit-il en note, est une erreur historique où Froissart a été induit par la désignation chevaleresque et romanesque donnée par Jean-le-Bel à Agen que le chroniqueur liégeois (t. II, p. 42) appelle « la cité d'Agolem ou d'Agolant » sans doute en souvenir du siège fabuleux soutenu dans cette ville par le sarrazin Agolant contre Charlemagne. Du reste, la prise d'Agen en 1345 par Derby dans Jean-le-Bel n'est pas plus exacte que celle d'Angoulême dans Froissart, qui ne mentionne pas ce siège dans la dernière rédaction de ses Chroniques, c'est-à-dire dans le texte de Rome (p. 311-313).

M. Aug. Molinier, dans la note 5 de la page 385 de l'*Hist. gén. de Languedoc*, par

Le sentiment de M. Bertrandy dans ses *Etudes sur les Chroniques de Froissart* (p. 186-198) n'est pas qu'Aiguillon soit tombé au pouvoir des Anglais avant la ville de La Réole. « Derby était, dit-il, dans La Réole, à la date du 13 novembre 1345. La ville lui avait, ce jour-là même, ouvert ses portes. (Restait le château qui ne se rendit que plus tard et à la dernière extrémité). Il y était également le 17 et le 26 du même mois, et, à cette époque, plusieurs villes, plusieurs châteaux, plusieurs seigneurs se rangèrent volontairement du parti anglais. Derby, se trouvant encore à La Réole le 26 janvier 1346, y accorda aux habitants, pour les récompenser de leur concours actif et dévoué, la franchise de leurs vins dans Bordeaux, et un octroi spécial, dont le produit devait, avant toute chose, servir aux réparations du château ; mais nous ignorons l'époque, le jour précis, où Derby partit de La Réole pour son expédition en Agenais, l'époque, le jour où cette expédition fut terminée. La prise de Monségur est, d'après moi, le seul fait de guerre qui se soit produit depuis le départ de Derby de Bergerac, c'est-à-dire le 26 octobre 1345, et son entrée à La Réole, c'est-à-dire le 13 novembre 1345. Par conséquent, l'occupation de Sainte-Bazeille, de Meilhan, d'Aiguillon, de Castelsagrat, par les Anglais, occupation qui, d'après Froissart, aurait précédé celle de La Réole, lui est, au contraire, postérieure. Peut-être ne s'écarterait-on pas trop de la vérité en disant que, du 13 au 26 novembre 1345, Derby, surveillant les opérations du siège du château de La Réole, séjourna dans la ville, y reçut des soumissions, y prépara les moyens d'agir sur les populations, à la fois par la persuasion et par la force, par la parole et par l'épée. En Agenais, le premier moyen paraît avoir réussi tout autant que le second. Dans le manuscrit d'Amiens des Chroniques de Froissart, on ne trouve que Monségur et La Réole qui aient opposé quelque résistance à Derby ; le reste, c'est-à-dire Sainte-Bazeille, Aiguillon, Montpezat, Villefranche et Miramont, se soumet sans combat. Dans le Froissart de Buchon, Derby rencontre, à la vérité, plus d'opposition ; mais enfin, Aiguillon fait sa soumission, et

---

dom Vaissete (Ed. Privat, t. IX), semble d'un autre sentiment. « Pendant les mois de novembre et de décembre 1345, dit-il, Derby et ses lieutenants soumirent la plus grande partie de l'Agenais occidental, et au Nord ses partisans étendaient leurs courses bien au-delà de Périgueux, jusques vers Angoulême ; cette dernière ville elle-même paraît être tombée entre leurs mains. » (Voyez tome X, *notes*, p. 91-92 ; et *Chronique normande*, p. 269-270).

le chroniqueur n'indique pas très clairement de quelle façon les Anglais devinrent maître de Tonneins et de Damazan. — En sortant de La Réole, Derby « chevaucha, à tout son ost, devers Mont-Pezat ». Les hommes de cette place, d'après le Froissart de Buchon, se défendirent bien, et la place fut prise d'assaut. Mais, d'après le Froissart du manuscrit de Rome, ils envoyèrent au-devant de l'Anglais pour traiter. Le Recueil de Bréquigny est ici plus précieux que les Chroniques de Froissart. On y trouve des lettres d'Edouard III qui nous apprennent que le comte de Derby donna à Rainfroid, seigneur de Montpezat, tous les biens des ennemis et rebelles, tant meubles qu'immeubles, situés dans la seigneurie de Montpezat. Il n'est pas besoin d'un grand effort d'imagination pour convenir que ce don n'était pas gratuit, c'est-à-dire qu'il avait été mérité par quelque important service ; et si Rainfroid était seigneur de Montpezat, au moment où Derby arriva sous les murs de cette place, j'ose supposer que ce châtelain ne s'appliqua pas à les défendre avec cette vigueur dont témoigne le récit de Froissart. Au reste, la conduite ultérieure de ce seigneur de Montpezat fut signalée par des actes de dévouement à l'Angleterre. Rainfroid se distingua plusieurs fois au siège d'Aiguillon et ailleurs, et c'est à cette considération que le roi d'Angleterre, voulant le récompenser d'une manière digne de lui, confirma le 4 septembre 1347, le don fait en sa faveur par le comte de Derby (1). — De Montpezat, Derby chavaucha vers la ville de Castelmoron qui fut prise (2), puis il « passa outre, et vint à Villefranche en Agenais, qui fut prise par assaut et le châtel aussi ». Quand le comte de Derby eut à sa volonté Villefranche, il chevaucha vers Miramont (3) : « Si fu trois jours devant Miremont. Au

---

(1) *Bibl. Nat. Bréquigny. Moreau*, 652, p. 123. *Extr. de Rot. Vasc. ann.* 22 *Ed. III, membr. 5.*

(2) Voir le récit de la prise de cette ville : *Hist. de la ville et de la baronnie de Sainte-Bazeille,* déjà citée, p. 80.

(3) « Quand Miramont fit sa soumission à Derby, ajoute M. Bertrandy (*ibidem*), le lieutenant d'Edouard III accorda aux consuls et à la communauté de cette ville la perception, pendant six ans, d'un fouage local, dont le produit devait être employé à clore et fortifier le lieu, situé sur les frontières de l'ennemi. Le 12 mars 1352, les six années, fixées pour cette perception, étaient écoulées, et le défaut de clôture, le mauvais état des fortifications avaient, durant cette période, facilité les agressions hostiles, qui continuaient à s'exercer, au préjudice des habitants de Miramont. Dans cette malheureuse situation, ces derniers demandèrent au roi d'Angleterre la prolongation du fouage qu'ils avaient obtenu de Derby. Cette requête était trop d'accord avec les intérêts de l'Angle-

quatrième, il se rendit ». — Si nous mentionnons, enfin, Tonneins et Damazan, nous aurons épuisé la liste des localités qui, d'après Froissart, tombèrent au pouvoir de Derby, pendant son expédition en Agenais. »

Une publication plus récente que tous les travaux que nous venons de citer, la *Chronographia regum francorum*, publiée pour la Société de l'Histoire de France par M. H. Moranvillé (t. II, p. 215 et suiv.) n'est pas tout à fait d'accord avec Froissart, et moins encore avec M. Bertrandy, pour assigner l'époque de l'occupation d'Aiguillon par les Anglais, ni, comme nous le verrons aussi, sur le mode de reddition de cette place. Cet événement se serait passé peu après le 24 août, jour où le comte de Derby s'était emparé de la ville de Bergerac. Laissons la parole au nouveau chroniqueur. « Ensuite (aussitôt après la prise de Bergerac) le comte de Derby envoya le comte d'Arundel avec vingt mille combattants devant Sainte-Foy. Or Raymond de Foucaud fit une sortie avec ses soldats et ceux de la ville, en vint aux mains avec les Anglais et leur tua près de trois cents hommes. Les autres s'enfuirent vers Aiguillon, qui est une place des plus fortes. Mais ceux qui étaient dans cette dernière ville, voyant venir les Anglais, massacrèrent pendant la nuit le châtelain et cinq cents soldats du roi de France et se rendirent aux ennemis.

» Le comte d'Arundel, après avoir mis une garnison dans cette place, s'en vint trouver le comte de Derby et lui raconta la prise d'Aiguillon, ainsi que ses pertes devant Sainte-Foy.

» A l'instant donc, Derby, ayant rassemblé les Anglais et les Gascons en une grande armée, se présenta devant Sainte-Foy et l'assiégea. Mais Raymond de Foucaud était déjà parti pour solliciter auprès du roi de France des secours contre les Anglais. Le châtelain qui avait pris sa place, sortit plusieurs fois de la ville, par une voie souterraine, qui conduisait du château à un bois voisin du camp des ennemis, auxquels il causa de grands dommages en tombant sur eux à l'improviste. Les Anglais se retirèrent enfin sans profit et allèrent devant Bergerac en ravageant la contrée.

---

terre pour n'être pas favorablement accueillie. Donc, le 12 mars 1352, Edouard III accorda des lettres en vertu desquelles les consuls et communautés de la ville de Miramont étaient autorisés à percevoir, pendant six nouvelles années, le fouage en question à la condition expresse que le produit en serait uniquement affecté aux travaux de clôture et de fortification. » (*Bibl. Nat. ms. Bréquigy*, 29, f° 63). Il s'agit, bien entendu, de Miramont, près de Lagarrigue.

» Sur ces entrefaites, Raymond de Foucaud était à Paris devant le roi Philippe qui apprenait comment les Anglais conquéraient la Gascogne. Ce prince, sans perdre un instant, y envoya son fils, le duc de Normandie, Eudes, duc de Bourgogne, le duc de Bourbon, son neveu, l'évêque de Beauvais, Philippe, comte de Boulogne, fils du duc de Bourgogne, le comte d'Armagnac, le marquis de Montferrat, les comtes de Montbéliard et de l'Isle, les vicomtes de Narbonne et de Thouars, avec un très grand nombre de barons.

» Or, tandis que les Français chevauchaient vers la Gascogne, le comte de Derby et ceux qui le suivaient quittèrent Bergerac et allèrent assiéger le château de La Réole qui était très fort. Le châtelain vendit au comte le château (1). Derby, après y avoir placé une garnison, s'en alla mettre le siège devant Montpezat. Ceux qui étaient dans cette dernière ville, tuèrent le châtelain et cinq cents soldats qui s'y trouvaient pour le roi de France et se rendirent au comte.

» De là, Derby se présenta devant Castelmoron, tendit des embûches et mit son butin devant la ville, et, au moment où ceux de la ville et du château étaient sortis pour s'emparer du butin, les Anglais quittèrent leur embuscade et tombèrent vivement sur eux, les enveloppèrent et les tuèrent et prirent cette forteresse où ils massacrèrent encore beaucoup de monde.

» Ensuite Villefranche et les châteaux de Tonneins et de Damazan se rendirent aux Anglais, ainsi que tout le pays jusques à la ville d'Angoulême qui ouvrit aussi ses portes (2). Et le comte de Derby entra dans cette place et envoya de là une partie de ses troupes à la garde des châteaux contre les Français qui venaient en très grande multitude.

» Or, le duc de Normandie, à la tête de huit mille hommes d'armes parut devant Angoulême et l'assiégea (3). Les Anglais firent plusieurs

---

(1) La *Chronographia* veut peut-être rappeler la façon bénévole dont la ville se rendit à Derby, et non le château, car tous les documents s'accordent à constater la belle défense du château de La Réole qui résista honorablement jusqu'à la dernière extrémité. (Voir en particulier, pour ce fait, *Hist. gén. de Languedoc*, déjà citée).

(2) C'est peut-être à Raoul de Stafford qu'il faut rapporter l'honneur de ces prises.

(3) M. Siméon Luce ne croit pas qu'Angoulême ait été assiégé par les Français (*Froissart*, t. III, p. XXIX, note 6). Malgré tout, ce siège paraît bien avoir eu lieu. (Chronique normande, p. 269, notes). D'ailleurs, on trouve à cette époque plusieurs mentions de services militaires sous les ordres et en compagnie du duc de Normandie, (il s'agit du maréchal Ferry de Chartogne), « in guerris Vasconnensi, Lemovicensi et Engolis-

sorties contre les Français, mais éprouvèrent beaucoup de dommages. Un jour même, le comte de l'Isle les mit en fuite en leur infligeant de grandes pertes et les poursuivit tant qu'il fut pris et conduit dans la ville, où il ne tarda pas cependant à être délivré en échange d'un autre prisonnier.

» Aussi, le comte de Derby, voyant la puissance du duc de Normandie, lui fit demander une trêve de trois jours pour entrer en pourparlers ; à quoi le duc consentit. Puis, durant cette trêve, le comte sortit avec ses Anglais de la ville, qui fut, dès leur départ, rendue aux Français. Le duc y entra le jour de la Purification de la B. V. M. et y tint sa cour. Après y être resté trois semaines (1) pour attendre la saison douce, il s'en alla vers Bergerac, où se tenait le comte de Derby. Celui-ci, à la vue des Français, mit une garnison pour garder la ville et se retira avec son armée, en envoyant par devant ses chars, afin de ne pas retarder sa marche. Survint alors devant cette place l'avant-garde de l'armée française, où étaient le comte d'Eu, connétable de France, Charles de Montmorency, le maréchal Le Gallois de La Baume, maître des arbalétriers. Or, les Anglais ne purent soutenir la vue de si grandes forces, redoutèrent davantage encore le gros de l'armée qui s'avançait, coururent vivement vers leurs chars et vinrent s'enfermer dans Aiguillon. »

Pourquoi ne placerions-nous pas, comme la *Chronographia* l'indique, l'occupation d'Aiguillon par les Anglais après la prise de Bergerac et la malheureuse tentative du comte d'Arundel contre Sainte-Foy, jusqu'à plus ample informé ? Nous nous rapprochons ainsi de la date approximative indiquée par Froissart, qui mentionne cet événement comme s'étant produit entre la bataille d'Auberoche, le 23 octobre, et l'entrée de Derby dans la ville de La Réole, le 13 novembre suivant.

Toujours est-il qu'Aiguillon était entre les mains des Anglais le 10 décembre 1345, jour où Raoul de Stafford, sénéchal de Guienne, y fait acte de pouvoir souverain en donnant des lettres en faveur de Guillaume de Lunac, qui, ayant embrassé le parti anglais, avait eu à souffrir des préjudices de toutes sortes pour cause de cette adhésion. Le père de ce seigneur, Astorg de Lunac, avait vendu, contre les

---

mensi. » (Voir en particulier les *Journaux du Trésor de Philippe VI de Valois*, dont M. Viard prépare la publication, à la date du 13 mars 1349, n. st.)

(1) La *Chronique normande*, (p. 7) dit non pas trois semaines, mais cinq.

articles de la sentence arbitrale de 1289, et sans clause de rachat, aux frères Raymond et Bernard Sornard, de Port-Sainte-Marie, un certain péage sur chaque tonneau de vin passant devant Aiguillon, en descendant la Garonne et le Lot. Au 10 décembre 1345, les frères Sornard n'avaient pas encore abandonné la cause de la France, et, conséquemment traités comme rebelles, ils se virent dépouillés, par la confiscation, d'une partie de leurs biens que la conquête venait de placer sous la main de l'Angleterre. Parmi ces propriétés figurait le péage en question. Raoul de Stafford en profita pour récompenser Guillaume de Lunac, et punir en même temps les frères Sornard : il réintégra le premier dans la jouissance du péage, et, à l'égard des seconds, comme il eut été fort impolitique de leur fermer à jamais toute voie de retour à l'obéissance de l'Angleterre, il déclara que, dans le cas où ils se soumettraient, le trésorier de l'Agenais serait tenu de leur payer la somme par eux déboursée pour l'acquisition du péage (1).

Le récit que nous donne Froissart de la manière dont Aiguillon se rendit aux Anglais me semble par trop fantaisiste. « Li chastiaus, pour ces jours, dit-il, estoit en la garde d'un chastelain qui n'estoit point trop vaillans hommes et bien le montra ; car, si trétos comme il senti que les Englois venoient, il lor vint au-devant, et lor aporta les clefs de la ville et dou chastiel, et il se mist en l'obéissance dou roi d'Angleterre. Li comtes Derbi reçut ledit chastelain en paix et se saisi de la garnison d'Aiguillon, et i mist gens de par lui, pour être plus à ségur, car il n'avoit pas trop grant fiance ou chastelain qui le rendage en avoit fait. »

Ces renseignements, puisés dans le manuscrit de Rome (Chroniques de Froissart, t. II, p. 154) se retrouvent plus détaillés dans le Froissart de Buchon (page 197). Ici, nous apprenons que « depuis, quand l'écuyer qui Aiguillon avoit rendu vint à Toulouse, les hommes de la ville le prirent et l'accusèrent de trahison, et le pendirent sans mercy. »

Il est au moins singulier que les Anglais qui savaient si bien récompenser les services qu'on leur rendait, n'aient pas traité plus favorablement ce châtelain qui, à leur vue, se rend au-devant d'eux et leur remet bénévolement les clefs de la place la plus forte et la mieux située de l'Agenais, et même du monde si nous en croyons Froissart.

---

(1) Bibl. Nat. ms. Bréquigny, 28.

Ce qui n'est pas moins singulier, c'est que ledit châtelain, après sa trahison, ait dirigé ses pas vers Toulouse, ville si dévouée aux Français, pour s'y faire pendre, au lieu de se rendre à Bordeaux, la capitale anglaise du Midi, pour y recevoir une récompense. Les témoins tout anglais d'après lesquels Froissart écrivait ses Chroniques, n'ont pas voulu se souvenir sans doute des circonstances odieuses à la suite desquelles Aiguillon fut livré à l'Angleterre et ont dès lors imaginé le roman de la trahison du châtelain, avec d'autant plus de facilité, que celui-ci n'était plus là pour leur opposer un formel démenti. La *Chronographia* ne nous apprend-elle pas, en effet, que « ceux de la ville, voyant venir les Anglais, massacrèrent, à la faveur de la nuit, le châtelain et les cinq cents soldats du roi de France et rendirent la place aux ennemis. » Mais ce qui vient confirmer encore la réalité de cet odieux événement, c'est qu'il se renouvela exactement, peu après, pour la reddition de Montpezat au comte de Derby. « Ceux qui étaient dans cette dernière ville, nous a déjà raconté le même chroniqueur, massacrèrent le châtelain et cinq cents soldats qui défendaient la place pour le roi de France, et se rendirent aux Anglais. » N'y a-t-il pas là comme la préméditation d'un vrai complot ourdi par Rainfroid II, seigneur de Montpezat, co-seigneur de Lunac d'Aiguillon et le plus puissant de ses partenaires, quand on considère la même façon d'agir à Aiguillon et à Montpezat, pour la reddition de ces deux villes, et aussi les faveurs signalées dont ledit Rainfroid fut comblé par le comte de Derby. Le lieutenant d'Edouard III, en effet, lui donna, avons-nous déjà dit, tous les biens des ennemis situés dans la seigneurie de Montpezat. De plus, il lui concéda, entre autres choses, les lieux de Saint-Sardos et de Saint-Amans avec leurs appartenances ; 300 livres, monnaie de Bordeaux, de revenu annuel et viager, outre la somme, une fois payée, de 2,000 livres, à prélever sur les biens des rebelles ; toute juridiction à Pechbardat, dans les paroisses de Sainte-Foy (Laffitte ?) et de Lacépède, ainsi que ses ancêtres en avaient joui ; il lui accorda des droits pareils dans les paroisses de Saint-Michel-de-Bas (Sembas ?), de Saint-Caprais et de Ridès ; il le réintégra dans les possessions de ses prédécesseurs au lieu ou territoire de l'abbaye de Peyrignac, là ou venait d'être fondée la bastide de La Cenne ; enfin il lui concéda des privilèges personnels de la plus haute importance (1).

Il n'y a donc aucune témérité de croire que la ville d'Aiguillon fut ainsi livrée à Derby ou par Rainfroid de Montpezat, agissant seul, en

---

(1) Bibl. Nat. mss. Bréquigny, 75, f° 210.

son nom privé, ou par tous les co-seigneurs réunis dans une communauté d'idées, de sentiments et d'intérêts. Nous verrons d'ailleurs qu'à l'exception d'Amanieu III du Fossat, rallié momentanément à la France depuis 1342, tous les co-seigneurs d'Aiguillon furent l'objet de diverses faveurs de la part de l'Angleterre, à cette époque.

Nous ajouterons enfin que si les Anglais, conduits par le comte d'Arundel et chassés par Raymond de Foucaud de devant Sainte-Foy, eurent l'idée de pousser leur retraite jusques sous Aiguillon, qui ne leur appartenait pas encore, c'est que des menées secrètes et sûres les y conduisaient et qu'ils n'avaient plus, en arrivant, qu'à cueillir le fruit de la trahison.

Mais d'où venait cette sorte d'empressement des villes et des seigneurs de la région à se jeter dans le parti des ennemis de la France ? MM. Molinier et Bertrandy font à ce propos de judicieuses observations que nous allons analyser.

La plus grande partie du pays était plus Anglais que Français. Beaucoup plus respectueuse des privilèges municipaux, moins tracassière et moins tyrannique que l'administration française, celle des rois d'Angleterre avait laissé d'excellents souvenirs en Gascogne et les Français y étaient en général détestés. Aussi la plupart des villes ouvrent-elles leurs portes à Derby, les garnisons françaises sont chassées et obligées de se renfermer dans les citadelles ; chaque ville nouvellement soumise est comblée par le vainqueur de privilèges et d'honneurs. Cette inimitié des habitants pour les Valois explique en partie l'insuccès de la grande campagne de 1346.

En outre, populaire parmi les Anglais, la guerre de Guienne n'apparut, malheureusement, jamais aux yeux des Français avec ce caractère d'intérêt général qui devait, par la suite, déterminer si souvent, dans notre pays, des explosions d'une soudaineté et d'une vigueur merveilleuses. Le sentiment national, qui se confondit plus tard avec le sentiment dynastique, pour l'absorber et le dominer complètement, n'existait encore, sous Philippe de Valois, qu'à l'état, pour ainsi dire personnel et local. Les liens qui rattachaient les unes aux autres les diverses parties du royaume étaient trop faibles et trop simples pour résister aux efforts habiles et persévérants qui visaient à les rompre. La solidarité des intérêts politiques et commerciaux n'existait pas encore, et chacun de ces peuples qui devaient finir par se fondre dans l'admirable unité française, se laissait glisser volontiers sur la pente où l'attiraient ses goûts et ses besoins.

C'est ainsi que les populations riveraines de la Dordogne, depuis Bergerac, et celles de la Garonne depuis Aiguillon jusqu'à Bordeaux, se sentaient inclinées vers l'Angleterre par la facilité d'écouler leurs produits sous le patronage intelligent et actif des Anglais ; tandis que le reste de la Guienne, le Quercy, le Languedoc, etc., s'attachaient à la France, dont la protection et le concours leur semblaient plus efficaces et plus avantageux à une infinité de points de vue. Si les privilèges accordés par l'Angleterre favorisaient les transactions commerciales dans un certain rayon autour de Bordeaux, ils étaient frappés d'impuissance et demeuraient fatalement sans efficacité à l'égard des populations trop éloignées du centre commercial. Celles-ci, en effet, ne pouvaient espérer l'augmentation de leurs profits qu'au détriment des privilégiés de la première heure, c'est-à-dire les plus voisins de Bordeaux. Le prélèvement d'un droit de transit eut été illusoire pour Aiguillon, Marmande, La Réole, etc., si les privilèges en avaient exempté les localités situées en amont d'Aiguillon, sur la Garonne et sur le Lot ; et, d'un autre côté, réduites au simple privilège de l'emmagasinage et de la vente sur la place même de Bordeaux, ces dernières localités n'entrevoyaient aucun avantage à y transporter leurs produits, dont l'écoulement ne pouvait s'effectuer qu'à des conditions exceptionnelles, puisque le prix rémunérateur devait d'abord égaler la valeur vénale de la denrée, plus la somme des droits ou taxes locales supportées par cette denrée depuis le point d'expédition jusque sur le marché.

Ces considérations ne sont pas absolument spéculatives ; elles émanent de faits certains, et, pour ainsi dire, palpables, matériels, qui servent à expliquer, en partie, la facilité, la rapidité de la conquête de Derby en Guienne. En général, il y eut molle résistance, et même soumission aux Anglais, de la part des villes et des localités que Bordeaux faisait vivre et prospérer ; résistance, lutte énergique et le plus souvent couronnée de succès, de la part des localités et des villes dont le commerce avec Bordeaux n'était ni facile, ni avantageux. Bergerac résista faiblement, Aiguillon se rendit, La Réole ouvrit ses portes ; mais Périgueux, mais Cahors, mais Gourdon, mais Agen, pour ne citer que les villes principales, s'armèrent contre les Anglais, s'imposèrent les plus grands sacrifices, et soutinrent la lutte par un dévouement local à la dynastie régnante, et aussi parce qu'elles ne voyaient aucun intérêt réel à se mouvoir dans le cercle politique et commercial dont Bordeaux était le centre. Si quelques villes se conduisirent autrement qu'Aiguillon et La Réole, il faut chercher la cause de cette exception, moins dans les dispositions personnelles des habitants que dans l'énergie de ceux qui les commandaient, gens d'honneur pour qui la violation du serment prêté au roi de France était la plus indigne des lâchetés.

Le récit qui suit est propre au Froissart de Buchon : « Quand le comte de Derby eut la saisine de la ville et du châtel (1) d'Aiguillon, il en fut si réjoui qu'il n'eut mie esté si lie si le roi d'Angleterre eut, d'autre part, conquis cent mille florins, pour cause qu'il le veoit bien séant et en bonne marche, en la pointe de deux grosses rivières portans navire : et le rafraîchit et répara de tout ce qu'il convenoit, si comme pour y avoir son retour et faire son corps de garde. Et quand il s'en partit, il le laissa en la garde d'un bon chevalier sage et vaillant, qui s'appeloit messire Jean de Gombry. » Ce dernier ne tarda pas à être remplacé par Alexandre de Caumont et Gautier de Mauny qui avaient 1,600 hommes d'armes (2) ; mais, peu après, à l'époque du siège, les fonctions de gouverneur étaient dévolues à Hugues Ménil, comme nous le verrons bientôt.

« La possession d'Aiguillon, dit M. Bertrandy (page 239) était bien de nature à provoquer chez Derby ces élans de joie auxquels nous fait assister le récit naïvement pittoresque de Froissart. Cette position redoutable « en la pointe de deux grosses rivières portans navires » valait, en effet, pour l'Angleterre, suivant l'estimation intelligente de Derby, au moins un gain de cent mille florins : et l'on comprend sans effort que le lieutenant d'Edouard III se soit empressé de rafraîchir et de réparer la place « si comme pour y avoir son retour et en faire son corps de garde. » Il serait puéril de supposer que Derby se soit oublié dans La Réole, après avoir pris possession du château. Or, comme d'après des appréciations basées sur des éléments parfaitement admissibles, cette prise de possession a pu s'effectuer vers la fin de l'année 1345 ou le commencement de l'année 1346, l'on peut conjecturer avec quelque apparence de raison, que c'est vers ces époques que Derby quitta La Réole pour se rendre à Aiguillon. »

---

(1) Froissart parle souvent de « la ville et du châtel. » Il faut entendre par *ville* l'ensemble des maisons d'habitation, tout ce qui a un caractère purement civil, et par *châtel* non seulement le château ou les châteaux, mais encore les fortifications de l'enceinte intérieure ou extérieure, en un mot, tout ce qui est du domaine militaire.

(2) *Chronographia regum francorum*, p. 218.

Donc, Derby, dans la prévision d'un siège, rassembla l'élite de ses chevaliers et les dirigea sur cette dernière place pour renforcer la garnison. Il pourvut la ville de vivres et de matériel en grande quantité, fit exécuter les réparations nécessaires, construire de nouvelles défenses et renforcer les autres. Il est difficile d'indiquer exactement le nombre des défenseurs. Froissart ne cite que quarante chevaliers (lances fournies), cent vingt compagnons, c'est-à-dire des personnages de marque qui devaient avoir avec eux leur suite, et trois cents armures de fer. « Parmi les chevaliers qui s'enfermèrent dans Aiguillon, on trouve Thomas Briset, Robert de Neuville, Philippe de Rochelaine, Richard de Beauvais, Thomas Cocq, les sires de Franque, de Halle, Jean de la Touche, etc. La garnison ne pouvoit être nombreuse dans un si petit espace, mais Gautier de Mauny et le comte de Pembroke valaient seuls une armée (1) ». Il faut sans doute joindre à cette liste les 1,600 hommes d'armes qui accompagnèrent Alexandre de Caumont et Gautier de Mauny, envoyés tous deux par le comte de Derby à la place de Jean de Gombry, gouverneur d'Aiguillon, et aussi tous ceux qui pendant les premiers temps du siège purent s'introduire dans la ville ; ils durent être nombreux et de bonne qualité : c'étaient des volontaires. On doit comprendre aussi les auxiliaires, les servants, les ouvriers d'art. Ce qui est certain, c'est qu'Aiguillon renfermait avec l'élite de la chevalerie anglaise, gasconne et autre, de vrais soldats de profession depuis le grade le plus élevé jusqu'au plus humble. L'historien Villani, à propos de ce siège, dit qu'il y avait « bonne garnison d'hommes armés gascons et anglais (2) ».

De son côté, Edouard III, heureux des résultats obtenus et prêt à tous les sacrifices pour ne pas compromettre le succès d'une expédition si favorable, faisait délivrer, le 10 décembre 1345, à Pierre Grethered, 51,000 florins, dont il réglait la distribution de la manière suivante :
10,000 florins au comte de Derby ;
1,666 florins au comte de Pembroke ;
1,333 florins à Gautier de Mauny.
Le restant devait servir à l'expédition des affaires du roi en Gascogne, selon l'avis du comte de Derby, du sénéchal de Guienne et du connétable de Bordeaux.

---

(1) *Recherches sur le pays du poëte Théophile de Viaud et précis hist. des villes de Clérac, de Port-Sainte-Marie et d'Aiguillon*, déjà citées.
(2) Voir *Mémoire manusc. du Colonel Duburgua*.

Dans un mandement, Edouard prend soin d'indiquer spécialement que les sommes allouées à Derby, à Pembroke et à Gautier de Mauny sont de pures gratifications et ne doivent pas tenir lieu des gages ou prêts acquis à ces personnages par leurs services pendant le second quartier de l'année qu'ils passent en Guienne (*Rymer*). Cette indication concorde exactement avec l'opinion qui fixe au dernier semestre de l'année 1345 le début de l'expédition de Derby en Guienne.

Le même jour, Edouard donnait encore l'ordre de mettre à la disposition de Pierre Grethered deux cent soixante-dix tonneaux de fleur de farines, cent quatre-vingt-huit quartiers et quatre boisseaux de froment et mille quinze quartiers d'avoine. Ces approvisionnements devaient être conduits en Guienne par les soins de Derby, du sénéchal de Guienne et du connétable de Bordeaux (*Rymer*). On croirait démêler dans ce mandement une prévision salutaire du siège d'Aiguillon (1).

Les conquêtes rapides des Anglais commandés par le comte de Derby déterminèrent Philippe de Valois à faire marcher contre eux une puissante armée sous les ordres du duc de Normandie, son fils. Déjà, Robert, seigneur d'Houdetot, qui commandait, sous Pierre de Bourbon, dans l'Agenais et la Gascogne, ayant appris les préparatifs des Anglais avant leur descente à Bayonne, avait écrit le 6 juin 1345, au sénéchal de Toulouse de lui envoyer à Agen un renfort de gens d'armes de cette sénéchaussée. Il pria, le 1er août suivant, le sénéchal de Carcassonne de lui envoyer de l'*artillerie royale de Carcassonne* pour les guerres de Gascogne, trois douzaines de frondes avec les engins, les cordes et les autres choses nécessaires pour les mettre en jeu.

Pierre de Bourbon, après avoir été pourvu de la lieutenance du Languedoc, se rendit à Cahors, où il nomma des commissaires le 22 septembre, pour rechercher les droits du roi dans la province, et recueillir de l'argent pour soutenir la guerre. Il alla ensuite à Gourdon, où il rassembla ses troupes et où il séjourna depuis le 27 septembre jusqu'au 5 octobre. Guillaume Rolland, sénéchal de Beaucaire, était alors dans son camp avec les nobles de cette sénéchaussée, entre lesquels étaient Guy, fils de Pons de Montlaur, dans le Vivarais, Gérante, seigneur de Solignac, etc. Pierre, vicomte de Lautrec, seigneur de Montredon, servait aussi sous les enseignes du sénéchal de Beaucaire. Enfin, nous trouvons que Guy de Comminges, seigneur de Fiac, était alors à la suite du duc de Bourbon, qui fit son principal séjour à Agen

---

(1) *Etudes sur les Chroniques de Froissart*, déjà citées, p. 198-199.

pendant le reste de l'année. Le duc manda, le 18 d'octobre, le comte de Foix, qui se prépara à l'aller joindre à la tête de ses vassaux. Il convoqua, quelques jours après, conjointement avec Girard de Roussillon, sénéchal de Carcassonne, qui était en garnison à Marmande, la noblesse et 2,000 sergents à pied de cette sénéchaussée, avec ordre de se trouver à Agen le 8 de novembre. Il appela aussi dans cette dernière ville tous les nobles et non nobles de la sénéchaussée de Toulouse, depuis l'âge de quatorze ans jusqu'à soixante ; il changea le lieu de l'assemblée à la fin d'octobre par ordre du duc de Normandie et fit savoir à ces milices de se rendre incessamment à Cahors. Aux noms des seigneurs déjà cités par dom Vaissete (*Hist. gén. de Lang.* Ed. Privat, t. IX, p. 579 et suiv.), nous pouvons ajouter quelques autres, notamment Pierre de Graulhet, damoiseau, de l'Albigeois, les Ysalguier, d'une famille noble de Toulouse, l'oncle du comte de Foix, Roger-Bernard, vicomte de Castelbon, un vassal de ce dernier, Bernard Béranger de Pierrepertuse, plusieurs seigneurs de Bigorre et d'Armagnac, etc. En décembre, le comte d'Armagnac fut envoyé en grande hâte vers l'Agenais, où Derby faisait des progrès inquiétants ; il reçut 1,000 livres du receveur royal de Rouergue pour son entrée en campagne (1).

Pierre de Bourbon, qui résidait toujours à Agen avec l'autorité du roi en Languedoc et en Gascogne, ne négligeait rien pour mettre ces provinces à l'abri des incursions des Anglais. Il avait en novembre et es mois suivants, sous ses ordres, à Agen et aux environs, Guillaume de Lèdre, chevalier, bailli du Vivarais, avec dix-sept écuyers de sa suite, Jean de Prohet, sergent d'armes, bailli du Velai, suivi de deux chevaliers et de vingt-huit écuyers et de cent quatre-vingt-dix sergents, Sicard de Falgar, damoiseau, avec vingt-neuf écuyers et soixante-douze sergents, etc.

Le duc de Bourbon était à Agen ou aux environs jusque vers le commencement du mois d'avril 1346, comme on voit par plusieurs de ses lettres, qui nous apprennent que Guy de Comminges faisait partie de son conseil et que le sénéchal de Beaucaire, Aymeri, vicomte de Narbonne et Pierre Isarn, vicomte de Lautrec, servirent pendant ce temps-là en Gascogne sous ses ordres. On voit pas d'autres lettres de ce prince, données à Agen, le 1ᵉʳ février 1346, que Guillaume de Narbonne, fils de Guillaume de Narbonne, seigneur de Montagnac et de

---

(1 Note de M. Molinier (*Hist. gén. de Languedoc*, citée).

Puicharric, se préparait à servir dans la guerre de Gascogne avec Guers, seigneur de Castelnau, Gaufried de Fougères, Pons de Thésan, Salomon de Fougères, seigneur de Lunac, Anglic de Lauzières, Raymond de Montesquieu, seigneur de Cailhavel, etc., dans la compagnie de Jean, fils du comte de l'Isle-Jourdain. On voit par d'autres lettres du duc de Bourbon, que Bernard de Montesquieu, damoiseau, co-seigneur de Roujan, député par le vicomte de Narbonne, était en marche au mois de janvier, à la tête des sergents de pied de la sénéchaussée de Carcasonne, pour aller servir dans la guerre de Gascogne. Ce prince, étant à Lauzerte le 4 mars, dispensa les habitants de Toulouse de se rendre tous généralement en armes à Moissac, et se contenta d'un certain nombre. Enfin, il convoqua, le 2 avril, à Agen, la noblesse et les communes de la sénéchaussée de Beaucaire.

De son côté, pendant ce temps, le duc de Normandie ne restait pas inactif. Il se rendit à Carcassonne le 2 août 1345, parcourut ensuite la Touraine, le Poitou et le Limousin, pour mettre ces provinces à l'abri des entreprises des Anglais. Il écrivit de Maremoustier, près de Tours, le 2 septembre suivant, au sénéchal de Carcassonne de se trouver avec toutes les milices de sa sénéchaussé, le 11 du même mois, à Angoulême, *où il avoit ordonné sa semonce afin que d'illeuc il allat en certain lieu contraistier aux ennemis*. Il était à Poitiers le 18 septembre, et il manda de Limoges, le 4 et le 5 octobre, aux officiers de la sénéchaussée de Carcasonne de lui envoyer tout l'argent qu'ils pourraient amasser pour soutenir la guerre. Roger-Bernand de Foix, vicomte de Castelbon, servait alors dans le Limousin sous ses ordres, et il donna quittance à Limoges, le 13 octobre, pour les gages de lui, chevalier banneret, de cinquante-six bacheliers, quatre-vingt-seize écuyers et mille quatre cent quatre-vingt sergents de sa compagnie. Jean de Normandie, étant à Angoulême le 7 novembre suivant, retint Gaston, comte de Foix, aux gages du roi, pour la défense du royaume, avec trois cents hommes d'armes à cheval et mille hommes de pied de sa compagnie, afin de garder les frontières des vicomtés de Marsan, Gavardan et Captieux. Robert de Foix, évêque de Lavaur, fit sa montre à Toulouse le 29 septembre 1345 et alla servir ensuite es-parties d'Angoulême jusqu'au 4 novembre, sous le duc de Normandie avec Pierre Arnaud, chevalier, quatre-vingt-deux écuyers et deux cent vingt-sept sergents à pied de sa suite. Girard de Roussillon, sénéchal de Carcasonne, servit en Saintonge, depuis le 12 novembre jusqu'au 8 janvier suivant, sous les ordres du Prieur d'Aquitaine, *capi-*

taine souverain es dites parties, avec quatre-vingt-huit écuyers, soixante-neuf arbalétriers ou sergents à pied de sa compagnie. Enfin le duc de Normandie était à Chatillon-sur-Indre le 27 décembre 1345.

Voulant mettre sur pied une armée nombreuse, ce prince envoya de Loches en Touraine, le 6 janvier 1346, Philippe de Prie, chevalier, son maître d'hôtel, dans les sénéchaussées de Beaucaire et de Carcassonne, pour y faire préparer un train d'artillerie, qui devait être composé du tiers de celle qui était conservée dans divers châteaux de ces deux sénéchaussées, avec ordre de la conduire à Toulouse, où il avait fait la *semonce* de son armée, au 3 février suivant. Il indiqua, le 17 janvier, l'assemblée des Etats-Généraux de la Langue d'Oc à Toulouse, au 17 février. L'évêque de Beauvais, qui était dans cette ville, envoya en conséquence des lettres circulaires dans toute la province. Elles nous apprennent que le roi avait convoqué en même temps à Paris les Etats-Généraux de la Langue d'Ouï, et qu'il voulait, par cette convocation, satisfaire aux plaintes des peuples au sujet des impositions qui étaient devenues excessives, dans la vue de les engager à fournir une finance convenable pour les frais de la guerre (1).

Après avoir employé tout l'hiver à se préparer, le duc de Normandie se décida à entrer en campagne. Son armée, à en juger par divers indices, paraît être descendue directement du nord au sud, et c'est peut-être à ce moment qu'Angoulême fut repris. Le comte de Derby n'avait pas de forces capables de tenir contre cette armée véritablement redoutable ; culbuté par l'avant-garde française, il dut battre en retraite précipitamment, abandonner une partie de ses conquêtes et se retirer sur Bordeaux. Dès le milieu de mars, les deux armées réunies en Agenais par Pierre de Bourbon et en Angoumois par le duc de Normandie avaient fait leur jonction. Laissant le gros de ses forces continuer sa marche, ce dernier alla régler diverses affaires administratives en Languedoc ; le 13 mars il était à Cahors, à Montauban le 22, accompagné du connétable de France, Raoul, comte d'Eu et de Guines. De Montauban, il alla peut-être à Toulouse (2), mais il serait

---

(1) *Hist. gén. de Lang.*, citée, t. ix, p. 579-586.

(2) Si l'on s'en rapporte au *Livre de la Jurade de la ville d'Agen*, le duc de Normandie serait venu à Toulouse à cette époque. Nous lisons, en effet (p. 56), à la date du 15 mars 1346 : « Ordinatum est per dictos dominos (consules) quod duo ex illis et duo burgenses accedant Tholosam, domino nostro duci Normandie et Aquitanie ». Deux consuls et deux bourgeois se rendront à Toulouse auprès du duc de Normandie.

téméraire de l'affirmer. S'il y alla, ce fut pour deux ou trois jours, entre le 22 et le 30, car à cette dernière date il était de retour à Montauban, qu'il quitta bientôt après pour se rendre en Agenais. Il était à Agen le 5 avril (1).

Pour se procurer de l'argent, nerf de la guerre, Philippe de Valois, ayant tourné ses regards du côté d'Avignon, envoya dans la cité pontificale, un des agents les plus actifs, les plus insinuants, les plus rusés de son entourage, Robert de Lorriz. De Noël 1345 à la saint Jean 1346, c'est-à-dire dans l'espace de six mois, ce dernier fit trois voyages à Avignon, trois voyages fructueux, comme on va le voir. D'abord, il tira du Souverain Pontife 330,000 florins ; puis le cardinal de Périgord prêta 20,000 florins ; et enfin, 2,000 florins furent fournis par l'évêque de Narbonne. Plus tard, le prêt du cardinal s'augmenta de 4,000 florins. Au total, Robert de Lorriz emporta de la cour d'Avignon une somme ronde de 390,000 florins. Sur cette somme, 100,000 florins furent affectés au duc de Normandie, pour la guerre de Guienne ; et 76,000 florins à Pierre Scatisse, receveur du roi à Nîmes « pour bailler et départir à plusieurs Gennevois (Genois) ».

François Raymond, citoyen d'Avignon, et Paul Mathe, marchand de Florence, suivant la cour de Rome, devenaient aussi créanciers de Philippe de Valois pour une somme de 20,000 florins d'or de Florence de bon poids qu'ils prêtèrent amiablement. Le Souverain Pontife était encore venu au secours du roi de France en lui accordant pour trois années le produit des dîmes ecclésiastiques (2).

D'autre part, le duc de Normandie nomma trois commissaires le 19 d'avril pour aller ramasser tout l'argent qu'ils pourraient dans les sénéchaussées de Toulouse, Carcassonne, Beaucaire, Rouergue et Bigorre, afin de soudoyer ses troupes. Ces commissaires furent Guillaume Balbet, maître de la Chambre des Comptes, Pierre Autrebier, chantre d'Amiens, et Gilles de Mondestour, chanoine de Rouen, conseillers et maîtres des requêtes de l'hôtel du roi. Ils devaient faire parvenir à Bernard Fremant, trésorier du duc, le produit de leur perception. Ils reçurent des pouvoirs véritablement exhorbitants, les mettant au-dessus non seulement des officiers royaux du pays, mais même du Parlement ; ils purent évoquer les causes pendantes devant cette cour et les juger souverainement et en dernier ressort. Ce fut

---

(1) Note de M. Molinier, page 586, t. ix, *Hist. gén. de Lang.*
(2) *Etudes sur les Chroniques de Froiss.*, p. 292-295.

l'évêque de Beauvais qui fut chargé de négocier les emprunts et les subsides avec les communautés du midi. Dès le 22 décembre 1345, il avait été envoyé en Languedoc, avec des pouvoirs extraordinaires, aux gages de 20 livres parisis par jour, et la commission délivrée par le prince le 29 avril 1346, à Pierre Aurelzer, ne paraît pas avoir annulé l'autorité de cet habile administrateur. C'est lui qui fut chargé d'asseoir le subside de 20 sous par feu accordé par les Etats de Toulouse en février 1346, et qui passa des accords avec la plupart des communautés du midi ; presque toutes préférèrent s'abonner à cette imposition et payer une somme fixe, dont le chiffre fut débattu entre elles et les agents du roi. En outre, les deux frères Pons et Bernard-Raymond Ysalguier, chevaliers de Toulouse, prêtèrent au roi et à son fils des sommes considérables pour les frais du siège d'Aiguillon (1).

Le 5 avril 1346 arriva dans la ville d'Agen le duc de Normandie, accompagné d'Eudes IV, duc de Bourgogne, de Philippe, comte de Boulogne (2) et fils de ce dernier, du comte de Guines, de Jean de Marigny, évêque de Beauvais, du duc d'Achaïe, du maréchal de France et du grand maître des arbalétriers. Déjà, le 18 mars précédent, les consuls s'étaient assemblés en jurade et avaient délibéré que le duc de Normandie, dont l'arrivée était prochaine, serait reçu avec de grands honneurs, mais qu'il ne lui serait pas fait de présent, vu la pauvreté de la ville qui avait employé ses ressources à la restauration des murailles. Cependant, le 4 avril, les consuls reviennent sur cette première délibération et décident de faire un présent à ce prince qui doit arriver le lendemain, savoir, 20 pipes du meilleur vin et 4 quintaux de cire. Des présents semblables, mais en moindre quantité, sont destinés encore aux personnages de sa suite : 6 pipes de vin et 1 quintal de cire au duc de Bourgogne, de même au comte de Guines et à l'évêque de Beauvais ; 4 pipes de vin et 1 quintal de cire au duc d'Achaïe ; 4 pipes de vin et 1/2 quintal de cire en torches au maréchal de France, de même au maître des arbaletiers, soit un total de 50 pipes de vin et 9 quintaux de cire (3).

Le prince royal put bien recevoir ces présents avec quelque recon-

---

(1) *Hist. gén. de Lang.*, t. IX, p. 588 et note 2 de M. Molinier.
(2) Philippe, comte d'Auvergne et de Boulogne par son mariage avec Jeanne d'Auvergne, fille et héritière de Guillaume XIII. Jeanne se remaria en février 1350 avec Jean de Normandie, veuf de Bonne de Luxembourg.
(3) *Livre de la Jurade de la ville d'Agen*, p. 59-60.

naissance, mais il se disposait à marcher contre Aiguillon, et il lui fallait autre chose que du vin et des flambeaux pour triompher des Anglo-Gascons renfermés dans cette place. Il demande aux consuls d'Agen un contingent de 1.000 hommes pour l'armée qui est devant Aiguillon : les consuls déclarent, le 7 avril, qu'il ne leur paraît pas à propos d'envoyer ni hommes, ni sergents d'armes, attendu que leur ville est cernée par les Anglais qui occupent les lieux de Castelsagrat, Beauville, Bajamont, Moncaut, Montagnac, etc., et, ajoute le document auquel sont empruntés ces détails, « propter odium Genesiorum » à cause de leur haine contre les Génois qui battent la campagne environnante et inspirent une frayeur générale (1). Voici l'explication de ce dernier motif avancé par les Agenais :

Pendant que le duc de Bourbon rassemblait les troupes à Agen, il s'éleva dans la ville, une rixe ou chaude mêlée entre les Génois ou Toscans, réputés des meilleurs archers de l'Europe, et les gens de Guy de Comminges. Dans cette ville les Génois tuèrent un domestique de Pierre Pélicier, bourgeois d'Agen, nommé Arnaud Boat. Comme, le lendemain, ils persévéraient dans leurs mauvaises intentions, la communauté d'Agen réunit la force armée pour tirer vengeance de leur victime. Les Génois furent vigoureusement attaqués ; deux ou trois d'entre eux furent pris, livrés au prévôt et au bailli, et enfin massacrés, les autres prirent la fuite ; quelques-uns, s'étant réfugiés dans des maisons particulières, y furent poursuivis, et leur expulsion violente fut accompagnée de traitements criminels. En définitive, les Agenais eurent le dessus ; mais les Génois n'étaient pas hommes à pardonner purement et simplement : leur rancune persistait, et s'ils ne recherchaient pas expressément l'occasion de se venger, il faut croire qu'ils étaient toujours disposés à la suivre, si, par accident, elle s'offrait à eux. C'était bien là l'opinion des consuls d'Agen, qui, s'habituant à considérer les Génois comme des ennemis personnels, ne les distinguaient pas, sous ce rapport, de l'ennemi commun, de celui contre lequel la ville était obligée de se tenir constamment en garde. A raison des faits que nous venons de raconter, le duc de Normandie accorda à la communauté d'Agen des lettres de rémission, le 23 août 1346 (2).

« Le siège d'Aiguillon, affirme M. H. de Moranvillé (3), ne commença

---

(1) *Livre de la Jurade de la ville d'Agen*, p. 61.
(2) *Etudes sur les Chron. de Frois.*, citées, p. 306-307.
(3) *Chronographia reg. franc.*, citée, note 2, p. 221.

pas, comme l'a dit M. Bertrandy, entre le 10 et le 15 avril 1346 (p. 310) mais au moins dès le 1er avril 1346, comme en fait foi l'extrait suivant : « Item Johannes [Chauvelli] pro simili, Conrraldo de Pech supradicto [armijero de Lombardia], pro eodem [vadiorum] deservitorum ante Aculeum sub regimine [ducis Normanie].... a prima aprilis MCCCXLV° usque ad XXIIII^{am} augusti post (1) ». On peut même avancer encore cette date et affirmer que le siège s'ouvrit le 27 mars, ce qui diminue l'erreur commise par Froissart quand il fait commencer les opérations au début du mois de mars (Ed. Luce, t. III, p. XXXII, note 2). D'ailleurs il n'est pas démontré que le duc de Normandie ait assisté au commencement du siège. »

Froissart fait monter l'armée française, qui allait opérer devant Aiguillon, à cent mille hommes. D'autres, et Villani en particulier, ne mettent que six mille chevaliers et cinquante mille piétons. La seconde rédaction de Froissart, dans l'édition de Luce (t. III, page 149), revient sur le premier chiffre et ne compte plus que six mille hommes d'armes et quarante mille gens d'armes à lances et à pavais « qu'on nomme aujourd'hui gros varlets. »

D'autre part, nous lisons dans la *Chronique de Guyenne* (2) (p. 401): « L'an 1346, au mois d'avril, en la semaine sainte, assiégea Aiguillon le duc de Normandie avec douze mille hommes d'armes, ducs, comtes, barons et avait-il, pour tout compte, trente mille Génois et archers et beaucoup d'autres, et fit battre monnaie. »

Les forces réunies devant Aiguillon furent sans doute assez considérables pour l'époque, mais elles n'y figurèrent pas toutes en une seule fois. L'armée dut à plusieurs reprises recevoir des renforts et, à un moment, on en détacha même une partie pour aller concourir à la défense de la Normandie menacée par Edouard III. Ajoutons que certains contingents du midi ne rallièrent jamais le camp devant Aiguillon. Tel fut notamment le cas de celui d'Alais (3). On doit n'accepter le premier chiffre de cent mille hommes donné par Froissart, qu'en le prenant pour le chiffre total des hommes d'armes qui prirent

---

(1) Viard, *Journaux du Trésor de Philippe VI de Valois*, à la date du 13 mars 1349, n. st.

(2) Arch. munic. de Bordeaux : *Livre des Coutumes*.

(3) *Invent. des Arch. comm. d'Alais*, par Jacques Fabrega, à la mairie d'Alais.

part aux différentes opérations de ce siège mémorable, d'avril à août 1346 (1).

On voyait dans l'armée du duc de Normandie tout ce que la nation avait de plus illustres et de plus vaillants capitaines. Elle était commandée par Raoul, comte d'Eu et de Guines, connétable de France et Le Galois de La Baume, grand maître des arbalétriers, avec les maréchaux Charles de Montmorency et Robert Waurin de Saint-Venant. Nous avons déjà fait connaître les personnages de marque que Pierre de Bourbon avait rassemblés pour la composition de cette armée. A côté de ces derniers, nous signalerons Eudes IV, duc de Bourgogne et son fils, Philippe, comte de Boulogne; le marquis de Montferrat; le comte de Ponthieu, frère du duc de Bourbon; les comtes de Tancarville, de Blois, de Forest, de Dammartin, d'Erminac, de Monluchon, de Montbéliard, de Vendôme et de Joigny; le dauphin d'Auvergne; les sire de Craon, de Coucy, de Fresne, de Sully, de Beaujeu; les évêques de Châlons et de Beauvais; le vicomte de Thouars (2); Girard de Roussillon, sénéchal de Carcassonne, Girard de Montfaucon, sénéchal de Toulouse (3), ayant sous sa bannière Guillaume de Rougemont, chevalier, huit autres chevaliers bacheliers et dix-sept écuyers; Aymeri, vicomte de Narbonne, sénéchal de Beaucaire, avec sa bannière; Guillaume de Montfaucon, sénéchal de Périgord et de Querci (4); Bertrand de Baux, écuyer banneret avec six chevaliers bacheliers, et soixante-quatorze écuyers; Jean de Prohet, bailli du Velai, avec un chevalier et vingt-cinq écuyers; Bernard de Penne, chevalier, seigneur de Laguépie, avec deux chevaliers, dix-sept écuyers et treize sergents; Philippe et Bertrand de Lévis, frères, chevaliers; Guillaume, vicomte de Lautrec; Béranger d'Uzès, seigneur de Vézenobre, et son fils Guillaume, chevaliers; Pons, sire de Montlaur et son fils Guiot, chevaliers; Assieu de Polastron, écuyer; Arnaud de la Vie, vicomte de Villemur, chevalier; le vicomte de Carmaing; Béranger de Combret; Aymard,

---

(1) *Hist. gén. de Lang.*, note Molinier, p. 584-585, t. IX. — *Etudes sur les Chron. de Frois.* p. 320-321.

(2) *Recherches sur le pays du poëte Th. de Viaud*, etc., citées.— *Chronique Normande* du XIVe siècle publiée pour la *Soc. de l'Hist. de France*, par Auguste et Emile Molinier, 1882, note de la pag. 68.

(3) « Ecu à deux bars au double trécheur fleuronné, penché, timbré d'un heaume de face, supporté par deux lions. » (*Invent. des sceaux de la Coll. Clairambault*).

(4) Même écu. *Ibidem*.

vicomte de Clermont en Dauphiné, écuyer banneret (5), ayant avec lui trois chevaliers bacheliers et soixante-dix-sept écuyers de sa compagnie ; Othon, seigneur de Montaud, châtelain de Penne d'Agenais, chevalier (2) ; le célèbre Geoffroy de Charny, qui périt dix ans plus tard à Poitiers ; Jean de l'Isle-Jourdain, fils de Bernard, comte de l'Ile, à qui le duc de Normandie donna en juin la seigneurie de Castelsagrat ; Guy de Comminges, qui se fit céder au mois d'août la connaissance des premiers appels des lieux d'Ambres, Puy-Begon et Saint-Gauzens en la sénéchaussée de Carcassonne ; le jeune comte de Foix, Gaston, qui toucha à Toulouse, le 7 juin, une partie de ses gages, et son oncle, Roger-Bernard de Foix, vicomte de Castelbon ; le seigneur de Séverac, mineur, qui se fit remplacer ; Bernard de Grésigne, chevalier, qui obtint 200 livres tournois, à prendre sur les forfaitures du Querci et du Périgord, pour l'indemniser des pertes qu'il avait subies ; Bernard de Rovignan, seigneur de Castelculier, qui fut autorisé en juin à construire une forteresse au lieu de Puidonnant ; Arnaud-Raymond de Castelbajac, qui servit si brillamment pendant toute cette campagne et de la bravoure duquel le duc de Normandie, lui faisant une donation, fit un éloge magnifique (3) ; Jacquemin de La Baume, écuyer, dont le sceau représente un « écu à la bande coticée et accompagnée de deux croissants ; Arnaud de La Cassaigne, chevalier, à l'écu portant un chêne, penché, timbré d'un heaume cimé d'une touffe, sur champ réticulé ; Bertrand de Castelpers, écuyer, à l'écu au château ; Baudoin de Charmont, sire de Hodent, chevalier, à l'écu portant 3 merlettes sous un chef chargé de 4 merlettes ; Jean de Chastenay, chevalier, à l'écu au rais d'escarboucle fleuronné ; Jean de Châtillon, écuyer, à l'écu à la croix cantonnée d'une étoile en chef et à senestre, à la bande brochant ; Jean de la Fontaine, chevalier, à l'écu portant 3 bandes engrelées, rapprochées, accompagnées d'une étoile en chef et à senestre ; Pierre de Genève, écuyer à l'écu au lion à la bande brochant ; Pierre de l'Hôpital, écuyer, à l'écu portant un rais ; Menaut de Macencôme, écuyer, à l'écu parti : au 1, deux chevaux passant l'un sur l'autre ; au 2, deux roues l'une sur l'autre ; Barthélemy de Massac, à l'écu à la main appaumée ; Jean Merle, écuyer, à l'écu portant 3 merles ; Hugues, seigneur de Mont-

---

(1) « Ecu à deux clefs en sautoir. » *Ibid.*

(2) « Ecu losangé, penché, timbré d'un heaume cimé d'une tête de griffon dans un vol, sur champ reticulé. » *Ibid.*

(3) *Hist. gén. de Lang.*, déjà citée, t. IX, p. 586-587,

ferrand, à l'écu chevronné de 6 pièces sous un chef chargé de 3 fers de lance ; Bertrand, sire de Montlaur, écuyer, à l'écu écartelé : au 1 et 4, une fasce accompagnée de 3 besants ou 3 tourteaux ; au 2 et 3, un lion ; Mondaie de Nogaret, chevalier, à l'écu au noyer accompagné de besants en orle, penché, timbré d'un heaume cimé de... sur champ réticulé ; Gérard d'Orléans, écuyer, à l'écu portant 3 étoiles ; Girard d'Orléans, écuyer, à l'écu portant un marteau sous un chef chargé de 2 fleurs de lys ; Aimonet de Roussillon, écuyer, qui commença le 30 avril avec deux autres écuyers « en la compagnie et monstre de messire Bertran de Baux » son service en l'armée d'Aiguillon, à l'écu au chef chargé d'un lion couronné issant ; Jean de Saint-Priest, à l'écu portant un lion au lambel, penché, timbré d'un heaume cimé d'un cygne ; Béranger de Ségur, chevalier, à l'écu écartelé : au 1 et 4, un lévrier rampant ; au 2 et 3, trois fasces ; Pierre de la Tour, chevalier (1), qui reçut, le 11 août 1346, du duc de Normandie 300 florins d'or, à l'écu à la tour, penché, timbré d'un heaume de face à volet cimé d'un vol au armes, sur champ réticulé ; Guillaume Raymond de Caumont, chevalier banneret, ayant avec lui un chevalier, 94 écuyers et 484 sergents à pied (2), à l'écu parti : au 1er, trois lions couronnés passant l'un sur l'autre, au 2e un fascé de 12 pièces ; Hautecœur de Poitiers, à qui le duc de Normandie accorda, le 29 avril 1346, devant Aiguillon 100 livres pour se remonter, attendu qu'il avait été fait prisonnier à Auberoche (3) ; Raoul Gautier, à qui pour ses bons services le prince donna, au mois d'avril, « en ses tentes devant Aiguillon », l'autorisation d'édifier un colombier en son manoir de Hauteville, paroisse d'Orglandres (4) ; Bernard de Marcasto, à qui le duc fit remise, le 20 mai suivant, d'une amende à laquelle il avait été condamné et accorda des lettres d'absolution pour certains autres cas (5) ; Ingier, seigneur d'Amboise, chevalier, qui reçut, le 22 mai, ainsi que sa sa femme, Marie de France, des lettres d'Etat, « lequel seigneur, dit Jean de Normandie, est avec nous suffisamment appareillez d'armes et de chevaux, pour servir en ces présentes guerres de Gascogne (6) » ; Bertrand de Sos, écuyer de la sénéchaussée de Beaucaire, lequel, ac-

---

(1) *Invent. des sceaux de la Coll. Clairambault*, par Demay, 2 vol. (Bibl. Nat.)
(2) *Bibl. Nat. ms. Lespine. Périgord*, 24, p, 61.
(3) *Bibl. Nat. Coll. de Languedoc*, vol. 97, f° 37, et *Titres scellés*, vol. 154.
(4) *Arch. Nat. Trés. des Chart.*, Reg. 75, pièce 117, f° 59 verso.
(5) *Ibidem*, Reg. 76, f° 161.
(6) *Bibl. Nat.* ms. H, 115.

cusé de la mort du tabellion, Me Barthélemy du Barn, puis condamné par contumace et traité juridiquement dans sa personne et dans ses biens, reçut, le 8 juin 1346, des lettres d'absolution du duc de Normandie, auprès duquel Bertrand de Baux, sire de Courteison, avait plaidé sa cause (1) ; Jean Gaffeur, du bourg de Rodez, qui fut anobli, en juin, par ce prince, à la sollicitation du chevalier Bérenger de Combret(2);Jacquin de Charnecel,qui,ayant été condamné pour meurtre sur la personne de Janequin Périer, obtint, le 11 juillet suivant, des lettres de rémission (3) ; le frère de Pierre Retel, queux (cuisinier) du duc de Normandie, Regnauld Retel, qui fut anobli en juillet ; Robert Dauffen, écuyer, lequel, ayant été condamné au bannissement pour meurtre sur la personne de Jean de Govencourt, en la ville de Mont-en-Vimeu, obtint, le même jour, des lettres de rémission, en considération des bons et agréables services rendus par ledit Robert « ès présentes guerres, ès parties de Gascoigne, là où il est présentement (4) » ; Raymond de la Cassade, chevalier, qui donna quittance à Port-Sainte-Marie, le 18 juillet, d'une somme de 25 livres tournois, dont l'avait gratifié le duc de Normandie (5) ; Pierre Joveloy, écuyer ; Gautier le Tondeur, de Cluny ; Geoffroy de Vilaines, chevalier ; Adam de Coquerel, Othe Dentre et Thomas des Ylles, écuyers, chambellans du duc de Normandie, auxquels ce prince donna, au mois d'août, les biens confisqués sur Raymond Audebant Descorsang, pour homicide sur la personne de Pierre Donnac ou Donnant, moine de l'abbaye de Moissac (6), etc., etc.

Outre ces troupes, le duc de Normandie avait dans son armée un grand corps d'arbalétriers et de pavoisiers à pied qu'il avait fait lever sur la côte de Gênes et dans la Lombardie et qui servaient au siège sous le commandement de Pierre de Flotte, *amiral de la mer*. Gausselin Grimaldi, noble Génois, avait sous ses ordres mille quatre de ces

---

(1) *Arch. Nat. Trés. des Chart.*, Reg. 68, pièce 120, fo 92 recto.

(2) *Ibidem*, fo 456 verso.

(3) *Ibid.* Reg. 77, pièce 79, fo 44 verso. — La victime n'inspirait aucun intérêt : Janequin Périer était un faux noble, homme de mauvaise vie « mainteneur de foles fames », quoiqu'il fut marié. Les Charnecel, au contraire, étaient affiliés au corps de la noblesse, servaient avec courage et distinction, et le pardon qui relevait un de ses membres, était destiné, dans l'esprit du prince, à montrer que ceux qui exposaient, chaque jour leur vie, au service du roi, étaient « dignes d'avoir grâce. »

(4) *Ibid.* Reg. 76, pièc. 243, fo 147 recto.

(5) *Bibl. Nat. mss. Titres originaux*.

(6) *Arch. Nat. Tr. des Ch.*, Reg. 68, pièce vii..ix, fo 84 recto.

archers avec dix-neuf hommes d'armes de sa nation. Enfin nous savons que les capitouls de Toulouse fournirent mille sergents de leur ville pour le siège d'Aiguillon (1).

A la suite de nombreux chevaliers, écuyers, hommes d'armes et sergents de pied, mentionnons les contingents de Toulouse, de Carcassonne, de Beaucaire, du Rouergue, du Quercy, de l'Agenais, c'est-à-dire les milices communales, peu faites au métier des armes, levées à la hâte et par force, éloignées de leur pays, ne luttant pas pour leurs propres foyers, presque incapables de frapper de grands coups, par conséquent peu susceptibles de vigoureux efforts (2). — Donc, du côté des Anglais, on comptait relativement peu de combattants, mais tous choisis, c'est-à-dire la qualité ; du côté des Français, beaucoup d'hommes en général peu aguerris, ou la quantité.

Les services financiers de l'armée du duc de Normandie furent installés à Port-Sainte-Marie dès le début et jusqu'à la fin du siège. Bernard Fremant était le trésorier du prince. L'on retrouve, en effet, une foule de quittances datées de cette ville (3). Loin de suivre l'exemple des habitants d'Aiguillon, ceux de Port-Sainte-Marie, au contraire, luttèrent avec courage et succès contre les Anglais et prirent même l'offensive en maintes circonstances ; leurs agressions eurent souvent pour effet d'amoindrir les bénéfices des droits ou privilèges dont les co-seigneurs d'Aiguillon avaient obtenu la concession ou le maintien pour prix de leur honteuse défection. Dès le 24 août 1345, Robert de Houdetot, chevalier, capitaine d'Agen et de Gascogne, était établi à Port-Sainte-Marie ; c'est de là qu'il invitait Gaston, comte de Foix, à remplir les engagements qu'il avait pris avec le roi de France, relativement à la garde du Marsan, du Gavardan et autres terres : il lui mandait de répartir en garnisons-frontières trois cents hommes d'armes de cheval et mille sergents de pied (4).

La fidélité des habitants de Port-Sainte-Marie fut, dans cette période critique, soumise à de dures épreuves ; elle ne faillit pas un moment. Galhard de la Mote, fils naturel de Bertrand de la Mote, chevalier, conçut avec huit complices, le coupable projet de livrer le

---

(1) *Hist. gén. de Lang.*, déjà citée, t. IX, p. 587.

(2) Au siège de Bergerac (1345), Froissart dit : « Là étoit grand foison de gents du pays et mal armés ».

(3) Voir *Invent. des sceaux*, etc., déjà cité. — *Hist. gén. de Lang.*, déjà citée.

(4) *Bibl. Nat. ms. Doat*; 189, f° 152 et suiv.

Port-Sainte Marie aux Anglais. Sous ombre de dévouement pour le roi de France, dont ils se disaient les fidèles serviteurs, les conspirateurs parvinrent à s'introduire dans la ville. Leur ruse ne tarda pas à être découverte : leur dessein criminel éventé, le péril fut conjuré. Les aveux les plus complets et les plus sincères furent impuissants à désarmer la fureur populaire. A Port-Sainte-Marie comme à Montauban, on se détermina, par la considération et la nécessité de prévenir de plus grands malheurs en livrant les conspirateurs au dernier supplice. Des lettres de rémission accordées par Philippe de Valois au mois de décembre 1347 semblèrent consacrer de nouveau le droit des villes à se faire justice elles-mêmes, lorsqu'il s'agissait de tentatives criminelles contre leur repos ou leur liberté (1). — Pour ne pas y revenir, nous dirons que, dans le courant du mois d'août 1346, le duc de Normandie, se trouvant à Agen et désirant récompenser les habitants de Port-Sainte-Marie du dévouement dont ils n'avaient cessé de donner des preuves, les exempta de toute espèce de tailles, des impositions de quatre deniers pour livre, des péages, etc., et il leur accorda le privilège d'aller et de venir par tout le royaume de France, avec leurs marchandises, de faire le commerce partout où il leur plairait, sans être astreints à la moindre contribution, leude, impôt, ou autre tribut et servitude (2).

Du 10 au 15 avril 1346, le duc de Normandie a dressé ses tentes devant Aiguillon. La preuve en résulte de la date des lettres de rémission accordées à Agnès de Curson, veuve de feu Bérot de Montagut, chevalier. Cette date est ainsi conçue : « Ce fu fait en nos tentes devant Aguillon, l'an de grace mil ccc quarante et cinq ou mois d'avril. » En 1346, Pâques tomba le 16 avril, et c'est de ce jour seulement que la chancellerie du duc de Normandie commença à faire usage du millésime 1346 ; et comme rien ne vient établir que le prince ait campé devant Aiguillon avant le 10 avril, il faut nécessairement conclure que les tentes furent dressées entre le 10 et le 15 avril 1346, (n. st.). — Le 16 avril, le duc de Normandie campait sous les murs d'Aiguillon, puisqu'à la date de ce jour, et en ses « tentes devant Aiguillon » il accorda des lettres de rémission à Chevenin Cadot de Sainte-Marie-le-

---

(1) *Arch. Nat. Très. des Ch.*, Reg. 76, pièce 238, f° 145 recto.
(2) *Ibidem*, pièc. 239, f° 145 verso. — Voir *Études sur les Chron. de Froissart*, déjà citées, p. 310-317.

Bois, qui avait blessé Huguenin Lebret, boucher, mort depuis du « feu Saint Anthoyne et Saint Andrieu » qui s'était mis à son bras (1).

Le siège avait cependant commencé avant cette date, comme nous l'avons déjà prouvé. Qu'avaient fait les Français du 27 mars ou du 1ᵉʳ avril 1346 au 10 ou au 15 avril suivant ? Ils avaient certainement profité de ce temps, tout en prenant position devant la place, pour s'emparer des villes et des châteaux voisins, afin de dégager leurs mouvements et d'assurer leurs communications. Le sénéchal de Périgord, Guillaume de Montfaucon fut même chargé, en mars, de surveiller les derrières de l'armée. C'est donc à ce moment que Miramont fut emporté d'assaut et garni de troupes françaises, ainsi que Villefranche-du-Queyran, qu'on brûla et dont on passa la garnison au fil de l'épée ; mais on commit la faute de laisser intact et pourtant sans garnison le château qui protégeait cette place, de sorte que Derby n'eut qu'à dépêcher quatre chevaliers avec soixante ou quatre-vingts armures de fer et trois cents archers pour s'en emparer de nouveau. Castelsagrat fut pris par les nôtres, Damazan tint quinze jours, Tonneins fut occupé ensuite, et l'armée s'arrêta enfin sous Aiguillon (2).

Aiguillon était réputé l'une des plus fortes places de l'Europe ;

---

(1) *Etudes sur les Chron. de Froissart*, p. 310.

(2) *Hist. de l'Agenais*, par J. Andrieu, t. ɪ, p. 127. — *Hist. de l'Agenais, du Condomois*, etc., par J.-F. Samazeuilh, t. ɪ, p. 401.

La *Chronographia reg. franc.* rappelle ces conquêtes des Français au moment du siège d'Aiguillon en rapportant ce qui suit : « L'avant-garde du duc de Normandie se mit à poursuivre le comte de Derby qui venait d'abandonner Bergerac. Elle prit d'assaut sur sa route le château de Monségur et vint à Port-Sainte-Marie. Trois cents Anglais, voyant venir les Français, sortirent de cette dernière ville pour s'emparer de la proie que ceux-ci avaient mise dans les champs. Mais Philippe, comte de Boulogne, qui commandait alors l'avant-garde, vint à leur rencontre et les tua. La ville fut rendue aux Français, et le duc de Normandie partit vers Aiguillon » (p. 219-220). M. Moranvillé ajoute en note : « D'après M. Bertrandy (p. 316 et 317), le Port-Sainte-Marie ne serait pas tombé entre les mains des Anglais et les Français n'auraient, par conséquent, pas eu à le reprendre. Cependant on constate qu'en 1342 Philippe d'Arques « mestre des euvres reaus » dans les sénéchaussées d'Agenais et de Gascogne, faisait une dépense de 51 livres tournois « pour refeyre le pont de Marmande, lequel era estet destruit pour les ennemys du Roy nostre sire et pour repalher le pont del Port-Sancta-Maria. » (B. N. Cabinet des Titres, pièces originales, vol. 104, dossier 2150, pièce 2). — L'observation de M. Moranvillé ne me paraît pas décisive.

« son chastel, dit Froissart (1), étoit un des forts du monde et le moins prenable », d'autant plus difficile à prendre qu'aux xive et xve siècles la défense était tellement supérieure à l'attaque, qu'une poignée d'hommes déterminés et bien approvisionnés suffisaient pour garantir une ville contre un corps d'armée. La famine seule pouvait en avoir raison. L'attaque de vive force, très meurtrière, avait presque touours des résultats négatifs ; l'attaque par surprise était impossible contre un ennemi vigilant. Quant à l'emploi des échelles, passée une certaine hauteur des mur, on ne songeait même pas à s'en servir. Pour Aiguillon c'était le cas. Tous les principes d'art militaire, même les plus simples, étaient oubliés. On avait perdu le souvenir de ces beaux travaux de cheminement que les Romains exécutaient pour arriver sûrement au pied des remparts.

La défense, au contraire, avait fait de grands progrès et tout était combiné pour la plus grande résistance possible. Les machines à lancer des pierres ou autres projectiles avaient été très perfectionnées depuis l'antiquité ; mais elles étaient impuissantes contre des murs épais et solides et n'avaient d'autre but que celui d'écraser les toitures et de détruire les défenses en bois.

A l'époque du siège de 1346, les bouches à feu venaient de faire leur apparition ; mais leur emploi avait peu de succès. La poudre dont on se servait était très imparfaite. Obtenue à l'état de poussier, sa combustion était lente, sa force de pénétration très faible. Ces engins étaient encore de très petit calibre, variant entre $0^m 055$ et $0^m 070$ (voir au musée d'artillerie de Paris). D'après les comptes des consuls de Cahors en 1345, vingt-quatre canons, fondus dans cette ville, n'étaient approvisionnés que de 3 livres de poudre. Cinq de ces canons furent fournis au duc de Normandie pour le siège d'Aiguillon (2). Ils constituaient donc des armes à feu plus ou moins portatives comme celles dont se servirent les Anglais à Crécy (24 août 1346). Ils lançaient des carreaux d'arbalète et des balles de fer ou de plomb. Ce n'est pas avec une pareille artillerie qu'on pouvait faire des brèches ou des trouées dans les murs d'Aiguillon.

Vers la fin du xive siècle, les bouches à feu connues sous le nom de bombardes (3) présentent un calibre plus fort et lancent des boulets de

---

(1) *Chron. de Froissart*, Ed. Buchon, t. i, p. 197.

(2) *Chronique manusc. du Quercy*, par l'abbé de Foulhiac, et *De la poudre à canon et de son introduction en France*, par Léon Lacabane.

(3) « Et les Flamands commencèrent à tirer et à jecter bas les bombardes et canons

pierre. Pointées sur un angle plus ou moins grand, comme nos mortiers et nos obusiers, elles n'avaient d'autre but que celui d'écraser les toitures des édifices, bouleverser les gabionnades, les parapets en terre, les défenses extérieures en bois, les hourds et démonter les engins. Mais leur efficacité restait nulle contre des murs solides et le boulet en pierre se brisait contre les revêtements sans réussir même à les ébranler. Quant à la portée et à la justesse, elle n'égalait pas celle de l'ancienne balistique qui employait aussi le boulet en pierre, dont l'invention remonte à la période romaine. Le musée de Saint-Germain en possède qui datent de cette époque. Leur seul avantage dans un combat consistait le plus souvent à effrayer les hommes et les chevaux par le bruit et la fumée qu'ils produisaient. Le boulet en fonte n'apparait qu'au XVe siècle sous Louis XI (1).

Le camp français fut établi dans « les prés » situés dans l'île formée par la Garonne et son embranchement qui passait sous les murs de la ville, en A de la planche topographique Ire. Le Lot et ses îles ne furent pas occupées dès le début. Cette négligence permit aux Anglais d'abriter une flotille dont ils se servirent très habilement.

Si M. Bertrandy avait pu savoir qu'un bras de la Garonne baignait à cette époque le côté-ouest des murailles d'Aiguillon, il n'eut point reproché à Froissart d'avoir fait camper l'armée française sur la rive gauche de ce fleuve. Cet érudit s'appuie, dit-il, sur la carte d'état-major, qui indique le passage de la Garonne à 500 mètres de la ville. C'est sur la rive gauche de l'embranchement et non du lit principal que furent dressées les tentes du duc de Normandie (2).

---

de grands traits appointés d'airain » (Bataille de Rosebèque, 1381, Froissart, *Chroniques*).

(1) Nous empruntons ces judicieuses observations au *Mémoire manusc. du colonel Duburgua*.

(2) Nous suivrons surtout pour le récit du siège les *Chroniques de Froissart*, souvent obscures, souvent partiales, il est vrai, mais cherchant cependant à raconter ce qui s'est passé aussi exactement que possible. Notre chroniqueur écrit d'après des témoins oculaires (des Anglais certainement) et a le tort de puiser ses renseignements à la même source, et ceux qui les lui ont donnés avaient tout intérêt à faire ressortir leurs succès, à pallier ou même à passer sous silence les revers qu'ils ont subis. — Les *Etudes sur les Chroniques de Froissart* de M. Bertrandy et quelques autres documents nous aideront à rétablir les faits. Le *Mémoire manuscrit* du colonel Duburgua sera d'un grand secours et d'un puissant intérêt pour tous ceux qui voudront suivre les péripéties du siège sur le terrain même des opérations militaires.

Un certain ordre de bataille semble régner dans l'armée. « Elle se loge chacun sire entre ses gents et chacune connétablie, ainsi que ordonné étoit par les maréchaux de l'Ost. » Le duc de Normandie se trouva ainsi maître du cours de la Garonne qui lui assurait le transport des vivres, des munitions et du matériel qu'il faisait venir de Toulouse. Il fit nécessairement occuper par la cavalerie, inutile dans une île, la haute plaine située entre le ruisseau du Fromadan et le castrum de Saint-Côme, afin d'établir ses communications avec la terre ferme e assurer la possessions du quadrivium. Le front de bandière devait êtret couvert per le ruisseau du Fromadan qui, à cette époque, se jetait, à l'extrémité du ravin de Peyrelongue, dans l'embranchement de la Garonne qui passait au pied. Entre l'ancienne voie romaine qui se dirigeait de Blanchard sur Saint-Côme et la grande route actuelle, à 100 mètres environ du ruisseau, un terrain, occupé par une maison moderne, porte encore le nom de *chastel*, qui semble rappeler un châtel en bois, une bastide élevée en ce lieu pour défendre l'accès du Fromadan et de son pont (Voir planche I).

L'emplacement du camp dans l'île de la Garonne avait une largeur moyenne de 500 mètres sur une longueur de 3 kilomètres environ, prise entre le chemin du pont de l'île de Rébéquet, d'un côté, et Saint-Côme, de l'autre. Si l'armée avait été aussi nombreuse qu'on l'affirme, elle n'aurait pu s'y mouvoir, et on dut forcément en placer une partie sur le plateau. Plusieurs bacs établis vis-à-vis l'embouchure du Fromadan ou au-dessous de Saint-Côme devaient relier les deux campements (1). « Il peut paraître extraordinaire, ajoute le colonel Duburgua, auquel nous empruntons ce qui précède, qu'une plaine comme celle des Cartérées ne puisse contenir 60,000 hommes avec le matériel et les divers services ; mais si l'on prend le camp de Châlons comme terme de comparaison, on voit que pour faire camper une division de cavalerie et trois divisions d'infanterie avec intervalles règlementaires, c'est-à-dire aussi près que possible, soit 30,000 hommes, il a

---

(1) Je trouve, dans une chronique écrite en français du xiv⁰ siècle mais dont je ne puis assigner la provenance, la mention suivante : « De Clarac se parti le duc devant Aiguillon, tantes et pavillons fist drecier a grant foison, et de l'autre partie vers l'ospital s'ala logier l'evesque de Beauves, le prieur d'Aquitaine et le maistre des arbalestriers ». Je ne connais d'autre hôpital à cette époque que celui de Saint-Pastour dont j'ai parlé au chapitre II. Ce serait donc en ce dernier lieu, tout près de Saint-Côme, que ces personnages auraient logé pendant le siège.

M. Lafargue, conseiller de préfecture à Albi, m'a donné une copie de cette chronique, sans savoir d'où elle était extraite.

fallu donner au camp une profondeur moyenne de 500 mètres et une longueur de plus de 6 kilomètres ». Il est vrai que la cavalerie prend plus de place que l'infanterie et que cette dernière seule occupait l'immense plaine des Cartérées.

Le premier soin du duc de Normandie, avant de commencer le siège, eut été de faire une reconnaissance des environs de la place, de détruire tout ce qui pouvait être utile à l'ennemi, de procéder à l'investissement pour empêcher les ravitaillements et les libres sorties ou entrées. Il ne le fit pas. Il ne s'occupa que du point d'attaque, et il faut reconnaître que, vu les difficultés, il choisit, à notre avis, le moins mauvais.

En effet, l'emploi des échelles, à cause de la hauteur des murs augmentée de la profondeur des fossés, n'avait aucune chance de réussite; il fallait donc frapper aux portes. Il semblerait de prime abord qu'il était plus facile d'attaquer la porte-sud ou *Porte d'en Haut*. Mais, après s'être emparé des défenses avancées, on se trouvait à l'extrémité du pont dormant dont le pont-levis était levé en face du vide produit par le fossé large et profond (V. planche IV). La porte-nord ou *Porte d'en Bas*, au contraire, de plein pied avec les lices, n'avait pas de fossé, ni de pont-levis par conséquent et on crut qu'il était relativement plus facile de chercher à se précipiter sur la porte et à l'enfoncer, si c'était possible.

C'est sans doute pour cette raison que l'on se résolut à agir sur ce point et on commença par la porte extérieure des lices (E de la planche IV), situées du côté du bras de la Garonne, en face du camp, en un endroit où tous les moyens pour les travaux d'attaque se trouvaient sous la main. L'entrée des défenses extérieures du côté de l'est défendu par le fossé de ville et par conséquent par un pont-levis, rentrait dans les mêmes conditions que celles de la Porte d'en Haut. De plus, sans moyens de communication avec l'armée, on avait dû ne pas s'en occuper (1).

Mais, avant de donner l'assaut, il fallait passer le bras de la Garonne et, à cet effet, élever un pont de bateaux. C'est ce que Froissart exprime en ces termes : « Quand les seigneurs et les barons de France furent venus devant Aiguillon, ils regardèrent premièrement et considérèrent qu'ils ne pouvoient venir jusques à la forteresse, s'ils ne passoient la rivière, qui est large, longue et profonde. Or, leur convenoit

---

(1) *Mémoire manusc. du colonel Duburgua*, p. 90-93.

faire un pont pour la passer. Si commanda le duc que le pont fut fait, quoi qu'il en coutat (1) ».

Trois cents ouvriers y travaillèrent nuit et jour. Les travaux sont à peine conduits jusqu'à la moitié du bras du fleuve que la garnison fait une sortie, tombe sur les travailleurs, à l'aide de trois grandes nefs appareillées à cet effet, les met en fuite, renverse le pont et rentre dans la place. D'après la chronique dont nous avons parlé et que M. Lafargue a eu l'obligeance de nous communiquer, le duc de Normandie se serait, aussitôt après ce premier échec, rendu à Clairac, où il aurait passé plusieurs jours.

Que faisaient les Français pendant cette lutte? Rien. Ils n'avaient pas même songé à ce qui allait se produire et n'avaient pris aucune mesure pour parer à cette éventualité. Il fallait donc reconstruire ce qui était défait. Les nôtres arment donc trois grandes barques qu'ils remplissent d'arbalétriers et de gens d'armes, à la faveur desquels ils font reprendre les travaux. Peu de jours après, Gautier de Mauny, à la tête d'un fort détachement, attaque le poste en plein midi et parvient une seconde fois à détruire tous les ouvrages.

Du 30 avril au 10 mai, les documents relatifs au duc de Normandie font complètement défaut. Ce prince devait être à Agen le 1er mai, puisque, ce jour-là, la Jurade de cette ville émet l'avis de profiter de sa présence pour obtenir un poids de ville, un sceau de la cour consulaire, avec les droits y attachés, et d'autres ressources, s'il est possible (2).

Le 18 mai, le duc, dans ses tentes devant Aiguillon, vidime des lettres du duc de Bourbon (3).

La solde était impuissante à retenir dans les rangs de l'armée française les Génois que seul l'appât du gain y avait introduits. Beaucoup d'entre eux, quittant le camp devant Aiguillon, regagnaient leurs pénates en emportant leur solde. En outre, leur passage était particulièrement redouté des habitants qu'ils pillaient sans scrupule. Le 22 mai, le duc de Normandie « ordonna de faire arrêter et emprisonner, dans la sénéchaussée de Carcassonne et ailleurs, plusieurs gens d'armes,

---

(1) *Chron. de Froissart* (Buchon, p. 214).
(2) *Livre de la Jurade de la Ville d'Agen*, p. 68.
(3) *Bibl. Nat. ms. Doat*, 103.

Genevois (Génois) et Italiens, qu'il avoit fait venir es parties de la langue d'Oc et qui avoient quitté l'armée. »

Les Anglais excitèrent cette désertion par leurs émissaires ; ils en envoyèrent d'autres dans la province sous des habits déguisés de Frères-Prêcheurs ou Mineurs et de pélerins, qui coururent le pays et tachèrent de faire soulever les peuples contre le Roi. Amalric de Voisins, seigneur de Couffoulens, lieutenant du sénéchal de Carcassonne, donna des ordres très sévères, le 16 mai, pour les faire arrêter (1).

Sur la fin de mai, s'il faut en croire Dom Vaissete (*Hist. de Languedoc*, t. IV, p. 260 et suiv.), le duc de Normandie laissa la continuation du siège d'Aiguillon aux autres généraux, et se rendit à Toulouse pour la nouvelle assemblée des Etats de Languedoc, qu'il y avait convoquée et qui devait se tenir le dernier de ce mois. Il y fut résolu que chaque sénéchaussée fournirait au Roi un certain nombre de gens d'armes entretenus, savoir, un gendarme pour chaque centaine de feux, ou un équivalent, à raison de 7 sols 6 deniers par jour pour chaque homme d'armes, et que, moyennant cet entretien, la gabelle sur le sel, les 4 deniers pour livre sur la vente des denrées, et généralement tous les autres subsides et fouages seraient supprimés. Sur ce pied, on comptait que la sénéchaussée de Carcassonne pouvait fournir 900 gens d'armes, et les autres à proportion. Le duc de Normandie ajourna les Etats au 15 juillet suivant, pour perfectionner ce projet. Il ordonna, en attendant, de faire des informations sur les lieux, touchant l'état et le nombre de feux, par des lettres données à Toulouse le 4 de juin. Il envoya, en même temps, dans les sénéchaussées, l'ordonnance que le Roi avait publiée, le 15 février précédent, pour le bien du royaume et la réformation de divers abus dont les peuples se plaignaient, et il en ordonna l'observation.

La résolution des Etats de Languedoc à la fin de mai est un fait incontestable ; mais il en est autrement de la présence du duc de Normandie à Toulouse, à cette même époque. Je n'ai, à la vérité, poursuit M. Bertrandy, aucun argument immédiat et direct à opposer à l'assertion de Dom Vaissete ; mais je répèterai ici que le doute, sur ce dernier point, est au moins autorisé si, pour établir la présence du duc à Toulouse vers la fin de mai, Don Vaissete ne s'est appuyé que sur les lettres données dans cette dernière ville par ce prince, le 4 juin. Ces lettres, en effet, sont délivrées par le Conseil du duc de

---

(1) *Hist. gén. de Lang.*, Ed. Privat, t. IX, p. 589.

Normandie, ce qui n'implique pas nécessairement la présence du prince à Toulouse, surtout lorsqu'on peut produire un acte authentique du duc de Normandie daté en ses tentes devant Aiguillon, le 4 juin 1346. C'est acte, le voici : « De par le duc de Normandie et de Guienne, Bernart Fermant, nous voulons et vous mandons que à Mestre Jehan, nostre Fol, ou à son certain commandement portant ces lettres, vous bailliez et délivrez tantost et sanz aucun delay, ces lettres veues, toutes excusations cessanz, la somme de cent soubz tournois, lesquels nous luy avons donnez ceste foys, pour acheter draps, linges à gesir et robez, linges, et nous voulons ladite somme estre alloée en voz comptes et rabatue de votre recepte sans contredit par nos amez et féaulz gens des comptes de nostre très chier seigneur et père et de nous, à Paris. Donné en nos tentes devant Aiguillon, le IIIIe jour de juing l'an de grace mil ccc quarante et six. Par Monsr le Duc. Signé Mellou (1) ».

Pour déterminer l'itinéraire du duc de Normandie, ajoute M. Bertrandy, on peut établir en règle générale, que ce prince est absent de la localité où l'acte se délivre, toutes les fois que cette formule finale est conçue dans les termes suivants : « *Par Monsieur le Duc, du commandement* ou *de la volonté du Roi* ». Règle générale, lorsque le duc de Normandie est présent à la délivrance des lettres, la formule est, en français : « *Par Monsieur le Duc* », et en latin : « *Per Dominum Ducem* », avec la signature d'un conseiller ou secrétaire à la suite. Parfois les mots : *Par Monsieur le Duc, Per Dominum Ducem*, sont accompagnés des mots : *A la relation, Ad relationem*, ou *A votre relation, Ad vestram relationem*. Au contraire, quand le duc n'assiste pas à la délivrance des lettres et que son conseiller donne sous le nom du prince, la formule est à peu près généralement conçue de la manière suivante : « *Par Monsieur le Duc, à la relation de son conseil étant présent à....* » (2).

Le duc de Normandie, toujours d'après Dom Vaissete, traita séparément, le dernier jour de mai, avec le clergé des provinces de Toulouse et d'Auch, qui offrit de fournir une aide pour l'entretien d'un certain nombre de gens d'armes, outre le décime qu'il payait. Il ajourna ce clergé à Toulouse au 8 de juillet suivant, pour régler avec lui, et avec les gens de son conseil, la manière dont cette aide serait

---

(1) *Bibl. Nat. ms. de Gaignères*, vol. 560. Original en parchemin. — *Etud. sur les Chron. de Froiss*. p. 323-325.

(2) *Ibid*. p. 257.

levée. Il paraît que chaque diocèse traita en particulier avec les commissaires du Roi ; nous voyons, en effet, que le clergé du diocèse d'Albi convint, vers le même temps, de donner au Roi et au duc de Normandie la somme de 1,100 livres tournois, sous diverses conditions.

Dans la Jurade du 3 juin, les consuls d'Agen, faisant droit à la demande du duc de Normandie lui envoient cent brasses ou cannes de chaînes de fer, de celles de la ville ou d'autres, dont il avait grand besoin, et en font fabriquer à ses frais cent autres cannes (1). Ces chaînes étaient destinées à la reconstruction du pont de bateaux sur le bras de la Garonne devant Aiguillon.

Ce prince, qui était devant cette dernière place le 4 juin 1346, s'y trouvait également en personne le 6 du même mois, ainsi que l'établissent des lettres d'absolution en faveur de Savarins de la Mola et de Raymond, son fils (2).

Le chevalier Pons d'Isalguier et le receveur de Toulouse étaient plus spécialement chargés d'approvisionner l'*hôtel* du duc de Normandie. Le premier avait fait des avances ou prêts considérables à cet effet. Le duc avait affecté à ses propres dépenses le produit du décime ecclésiastique dans la province de Narbonne ; mais la rentrée de cet impôt ne s'opérait pas d'une manière convenable au gré du prince, dont les besoins étaient loin de diminuer. Aussi, le 17 juin 1346, lendemain de la mémorable journée que nous allons rappeler, s'empressa-t-il d'adresser à qui de droit l'ordre de faire rentrer sesdits revenus et de n'en rien détourner si ce n'est pour ses pourvoyances et garnison de son hôtel (3).

A peine l'armée française eut-elle mis le siège devant Aiguillon, qu'à la nouvelle des grandes pertes déjà subies par les Anglais, le comte de Derby sortit de Tonneins en y laissant des troupes et se rendit à Bordeaux, d'où il envoya vers le roi d'Angleterre, pour en avoir du secours, les comtes d'Arundel et de Glocester. Pendant la traversée de ces seigneurs accompagnés d'un grand nombre d'hommes, un cer-

---

(1) *Livre de la Jurade de la Ville dA'gen*, p. 70.
(2) Arch. Nat. Trés. des Ch., Reg. 78, f° 43.
(3) Bibl. Nat. ms. Doat, 243, f° 176.

tain capitaine du nom de Marand (1) qui commandait à trois cents matelots, cherchant sans cesse l'occasion de nuire aux ennemis de la France, s'empara sur d'Arundel d'un navire où étaient de grandes richesses, et de soixante hommes qui furent massacrés. Les comtes arrivèrent cependant auprès du roi et lui rapportèrent ce qui se passait en Gascogne et comment Derby ne pourrait résister au duc de Normandie, à moins de recevoir des renforts. Edouard III résolut aussitôt d'assembler une puissante armée, pour arrêter les progrès des Français et les forcer à lever le siège d'Aiguillon (2). Une lettre du monarque anglais, du 6 mai 1346, où il demande des prières et actions de grâces pour les succès remportés en Guienne par le comte de Lancastre qui lutte contre des forces écrasantes (magnum et superimmensum exercitum) annonce qu'il va partir à la tête d'une armée pour porter secours à son lieutenant (3).

Reprenons le fil des événements devant Aiguillon. Le pont de bateaux que les Français s'efforçaient d'établir sur le bras de la Garonne, fut donc détruit une seconde fois, comme nous l'avons déjà vu. « Ces débats et cette riotte » (mêlée) durèrent ainsi plusieurs jours, peut-être jusqu'au 16 juin. A cette date, s'accomplit un fait remarquable, dont Villani nous a conservé le souvenir. Donc, ce jour-là, deux grosses barques, chargées de victuailles et de fournitures diverses pour l'armée assiégeante, descendaient de Toulouse et arrivaient par le bras de la Garonne près des murs d'Aiguillon. Ce que voyant, les assiégés font une vigoureuse sortie par terre et par eau et se ruent avec une audace inouïe sur les Français, surpris et déconcertés. Ils s'emparent des deux bateaux, grâce à leur flotille qui dut remorquer le convoi en longeant la rive droite, assez éloignée de la rive gauche pour n'avoir presque rien à craindre du camp des assiégeants. Si la sortie par eau fut favorable aux Anglais, il n'en fut pas de même de celle qui s'opéra par terre. Là, un violent combat s'engagea. Les Français campés sur

---

(1) *Chronogr. reg. franc.*, t. I, p. 120. — M. Moranvillé ajoute dans la note 1 de cette page : « Marandus est sans doute le même personnage que notre chronique appelle plus haut (t. II, p. 41) *Marauldus*, et dont Froissart écrit, comme ici, le nom sous la forme *Marant* (Ed. Luce, t. IV, p. 30). Suivant Froissart, Marant aurait été originaire d'Abbeville. »

(2) *Chronog.* etc., déjà citée. — *Chron. de Froissart*, Ed. Luce, t. III, p. XXXIII. Sommaire.

(3) *Ibid.* Froissart (note). — *Rymer : Fœdera*, etc., vol. III, p. 81.

le plateau, étant entrés en ligne, battent l'ennemi, le poursuivent, l'épée dans les reins, et le repoussent si vivement sous les murs de la ville, que le plus grand nombre, ne pouvant rentrer à cause de l'encombrement, sont pris ou tués. Le pont-levis donnant accès dans Aiguillon est attaqué et défendu avec une extrême vigueur et se trouve trop étroit pour laisser passer tous les fuyards à la fois. Les nôtres seraient entrés certainement dans la place, pêle-mêle avec les Anglais, si la porte n'eut été close ou le pont-levis englouti, avant d'avoir livré passage à tous les combattants. Parmi ceux qui arrivèrent trop tard pour se sauver dans la ville, se trouvaient Alexandre de Caumont (1) qui fut pris par Robert d'Augerant, écuyer tranchant du duc de Normandie et une trentaine de chevaliers (2) au nombre desquels on peut citer Guillaume de Poitiers, le sénéchal de Bourdeille, le seigneur de Poitiers, le vicomte de Tartas, etc., tous gascons au service de l'Angleterre ! Cette liste explique le système employé par les Anglais à toutes les époques. Avares du sang des leurs, ils sont prodigues de celui des autres. Dans cette affaire, on ne voit pas un anglais de marque parmi les prisonniers et sans doute parmi les tués. Ils sont tous gascons !

Ce combat dut se donner sur le terrain compris entre la Porte d'en Haut, le faubourg du Muneau et un peu au-delà. C'était pour l'ennemi une défaite suivie d'une panique. Aussi Froissart se garde bien d'en parler. L'historien Villani, qui raconte cette affaire, s'est montré plus impartial (3). (V. planche I).

Un « compte de la terre de Champagne, pour une année finie à la Madeleine 1347 » nous apprend que, par lettres du 7 juillet 1346 confirmées par Philippe de Valois le 19 septembre 1347, le duc de Normandie fit un don de 500 livres à Robert d'Auguerant, chevalier, « en récompense de ses services et que, de sa franche volonté, il bailla et délivra audit duc, Alexandre de Caumont, chevalier, ennemi du Roy, lequel il avoit pris à l'assaut du pont d'Aiguillon, et duquel il eut grande rançon (4) ».

---

(1) Voir sur ce personnage *Hist. de la ville de Sainte-Bazeille*, p. 67-85.
(2) *Chronog. reg. franc.*, p. 220-221.
(3) *Etud. sur les Chron. de Froiss.*, p. 325-327. — *Mém. manusc. du col. Duburgua*, p. 93-94.
(4) *Bibl. Nat. ms. Cabinet des Titres, Trés. des Ch.*, XXXI. — *Maison de Galard*, par Noulens p. 634-636. — *Grands offic. de la Cour*. par le P. Anselme, t. IV, p. 481-482.

La délivrance d'Alexandre de Caumont fut donc mise à très haut prix. Elle arriva probablement avant la levée du siège ou immédiatement après, car le comte de Derby nous fait connaître qu'avant de partir pour son expédition en Saintonge, c'est-à-dire dans les premiers jours de septembre 1346, il laissa vers le Bazadais Alexandre de Caumont. Incapable de payer sa rançon avec ses propres ressources pécuniaires, le prisonnier eut recours à la bourse mieux garnie de ses amis ; il emprunta notamment au comte de Derby une somme d'argent, pour le remboursement de laquelle il engagea ses terres et ses châteaux. Il mourut sans avoir acquitté sa dette ; et, pour rentrer dans ses avances, le comte de Derby eut recours au roi d'Angleterre, qui, par lettres données à Westminster, le 13 mars 1348, manda au sénéchal de Gascogne et au connétable de Bordeaux de faire diligence pour donner au plus tôt satisfaction au comte de Derby (1).

Le combat du 16 juin qui fut très sérieux fit réfléchir le duc de Normandie et lui permit de se rendre compte du parti avantageux que les Anglais tiraient de leur flotille dont l'audace croissante était allée jusqu'à enlever un convoi de bateaux sous les yeux des Français. Il résolut donc de s'en emparer et eut le bon esprit de profiter de l'enthousiasme que l'insuccès de la sortie des ennemis avait communiqué à ses troupes, pour mettre immédiatement son projet à exécution. Il dut livrer une série de combats dans les îles du Lot pour essayer de détruire les bateaux des Anglais et aussi pour occuper la voie de Tonneins qui, par Nicole, passait auprès d'Aiguillon et se dirigeait sur Saint-Côme. (V. pl. I).

Cette opération qui le rendait maître des deux rivières dut réussir, puisqu'à partir de ce moment on n'entend plus parler de courses anglaises par eau, et, après le 18 juin, le duc de Normandie établit ses « tentes entre Aiguillon et Tonneins », ce qui veut dire qu'il transporta son quartier général à proximité sans doute de la voie précitée et sur

---

(1) Bibl. Nat. ms. Bréquigny, Reg. 75, f° 221. — *Etud. sur les Chron. de Froiss.*, p. 325-327. — M. Bertrandy fait à tort cette remarque : « L'attaque aurait pu s'exécuter sans que les assiégés fussent obligés d'en venir aux mains sur la terre ferme, si le camp du duc de Normandie eût été placé sur la rive gauche de la Garonne. » C'est toujours la même erreur qui se continue parce que cet érudit ignore l'existence de l'embranchement de la Garonne qui passait à cette époque sous les murs d'Aiguillon. — Quant à l'attaque par terre, elle était d'autant plus facile qu'une partie de l'armée française et toute la cavalerie étaient campées sur le plateau entre Aiguillon et Saint-Côme,

la presqu'île ou île de la rive droite du Lot. Il dut occuper Nicole pour surveiller la route de Tonneins. Tout en laissant des troupes sur le premier emplacement et en prenant possession du nouveau, il ne fit qu'étendre son front d'attaque. En somme, il divisa son armée en deux corps : celui qui était resté dans l'île de la Garonne forma le corps de siège et celui qui passa du côté du Lot devint corps d'observation. Mais il ne dut pas dépasser le Lot qui occupait à peu près le même emplacement qu'aujourd'hui.

Jusqu'au 16 juin, les assiégés pouvaient recevoir par terre et par eau des secours en hommes et en munitions ; mais après cette date ce ne leur fut plus possible. Il put bien se glisser quelques petites barques, quelques espions à travers le delta des deux rivières : ce fut tout. Mais les Anglais avaient encore, presque à leur disposition, le plateau compris entre le bras du Lot et le Fromadan (V. pl. I).

Il existe un lieu dit Huteaugens situé à l'est du faubourg actuel du Lot, entre la route de Clairac et celle de Lagarrigue ; la levée destinée à préserver des innondations ce côté de la ville le traverse à peu près en son milieu. Sur cet emplacement dut se livrer un combat sérieux, après celui du 16 juin, pour conquérir les rives du Lot et les îles. La tradition désigne ce lieu sous le nom de « *ahuto gens* » (fuyez gens !). C'est bien singulier. Si par ces paroles on avait l'intention de prévenir les habitants de l'endroit de s'enfuir au plus vite, je crois que c'était peine inutile. Pris entre deux feux depuis le commencement du siège, il y avait longtemps qu'ils étaient partis. Alors c'était un cri de guerre. Cette expression devait plutôt correspondre à celle de l'époque, à celle de « *hutins des gens* » d'armes. Froissart l'employé souvent comme signifiant grand tapage, grande mêlée, grand fracas d'armes : « Et là eut dur hutin et fort ». Certaines personnes prononcent à « *Huton gens* ». En remplaçant l'o par un i, on aurait le vrai sens du mot qui signifierait « *au hutin, gens* », dont la traduction serait « précipitez-vous au fort de la mêlée, gens d'armes ! » C'est le cri de : En avant ! (1) (V. pl. I).

Donc, postérieurement au 18 juin, le duc de Normandie avait quitté la première position qu'il avait prise devant la place. Maître du pont qui, dès avant le siège, mettait Aiguillon en communication avec la rive droite du Lot (V. pl. I), ce prince est établi, au mois de juin, dans ses tentes entre Aiguillon et Tonneins. Deux documents concou-

---

(1) *Mém. manusc. du colonel Duburgua*, p. 95-97.

rut à mettre ce fait hors de toute contestation, tous deux datés du mois de juin 1346 aux tentes « entre Aiguillon et Tonneins (1) ».

Le changement du duc de Normandie indique évidemment ou un certain progrès dans la conquête ou l'application d'un nouveau système d'attaque. Dans tous les cas, le nouveau poste occupé par le prince lui permettait de couper plus efficacement Aiguillon de La Réole, et de priver ainsi les assiégés de la meilleure sinon de l'unique voie de ravitaillement (2).

Immédiatement après avoir raconté la journée du 16 juin, Villani ajoute que Derby parvint à introduire dans la place des hommes et des vivres. D'un autre côté, ce général était à La Réole (3) le 3 juillet 1346, ainsi que le prouvent des lettres par lesquelles, pour récompenser Bernard Ezii d'Albret de ses services et l'indemniser des pertes qu'il avait éprouvées, le lieutenant d'Edouard III donne à ce seigneur les lieux et château de la terre de Marensin et autres, appartenant ou ayant appartenu à Miramonde, dame de Marensin, et à Bertrand, seigneur de Launac, son fils, rebelles et ennemis du roi d'Angleterre (4).

Inutile ou à peu près à Bordeaux, la présence du comte de Derby à La Réole était, pour ainsi dire, indispensable. D'abord, à La Réole, il était plus près du théâtre des événements, et, par conséquent, mieux placé pour jouer le rôle imposé par les circonstances. De plus, le voisinage du généralissime, de celui qui représentait le roi d'Angleterre n'était pas sans influence sur la ligne de conduite des seigneurs et des populations qui, volontairement ou par force, venaient tout récemment de renier la France pour lier leur sort à celui des Anglais. Le simple exposé de ces considérations suffit, ce nous semble, pour leur acquérir tout le poids qu'elles méritent.

Il est à présumer que les secours de Derby entrèrent assez facilement dans Aiguillon jusqu'au jour où les troupes du duc de Normandie s'établirent sur la rive droite de la Garonne, entre cette dernière ville et Tonneins. De ce moment, les Anglais n'eurent d'autre voie de ravi-

---

(1) *Arch. Nat. Trés. des Ch.*, Reg. 68, f° 442 verso et f° 453.

(2) *Etud. sur les Chron. de Froiss.*, déjà citées, p. 329-331.

(3) Contrairement à ce que rapporte M. Henri Martin (*Hist. de France*, t. v. p. 80) qui s'attache aveuglément aux récits de Froissart, le comte de Derby n'était pas à Bordeaux, mais à La Réole pendant le siège d'Aiguillon qu'il surveillait ainsi de plus près (*Etud. sur les Chron.*, p. 331-333). Nous ne nous arrêterons plus à relever les nombreuses erreurs de M. Henri Martin sur ce siège. Nous préférons renvoyer pour cela aux *Etudes sur les Chroniques de Froissart*, par M. Bertrandy.

(4) *Bibl. Nat. Doat*, 189, f° 251 et suiv.

taillement que ce fleuve. C'est vraisemblablement à une époque antérieure et peut-être immédiatement avant ou après le 16 juin, que Bernard de Troyes s'introduisit dans la place avec une compagnie d'hommes d'armes de pied et de cheval, dont les gages furent réglés ou définitivement approuvés par un mandat royal du 2 septembre (1349?) (1).

Investis d'une façon plus complète et plus critique, les assiégés d'Aiguillon eurent recours à tous les moyens pour entretenir des relations avec Derby et tirer de lui le plus de secours possible. Un de leurs agents les plus actifs et les plus dévoués, dans ces circonstances, paraît avoir été Amanieu de la Roque ou Roke dit *Mauriac*. Plusieurs fois, Raoul de Staffort l'employa pour introduire dans la place des vivres et autres choses : au péril de sa vie, cet adroit et hardi émissaire remplit avec succès les missions qui lui furent confiées par ce sénéchal de Gascogne. Aussi le roi d'Angleterre le récompensa-t-il en lui donnant, par lettres datées de Wesminster le 23 juillet 1348, la dîme du blé et du vin dans la châtellenie de Saint-Macaire (2).

Maître des deux rivières et débarrassé de la flotille anglaise, le duc de Normandie s'empressa de rétablir le pont de bateaux sur le bras de la Garonne (3). Dans cette affaire « les seigneurs de France, dit Froissart, y furent si étoffement que le pont fut fait bon et fort (4) ». Cela veut dire qu'au lieu de laisser leurs gens s'engager seuls dans la mêlée, les seigneurs payèrent de leur personne, ce qu'ils avaient dû faire jusqu'à ce jour assez rarement, non par lâcheté, ils en étaient incapables, mais parce que ces luttes sur l'eau n'étaient pas de celles qui convenaient à leurs habitudes, à leur tempérament. Il leur fallait le champ clos ou l'espace, leurs destriers, pour fournir de beaux coups. Ils faisaient surtout des courses au dehors dans le but d'assurer la sécurité des environs (5).

« Si passèrent adonc les seigneurs et tout l'ost outre armés et ordon-

---

(1) *Bibl. Nat. ms. Bréquigny*, 40, f° 129 verso.

(2) *Ibid. ms. Bréquigny*, 28, f° 215.

(3) D'après la *Chronographia reg. franc.* (p. 220), les Français auraient fait des ponts sur le Lot et la Garonne.

(4) Ce pont de bateaux « bon et fort » était muni d'une haute bastide en bois et de nombreuses guérites. (Voir la copie du document sans indication de provenance qui nous a été communiquée par M. Lafargue, conseiller de préfecture à Albi).

(5) *Mém. manusc. du colonel Duburgua*, p. 97.

nés par manière de bataille, ajoute Froissart, et assaillirent le chastel d'Aiguillon fortement et durement. » L'ost, remarque avec raison le colonel Duburgua, signifie ici un corps quelconque, une certaine quantité de troupes, en un mot tout ce qui pouvait se masser entre la rivière et la ville (v. pl. IV). On se battit un jour entier, mais la résistance fut opiniâtre et l'assaut ne réussit pas. Les Français, au lieu de rester sur place, de se retrancher et d'inquiéter les Anglais jusqu'au lendemain, repassèrent le bras du fleuve et rentrèrent dans leur camp pour se reposer. Naturellement, les ennemis profitèrent de cette accalmie qu'ils se gardèrent bien de troubler, pour réparer, dit Froissart, « ce qui rompu et brisé étoit, car ils avoient grand foison d'ouvriers. »

Le lendemain, on change de tactique. Le duc de Normandie, pour attaquer sans cesse l'ennemi avec des troupes fraîches, repartit son armée en quatre corps dont chacun doit tous les jours, à tour de rôle, prendre part à l'assaut : du matin à prime, c'est le tour des Espagnols, des Génois, des Provençaux, des Savoisiens et des Bourguignons ; de prime à midi, entrent en lice les gens d'armes de Narbonne, de Montpellier, de Béziers, de Montréal, de Fougas, de Limoux, de Capestang et de Carcassonne ; de midi à vêpres, reprennent les gens d'armes de Toulouse, du Rouergue, du Querci, de l'Agenais et du Bigorre ; des vêpres à la nuit, combattent les hommes du Limousin, du Velay, du Gévaudan, du Poitou et de la Saintonge (1) « et assaillirent par telle ordonnance cinq ou six jours. Mais ce ne leur valut rien. »

Il est probable que, suivant l'habitude, à la nuit, tout le monde rentra au camp et repassa le pont le lendemain pour recommencer, donnant ainsi aux Anglais le temps non seulement de relever ce qui était abattu, mais encore d'accumuler des obstacles le long de la pente ; car ils s'aperçurent bien vite que les attaques les plus sérieuses se feraient de ce côté (v. pl. IV). Il faut dire, pour être juste, qu'il était malaisé de tenir, la nuit, et de se retrancher dans un espace si resserré.

Donc, après quelques jours de lutte, les Français n'avaient même pu s'emparer du pont (pl. IV) précédant la porte d'entrée des lices du Ravelin. S'apercevant alors que les assauts ne pouvaient réussir sans avoir à sa disposition des moyens plus sérieux, le duc de Normandie envoya « quérir à Toulouse huit grands engins », et en fit confectionner quatre autres sur place. Ces douze machines jetaient jour et nuit dans la ville des pierres qui n'enfoncèrent que le toit des maisons, qui

---

(1) *Chron. de Froissart*, publiées *pour la Soc. de l'Hist. de France* par Siméon Luce, t. III, p. 12-23.

endommagèrent peut-être quelques hourds et quelques merlons sans faire d'autre mal, « car, ajoute Froissart, ceux de la forteresse étoient si bien guérités que oncques pierres d'engins ne les gréva, fors es toits des maisons ». Mais les Anglais, munis de machines préparées, sans doute, à l'avance, s'en servirent si bien qu'ils brisèrent six de celles des assaillants.

Pendant plusieurs semaines, observe le même chroniqueur, « on trouvoit et advisoit aucune chose nouvelle et aussi ceux du chastel pour eux défendre, ravisant aucune chose pour eux défendre ». Il est probable que tout en poursuivant l'attaque au même endroit, on en exécuta d'autres sur divers point de la place.

Jusqu'à ce jour, la ville attaquée n'était pas complètement investie : ce qui permettait aux Anglais de faire des sorties en allant « par outre la rivière ». Il ne peut être question de la Garonne, mais du Lot. A cette époque, les eaux étaient basses, les lits des embranchements devaient être peu profonds, les gués nombreux et connus. Pour sortir de la ville, on passait probablement par la Porte d'en Bas (18 de la pl. IV), par celle des lices du côté de l'est (7 de la pl. IV) et on gagnait par quelque sentier les berges du Lot ou de son embranchement (1).

Si le ravitaillement d'Aiguillon offrait de graves dangers, l'approvisionnement des assiégeants ne s'effectuait pas sans de grandes difficultés. Chaque jour voyait nécessairement s'agrandir le cercle dans lequel les pourvoyeurs de l'armée puisaient les provisions, et, chaque jour aussi, devenaient plus impraticables les travaux des champs. Les récoltes étaient menacées et enlevées avant terme par les garnisons anglaises disséminées dans l'Agenais ; et pour avoir négligé d'assurer préalablement ses derrières sur une assez vaste étendue, le duc de Normandie se trouvait dans la nécessité de consacrer à la protection des campagnes des troupes qui pouvaient lui faire défaut à un moment décisif sous les murs d'Aiguillon (2). Les pourvoyeurs de l'armée française avaient poussé, dès le 11 juillet 1346, jusqu'au fond du Rouergue dans les montagnes d'Aubrac, riches en pâturages, pour réquisitionner des bestiaux. L'un d'eux, Pierre de Colornhs amena de l'hôpital d'Aubrac un troupeau de quatre cents bêtes à corne, que perdit de ce

---

(1) *Mém. manusc.*, déjà cité, p. 98-100.
(2) *Etudes sur les Chron. de Froiss*, p. 334.

chef l'abbaye de Bonneval, dont l'abbé Déodat reçut seulement une reconnaissance, estimant ce nombreux bétail à 126 livres 16 sous tournois ! (1). Aussi le passage des agents chargés des approvisionnement. était naturellement très redouté par les gens du pays qu'ils affamaient.

Froissart nous apprend que « messire Charles de Montmorency, maréchal de l'Ost, chevauchoit avec cinq cents compagnons et ramenoit grand proie(2). » Gautier de Mauny, ce même jour, étant sorti, se rencontra avec le premier « dessous Aiguillon (3). Il y eut bataille et « hutin dur et fort. » Les Anglais qui étaient, paraît-il, moins nombreux, étaient fort malmenés et auraient infailliblement succombé si des secours envoyés par le comte de Pembroke ne leur étaient venus de la place. « Messire Gautier de Mauny étoit à terre et enclos de ses ennemis. » Cet aide rétablit le combat, qui se termina, dit Froissart, par la retraite des Français qui perdirent même quelques prisonniers. Il est probable que Charles de Montmorency et ses compagnons n'avaient d'autre mission que la sauvegarde du convoi, qu'ils avaient empêché les Anglais d'attaquer et s'étaient empressés de faire filer avec une escorte suffisante ; et ce n'est que lorsqu'ils le virent au loin en sûreté qu'ils « se départirent », comme s'exprime notre chroniqueur, c'est-à-dire qu'ils se retirèrent, ce qui ne signifie pas qu'ils s'enfuirent. Ils durent rejoindre « leur proie » pour la préserver de toute surprise nouvelle.

Le récit de Froissart doit donc être exagéré surtout en ce qui concerne le chef de l'expédition « messire de Montmorency qui se sauva à grand meschief. » S'il se fut sauvé avec tant de peine, il aurait dû être battu ainsi que ses gens. Les Anglais, vainqueurs, au lieu de les laisser partir, les auraient poursuivis vigoureusement et auraient cherché à s'emparer du convoi, ce qu'ils ne firent pas et pour cause. Donc, ces derniers durent être, au contraire, fort maltraités, (ce que Froissart craint d'avouer). Tout leur succès consista à relever Gautier de Mauny, à le remonter sur son cheval et à regagner la ville.

« Je place cette rencontre, ajoute le colonel Duburgua (p. 101), à

---

(1) *Bibl. Nat. ms. Doat*, 141.

(2) Il faut croire qu'il escortait un convoi venant du Quercy. Les Anglais avaient dû l'apercevoir et voulaient s'en emparer. Je ne suppose pas, ajoute le colonel Duburgua, qu'à cette époque du siège, on put trouver « grand proie » dans un rayon même éloigné de la ville.

(3) C'est-à dire aux environs : on ne fait pas défiler un convoi par terre sous les murs d'une ville assiégée.

l'endroit appelé la *Bataille* (1) situé entre Sainte-Radegonde et Boussères (v. pl. I). C'est une plaine qui forme un carré d'un kilomètre de chaque côté et n'est distante que d'environ trois kilomètres d'Aiguillon.

Une partie de l'armée française était campé sur le plateau de Saint-Côme. Les seigneurs, leurs chevaliers et écuyers durent occuper cette position qui les éloignaient des ennuis du siège où ils ne pouvaient faire de grandes prouesses, et qui leur facilitaient les moyens d'exécuter de longues chevauchées. C'est de là que partit Charles de Montmorency ; il traversa le plateau, suivit la voie qui passait par le Sud, Lagarrigue, Coleignes, la Tourasse, Lafitte (v. pl. I), pour aller au devant du convoi et le conduire à sa destination en suivant les berges du Lot depuis la Tourasse de Bourran. Cette direction le menait au pont du Lot et au camq du duc de Normandie en ses tentes entre Tonneins et Aiguillon.

Lorsque Gautier de Mauny se vit en présence de forces supérieures, il dut détacher quelques hommes bien montés pour demander des renforts. Il ne fallait pas un quart d'heure pour parcourir la distance. D'un autre côté, les sentinelles qui veillaient sur les tours ou sur les murailles purent apercevoir les deux troupes ou du moins les cavaliers qui venaient chercher du secours. Ils donnèrent l'alarme. Sur le terrain, le combat fut long et sérieux. Après avoir rompu les lances, on s'aborda à l'épée, à la hache, à la masse d'armes. Il fallait frapper longtemps sur les armures pour mettre hors de combat ceux qui en étaient revêtus (2). Les renforts avaient donc eu largement le temps d'arriver. Tout concourt pour placer à cet endroit le combat dont Froissart fait le récit, et, en tenant compte du nombre d'hommes qui y prirent part des deux côtés, on peut considérer cette affaire comme une petite bataille (3).

---

(1) Ce nom bien caractéristique désigne aussi un emplacement entre le vieux Baugé et le Baugé actuel en Maine-et-Loire. Là, les Anglais, commandés par le duc de Clarence, furent battus par le maréchal de Lafayette et Guérin des Fontaines en 1420. (*Mém. manusc.*, cité).

A *Bataille* de Sainte-Radegonde, on a trouvé dans le sol, au lieu dit « aou Pistoulet », un casque en fer du xive siècle, qui est en la possession du sieur Marmier, métayer de M. Cusson, à Pélagat. J'ai ouï dire qu'on avait aussi mis à jour en ce même lieu des ossements humains.

(2) Voir : Combat de trente Bretons contre trente Anglais, 1350 (*Chron. de Froissart*).

(3) *Mém. manusc.*, déjà cité, p. 101-103.

Ce dernier engagement détermina le duc de Normandie à compléter l'investissement de la ville en occupant tout à fait le plateau. Cette prise de possession s'accomplit entre le 12 et le 18 juillet, car, à partir de cette dernière date, on trouve le *duc en ses tentes devant Aiguillon*, c'est-à-dire sur le plateau et sans doute entre le Castrum et le Fromadan (v. pl. I). C'est probablement à cette époque qu'on installa le camp Saint-Pé ; une partie des troupes qui occupaient l'île de la Garonne et les îles du Lot élargirent leurs intervalles et durent prendre leurs quartiers entre la route qui de Saint-Côme se dirige sur le Lot et celle qui passe au village du Sud. Placés entre ces deux voies, elles pouvaient se ravitailler facilement, et les sources et les ruisseaux étaient à la portée de tous. On détacha tous les jours un certain nombre d'hommes destinés à être employés aux travaux du siège, et en conséquence on les rapprocha de la place (1).

Les ennemis installés à Bajamont, au nord d'Agen, inquiétaient si bien les habitants de cette dernière ville, que ceux-ci s'imposèrent les plus grands sacrifices pour reprendre ce château. De son côté, par lettres datées *en ses tentes devant Aiguillon* le 18 juillet 1346, le duc de Normandie fit connaître à Othon de Montaut, chevalier, châtelain de Penne, qu'ayant résolu de lui confier, de concert avec le sénéchal d'Agenais, le siège de Bajamont, et le soin d'édifier et de garder, aux environs de ce lieu, une ou plusieurs bastides, afin de protéger les travaux des champs, il convenait qu'à lettres vues et toute affaire cessante, lui, Othon, s'acheminât vers ledit sénéchal, avec le nombre d'hommes exigé par ce dernier, et que tous les deux assiégeassent Bajamont, construisissent une ou plusieurs bastides et ne se quittassent pas avant d'avoir repris cette forteresse ou reçu de nouveaux ordres relativement aux bastides (2). Tous les hommes valides d'Agen partirent le 26 du même mois pour aider à cette entreprise (3). Les membres de la Jurade de cette dernière ville décident, ce même jour, que les consuls iront à Bajamont aux frais de la communauté et que les dépenses qu'ils firent quand ils allèrent à Aiguillon pendant le siège, pour solliciter auprès du duc de Normandie, et aussi les dépenses occasionnées par la garde du lieu de Laval et l'expédition de Baja-

---

(1) *Mém. manusc. et Étud. sur les Chron. de Froiss.*
(2) *Arch. comm. d'Agen : Livre de la Jurade*, 1346.
(3) *Mém. manusc. et Hist. gén. de Lang.*, citée, t. ix, p. 394.

mont, seront acquittées sur les mêmes fonds (1). Ce n'est pas la première fois que des troupes étaient détachées du siège d'Aiguillon pour aller combattre ailleurs. Dès le mois de juillet, une partie de l'armée était revenue dans le nord et concourait sous les ordres du connétable d'Eu à la défense de la ville de Caen (2).

Encore le 18 juillet, le duc de Normandie, à la supplication de Jacques de Bourbon, accorda des lettres de rémission à Perrin Jonneloy ou Joveloy, écuyer. Ce dernier s'était pris de querelle, sous les murs mêmes d'Aiguillon, avec Gautier le Tondeur, de Cluny, qui fut forcé de garder longtemps le lit par suite des coups qu'il avait reçus. Au lieu de ménager son corps, le convalescent revint se mêler à la vie active du camp, à l'animation bruyante de Port-Sainte-Marie, fit « plusieurs excès, par lesquiex et par son mauvais port et gouvernement, il ne tarda pas à aller de vie a trespassement. » La mauvaise conduite de la victime profita ainsi au meurtrier (3).

Nous avons déjà dit que, durant le siège d'Aiguillon, comme au début et à la fin, les services financiers de l'armée fonctionnèrent dans la ville de Port-Sainte-Marie. C'est ainsi que, le 6 juillet 1346, Bernard d'Orgoullet, bourgeois de Langon, y donne quittance, entre les mains de Bernard Fremant, trésorier du duc de Normandie, d'une somme de 30 livres tournois, accordée audit Orgoullet par le prince, pour subvenir aux premiers besoins de lui, de sa femme et de ses enfants (4).

Le 10 juillet, Aymart, vicomte de Clermont, écuyer, reçut à Port-Sainte-Marie, de Jean Chauvel, la somme de 850 livres tournois pour ses gages personnels et ceux de 3 chevaliers bacheliers et 77 écuyers de sa compagnie (5).

Le 22, dans la même ville, Antoine Odon et Antoine Arezet, trompeurs (trompettes) du duc de Normandie, donnèrent quittance à Bernart Fremant d'une somme de 20 livres tournois à eux accordée par le prince (6).

---

(1) *Livre de la Jurade de la Ville d'Agen*, p. 73.
(2) *Hist. gén. de Lang.*, citée.
(3) *Arch. Nat. Trés. des Ch.*, Reg. 76, pièce 186, f° 120 verso 121 recto.
(4) *Bibl. Nat. mss. Cab. des Titres, série des originaux.*
(5) *Ibid. mss. Titres scellés*, t. II.
(6) *Ibid. mss. Titres originaux.*

Le 28, Rémon de la Cassade, chevalier, donna au même lieu quittance d'une somme de 25 livres tournois dont le duc l'avait gratifié (1).

Enfin, le 29, Jean de Besançon, maître en médecine et physicien du duc de Normandie, reçut aussi, au Port, une somme d'argent, pour laquelle il donna quittance (2).

Le duc de Normandie, qui avait fait serment de ne se retirer de devant Aiguillon qu'il ne s'en fut rendu maître ou que le roi, son père, ne l'eut rappelé, prenait toutes les mesures qui pouvaient le faire vaincre. Il se détermina donc, un certain jour, à donner un assaut général et ordonna que la place serait attaquée depuis le point du jour jusqu'à midi par les troupes de Toulouse, de Carcassonne et de Beaucaire et qu'elles seraient relevées par celles du Querci, du Rouergue et de l'Agenais qui continueraient cette attaque jusqu'à la nuit. Ce prince promit en même temps une récompense de 100 écus d'or à celui qui le premier parviendrait à prendre poste sur « le pont de la porte du chastel ».

On rassemble des nefs et des chalands pour faire passer un certain nombre de soldats (3), pendant que les autres doivent traverser sur le pont de bateaux. En somme, on livre un assaut complet et moins décousu que les précédents. C'était un peu tard, car les Anglais, connaissant depuis longtemps le point principal de l'attaque, n'avaient pas manqué d'y accumuler tous les moyens de défense en leur pouvoir.

Le succès semble d'abord favoriser les Français : ils abordent avec audace le pont qui est en avant de la porte du Ravelin, au bas de la montée et se trouvent arrêtés par le vide produit par le pont-levis qui est levé. Quelques-uns ont l'idée de se diriger, au moyen de nacelles, dans un fossé plein d'eau, qui, détourné du bras du Lot, baignait (en E' de la pl. IV) le pied de cette porte et « là jectèrent grands et gros crocs et havets au dit pont-levis et puis tirèrent si fort qu'ils rompirent les chaînes qui le pont tenoient et les avalèrent jus par force ».

Animés par l'appât des 100 écus d'or, les soldats s'élancent sur le pont-levis avec tant d'ardeur et de précipitation, qu'ils se pressent, s'embarrassent et se culbutent les uns sur les autres, tandis que la

---

(1) *Bibl. nat. mss. Titres originaux.*
(2) *Ibid.* — Voir Bertrandy : *Etud. sur les Chron. de Froiss.* p. 338-341.
(3) « Je ne serais pas éloigné de croire, écrit le colonel Duburgua, que les nefs et les chalands servirent en partie à faire traverser le bras du Lot, qui passait sous la ville, par le contingent campé dans la boucle de cette rivière. »

garnison, « jectant pierres, pots pleins de chaux et grands merreins », déploie vainement une vigueur inouïe à les repousser. Cependant la porte est prise avec de grandes pertes.

« Quand le pont fut gagné, ajoute Froissart, ceux de l'ost eurent plus à faire que devant, car ils ne pouvoient aviser voie comment ils pussent gagner la porte » d'en bas, porte de la ville (18 de la pl. IV) qu'on ne pouvait voir de l'endroit où étaient les nôtres, car indépendamment de la barrière ou porte qui se trouvait (en K' de la pl. IV), en haut de la montée, les Anglais avaient dû élever sur cette partie et en travers du Ravelin une série de retranchements chevauchés. Ce genre d'obstacle était fort en usage à cette époque.

Les Français, apercevant ces défenses et pris en flanc par la courtine de l'enceinte, se retirent. Au lieu de prendre position pour recommencer le lendemain, ils repassent la rivière, rentrent dans leur camp et laissent ainsi à la garnison le loisir de réparer, pendant la nuit, le pont-levis et les autres ouvrages. Il est probable que ce jour-là, Aiguillon, investi de toutes parts, dut subir des attaques ou des démonstrations sur toutes ses faces.

Tout était à recommencer, à cause de cette incroyable incurie de ne pas prendre pied sur les positions conquises. En s'y retranchant, on empêchait l'ennemi de rétablir ce qui était renversé.

Le lendemain de cette rude journée, deux maîtres ingénieurs proposent au duc de Normandie de construire (toujours trop tard !) quatre « Kas » (1). C'étaient de grandes machines, au moyen desquelles on approchait à couvert des murs d'une place assiégée. Le prince royal voulait Aiguillon à tout prix. Il prodigua l'or ; il mit à cette œuvre tous les charpentiers du pays.

Les quatre kas terminés, on les place chacun sur une grande nef, après les avoir garnis de soldats, pour les approcher d'Aiguillon dont ils devaient dominer les remparts, et on les dirige sur la porte.

Mais « quant les nefs eurent passé la moitié de la rivière, ajoute Froissart, ceux du châtel firent descliquer (décharger) quatre martinet (2) qu'ils avoient nouvellement fait faire pour rémédier contre les quatre kas dessus dits. Ces quatre martinets jectèrent si grosses pierres et si souvent sur ces kas, qu'ils furent bientôt débrisés et si froissés

---

(1) Kas, Chat, Chatel, tours en bois destinées à approcher des murs à couvert.
(2) Machines ou engins propres à lancer de grosses pierres,

que les gens d'armes et ceux qui les conduisoient ne se purent dedans garantir ». L'une même de ces machines brisée par les quartiers de roche lancés du haut des murs du château, s'écroula dans la rivière avec la plupart des chevaliers et des écuyers qui la montaient. Le reste regagna la rive en toute hâte et rentra dans le camp (1).

Que l'on juge du désappointement du prince royal ! On ne savait plus à quel expédient recourir ! La désertion s'était mise dans l'armée. On pouvait enfin considérer cette campagne comme avortée. Le fait de consacrer à ce siège, observe M. Siméon Luce (2), cinq mois entiers et de dissiper sous les murs d'Aiguillon les ressources péniblement amassées depuis plus d'un an, prouve une fois de plus que le duc de Normandie était dès cette époque l'homme obtiné et maladroit qui perdit dix ans plus tard la bataille de Poitiers. Froissart dit quelque part que le roi Jean était « lent à infourmer et dur à oster d'une opinion »; jamais mot ne fut plus juste. Derby n'était pas capable de résister ; son armée affaiblie par deux campagnes difficiles n'eut pu tenir devant les forces du duc; mais Jean de Normandie s'entêta à prendre Aiguillon et cet entêtement amena entre lui et les seigneurs qui l'entouraient des querelles assez vives. Froissart nous a conservé le souvenir de ces querelles ; les comtes de Blois et d'Eu et le sire de Tancarville allèrent trouver le roi pour lui exposer la situation et l'engager à intervenir. Philippe, aussi aveugle que son fils, approuva la conduite de celui-ci, et lui permit de rester devant cette place « jusqu'à ce qu'il l'eut conquise par la famine, puisque par assaut ne la pouvoit avoir ». Le siège continua.

La nécessité de nourrir une grande multitude, comme celle qui se trouvait devant Aiguillon, forçait, nous l'avons déjà vu, les pourvoyeurs à chercher les provisions de plus en plus loin du camp. Lorsque vint le moment d'exploiter le comté de Foix, Gaston, comte de Foix, exposa au duc de Normandie que le comté « et l'autre sienne terre » étaient un pays de montagnes peu fertile en blé et en vin, et que les habitants étaient obligés de tirer de la plaine ces denrées alimentaires de première nécessité ; que sa terre, d'ailleurs, pouvait tout au plus lui fournir personnellement des provisions en blé, vin, bestiaux et avoines. Le prince accueillit favorablement ces doléances, et le 26 juillet 1346, de

---

(1) Voir *Chron. de Froiss.*, citées. — *Etud. sur les Chron. de Froiss.*, citées. — *Recherches sur le pays du poëte Th. de Viaud*, etc., citées. — *Mém. manusc.*, cité.

(2) *Hist. gén. de Lang.*, note de la p. 393-394.

ses tentes devant Aiguillon, il défendit de prendre, dans les terres du comte de Foix, blé, vin, bestiaux, « carnelage et autres victuailles », pour sa provision, voulant même que ses agents restituâssent à qui de droit ce qu'ils auraient pu prendre pour cet usage (1). A cette précieuse faveur, le duc de Normandie en ajouta une autre, en exemptant du fouage lesdites terres, par lettres données devant Aiguillon, le 4 août 1346 (2). Il se trouvait aussi devant cette place le 1er et le 3 août ainsi que le prouvent les lettres de sauvegarde par lui délivrées pour l'abbaye de Solignac contre les seigneurs qui exigeaient des droits de servitudes sur les terres de cette abbaye (3). Le 9 août, enfin, par lettres datées du même lieu, il accorda des gages à Aimeric de la Rochefoucauld, chevalier, pour garder, pendant trois mois, le château de la Rochefoucauld, situé sur les frontières de l'ennemi (4).

Il ne restait donc plus qu'une ressource pour s'emparer de la ville assiégée, c'était de l'affamer, puisqu'on ne disposait ni d'engins assez puissants pour contre-battre ceux des Anglais (qui étaient, il est vrai, abrités), ni pour faire brèche, non plus que d'un corps d'hommes capables de creuser des mines, combler les fossés ou approcher des murs à couvert. Tout concourait en faveur de la défense, et l'attaque, avec le peu de moyen dont elle disposait, n'avait aucune chance de réussite. Au reste, depuis longtemps déjà, l'armée française était découragée, elle avait perdu beaucoup de monde par les combats, les maladies et la désertion qui faisait, tous les jours, de grands progrès.

Il est certain que ce nouveau système aurait eu raison de la place, si la descente d'Edouart III en Normandie n'avait forcé le prince français de lever le siège. Mais quelques jours avant d'en arriver à cette extrémité, il y eut une escarmouche assez sérieuse pour dégénérer en bataille.

Les Anglais avaient dû s'apercevoir que les avant-postes ennemis établis autour de la ville se gardaient assez mal, surtout depuis qu'il n'y avait plus d'assauts, ni de prises d'armes. Se voyant en proie à la famine, en conséquence du blocus, ils résolurent de faire une démons-

---

(1) *Bibl. Nat. Doat*, 189, p. 258 et suiv.
(2) *Hist. de Lang.*, déjà citée, t. IV.
(3) *Arch. départ. de la Haute-Vienne.*
(4) *Bibl. Nat. mss. Saint-Magloire, Extr. des Reg. de la Chambre des Comptes de Paris*, p. 228.

tration et de surprendre leurs adversaires. Ils sortent donc en grand nombre, la nuit, par les deux portes de la ville en suivant les deux routes qui convergent vers la Conquête (1) (v. pl. IV), s'y réunissent, attaquent le camp Saint-Pé (v. pl. I), y mettent le désordre et en chassent les défenseurs. De là, faisant un changement de direction à droite et prenant la voie qui conduit à la Tourasse, ils repoussent les autres postes et les rejettent sur leurs soutiens. Ils peuvent, tout en combattant les Français qui, surpris, résistent de leur mieux, arriver aux environs du Fromadan et chercher à pénétrer plus avant vers Saint-Côme, occupé par les seigneurs et l'élite des chevaliers.

C'est sur le bord de ce ruisseau que dut se développer le grand effort du combat. Là, les Anglais sont arrêtés par les troupes qui, s'armant à la hâte, se portent à leur rencontre. Le moment de la surprise avec ses conséquences était passé : la résistance s'organise, et l'ennemi, forcé, à son tour, de battre en retraite, assez précipitamment sans doute, pour ne pas voir ses communications coupées avec la ville, est vigoureusement reconduit, car Froissart se tait sur les suites de la bataille et oublie de citer les prisonniers que firent les Anglais et le butin qu'ils enlevèrent.

Mais cette journée fut fatale au comte de Boulogne, Philippe de Bourgogne, qui devait camper à proximité du Castrum de Saint-Côme. Ce prince faisait le guet pendant la nuit qui était fort obscure (2), lorsqu'à la première nouvelle de l'ercarmouche il s'arme et monte sur un coursier « fort et roide malement. » Pour arriver plus vite, il quitte la route qui devait être encombrée d'hommes d'armes, ainsi que le pont du Fromadan, et prend à travers les champs. L'animal emporté, lancé à toute vitesse « en traversant et sautant un fossé (3), trébucha et chey et jecta ledit Philippe sous lui ». Le fils du duc de Bourgogne mourut peu de jours après des suites de cette chute (4).

---

(1) C'est, sans doute, à cause de cette circonstance que cet endroit porte le nom de « la Conquête. »

(2) Copie d'une chronique, déjà citée mais sans indication de provenance et que nous a communiquée M. Lafargue, conseiller de préfecture à Albi. « Philippe, fils au conte de Bourgoigne, conte de Bouloigne et d'Auvergne, y est-il dit, fist le guet par une nuit moult obscure si que son cheval et lui cheirent en un fossé, si fut moult froissiez. »

(3) Ce ne peut être que le Fromadan, ruisseau dont la largeur égale, encore de nos jours, celle d'un fossé qu'un cheval, sauteur ordinaire, franchirait aisément à peu près partout.

(4) « Philippe de Bourgogne mourut vers le 9 août des suites de cette chute », dit M. Moranvillé (note de la p. 221 de la *Chronogr.*, citée).

Cet accident dut arriver à quelques pas du pont de l'ancienne voie, soit en amont, soit en aval. La tradition, du reste, indique cet endroit comme celui qui fut témoin de cette catastrophe. — Plusieurs croient à tort que ce fut à l'embouchure du Fromadan dans le bras de la Garonne, car c'était et c'est encore un ravin assez profond, et un cheval emporté, comme l'était celui du comte de Boulogne, se serait alors précipité du plateau dans le fond et aurait roulé de là dans le ruisseau au lieu d'essayer de le franchir. S'il en eut été ainsi, Froissart n'aurait pas manqué de parler des péripéties de cette chute. — D'autres font franchir le Fromadan par le comte sous les murs de la ville même. Or, à cette époque, ce n'était pas un ruisseau qui en baignait le pied, mais un bras de la Garonne assez large pour le rendre infranchissable à toute espèce de cheval. J'en excepte Pégase et ceux de sa race (1).

Peu de jours après, un cortège funèbre entrait lugubrement dans Agen. C'était le cadavre de Philippe de Bourgogne, environné d'une escorte de deuil. Le vendredi, 11 d'août, les consuls s'assemblent dans l'atelier de Pélissier et délibèrent de rendre les derniers honneurs au jeune comte « dont le corps est venu d'Aiguillon » et de fournir des torches et des draps pour ses obsèques, le jour où le duc de Normandie viendra dans leur ville assister à la cérémonie religieuse (2).

Le 9 août, le duc de Normandie est encore devant Aiguillon ; mais, le 12, il est à Agen, où, à la sollicitation du chevalier Guillaume de

---

(1) *Mém. manusc.*, cité, p. 106-109. — Le colonel Duburgua complète ainsi le récit de Froissart sur le dernier combat donné pendant le siège d'Aiguillon et ajoute : « A l'endroit même où la route de la Tourasse traverse le Fromadan (v. pl. I), il y a un terrain qui porte le nom de *Quissarme*. Son emplacement semble marqué par la nouvelle route d'Aiguillon à Agen ; à côté, une maison moderne en porte le nom. D'où provient-il ? A mon avis, les Français qui étaient devant la ville, surpris par la sortie des Anglais, durent fuir vivement poursuivis, répandre l'alarme et prévenir les troupes campées de ce côté et aux environs en criant : Aux armes ! qu'on s'arme ! qui s'arme !

(2) *Livre de la Jurade d'Agen*, p. 76-77. Délibération du vendredi 11 août 1346 : « Item que al compte de Bolonha, aportat d'Agulho mort, sia facha onor de torchas o de draps, quand Mossenhor de Normandia sera Agen per far canta, per luy entera. »

Il y a dans le registre une variante de cette délibération que nous transcrivons ici : « Item que a Mossenhor lo compte de Bolonha, filh del duc de Bergonha loqual era portat mort de davant Agulho, sia dadas tres torchas o draps, si se canta messa Agen per luy, si los autres li fan honor. » Il semble, d'après cette nouvelle rédaction, qu'on doutait encore, le 11 août, si le comte de Boulogne serait dans Agen l'objet d'une cérémonie funèbre.

Montfaucon, sénéchal de Périgord et de Querci, il accorda des lettres de rémission au damoiseau Pierre de Macon, coupable d'avoir commis les plus graves excès au préjudice du monastère d'Issoire (1). Le 13 août, ce prince est de retour dans ses tentes devant Aiguillon, en compagnie de l'évêque de Beauvais, ainsi que le prouve l'ordre qu'il donne, ce jour-même, à ses commissaires, de ne plus inquiéter pour raison du fouage de 10 sous par livre, les habitants de Moissac qui, dès le 5 août, avaient financé pour s'exonérer de cet impôt (2).

Au mois d'août et dans ses tentes devant Aiguillon, le duc de Normandie donne à ses chambellans, Geoffroi de Vilaines, chevalier, Adam de Cocherel, Othe ou Etienne Dentre (?) et Thomas des Yles, écuyers, les biens confisqués sur Raymond Audebant Descorsanz, pour homicide sur la personne de Pierre Donnac ou Donnant, moine de l'abbaye de Moissac (3).

Le 19 août, le prince royal, encore en ses tentes devant Aiguillon, proroge l'acte d'hommage dû au Roi par le comte de Foix (4). Ce document est le dernier avec date certaine qui indique la présence du duc de Normandie au siège d'Aiguillon (5).

Sur ces entrefaites, Edouard III, qui avait pris la résolution d'aller en personne secourir Aiguillon, avait armé à la hâte une flotte sur laquelle il s'était embarqué avec 10,000 hommes de troupes d'élite. Il menait à cette expédition le jeune prince de Galles, surnommé le Prince Noir de la couleur de sa livrée, célèbre depuis par ses triomphes à la bataille de Poitiers et mort à la fleur de son âge, emportant les regrets de l'Europe. La flotte anglaise, accueillie au sortir du port par une furieuse tempête, fut jetée sur les côtes de Cornouailles. Le roi, retenu dans ces parages par les vents contraires, avait auprès de sa personne un seigneur français qui, proscrit de la cour de Philippe de Valois, avait cherché un asile à celle d'Edouard. C'était Godefroy d'Harcourt. Animé par le dépit et la vengeance, il persuade au monarque anglais de renoncer à son expédition de la Gascogne et de tenter en Normandie une diversion en faveur de ses pays de Guienne (6).

---

(1) *Arch. Nat. Trés. des Ch.*, Reg. 76, pièce 189, fo 122, recto et verso.
(2) *Ibidem*.
(3) *Ibid.*, Reg. 68, pièce viii-ix, fo 84 recto.
(4) *Bibl. Nat. mss. Doat*, 189. p. 260.
(5) *Etud. sur les Chron. de Froissart*, p. 343-346.
(6) *Recherches sur le pays du poëte*, etc., déjà citées.

A cette nouvelle, le roi de France rappelle son fils avec son armée et lui fait abandonner le siège d'Aiguillon. Lever le siège d'une ville est toujours une opération délicate. Que fait-on cependant ? Au lieu de partir sans bruit, à la faveur des ténèbres, et de mettre, par ce moyen, une certaine distance entre l'ennemi et soi, on attend le point du jour pour abattre les tentes, plier les bagages et s'en aller. Les Anglais ne peuvent pas ne pas voir, du haut des murs, tous ces préparatifs de départ. Aussi ne négligent-ils pas une si belle occasion de tomber au milieu des nôtres en désordre. Froissart dit : « Si en ruèrent par terre plusieurs et occirent et découpèrent et firent un grand esparsin (dégat) et prirent plus de soixante qu'ils ramenèrent en arrière en leur forteresse ». Du nombre de ces prisonniers fut un chevalier cousin du duc de Normandie.

En somme, les Anglais laissèrent partir le gros de l'armée, tuèrent ou blessèrent quelques hommes de l'arrière-garde et prirent quelques traînards. C'était peu de chose et la poursuite ne dut pas être poussée bien loin, car, à partir du castrum de Saint-Côme, la défense avait beau jeu en occupant les hauteurs sur lesquelles se retira l'ost du duc de Normandie pour prendre sa direction et opérer sa retraite. Le plus clair résultat de cette poursuite fut le pillage et la prise de ce qu'on avait laissé dans les divers campements (1).

Ainsi fut levé le siège d'Aiguillon, le 20 août 1346. Il avait duré cinq mois (2).

Les détails de ce siège si précieux pour l'histoire doivent principalement intéresser les habitants d'Aiguillon. Nous avons pris plaisir à les rassembler ici, afin que, par leur comparaison avec le local, on reconnaisse les lieux qui furent témoins de tant d'actions éclatantes de valeur et de courage et qu'on puisse dire, comme autrefois les Troyens parcourant leur rivage abandonné des Grecs :

---

(1) *Mém. manusc.*, cité, p. 110-111.

(2) « Suivant une lettre du comte de Derby lui-même, le siège d'Aiguillon aurait été levé le 20 août 1346. (Bertrandy, p. 347) ; mais je dois ajouter, dit M. Moranvillé, que toutes les mentions du siège d'Aiguillon que l'on relève dans les *Journaux du Trésor de Philippe VI de Valois*, dont M. Viard prépare l'édition, permettent de croire que le siège dura jusqu'au 24 août (voir notamment aux dates suivantes : 13 mars 1349. n. st., 14 juillet, 22 août, 8 décembre 1349, 28 février et 9 mars 1350, n. st.) Il va sans dire que c'est à tort que Froissart, comme notre chronique, dit que le désastre de Crécy causa la levée du siège d'Aiguillon. » *Chronographia reg. franc.*, note 2, p. 235.

> « Hic Dolopum manus, hic sœvus tendebat Achilles,
> Classibus hic locus, hic acies certare solebat »

« J'ai signalé, dit M. Bertrandy(1), le peu de convenance qu'il y aurait, selon moi, à placer immobile et impuissant, à Bordeaux, le comte de Derby, pendant le siège d'Aiguillon, et j'ai fourni la preuve de la présence du lieutenant d'Edouard III à La Réole, le 3 juillet 1346. Derby était encore dans cette dernière ville le 7 août suivant. Par lettres datées de ce jour et de cette ville, il maintint dans la possession de la prévôté de Dax, Bertrand de Gout ou de Got, dont le père, Arnaud-Guasbert de Gout dit Lobasco (le Basque?), seigneur de Puy-Guilhem, avait fait bravement son devoir, au service du roi d'Angleterre, à Aiguillon(2). Tout porte à croire que Derby ne s'écarta guère de La Réole jusque vers le 13 août. Ce jour-là, ainsi qu'il nous l'apprend lui-même dans une lettre des plus intéressantes, il partit de cette ville et prit le chemin de Bergerac, où il assembla « toutz les seigneurs de Gascoigne et autres gens q'estoient hors de establies, à l'entent de chivaucher », c'est-à-dire hors de garnison, cherchant aventure à travers champ. A Bergerac, Derby tint un conseil de guerre, dressa un nouveau plan de campagne, et s'apprêtait à l'exécuter, lorsque des chevaliers et autres personnages vinrent lui demander « tresves de les Frauncéys, que gesoient unquore à siège devant Aguillon. » Il est à présumer que le duc de Normandie n'avait provoqué ou toléré cette démarche qu'après avoir appris la descente d'Edouard III en France, et avec l'intention de profiter des trêves locales pour transporter du midi au nord les forces militaires réunies devant Aiguillon. Mais Derby était également au courant du débarquement et de l'invasion jusque-là triomphante de son souverain en Normandie : aussi s'obstina-t-il à ne vouloir, selon son expression, « mye assentir à nulle tresve. Et sur ceo, ajoute-t-il, les ennemys se levèrent du siège le dismenge proschain devant la feste de saint-Barthu ». — « Saint Barthu, c'est saint Barthélemy. Or, en l'année 1346, le dimanche qui précéda immédiatement la fête de saint Barthélemy tomba le 20 août : c'est donc, d'après le témoignage de Derby lui-même, le 20 août 1346, que les Français levèrent le siège d'Aiguillon. Cette date, il faut le remarquer, favorise exactement l'induction tirée de la suite des actes émanés du duc de Normandie qui aboutit, en définitive, à fixer au 20 août la levée du siège d'Aiguillon par le duc, puisque le dernier acte qui

---

(1) *Etud. sur les Chron.*, p. 346-348.
(2) *Bibl. Nat. ms. Bréquigny*, 28, p. 145.

constaté la présence de ce prince devant Aiguillon est, ainsi qu'il a a été dit précédemment, du 19 août 1346. »

La *Chronique de Guyenne* dit aussi : « Le duc de Normandie se retira du siège et partit confus le dimanche après Notre-Dame de la mi-août (1).

Ce prince passait quelques jours à Agen, après la levée du siège. Les consuls prennent des mesures de police, visitent soigneusement les quartiers, et, durant la nuit, ils font allumer des torches sur les points culminants de la ville. Le prince leur donne 2,000 livres pour la fortification des murailles, mais cette somme fut destinée à la rançon du sénéchal fait prisonnier devant Bajamont (2). Le duc était à Agen le 23 août 1346, puisque par lettres datées de ce jour et de cette ville, il donna tout ce qui pouvait appartenir au Roi et à lui-même dans la nouvelle bastide de Flavacourt, près de Sos, à Barthélemy de Pins, chevalier, fils d'Annissant de Pins, seigneur de Taillebourg, pour l'indemniser des pertes que lui faisait éprouver la guerre de Guienne (3). Le 24 août, encore à Agen, il défend à son maître d'hôtel Guy de Leuza, à Jean de Pompone, au receveur de Toulouse, Raymond Dominici, à Raymond de Borellis et autres pourvoyeurs de l'armée, de prendre blé, vin, ni bétail des ecclésiastiques de la province de Toulouse, qui avaient offert au Roi une rétribution collective de 8,000 livres ; ordonne à son trésorier, Bernart Fremant, de rembourser 120 livres tournois avancées par l'évêque de Beauvais pour distribuer « partie aux gens de pié de Navarre, estang en nostre compaignie devant Aiguillon, et le demourant... à Robert de Courtainvillier », maître d'hôtel au duc, et Jean de Pompone, qualifié ici « nostre pennetier », chargés de délivrer ce qu'ils auraient reçu « en certains lieux que commandé leur avons », dit le prince dans son mandement (4). Par d'autres lettres datées à Agen au mois d'août 1346, mais dépourvues de quantième, le duc de Normandie accorda à Guy de Comminges, chevalier, qui avait été « longuement » à son service dans la guerre de Guienne, la connaissance « à héritage », c'est-à-dire avec droit de transmission aux héritiers, des premiers appeaux et ressort, que le roi lui avait donnée à vie « es chastiaux et villes de Am-

---

(1) *Arch. mun. de Bordeaux. Livre des Coutumes*, p. 401.
(2) *Hist. rel. et mon. du dioc. d'Agen*, par l'abbé Barrère, t. II, p. 112.
(3) *Arch. Nat. Trés. des Ch.*, JJ. 77, f° 196-197.
(4) *Bibl. Nat. mss. Doat*, 157, et *mss. Gaign*, 152.

bres, de Puybegon et de Saint-Gausans, assis en la sénéchaussée de Carcasonne. Il récompensa les services militaires du chevalier Arnaud Raymondi, tant en Flandre qu'en Gascogne, par le don du lieu de Guodor en Bigorre (1).

D'Agen le duc de Normandie se rendit à Moissac, où il déclara, le 25 août 1346, que la charge de capitaine pour le roi en Agenais et en Gascogne ne donnait aucun droit au comte d'Armagnac, qui venait de l'obtenir, de se mêler des affaires des vassaux du comte de Foix (2).

Les fonctionnaires attachés au service personnel du prince royal l'accompagnèrent à Moissac, et se dirigèrent probablement avec lui vers Paris. Bernart Fremant payait encore à Moissac, le 25 août 1346, au chevalier Bertrand de Baux, une somme de 100 livres tournois (3).

Derby était probablement encore à Bergerac lorsqu'il apprit que les Français avaient levé le siège d'Aiguillon. « Il s'en partirent, dit-il, mult lèdement, qar ils perdirent grant partie de lour biens et de lour gentz, et lessèrent lour tentes et tout le plius de leur herneis. » A peine instruit de cette retraite précipitée, qui avait tout l'air d'une fuite, d'une déroute, Derby part de Bergerac pour l'Agenais. Il s'arrête à Villeréal « q'est une bone ville du royalme laquelle, dit le comte, nous estoit rendu, et aultres villes et chastiels d'entour tut plain. »

Après avoir établi des garnisons à Villeréal et aux environs, Derby vient droit à Tonneins, puis à Aiguillon.

Les champs horriblement dévastés, les vignes stérilisées pour plusieurs années, des édifices publics complètement ruinés : tel est le spectacle qui s'offre au lieutenant d'Edouard III lorsqu'il entre à Aiguillon. Mais il retrouve dans cette place si cruellement éprouvée les nobles défenseurs dont rien n'avait pu abattre le courage ; et, comme, après tout, les Français venaient d'éprouver un échec évident ; comme, d'autre part, les ravages exercés dans la campagne environnante n'étaient pas sans remède, Derby dut ressentir une joie

---

(1) *Arch. Nat. Trés. des Ch.*, Reg. 68, f° 483, et *mss. Decamps*, 45 bis, f°s 446 et suiv.

(2) *Arch. Nat. mss. Doat*, 189, p. 263.

(3) *Ibid. Cab. des Titres, série des originaux.*

indicible à voir toujours flotter, même au milieu des ruines, le drapeau de l'Angleterre (1).

La défense d'Aiguillon avait nécessité des sacrifices de toute sorte de la part des habitants. Par ordre d'Hugue Ménil, capitaine de la ville, on détruisit le couvent des Frères du Mont-Carmel et leurs autres édifices situés dans le faubourg du Muneau, sur l'emplacement primitif et dont l'ensemble des pertes fut estimé à 2,234 livres tournois. Après le siège, les Frères s'adressèrent au roi d'Angleterre qui, par lettres données à Westminster le 4 septembre 1348, chargea le sénéchal de Guienne et le connétable de Bordeaux de choisir, dans Aiguillon, un lieu plus propice que l'ancien pour que les Carmes puissent y bâtir un oratoire et les autres édifices nécessaires, à la construction desquels Edouard III voulut concourir des deniers provenant des revenus de la Guienne (2).

« Un pont, dit M. Bertrandy, mettait en communication les deux rives du Lot, en face d'Aiguillon. Il fut tellement abîmé, qu'après le siège on ne s'y hasardait qu'en bravant les plus grands dangers. Les habitants exposèrent au roi d'Angleterre cette situation, ajoutant qu'elle devenait de jour en jour plus dangereuse, faute d'entretien et de réparations, réparations et entretien auxquels avait anciennement fait face le produit de divers péages et coutumes dont ils réclamaient la perception fidèle et l'affectation spéciale. De Westminster, le 20 septembre 1348, Edouard III manda au sénéchal de Gascogne et au connétable de Bordeaux de proposer un prud'homme à la perception de l'impôt et d'en appliquer scrupuleusement le produit aux réparations et à l'entretien de cet ouvrage (3). « Le colonel Duburga, dans son *Mémoire* si souvent cité, relève l'erreur de M. Bertrandy, qui place ce pont en face de la ville. « Le terrain sur les deux rives du Lot, écrit-il, était et est encore très bas, même marécageux ; jamais on n'y a relevé trace de route. Sur la rive gauche, où le pont aurait-il abouti ? En face du Ravelin ? Il n'y avait pas d'issue. Un peu plus haut ? La grande route actuelle qui du pont de pierre se dirige sur la ville n'existait pas, et le bord du plateau qui de la *Porte d'en Bas*

---

(1) *Etud. sur les Chron. de Frois.*, p. 348-353.
(2) *Bibl. Nat. mss. Bréquigny*, 28, f° 277. — Ce nouvel emplacement du couvent des Carmes est le même qui fut accordé à ces religieux en 1281 par Pierre de Saint-Pastour, dans l'acte d'accord mentionné au chapitre II.
(3) *Ibid.* f° 283.

(porte nord) va vers la Conquête était là en pente aussi abrupte que partout ailleurs. Il n'y a qu'un seul point sur lequel on puisse placer ce pont. C'est sur le Lot comme raccordement de la voie romaine de Nicole à Saint-Côme, et à l'ancien Passage, qui, en somme, a été seul utilisé presqu'à la construction du pont en pierre actuel (v. planche I). Il devait être en bois sur pilotis. Il n'en reste pas de trace ; mais je me rappelle, et mon frère aussi, avoir entendu dire maintes fois, par des personnes âgées qu'il y avait eu en ce lieu un pont de bois qui fut emporté par une grande innondation.

Le comte de Derby, voulant dédommager les habitants d'Aiguillon des pertes que le siège leur avait occasionnées, n'eut garde de laisser sans récompense leur dévouement. Il unit à la justice d'Aiguillon la juridiction royale du lieu de Nicole, autorisa l'établissement d'une vaste et unique clôture (1), ainsi que la réunion de toutes les juridictions et seigneuries, déclara que tous les habitants d'Aiguillon et de la bastide et château de Lunac jouiraient des mêmes franchises pour l'achat, la vente et le chargement des vins dans Bordeaux et seraient traités sur le même pied que les habitants du bourg et du château du Fossat ; il les affranchit de l'impôt sur le sel ; enfin il leur fit remise des dettes contractées avec des individus rebelles et ennemis de l'Angleterre, attendu que ces dettes étaient confisquées au profit du roi par le seul fait de la rébellion. Edouard III confirma ces importants privilèges par lettres données à Westminster le 20 août 1348 (2).

A cette même date, ce prince concéda auxdits habitants le droit de prélever, pendant six mois, à partir de la Saint-Michel 1348, un impôt de 12 deniers bordelais sur chaque tonneau de vin transitant dans leur district, soit par terre, soit par eau ; un impôt de 6 deniers par pipe, et, sur les autres marchandises, un droit supérieur à celui des anciennes coutumes et des anciens péages, au prorata du tonneau et de la pipe. Le produit de ces divers impôts devait être spécialement affecté aux réparations de clôture de la ville (3).

Le même jour, le roi d'Angleterre, considérant les grandes pertes subies par les consuls et les habitants du bourg, château et bastide de

---

(1) Il faut entendre par là qu'il fit supprimer les enceintes particulières des différents quartiers de la ville. On voit aussi qu'il est question dans ce document des trois seigneuries : le bourg d'Aiguillon, le bourg de Lunac et le bourg du Fossat.

(2) *Bibl. Nat. mss. Bréquigny*, 28, f° 263.

(3) *Ibid*, f° 271.

Lunac, par suite des fréquentes attaques de l'ennemi, qui, durant le siège, avaient détruit leurs vignes et autres propriétés, ordonna au sénéchal de Gascogne de confirmer tous leurs privilèges et libertés (1).

Le même jour encore, et pour les mêmes motifs, Edouard III exempta les habitants du bourg du Fossat de tous péages et impositions, en récompense de leurs services et comme indemnité des pertes qu'ils avaient faites (2).

Pareille exemption est en même temps accordée aux habitants d'Aiguillon (3).

Par lettres du même jour, une foire fut concédée aux consuls et habitants du bourg du Fossat (4).

C'est encore le 20 août 1348 que ce prince accorda aux habitants d'Aiguillon le privilège de faire charger et conduire à Bordeaux, chaque année après les vendanges, les vins récoltés dans un rayon d'une lieue autour de la ville, absolument comme le faisaient ceux de La Réole ou ceux de Saint-Macaire, à leur choix (5).

Le comte de Derby et Raoul de Stafford avaient concédé à Gaillard de Galapian, d'Aiguillon, la garde ou direction de la baillie de cette dernière ville, dont le revenu s'élevait à 10 livres sterling par an, en temps de paix. Mais la guerre avait singulièrement changé l'état des choses : la perception des droits était devenue impossible ; le titulaire de l'office n'avait pu en tirer parti. Sur sa requête, Edouard III, par lettres données à Westminter, le 20 août 1348, prorogea Gaillard Galapian dans la même charge, pour dix ans, à commencer à la Saint-Jean-Baptiste 1348 (6).

Cette date du 20 août, consacrée de bonne heure par tant de libéralités de la part du roi d'Angleterre envers les habitants d'Aiguillon et des alentours, offre quelque chose de singulier, quand on songe qu'elle s'applique également à la levée du siège de cette place par les Français. Peut-être la coïncidence que nous signalons est-elle un pur effet du hasard ; mais de prime-abord, l'esprit en est frappé, et, à la longue, il s'habituerait volontiers à y voir l'intention de perpétuer le sou-

---

(1) *Mss. Bréquigny*, 28, f° 259.
(2) *Ibid.* f° 265.
(3) *Ibid.*
(4) *Rolles Gascons de Th. Carte*, t. 1, p. 123.
(5) *Bibl. Nat. mss. Bréquigny*, 28, f° 261.
(6) *Ibid.*, et *Moreau*, 65°, p. 251.

venir d'un événement dont la France ne pouvait tirer aucune espèce de gloire (1).

Gaillard Michol avait fidèlement servi l'Angleterre en diverses occasions et notamment aux sièges de Saint-Macaire et d'Aiguillon : pour le punir d'avoir ainsi embrassé et suivi le parti ennemi, les Français détruisirent ses propriétés, dont il estimait le revenu à 200 florins à l'écu. Ses terres, ses vignes, tout paraissait ruiné pour vingt ans. Dans cette triste situation, G. Michol supplia le roi d'Angleterre de lui donner sa vie durant, l'office appelé le *vigeirage* et la *criée* dans la cité de Bazas, dont le produit n'excédait pas 6 livres sterling par an. Edouard III, par lettres données à Westminster le 26 juillet 1348, chargea le sénéchal de Gascogne de faire une information à ce sujet, et de lui en adresser le résultat (2).

Arnaud-Guasbert de Gout dit Lobasco, seigneur de Puy-Guilhem, avait succombé à Aiguillon, après avoir compromis tous ses biens au service de l'Angleterre. Nous avons déjà vu comment, le 7 août 1346, Derby avait récompensé Bertrand de Gout du dévouement de son père.

C'est aussi pour avoir servi constamment avec fidélité au siège d'Aiguillon, que le bâtard Amanieu de Montpezat reçut du monarque anglais les biens des rebelles situés dans la seigneurie de la ville de Sainte-Radegonde, autrement Anymulle, non loin d'Aiguillon : le donataire devait en jouir sa vie durant, si, pendant ce temps, ces biens demeuraient sous la main du roi, et à condition qu'ils n'auraient pas été l'objet d'une donation antérieure. Les lettres d'Edouard III sont datées de Westminster, le 13 août 1348 (3).

Une rente de 20 livres sterling fut accordée à Guillaume de Montendre, pour avoir servi pendant le siège d'Aiguillon et une autre rente de 30 livres sterling à Bertrand d'Espagne, chevalier, pour le même motif (4).

Les seigneurs d'Aiguillon ne furent pas oubliés.

---

(1) Bertrandy : *Etudes sur les Chron.*, p. 354-360.
(2) *Bibl. Nat. mss. Bréquigny*, 75, f° 200.
(3) *Ibid.* f° 209.
(4) *Ibid.* 40, f° 127.

Avant la construction du pont sur le Lot, Gautier du Fossat, co-seigneur du château du Fossat avec Amanieu III du Fossat, jouissait du droit de transporter les passagers d'une rive à l'autre, et il en retirait un revenu de 25 livres bordelaises. Il avait également la justice haute et basse à Coleignes ; mais les agressions incessantes des Français de Port-Sainte-Marie lui en rendaient l'exercice impossible. Pour obtenir satisfaction sur ces deux points, Gautier s'adressa au roi d'Angleterre qui, le 3 septembre 1348, ordonna au sénéchal de Gascogne d'informer à ce sujet et de faire droit (1).

Par lettre du 28 septembre suivant, Edouard III fit informer touchant le droit dudit Gautier du Fossat, chevalier, sur le salin du bourg du Fossat et sur la terre de *Roseades* (2).

Les prédécesseurs de Rainfroid de Montpezat et de Guillaume de Lunac dans la co-seigneurie de Lunac à Aiguillon, avaient fait avec le roi d'Angleterre un paréage touchant certains droits de pêche en Garonne, droits à l'exercice desquels les gens du roi ne se faisaient pas faute de mettre obstacle. Pour obtenir un règlement définitivement exécutoire, Rainfroid de Montpezat et Guillaume de Lunac s'adressèrent à Edouard III, qui, le 10 septembre 1348, chargea le sénéchal de Guienne et le connétable de Bordeaux d'examiner l'affaire et de rendre justice (3).

Les co-seigneurs de Lunac étaient convenus, d'après la sentence arbitrale de 1289, que si l'un d'eux voulait vendre sa part de juridiction, péage et autres, il en ferait offre d'abord à ses partenaires et leur donnerait ainsi la préférence sur tout acheteur, à égalité de prix. Mais, au mépris de ces stipulations, Gualhard de Lunac vendit à Arnaud de Caven le péage d'une obole, qui lui appartenait sur chaque tonneau de vin passant devant Aiguillon pour descendre à Bordeaux par la Garonne et le Lot. Les autres co-seigneurs lésés offrirent audit Arnaud le remboursement du prix d'achat, et, sur son refus d'accepter, ils s'adressèrent à Edouard III, qui décida de saisir de l'affaire le sénéchal de Guienne. Le document qui fournit ces renseignements n'a pas de date officielle, mais Bréquigny l'a placé sous l'année 1348 (4).

Par lettres du 20 août 1348, Edouard ordonna de payer 40 livres

---

(1) *Mss Bréquigny*, 28, f° 274.
(2) *Rolles Gascons*, de Th. Carte, t. I, p. 124.
(3) *Bibl. Nat. mss. Bréquigny*, 75, f° 225.
(4) *Ibid.* f° 219.

bordelaises à Rainfroid, seigneur de Montpezat et à Guillaume de Lunac (1).

Enfin, nous avons vu plus haut, les faveurs signalées dont fut comblé le plus puissant des seigneurs d'Aiguillon, Rainfroid de Montpezat, qui, du reste, se distingua pendant le siège, au service des Anglais (2).

« J'ai signalé, d'après la Collection de Bréquigny, conclut M. Bertrandy (p. 361), la plus grande partie des actes de munificence qui eurent pour prétexte le siège d'Aiguillon. On verra là de nouveaux témoignages de l'importance que la couronne d'Angleterre attachait non seulement à la conservation de cette place, mais encore aux conséquences de tout genre qui devaient nécessairement découler des circonstances de ce siège mémorable. »

Ce fut moins un siège qu'une véritable campagne autour de la place « et ne pourroit-on raconter, par nulle histoire, dit Froissart, siège où on eut fait tant de beaux faits d'armes et de grandes appertises, qu'il advint d'une part et d'autre ».

Cette belle défense d'Aiguillon, au midi, et la terrible bataille de Crécy, dans le nord, entraînèrent la prise de Calais, et assurèrent pour le moment le triomphe de l'Angleterre.

Une trêve qui devait durer jusqu'à la Saint-Jean 1348 fut conclue le 28 septembre 1347 ; puis, pour divers motifs, parmi lesquels doit être comptée l'épouvantable peste qui sévit en France en 1348 et 1349, cette trêve fut prorogée à plusieurs reprises jusqu'au 1er août 1351. Le fléau dévastateur provoqua une panique générale. Les villes furent désertes ; la reine de France, Jeanne de Bourgogne, fut une des innombrables victimes.

En l'année 1348, les comtes de Foix et de l'Ile-Jourdain sont nommés lieutenant du roi de France dans l'Agenais. Le premier était à la *bastide d'Aiguillon*, le 26 juin, probablement parce qu'il y était autorisé par la prorogation de la trêve : on croit qu'il y mourut de la peste qui faisait alors de grands ravages dans notre pays et dans l'Europe entière (3).

---

(1) *Rolles Gascons*, t. i, p. 123.
(2) *Bibl. Nat. mss. Bréquigny*, 75, f° 210.
(3) *Hist. du départ. de Lot-et-Garonne*, par J. F. Boudon de Saint-Amans, t. i, p. 211.

CHAPITRE V

Suite et fin de la Guerre de Cent Ans. — Les Montpezat seuls seigneurs d'Aiguillon

Plusieurs années d'épreuves avaient démontré la force du parti anglais. Ce fut ce qui détermina sans doute Amanieu III du Fossat, seigneur de Madaillan et co-seigneur du Fossat d'Aiguillon, à repasser, au mépris de la foi jurée, sous la bannière de l'Angleterre. Le roi de France, libéré de ses engagements par la félonie de ce baron, révoqua la cession qu'il avait consentie en sa faveur des paroisses de Cardounet, Doulougnac, Fraysses, Saint-Denis, Quissac et Saint-Julien (1). Mais c'est à son de trompe que le terrible du Fossat, peu ému des lettres de Philippe de Valois, affirmait ses droits sur le territoire le plus proche d'Agen. Le 17 septembre 1350, il somma les habitants de Saint-Cirq et de la Tricherie (2) de venir en son château lui prêter serment. Jamais pareille prétention n'avait été encore élevée au sujet d'une paroisse située bien en deçà du ruisseau Bourbon. Les Agenais décidèrent qu'ils avertiraient le maître des arbalétriers et le sire d'Albret de cette entreprise, faite d'ailleurs en violation d'une trêve. Si du Fossat persistait à occuper la juridiction, ils se prépareraient à le combattre.

Cependant Amanieu, parvenu aux limites extrêmes de la vieillesse, dut mourir vers la fin de cette année et eut pour héritier son fils, Amaury du Fossat, qui avait épousé Cécile de Durfort. Celui-ci n'existait plus en 1355 et son fils, Amanieu IV, lui succéda.

Un nouveau sénéchal, Raymond de Rabastens, seigneur de Campa-

---

(1) Lettres patentes de mars 1350. FF. 139. *Arch. départ. de Lot-et-Garonne.*
(2) La Tricherie devait être un lieu entre Madaillan et Agen dont le nom a changé.

gnac, fit son entrée dans Agen le 13 juin 1352. Le 3 juillet suivant, Craon, lieutenant du roi, assiégeait le château de Madaillan et chaque maison d'Agen fournissait un homme pour cette attaque, qui dut échouer (1).

Mais la guerre allait recommencer plus terrible que jamais.

Le comte d'Armagnac, qui avait réuni des forces considérables, fit des opérations assez heureuses dans l'Agenais en 1354. Beaucoup de places conquises par les ennemis furent réoccupées par les troupes françaises. Le 3 mai, ce lieutenant du roi était à Moissac, et le 13 nous le trouvons devant Boville, dont la soumission entraîna celle d'un grand nombre de châteaux des environs. Le 18, il assiégeait Frespech et ne craignait pas de mettre le siège devant Aiguillon qui, huit années auparavant, avait résisté à une puissante armée. Les Anglais accoururent au secours de cette place et le comte, s'étant replié vers Agen, investit Madaillan, devant lequel il échoua (2).

Le *Livre de la Jurade de la ville d'Agen* (pp. 352 et 355) donne sur ce siège d'Aiguillon les détails suivants :

« 21 mai. — Monseigneur d'Armagnac, qui était campé devant Aiguillon pour en faire le siège, écrit aux consuls qu'il a appris que l'ennemi se réunit en force à La Réole pour venir l'attaquer, et il demande qu'on lui envoie deux cents sergents vêtus d'armures de fer et munis de bassinets, d'arbalètes, de piques et autres harnais, lesquels devront marcher nuit et jour pour se rendre à son camp. La Jurade décide qu'on expédiera les deux cents sergents bien épuipés, et, en outre, vingt ou trente hommes d'armes à cheval, avec leurs sommiers, leur équipement, leurs tentes et leurs vivres, que ces soldats seront recrutés dans chaque quartier et que la ville payera leur solde, au cas où Monseigneur d'Armagnac ne la paye pas. Enfin, on s'emploiera du mieux qu'on pourra pour l'honneur de la ville et l'avantage du Roi et de Monseigneur d'Armagnac.

» 29 mai. — On estime une tente fournie par Guillaume des Cassagnes, pour la compagnie des sergents d'armes envoyés par les consuls au comte d'Armagnac. La valeur en est fixée à 30 deniers d'or à l'écu.

» 31 mai. — Ayant appris par une lettre de Monseigneur d'Arma-

---

(1) *Villes libres et Barons*, p. 35-41. — *Arch. départ.* BB. 16, fo 142.
(2) D'après l'abbé Barrère (*Hist. rel. et mon.*, etc., t II, p. 118), ce siège finit par une grande défaite du parti français (*Titres scellés de Gaignières*).

gnac que les Anglais doivent passer par Castelmoron pour venir l'attaquer sous les murs d'Aiguillon et craignant que l'ennemi ne se dirige du côté d'Agen, aujourd'hui que la ville est démunie de troupes, par suite du départ des soldats qui se rendent auprès de Monseigneur d'Armagnac, la jurade décide que chaque habitant, sans exception, montera la garde nuit et jour et mettra ses armes en état, qu'on tiendra des espions hors de la ville, qu'on fera double estilgach (ronde de nuit) et que Jean Lormer dirigera ces rondes à la place de Jean de la Devèze et B. Bocalh qui sont allés au siège d'Aiguillon.

» 9 juin. — Monseigneur d'Armagnac ayant accordé une somme de 200 livres tournois aux Agenais qui s'étaient rendus en armes devant Aiguillon, lorsque les Anglais avaient dû attaquer son camp, et qui y étaient restés depuis le samedi avant la Pentecôte jusqu'au jeudi suivant, il est arrêté que cette somme sera partagée entre ceux qui ont pris part à l'expédition, car c'est à eux seulement que Monseigneur en a fait don pour qu'ils s'amusent et fassent bonne chère. »

Le 14 juin, le comte d'Armagnac récompensait Aissieu de Montesquieu, chevalier, de ses bons services devant Aiguillon et Prayssas. Ces deux dernières places durent être attaquées du 28 mai au 10 juin 1354. La campagne cessa quelques jours plus tard (1).

Aiguillon dut souffrir de ce siège, car le roi d'Angleterre, par lettres du 18 février 1355, concéda un secours aux habitants pour réparer les murailles de l'enceinte (2).

Nous trouvons dans l'*Inventaire des sceaux de la collection Clairambault* (t. I, p. 541) une quittance de 120 livres tournois pour dépens fait par les consuls de Lectoure au service du roi de France devant Aiguillon, datée à Agen, sous le scel du consulat : *Ecu au bélier passant*, le 14 juin 1354 (3).

Au mois de septembre 1355, le roi Jean-le-Bon, considérant les bons

---

(1) *Hist. Gén. de Langued.*, t. IX, p. 646, note de M. Molinier ; et *Ville libre*, etc., p. 44.

(2) *Rolles Gascons*, t. I, p. 133. Thomas Carte écrit le nom de la ville sous la forme de : « Dert-Aculeus ».

(3) Le même *Invent. des Sceaux* porte (t. I, p. 613) : « Les consuls du Mas-d'Agenais. — Sceau rond, de 25 mill. *Trois mains appaumées sur champ orné.* — Clôture de la ville du Mas, 29 avril 1355. »

Et encore (t. I, p. 442) : « Pierre de Goutz, capitaine de Tonneins. — Sceau rond, de 22 mill. : *Ecu au lion sur champ festonné.* – Garde de Tonneins. Quittances de gages. 1er octobre 1355. »

services de Bertrand Fournier devant Aiguillon et ailleurs, lui donna des lettres de pardon (1).

En l'année 1354, l'Agenais fut réunie à la couronne de France (2), ce qui n'empêcha pas que le roi d'Angleterre n'y eût un sénéchal : Arnaud-Garcie III du Fossat, chevalier, seigneurs de Thouars, fils, je crois, de Gauthier VI du Fossat, exerçait alors ces fonctions.

La famille du Fossat était toujours puissante. Amanieu IV possédait des terres, fort loin du pays, jusques aux environs de Bordeaux. En effet, les *Archives historiques de la Gironde* (t. XVII, p. 144-145) mentionnent, à la date du 26 juin 1356, une reconnaissance féodale en faveur d'Amanieu du Fossat ainsi conçue : « Michel Rocher, bourgeois de Libourne, de sa bonne volonté reconnait et confesse, pour lui et tous ses héritiers, qu'il tient, d'après les coutumes du Bordelais, de noble et puissant messire Amanieu du Fossat, chevalier, seigneur de Madaillan et des terres de Condat et de Barbane (3), le jardin (lo casal) qui est en la paroisse de Saint-Jean de Libourne (4).

Le 21 septembre de l'année précédente, Amanieu IV et Arnaud-Garcie III du Fossat, chevaliers, sont témoins du serment que prêta aux Bordelais Edouard, prince de Galles, en qualité de lieutenant en Guienne et dans le royaume de France (5).

Un extrait des *Comptes de l'archevêché de Bordeaux*, de l'année 1354 nous apprend qu'Amanieu du Fossat et Rainfroid de Montpezat avaient séjourné au palais archiépiscopal du commencement de la seconde semaine de mars au jeudi suivant avec Guillaume-Arnaud de Grésignac, Amanieu de Chanteloup, chevaliers, et d'autres, et que leur dépense s'éleva à 11 florins 7 sterlings et 4 deniers bordelais (6).

---

(1) *Hist. Gén. de Langued.*, Ed. Privat, t. X, p. 1110.

(2) *Arch. Nat. Trés. des Ch.*, J. 82. Reg., p. 579.

(3) La terre de Barbane se trouvait dans la sénéchaussée de Périgord, non loin de Saint-Emilion.

(4) Condat et Barbane appartinrent à la fille de Gaillard du Fossat, d'après les lettres patentes de Henri IV datées du 18 février 1400, en faveur de H. Bowet et de ses héritiers : « Le roi, disent ces lettres, concède à H. Bowert et à ses héritiers les terres, revenus, etc., que feu Jean de Stratton, écuyer d'Edouard, prince de Galles, avait reçues d'Edouard, prince de Galles et de Richard II, savoir, entre autres, celles de Condat et de Barbane, lesquelles terres tint la fille de Gaillard du Fossat. » (*Arch. hist. de la Gir.* XV. 144-146.)

(5) *Arch. mun. de Bordeaux. Livre des coutumes*, p. 144.

(6) *Arch. hist. de la Gir.*, XXI, 320.

Amanieu et Arnaud-Garcie du Fossat figurent, en 1357, au nombre des députés chargés par le roi d'Angleterre de discuter les conditions d'une trêve avec les commissaires du roi de France (1). Trois ans après, le malheureux traité de Brétigny (8 mai 1360) livrait l'Agenais à l'Angleterre.

Prayssas fut cédé, en 1358, à Amanieu du Fossat (2). Ainsi la baronnie de Madaillan s'étendit fort avant dans le territoire du bailliage de Port-Sainte-Marie.

Par lettre du 18 février de cette année, Edouard III déclare qu'Amanieu du Fossat doit avoir le péage devant Aiguillon (3).

Le 28 octobre 1360, Amanieu du Fossat et Hélie de Pommiers sont commis par le roi d'Angleterre à la restitution des forteresses du Périgord, du Querci et de l'Agenais, en exécution de la convention de Calais (4).

En l'année 1363, les délégués de la ville d'Agen, convoqués dans la cathédrale de Saint-André de Bordeaux, prêtent au roi d'Angleterre et au prince de Galles le même serment que Rainfroid de Montpezat, Amanieu du Fossat et presque tous les seigneurs de la Guienne (5).

Dans les Comptes de Ricard Ffilongleye, écuyer, on trouve que le bailliage d'Aiguillon donnait au roi d'Angleterre, pour les années 1363 et 1364, 68 livres 10 sols, et le greffe de la cour, 10 sols ; pour l'année 1365, le bailliage, 35 livres, et le greffe, 20 sols ; pour l'année 1366, le bailliage, 30 livres, et le greffe, 10 sols. Le bailliage de Nicole, pour l'année 1363, ne donna rien parce qu'il était détruit « nihil quia destructum », et de même le greffe de la cour ; pour l'année 1364, le bailliage donna 100 sols, et le greffe, rien ; pour l'année 1365, le bailliage, 4 sols, et le greffe, 10 livres (6).

Jusqu'en 1370, les chroniques se taisent sur Aiguillon qui reste sous la domination anglaise. Mais une grande révolution se préparait ; la guerre allait recommencer. Depuis l'établissement du fouage, le Prince Noir était devenu si impopulaire, que presque tous les barons age-

---

(1) *Rymer*, t. III, part. I, p. 135.
(2) *Rolles Gascons*, t. I, p. 142.
(3) *Ibid.* t. I, p. 142.
(4) Arch. mun. de Bord. Livre des Coutumes, p. 109.
(5) J. Delpit. *Documents français*, p. 94, 98.
(6) J. Delpit : *Collection de documents*, ccxxiii, art. 715.

nais, aussi bien que les villes se déclarèrent contre lui (1). Cependant les seigneurs d'Aiguillon, Rainfroid de Montpezat et Amanieu du Fossat restèrent fidèles à la cause que leurs pères avaient toujours suivie. Le premier ne se rangera que trois ans plus tard sous la bannière de la France en même temps que le fils et héritier d'Amanieu, Bertrand Ier du Fossat, seigneur de Madaillan et autres lieux dès 1373 (2).

Le duc d'Anjou (3) commandait alors en Languedoc. Le roi Charles V, ayant prescrit au comte d'Armagnac de courir sus aux Anglais, en lui promettant son appui, les opérations recommencèrent. Un grand nombre de places étaient déjà gagnées à la cause française tant dans le Querci que dans l'Agenais et la Gascogne. Cahors, Montauban, Villeneuve d'Agen, Astaffort, la Sauvetat, etc., avaient donné leur adhésion (4). Le comte de Derby, Gautier de Mauny, Chandos n'existaient plus, et la France, avait au contraire, d'excellents capitaines formés et commandés par Du Guesclin.

Une armée, ayant à sa tête le duc d'Anjou et « pour gouverneur » le connnétable Du Guesclin, partit de Toulouse en juillet 1370. Elle avait pour principaux capitaines le comte d'Armagnac, le sire d'Albret, les vicomtes de Narbonne, de Carcassonne et de Beaucaire, entourés d'une nombreuse suite de seigneurs et accompagnés de deux mille chevaliers et de « six mille brigants à pied (5), à lances et à pavois », parmi lesquels un corps d'arbalétriers génois et savoyards renforcés en route d'un millier de routiers venus du Querci, le tout sous les ordres de Bertrand Du Guesclin, connétable de France, (ce qui veut dire de bons soldats et un vrai général).

Moissac se rend sans coup férir et obtient la confirmation de ses franchises municipales en récompense de sa prompte soumission. Agen, que les Anglais avaient occupé un moment, ne fait pas plus de résistance et le duc d'Anjou y met pour commandant le sénéchal Pierre-

---

(1) Voir *Commentaires critiques sur quatre années des chroniques de Froissart et du règne de Charles V* (1367-1370), par Siméon Luce. Paris, Renouard, 1878, p. 58 et 99.

(2) *Etude archéol. sur le château de Madaillan*, par G. Tholin, p. 32, 33.

(3) Louis Ier de France, comte de Provence, duc d'Anjou et du Maine, frère du roi Charles V, second fils de Jean II le Bon et de Bonne de Luxembourg (1339-1384).

(4) *Hist. de l'Agenais*, déjà citée, t. I, p. 139.

(5) Fantassins armés d'une brigantine, armure composée de lames articulées, liées entre elles et rivées sur une forte étoffe ou une peau.

Raymond de Rabastens. Les Français s'emparent de Port-Sainte-Marie, de Tonneins, de Montpezat, « ardant et exilant tout le pays », et viennent mettre le siège « devant le fort chastel d'Aiguillon. Là, continue Froissart, furent-ils quatre jours. Pour le temps de lors, il n'y avoit mie dedans la ville et chastel si vaillans gens que quand messire Gautier de Mauny et ses compagnons l'eurent en garde ; car ils se rendirent tantôt au duc d'Anjou : dont ceux de Bergerac furent moult émerveillés comme ils s'estoient sitôt rendus ». Dédaignant, en effet, les anciennes traditions, Du Guesclin avait adopté un nouveau système : à la tête de troupes dévouées et aguerries, il brusquait les attaques, et c'est ainsi qu'il s'emparait en quatre jours d'une place que le duc de Normandie, avec infiniment plus de monde, n'avait pu prendre au bout de cinq mois (1).

Il s'était passé sans doute, dès les premières hostilités, quelque fait d'armes devant cette place, puisque le duc d'Anjou, n'étant encore qu'à Moissac, accorda 2,000 francs d'or à Raymond de Rabasteins, sénéchal de Toulouse et capitaine général en Agenais, pour payer sa rançon, lequel avait été fait prisonnier en dernier lieu auprès d'Aiguillon (2). Le duc mit aussi, cette année, une bonne garnison dans ces villes reconquises, qui, rentrées dans le parti français, en arborèrent les couleurs (3).

A partir de cette époque jusques à la fin de la guerre de Cent-Ans, ce fut, durant 80 ans, une mêlée obscure des villes et des seigneurs de l'Agenais, alliés ou ennemis. Les actes d'héroïsme et les lâches trahisons ; des épisodes de places et châteaux pris et repris ; la chevalerie et le brigandage tantôt opposés et tantôt associés (4) ; la désolation générale du pays ; voilà comment se résume à grands traits notre histoire depuis la rupture du traité de Brétigny (1369) jusqu'à la sou-

---

(1) *Souvenirs archéologiques de la ville d'Aiguillon*, déjà cités. — *Hist. de l'Agenais*, déjà citée, t. I, p. 139-140. — *Hist. de l'Agenais, du Condomois et du Bazadais*, déjà citée, I, p. 433-434.

(2) *Ibid.* ; *Histoire du départ. de Lot-et-Garonne*, déjà citée, t. I, p. 330. — *Hist. gén. de Lang.*, Ed. Privat, t. X, p. 1434.

(3) *Ibid.*

(4) Parmi les plus illustres des chefs qui combattirent dans notre pays même pour la cause française, Du Guesclin, Rodrigue de Villandrando, notre compatriote Xaintrailles tirèrent grand parti des compagnies de brigands et des routiers.

mission complète de la Guienne, à la suite de la bataille de Castillon (1453) (1).

Amanieu du Fossat et Rainfroid de Montpezat combattirent l'un à côté de l'autre dans des conditions qui ne nous sont pas connues, et furent défaits. Antoine, bâtard de Terride, contribua au péril de sa vie à les faire prisonniers. Ils étaient entre les mains du roi de France en novembre 1371 (2).

Amanieu IV du Fossat était mort en l'année 1373, époque où son fils soutenait la cause française : Bertrand du Fossat avait assuré, en effet, la reddition de la bastide très forte de La Parade et Charles V, reconnaissant de ce service, lui avait laissé le gouvernement et les revenus de ce bailliage (3).

En l'année 1374, la situation est changée : la supériorité anglaise est contrebalancée ou semble disparaître avec le Prince Noir. Les seigneurs d'Aiguillon, Rainfroid de Montpezat et Bertrand du Fossat sont dans le parti français, lorsque le duc d'Anjou revient à cette époque combattre le duc de Lancastre dans la province. Le lieutenant du roi de France marche sur Agen avec une armée de 15,000 hommes, dans laquelle servait Du Guesclin. La Réole, Penne-sur-Lot, reprises sans doute pendant l'absence du duc d'Anjou ; Condom, Fleurance, etc., se rendent sans coup férir. Divers gentilshommes de l'Agenais et plusieurs communes s'étaient réunies aux troupes françaises, entre autres, le sire de Fimarcon, Jean de Durfort, Gaston de La Parade, le sire de Montpezat (Rainfroid), Pierre de Moncaut, Hugues Renot, capitaine de Cuzorn, maître Gaubert de Caravelle, Grimond de Birac, Bertrand du Fossat, les bourgeois de Marmande et les gens de Monflanquin ; et cette armée met le siège devant Tonneins, qui ne fait pas de résistance. Enfin, l'année suivante, une trêve entre la France et l'Angleterre est conclue à Bruges. Après tant de sièges, tant de batailles il fallait bien respirer (4).

Rainfroid de Montpezat possédait au comté de Fezensac, les baron-

---

(1) *Ville libre et Barons*, p. 52, 53.
(2) *Etud. archéol. sur le château de Madaillan*, déjà citée, p. 35. — *Hist. gén. de Lang.*, Ed. Privat, t. x, p. 1460 : Lettres de rémission accordées à Antoine de Terride.
(3) *Etud. archéol.*, etc., p. 35. — Voir *Deux comptes financiers de l'Agenais sous Charles V* : Recueil des trav. de la Soc. d'Agric. d'Agen, 2ᵉ série, t. vi, p. 34.
(4) *Hist. du départ. de Lot-et-Gar.*, déjà citée, t. i, p. 252-253.

nies de la Graulet, les paroisses de Saint-Pierre d'Arquissan, Saint-Jean de Breneux, Saint-Michel de Fontanha, de Sévignac, etc., dont il fit hommage, le 2 décembre 1378, à Jean II dit le Bossu, comte d'Armagnac et de Fezensac (1). Le 18 juillet 1385, il avoue tenir en fief noble de Jean III, comte d'Armagnac, de Fezensac et de Rodez, la partie qui lui appartient en la baronnie de la Graulet (2)

Rainfroid laissa au moins deux fils : 1° Amanieu III, qui suivra; 2° Arnaud de Montpezat, auteur des seigneurs de la Graulet, et probablement 3° Marie, qui épousa Pierre de Gélas, seigneur de Bonas (3).

Bertrand du Fossat fut seigneur de Madaillan et d'Aiguillon de 1373 à 1384. Il avait épousé Jeanne d'Astarac, dont il eut pour fille et unique héritière Jeanne du Fossat (4). La branche aînée tomba ainsi en quenouille.

Jeanne du Fossat se maria avec Simon de Bécarn. De cette union ne provint qu'une fille unique, Jeanne de Bécarn, dame de Madaillan et d'Aiguillon, qui épousa en l'année 1405 Raymond-Bernard de Montpezat, fils d'Amanieu III, chevalier banneret, seigneur baron de Montpezat, Madaillan, Aiguillon et en partie de La Graulet, etc., (5).

Depuis ce dernier mariage, les Montpezat, héritiers des Lunac et des du Fossat et, par conséquent, seuls seigneurs d'Aiguillon, eurent comme leurs prédécesseurs, l'honneur de donner au pays des sénéchaux et de vaillants capitaines. Maîtres du vaste territoire qui s'étend des rives du Lot, d'Aiguillon à Sainte-Livrade, jusques au ruisseau Bourbon, à une heure de marche d'Agen, et gagnés à la cause française depuis 1373, ils combattront cinquante ans pour elle dans une guerre incessante, remplie d'épisodes de villes et de châteaux pris et repris. Leur longue fidélité et leurs éminents services rendus au milieu des plus grands périls les placent au premier rang parmi les capitaines agenais qui contribuèrent à chasser l'ennemi de la province.

---

(1) *Bur. des fin. de Montauban. Trés. généal. de D. Villevielle*, t. 61.
(2) *Ibidem*.
(3) *Nobil. de Guienne et de Gascogne*, déjà cité : *Généal. des Montpezat*, t. IV, p. 293.
(4) *Ibid.* p. 297 ; et *Généal. manusc. des du Fossat*, par la comtesse Marie de Raymond aux *Arch. dép.*
(5) *Nobiliaire*, déjà cité.

Amanieu III de Montpezat, sénéchal d'Agenais, et son fils Raymond-Bernard joueront l'un et l'autre un grand rôle (1).

Le 10 juin 1398, Amanieu de Montpezat prête serment de fidélité et fait hommage lige, pour la moitié de La Graulet, à Bernard VII, comte d'Armagnac (2).

Il reçoit procuration, le 22 novembre 1401, de Bertrand de Durfort, seigneur de Gavaudun et de Laroque-Timbaut, pour exposer à Jean de France, duc de Berry, lieutenant général pour le roi en Guienne, que la guerre, la peste et autres malheurs ont dévasté quarante lieues du pays qui lui appartiennent, lesquelles contrées sont environnées de tous côtés par les Anglais (3).

Aiguillon ne resta pas longtemps au pouvoir du roi de France, car nous voyons qu'à la date du 14 décembre 1401, le roi d'Angleterre autorisa Bernard de Lesparre, chevalier, seigneur de La Barthe, sénéchal d'Agenais, à percevoir les droits accoutumés dans la ville d'Aiguillon, jusqu'à ce que le château de Marmande qu'avait ledit Bernard depuis 1383 et que les Français lui avaient enlevé, fut retourné à l'obéissance du monarque anglais (4). Le 18 décembre 1403, ce prince donna au même chevalier, son sénéchal, 100 livres sur la coutume des vins à Aiguillon (5).

En l'année 1405, le Port-Sainte-Marie, Aiguillon et la terre de Caumont se rendent au comte d'Armagnac, qui prend ensuite Langon et se présente devant Bordeaux (6).

Aiguillon fut presque aussitôt reconquis par les Anglais, puisque, le 9 novembre 1409, le roi d'Angleterre, Henri IV, donnait encore à Bernard de Lesparre, le droit de prélever le péage sur toutes choses passant par cette ville (7).

Les Français perdent en 1415 la bataille d'Azincourt. Le royaume

---

(1) *Etude archéol. sur le château de Madaillan*, déjà citée, p. 24.
(2) *Rec. des trav. de la Soc., d'Agric. d'Agen*, 1re série, t. VI, p. 203.
(3) *Trés. généal. de D. Villevieille. Arch. de l'abbaye d'Eysses*.
(4) *Rolles Gascons*, t. I, p. 188.
(5) *Ibidem*.
(6) *Arch. mun. de Bord.*, t. V, p. 690. *Livre des Coutumes*.
(7) *Rolles Gascons*, t. I, p. 193.

est innondé d'ennemis de toute espèce. Amanieu de Montpezat eut à à soutenir de nombreuses guerres. Prayssas, qui lui appartenait, se rend en 1418 à Pons de Castillon, qui combattait à la solde des Anglais et avait déclaré la guerre au sire de Montpezat. Celui-ci ne tarde pas à entrer dans la place, et poursuivant ses succès, s'empare de Monbran, près d'Agen, et de Sainte-Livrade, qui obéissait à son adversaire. Sainte-Livrade et son château tombent, deux ans après, au pouvoir des ennemis, qui s'y introduisent par la porte du Bourg: le seigneur de Montpezat les reprend aussitôt, nuitamment et par escalade, aidé des habitants d'Agen. Dolmayrac, Frégimont, Quittimont subissent le même sort, sans résistance (1).

Le 10 mai 1419, Amanieu de Montpezat passe à Carcassonne la revue de sa compagnie dans laquelle servent Jean de Galard, baron de Brassac, Paul de Galard-Brassac, Bernard d'Aux, Roland de Roland, Bernard de Pardaillan, etc., (2).

Nous trouvons mentionnées dans *l'Inventaire des sceaux de la collection Clairambault*, (t. I, p. 679) les quittances de gages suivantes :
» Amanieu, seigneur de Montpezat et de Madaillan, chambellan du Régent, chevalier.
» Sceau rond, de 33 mill. *Ecu écartelé : aux 1 et 4, deux balances l'une sur l'autre ; aux 2 et 3, trois bandes ; penché, timbré d'un heaume à lambrequins cimé d'une touffe.* — Frais d'un voyage vers le comte d'Armagnac, 11 février 1420 (n. st.).
» Le même, même sceau de 36 mill. Ecu le même. Dans le champ des rinceaux. Guerre de Languedoc et de Guienne. Quittance de gages, 10 avril 1421.
» Raymond-Bernard de Montpezat, chevalier.
» Sceau rond, de 30 mill. *Ecu écartelé : aux 1 et 4, deux balances l'une sur l'autre ; aux 2 et 3, trois bandes ; le tout au lambel ; penché, timbré d'un heaume à lambrequins cimé d'une touffe.* — Guerres de Languedoc et de Guienne. — Quittance de gages, 22 juin 1421. »

En l'année 1425, le roi de France Charles VII, nomme le comte de Foix, gouverneur de Languedoc, pour courir à l'encontre des An-

---

(1) *Hist. du départ. de Lot-et-Gar.*, déjà citée, t. I, p. 243 et suiv.
(2) *Docum. hist. sur la maison de Galard*, déjà cités, t. IV, p. 1013 et 1014.

glais et des autres ennemis. Il retient Amanieu de Montpezat, son sénéchal d'Agenais, ainsi que trois chevaliers bacheliers, Raymond-Bernard de Montpezat, Jean de Durfort et Bernard de Meymont, avec 60 hommes d'armes et 30 de trait, (des arbalétriers sans doute) (1).

En 1427, la ville de Marmande, tombée par trahison entre les mains des Anglais, est reprise ensuite par les seigneurs d'Albret et de Montpezat (2).

Les ennemis qui tenaient Aiguillon depuis une vingtaine d'années perdent cette ville qui repasse aux Français, en même temps sans doute que Marmande.

Cependant les Anglais la réoccupent en 1430 et mettent le siège devant le château dont ils ne peuvent s'emparer. Ils y perdent même leurs meilleurs soldats. Contraints de se retirer avec les prisonniers qu'ils avaient faits, ils livrent Aiguillon au pillage et aux flammes (3).

Il y eut alors un affreux débordement de la Garonne (4).

En dépit des faits immenses qui s'accomplissaient sur d'autres points du royaume, l'état de guerre s'était maintenu en Guienne, où se livraient maints combats, où se succédaient les escarmouches, les coups de mains et les surprises. Amanieu de Montpezat soutenait avec vaillance le parti de Charles VII, lorsqu'en 1432 le baron de Frespech (5) qui suivait la bannière anglaise, forma le projet de surprendre Bajamont. Mais ce dernier tomba lui-même dans une embuscade que lui tendit le sire de Montpezat, et sa suite fut taillée en pièces. Aussitôt, le vainqueur, ayant pris du renfort dans Agen, entreprit le siège du château de Lafox, d'où le repoussent Naudonet de Lustrac et le sire de Boville (6).

« Montpezat, écrit M. Samazeuilh (7), déployait dans sa sénéchaussée un courage et une constance qui doivent nous rendre chère la mé-

---

(1) *Hist. du départ.*, etc., déjà citée, t. I, p. 247. — *Hist. gén. de Lang.* Ed. de 1840, p. 30.

(2) *Ibid.* p. 249.

(3) Darnald : *Antiquitez agenoises,* f° 100 ; — *Souvenirs archéol.,* déjà cités.

(4) *Hist. du départ.* etc., t. I, p. 249-250.

(5) Bernard, baron de Montferrand, sénéchal de Guienne, ou Bertrand, son second fils (*Nobil.* déjà cité, t. IV, p. 295.)

(6) *Hist. de l'Agenais, du Condomois et du Bazadais,* déjà citée, t. I, p. 462.

(7) *Ibidem.*

moire de cet officier. En 1434, il enlève le château de Lusignan ; en 1435, c'est le tour de Castelmoron-sur-Lot, qu'il fait démanteler. » Ces deux châteaux furent peut-être pris par Raymond-Bernard de Montpezat et non par le vieux sénéchal, son père (1).

La Garonne surmonte ses bords en 1435, s'élève beaucoup plus haut qu'en 1430 et cause des dommages incalculables. D'après les récits contemporains, c'est le plus grand débordement de ce fleuve dont on ait conservé le souvenir (excepté, je pense, celui de 1875). Labrunie le croyait plus considérable que celui de 1770 (2).

Raymond-Bernard, seigneur baron de Montpezat, de Madaillan, d'Aiguillon, de Dolmayrac, de Sainte-Livrade, etc., chevalier bachelier en 1425, puis chevalier banneret dix ans plus tard, a, comme son père, commandé avec intrépidité, livré bien des assauts, pris bien des villes et des forteresses.

Il était à la tête d'une compagnie d'hommes d'armes dont les *Archives historiques de la Gironde* (t. III, p. 65) mentionnent la revue passée dans Agen le 18 novembre 1435 et composée du chevalier banneret de Montpezat, d'un chevalier bachelier et de 28 écuyers.

En 1439, Naudonet de Lustrac chasse les Anglais de Monségur et de Sauveterre. L'année suivante, l'aventurier Rodrigue de Villandrando reparaît et surprend le même Monségur et Fumel, pendant que les *Libertins*, commandés par le baron de Puypardin (3) et faisant pour leur propre compte, se rendent maîtres du lieu et du château de Caumont. Mais bientôt Raymond-Bernard de Montpezat s'empare de Monségur, et la ville de Clairac, qu'il surprend, est emportée par escalade à la faveur de la nuit et des *brouées*, sorte de brouillards épais qui lui facilitent les abords de la place assaillie, au moment où les sentinelles descendent les murailles pour être relevées à leur poste. On dit aussi que Montpezat dut la réussite de cet heureux *coup de main* au bruit, qu'une servante, gagnée à son parti, faisait en blutant ou tamisant de la farine, et chantant de toute sa force. Fumel est aussi reconquis dans le même temps (4).

---

(1) *Nobiliaire*, cité, t. IV, p. 296. — M. de Saint-Amans *Hist. du départ.*, t. I, p. 251-252) attribue la prise de ces deux places à Raymond de Montpezat.

(2) *Hist. du départ.*, t. I, p. 252.

(3) N. du Chemin, baron de Lauraët et de Puypardin en Condomois. Il commandait une troupe d'indisciplinés qu'on appelait *Libertins*, c'est-à-dire indépendants.

(4) *Hist. du départ.*, t I, p. 254-255.

En l'année 1442, Charles VII reçoit dans la vallée de la Garonne la soumission de plusieurs villes, y compris Marmande, dont les clefs lui sont remises à Agen. La Réole, qui dut être assiégée en avril, ne tient que trois jours ; puis le roi divise son armée et se retire à Montauban en passant par Aiguillon, où il séjourne et accorde aux habitants une somme de 1,000 livres, à titre d'indemnité de ce qu'ils avaient souffert dans les dernières guerres (1).

Enfin Bordeaux se rend avec toutes les autres villes et tous les châteaux-forts de la Guienne en 1451. Castillon, la dernière place qui résiste, tombe au pouvoir des Français en 1453, et Aiguillon, à l'exemple des autres bastides de l'Agenais, promet de rester fidèle au roi et à la couronne de France.

Raymond-Bernard de Montpezat s'était marié trois fois, d'abord, en 1405, avec Jeanne de Bécarn, dame de Madaillan, d'Aiguillon, etc., fille et héritière de Simon de Bécarn et de Jeanne du Fossat, dont il eut Amanieu IV de Montpezat, tué à la reddition de Bordeaux sans laisser de postérité ; ensuite, avec Catherine de Caumont, dont il eut Charles, qui continuera la descendance des seigneurs de Montpezat, d'Aiguillon, etc. ; enfin, avec Catherine de Cours, dont il eut Bernard de Montpezat, seigneur de Montazet et de Boussères (2).

Charles, seigneur baron de Montpezat, de Madaillan, d'Aiguillon, de Prayssas, de Dolmayrac et de Sainte-Livrade (après la mort de son frère Amanieu IV en 1451) occupait, comme ses prédécesseurs, les six paroisses de la frontière nord-ouest, de l'ancien bailliage d'Agen, Cardounet, Doulougnac, Fraysses, Saint-Denis, Quissac et Saint-Julien. Une transaction fut bien passée avec Amanieu IV du Fossat en novembre 1369. Les consuls abandonnaient à ce dernier les paroisses de Cardounet, Fraysses et Saint-Denis, à la condition de recouvrer les autres ; mais ce contrat ne fut pas exécuté de la part du seigneur de Madaillan (3). Quand la paix fut assurée et la Guienne pacifiée, la question de voisinage et de limitation restait entière avec les Montpezat, alors représentés par Charles, fils de Raymond-Bernard.

Les consuls d'Agen obtinrent, en l'année 1462, des lettres par lesquelles le roi mandait au juge ordinaire d'assurer la restitution des pa-

---

(1) *Hist. de l'Agenais*, déjà citée, t. I, p. 165 ; — *Antiquitez agenoises*, f° 103.
(2) *Nobiliaire*, déjà cité, t. IV. p. 297-298.
(3) *Ville libre et Barons*, déjà cités, p. 51.

roisses au profit des habitants de cette ville si le droit de ces derniers lui paraissait établi. Mais Charles de Montpezat réussit, l'année suivante, à faire remettre la décision du procès au sénéchal de Périgord, qui lui était favorable. Ce *committimus*, cette façon de « deffuire, délayer et évader la justice » indignèrent les Agenais qui poursuivirent un autre règlement de juges. En l'année 1466, la connaissance de cette cause fut attribuée au Parlement de Bordeaux. Les mémoires soumis à cette cour par les deux parties sont rédigés sous une forme sommaire. Ceux des consuls, fort passionnés, contiennent quelques aperçus sur les contestations antérieures, puis une discussion des faits et de graves accusations contre Charles de Montpezat, qui emploie des procédés arbitraires et exerce des violences contre tous ses voisins (1).

L'historique des longs débats entre la ville d'Agen et les barons de Madaillan est incomplet. L'origine des premières usurpations est mal déterminée; de plus, en droit, les Agenais soutiennent cette thèse que les actes des rois d'Angleterre, tenus pour usurpateurs, sont nuls. Admettre ce principe dans une province si longtemps occupée par les Anglais et dont la capitale regrettait peut-être encore l'ancien régime, c'eut été tout bouleverser. On pouvait sans doute opérer une révision sévère de ces titres mais non proclamer leur abolition absolue, sans examen préalable.

Les consuls déclarèrent leur intention de ne pas s'en tenir aux termes de la transaction de 1369, consentie expressément par la ville et relativement avantageuse. C'était une faute et leurs revendications excessives affaiblissaient la force de leurs requêtes parfaitement justifiées pour quatre paroisses.

Les services rendus à la cause française par les Montpezat depuis un demi-siècle, sont également méconnus par les consuls qui affectent de les confondre avec les du Fossat. Tout le factum contre Charles de Montpezat est à étudier. On y verra quels risques on courait alors à faire un procès à de si puissants seigneurs et comment un séjour dans les basses fosses du château de Madaillan refroidissait la passion des plaideurs. La noblesse elle-même, les seigneurs de Cours, de Pujols, de Lasserre, de Boville, de Bajamont, de Lusignan, de Péleguignon devaient, sans se plaindre, laisser ravager leurs champs par les hommes de leur terrible voisin de Montpezat. A leur tour, l'abbaye de Clairac, le prieur de Sainte-Livrade étaient dépouillés par lui, qui encourait une excommunication du pape. L'abbaye de Pérignac, autre-

---

(1) *Ville libre et Barons*, p. 193-197 (note H) renferme une partie de ce factum.

fois florissante, était réduite à une sujétion absolue. Et de même Saint-Sardos qui avait appartenu au roi et au monastère de Sarlat, au commencement du xiii° siècle. Enfin, le pillage des récoltes, des coups de main comme en temps de guerre, des impositions arbitrairement levées sur un immense territoire soumis par la terreur : c'est un sombre tableau de l'état du pays entre le Lot et la Garonne à cette époque.

Les consuls d'Agen étaient sans doute assez peu fixés sur l'origine des propriétés que Charles de Montpezat tenait des du Fossat, ou de ses ascendants. Certains droits sur Aiguillon, Saint-Salvy et Sainte-Livrade attaqués par eux sont établis par des actes du commencement du xiv° siècle. Nous avons vu Prayssas cédé au seigneur de Madaillan en 1358. Ce sont là des titres sérieux.

La place forte de Montpezat est située presque au centre de ces positions éloignées de Sainte-Livrade, Aiguillon, Saint-Salvy, Prayssas, Madaillan. Il est évident que les seigneurs de Montpezat s'efforcèrent de relier ces villes et ces châteaux en supprimant les enclaves. C'est en poursuivant ce but qu'ils commirent de criantes injustices, telles que l'annexion des paroisses du bailliage d'Agen entre Madaillan et Prayssas, la saisie des domaines de l'abbaye de Pérignac, l'occupation de Saint-Sardos, etc. Et de même, là où le seigneur de Montpezat n'avait qu'une partie des pouvoirs et des revenus comme à Sainte-Livrade, en paréage entre le roi et le prieur, comme à Aiguillon, il cherchait à tout absorber.

Il y avait des circonstances atténuantes : son père et son grand père avaient eu à conquérir ou à défendre tout ce territoire ; le roi ne réclamait pas toujours ses droits ; la possession de fait était déjà longue. Surtout, avant tout, Charles était le plus fort.

La défense de ce dernier est faible : il invoque la prescription résultant d'une possession de 90 ans. Il tient pour non avenue la transaction de 1369 sur les paroisses, parce qu'elle ne lui parait pas en forme et qu'elle n'a pas été exécutée. Quant à ses titres, il ne peut les produire, attendu que ses archives ont été détruites par les Anglais, lors de la prise du château de Montpezat (1).

Bien que le procès ait donné lieu au Parlement à des audiences des grands jours, il traînait en longueur. Le duc de Guienne, frère de Louis XI, alors engagiste de l'Agenais, le trancha par un acte d'autorité. Pendant un séjour à Cahors, il rendit une ordonnance en date

---

(1) La partie principale de ce fragment est publiée à la suite du factum des consuls, note H, p. 198-200 de *Ville libre et Barons*.

du dernier février 1470, par laquelle il déclarait la cause instruite. Son procureur avait vérifié ses droits, communs avec ceux des consuls d'Agen, sur tout le territoire de la rive gauche du ruisseau Bourbon. Ces droits lui avaient paru bien établis par une transaction, celle de 1369. En conséquence, il ordonnait à son trésorier, Pierre Morin, de se saisir de toute la partie des paroisses de Pauliac, de Saint-Julien et de Cardounet situées en deçà du ruisseau Bourbon par rapport à Agen. Au cas où cette saisie donnerait lieu à des contestations, la cause devrait être portée par devant les gens de ses comptes et trésoriers. Charles de Montpezat dut se résigner à accepter cette décision.

Une entente se fit entre les deux parties et l'on résolut de mettre fin à toutes les contestations présentes et futures en souscrivant un acte solennel.

Donc, le 31 juillet 1470, les consuls d'Agen, les procureurs du duc de Guienne, Charles de Montpezat et de nombreux témoins, réunis dans la cathédrale Saint-Etienne, passèrent un accord qui peut se résumer ainsi :

Il fut décidé que le seigneur de Montpezat conserverait tout le territoire situé au-delà du ruisseau Bourbon, et de plus une portion de terre sur la rive gauche du même ruisseau, en face de son château de Madaillan, confrontée à l'est par Manieudalle, à l'ouest par une ligne du nord au sud faisant face à Cardounet, au sud par la ligne continue des rochers qui dominent le coteau. Au-dessus de la source du ruisseau Bourbon, la limite était déterminée par le chemin dit La Gaute, tendant de Savignac à Fauguerolles.

Charles de Montpezat déclarait se désister de toute prétention sur le territoire de Saint-Pierre de Pécharoumas (Montréal) et Saint-Cirq, c'est-à-dire sur un point qu'il avait récemment tenté d'usurper (1). Il abandonnait de même toute la partie des paroisses de Cayssac, Pauliac, Saint-Julien, située sur la rive gauche du ruisseau Bourbon. En somme, ce petit cours d'eau séparait, sur tout son parcours d'une longueur de 12 kilomètres, la juridiction d'Agen de la baronnie de Madaillan, sauf une enclave en face du château. Enfin Charles de Montpezat faisait la réserve des droits féodaux qui pouvaient lui appartenir sur les territoires reconnus comme faisant partie de la juridiction d'Agen.

---

(1) Voir l'avisement des consuls, note H, de *Ville libre et Barons*, p. 54-63.

Ce traité subsista jusques en 1790 (1).

Charles de France, voulant prendre possession du duché de Guienne qui vient de lui être donné en apanage par son frère Louis XI, se substitue à toutes les prétentions que les rois de France ou d'Angleterre ont eues, successivement durant plusieurs siècles ou simultanément, sur les terres des seigneurs de Guienne qui n'étaient pas de leur parti ; et comme il avait nécessairement fallu être d'un parti opposé à l'un des deux monarques ennemis, le nouveau duc peut élever des prétentions à peu près sur toutes les terres seigneuriales, successivement confisquées dans le passé par le roi de France ou par celui d'Angleterre. Il lui suffit de les qualifier de terres usurpées.

A cet effet, le 7 octobre 1469, le duc de Guienne, étant à Saint-Jean-d'Angely, charge Pierre Morin, son trésorier-général, Jacques de Berzian, maître de ses comptes, et Bertrand de Gotz, lieutenant du sénéchal d'Agenais, de faire rentrer, dans le domaine du duc, différentes seigneuries prétendues usurpées. Réunis à Lectoure, le 13 décembre 1469, les trois commissaires dressent la liste des principales usurpations venues à leur connaissance. Cette liste donne la mesure des prétentions ducales ; reste à prouver que les terres revendiquées ont réellement été usurpées.

« S'ensuyt la teneur du Rolle.

» Premièrement, le seigneur de Montpesat occupe la cité d'Agen, six paroisses.

» Item, plus, ledit seigneur occupe partie de la juridiction de Sainte-Livrade.

» Item, plus,... les héritaiges et les aglans dudit lieu de Sainte-Livrade.

» Item, plus,... deux places, c'est assavoir Saint-Cerdos et Saint-Damien.

» Item, plus.... le lieu d'Aiguillon.

» Item, plus,... envyron quatre paroisses au lieu de Damazan.

» Item, plus,... tant au Port-Sainte-Marie que à Nicole plusieurs paroisses (2) ».

Nous avons vu plus haut en quoi consistaient les usurpations de

---

(1) Nous avons emprunté à M. G. Tholin le résumé de cette affaire dans son savant volume *Ville libre et Barons*, p. 54-63.

(2) *Arch. hist. de la Gironde*, t. v, 339 et 344.

Charles de Montpezat. Les seigneuries qu'il possédait alors ont formé plus tard le duché d'Aiguillon, ce qui prouve que les revendications des trois commissaires n'étaient pas sur bien des points justifiées (1).

Le 20 août 1472, Charles de Montpezat fait hommage au roi pour les châteaux et châtellenies de Montpezat, Aiguillon, Prayssas, Dolmayrac et la terre de Noaillac avec ses appartenances et dépendances dans la juridiction de Penne d'Agenais.

En 1476 et 1478, il donne à cens perpétuel plusieurs fonds situés au territoire de Sainte-Livrade (2).

Du 14 janvier au 14 mars 1484, des Etats-Généraux se tiennent à Blois. Les députés de la sénéchaussée d'Agenais sont messire Christophe, vicaire de l'Evêque d'Agen, pour le clergé ; Charles de Montpezat, pour la noblesse et Jean de Gailleto, pour le tiers-état. On obtint quelques concessions royales et une foule de promesses qui n'eurent d'autres suites (3).

Le 14 juin suivant, Charles de Montpezat est témoin dans le château d'Orthez en Béarn du mariage de Jean d'Albret, avec Catherine de Foix, reine de Navarre, comtesse de Foix, dame de Béarn, comtesse de Bigorre et vicomtesse de Castelbon (4).

Charles de Montpezat avait épousé, en 1466, Jeanne de Roquefeuil, fille de Jean de Roquefeuil-Blanquefort, chevalier, seigneur baron de Roquefeuil, Blanquefort, Combret, Castelnau de Montratier, Comptor de Nant, etc., et d'Isabeau de Peyre, et petite-fille d'Antoine, chevalier, baron des mêmes lieux, comte de Rozan, et de Delphine d'Arpajon-Lautrec.

Il meurt en 1484 laissant de sa femme :

1° Guy, qui suivra ;

2° Antoine de Montpezat, chevalier, seigneur de Laugnac ;

3° Pierre de Montpezat, seigneur de Blanhac ;

4° Alain de Montpezat, seigneur de Thouars et de Laugnac, auteur des barons et comtes de Laugnac et des seigneurs de Poussou, de la Tuque et de Lestelle ;

---

(1) *Nobiliaire*, déjà cité, t. IV, p. 300.
(2) *Ibid.* p. 300 et 301.
(3) *Hist. de l'Agenais*, déjà citée, t. I, p. 178.
(4) *Hist. de Gascogne*, par l'abbé Monlezun, t. VI, p. 394.

5° Jeanne (mariée, selon les apparences, avec Montpezat Corbon, dit d'Hozier dans un mémoire généalogique de Montpezat, annoté par lui (1).

Guy, seigneur baron de Montpezat, Madaillan, Aiguillon, Dolmayrac et en partie de Sainte-Livrade, fut sénéchal d'Agenais de 1493 à 1498.

En 1492, Jean, bâtard d'Armagnac, s'étant emparé du château de Cancon appartenant alors aux héritiers mineurs de Jean de Laperche, dit de Verdun, y tenait sous ses ordres une troupe dangereuse. Sur mandement de Charles VIII, Charles d'Orléans, comte d'Angoulême, lieutenant du roi en Guienne, donne mission à son chambellan, Jean de Saint-Gelais, de s'emparer de cette place. Une armée que rejoignit Guy de Montpezat, sénéchal d'Agenais, se présente, en effet, devant le château, qui est presque entièrement détruit. Les aventuriers qu'il abritait sont exterminés et leur capitaine disparait (2).

Nous avons déjà vu que du mariage de Raymond-Bernard de Montpezat, grand père de Guy de Montpezat, avec sa troisième femme Catherine de Cours était issu Bernard de Montpezat, seigneur de Montazet (3) et de Boussères (4). Or, ce dernier avait eu de sa femme, Catherine de Montagudet, deux filles : Jeanne et Antoinette.

La première, dame de Montazet et de Boussères, porta ces deux seigneuries dans la maison de Malvin, par son mariage, contracté le 23 décembre 1489, avec Charles de Malvin, frère puîné d'Imbert de Malvin, seigneur de La Lanne, près Nérac, et fils de Menjon de Malvin (5), seigneur de La Lanne, capitaine et gouverneur de la ville de

---

(1) *Nobiliaire,* déjà cité, t. IV, p. 301-302.

(2) *Hist. de l'Agenais,* déjà citée, t. I, 179-180 ; — *Hist. de la ville et des seigneurs de Cancon,* par L. Massip, p. 120-126.

(3) Montazet, ancienne maison noble située dans la paroisse de Saint-Côme.

(4) Boussères, ancienne maison noble située sur les bords du Lot, dans la paroisse de Sainte-Radegonde, près d'Aiguillon.

(5) On ignore l'origine de la maison de Malvin, mais elle peut passer sans contredit pour une des plus anciennes de la province. Les seigneurs de La Lanne du surnom de Malvin étaient établis et connus dans l'Albret et le Condomois vers le milieu du XI° siècle. Leur filiation est prouvée depuis 1325 par la double autorité des contrats de mariage et testaments et par celle des hommages qui établissent la possession des terres.

1. Bertrand de Malvin, seigneur de La Lanne, rend hommage le 1er avril 1325 à Amanieu d'Albret, chevalier, seigneur de Nérac, pour tout ce qu'il possédait « en lou

Nérac pour le sire d'Albret. L'acte de ce mariage fut passé dans la maison de Bernard de Montpezat, habitant d'Aiguillon, en présence d'Imbert de Malvin, frère dudit Charles, de Guy, seigneur baron de Montpezat, Madaillan, Sainte-Livrade, Aiguillon, etc., de Bernard de Montagudet, seigneur dudit lieu, oncle de ladite Jeanne de Montpezat et de Jean de Preissas, seigneur de Quissac. Jeanne, ayant passé à la succession des biens de ses père et mère par la transaction qu'elle fit le 9 février 1502 avec Antoinette de Montpezat, sa sœur, dame de La Lanne, réunit sur sa tête tous les biens de cette branche des seigneurs de Montpezat, dont la seigneurie de Montazet faisait partie : c'est de cette époque que Charles de Malvin, son mari, prit le nom de seigneur de Montazet et qu'il écartela ses armes de celles de Montpezat, comme en ayant épousé une héritière : « au 1 et 4 d'azur, à 3 étoiles d'or posées 2 et 1, et au 2 et 3 de gueules, à 2 balances d'or posées l'une au-dessus de l'autre ». Il fut l'auteur de la branche de Malvin, connue sous le nom de seigneurs de Montazet, que ses descendants ont toujours conservé.

A son tour, la seconde fille de Bernard de Montpezat, Antoinette, se maria, le 9 février 1502, avec Charles de Malvin, neveu dudit Charles

---

loc de La Lana, et en signe de féaltat lou dit Bertrand beysset à la bouque lou dit Monsenhor N. Amanieu. » Il épousa Anne de Bouzet et en eut :

II. Jammes de Malvin, damoiseau, seigneur de La Lanne, qui testa le 1er mars 1398 et voulut être enterré dans la chapelle de Sainte-Marie, près de son château, où noble Bertrand de Malvin, son père et Anne de Bouzet, sa mère, et ses autres aïeux reposaient. Il eut de Marie de Preissas quatre enfants : 1º Menjon, qui continua la descendance ; 2º Jean ; 3º Marguerite, et 4º Marie.

III. Menjon de Malvin, écuyer, seigneur de La Lanne, capitaine et gouverneur de Nérac, ne vivait plus le 16 avril 1447 et avait eu de son mariage avec Jeanne de Pressac deux fils : 1º Imbert, qui continue la descendance, et Charles, auteur de la IVe branche connue sous le nom des seigneurs de Montazet.

IV. Imbert de Malvin, écuyer, seigneur de La Lanne, fit hommage pour cette terre le 26 mars 1478, à Alain, sire d'Albret. Il fut marié deux fois, 1º avec Marguerite de Voisin dont il eut deux enfants qui suivent, et 2º avec Louise de Montagut, dont il ne paraît pas qu'il ait eu de postérité :

1º Charles, qui continue la descendance des seigneurs de La Lanne ;

2º Marie, épouse de Jean Lescot, seigneur de Romegas.

V. Charles de Malvin, écuyer, sieur de La Lanne, neveu d'autre Charles de Malvin, seigneur de Montazet, mentionné plus haut, épousa le 9 février 1502 Antoinette de Montpezat, fille de Bernard de Montpezat et de Catherine de Montagudet (d'Hozier : *Généal. de la famille de Malvin. Armorial de France*, reg. v, 2e partie, Paris, de l'Imprimerie de Prault, 1764).

de Malvin de Montazet et fils d'Imbert de Malvin, seigneur de La Lanne. L'oncle et le neveu avaient donc épousé les deux sœurs. Ce contrat de mariage porte la transaction dont nous venons de parler, en vertu de laquelle Imbert et Charles, seigneurs de La Lanne, père et fils, agissant au nom d'Antoinette de Montpezat, future épouse, abandonnent tous les droits que cette dernière pourrait prétendre sur la succession de ses feus père et mère, Bernard de Montpezat et Catherine de Montagudet. De son côté, Charles de Malvin, seigneur de Montazet, époux de Jeanne de Montpezat, renonce à tous ses droits sur la succession de feu Menjon de Malvin, son père, en faveur desdits Imbert et Charles, seigneurs de La Lanne, ses frère et neveu (1).

Charles de Malvin et Jeanne de Montpezat, sa femme, rendent conjointement leur hommage, le 8 novembre 1505, à Guy de Montpezat, seigneur d'Aiguillon, de la maison noble de Montazet, de la maison noble de Levarhon (2), située au bourg de Lunac à Aiguillon, et d'une autre maison noble située aussi à Aiguillon, le tout mouvant dudit de Montpezat, sous la redevance d'un fer de lance doré (3).

Les Malvin, seigneurs de Montazet, suivirent toujours le parti des armes. Charles de Malvin de Montazet, Ier du nom, fut capitaine gouverneur de la ville d'Aiguillon, le 27 septembre 1507, charge qu'il avait encore quand il testa le 14 mai 1529. Il reçut une commission le 27 avril 1521 de Guillaume Gouffier, amiral de France et lieutenant pour S. M. au pays et gouvernement de Guienne, par laquelle il avait la protection et l'assistance de certain convoi de vivres qui devait passer dans l'étendue de son commandement pour se rendre à l'armée du Roi. Ladite commission contenait une assurance « que ce service lui seroit précompté pour celui qu'il auroit été tenu de faire au camp et armée du Roy, avec les autres nobles sujets à l'arrière-ban. » Il mourut avant le 18 mars 1530 et fut enterré dans la sépulture que sa femme avait fixée pour elle et où reposaient déjà Bernard de Montpezat et Catherine de Montagudet, dans l'Eglise des Carmes d'Aiguillon (4).

---

(1) D'Hozier, déjà cité.

(2) C'est la première fois que nous trouvons ce nom de *Levarhon* appliqué au château de Lunac qui, ayant beaucoup souffert pendant le siège de 1346 et les autres sièges, fut remanié au xve siècle à peu près dans la même forme où on le voit encore. Il ne porta depuis lors que le nom de *Petit Château*, par comparaison avec le château du Fossat. (Voir *Recherches sur le pays du poëte Théophile de Viaud*, etc., déjà citées).

(3) D'Hozier, déjà cité.

(4) D'Hozier, déjà cité.

Le 27 mai 1514, le roi Louis XII vend la moitié du passage de Sent-Uville (Centudville) ou de Pascau, au sieur Treilles, pour la somme de 400 livres. L'acte porte que l'autre moitié du droit appartient au seigneur de Montpezat, en faveur duquel le roi François Ier accorda, le 22 août 1517, des lettres contre le syndic des marchands qui refusaient de payer le passage (1).

Guy de Montpezat avait épousé Jeanne de Mareuil de Villebois, orginaire du pays d'Angoumois, qui était veuve avant l'année 1520. Il laissa trois filles :

1° Françoise, qui suit ;
2° Jeanne, mariée le 24 avril 1538 avec François de Montberon, seigneur baron d'Archier, à qui elle apporta les seigneuries de Lévignac et de Dolmayrac ;
3° Anne, décédée en 1514.

Françoise de Montpezat, baronne de Montpezat, Madaillan, Aiguillon, Sainte-Livrade, etc., épousa Alain de Foix, chevalier, vicomte de Castillon-sur-Dordogne, l'un des fils de Gaston de Foix, II du nom, comte de Candale et de Benauges, captal de Buch, vicomte de Castillon et de Meille, lieutenant général en Guienne, et d'Isabelle d'Albret, sœur de Jean d'Albret, roi de Navarre.

Jeanne de Mareuil, veuve de Guy de Montpezat avait emprunté à Jean Dozon, de Monclar, et François Ménoire, de Sainte-Livrade, 4,000 livres tournois et avait donné pour cautions Me Guillaume de Montpezat, protonotaire du Saint-Siège apostolique, Oddet de Fayolle, écuyer, sieur de Laval, et Pierre de Prayssas, écuyer, seigneur de Quissac. Plus tard, Jeanne de Mareuil meurt sans avoir remboursé la somme, et les garants sont poursuivis. C'est alors que Jeanne de Montpezat, dame d'Archier ou d'Arciac, seconde fille de ladite de Mareuil, donne à Guillaume de Montpezat, Oddet de Fayolle et Pierre de Prayssas, la neuvième partie des droits de péages et passage des terres et seigneuries d'Aiguillon en paiement et garantie desdites 4,000 livres. Ces derniers vendent et donnent en paiement à Dozon et Ménoire cette neuvième partie desdits péages pour semblable somme de 4,000 livres. Mais comme Jeanne de Montpezat avait fait cette aliéna-

---

(1) *Arch. départ. de Lot-et-Garonne.* Aiguillon, CC. 2.

tion à pacte de rachat, elle acquit, le 3 septembre 1540, cette neuvième part desdits droits. L'acte est passé devant Jean Valès, notaire de Sainte-Livrade (1).

Barthélemy de Malvin, écuyer, seigneur de Montazet et de Boussères, fils aîné et héritier universel de Charles de Malvin de Montazet, succéda à son père dans la place de gouverneur d'Aiguillon, dont il prenait déjà la qualité le 18 mars 1520 et qu'il conserva jusqu'à sa mort. Il fut marié, par articles sous seings privés du 17 novembre de cette même année, avec Jeanne de Monteil, fille de feu Louis de Monteil, seigneur de Coysselh en Agenais. Il avait trois frères et une sœur. Le premier, Charles de Malvin a formé la VII° branche connue sous le nom des Seigneurs de Cessac et de Primet, établie à Bordeaux. Le second, François se fit religieux bénédictin à l'abbaye de Clairac, où il était encore novice le 20 juin 1525. Le troisième, Jean de Malvin fut auteur de la X° branche connue sous le nom des Seigneurs de La Roque-Roquazet et de Pachins en Albigeois. La quatrième, Anne de Malvin fut mariée, le 1ᵉʳ janvier 1520, avec François de Beaufort, seigneur de Lesparre en Querci (2).

---

(1) *Arch. départ. de Lot-et-Garonne*, CC. 2, p. 5.
(2) D'Hozier, déjà cité.

CHAPITRE VI

Honorat de Savoie, marquis de Villars; Charles, duc de Mayenne. — Guerres de religion.

Du mariage d'Alain de Foix et de Françoise de Montpezat ne procéda qu'une fille, Jeanne, *alias* Françoise de Foix, qui apporta, vers 1540, la vicomté de Castillon-sur-Dordogne, les baronnies de Montpezat, Aiguillon, Madaillan, Sainte-Livrade, etc., à son époux, Honorat de Savoie, Ier du nom, comte, puis marquis de Villars en Bresse, baron de Pressigny, seigneur de Loyres, Marro, etc., né vers 1508, qui fut maréchal et amiral de France, chevalier de l'ordre de Saint-Michel, puis de l'ordre du Saint-Esprit, lieutenant du roi en Provence et en Guienne, conseiller du roi en ses conseils, et capitaine de 100 hommes d'armes de ses ordonnances. Le nouveau baron d'Aiguillon était le deuxième fils de René de Savoie, comte de Villars et de Sommerive, etc., grand-maître de France, chevalier de l'ordre de Saint-Michel, et d'Anne de Lascaris, comtesse de Tende.

Les armes sont : *de gueules à la croix d'argent, avec une moucheture d'hermine sur la tranche supérieure de la croix* (1).

Le 20 avril 1542, Barthélemy de Malvin de Montazet comparait au ban et arrière-ban d'Agenais « pour messire Honorat de Savoye, comte de Villars, seigneur de Montpezat, l'un des pairs souverains de la maison du Roy, étant dès à présent à la cour dudit seigneur à sa suite » (2).

---

(1) *Nobiliaire*, déjà cité, t. IV, p. 305-306. Les armes du comte de Villars sont représentées sur la couverture de ce livre.
(2) D'Hozier, déjà cité.

Le 16 octobre 1545, Honorat de Savoie confirma, en sa qualité de seigneur d'Aiguillon, la ferme du passage de Monluc, en faveur du sieur Danduran dit le Perriquet, moyennant la somme de 5 francs bordelais ou 75 sols tournois par an (1).

L'état des recettes produites par les péages sur la Garonne et sur le Lot donne, du 1er au 24 juin 1547, savoir : 1° pour le péage du Lot : 9 livres 19 sous 6 deniers, perçus sur 22 bateaux ; 2° pour le péage de la Garonne : 133 livres 3 sous 7 deniers, perçus sur 61 bateaux. Le droit est de moins d'un sou par pipe de vin : 60 pipes payent 2 livres 10 sous au passage du Lot ; 90 pipes payent 3 livres, au passage de la Garonne (2).

Le 4 janvier 1550, Honorat de Savoie, d'une part, et les consuls et habitants d'Aiguillon, d'autre, désirant mettre fin à de longs différends existant entre eux, passent d'un commun accord la transaction suivante :

« Henry, par la grace de Dieu Roy de France, à tous ceux qui ces presentes lettres verront, salut. Sçavoir faisons que sur la requette présentée à notre cour de parlement de Bordeaux par notre tres cher et tres amé Cousin messire Honorat de Savoye, chevallier de notre ordre, compte de Villars et notre lieutenant général au pays de Languedoc, et les consuls, manans et habitants de la ville et baronnie d'Aiguillon aux fins d'autoriser la transaction entre eux faitte et les condemner icelle entretenir selon la forme et teneur, laquelle s'ensuit ;

L'an mil cinq cens cinquante et le quatrieme jour de janvier, regnant tres cretien prince Henry, par la grace de Dieu Roy de France, ont été constitués et presans en leurs personnes en la ville d'Aiguillon sennéchaucée d'Agenois par devant nous Estienne Viau et Jean Noël, notaires royaux audit Aiguillon, François Monmeian, notaire royal en la ville du Port-Sainte-Marie, et Sanson des Homs, aussy notaire royal en la ville et cité d'Agen, et en présence des témoins soubs nommés, tres haut et tres puissant messire Honnorat de Savoye, compte de Villars et de Montpezat, chevallier de l'ordre, cappitaine de cinquante hommes d'armes, lieutenant général pour le Roy en Languedoc, vicomte de Castillon, captan de Buch, seigneur baron de Persigny,

---

(1) *Archives departementales de Lot-et-Garonne*, E. Supplément 755. CC. 2.
(2) *Archives départementales de Lot-et-Garonne*, E. Supplément 755. CC. 2.

Gourdan, Loys, Aperemont, Aiguillon, Sainte-Livrade, Madaillan et plusieurs autres lieux, d'une part, et Jean Larrival, Antoine Nebout (1), Jeannotet Abpolas, Jean Foucaut, consuls l'année presente dudit Aiguillon et audit nom Arnaud Duperchat dit Caboy, Jean Puycheran dit Lebasque, Crassin Tropenat, Pierre Lespinasse dit Legrand, Pierre Leonard de Layrac, François Lassarrade, Arnaud de Bagau, Perot Dugau vieux, Pierre Parailloux, Jean Ruere, Arnaud de Bagau dit Trilhaut, Jean Duperchat dit Bilon, Leonard de Layrac, Jean Dunau dit Pouthon, Peyre de Baston, Jean de Lesglise, Jean Demouly, Bernard Treilles dit le Baron, Jannot Grenieres dit Pouchot, Claude Loches, jurats du consulat dud{{t}} Aiguillon, Jeannot Vaqué dit Chantier, Paulet Peyrot dit Maldan, Antoine de Flourence, Simounet de Gasquet, Jannot de Vereux, Guillem Figuier, Jean de Blanc, Perot Hom de Missote, Antoine de Morau, Peyrouchon de Moyney dit lou Basque, Jean Mauride, Peyrot de Noan, Merignon Porque, Jannot Devaren, François Clouc, Jean Batanis, Vidau de Lalane, Micheau Batanis, Simounet de Flourence, Bernard Rouchau, Francois Charpentier, Jean Bousquet, Jean de Laroque, Arnaud Dumoia, Arnaud Duplanté, Jean de Lugas dit Rouan, Jean Bayle, Jeanot de Ladoune, Clemans Sauvaige, Arnaud Donnadieu, Pierre Charpantier, Pierre de Flourence, Arnaud de Layrac, Jean Defranq, Jean Chainié, Arnaud Cazenoves, François de Flourence, Anthoine de Lacaze, François de Gasquet, François Bagau, Estebe Fort, Raimonet Cazenove dit Marot, Pierre Bonpart, Bernard Helies, Jean Paraillous, Arnaud Dauverny, Pierre Eymard, Guillem Pucheran dit Touillet, Jannot Begoulle, Pierre Dugau, Jean Petit de Bagau, Jean Larrival jeune, Jeannot Sablon, Jean du Castaignet, Arnaud de Gasquet, Sanson Pucheran, Antoine Helies, Gueysot de Flourence, Bernard de Baston, Pierre Dubourg, Micheau Cavallier, Jean de Boussac dit Vallandon, Menion Porte, Jean de Lugas, fils de Rohan, Guillem Thibaud, Arnaud Cabannes, Armend André, Guillem Bayaret jeune, Jean de Gasquet dit Duclerc, Jean de Bagau, Jean Duperchat, Pierre Puicheran, Anthoine Ducusol dit Aliboron, Bernard Duprat, Marc Charpantier vieux, Bernard Dupey, Jean Duperchat, Arnaud Picard, Jean du Gasquet, Ramounet de Lassusse, Peyrot Barbecane, Annet Fau, Jean Carrion, Jean Servat,

---

(1) La famille Nebout, qui subsiste encore à Aiguillon, est une des plus anciennes et des plus notables de cette ville. Ses membres ont occupé dans le consulat ou à la sénéchaussée du futur duché d'Aiguillon les premières places ; quelques-uns se sont alliés à la noblesse. (Voir une généalogie des Nebout aux *Notes et pièces justificatives*, n° xv.)

Guillem Puicheran, Peyroton de Lapeyre, Andriou Martin, Estienne Begoulle, Simonet de Nebout, Jean Mornac, Guillem Baillet, Janot Vaqué, Jean Denoguey, Janot Moulié, Arnaud de Gasquet, Denis Lasuc, Pierre Planis, Jean de Gasquet jeune, Peyroton de Lassalle, Raymond Moullié, Peyrot Barriere, Arnaud Goque, Pierre et Jean Villotes, James Pucheran, Peroton Grenier, Ramonet de Bagau, Jean Duhonauld, Pey du Castaignet, Jean Aymard, Peroton de Lesperon, Jean de Missote, Jeannicot Mandiberon, Jean Dubuisson, Vidau Arman, Raymond Salenave, Jacques Chalais, Antoine Grouilh, Arnaud de Boussacq, Simonet de Monmeian, François Dugau, Simounet de Missote, Bernard Fau, Raymond Dussau, Antoine Begoulle, Jean Petit Duvignau, Jeannot de Missote, Arnaud Dumolin, Martin Dumolin, Jacmes Chamboneau, Bertrand Chaudruc dit Betilhe, Jean Bousquet, Jean de Baston, Jean de Lassale, Anthoine Bousquet, Peyre de Baston, Jean de Nebout, Bernard de Leygue, Pierre Gardelle, Bidou de Nebout, Jacmes de Flourence, Simounet Youllet, Jean Dubrucq, Bernard Layre, Peyrot Descamps, Pierre Juillam, Guillemot Meynial, Pierre Izary, serrurier, Pierre Pradal, marchand, Berthelemieu Grenier, Jean Couniel dit Comarque, Perrot Brassios, Helias Leorny, les tous manans et habitans dud^t Aiguillon et jurisdiction faisant la plus grande saine partie desd^ts manans et habitans, ainci que lesdits consuls ont dit et attesté, d'autre part. Lesquelles parties du differant estant entre elles et pour crainte de procès à l'avenir à cause des isles, padoins et vaquans dud^t Aiguillon qui sont joignant et le long des rivieres de Lot-et-Garonne depuis le Rocq de Bure jusques au lieu appelle Harguettes traversant la lad^e rivière de Lot, ensemble de l'exercise de partie de la justice civile dud^t Aiguillon que le seigneur disoit luy appartenir, en ont accordé et transigé comme s'ensuit.

Et premierement, quant auxd^ts isles, padoins et vaquants, led^t seigneur a donné et baillé, donne et baille de nouveau permission et puissance dors en avant et à perpétuité auxd^ts consuls, manans et habitans de maitre en culture et labourage la quantité de cent carterades de terre desd^ts padoins et vaquants, savoir est, cinquante carterades deça la rivière de Lot et cinquante delà laditte rivière es lieux que lesdits consuls et habitants verront plus comodes pour convertir au profit publicq de lad^e ville et habitants de laditte jurisdiction qui ont acoutumé jouir desd^ts padoins, et le restant desdites iles, padoins et vacquans pour en uzer en padoins et paturages comme ils ont acoutumé, acceptants et stipullants lesdits bail, permission et octroys lesdits consuls, manans et habitants pour eux et leurs subcesseurs, sauf et reservé que ledit seigneur s'est retenu et retient pour luy et les siens subcesseurs à l'avenir, du consentement desdits consuls, manans et habitants, tout ce qu'est desdites isles et padoins assis au devant de son chatteau dud' Aiguillon, ainsi que led' seigneur l'a fait picqueter du voulloir et consentement desd" consuls, manans et habitants, au lieu desquels picquets seront mises pour termes baules de pierre au premier jour ; ensemble s'est reservé et a retenu et retient led' seigneur à soy et aux siens l'entrée, issue et repets de l'erbe au lieu appellé Lagaule et droit de paturage de son betail es dittes isles et padoins auxd" consuls cy dessus baillés, ormis esdittes cent carterades estant en labourage, et n'est compris aud' bail l'ilot appellé de Sautegrue avec la levée au meat dellaissée à present et puis naguiere par la rivière de Garonne appelé La Gourgue de Bure, lequel est aud' seigneur et aux siens, et y seront mises bornes et limittes pour l'advenir ; esquels lieux, reservés par led' seigneur, lesdits consuls, manans et habitants ne pourront entrer, ni sortir, ni mettre aucun betail, ni prandre aucun droit, sauf aussy que led' seigneur laissera à l'endroit de ce qu'il retient dud' padoin chemin de suffisante largeur pour le passage des habitants et autres ; à l'endroit de ce qu'il s'est reservé et retenu desdits padoins joignant la riviere de Garonne et lesdits consuls et habitants en ce qui leur est baillé, aussy s'est led' seigneur reservé et reserve sur ce qu'il baille des dittes isles et padoins tant pour faire led' labourage que autrement ausd" consuls, manans et habitants la somme de cinquante sols tournois et deux paires de chapons pour son droit de directité et de rante annuelle et perpetuelle, payable par lesdits consuls aud' seigneur ou son receveur, chacunne année, en son chatteau et recepte d'Aiguillon, le premier jour de l'an, et leur a led. seigneur promis et promet garantir lesdittes isles et padoins tant deça que delà laditte riviere de Lot envers tous et contre tous, quand à la seignerie directe, et en reconnaissance de ladite directité lesd" consuls et leurs subcesseurs au consulat seront tenus de reconnoitre dud' seigneur lesdites isles et vacants, à la charge susd^e, comme vrays emphiteotes ont accoutumé et seront tenus faire quand par led' seigneur seront requis.

Et quant à l'exercisse de lad^e justice, led' seigneur en tant que à luy touche, a laissé, donné et baillé et octroyé, laisse, donne, baille et octroye par ces presentes auxd" consuls et à leurs subcesseurs aud' consulat la puissance de lever les deniers ordinaires imposés par le Roy et autres legittimement mis sus pour le seigneur ou de sa permission, à la charge d'en rendre compte par devant le juge dud' seigneur ou cappitaine d'Aiguillon ou l'un d'eux, le procureur dudit seigneur appellé ; et quand besoin sera lesdits consuls esgaliseront lesdits deniers, et s'il y a plainte, pourront ouyr les parties et faire inquisition sommerement des comodités ou incomodités et valleur des biens et, suivant icelle, charger ou decharger lesd[ts] habitants.

Leur a aussy permis de elire et luy presanter le Regent des Escolles, chacune année, lequel sera examiné par le juge dudit seigneur, et, s'il est trouvé sufisant, sera receu par le dit juge ou son lieutenant, et ou led[t] Regent présenté par les dits consuls ne seroit trouvé sufisant, ledit seigneur ou en son absance led[t] juge ou son lieutenant le pouront refuser et y pourvoir d'autre ; et ou il y auroit plainte des dits regens touchant leurs salaires à eux constitués et promis par les dits habitants et autres, le baille ou autre qu'il plaira aud[t] seigneur commetre en ce lieu et lesdits consuls en pourront connoitre, oyant les parties sommerement, condemner et constraindre ceux qu'il appartiendra, à payer lesd[ts] salaires.

Aussy leur a permis et permet led[t] seigneur, son procureur appellé, de pouvoir faire taxe des pains, vins, chairs, et autres vivres et vitailles qui seront trouvées ou apportées en lad[e] ville pour vendre en détail pour la necessité des dits habitants ; ensemble de connoitre, avec led[t] baile ou autre tenant pour mond[t] seigneur ce lieu, des abus, faussetés et malversation qui seront faites et commises par les bouchers soit en vendant chairs non marchandes ny saines ou autrement, et la connoissance des aunes, cannes, poids et mesures, et des fautes, faussetés et abus qui seront faittes ou commises esd[es] mesures ou poids par ceux qui uzent ou uzeront à l'advenir desd[ts] poids et mesures, en tant que esd[ts] cas escheront amandes pecunieres seullement, la connoissance des monopolles reservée aud[t] seigneur.

Aussy leur a led[t] seigneur permis et permet qu'ils puissent tenir le cœur à ce que es tavernes ou cabarets et autres lieux de lad[e] ville et jurisdiction ne soint faits ou exercés jeux, dissolutions, mauvais menagements et malversations, blasfemes et jurements contre l'honneur de Dieu et des Saints, emotions populaires, mutinements et seditions, ports d'armes de nuit ni de jour, et leur a permis et permet, donné et donne puissance de constituer prisonniers les delinquants trouvés en crismes fragans, à la charge de les presenter promptement aux officiers dudit seigneur, ausquels appartiendra la connoissance de lad[e] cause et emprisonnement. Et neanmoins a voullu et veut ledit seigneur que les dits consuls tiennent le cœur à ce que les rues de ladite ville soint nêtes et bien pavées et leur a donné et donne authoritté et puissance de contraindre les habitants de les netoyer et faire paver et d'en hoter les empêchements et ce par indiction et declarations de paines ou amandes pecunieres avec connoissance somere qu'ils fairont avec led^t bayle ou autre tenant ce lieu pour mond^t seigneur. Et pareillement leur a donné puissance et authorité de deffendre aux habitants de laditte ville, par semblables indictions et declarations de paines et amander pecunieres, de ne nourir dans laditte ville et rues d'icelle, pourceaux, oyes et autres vilens animeaux portant infection, et de ne jetter par les fenestres inmondicités et autres choses dont les rues puissent estre randues inmondes et les passans offancés; et tenir le cœur à ce que aucuns desd. habitants ne tienne en sa maison paille ou estouil mesmement en lieux où il y ait crainte ou peril eminent du feu, et contraindre les habitants, par semblables indictions et declarations de peines, de ne en y mestre, et ceux qui en y auroient, de les vider. Aussy a voulu led^t seigneur que lesdits consuls tiennent le cœur pour esviter le danger de peste et affin que la ditte ville soit plus nette et honnette, que dans les maisons de lad^e ville n'y ait clouaques vielles et puantes, leur donnant puissance de contraindre les habitants, par semblables indictions et declarations de paines, avec connoissance sommere, de les curer en temps oportun; et semblablememet qu'ils ayent puissance de contraindre les habitants, pour eviter le danger du feu, que les maisons ou sera fait feu, y ait cheminées levées sortant par dessus le toit de la maison, par semblables indictions et declarations de peines et connoissance comme dessus.

Leur a aussy balllé connoissance des chemins royeaux et puissance de deffendre aux habitants les uzurper ou occuper, et les contraindre les tenir en bon état, tellement que les allans et venans puissent passer et repasser sans danger et ce par semblables indictions et declarations de peines et connoissance comme dessus.

Aussy leur a baillé led^t seigneur et donné puissance de faire estimation des dommages qui seront donnés par le betail des voysins ou autres ez vignes, preds, bois, terres, jardins et autres biens desdits habitants, et de la reparation d'iceux, s'il y en eschoit, avoir connoissance et en faire jugement, et néanmoins qu'ils puissent prendre et arretter le betail des etrangers qui sera trouvé paitre ou donner dommages aus dittes illes et padoins à eux laissés et baillés par led^t seigneur par le presant contrat, et faire payer les dommages aux mestres dud^t betail qui y sera trouvé, connoitre et faire jugement des amandes, s'il y en echoit.

Et aussi a voulleu et veut led^t seigneur que lesdits consuls tiennent les clefs de lad^{te} ville, icelle fassent fermer le soir, ouvrir le matin et y mettre portiers à ces fins et aussy pour garder les dittes portes en temps de peste ou quand par autres causes et raisons sera requis, sauf que led^t seigneur se reserve l'authorité de prendre ou faire prendre les dittes clefs quand lui plaira.

Et seront les amandes par led^t baile, consuls adjugées pour tous les cas et causes susdittes appliquées et appartenantes du tout aud^t seigneur ; et ou par informations faittes de cas susdits apparoistroit les delinquans avoir meritté painnes corporelles ou amandes honorables, la connoissance en appartiendra au juge dud^t seigneur ; et s'y d'aucune condemnation, appointement ou sentance donnés par led^t bayle ou autre par led^t seigneur a ce commis et consuls des dittes matieres y a appel, l'appelant sera teneu de relever l'appellation en premier ressort par devant le juge dud^t seigneur aud^t Aiguillon.

Aussy led^t seigneur se reserve qu'il pourra metre et deputer son baile ou autre personnage tel que bon lui semblera, lequel et lesd^{ts} consuls connoistront des mattieres et causes sus dittes et pourront surtout ce que dessus et en ce que la jurisdiction et connoissance leur est commise faire establissements et ordonnances et icelles faire publier au nom et par authorité dud^t seigneur, communiquées que soint au prealable à son procureur ; lequel seigneur pour l'exercice de la ditte justice mettra un greffier duquel, après qu'il aura pretté serment aud^t seigneur ou son juge, lesd^{ts} baille ou autre à ce lieu commis et consuls pourront aussy recevoir led^t serment, appellé led^t procureur ; et de toutes autres matières civiles et criminelles meües et à mouvoir la connoissance en sera et appartiendra entierement au juge dud^t Aiguillon.

Et d'ici en avant lesdits consuls, comme ils ont acoutumé, à la fin de leur année pourront eslire autres consuls pour l'année suivante, la reception du serment desquels sera faitte par mon dit seigneur ou ses officiers, present sond^t procureur.

Lesquelles choses et accords cy dessus escrits et incérés ledit seigneur, pour son endroit et en tant que lui touche ou luy peust concerner, et lesdits consuls, manans et habitants faisants et représentants l'université de lad^{te} ville et jurisdiction dud^t Aiguillon, tant pour eux que autres desd^{ts} habitants absants qui y peuvent avoir interet ausquel ont promis faire ratiffier le contenu au presant contrat quand requis en seront, et pour leurs subcesseurs à l'avenir, de leur bon gré et vollonté, ont esmologué, ratiffié et approuvé, esmologuent, ratiffient et approuvent tout le contenu en iceluy et promis garder, entretenir et accomplir de point en point, l'une partie à l'autre mesmement attendu que lesd⁰ consuls ont dit avoir, avant la passation du present instrument, communiqué par plusieurs fois ensemble et aux autres jurats, habitants des sus-nommés et autres absants y ayants interet, desdits articles et accords et encore cejourd'huy eux assamblés ausdits fins en l'esglise parroissielle Saint Felix d'Aiguillon, et ce soubs obligation et hypotheque, scavoir est, led⁺ seigneur de ses biens propres et lesd⁺ˢ consuls, jurats et habitants, des biens communs de lad⁺ᵉ ville et communauté dud⁺ Aiguillon et des leurs propres, lesquels ont soumis et soumetent aux rigueurs et compultions de monsieur le sénéchal d'Agenais et Gascoinne et la souveraine cour de parlement de Bordeaux et de toutes autres cours du present royaume, l'une non cessant pour l'autre, par lequelles et particullierement une chacune d'icelles y ont voulleu et veullent estre contraints et compellés comme par chose connue et jugée dont n'a été appellé. Et affin que le present contrat de transaction soit mieux obcervé et sorte à entier effet, lesdᵉˢ parties ont convenu et accordé que, soubs le bon plaisir de lad⁺ᵉ souveraine Cour de parlement de Bordeaux, il sera authorisé, aux quelles fins ont constitué procureurs, savoir est, ledit seigneur Mᵉˢ Martin Lavergne et Guillaume Buisson, et lesd⁺ˢ consuls, du consentement desd⁺ˢ jurats et habitants illec presens, Mᵉˢ Leonard Duchalard et Pierre Alard, procureurs en lad⁺ᵉ Cour, auxquels procureurs et chacun d'eux et un sceul lesdᵉˢ parties respectivement ont donné pouvoir et mandement special et expres de bailler requette à lad⁺ᵉ Cour au nom desdᵉˢ parties et icelle supplier que luy plaise authoriser le present contrat de transaction et accord et à icelluy interposer son decret et authoritté et faire et procurer pour icelles parties ce que requis sera quant à tout ce qui en depant comme elles mesmes fairont sy y etoint presentes, avec puissance de sustituer autres procureurs qui est tel et semblables pouvoir que dessus, promettant avoir pour agreable, ferme et stable tout ce que par leursd⁺ˢ procureurs, l'un d'eux ou leurs sustitués aud. cas, sera fait et procuré et les en relever indengnes sous mesmes obligations et soumitions que dessus; et ont renoncé respectivement lesdᵉˢ parties à tous droits, lois, statuts, coutumes, privilèges des villes et cittés, à tous autres renonciations, subterfuges et canillations quelconques par lesquelles tant de fait, de droit que de coutume leur pourroint valloir et eux ayder à contrevenir à la teneur de ses presentes. Et ainsi lesdᵉˢ parties l'ont promis et juré, savoir, led⁺ seigneur comte à la foy et serment de bon et loyal chevallier, et lesd⁺ˢ consuls, jurats, manans et habitants des ceux nommés aux saints Evangiles notre Seigneur, l'un après l'autre, manuellement touchés, ez presences de Reverent pere en Dieu Jean de Bellangier, eveque de Marseille, abbé de Perignac, Mes François Cahusars, licentier ez droits, avocat ez cours d'Agen, Pierre Theobaldy aussi licentier ez droits, juge pour led^t seigneur aud^t Aiguillon, Claude Guerny, secretaire dud^t seigneur, Pierre Blanchard, procureur dud^t seigneur aud^t Aiguillon, Jacques Bourdillan, Jean Poutrault, bourgeois et habitants dud^t Agen, Guillard Delboscq, Antoine Saleves, consuls du lieu de Madaillan, témoins à ce appelés et requis et nous ainci signes E. Viau notaire royal. F. Monmeian notaire royal. S. des Homs notaire royal. J. Noel n^re royal.

Et adveneu le sixieme jour dud^t mois de janvier an susdit mil cinq cens cinquante, se sont présentés en leurs personnes en lad^e ville d'Aiguillon, par devant nous Viau et Noel, notaires royeaux aud^t lieu et Monmeian aussy notaire royal au Port-Sainte-Marie et en presence des temoins soubs nommés, Bernard Gasquet dit Vinset, François Viviere, Antoinne Rieuperoux, Me Pierre Brienne, Bernard Lafargue, Jean Begoulle dit Saurou, Jean Baref dit Carpon, Gueysot Treilles, Jean Charpentier, Passeau Gasquet, Marc Charpantier jeune, Jannot Layrac, Jean Petit Combabessouse, Martin Bagau, jurats dud^t Aiguillon, Martin Nebout, Jean Damelin, Jean Gasquet, fils de Beigue, Antoine Combabessouse, Pierre Lafargue, Jean Gasquet dit Gauteron, Antoine de Lugas, Amanieu de Nebout et Pierre Barès, manans et habitants dud^t Aiguillon et jurisdiction, lesquels jurats et habitants certiffiés de la transaction et accord cy dessus ecrit, aincy par lesd^ts consuls, autres jurats, manans et habitants dud^t Aiguillon fait et passé avec mondit seigneur compte de Villars, baron dudit Aiguillon, pour icelle mieux approuver avec lesdits consuls là presents en leurs personnes et à leurs requisition après que d'icelle lecture leur a été faitte par nousd^ts notaires et par l'organne dud^t Monmeian de mot à mot et a eux baillé a entendre et qu'ils auroint déclaré savoir et entendre tout le contenu aud^t instrument d'accord et transaction, auroint les susd^ts jurats, manans et habitants dud^t Aiguillon et jurisdiction, de leurs bon gré et vollonté, sans contrainte ni persuation aucune pour ce presans personnellement establis en droit pour eux et les leurs à l'advenir, du voulloir et en presence desd^ts consuls, ont ratiffié, approuvé, esmologué et confirmé la susdite transaction et accord et tout le contenu en icelle et par les presentes la ratiffient, approuvent et esmologuent ez presence de noble René Gaudoyen, seigneur de Lhonnorey, maistre d'hôtel de mond^t seigneur le comte et don Jean de Monpezat, seigneur de

Poussou, son cappitaine aud^t Aiguillon tousjours presens pour mond^t seigneur comte de Villars, baron dud^t Aiguillon et pour les sieurs et qui de luy auront droit et cause à l'advenir, stipullant et acceptant et laquelle transaction et accord et toutes les choses y contenues et descriptes lesd^{ts} seigneurs de Lhonnorey et Poussou faisant et acceptant pour mond^t seigneur le comte de Villars avec nous notaires à cause de nosd^{ts} offices avec les susd^{ts} jurats, manans et habitants ont promis et déclaré avoir pour agréable, ne jamais revenir au contraire par eux ou interposées personnes, ainsi laditte transaction et tout le contenu en icelle ont promis tenir, garder, accomplir et obcerver de point en point tout ainsi et en la forme et manière que si lesdits jurats, manans et habitans eussent été presents en icelle faisant, etc.

.... Et ainci lesd^{es} parties l'ont juré, savoir est, lesd^{ts} seigneurs de Lhonnorey et Poussou pour et au nom dudit seigneur comte de Villars en bonne foy et lesd^{ts} jurats, manans et habitants dessus nommés aux Saints Evangiles Notre-Seigneur l'un après l'autre manuellement touchés ez presences de Reverand Père en Dieu Me Jean de Belangie, eveque de Marseille, abbé Perignac et Claude Guerin, secretaire dudit seigneur comte et nous ainsi signes E. Viau, notaire royal. Monmeian, notaire royal et J. Noel, notaire royal.

S'ensuit la teneur de lad^e requette à Nos seigneurs de Parlement : Supplie humblement Honnorat de Savoye, chevalier de l'ordre, comte de Villars et de Monpezat, cappitaine de cinquante hommes d'armes et lieutenant-general pour le Roy en Languedoc comme sur aucuns differans d'entre luy et les consuls, manans et habitants de la ville et baronnie d'Aiguillon ils ayent accordé et fait la transaction cy attachée, voulleu et consenty sous le bon plaisir de la Cour estre authorisée par icelle et à ces fins ayant respectivement constitué leurs procureurs. Il vous plaise de vos grâces, veu le consentement desdits procureurs qui ont signé la presente requette, authoriser lad^{te} transaction et condemner lesdits suppliants à l'entretenir de point en point selon sa forme et teneur et faites bien et justice. Ainci signé de Lavergne pour led^t seigneur comte et Duchard pour lesd^{ts} conseuls et habitants.

Ostendatur procuratori general. Regis, actum Burdegale in parlamento decima aprelis millo quingentesimo quinquagesimo primo post Pascha, les jours et an escrits au Blancq. A esté signiffié le contenu en icelluy à Messieurs les gens du Roy, qui ont fait la reponce escritte de l'autre part par moy aincy signé Leblanc n'entens empecher l'authorisation de la presente transaction ainci signé Delahet, en laquelle requette du dixieme de ce mois d'avril, lad^e transaction du quatrieme de janvier dernier, response de notre procureur general qui n'entendoit empêcher l'authorisation d'ycelle transaction, nostre ditte Cour a authorisé et authorise lad° transaction, condemné et condemne lesd^es parties icelle entretenir selon sa forme et tenneur sans depans et pour cause, sy donnons en mandement au seneschal d'Agenois ou son lieutenant, premier des conseillers en lad^e senechaussée et chacun d'eux que, à la requette des consuls, des manans et habitants de lad^e ville d'Aiguillon il mete ces presentes à execution de point point, selon leur forme et tenneur, etc... En temoin de quoy nous avons fait metre notre scel a cesd^es presentes. Donné à Bordeaux en notre parlement le tresieme jour d'avril l'an de grâce mil cinq cens cinquante un après Pacques et de nostre regne le cinquieme. Sur le reply est escrit ces mots : acordé en la Cour, signé de Pontac et scellé (1). »

Si l'on rapproche cet acte de transaction de 1550 de la charte des Coutumes et Libertés accordées, en 1295, par Philippe-le-Bel, à la juridiction de Lunac d'Aiguillon, on voit combien les attributions des consuls, quoique plus étendues que celles des corps municipaux de nos jours, avaient déjà diminué en ce XVIe siècle.

Honorat de Savoie eut souvent à combattre contre le chef de la Maison de Savoie, Emmanuel-Philibert, d'abord prince de Piémont, en-

---

(1) On lit à la suite :

« Par nous notaires royaux de la ville d'Aiguillon en Agenois soubs signés la coppie de la transaction requette et omologation dont lad^e coppie du tout ecrite au present cayer en seize feuillets papier moyen, a esté le tout extrait, vidimé et collationné sur une copie et expédition ecrite en quatre peaux de parchemin atachées l'une avec l'autre, signé sur le reply : accordé en la Cour de Pontac, et scellé d'un grand sceau, aussy signé à la marge de chaque peau : de Pontac, représentée par sieur Antoine Pandellé, second consul dudit Aiguillon et à sa requisition, et ce sans y avoir rien ajoutté ny diminué, et, ce fait, led^t sieur Pandellé a retiré vers luy tant la ditte coppie en parchemin la coppie des presentes et sur laditte coppie des presentes a écrit : fait audit Aiguillon ce premier septembre mil six cens quatre vingts deux, aincy signés à la coppie des presentes et dit, et a signé avec nous dits notaires royaux Pandellé, Montamat, no^re royal et Chalbel, no^re royal, etc. ».

« Souscrite a été la presente coppie en blanc mot à mot sur la sus ditte coppie vidimée par Montamat et Chalbel, notaires royaux, par moy citoyen Leyrac de Treilles, sans y avoir rien ajoutté ny diminué, à quoy foy peut être ajouttée pour la tenneur d'ycelle. En foy de quoy ai signé le quinzieme jour de pluviose, an 2me de la République française 1794. Leyrac de Treilles sc^re ».

Nous venons de donner ici la copie du 15 pluviose, an II, faite d'après la copie susdite du 1er sept. 1682. (*Arch. munic. de la mairie d'Aiguillon*).

suite duc souverain de Savoie, le plus habile généralissime des armées de l'empereur.

Il accompagne le roi Henri II au voyage de Lorraine, en 1552, se jette, l'année suivante, dans Hesdin, qui est assiégé, pris et détruit par Emmanuel-Philibert de Savoie, dit *Tête de Fer*, commandant général de l'armée impériale. A la malheureuse bataille de Saint-Quentin, gagnée le 10 août 1557, par ce dernier prince, alors duc de Savoie, gouverneur des Pays-Bas et généralissime des armées espagnoles, le comte de Villars combat à côté d'Anne, duc de Montmorency, connétable de France, son beau-frère, commandant en chef de l'armée française, qui est fait prisonnier. Il y est blessé lui-même, ce qui ne l'empêche pas de secourir la ville de Corbie, assiégée par les Espagnols (1).

Le 23 avril 1559, Antoine de Bourbon écrit de Nérac en ces termes à Barthélemy de Malvin de Montazet, gouverneur d'Aiguillon : « Mr de Montazet, pour ce que j'ay à vous dire quelques choses touchant le service du Roy Monseigneur, je vous prie de me venir trouver incontinent après la reception de la presente, laquelle je finiray par prieres. à notre seigneur vous donner sa saincte grace. Votre bon amy Antoine (2). »

Le même de Montazet reçoit, le lendemain, du même prince une commission, datée pareillement de Nérac, pour se « transporter dans la maison et terre de Laugnac et retablir la paix entre le sieur de Savignac et le capitaine Jehan George, chacun d'eux voulant maintenir le droit qu'ils prétendoient en ladite maison par port d'armes et congrégations illicites en forme de guerre, dont il s'en étoit suivi plusieurs batteries et meurtres (3). »

Les guerres de religion, au xvie siècle, devaient être pour la ville d'Aiguillon une source de calamités d'autant plus inévitables que ses habitants et Honorat de Savoie, fidèles à la foi de leurs pères, avaient vu beaucoup de leurs voisins embrasser la Réforme. Entourés d'ennemis, ils fortifièrent leur ville et y firent bonne garde. « Nous avons connu les descendants d'un citoyen dont la vigilance sauva la ville d'un parti de huguenots qui venoient la surprendre au milieu de la

---

(1) *Nobiliaire*, déjà cité, t. IV, p. 70.
(2) D'Hozier : *Mémorial de France : Généal. de Malvin*, déjà citée.
(3) *Ibidem*.

nuit. Il doit être fait mention dans les archives de la ville d'une pension que la communauté paya à ce citoyen patriote en récompense de ce service signalé (1). »

En l'année 1562, un grand nombre de villes avaient subi le sort d'Agen qui était tombé aux mains des Réformés : Villeneuve, Penne, Monflanquin, Lectoure, etc., étaient en leur pouvoir; Toulouse vivait en pleine anarchie.

Après avoir tenté de surprendre Montauban, Monluc dut revenir entre Toulouse et Auch. Il n'était pas encore en situation de marcher sur Agen, où Chanterac avait pris le commandement des rebelles et où Mesmy vint ensuite. Burie s'enferma dans Bordeaux. Duras, qui avait pris, non sans de longues hésitations, la tête d'un fort parti de religionnaires ralliés à Clairac, Tonneins et Marmande, menaça bientôt Bordeaux, où Burie, effrayé, appela Monluc à son secours. Celui-ci taille en pièces entre Feugarolles et Nérac des milices de cette dernière ville conduites par Douazan, et atteint Bordeaux sans rencontrer d'autre résistance. Après le combat de Targon du 17 juillet 1562, il revint sur ses pas pour occuper le château de Caumont, afin de rendre libre le cours de la Garonne ; il entre dans Gironde et s'empare de force de Monségur. La place et le château de Duras, menacés par son artillerie, se rendent. Il descend alors vers Marmande. Les garnisons protestantes fuient à son approche. Il entre dans Clairac, qui est imposé de 30,000 livres, ainsi que dans Tonneins et Aiguillon (2), où il arrête avec Burie son plan de campagne (3). Comme il partait de cette dernière ville, dans la nuit du 12 août, il apprend que les rebelles avaient abandonné la ville d'Agen. La campagne de Monluc, d'une durée de trois mois à peine, avait eu d'importants résultats.

Le comté de Villars fut, en faveur d'Honorat de Savoie, érigé en marquisat, par Emmanuel-Philibert, duc de Savoie, le vainqueur de Saint-Quentin. Les lettres patentes sont datées de Turin, le 13 juin 1563 (4).

Dans un règlement fait le 5 juin 1564 sur les élections consulaires, le

---

(1) *Recherches sur le pays du poète Théophile de Viaud*, etc., déjà citées.

(2) G. Tholin : *La ville d'Agen pendant les guerres de religion*, 1561-1562. — Revue de l'Agenais, 1887, p. 507, 508. — *Histoire de l'Agenais*, déjà citée, t. I, p. 222-223.

(3) *Histoire du département de Lot-et-Garonne*, déjà citée, t. I. p. 360.

(4) *Histoire de Bresse et Bugey*, par Du Pleix.

marquis de Villars autorise les consuls d'Aiguillon, sur leur requête, à porter le chaperon mi-parti noir et rouge, à la condition que désormais ces officiers municipaux soient tous de la religion catholique (1).

Barthélemy de Malvin de Montazet rend hommage, le 29 juillet suivant, à Honorat de Savoie, pour la maison noble de Montazet, le château de Lunac et une autre maison sise dans la ville, sous la redevance d'un fer de lance dorée (2).

En l'année 1565, Catherine de Médicis fit entreprendre à Charles IX un voyage politique qui fut le grand événement de cette époque. Le roi de France entouré d'une brillante cour, dans laquelle figurait Honorat de Savoie, marquis de Villars, traversa la Champagne, la Bourgogne, le Lyonnais et le Languedoc, d'où il vint en Guienne. C'est le 3 mars que Sa Majesté fit son entrée dans Agen (3), pour y demeurer trois jours. Le mardi 27, Charles IX ayant quitté cette ville de bon matin par la porte Saint-Georges, partit par la Garonne sur le bateau qui l'avait amené et fut dîner à Port-Sainte-Marie. Le roi en repartit le même jour pour faire son entrée à Aiguillon. Il coucha dans cette dernière ville, y dîna le lendemain et s'embarqua pour Marmande. Il était à Bordeaux le 1er avril (4).

Au mois de janvier 1566, Honorat de Savoie assiste à l'assemblée des grands de France, convoquée à Moulins, en Bourbonnais, pour amener une réconciliation désirable entre les princes de la maison de Guise, d'une part, et les Coligny et le maréchal de Montmorency, de l'autre, dont les dissensions nourrissaient celles des partis ; mais ces Etats-Généraux n'eurent pas le résultat qu'on en attendait (5).

Le marquis de Villars prit part le lundi 10 novembre 1567, à la bataille de Saint-Denis, livrée sous les murs de Paris. Son beau-frère, le connétable Anne, duc de Montmorency, à la tête de l'armée royale,

---

(1) *Archives de Lot-et-Garonne*, E. supplément, 736. BB. 1.
(2) D'Hozier, déjà cité.
(3) Voir : *La Cour de France à Agen*, par F. Habasque.
(4) *Histoire de l'Agenais*, déjà citée, t. I, p. 232-235. — *Journal d'Abel Jouan*. — Le prince de Navarre (futur Henri IV) était de ce voyage. Nous lisons en effet (Recueil des lettres missives de Henri IV, publié par M. Berger de Xivrey, t. II, p. 525 : séjours et itinéraire du prince de Navarre : « 1565, 12e de l'âge, mars 28. Dîne à Aiguillon ; continue de descendre la Garonne et couche à Marmande ».
(5) *Nobiliaire*, déjà cité, t. IV, p. 71.

resta vainqueur des protestants, commandés par le prince de Condé et l'amiral de Coligny (1).

En l'année 1569, tandis que Monluc et ses lieutenants tiraillaient sur divers points, le maréchal Henri de Montmorency, comte de Damville, déjà gouverneur de Languedoc, du Dauphiné et de la Provence, était nommé aussi gouverneur de Guienne. Le seigneur d'Estillac parut accepter philosophiquement cette sorte d'éviction et se mit d'assez bonne grâce aux ordres du nouveau gouverneur, qu'il alla même saluer à Toulouse, mais avec lequel il ne devait pas rester d'accord.

Malgré les pressantes sollicitations de Monluc, le comte de Damville était resté à Toulouse dans une complète inaction, pendant qu'à la tête d'une armée, Mongonméry détruisait l'armée de Terride, à Orthez, le 7 août, et massacrait les catholiques. Monluc, découragé, disposa ses compagnies dans le Port-Sainte-Marie et dans Aiguillon et revint à Agen, où, le 3 septembre, il publia une ordonnance pour la sûreté du pays (2).

Mais, dès le quatrième jour de son arrivée dans cette dernière ville, il reçut l'avis que le sieur de Marchastel, chef calviniste, était à Tonneins et voulait passer en Béarn, pour s'y joindre à Mongonméry, avec trois cents chevaux, dont soixante seulement bien équipés, le reste ne consistant qu'en arquebusiers mal montés.

Aussitôt Monluc quitte Agen et se porte sur Aiguillon où il rallie ses deux compagnies, réduites, la sienne à quatorze salades, et celle de M. de Fontenille à trente-cinq. Plus loin, ses *Commentaires* parlent de trois compagnies n'ayant pas au-delà de cent hommes chacune. En même temps, il transmet l'ordre au capitaine Dupleix, père de l'historien Scipion Dupleix, ainsi qu'au capitaine Pomiers, tous les deux du Condomois (3), de se rendre avec leurs compagnies (qu'ils étaient à lever et à former) dans les environs de Buzet et d'inquiéter les calvinistes, si ceux-ci essayaient de disputer aux catholiques le passage de la Garonne.

C'est, il n'en faut pas douter, cette diversion qui décida Marchastel à laisser s'effectuer cette traversée sans coup férir. Ce chef des religionnaires avait quitté Tonneins pour occuper, sur la rive gauche du

---

(1) *Nobiliaire*, déjà cité, t. IV, p. 71.
(2) *Histoire de l'Agenais*, déjà citée, t. I, p. 248.
(3) C'est sans doute le même que Michel de Peyrecave, *sieur de Pomès*, mis par Monluc dans Condom, en 1567, comme gouverneur.

fleuve, Monheurt, Monluc et Damazan. Le capitaine catholique, le jour même de son arrivée à Aiguillon, ayant montré quelques troupes sur la rive droite, il y eut des arquebusades échangées d'un bord à l'autre. Mais, le lendemain, vingt-cinq arquebusiers des troupes royales, qu'on jeta sur la rive gauche, au Port-de-Pascau, à l'aide de deux bateaux, dont l'un pouvait contenir trois chevaux et l'autre deux, trouvèrent Marchastel délogé et ses gens repliés sur le Mas-d'Agenais. Ce dernier menaça bientôt Casteljaloux que Monluc sut garantir (1).

Les religionnaires venaient de perdre le 3 octobre 1569 la sanglante bataille de Moncontour à laquelle assistait Honorat de Savoie dans les rangs de l'armée royale (2). Coligny, le général des retraites, opéra celle-ci dans le meilleur ordre, sur la Guienne, avec le projet d'y rallier l'armée de Mongonméry. Ce dernier vivait à discrétion dans la plantureuse plaine de la Garonne. Il occupait Condom depuis le 22 octobre, s'emparait de Mézin, Larroumieu, Francescas, Mauvezin, Lavardac et Laplume qu'il pillait. Il faisait même en novembre une courte apparition à Auch, commettant en tous lieux, dans les villes, les châteaux et les monastères, même à Nérac, des dévastations sans nombre.

L'armée des princes, appelée ainsi de ce que Henri de Bourbon, prince de Navarre et Henri de Bourbon, son cousin, prince de Condé y faisaient leurs premières armes, envahissait alors l'Agenais, ravageait tout sur son passage jusqu'à Bruch. Le 28 novembre, elle surprit Aiguillon que lui livra le gouverneur Barthélemy Malvin de Montazet. Le Port-Sainte-Marie eut le même sort le lendemain. Les religionnaires y entreprirent, sans différer, la construction d'un pont de bateaux pour se mettre en contact avec l'armée de Mongonméry dont la marche s'activait ; Monheurt était occupé et Coligny vint camper entre Aiguillon et Villeneuve, poussant des reconnaissances jusqu'à Monbran, aux portes d'Agen (3).

Rappelons ici comment Aiguillon était tombé aux mains de l'armée des princes. Monluc avait laissé dans cette ville son neveu de Léberon avec quatre-vingt ou cent arquebusiers. Cette compagnie, chargée de la défense et commandée par ce gentilhomme, en avait été retirée et envoyée à Villeneuve sur les instances du gouverneur Malvin de Montazet, qui s'était obligé de garder la place avec l'aide des habitants. Mais le capitaine huguenot de Moneins, à la tête de huit cornettes de

---

(1) *Histoire de l'Agenais, du Condomois et du Bazadais*, déjà citée, t. II, p. 151-153.
(2) *Nobiliaire*, déjà cité, t. IV, p. 71.
(3) *Histoire de l'Agenais*, déjà citée, t. I, p. 248-255.

gens d'armes s'étant présenté devant la ville, celle-ci s'empressa de capituler. Je laisse parler Monluc *(Commentaires)*. Sa manière d'apprécier le fait est à méditer.

« J'avois, dit-il, quatre compagnies que mon nepveu de Leberon m'avoit ramenées de Libourne, les trois au Port-Sainte-Marie, et l'autre à Aiguillon, qui arrivèrent incontinent que M. de Monferran en fut party... Il y a un gentilhomme, nommé M. de Montazet, qui me vint prier d'oster la compagnie qui estoit à Aiguillon, et qu'il s'obligeoit à garder la ville avec le peuple. Et encores bien que je cogneusse qu'il n'estoit en sa puissance de faire ce qu'il promettoit, et qu'il le faisoit pour espargner les vivres de la ville, je le luy accorday, me doutant bien qu'il escriroit à M. de Villars que je luy avois faict manger ses terres ; et envoyai la dicte compagnie à Villeneufve, en quoy je fis une grande faute, car ceste place eust tenu la rivière de Lot et de Garonne. Mais quoy ! ces criards qui veulent espargner les maisons de leurs maistres, pour faire les bons valets et mesnagers, perdent bien souvent les places. Fermez les oreilles à ces plainctes en telles et si pressantes nécessitez, vous qui aurez cest honneur de commander : j'eusse mieux fait, si j'eusse bien retenu la leçon que je vous apprens à present.

» Or, je faisois mener une traficque à M. de Leberon, pour donner une escallade aux capitaines Manciet et Chassaudy, deux mauvais garçons qui estoient à Monheurt. Ledit sieur de Leberon estoit avec huit ou dix arquebuziers seulement à Aiguillon, afin de mener plus secrètement l'entreprise. Viard, commissaire des guerres, arriva, qui s'en alloit à la cour de la part de M. le mareschal Danville ; et encores que je sceusse bien que ledit sieur mareschal estoit marry contre moy, si est-ce que je favorisois tout ce qui venoyt de luy, puisque c'estoit pour le service du roy ; et escrivis à M. de Leberon qu'il lui fist compagnie jusques à ce qu'il auroit passé Thonens, lequel il trouva à Aiguillon après l'entreprise qu'ils devoient executer le lendemain à la minuict, car je lui envoyois cinq ou six batelées de soldats d'Agen, et y alloient les trois compagnies qui estoient au Port. Mais comme la fortune de la guerre est bisarre, elle s'en trouva bien ce jour-là que le commissaire Viard passa, car pour luy faire escorte, ledit sieur de Leberon luy bailla un nombre d'arquebusiers, faisant estat que dans trois heures ils seroient de retour. En attendant lesdits arquebusiers, voicy arriver MM. de La Caze, de La Loue, de Guytinières, de Moneins, et autres capitaines, avec sept ou huit cornettes de gens de cheval qui estoient partis de Lauserthe, là où il y a neufs grands lieues, et n'avoient repeu (reposé) qu'environ une heure à Haute-Faye. Bref, ils firent une cavalcade de gens de guerre et environnerent Aiguillon. M. de Leberon se trouve seul avec quelques soldats et les habitants: incontinent M. de Montazet luy vint dire qu'il ne pouvoit pas tenir la ville, et qu'il ne la vouloit point mestre au hasard d'estre détruite et ruinée, et firent quelque capitulation, laquelle fut bonne pour ledit de Leberon, car il tomba es mains de ces quatre qui estoient fort de mes amys, pour ce que le temps passé j'avois fait quelque chose pour eux. J'estois le premier capitaine qui jamais avoit fait combattre le capitaine Moneins, et chacun voulut recognoistre le plaisir qu'il avoit autresfois receu de moy, de sorte qu'ils le laissèrent aller; ce sont des honnestes courtoisies entre gens de guerre ; mais mondit nepveu fit là un pas de clerc, de n'avoir sceu garder ses gens pour la nécessité : il pensoit les ennemis trop esloignés pour venir à luy. Capitaines mes compagnons, c'est un mauvais pensement ; car il devoit considérer l'importance de la place qui estoit sur deux rivières, et que les ennemis ne faudroient de souhaitter un si bon morceau, veu mesme le bon voisinage de Clayrac et de Tonens. Or, j'eus part à la folie d'avoir tiré la garnison, pour la crainte d'offenser M. le Marquis » (de Villars).

Quand le pont de bateau fut construit sur la Garonne à Port-Sainte-Marie, trois cornettes de la même arme passèrent sur la rive gauche, pour se porter devant Mongonméry, et occupèrent les deux villes de Lavardac et de Villefranche-du-Cayran. C'est alors que les catholiques n'osant attaquer la tête de ce pont, parce que les calvinistes y tenaient de mille à douze cents arquebusiers, avec sept ou huit canons, un maître-maçon venu de Toulouse pour bâtir les moulins du marquis de Villars à Aiguillon, émit l'avis, étant à Agen, de détacher un des moulins à eau qui se trouvaient dans le voisinage et de profiter d'une crue éprouvée, ce même jour, par la Garonne, pour le lancer contre le pont des religionnaires. A cette première idée, que peu de gens adoptèrent d'abord, parce que l'on savait ce pont amarré à l'une des maisons de Port-Sainte-Marie, au moyen de fortes chaines de fer, et les bateaux qui le soutenaient liés entre eux par d'autres chaines et des câbles énormes, le capitaine Thodias, ingénieur dans les troupes catholiques, ajouta le conseil de charger ce moulin de grosses pierres, afin d'en augmenter l'action.

En conséquence, on fait choix du moulin du président Sevin, qui avait quitté la ville, sans doute pour cause de religion, et six soldats lancent ce bélier flottant, qui, vers une heure après minuit, donne contre le pont, non sans éprouver mille arquebusades, qui ne l'arrêtent point, brise câbles, chaînes et bateaux, s'en va rompre un autre moulin des religionnaires, en aval de Tonneins, et finit par échouer au milieu des îles qui avoisinaient Marmande.

Cependant le pont fut rétabli sans nouvel accident, et la jonction de l'armée des princes avec celle de Mongonméry se fit, sous les yeux de Monluc, en décembre 1569 (1). Les deux armées, fortes de douze à quinze mille hommes, quittèrent Aiguillon et Port-Sainte-Marie, tournèrent Agen pour éviter Monluc sans doute, passèrent par Pont-du-Casse et Saint-Maurin et gagnèrent le Languedoc (2).

Le 11 décembre 1569, Jean des Cars (3), comte de La Vauguyon, prince de Carenci, écrivait à Catherine de Médicis au sujet de la marche de l'armée protestante dans l'Agenais : « Madame, j'envoye le cappitaine Rochebrune, present porteur, devers Vos Majestez pour leur faire entendre l'estat en quoy est Villeneufve d'Agenoyz, où je l'avois envoyé exprès pour en randre vos dictes Majestez certaines, et aussi où sont voz ennemys, estant les princes à Saincte-Livrade et l'amiral (Coligny) à Eguilhon (4), s'estendant leur armée jusques à ung cart de lieue de Villeneufve delà la rivière de Loth. Mais ilz tiennent sur la dicte rivière de Loth les passages de Saincte-Livrade, Castelmoron, Clerac et le dict Eguilhon. Montgomery a commencé à passer la rivière de Garonne sur ung pont de bataulx au Port-Sainte-Marie. De par toutz les advertissemens que j'ay je les tiens asteure toutz prins ensemble, et ils s'ayderont des bateaulz avec lesquelz ilz ont passé la dicte Garonne pour passer le Loth, et par les advertissemens qu'on m'a donnés, ilz ne s'acordent de l'artillerie que faict conduire le dict Montgomery que cinq à six canons, et encores n'en parlent-ilz point asseurement n'y n'en ay rien peu scavoir de certain quant au nombre. Madame, je prye Dieu pour vostre grandeur, santé, pros-

---

(1) *Histoire de l'Agenais, du Condomois et du Bazadais*, déjà citée, t. II, p. 166-168.
(2) *Histoire de l'Agenais*, déjà citée, t. I, p. 255.
(3) Il était fils de François des Cars, seigneur de La Vauguyon et d'Isabelle de Bourbon, dame de Carenci. Maréchal de camp en 1568, il fut nommé chevalier du Saint-Esprit le 31 décembre 1578. Il fut aussi sénéchal et gouverneur du Bourbonnais, lieutenant des armées du roi en Bretagne, etc.
(4) Ce fut alors, comme le dit Brantôme parlant de « messieurs les reytres » qui abondaient parmi les troupes de l'amiral de Coligny (t. IV, p. 321), « qu'il les vous pourmena en ce bon pays d'Agenois, se donnans des ayses et des moyens jusques à la gorge ».

périté et tres longue vye. A la Linde, ce xi⁰ décembre 1569. Vostre tres humble et tres obeissant subget et serviteur, La Vauguyon » (1).

Le même écrit au roi Charles IX, à la date du 18 décembre suivant: « Sire,.... Le sieur de Montluc m'a escript par le sieur de Montgueyralh, qui est venu icy avec ledit sieur de Frégose (2) m'apporter ses lettres par lesquelles il m'advertit que les ennemys font passer à Eguilhon et Clerac, passages qu'ils tiennent sur Loth et Garonne, un bon nombre de cavalerye et viennent droict à Thonens pour de là se venir saisir du passage de Dordougne à Saincte Foy, etc,.. A Monflanquin, ce xviii⁰ décembre 1569 (3). »

Nous trouvons aux *Archives départementales de Lot-et-Garonne* (E. suppl^t. 865. II. 34) un arrêt rendu le 11 mai 1571 à Agen par Robert de Mandossa, commissaire député par le roi au pays de Guienne pour l'exécution de l'édit de pacification, assisté de la cour du présidial d'Agen, dans une instance entre les anciens consuls d'Aiguillon, d'une part, et divers particuliers, d'autre part. Ces derniers demandaient le remboursement à leur valeur des marchandises qu'ils avaient livrées pour être vendues aux fins de parfaire une rançon de 8.000 livres, payées en 1570, durant les derniers troubles, à l'armée des princes, pour préserver la ville d'Aiguillon du pillage. L'arrêt condamne les consuls à rembourser les marchandises au prix commun.

Honorat de Savoie fut nommé lieutenant général du roi en Guienne, vers la fin de juin 1570, en remplacement de Blaise de Monluc, qui n'apprit cette circonstance qu'un mois plus tard et après avoir donné spontanément sa démission à la suite d'une grande blessure qui faillit être mortelle et qu'il reçut en montant à l'assaut de Rabastens le dimanche 23 juillet de cette même année.

Le marquis de Villars ne prit possession de cette charge qu'au mois de janvier 1571. Il fut nommé maréchal de France avant le 7 mars 1571, suivant une lettre de M. de Lansac (4), et amiral de France, après la mort tragique de Coligny, arrivée dans la nuit du 23 au 24

---

(1) *Documents inédits relatifs à l'Histoire de l'Agenais.* Tamizey de Larroque, p. 104-105. *Fonds français*, vol. 15550, p. 261.

(2) Octave Frégose, frère de Janus, l'évêque d'Agen. Voir sur le capitaine Frégose une note des *Lettres inédites de Janus Frégose, évêque d'Agen: Recueil des travaux de la Société d'Agen*, 1873, p. 76-78.

(3) *Documents inédits relatifs à l'Histoire de l'Agenais*, déjà cités, p. 106-107.

(4) *Bibliothèque du roi, cabinet de M. de Gaignières.*

août 1572. Il est qualifié de ce titre dans une lettre écrite par Charles IX à Louis de Lur, vicomte d'Uza, baron de Fargues, etc·, et datée du 31 août de cette dernière année (1).

Durant le mois de septembre et les premiers jours d'octobre 1572, l'amiral marquis de Villars devait être absent de la Guienne, car il est suppléé dans ses fonctions de lieutenant général par son gendre, Melchior des Prez, seigneur de Montpezat en Querci et du Fou en Poitou; mais informé que la guerre civile éclate dans nos provinces, il arrive en Guienne avec huit mille hommes de pied et deux mille chevaux et fait dresser un camp. Il se rend ensuite dans la ville d'Agen, probablement le jeudi 16 octobre, la trouve dépourvue de toute défense, s'en plaint au gouverneur M. de Lalande et menace d'y envoyer quelques compagnies de gendarmes, si les habitants ne se chargent eux-mêmes de sa défense contre toute surprise de la part des protestants. Il requiert, en outre, le lendemain, que toutes les armes appartenant aux habitants soient tenues prêtes pour le service du roi et qu'il soit interdit, d'une manière absolue, de mettre ces armes en vente. Le lendemain, 18 octobre, une ordonnance est publiée, en son nom, par les consuls d'Agen et M. de Masparault, maître des requêtes du roi, porteur d'une commission pour lever sur l'Agenais une somme de 22,000 livres.

Deux compagnies, commandées par les capitaines Bourgade et Lésignan, vont, le vendredi 24 octobre, rejoindre dans cette ville l'amiral Honorat de Savoie, leur chef supérieur, et sont reçues avec une répugnance qui pouvait faire craindre de graves désordres. M. de Lalande fait alors commandement aux habitants de recevoir les soldats de ces compagnies et de leur donner des vivres. La voix du gouverneur est méconnue ou ses ordres sont tout au moins insuffisants. Le marquis de Villars intervient le 28 et veut, par une mesure sévère, légitimée par l'exaltation des esprits, prévenir de terribles et sanglantes collisions. « De par le roy et monsieur l'admiral, lieutenant général pour Sa Majesté en Guienne, il est prohibé et deffendeu à tous gentilshommes, cappitaines, soldats, manans et habitants de la ville d'Agen et à tous autres de quelque estat et condition qu'ils soyent, qu'ils n'ayent à mettre la main aux armes dedans la présente ville d'Agen ny hors d'icelle pour quelque querelle particulière, desmentys et autres que ce soit, à peyne d'estre pendus. Fait à Agen, le 28ᵉ d'octobre 1572. Honorat de Savoye. »

---

(1) *Archives de M. le marquis de Lur-Saluces*, à Bordeaux.

Vers le 12 ou le 15 octobre, le roi Charles IX avait, à la demande de M. de Ranse (1), ratifié l'exemption de garnison et de passage de gens de guerre, précédemment accordée à la communauté de Casteljaloux par Honorat de Savoie. Ce dernier reçoit, à cette occasion, du roi de Navarre (futur Henri IV) la lettre suivante, datée du 22 octobre : « Je vous remercie de la faveur que les habitants de ma ville de Nérac trouvent en vous, vous priant, mon cousin, de la leur continuer et pareillement à ceux de ma ville de Casteljaloux, pour lesquels Sa Majesté a accordé une sauvegarde de laquelle je vous prie de les faire jouir » (2).

Etant à Agen, le marquis de Villars organise la défense des places fortes du pays. Le 21 octobre, il nomme capitaine de la ville et du château de Pujols, une des plus anciennes et des plus importantes places de l'Agenais, François de Cours, seigneur de Pauilhac, mestre de camp, chevalier de l'ordre du roi, gentilhomme ordinaire d'Henri de France, duc d'Anjou. La situation des catholiques devenant plus périlleuse, cinq jours après, il nomme le même personnage capitaine de deux cents hommes de pied qui doivent être levés avec le plus de promptitude possible et assemblés à Fontgrave et à Sermet. (3).

Honorat de Savoie, ayant mené en Guienne ses huit mille hommes de pied et ses deux mille chevaux, chasse, de concert avec La Valette, lieutenant du roi dans le même gouvernement, les religionnaires de Gascogne. Mais plus tard, ses soldats qui ne vivaient que de pillage, voient les paysans s'ameuter contre eux. D'un autre côté, Gourdon disperse, au passage de la Dordogne, un nouveau corps que Goas menait à Villars. Celui-ci ne peut plus tenir la campagne (4). Il reprend cependant plusieurs places fortes sur les huguenots en 1573 (5).

Bientôt après, le marquis de Villars cessa d'être lieutenant général du roi en Guienne. Son gouvernement fut partagé. « Le roy, dit Monluc, fit un nouveau remuement fort dommageable à la Guyenne ;

---

(1) Guillaume de Ranse, seigneur de Plaisance, secrétaire ordinaire du roi et de la reine de Navarre. Les Ranse possédaient anciennement la maison noble de ce nom dans la juridiction d'Aiguillon, dans la paroisse de Saint-Côme et le voisinage de Montazet. Voir leur généalogie aux *Notes et pièces justificatives*, n° XVI et dans ladite généalogie les lettres inédites de Jeanne d'Albret, d'Antoine de Bourbon et de leur fils Henri de Navarre.

(2) *Histoire de Casteljaloux*, par J. F. Samazeuilh, p. 100.

(3) *Nobiliaire*, déjà cité, t. IV, p. 71-77.

(4) *Histoire de l'Agenais, du Condomois et du Bazadais*, déjà citée, t. II, p. 179.

(5) *Nobiliaire*, déjà cité, t. IV, p. 79.

ceux qui viendront après nous se feront sages par les fautes d'autruy : c'est qu'il départit le gouvernement en deux, ayant donné ce qui est de ça la Garonne du costé de la Gascogne à M. de La Valette, et ce qui est delà, à M. de Losse (1). Ce fut un grand erreur au conseil du roy, et à la royne principalement, car encore elle en vouloit faire trois parts, pour en donner une à M. de Gramond (2) » (*Commentaires*) Aussi la petite ville de Clairac, située sur le Lot, entre Aiguillon et Casseneuil et qui n'avait jamais osé fermer ses portes à Monluc, devint bientôt l'une des places des protestants.

En mai 1574, le nouveau lieutenant général de Losses était vers Marmande et le marquis de Villars à Aiguillon : ensemble ils allaient marcher sur Tonneins, quand les Réformés abandonnèrent cette ville que, du reste, ils devaient reprendre quelques mois après (3).

M. de Gramond, commissaire de l'artillerie, avait remis dans l'arsenal de la ville d'Agen, deux canons montés et des munitions. De Losses, qui était à Aiguillon au mois de mai 1574, où il concentrait des forces pour préparer le siège de Clairac, demande aux consuls d'Agen de lui envoyer ces deux pièces et leur apprend que les ennemis ont abandonné Tonneins (4). Mais ce fut en pure perte que Clairac fut assiégé.

Les protestants s'emparèrent aussi du château de Madaillan appartenant à Honorat de Savoie. Monluc eut beau diriger lui-même les opérations du siège de cette place et les feux de l'artillerie, en janvier 1575, le château résista et les rebelles ne purent en être expulsés (5). Accablé d'ennuis et d'infirmités, Monluc voulut se retirer définitivement dans son château d'Estillac. Sa démission fut acceptée par le roi qui redonna bientôt après la charge de son lieutenant en Guienne à Honorat de Savoie.

Au mois de janvier 1577, dit dom Devienne dans son *Histoire de la Ville de Bordeaux* (p. 177), les religionnaires ayant pris La Réole, l'alarme fut grande dans Bordeaux. L'amiral de Villars fit enfermer tous les religionnaires et même les conseillers suspects dans les couvents de la ville. Le Parlement parut d'abord un peu surpris de ce que cet ordre s'étendait jusqu'à ses membres ; mais après avoir considéré les circonstances critiques dans lesquelles la ville se trouvait, il ne crut

---

(1) Antoine de Lustrac.
(2) René de Gramond, sieur de Montastruc.
(3) *Histoire de l'Agenais*, déjà citée, t. II, p. 269.
(4) *Archives d'Agen*, BB. 32.
(5) Voir sur ce siège : *Etude archéologique sur le château de Madaillan*, déjà cité.

pas devoir désapprouver la conduite de l'amiral. Peu après, le roi de Navarre, qui était à Marmande, écrivit au Parlement pour lui offrir une suspension d'armes. Cette compagnie délibéra qu'attendu qu'il portait les armes contre le roi, il ne lui serait pas fait de réponse.... L'édit de pacification du mois de septembre 1577 donna quelque relâche aux guerres civiles. Bientôt après, le maréchal de Biron, nouveau lieutenant général de la province, fit son entrée à Bordeaux.

Barthélemy de Malvin de Montazet, gouverneur d'Aiguillon, était mort vers le mois juillet 1572. Il avait fait son testament dans sa maison noble de Boussères le 8 septembre 1568 et fixé sa sépulture dans l'église des Carmes « ez tumbes de ses feuz prédécesseurs ». Il avait eu de Jeanne de Monteil les neuf enfants qui suivent :

1° François continue la descendance.

2° Honorat mourut jeune et sans postérité.

3° Jean-Marie, auteur des seigneurs de Prignan dans l'Agenais, épousa le 13 mars 1572 Jeanne de Prignan, dame dudit lieu.

4° Antoine-Jean fut reçu chevalier de l'ordre de Saint-Jean de Jérusalem au grand prieuré de Toulouse le 1er septembre 1572, quitta depuis cet ordre et se maria le 14 août 1581, avec Jeanne de Ponsan de la Barthère. Il fut l'auteur de la VIe branche connue sous le nom de Malvin de la Barthère.

5° Catherine fut marié, le 3 août 1557, avec Antoine de Bassac, chevalier, seigneur de Saint-Pau ou Saint-Paul en Auvergne et de Saint-Félix, capitaine de trois cents hommes de pied, demeurant à Cabos, juridiction de Dunes, en Agenais, évêché de Condom.

6° Marie épousa, le 25 janvier 1564, Blaise de Biran, écuyer, seigneur de Casteljaloux.

7° Anne était mariée avec le seigneur des Nomprez, le 8 septembre 1568, date du testament de son père.

8° Jacquette épousa Bertrand de Villères, seigneur de Vernède, par contrat du 1er septembre 1572.

9° Jeanne était sur le point de se faire religieuse au monastère du Paravis, le 11 janvier 1544.

François de Malvin, seigneur de Montazet, de Quissac et co-seigneur avec le roi de Nicole en Agenais, par l'acquisition qu'il en fit le 9 août 1578, se qualifiait « cappitaine de troys cens arquebusiers des vielhes bandes au service du Roy » lorsqu'il épousa, par contrat du dernier février 1570, Jeanne de Prayssas, fille de Blaise de Prayssas, seigneur de Quissac et de Marquèze de Clermont, du consentement d'Antoine de Prayssas, seigneur de la Beausse ou Béousse, oncle parternel de ladite dame.

Il succéda à son père dans la place de gouverneur et reçut plusieurs lettres d'Honorat de Savoie et du maréchal de Monluc, son cousin, qui l'appelait ordinairement son compagnon.

Henri, roi de Navarre, lui écrivit d'Agen, le 10 janvier 1577 : « Monsr de Montazet, j'envoye le s^r de Casteljaloux à Eguillon pour s'informer des consulz de la ville de l'occasion qui les a meuz de faire gardes et autres comportemens comme en temps de guerre ouverte. Et parce que cela ne sert qu'à altérer la paix et mectre en deffiance les villes prochaines, je vous pry tenir la main à ce qu'ilz vivent soubz l'observation de l'Edict de pacification ; autrement j'y pourvoiray selon le pouvoir que j'ay du Roy Monseigneur, ainsi que j'ay donné charge audit s^r de Casteljaloux vous faire entendre. Sur ce, je pry Dieu vous tenir, Monsr de Montazet, en sa saincte garde. Vostre bon amy (signé) Henry ».

Par la lettre suivante, datée aussi d'Agen le surlendemain 12 janvier, ce prince le remercie en ces termes : « Monsieur de Montayzet, j'ay esté bien aise d'avoir entendu par le s^r de Casteljaloux vostre bonne affection en mon endroit et au bien de la paix. J'espere en m'en allant à la Raiolle vous veoir et vous tesmoisgner moy mesmes de bouche que vous n'avez et n'aurez jamais ung meilleur amy que moy, que vous pry de continuer tousjours en ceste bonne volunté et Nostre Seigneur vous vouloir tenir, Monsr de Montaiset, en sa tres saincte et digne garde. Vostre bon amy (signé) Henry ».

M. de Montazet fut chargé par une commission d'Honorat de Savoie, amiral de France et lieutenant général en Guienne, datée du mois d'octobre de la même année 1577, d'exécuter avec les députés du roi de Navarre dans la sénéchaussée d'Agenais les conventions portées dans l'Edit de pacification conclu au moins de septembre précédent. Cette commission signée *Honorat de Tande* et scellée du cachet de ses armes, fut précédée d'une lettre du même gouverneur datée de Condom le 13 octobre de la même année et conçue en ces termes : « M. de Montezet, le Roy de Navarre m'ayant envoyé le s^r de Massencourt et mandé par luy luy envoyer un gentilhomme afin de le faire assister d'ung aultre pour se transporter ensemblement es villes et places d'Agenois pour faire vuyder les garnisons qui s'y trouveront et faire restituer tout ce qui a été prins depuis le xviie septembre dernier, suivant la cessation d'armes, et icelle faire exécuter de poinct en poinct, ainsi qu'il est porté plus specialement par les mémoires et instructions que ledit Seigneur Roy de Navarre m'a aussy envoyé, coppie desquelz est cy enclose. J'ay advisé ne pouvoir coumectre telle charge à personne plus affectionnée au bien du service du Roy et du Pays que vous ; au moyen de quoy je vous prye vous rendre au plus tost vers le dit Roy de Navarre qui vous fera assister d'ung des siens pour l'effect que dessus, et coumancer la dite exécution à Aiguillon et Saincte-Livrade, et aultres... de par delà où il aura esté commis telles contraventions. Sur ce je priray Dieu vous donner, Monsr de Montezet, en santé longue vye. Voustre bien bon amy (signé) Villars. »

Le futur Henri IV fit un séjour à Aiguillon le 25 mai 1577, selon les *Documents inédits* publiés par M. Loutchitzky (1875, in-8°).

Honorat de Savoie se démit de sa charge d'amiral de France en 1578, en faveur de son gendre Charles de Lorraine, duc de Mayenne. Il fut le cinquième des chevaliers laïques qui reçut, cette même année, du roi de France Henri III, l'ordre du Saint-Esprit, que ce prince venait de créer. Il mourut en 1580, laissant de son mariage avec Jeanne ou Françoise de Foix une fille unique, qui suit :

Henrie ou Henriette de Savoie, marquise de Villars et de Miribel, en Bresse, vicomtesse de Castillon-sur-Dordogne, en Bordelais, baronne d'Aiguillon. Madaillan, Montpezat, Sainte-Livrade, Dolmayrac, en Agenais, dame de Marro, Prela, Gordans, Loyes, Hauvet, Loyettes, Certes, Busen, etc., fut mariée deux fois : 1° le 26 juillet 1560 avec Melchior des Prez, chevalier, seigneur de Montpezat, en Querci, et du Fou, sénéchal de Poitou, gouverneur de Guienne, fils d'Antoine des Priez, seigneur de Montpezat, maréchal de France, lieutenant général pour le roi en Guienne, et de Lyette du Fou, dame du Fou, en Poitou ; 2° le 23 juillet 1576, avec Charles de Lorraine, né en 1554, duc de Mayenne en 1573, grand chambellan de France après l'assassinat de son père, en 1563, amiral de France en 1578 par la démission d'Honorat de Savoie, son beau-père, chevalier de l'ordre du Saint-Esprit le 31 décembre 1582, et longtemps général en chef des armées de la Ligue sous le titre de lieutenant général de la couronne de France, après l'assassinat de ses deux frères aînés, Henri de Lorraine, duc de Guise, dit *le Balafré*, et le cardinal de Guise. Il était le 3me fils de François de Lorraine, duc de Guise, et d'Anne d'Este de Ferrare, qui prit une seconde alliance avec Jacques de Savoie, duc de Nemours. Il était aussi cousin germain de la reine Marie Stuart, qui a porté d'abord la couronne de France, puis celle d'Ecosse, fille de Jacques V, roi d'Ecosse, et de Marie de Lorraine, l'une des sœurs dudit François de Lorraine, duc de Guise, de Charles, cardinal de Lorraine, de Louis, cardinal de Guise, de Claude, duc d'Aumale, de René, marquis d'Elbœuf. (*Nobiliaire*, cité, t. IV, p. 83-84).

Ses armes sont : d'or, à la bande de gueules, chargée de 3 alérions d'argent. (Voir sur la couverture du livre).

La lutte entre catholiques et protestants avait recommencé en 1580. Nous lisons dans le *Journal de François de Syrueilh* (1), à date du 21 août : « La nuyct du samedy venant au dimanche, qu'on contoit XXIe dudict moys d'aoust, raconte ce chroniqueur, le cappitaine Du Bosc avec l'ayde et faveur de monsieur du Hac (2), gouverneur de la Reolle, surprint le chasteau et ville de Gailhon (Aiguillon), appartenant au roi de Navarre, place bien forte et de conséquence, parce que estant tenue par les huguenots, ilz tenoient en subjection toute ceste rivière de Garone. Il n'y eut à la dicte prinse que environ vingtz soldatz de tués, car tous les aultres se saubvarent par dessus les murailles de la ville, ayant entendu la prinse du chasteau ».

En 1585, Henri III avait donné à Charles de Lorraine, duc de Mayenne, une armée de 15,000 hommes pour aller en Guienne rétablir la victoire.

Le 24 mai de cette année, le maréchal de Matignon, écrit de Marmande à Jacques de Lau (3), capitaine de 50 hommes d'armes des

---

(1) *Archives historiques de la Gironde*, XIII, 323.

(2) Il faut lire d'Ussac. C'était un gentilhomme du Périgord, fort brave et très zélé protestant qui avait commandé à Bergerac.

On s'étonnera peut-être qu'il ait aidé du Bosc à s'emparer d'Aiguillon sur les huguenots. En voici l'explication : « La belle et rieuse Anne d'Aquaviva, fille du duc d'Atria, comtesse de Château-Vilain et une des dames d'honneur de la reine-mère, était parvenue à séduire un vieux gentilhomme nommé Ussac, que l'on considérait comme l'un des piliers de la Réforme, ce qui lui avait valu le gouvernement de *la place de sûreté* de La Réole. Ussac portait, comme Monluc, une blessure au visage qui l'avait rendu difforme. Aussi ses tendres prétentions auprès de la belle comtesse de Château-Vilain donnèrent-elles lieu, de la part de Turenne et même du roi de Navarre, à des railleries dont le vieil huguenot garda le souvenir dans son cœur, à côté de son amour. Un soir, la Cour étant encore à Auch, au milieu d'un bal où se trouvait le roi de Navarre, Armagnac, gentilhomme dépêché par le capitaine Favas, vint avertir secrètement ce prince que le gouverneur de La Réole s'était fait catholique et avait livré cette place aux officiers de Catherine de Médicis. » (*Histoire de l'Agenais, du Condomois et du Bazadais*, t. II, p. 235-236).

(3) Jacques de Lau, chevalier de l'ordre du roi, gouverneur d'Armagnac, fils de Carbon de Lau et de Françoise de Pardaillan.

ordonnances du roi, la lettre suivante : « Monsieur, incontinent que les ennemys sceurent que vous avec autres sieurs et cappitaines de gens d'armes vous estiez retirés et que j'estois demeuré seul, n'ayant que si peu que j'ay d'Albanoys, ils se sont mis à la campagne, ayant en peu d'heures assemblé ce qu'ils ont peu de forces de Bergerac, Saincte-Foy, Cleyrac et autres lieux, comme ilz ont faict aussi ce qui estoit du delà la Garonne ; ont prins les armes à Cleyrac ; font venir celle de Leyctoure, à ce que l'on m'a adverty. Il m'a fallu à mon grand regret abandonner le fort que Vivant fait fere et me retirer en ceste ville. Les forts de Nicole hault et bas, la maison de Montezet et Monheurt se sont rendus, tout auprès de Damazan qu'ils veulent prendre, etc....

« Au camp de Marmande ce XXIII may 1585 (1). »

Dans les premiers jours de janvier 1586, Mayenne avait fait sa jonction avec le maréchal de Matignon près de Châteauneuf-sur-Charente. Venant au mois de mars suivant par Villeneuve, il descendit à Aiguillon, puis enleva aux huguenots Tonneins, Damazan, Le Mas et Meilhan pendant que son collègue le maréchal, revenu devant Castets, cherchait à faire prisonnier le roi de Navarre ; mais on arriva trop tard. Henri avait su glisser à travers les mailles du réseau, et du 15 au 19, ayant traversé la Garonne à Sainte-Bazeille, il alla de Nérac à Sainte-Foy par Damazan, Caumont et Marmande, au milieu de mille dangers.

Nous apprenons par un acte de la Jurade d'Aiguillon, de 1608, que, pour éviter les ravages, les consuls avaient fait distribuer en l'année 1586 dix tonneaux de vin aux ligueurs qui étaient entrés en ville.

Le 5 décembre, on était averti par François de Montazet, gouverneur d'Aiguillon, qu'un fort parti de réformés se disposait à surprendre Agen. En janvier 1587, Turenne prit Castillon-sur-Dordogne et s'empara du fort de Nicole (2) devant lequel il reçut une blessure assez grave et où il mit une garnison. La blessure du vicomte exigeant des remèdes rend momentanément le calme à l'Agenais (3).

A la nouvelle de l'alliance des deux rois de France et de Navarre,

---

(1) *Docum. inéd. relatifs à l'Hist. de l'Agen.*, déjà cités, p. 172-173. *Arch. du château de Xaintrailles.*

(2) Selon un document cité par l'abbé Barrère (*Hist. rel. et mon. etc.*, t. II, p. 338) Matignon aurait encore repris Monheurt et Nicole en janvier 1587.

(3) Voir *Hist. de l'Agenais*, déjà citée, t. II, p. 26 et suiv. — *Hist. du dép. de Lot-et-Garonne*, déjà citée, t. I, p. 430-434.

tous, bourgeois, conseil et jurade d'Agen se déclaraient ligueurs, conspuaient Henri III, proclamaient le cardinal de Bourbon et reconnaissaient Mayenne le 17 avril 1589. Ils prêtèrent serment à l'Union le 3 mai suivant. Marmande fit comme Agen ; Villeneuve restait douteux ; Port-Sainte-Marie et Caudecoste, qui d'abord avaient adhéré, se désistèrent ensuite pour éviter la ruine. Du reste, une entente constante existait entre les ligueurs militants de la région, qui correspondaient entre eux d'Agen, de Laplume, de Montpezat, de Villeneuve, de Valence, d'Aiguillon, de Damazan, etc. (1).

Le 18 août de cette même annnée, le maréchal de Matignon écrit au roi de Navarre « qu'il avoit appris la mort du roi (Henri III) le 8 août, au moment où étant devant Aiguillon, il faisoit passer dans cette ville quatre canons (2). »

Agen s'était retiré de la Ligue et avait fait sa soumission à Henri IV en 1594. Le 4 juillet, les consuls de cette ville dépêchaient vers le roi Bernard de Lacombe, prieur de Saint-Caprais et archidiacre de Saint-Etienne, pour lui exposer les circonstances où l'on se trouvait. Nous lisons, en effet, dans le « *Mémoire de ce que le Prieur représentera au roi de la part des consuls* (3) » les lignes suivantes :

« Ledict sieur Prieur, estant en cour, presentera, s'il lui plaist, au Roy la lettre desdicts consuls faisant entendre de vive voix à Sa Majesté l'estat de la dicte ville d'Agen en son obeissance et le debvoir faict par lesdicts consulz et habitans de tirer hors le sieur marquis de Villars (4) et ses forces de la Ligue estans dedans la dicte ville.

» Qu'en hayne de ce, ledict sieur marquis ha mis les dictes forces en garnison dans les chasteaux de Montpezat, Madaillan, de Aguillon, appartenans à madame sa mère, qui font des courses jusques aux portes dudict Agen, et font prisonniers hommes et bestail, à ce qu'il plaize à Sa Majesté ordonner dans la dicte ville une forte garnison de

---

(1) *Histoire de l'Agenais*, déjà citée. t. II, p. 34.

(2) *Archives historiques de la Gironde*, IV, 206.

(3) *Fonds français*, vol. 24066. Voir : *Documents inédits relatifs à l'Histoire de l'Agenais*, déjà cités, p. 192.

(4) Emmanuel-Philibert de Savoie, second marquis de Villars. Il était fils de Melchior des Prez, sieur de Montpezat en Querci, et de Henrie ou Henriette de Savoie, héritière et fille unique de Honorat de Savoie, premier marquis de Villars. Nous avons dit qu'Henriette de Savoie s'était remariée avec Charles de Lorraine, duc de Mayenne.

Emmanuel-Philibert de Savoie avait été lieutenant général en Guienne pour la Ligue en 1588. Il mourut en 1626.

cent cinquante soldats, commandés par les consuls, pour résister auxdites forces aux dépends du pays et ordonner à Monseigneur le mareschal et à Monsieur de Monluc, nostre seneschal, assembler des forces pour délivrer le pays des dictes oppressions. »

A son tour, le chef des Ligueurs, Charles de Lorraine, fit en janvier 1596 sa soumission au roi de France. Il mourut en 1608 et son fils, Henri II de Lorraine, devint dès lors duc de Mayenne.

En 1599, une grande inondation de la Garonne et du Lot causa de grands dommages dans les deux vallées.

François de Malvin de Montazet, gouverneur d'Aiguillon, était mort avant le 27 février 1587 et avait eu les quatre enfants qui suivent de son mariage avec Jeanne de Prayssas dont on a le testament, du 10 septembre 1610, par lequel elle déclara vouloir être enterrée dans la chapelle qui était dans l'église de Saint-Pierre de Quissac, aux tombeaux de ses prédécesseurs, instituant son héritier universel Antoine de Malvin de Montazet, alors son fils ainé.

1° Charles de Malvin, seigneur de Montazet, de Quissac, etc., fit son testament le 27 mars 1600 et mourut sans avoir été marié, avant le 22 avril suivant, des blessures qu'il avait reçues d'un gentilhomme de sa province qui fut condamné à avoir la tête tranchée par arrêt rendu en la cour du parlement et chambre de l'édit à Paris le 14 février 1602.

2° Antoine, qui continue la descendance et que nous retrouverons.

3° Jean de Malvin, sieur de Boussères, mourut au siège de la ville de Lille en Périgord étant alors enseigne de la compagnie de Pierre de la Tour, sieur de Fontiron. Il avait fait son testament le 13 juillet 1595, jour de sa mort.

4° Jeanne fut mariée par contrat du 1ᵉʳ octobre 1600 avec François de Monlezun, seigneur de Montastruc, chevalier de l'ordre du roi, capitaine de cinquante hommes d'armes de ses ordonnances, fils de Jean de Monlezun, seigneur de Baranneau et de Montastruc. Elle fit son testament le 29 mai 1613 (1).

---

(1) D'Hozier: *Armorial de France*, etc., déjà cité.

CHAPITRE VII

La baronnie d'Aiguillon érigée en duché-pairie. — Henri de Mayenne. — Antoine de l'Aage de Puylaurens. — Marie Madeleine de Wignerod, dame de Combalet. — Marie Thérèse de Wignerod.

Henriette de Savoie-Villars, avons-nous dit, avait eu de son second mariage avec Charles de Lorraine, duc de Mayenne, entre autres enfants Henri II de Lorraine, qui naquit à Dijon le 20 décembre 1578 et devint duc de Mayenne, pair et grand chambellan de France, chevalier des ordres du roi, gouverneur de Guienne. C'est en faveur de ce fils qu'elle venait de marier en 1599 avec Henriette de Clèves, que la marquise de Villars fit ériger au mois d'août de cette même année sa baronnie d'Aiguillon en duché-pairie avec les terres de Montpezat, Sainte-Livrade, Madaillan et Dolmayrac par lettres patentes données à Blois, qui furent enregistrées le 2 mars 1600 par le Parlement de Paris, dont la résistance fut difficile à vaincre. Cette cour émit le vœu qu'à défaut d'enfants mâles, Aiguillon et les autres terres comprises dans ce duché-pairie ne fussent pas réunies à la couronne, mais fissent retour aux plus proches héritiers, le titre de pairie demeurant éteint (1).

Les lettres patentes d'érection du nouveau duché sont les suivantes :

« Henry, par la grace de Dieu, roy de France et de Navarre, à tous presens et à venir, salut. Comme l'honneur a toujours esté le vray prix et la légitime récompense de la vertu, ornant les grands et illustres personnages d'un lustre et splendeur pour servir d'exemple aux uns et d'admiration à tous ; ainsi les roys nos prédécesseurs ont de tout temps estimé et jugé estre convenable d'élever aux grands hon-

---

(1) *Nobiliaire*, cité, t. IV, .85-86. — *Hist. de l'Agenais*, citée, t. II, p. 69.

neurs et hautes dignitez de ce royaume ceux qui se sont rendus recommandables par leurs services, faits à ceste couronne, et qui ont mérité quelque rang par dessus les autres pour avoir ajouté leur valeur et générosité à l'ancien lustre de leur race.

Et à ceste occasion ayant considéré les grands et signalés services de nostre tres cher et tres amé cousin duc de Mayenne et ceux de sa Maison à cet Etat, assez connus à un chacun ; joint la proximité du sang dont il nous atouche, tant de sa personne, que de celle de nostre cousine Henrie de Savoye, son espouse, ayant nos dits cousin et cousine appanagé nostre très cher cousin, Henri de Lorraine, leur fils ainé, des terres d'Aiguillon, Montpezat, Sainte Livrade, Madaillan et Dolmérac en nostre pays d'Agenois, en faveur du mariage nagueres contracté entre luy et nostre tres chère et tres amée cousine Henrie de Gonzague, fille de nos tres chers cousin et cousine le feu duc de Nevers et la duchesse de Nevers son espouse, nous avons voulu et desiré donner un témoignage signalé à nostre dit cousin Henry de Lorraine de nostre bonne volonté en son endroit, pour la bonne et grande esperance que nous avons conçue de ses généreuses actions ; et pour le convier davantage à nous rendre le service que nous nous sommes promis de lui, et l'ayant déjà pourvu du titre de grand chambellan, du consentement de nostre dit cousin son père, nous avons bien voulu l'honorer d'abondant du titre de duc et pair, et erigé en pairie, corps et titre de duché lesdites terres d'Aiguillon et autres à lui appartenantes situées en notre pays d'Agenois, estant la dite terre et la baronnie de Aiguillon, bonne ville composée de grand nombre d'habitants riches, assise à la rencontre de deux belles rivieres navigables, Garonne et Lotz, où se peut établir un grand commerce pour le bien et utilité de nos subjets de nos pays de Languedoc, Quercy, Gascogne et Agenois, y joignant et incorporant les villes et baronnies de Montpezat, première baronnie dudit pays d'Agenois, Sainte-Livrade, Madaillan et Dolmérac, d'où dependent plusieurs fiefs et vassaux et de belles et grandes forets, plusieurs bourgs et villages avec droits de justice haute, moyenne et basse, vulgairement appelée mere et mixte impere, et officiers pour l'exercice d'icelle, et grand nombre de peuples habitants et ressortissans d'icelles, que pour ce nous aurions estimé à propos d'eriger et d'incorporer en un.

« Pour ces causes et autres bonnes considérations à ce mouvans, ayant le tout bien et meurement considéré et deliberé avec les princes de notre sang et gens de nostre conseil et de nostre certaine science, propre mouvement, pleine puissance et authorité royalle, à la prière de nos dits cousin et cousine duc et duchesse de Mayenne, et pour honorer et eslever d'autant nostre dit cousin Henry de Lorraine, leur fils, avons lesdites terres et seigneuries, ville et baronnie d'Aiguillon, Montpezat, Sainte-Livrade, Madaillan et Dolmérac, leurs appartenances et dépendances, situées audit pays d'Agenois jointes unies et annexées, joignons, unissons et annexons, pour n'estre à l'advenir qu'un corps et territoire, et le tout ensemble créé et érigé, créons et érigeons en titre, nom, dignité et prééminences de pairie et duché, sous le nom et appellation d'Aiguillon.

» Lesquels pairie et duché d'Aiguillon seront dès-à-présent et dorénavant tenus et mouvans à une seule foy et hommage de nous, comme aussi de nos successeurs rois de France, de nostre couronne et chasteau du Louvre, pour d'iceux jouir par nostre dit cousin, ses hoirs successeurs et ayant perpetuellement et à toujours, ensemble de tous droits, honneurs, prérogatives, tels que de tout temps ont appartenu et ont jouy et jouissent les anciens ducs et pairs de France ; ensemble de toutes prééminences de duc et pair en tout lieu et actes et généralement quelconques où les anciens ducs et pairs de France se peuvent et doivent trouver, et comme ils en ont d'ancienneté jouy et usé avec attribution du ressort immédiat des appellations du bailly ou sénéchal ducal ou son lieutenant, qui sera établi audit lieu d'Aiguillon, et de ses lieutenants particuliers, qui seront pareillement établis en titre d'officiers ducaux et de pairie et és terres et seigneuries y jointes et annexées et autres que besoin sera, et qui pourroient estre cy-après annexées.

» Lesquelles appellations voulons, ordonnons et nous plaist d'estre doresnavant immédiatement relevées en notre cour de parlement de Paris, tant pour le regard des fiefs de nostre dit cousin, que pour le regard de la dite pairie, et autres causes concernant le particulier domaine de nostre dit cousin, et auquel il aura intérêt, desquelles causes en appartiendra la connoissance à nostre dite cour de parlement de Paris, l'ancien ressort des pairs de France, ainsi qu'il est de tout temps accoutumé aux causes des pairs de France, sans que toutes les causes susdites les juges royaux ordinaires ni pareillement les sièges présidiaux puissent entreprendre aucune cour, juridiction ni connoissance, soit en première instance ou par appel, sur peine de nullité et d'amende arbitraire, dépends, dommages et intérest, et autres plus grandes s'il y echet et ne voulons aussi à cause de la presente union et erection en corps, du duché et pairie nous ou nos dits successeurs en vertu des édits et ordonnances royaux, puissions prétendre ores ne pour l'avenir à deffaut d'hoirs malles de nostre dit cousin ou ses successeurs ledit duché et pairie estre réuni et incorporé à nostre dite couronne, auxquels édits et ordonnances, et toutes autres choses généralement quelconques, à ce contraire, avons de notre grace spécialle, pleine puissance et authorité royalle, dérogé et dérogeons par ces présentes, et aux dérogatoires des dérogatoires y contenues pour cette fois seulement sans tirer à conséquence.

» Si donnons en mandement à nos amez et feaux conseillers les gens tenant nostre cour de parlement et chambre des comptes de Paris et de Bourdeaux, sénéchal d'Agenois et autres justiciers, officiers et subjets ainsi qu'il appartiendra, que de nos presentes création et érection desdits duché et pairie d'Aiguillon, et de tout le contenu ci-dessus ils fassent, souffrent et laissent jouir nostre dit cousin, ses hoirs, successeurs, tant masles que femelles et ayant cause, vassaux et subjets pleinement, paisiblement et à toujours, cessans et faisant cesser tous troubles et empêchements au contraire, ains icelle fassent entretenir, garder et observer de point en point selon leur forme et teneur, lire, publier et enregistrer chacun à son égard nonobstant, comme dit est, tous édits et ordonnances à ce contraires ; car tel est notre plaisir. Et afin que ce soit chose ferme et stable à toujours, nous avons fait mettre notre scel à ces dites presentes, sauf en autre choses nostre droit, et l'autrui en toutes.

» Donné à Blois au mois d'aoust l'an de grace mil cinq cens quatre-vingt-dix-neuf, et de nostre règne l'onzième. — Signé Henry et sur le reply, par le roy Potier, Et a coté *visa contentor*, Desportes et scellés sur lacs de soye rouge et verte, en cire verte du grand scel. »

« Arrest de vérification du deuxième mars 1600.

« Ce jour après que la lecture a esté faite judiciairement des lettres patentes du mois d'aoust dernier, signées Henry, et sur le reply, par le roy, Potier, et scellées de cire verte, de création en duché et pairie d'Aiguillon, en faveur de messire Henry de Lorraine, et que Robert pour ledit de Lorraine a sa reception, Servien pour le procureur général du Roy, dit qu'ils ont baillé leurs conclusions par écrit n'empêchant que les dites lettres soient enregistrées.

» La cour a ordonné et ordonne, que sur les lettres sera mis : Leues, publiées et registrées, ouy le procureur general du Roy, et l'impetrant receu duc et pair de France, faisant le serment accoustumé, et après qu'il a juré de bien et fidèlement exercer ledit estat, assister ledit Roy en ses tres hautes et importantes affaires, rendre la justice au pauvre et au riche, garder les ordonnances, tenir les délibérations de la cour closes et secrettes, et en tout et partout se comporter comme un bon et vertueux pair de France, a esté receu, juré fidelité au Roy et repris son épée, monté au haut siège, assisté à l'audience. »

En tête de cet acte on lit : « Leües, publiées et registrées, ouy le procureur general du Roy, et l'imeptrant receu duc et pair, fait le serment accoutumé, juré fidelité au roy. A Paris en parlement le deuxième mars l'an mil six cens, signé *Voisin*. »

Les délibérations de la jurade de la ville d'Aiguillon en 1599 nous font connaître les particularités suivantes. Les consuls sont au nombre de quatre, élus chaque année au 1er janvier dans une assemblée de jurade tenue au cloître des Carmes. Chaque consul désigne son successeur à la jurade qui approuve ce choix ou le rejette. On décide qu'un registre sera affecté à la transcription des procès-verbaux des délibérations et qu'un notaire sera nommé secrétaire de la ville. On remédiera ainsi au désordre dans lequel sont les affaires de la communauté, les anciens *arrestats* de jurade étant perdus. On met en ferme les biens communs divisés en 47 lots d'une cartérée chacun. Chaque lot est affermé de 7 à 14 écus, et ces fermes constituent un revenu annuel de 433 écus 20 sous. L'état des dépenses annuelles est arrêté ainsi : les gages des quatre consuls et les livrées consulaires, 30 écus ; les gages du régent et de son second, 40 écus ; au prédicateur de l'Avent et du Carême, 50 écus, sans tirer à conséquence, attendu le procès engagé contre les ecclésiastiques qu'on veut obliger à contribuer à cette dépense. La communauté a près de 20.000 livres de dettes. Il est question de réparer les murailles, les tours, les ponts, l'horloge, de construire une maison commune, une halle et deux fontaines. L'état des revenus et des dépenses est arrêté par Jean Martin, trésorier général de France, commissaire en cette partie, le 19 février 1601 (1).

En l'année 1598, la juridiction d'Aiguillon comprenait les paroisses de Saint-Félix d'Aiguillon, de Saint-Côme, de Sainte-Radegonde, de Gouts, de Palagat et partie des paroisses de Lagarrigue, Saint-Avit et Saint-Jean d'Aubès (Miramont). L'arpentement de ladite juridiction,

---

(1) *Arch. départ. de Lot-et-Garonne*. E. Suppl. 736 (BB. 1.)

décidé en 1598, fut accompli en 1599 et arrêté en 1600 (1). En voici le résumé :

Paroisse Saint-Félix d'Aiguillon.

Possèdent moins d'un cartonnat: Jean Dusau dit Bicquon de Royas; hoirs Jean Maransin; hoirs Antoine Layrac; Antoine Paraillous; Marie Missote; Arnaud Gardelle dit Pingnot; Jeanne Castaignet; Catherine Paraillous; Janine; Jean de Poy dit Bigotte; hoirs Charlot Granié; Etienne et Jean Dumora, frères; Jean Roques; Thony Missote; hoirs Peyre Pucheyran dit lou Bastard; Antoine Gardelle dit Pingnot; Moïse Ribère, tailleur; Francois Duverger; Jeanicot Barascon dit Caubary; Jean Bezin, boucher; hoirs Francois Coutz; Videau Calonges; Thomas Sudre, fils de Thony de Margot; Guillaumet de Gascoigne; Louise Ringuet; Jeanne de Lamirail, veuve de Bernard; Guiraude Gasquet, femme de Manet et fille de Planteblat; Etienne Dumora dit Landuron; Antoine Dumont; Arnaud de Franc; Antoine Bosquet; Antoine Bosquet dit de Peyronne; Jean Pugeyran; Cathoy et Jeannette Bernard, sœurs; Jean de Guironne; Jean Paraillous; Thony Rouzet; Touignet Gauteron; Arnaude Gabelle; Gaisiot Gansolle; Jean Tastet; hoirs Jeanicot Fedon; Isaac Miraben; Jean Malié; Pierre Vignolles;

---

(1) *Arch. communales de la mairie d'Aiguillon.* — « Arpentement general de toutes les maisons, places, vuides et terres de la juridiction d'Aiguillon de l'année 1600, fait par Ladebat arpenteur de la ville de Nérac, contenance totalle de 2780 carterées.» N° 21.

On lit à la première page du Terrier que nous résumons ci-dessus : « Livre terrier contenant l'appartement general de toutes et chescunes les maisons, places, vuydes, terres et pocessions incluzes en la jurisdiction et taillable de la ville et duché d'Aguilhon en Agennoys faict à la requisition des sieurs consuls, jurats, bourgeois, manans et habitans d'icelle par Bernard Ladebat habitant de la ville de Nérac, m^r arpanteur juré... en raison des arrêts de la souveraine court de Parlement de Bourdeaux et ce en l'année mil cinq cent quatre vingts dix neufs suyvant le contract et convention faict par déliberation de jurade des honorables hommes Hierosme Bryenne, Guillaume Conyel, Daniel Metau et Jean Lafargue dit Bichet, consulz en l'année mil cinq cens quatre vingt dix huict et rendeu le presant livre ez mains de honorables hommes sieurs Robert Bryenne, Abraham Paraillous, Pierre Gassot et Jehannot de Lesperon, consulz en la presante année mil six cens. Lequel arpantement a esté faict suyvant l'ancyenne mesure usitée et praticquée de toute antiquité en ladite ville d'Aguilhon faisant la thoise ou mesure de dix huict pans de longueur.... et faisant la carterade de dix huict thoises en largeur et vingt quatre en longueur..... »

La cartérade ou cartérée valait six cartonnats.

Janine Boussac; Pierre Granié; hoirs Jean Tartas; hoirs François Bagau; Isabeau Dulaura; Peyronne Mendribone; Pierre Phélip; Peyronne Fanguin; hoirs Jean Papon; Pierre Lamothe; Pierre Perice; Micheau de Garin, tamborinayre; Arnaud Bastard; Benite Descarfail; Guiraud Sudre; Jean Gonnollac dit Boulogne; Jean Viala; Isabeau Dubroca et Thony Tangre, mariés; Peyre Gasquet; Luchet Budin; Catherine Leonard; Etienne Bastardis; Domenge et Anne Lesperon; hoirs Jean Nogue; Jeanne Belous; Léonard Delaye; François Larroufa; hoirs Jeannot Layrac; Antoine Boussac; Guinette et Jeannette Budin, sœurs; Estèbe Lafargue; Janine Mandagot; Hortis Despaignac; Pothoune de Fromadan; Jean Boué dit Petit; Pierre Gasquet; Guillem Videau; Videau Dubordieu; Pierre Lugas, trompette; Marie Baigna; Guillem Garrousse dit Gondrin; Louise Bagau; Nadau Dutau; hoirs Jean Dufranc; Guillem de Leygue; Marguerite Charpentier; hoirs Marsillac; Jean Petit Lugas: N. dite Souirand; Jeanne Métau; Peyron de Franc; Jean Pruet; Petit Bernard; N. dite Laguilette.

Possèdent 1 cartonnat : Jeannot Mansagot; Arnaud Cazenabe dit d'Armand de Bastard; Peyre Phélip dit Coulhart; Denise Lugas; Thoigne Blanchard.

De 1 à 2 cartonnats : Martin Chambonneau; Jean Missote dit de Garonne; Raymond Laporte; Jean Lacrose; Roman Duboy; Ramonet de Boussac; hoirs Despaziot dit Moduro; hoirs Antoine Durand; Antoine Vichières; Mignalot Gayrin; hoirs Antoine du Molinat; Jean de Franc; Pothon Papon, fils de Jeannot; Guillem Sudre; Jean Sobiran, fils de Pierre; Petit Cordier; Jean Petit Serbat dit Boudonet; Dauphine Layrac, femme de Peyre Coulhart; Bernard Fuste; Pierre Pradail; Jeanotet Despaignac; Antoine Fournier dit Raffit; Jean Barrère dit Hourticq, cordier; la fille de Jean Périmon; Jean Petit Malié; Guillem du Tusa dit lou Gailhe rouge; hoirs Videau Gourrins; Antoine Caballe, barbier; Arnaud Cazenabe; hoirs Pierre Bastardis; Jeannot Garin; Jeanne Pandellé; Guillem du Tousa; Jeanne Cadillat; Pierre Dunau; Peyroton Gauteron; Marsau Dubordieu; Jean Lesperon; Jean Petit de Catinet.

Possèdent 2 cartonnats : Jean Lesperon, marchand; Guillem du Basterat, tissier; Jean Cabaignac; Marguerite Mialhe; hoirs Pierre Paraillous.

De 2 à 3 : Jean de Franc; Jeannot de Bagau; hoirs Me Jean Nouel; hoirs Martin Pandellé; Peyronne Franc, fille de Jean; hoirs Antoine Bares; Jacques Labrullères, tissier; Jean Lizon, fils de Pilhon; Pierre Bichière; hoirs Jean Gasquet Scorbet; Pierre de Basset dit lou Magre, boucher ; Arnaud de Bastard ; Martin Chambonneau dit Billons ; Jean Paraillous dit Cabousson ; hoirs Jean Fanguin ; Antoine Missote.

Possèdent 3 cartonnats : Jean Duboy dit Bigotte.

De 3 à 4 : Pierre Garousse ; Estèbe Lafargue dit Bagugne ; Jean Pucheyrand dit Batard ; hoirs Peyroton Mora ; Jean Gardelle dit Bernade ; hoirs Pierre Laroque ; Thony Boussac ; hoirs Pierre Bastard ; Jean Ribère ; Antoine Sudre ; Denise Clamens ; François Florans dit Langon.

De 4 à 5 : Sieur Samson, juge d'Aiguillon ; Pierre Bosquet ; Jean Missote ; hoirs Pierre Galban ; Andrieu Martin ; Jean Ayrie, tailleur ; Bertranibe Pandellé, veuve de German ; hoirs Arnaud Coniel ; Jeannette Paraillous.

De 5 à 6 : Jeannot Serbat et Louise Missote ; Pierre Brassios ; Jean Chaudière et sa femme ; Claude Brailloux ; Jean Lesperon dit Tilharot, cordonnier ; François Dumoulin, hôte.

Possèdent 1 cartérée : Antoine Lacroix, m⁰ cordonnier ; Guiraud Maignan.

Possèdent de 1 à 2 cartérées : Raymond du Bosquet et son neveu ; François Bagau, m⁰ maréchal ; Menjon Lafosse ; Jeannette Missotte, femme de Bernard Gasquet dit de Labernatière ; Louise Layrac, femme de Fortis ; Jeanne Fournel, veuve de Jean Missote et Petit Jean et Suzanne, leur fils ; Samson Papon ; Jean Bricq dit Piengnot ; Bernard Galoupie ; Antoine Pandellé, marchand ; Arnaud Dubosc ; Antoine Mansanne ; Jean Burthe ; hoirs Jean Laguibeau ; Robert Gailhardet, fils du capitaine Arnaud ; hoirs Augé Lartigue ; Pierre Jeannollat ; Antoine Dupont ; Philip Manseau, mᵉ agulheur ; Jeanne Gaubert, veuve de Lhérété ; Georgy Loches ; Jean Serbat ; Antoine Lalanne.

2 cartérées : Jeannot Molié dit Bicquon de Roman ; hoirs Jean Bares ; hoirs Antoine Gasquet dit Jean de Peyronne.

De 2 à 3 : Jean Gardelle dit Bourrut ; Guillem Molié dit de Roman ; Tougnet Paraillous ; Mᵉ Bertrand Molié, sergent royal ; hoirs Arnaud Picard ; Arnaud de Bernous ; Jeannot Molié dit Lestaigne de Roman ; hoirs Léonard Gasquet dit de Sansimon ; Petit de Carrion.

3 cartérées : Jeanne Renaud, fille de feu Jean.

De 3 à 4 cartérées : Michan Thibaud ; Claude Caballe ; Jean Molié ; hoirs German Galban ; Antoine Galban ; Berthomieu et Jean Mallet, frères ; Henri Moynié, capitaine ; Pierre Hellies dit Coulland ; Michaud Caballe, chirurgien.

De 4 à 5 : Pierre de Maux ; Jean Petit de Maux ; Jeannot de Lesperon ; Jean Corallet dit Robin ; Antoine Labarrière.

5 cartérées : Domenge Sobrien dit le Comte.

De 5 à 6 : Mᵉ Antoine Merle, notaire royal ; Michan Corbin ; Antoine Serret ; Catherine de Bares dite Lacomme ; Jean de Baston dit Grand Jean et Catherine Layrac, sa femme.

6 cartérées : Antoine Dujon.

De 6 à 7 : hoirs Mᵉ Michaud Barrère, apothicaire ; Cathoy Buscail.

De 7 à 8 : hoirs Jeannot Larrival ; Mondine Ducon, veuve de Mᵉ Jean Julien ; Jean Ducon dit Bitou ; Arnaud de Bernus ; Marguerite Castaing, femme de François Papon.

De 8 à 9 : Bernadine Merle ; Daniel Métau ; hoirs Bernard Lacraus ; le Recteur d'Aiguillon et la chapellenie.

De 9 à 10 : Michan Héritier.

De 10 à 11 : Claude Brassios ; Pierre Brienne ; hoirs Arnaud Donnadieu.

De 11 à 12 : Michan Trilles, procureur d'office d'Aiguillon ; Janicot Ysary, marchand ; Catherine de Lugas et Antoine Dupuy, son fils ; Antoine Loches.

De 12 à 13 : Mᵉ Guillaume Coniel, notaire royal ; Jean Blanchard.

De 13 à 14 : Pierre Moynié.

De 15 à 16 : Pierre Agassot.

De 16 à 17 : hoirs Arnaud Layrac ; Pierre Bares, marchand ; Arnaud Donnadieu dit Dughon.

De 19 à 20 : Esprit Arnaud, marchand.

De 21 à 22 : Etienne Merle.

De 22 à 23 : Jeannot Papon.

De 23 à 24 : hoirs Jean de Larrival.

De 24 à 25 : Pierre Trilles dit capitaine Gargas.

De 25 à 26 : Berthomieu Ruère.

De 26 à 27 : Pierre Larrival.

De 28 à 29 : Michaud de Viau, licencié es-lois, avocat en la cour du parlement.

De 35 à 36 : Arnaud Gasquet.

De 36 à 37 : Jean Pradail.

De 39 à 40 : Jérôme Brienne, marchand.

De 47 à 48 : Etienne Métau, bourgeois et marchand.

De 52 à 53 : Catherine Roy, veuve d'Antoine Lacaze.

De 56 à 57 : M. Mᵉ Etienne Sourdeau.

De 61 à 62 : Mᵉ Robert Brienne, notaire royal.

De 81 à 82 : hoirs feu Antoine Lacaze.

De 140 à 141 : Bernard Gasquet dit Vinzelles.

Paroisse de Saint-Côme :

Possèdent moins d'un cartounat : hoirs de Jean de Nebout dit Dubesson, au Pinart ; Héliot Mauran ; hoirs Jean Petit Lamothe ; Jean de Lamothe ; Arnaud Dandiran ; Marguerite Ribère dit la Riberengne ; Jacques Lafargue ; hoirs Jeannot Dumolin ; Bertrand de... des Videaux ; Jeanne de Gasquet ; Bertrand de Gasquet ; Bernard Laroque ; Catherine Descomps ; Peyre Pucheyran ; Catherine Castets ; Bertrande Caubet ; Bernard Fort ; Ramonet Florans de Garron ; hoirs Jean Larroque ; hoirs Catherine Florans ; Jeanne Florans, fille de Rouilhet ; hoirs Bernard de Florans dit Ricard ; Tonio de Florence, fils de Jeannot dit Rouilhon ; Jean de Florence dit Tacheau ; Jeanne Chabricq, veuve d'Antoine ; Thonine Gasquet, femme de Thony Missote ; Bernard Layrac dit Mineur ; Bernard Rouchaut dit Sabot ; hoirs Heliot de Layrac de Harguetes ; Jean Ratié ; Jean Dupech dit Boubet ; Jacques Lafargue ; Marguerite Trenqueteulle ; Jean Dubosc dit Bichot ; hoirs Ramonet de Boussac ; Pierre de Coulhart ; Penine de Nebout ; Arnaud Gardelle, jardinier du sieur Montazet ; Guillem Paraillous ; Marguerite de Clamens ; hoirs Simonet Paraillous ; Jeanne Ducondut ; Pierre Dubrun, métayer du sieur de Montazet ; Jean Frau, gendre de Labarbarrousse ; Janine Layrac, femme de Jean Réau ; Jeannot Rouchaut dit Gayot ; Jean Petit de Lugas ; Marguerite Dumolin, femme de Jean Dubernet ; Jean Coudroy ; Peyrot de Leygue, fils de Guillem ; Jean Ratié dit Farguille ; Micqueau Ratié ; hoirs Gonon Lauzure du Su ; Bertrande Boussac ; hoirs Jeannot Gardelle ; Simonet Gasquet dit d'Augé ; Samson Villote le jeune.

Possèdent 1 cartonnat : hoirs François Juste ; Andrieu Amion et Tonia Missote, sa femme ; Bernard de Carrère dit de Moricaut ; hoirs Jean Gasquet dit Périchon ; Pierre Ganibet ; Nicolleau Carrère ; Bénite Donnadieu ; Metrix Boudette, veuve de Jean Petit ; Jean Langlés.

De 1 à 2 : Jean de Baston, fils du petit Bernard ; Arnaud et Jeanne Bagau ; Bernard Lane ; Antoine Lamothe ; Antoine Ugue ; Jean de Baston, fils de Pierre ; Janine de Leygue, veuve d'Arnaud Cassany ; Bernard Paraillous, fils d'Antoine ; Peyronne de Nebout, veuve de Jean Bitaubé ; Jeannne Bégoulle ; Pierre Lugas ; Antoine Senon jeune ; Pierre Lugas dit Biquote ; Arnaud Lugas ; Catherine Carrère ; Guillem de Leygue ; Jeanne de Gasquet ; Janine Gasquet ; Peyre de Pinart ; Pierre Ysary ; Jacques Descarfail ; Louise Grange, veuve de Jean Pugeyran ; Jean Rigade ; hoirs Denis d'Ugue ; hoirs Jean Lafargue dit Jean Gros ; Cécile Lafargue ; Jeannotet Dandiran ; Jammes Bousquet ; Marguerite Batanis ; Pierre Vichière des Videaux ; N. dit lou Barbut de Boussac ; Jean Fernand de Boussac ; Mondine de Bagau, fille de feu Antoine.

2 cartonnats : Guiraud Péclavé ; Peyronne de Lugas dit La Teules ; Jean-Dugau, fils de Janicotet ; Jeanne Gratiolet ; Marseau Gardelle.

De 2 à 3 : Cécile Dufreysse, veuve d'Augé Gasquet ; Jean de Bagau dit de Marruc ; Jean de Bagau dit lou Let ; Jean Ugue ; hoirs Peyroton dit Thichannne ; Antoine Lugas ; Mariette Senon ; Jeannette Missote, veuve de Gonon ; Bertrand de Florans des Videaux ; Peyrot de Baston ; hoirs Antoine Layrac ; Berthomieu Ysary ; Laurens Barran, métayer du sieur de Montazet ; hoirs Jean Petit de Bagau ; hoirs Françoise et Arnaude Lafargue, filles de feu Simonet ; Arnaud de Bagau ; hoirs Peyrot Lavigne ; Dauphine de... veuve d'Antoine Vigneron ; Thony Burthe, métayer du sieur de Peyrignan ; hoirs Janicotet Combabessouse ; Alix Molère, veuve d'Antoine.

3 cartonnats : Cécile de Franc, fille de feu Jean.

De 3 à 4 : hoirs Jean de Bagau dit Buget ; Miqueau de Lafargue ; Bernard Yollet ; Jean Cazemajou ; Pierre et Catherine Paraillous ; Jean Bitaubé dit lou Gabach ; Jeannot Dunau ; les confrères de Saint-Côme ; Marie Gaycherie de Ventamil, ; Guinotte Boudin de Pernaud ; Jean Batanis ; hoirs Antoine Dumolin ; hoirs Pierre Ducournaud ; Arnaud de Franc ; Pierre Ricard.

Possèdent 4 cartonnats : hoirs Denise de Bernus, veuve de Menjon, hoirs Jean Lafargue dit Jeannin ; Jean de Lafargue ; Antoine Senon ; Jean Damourdedieu ; Michotte de Galien ; Bernard Rouchaut dit Sabot ; Guillem Batanis, fils de feu Antoine ; Bernard de Florence ; Catherine Layrac, femme de Jeannot Langlés ; Jean Villote.

De 5 à 6 : Pierre Amion ; Antoine Bagau ; Agnès de Lafargue, femme de Jean de Bagau dit lou Let ; Arnaud Laporte dit Pèlegat ; Thoigne Combabessousse, veuve d'Arnaud Hérisson ; Jean Petit Ucq ; Louis Jean Batanis ; Jean Petit Ratié.

Possèdent 1 cartérée : hoirs Marsillac Dumoulin.

De 1 à 2 cartérées : Pierre Chastel ; Jean Refournie et Jeanne de Baston du Péage ; Jean de Baston, fils de Lansac ; Jean de Bagau vieux, fils de Balentin ; Pierre de Baston, dit Piroy ; hoirs Armand Duvignau ; hoirs François Lafargue ; hoirs Pierre Lafargue ; hoirs Jean de Baston dit de la Plantes ; hoirs Peyroton Paraillous ; hoirs Jean Monbaric dit lou Paysan ; Jean Paraillous, fils de feu Antoine ; Jean Paraillous dit lou Boury ; Jacques Borio et sa femme ; Catherine Bagau, veuve de Jean de Lugas ; le Purgatoire ; Arnaud

Bares; Simonet Duvignau; Abraham Laboubie du Coq; Estèbe Florans; Jeannot Momejean; Micqueau Chabricq; Bernard Senonon dit Barusquet; hoirs Jean Roy; Peyroton Gasquet; Thoigne de Saurou Janine Rouchaut; Bertrand Dutruguat; hoirs Clemens Batanis dit Pingnot; Janine Combabessousse, femme d'Antoine Gasquet dit Planteblat; hoirs Alem Gasquet; hoirs Jean Dumoulin; hoirs Jean Petit Ratié dit Pothon; hoirs Antoine Batanis; hoirs Jean Lavigne; Meniolet de Leygue; hoirs Bernard Florence dit Carsallade; Micqueau Batanis; Ramonet de Bagau; hoirs Guillem Bagau; Jean Carrère; Catherine Combabessouse; Jean Descombeil; Samson Villote; Jeanne Combabessouse, femme de Pierron de Monluc; Arnaud Combabessouse.

De 2 à 3 : Jammet de Bagau; Jean Petit de Nebout du Pinart; Arnaud Layrac; Berthomieu de Florence; Bernard de Lugas dit Bernadet; Bernard Gasquet dit Gabilhan; Jean Petit Granié; Pierre Florans dit Breton; Peyrot Dunau; Arnaud Rouchaut; Fortis Carrère des Palais; Guillem Carrère; Simonet Gasquet; Jean de Florans dit Balloy; Catherine Ducournaud, veuve de Trilhaud; Jean Gasquet, fils de feu Micheau; Pierre Gasquet dit Bigarou, fils de feu Antoine; Jeannot Florans; Ramonet de Florence; Mathieu Dufreysse; Jean Batanis, fils de feu Guillem; Charlot Carrère; Arnaud Carrère dit Moricaut; Paulet de Leygue; Jean Combabessouse dit Couilhe; hoirs Ramonet Combabessouse.

De 3 à 4 : Jeanne de Missote, veuve de Jean de Baston; Jean de Bagau dit Grand Jean; Pierre de Nebout au Pinart; Arnaud de Gasquet dit d'Augé; hoirs Pierre Gasquet; hoirs Jacques Chastel; Jeannot de Gasquet dit Périmon; Pierre Gasquet dit Périmon; Jeannot Ratié, fils de feu Mariette; Jeannot Ratié dit Couilhon; Bernard Carrère.

De 4 à 5 : hoirs Jean de Baston dit Jacquet; Pierre Layrac; Jean Sudre; Peyre Florans dit Gay; Arnaud de Bagau; Huguet Batanis; hoirs Raymond Ratié; Huguet Dumolin.

De 5 à 6 : Jean de Baston dit Biraben; Janine Lugas, veuve de Jeannot Paraillous; Gaillardine Lugas, fille de Bernadet; Mathieu Florans, tailleur; Estèbe Florans, fils de Menjon; Arnaud de Florence dit Peyre; Janicot Ratié; Arnaud de Bagau, fils de Philip; Menjon de Bagau.

De 7 à 8 : Bernard de Layrac; hoirs Jean Gasquet dit du Su; hoirs Héliot Dumolin dit de Harguetes.

De 9 à 10 : hoirs Jean Gasquet dit de Peyronne; hoirs Jean Combabessouse lou Péatge.

De 11 à 12 : Pierre de Bagau ; Antoine Richard dit Richardot.
De 12 à 13 : Antoine Berdolin.
13 cartérées : Guillaume Combabessouse.
De 14 à 15 : Bernard de Lugas ; Pierre de Bagau dit Pierrette.
De 22 à 23 : Antoine Lafont de Pernaud.

Paroisse de Sainte-Radegonde :
Possèdent moins d'un cartonnat : hoirs Janicot Mandiberon ; Catherine Pucheyran ; hoirs Guillem Duperchat dit Troubet ; hoirs Antoine Gasquet ; Estèbe Haucet ; hoirs Jean Missote dit Durand ; Gaillardine Durand de Bitaubé ; Guillem Dugau dit Guillette ; Paulet Dusau dit Bichon ; hoirs Sansom Missote dit Commissary ; Peyronne et Catherine Pauguet ; Menion Missote ; Guillem Charpentié ; Guillaumette Missote ; Cathoy Armand, veuve de Louis Pucheyran ; Guillem Dugau ; hoirs Gailhardet Thibaut ; Jeanne Pougeyran des Perrots ; Arnaud Lafargue des Perrots ; Jeanne Rougère des Perrots ; Pierre Pugeyran dit Pepille ; Thony Pugeyran ; Jean Pugeyran ; Jean Petit Boudonet de Bascou ; Pierre Laporte ; Jean Missote ; Florette Duboychon ; Mathieu Descarfail à Bataille ; Guiraut Charpentié, Antoine Dupont ; Arnaud Rigade ; Jean Charpentié dit Cabassayre ; Jean de Goulinat dit de Mariette.

Possèdent 1 cartonnat : Guillem Duperchat dit Laranc ; hoirs François Dugau dit Lauberniet.

De 1 à 2 cartonnats : Jean Petit Missote Gagnigno ; hoirs Bernard Tourné ; Louis Bégoulle dit de Cauparre ; hoirs Vidon Duboysson de Cauparre ; Marguerite Boussac dite de Garrosse ; Janine Gasquet, veuve d'Arnaud dit Manan ; hoirs Ramonet de Boussac ; hoirs Jean de Boussac dit Dagan ; Catherine Pugeyran ; Jean Gasquet, fils du Berit et sa femme ; hoirs Pierre Babollenne du Lot ; Esclarmon de Pugeyran, fille de Petit Bon à Bataille ; Pierre Fabières, faure ; Pierre Garrosse du Sanayre.

2 cartonnats : hoirs Guillem Duperchat dit Laranc ; hoirs Janicot Pugeyran.

De 2 à 3 : Jeanne Missote dit la Lanjagne ; Pierre Missote dit Palhasson ; Jean Alices ; Bernard Paycherat dit Peyrot ; Vidon Duboychon ; Antoine Gasquet dit Vidonet à Bataille ; hoirs Bernard Bégoulle de Cauparre.

3 cartonnats : hoirs Pierre Dugau, fils de Pierre.

De 3 à 4 : Jeannot Missote ; hoirs Manieu Mandiberon ; Mathieu Thibaut ; Ramonet Florans ; Pierre Lacassaigne dit la Fringue ; Bernard Paraillous dit Grilhan ; Mathieu Berdolin et Mathibe Paraillous, sa femme ; Antoine Duboychon ; hoirs Bertrand Descarfail à Bataille ; Thonine Bajallet de Rieubec à Bataille.

De 4 à 5 : Simonet Missote dit lou Rey ; François Boussac dit Monaguot ; Marie Duboychon, veuve de Bernard dit Petit ; Jean Bousquet, fils de feu Micqueau à Bataile ; hoirs Bernard Coulle à Bataille ; Florette Coulle à Bataille ; Bernard Pugeyran.

De 5 à 6 : Arnaud de Boussac dit lou Barbut ; Arnaud Dugau, fils de feu Pierre.

Possèdent de 1 à 2 cartérées : Pierre Bégoulle de Cauparre ; Jean Batailh dit Mailhoc ; Antoine Granié de Peyrot-Martin ; Guillem Granié de Peyrot-Martin ; Pierre Dugau dit Poullard ; Esprit Duboychon, fils de feu Antoine ; Esclarmonde Bernède, femme de Pierre Bousquet ; Cécile Rigade, femme de Jean Fau ; hoirs Peyrot Gasquet dit lou Négre ; hoirs Jeannot Pugeyran ; Pierre Rigade du Sanayre.

De 2 à 3 : hoirs Jean Pucheyran ; hoirs Samson Missote ; hoirs Pierre Bertrand dit Rode ; Antoine Gardelle et Jeanne Bégoulle, sa femme ; Estèbe Bégoulle dit Dallenne ; Pierre Berdolin et Gausède de Boussac, sa femme ; Jean Ucq, fils de Gratian ; hoirs Jammes de Boussac ; Bernard Boussac ; Estruge Granié, veuve de Guillem Boussac ; Mathalin Laporte ; Andrieu Granié de Peyrot-Martin ; Jean Petit Bégoulle et Léonne Paraillous, sa femme ; hoirs Jean Duboychon ; Antoine de Gasquet ; hoirs Bernard Dubosquet dit de Bataille ; Jean Pugeyran, fils de feu Jean Petit ; Peyre Pugeyran dit Petit Bon.

3 cartérées : Jean Dugau dit Labrigue.

De 3 à 4 : hoirs Jean Pucheyran, fils de Peyre ; Nadau Bégoulle ; Bernard Paraillous dit Bernadou ; Raymond Bernède ; hoirs Martin Fau ; Guillem Momies dit lou Pouge à la Teulère ; hoirs Antoine Bousquet ; Petit Jean Gayraut à Bataille ; Soumiranne Bousquet dit la Prugne de Rieubec.

De 4 à 5 : Nicot Gardelle dit Bourrut ; Ramonet Granié dit de Peyrot-Martin ; hoirs Pierre Dugau dit Peyrot.

De 5 à 6 : Jeannot Bégoulle dit Petit de Sarou ; Pierre Peauhort au Lot ; Jean Gayraut dit Dhuguet.

De 6 à 7 : Jean Bégoulle dit de Sarou.

De 7 à 8 : hoirs Jean Richard ; Janicotet Dugau, fils de Peyre.

De 8 à 9 : Jean Charpentié dit Malin ; Bernard Fau à Bernadas.

De 9 à 10 : François Fau, dit Bernadas ; Pierre Dugau, dit de Vidon.

De 13 à 14 : Jammes Pucheyran dit C.... de Bascou.

14 cartérées : Antoine Bégoulle dit Petit,

De 15 à 16 : Pierre Bégoulle.

De 17 à 18 : Antoine Bégoulle dit Pachoulle.

Paroisse de Gouts.

Possèdent moins d'un cartonnat : hoirs Micqueau Rué à Parrel; Pierre Dupech à la Chapelle; hoirs German Moreau à Gouts; Peyrot Bonail à Gouts; Jean Sallenabe dit Bichon à Gouts; Huguet Pinson à Gouts; Petite Pinson à Gouts; Thony Saubabère à Dantous; Bertrande Marrau, fille de feu Pausadou; Petit Jean Gayrin, forestier de Monsieur à Labarthe.

Possèdent de 1 à 2 cartonnats : hoirs Arnaud Boussac à Parrel; Thony Burthe à Burthe; Andrieu Rigade dit du Sanayre à la Chapelle; Jeanne Vichière à Gouts; hoirs Pierre Despaziot dit Moreduc à Dantous; Jean Corresade et Jeanne Aymart, sa femme.

De 2 à 3 : Pierre Perrotin à Gouts; hoirs Peyre Aymart dit de Cathoy; Peyronne Bégoulle, femme de Thony Franc dit Saint Bast au Tap; hoirs Thomas Moreau à Gouts; Jean Burthe à Burthe; Pierre Rigade de Gouts.

3 cartonnats : Petit Thibaudet dit Puolet de la Chapelle.

De 3 à 4 : Guiraud Chorche; Jean Rigade dit Vicot, métayer de Gaillardis; hoirs Marguerite Paycherat à Gouts; Jean Bompart dit Parrou, fils de feu Grand Jean à Parrel; Jean Sallenabe à Gouts.

De 4 à 5 : Thony Chambonneau à Gouts; Bertrand Bompart à Parrel.

De 5 à 6 : Jean Saint-Marc dit Jean Petit à Gouts; Peyre Aymart dit Ascloupe au Pas-de-la-Grave.

Possèdent 1 cartérée : Estruge de...., veuve de Peyre Aymart.

De 1 à 2 cartérées : Jean Bompart, fils de Petit Jean à Parrel; Guiraud Bompart de Parrel; Jean Dugau dit Dorrine à Bérot; Guiraud Archambaud à Gouts; Bertrant Challés; Arnaud Bichière à Gouts; Bernard Durand dit Majesté; hoirs Poncet Bégoulle à Gouts; Bernard Bompart, tailleur, à Parrel; Antoine Dumolin dit Mensolet et Peyronne Burthe, sa femme, à Burthe; Thomas Burthe à Burthe; Bertrand Aymart dit de Cathoy à Burthe; Jean Chasse de la Chapelle à la Chapelle; hoirs Bertrand Mallet dit Margaillot au Tap; Etienne Papon à Rabot; Bertrande Malhaure à Rabot; Jean Merle dit Pepet à Pepet; Peyre Aymart, tailleur, fils de feu Guillem au Petit-Peyre; Jean Aymart, fils de feu Jeannot au Petit-Peyre; Peyre Aymart, fils de feu Molins au Barrailh; Guillem Aymart au Pas-de-la-Grave; Bertrand Fau dit de Bernadas; Bertrande Sabaté de Nicou.

De 2 à 3 : Jean Aymart, fils de feu Petit Jean au Petit-Peyre.

De 3 à 4 : Jean Bégoulle dit Balentin; Thony Dupey dit lou Sarton de Bérot; Andrieu Ayrie à Pepet; Jeanne Ayrie.

De 4 à 5 : Jean Bornac dit Bellot à Bérot.

De 5 à 6 : Bertrand Masson dit Toppis à Bérot; Micheau Gasquet dit lou Capitaine Cadet à Gouts; Jean Gauteron du Pas-de-la-Grave à Gouts.

De 7 à 8 : Peyrot Charpentié à Ribère.

De 9 à 10 : Jean Aymart dit Laouille aux Guilhots.

10 cartérées : hoirs Peyre Bompart de Parrel.

De 12 à 13 : Catherine Aymart, veuve de Pierre Puygeyran à Las Tapis de Peyrot; hoirs Jeannot Charpentié à Gouts.

De 33 à 34 : Pierre Chambonneau à Verduc.

Paroisse de Pélagat.

Possèdent moins d'un cartonnat : Bertrand Gailhardet au Lot; Marie Dhugueton à Pélagat : hoirs Anet Fau au Passage; hoirs Guillem Duvignau au Passage; Marie Ysary au Passage; hoirs Jean Petit Larroque dit de Michallot au Passage et Annette de Laroque au Passage; Thony de Carrion au Passage; hoirs Antoine Laroque au Passage; Jean Roques au Passage; Bernard Lantre à Bertranet; Jean Lantre à Bertranet; hoirs Peyroton Gasquet; Jean Caubet dit Bichon.

Possèdent de 1 à 2 cartonnats : Poncet Barbacanne à Paychou; Estèbe Dumolin, fils de feu Jean dit Piranne au Lot; hoirs feu ..... dit Pélagat; Jean Petit Ysary au Passage; Jean Jat dit Rousset; Anne Gasquet, fils de feu Simonet; Vidonet Gasquet; Antoine Caubet dit Bichon.

2 cartonnats : Micqueau Planjou et Thoigne Gasquet, sa femme; hoirs Marguerite Gasquet à Pélagat.

De 2 à 3 : Catherine Missote, veuve d'Augé au Lot; Payrot Oulie dit Peyrotas; hoirs Jean Gasquet, fils de Bernard.

De 3 à 4 : Bernard Fau dit Bourrut au Passage; Arnaud Caubet dit lou Laichou; Martin Caubet et Anne Gasquet, sa femme.

4 cartonnats : Pierre Mendouze au Lot.

De 4 à 5 : Arnaud Gasquet dit Vergille au Pech de Bère.

De 5 à 6 : Jean Carrion au Passage; Marie Barbecanne, femme de François Gasquet; Bernard Gasquet dit lou Gros à Touillet.

Possèdent de 1 à 2 cartérées : Jean Sans dit Chantècle au Lot; François Gasquet, fils de feu Pothon à Pélagat; Jean Gasquet le vieux, fils de feu Bernard à Pélagat; Marie Serbat, femme de Pierre Dufau à Gombaut; hoirs Jean Serbat dit Saint-Thonis à Boudonnet.

De 2 à 3 : Jean Gasquet le jeune, fils de Bernard dit Pothon à Pélagat ; Arnaud Gasquet, fils de feu Jean dit Pothon à Pélagat ; Pierre Gasquet, fils de feu Thony à Pélagat ; Mathieu Gasquet, fils de feu Pothon à Pélagat ; Arnaud Dubosc dit de Boudonnet au Lot ; Antoine Gasquet dit Pélagat au Pech de Bère.

De 3 à 4 : Arnaud Dubosc dit Petit ; Berthomieu Gasquet, fils de feu Bernard à Pélagat.

De 6 à 7 : hoirs Jean Mendouze dit de Perron à Gombaut.

Partie de la paroisse de Lagarrigue.

Possèdent moins d'un cartonnat : François Bissière ; Pierre Gardelle dit de Thoumazet à Louis.

1 cartonnat : Peyrotet Malié.

De 1 à 2 cartonnats : Jean Gardelle dit de Thoumazet ; Jean Joyeux au Roc ; Raymont Saint-Marc à Saint-Martin.

De 3 à 4 : Tuin Gardelle de Louis à Louis.

De 4 à 5 : Guillem Ucq à Louis.

De 5 à 6 : Antoine Boussac au Pech du Su ; Peyrot Lasalle, faure, à la Croix.

Possèdent de 1 à 2 cartérées : Peyrot Gardelle dit de Thoumazet à Louis ; Tonio de Bagau, fils de feu François ; Peyrotet Malié dit Joly à Saint-Martin ; Jean Malié.

De 2 à 3 : Jeanne Carreau, à Saint-Martin ; hoirs Raymond Ducousso, à Saint-Martin,

De 7 à 8 : Jean Lafitte, à Saint-Martin.

De 8 à 9 : Jean Lafitte dit Jean Dagne.

De 10 à 11 : hoirs Jeannot Sallenabe dit Porels.

De 14 à 15 : Isaac et Abraham Métau, fils de feu Lestaigne, à Podaman.

De 25 à 26 : Gilles Métau, fils de feu le capitaine Métau.

Partie de Miramont :

Possèdent moins d'un cartonnat : Jeanne Pinson, femme de Lesguilhot.

De 1 à 2 cartonnats : Monnette de Pinson, femme de Lescanot.

De 2 à 3 : Arnaud Bichière ; Marsau Planinot ; Poncet Bégoulle.

De 3 à 4 : Jean Trilhart ; Bernard Lafaige,

5 cartonnats : Jeannot Trouilhart.

Possèdent 1 cartérée : Thomas Mouilhet.

De 2 à 3 : Antoine Lagarde.

De 9 à 10 ; Jean Lafaige dit de Mondine.

Les forains qui ont des biens dans ladite juridiction d'Aiguillon sont :

1° Les habitants de *Coleignes* dont les noms suivent :
Possèdent moins d'un cartonnat : hoirs Pierre Bulga.
De 1 à 2 cartonnats : hoirs Jean Perpit de la Tourasse ; Gaillard Ugonel ; hoirs Antoine Dunau.
2 cartonnats : Peyroton Massonneau.
De 2 à 3 : Guillem Aché ; Guillem Demau.
De 3 à 4 : Louis Petit Jean Dumas.
De 4 à 5 : Jean Sobrien, fils de Matalot ; Jean Sobrien, fils de Guilhot.
De 5 à 6 : Petit Berdolin de Balet ; hoirs Drouilhet de Balet ; Pichou Gourdou.
1 cartérée : François Mouzure.
De 1 à 2 : Jeannot Cassany.
De 9 à 10 : Jean Laloubière.

2° Les habitants de *Galapian :*
De 5 à 6 cartonnats : Pierre Rigaud, cordonnier.
De 5 à 6 cartérées : Marie Dugau, femme de Mᵉ Jean Pomayrol.

3° Les habitants de *Clairac :*
1 cartonnat : Pierre Redon ; Jean Dugrezet ; Peyre de Nebout dit de Pinart au Pech de Bère ; Raymond de Lafargue dit Luet ; Pierre de Molery, seigneur de Choisy.
De 1 à 2 : Jacob de Maline ; Antoine Bonail ; Isaac Dayre de Goudet.
2 cartonnats : hoirs Pierre Monon dit de Poulard ; Jean Lavigne dit Gasquet.
De 2 à 3 : Sieur Jean Dupouy ; Jean Garrousse dit Perayre ; Nadau Ducournaud.
3 cartonnats : Nancy Caubet dit Minguet.
De 3 à 4 : Etienne Salamon ; hoirs Antoine Chaudelluc.
De 4 à 5 : hoirs Pierre Caubet ; Thoignette Feychoux, femme de Jean Roussac de Lafitte.
De 5 à 6 : hoirs Peyrot Chaudelluc ; Léonarde Mendouze.
1 cartérée : Jean Dayre dit de Goudet.
De 1 à 2 : Daniel Ybarron ; Jean Caubet ; François Monteil dit Cathalot ; Ramonet Pugeyran, marchand ; Armand Lafargue dit

Molère ; Arnaud Dayre dit de Goudet; Pierre Lamothe dit Pichet ; hoirs cousin Chaudelluc; hoirs Peychot Chaudelluc, Pierre Chaudelluc ; Pierre Chaudelluc; Jeanne Fouilhade, veuve de Jean Samet; Antoine Pinson ; Antoine de..., marchand ; Jean Petit Chaudruc; Théophile Bras, capitaine.

2 cartérées : Jean Caubet dit Pauguet.

De 2 à 3 : hoirs Jean Destripaut; Arnaud Martin dit de Mariette; Pierre Lapeyre.

De 3 à 4 : Jean Dubosc, marchand ; hoirs Saint-Jean Cellié ; Pierre Chaudruc.

De 4 à 5 : Thony Ferrand.

5 cartérées : Guillem Colome.

De 5 à 6 : Jean Faugié dit Codot; hoirs Bailhant; Jean Lafont, bourgeois ; Thoigne Sabaté.

De 8 à 9 : Pierre Gasquet dit lou Voulant, fils de feu Antoine.

De 10 à 11 : Sieur François Lafont, bourgeois.

De 12 à 13 : Jean Loches, bourgeois et marchand.

19 cartérées : hoirs Nadau Bertrand.

De 23 à 24 : M° Pierre Gailhard, notaire royal.

25 cartérées : Jean Galiné, capitaine.

De 28 à 29 : hoirs M. de Salamon.

4° Les habitants de *Port-Sainte-Marie* :

De 1 à 2 cartonnats : Catherine Pailhère ; hoirs Jean Duguo de Vidallot; Pierre Ducournaud.

De 2 à 3 : Catherine de Baston ; Pierre Lacrous dit Peyroton ; hoirs Arnaud Lacrous; Guiraud de Leygue.

De 3 à 4 : Marie Ratié, fille de Raymond.

De 4 à 5 : Arnaud Joffre.

De 5 à 6 : Freysse ; Simonet Dufreysse dit Coudas.

1 cartérée : Guillem Bourbiel, fils de feu Petit.

De 1 à 2 cartérées : Peyronette Richard, sœur d'Antoine, veuve d'Agasson ; hoirs Guiraud Dubègue ; M° Arnaud Barbe, notaire; Domenge Lacrous du Malartic; Guinot Lacrous; Jean Ducournaud ; Jean Ratié dit Monge ; François de Leygue ; Aubert Baratet.

De 2 à 3 : Arnaud Mallet; Pierre Ducournaud ; hoirs Pierre Ducournaud.

De 3 à 4 : Bernard Freysse dit de Maraud ; Simonet Yollet ; Guillem Ratié.

De 5 à 6 : Cécile de Gaube, veuve de Bertrand Lebrel; Antoine

17

Richard, menuisier, et sa femme ; hoirs Arnand Freysse dit de Maraud.

De 7 à 8 : hoirs Raymond Lasalle.
De 9 à 10 : Marguerite Paycherat.
De 13 à 14 : Raymond Bouginet.
De 29 à 30 : Micheau Molère, marchand.
45 cartérées : Noble Nicolas de Ranse.

5° Une habitante de *Clermont-Dessous :*
De 2 à 3 cartérées : Denise Dubernet, veuve de Jean Marlhac dit de La Cayrade.

6° Les habitants d'*Agen :*
De 2 à 3 cartonnats : Bernard Thoulouze.
De 2 à 3 cartérées : Sieur de Camus, docteur en médecine.
De 4 à 5 : Françoise Berdolin.
De 5 à 6 : Mᵉ Jean Bertrandis, avocat à Agen ; Georgy Garbail.
De 6 à 7 : Marthe Jourdain, femme de Lisse, marchand.

7° Les habitants de *Thouars :*
De 1 à 2 cartonnats : Arnaud Coudret ; Jeandilhon de Bagau.

8° Une habitante de *Buzet :*
De 1 à 2 cartérées : Agnès Damodedieu, femme de Bertrand Dumau dit le Lahourèse.

9° Un habitant de *Nérac :*
De 2 à 3 cartérées : Mᵉ Antoine Renaud, ministre de Nérac.

10° Les habitants de *Tonneins :*
De 13 à 14 cartérées : Sieur Jean Latanné.
25 cartérées : M. Jean Blanchard.

11° Les habitants de *Birac :*
20 cartérées : hoirs Bestrand Descobès.

12° Les habitants de *Nicole :*
Moins d'un cartonnat : Pire Planté.
De 1 à 2 cartonnats : N... dit Men.

13° Un habitant de *Frégimont :*
Moins d'un cartonnat : N... dit Compère.

La juridiction d'Aiguillon comptait en 1600 neuf cents propriétaires.

En l'année 1603, Madame de Montpezat, voulant faire réédifier ses moulins sur le Lot près de la ville d'Aiguillon, demande aux consuls de lui fournir des manœuvres (1).

Marguerite de Valois, comtesse d'Agenais, proteste contre l'érection du nouveau duché, par requête du 23 décembre 1603. Elle obtient seulement, le 28 février 1604, son maintien en jouissance de la justice et autres droits et devoirs, y compris le droit d'hommage; mais il fut déclaré alors que le siège ducal ne serait point rétabli. Nous verrons plus tard comment le successeur de Henri IV tint compte du vœu du parlement de 1600 et de la stipulation de 1604 que nous reproduisons ici :

« Arrest du Conseil d'Estat, par lequel, sur la requeste de la reyne Marguerite, comtesse d'Agenois, il est ordonné qu'il ne sera establi siege ducal au duché d'Aiguillon, et qu'il ne sera rien inové au droict hommage qui appartient à la dite dame comtesse d'Agenois sur la terre d'Aiguillon.

« Extrait des registres du Conseil d'Estat.

« Sur la requeste présentée par la Royne Marguerite comtesse d'Agenois le vingt huictiesme decembre dernier passé par laquelle et moyens contenus en icelle, elle demande estre maintenue en la plaine possession et jouissance des foy hommage et justice qui luy appartiennent à cause de son dit conté d'Agenois et ce faisant que l'erection faicte de la baronnie d'Aguillon en duché et pairie fust cassée et revoquée et que sans avoir esgard aux arrestz de verification faicte au parlement de Paris et Bourdeaulx, la dicte terre demeurera en tiltre de baronnye seullement comme elle estoit auparavent. Veu la dicte requeste avec les escriptures et pieces produictes de la part de la dicte dame Royne, deffences et productions de messire Henry de Lorraine duc d'Aiguillon, et tout consideré, le Roy en son conseil a ordonné et ordonne pour bonnes considerations que la quallité et rang de Duc et Pair demeureront au dit sieur d'Agulhon et neantmoins la dicte dame royne ne pourra estre contrainte de prendre rescompense pour les droictz à elle appartenans et jouira de la justice et de tous autres droictz et debvoirs mesmes du droit d'hommage et vasselage qui luy appartient sur la terre d'Aguillon et autres terres joinctes et

---

(1) *Arch. dép.*, E. Suppl. 726, BB. 1.

annexées en icelle comme elle en a jouy auparavant la dicte erection en duché et pairie suivant le delaissement qui luy en a esté faict du conté d'Agenois, sans que pour cause et occasion que ce soict il puisse estre rien innové ny retranché, conformement à la declaration faicte par Sa Majesté en faveur de la dicte dame Royne le vingt neufiesme decembre mil cinq cens quatre vintz dix neuf, et par consequent il ne pourra estre estably aucun siege ducal au dit Aguillon. Fait au Conseil d'Estat du Roy tenu à Paris le vingt huictiesme jour de febvrier mil six cens quatre ; Ainsi signé, MASSIER. » (1).

La sénéchaussée de Bordeaux fit aussi des remontrances au roi, au sujet des juridictions composants le nouveau duché, les lettres d'érection attribuant la connaissance des appels en provenant au parlement de Paris. Le roi fit droit à ces plaintes, en conservant cette compétence au parlement de Bordeaux. Enfin, les officiers du sénéchal d'Agenais, au siège d'Agen, ne voulurent jamais consentir, de leur côté, à ce démembrement de leur juridiction, et lors d'une nouvelle érection du duché d'Aiguillon, en faveur de Madame de Combalet, ils obtinrent un arrêt en leur faveur, de sorte que le duché d'Aiguillon n'eut qu'un *ordinaire* (2).

Antoine Malvin, seigneur de Montazet, de Boussères et de la Beausse, baron de Quissac et co-seigneur avec le roi de la terre de Nicole en Agenais, fils de feu François de Montazet, gouverneur d'Aiguillon et de Jeanne de Prayssas, était âgé de 27 ans lorsqu'il fut marié, par contrat du 14 mars 1601, avec Françoise de Malvin, sa cousine au 3e degré, fille de Jean de Malvin, seigneur de Primet et de Charlotte de Sevin. Il rendit hommage le 19 septembre 1603 « à très haute et puissante princesse Madame Henrie de Savoys, duchesse de Mayenne et d'Aiguillon, savoir, de la maison noble située au bourg de Lunac de la ville d'Aiguillon, qui étoit anciennement le vieux château de cette ville, et des maisons nobles de Montazet et de Boussères, etc., le tout mouvant du duché d'Aiguillon sous la redevance d'un fer de lancé doré (3) ».

---

(1) *Dupuy*. 390, p. 189. Aiguillon. — On lit au bas de cette pièce « Aiguillon, vol. 640, f. 83 à 87 exclus. Erection en duché pairie d'Aiguillon en 1638 en janvier en faveur de Marye de Vignerod veusve du deffunct s. de Comballet, etc.

(2) *Hist. de l'Agen., du Cond. et du Bazad.*, déjà citée, t. II. p. 316.

(3) Il mourut peu de jours après le testament qu'il fit le 22 octobre 1613 et par lequel il déclara avoir eu de Françoise de Malvin quatre fils et deux filles, instituant son héritier universel Charles de Malvin de Montazet, son fils aîné, léguant à ses cinq

En 1605, la Jurade d'Aiguillon décide de dresser un rôle des personnes auxquelles on départira les pauvres à secourir et de faire un arpentement général de la juridiction. La communauté s'engage à fournir 4,000 manœuvres à Madame de Montpezat pour la reconstruction de ses moulins. La ville étant dépourvue de médecin, on accepte l'offre faite par le sieur Pillote, de s'y établir, sauf à discuter avec lui la quotité des gages à lui allouer (1). On met aux enchères, pour trois années, la ferme des propriétés communales. Les lots, au nombre de soixante-dix, d'une cartérée chacun, furent adjugés à des prix variant de 7 à 43 livres (2).

Le 25 octobre 1607, un certain Bigau, accompagné de quatre hommes munis d'épées et d'autres armes, pénètre dans le château du Fossat, s'y enferme, y fait de grands ravages, rompt les portes des chambres et jusqu'au pont-levis. Ils y sont encore à la date du 20 novembre suivant. Ce jour-là, la jurade s'assemble aux fins de réprimer ces brigandages. Le consul Réau, orné de son chaperon, se présente avec M. de Sourdeau, intendant des affaires de M. et Mme de Mayenne, et les jurats qui écoutaient le bris du pont-levis. Les rebelles sont contraints de sortir. On leur demande qui d'entre eux avait à

---

autres enfants la somme de 6.000 livres et ajoutant que, s'il décédait dans son château de Boussères, il voulait être inhumé *ez tombes de ses prédécesseurs et ancêtres* aux Carmes de la ville d'Aiguillon. Sa veuve qui s'était remariée avec François de la Claverie, seigneur baron de Soupetz, de Soulaignelz, de Burosse, de Mascaras, de Mendosse, etc., mourut à Boussères, le 12 octobre 1631, n'ayant pas eu d'enfants de son second mariage.

Antoine de Montzet, eut :

1. Charles, qui continue la descendance.

2. Geoffroy, sieur de Boussères, qui testa le 17 janvier 1643 et fit ses héritiers universels les Carmes d'Aiguillon, les Jacobins d'Agen et l'hôpital fondé dans cette dernière ville.

3. Antoine, qui a formé la Ve branche des Malvin, seigneur de la Beausse en Agenais.

4. François, mort jeune.

5. Jeanne, religieuse au monastère du Paravis, qui testa le 29 mai 1622 avant de faire profession.

6. Gillette, qui fit son testament le 7 septembre 1623, étant alors religieuse dans le couvent de Fongrave en Agenais. (D'Hozier. Armorial, déjà cité.)

(1) *Arch. dép. de L.-et-G.* E. Suppl. 736 (BB. 1.).

(2) *Ibid.* 865, II. 34,

faire contre M. et Mme de Mayenne. Bigau répond avec dédain et mépris en proférant des propos sâles et deshonnêtes contre lesdits seigneur et dame et des blasphèmes contre Dieu. M. de Sourdeau veut savoir pourquoi ils ont brisé le pont-levis. Bigau, ajoutant de nouveaux blasphèmes, se borne pour toute réplique à dire effrontément qu'il l'a fait. Les consuls, requièrent alors Me Jean Treilles, procureur d'office, d'arrêter les coupables pour qu'ils aient à répondre de leur malice devant le Juge.

Bigau pousse même l'audace jusqu'à faire assigner le consul Réau en cour et chambre de Guienne séante à Nérac. Cet officier municipal, partageant l'étonnement de ses collègues, demande à la jurade de prendre fait et cause pour lui, ce qu'on lui accorde de grand cœur. L'assemblée se charge donc de l'affaire, qui sera soutenue aux frais de la ville. Les consuls de cette année sont Henri Moynié, Pierre Brienne, Esprit Réau et Berthomieu Mallet (1).

L'année suivante, survient un accord entre le duc et la duchesse d'Aiguillon, d'une part, et les habitants, de l'autre, sur diverses contestations qui avaient occasionné des procès au Parlement de Bordeaux : les comptes devront être rendus par devant le juge d'Aiguillon ou le capitaine ; le premier consul aura seul le maniement des revenus de la communauté. Jacques Pignac est nommé régent, aux gages de 150 livres, et le plaçage des marchandises les jours de foire réglé (2).

Les consuls d'Aiguillon avaient eu contestation avec les habitants de Lagarrigue, Miramont et Coleignes sur l'entrée des vins de ces derniers dans la ville. Ces différends se terminent par une ordonnance du duc de Mayenne, aux termes de laquelle les habitants desdites paroisses ne pourront entrer leurs vins sans une autorisation spéciale, à l'exception de leur provision personnelle s'ils sont domiciliés à Aiguillon. Ils auront la jouissance des biens communs (3).

La Jurade est convoquée, le 24 mai 1610, sur la nouvelle de la mort du roi. On décide de faire bonne garde. Le gouverneur de la ville, Antoine Jean Malvin de Montazet, sieur de La Barthère (4), « a ra-

---

(1) *Arch. dép. de L.-et-G.* E. Suppl. 736. BB. 1.
(2) *Ibid.*
(3) *Ibid.* 865. II. 34.
(4) Il était le quatrième fils de Barthélemy Malvin de Montazet, gouverneur d'Aiguillon, dont il a été parlé au chapitre précédent.

monstré que tout à l'instant qu'il a seu le dessès du feu roy, il seroit monté à cheval vers la ville d'Agen et seroict passé en plusieurs villes de Gascoigne, lesquelles auroient estes surprinzes et saysies par plusieurs gentilzhommes et qu'ilz s'en seroient emparrés d'icelles, par ainsin qu'il trouveroict bon qu'il n'y heuct que une porte huberte dans ladicte ville. »

On constate, le 18 juin suivant, que le nouveau roi veut maintenir les édits de pacification et l'on se relâche des précautions qu'on avait prises. On fait un présent de 100 écus au gouverneur de La Barthère, afin qu'il puisse aller « en France », comme il le désire, et voir M. et Mme de Mayenne.

Une transaction est passée, cette même année, entre Jérôme Brienne, consul, et Arnaud Donnadieu, pour raison d'une dette de la ville envers ce dernier qui avait fourni une certaine quantité de chanvre et de vin lors de la prise d'Aiguillon par les princes en 1569.

La jurade décide, le 20 septembre 1615, de faire des réparations aux murailles « estant à craindre qu'il n'y ait guerre ».

Le 16 avril de l'année suivante, Bertrand de Métau (1) est député auprès du duc de Mayenne pour l'avertir de tous les désordres qui se commettent dans la juridiction « par les troupes conduites par le sieur de Pardailhan quy y est entré à main armée, assiege le fort de l'églize de Lagarrigue, icelle prens et raze, pilhe et emporte tout ce qui se pouvoit tant du lieu que de ceux qui avoient des biens, sans espargner le bestail aratoire et autres; et les grandes menasses que faict de se venir saisir des faubourgs de ladicte ville ».

Le 11 août suivant, reconnaissance est faite par les consuls d'Aiguillon à leur seigneur le duc de Mayenne, avec l'énumération des communs et des rentes qu'ils supportent : pour cent cartérades de *padouens*, 50 sous tournois et 2 paires de chapons ; pour la place près du cimetière, 5 sous ; pour une maison, 7 sous 6 deniers, 2 poules, 3 manœuvres (2).

Depuis quelque temps, les réformés méditaient de secouer le joug

---

(1) Un capitaine Métau, d'Aiguillon, fit avec d'autres chefs catholiques une tentative sur Casteljaloux en 1577. (Voir *Hist. de l'Agen. du Cond. et du Bazad.*, déjà citée, tom. II, p. 212 et suiv.)

Bertrand Métau était en 1621, et peut-être en 1615, lieutenant particulier en la sénéchaussée et duché d'Aiguillon. (*Arch. de la Mairie d'Aiguillon. Registre de l'hôpital*).

(2) *Archives départementales de Lot-et-Garonne*, E. Supplément. 736 BB. 1.

de l'autorité royale, lorsque le rétablissement de la religion catholique en Béarn parut à leurs yeux une raison légitime de prendre les armes. La défense des protestants de l'Agenais ayant été confiée au marquis de La Force, par l'assemblée de La Rochelle du mois de mai 1621, celui-ci ne tarda pas à exciter partout des troubles dans le pays. Le duc de Rohan, arrivé en Guienne presque en même temps, achève de porter le désordre à son comble; bientôt le feu de la révolte éclate de toutes parts : cependant, le roi, instruit de ces mouvements, se met en marche avec une armée nombreuse, prend Saint-Jean-d'Angely, Royan, etc., et s'avance vers la Guienne où tout est en armes. Nérac, l'une des villes les plus considérables du parti protestant, est celle où s'allume le premier feu de la révolte.

Henri duc de Mayenne, gouverneur de Guienne depuis l'année 1616, était alors à Bordeaux, retenu par une fièvre quarte opiniâtre. La révolte de Nérac survenue les 3 et 4 juin 1621, et suivie de la retraite de la Chambre de l'Édit, lui firent juger la grandeur du mal et combien il réclamait sa présence. Malgré sa maladie, il lève six régiments d'infanterie, avec autant de compagnies de cavalerie, rappelle le duc d'Epernon, qui était en Béarn, où il commandait un corps de troupes considérables, écrit à ses vassaux du duché d'Aiguillon de rassembler autant de soldats qu'ils pourraient dans ses terres et mande toute la noblesse du pays, en réclamant ses services, en un besoin aussi pressant. Bientôt Mayenne se voit à la tête d'une armée de 3 à 4,000 hommes de pied, et de plus de 800 chevaux, sans compter 800 gentilshommes résolus et exercés au métier des armes. Enfin, 4 ou 500 hommes de pied, levés dans son duché d'Aiguillon, lui amènent quatre canons de siège. Agen lui envoie aussi des canons. Ces dispositions étant faites, et sans même attendre qu'elles fussent toutes effectuées, le gouverneur de Guienne marche sur Nérac, suivi de sa maison. Pendant qu'il assiège cette place, il apprend le 22 juin que, la veille, le marquis de La Force a surpris la ville de Caumont et s'en est emparé. A cette nouvelle, il part de devant Nérac avec 6 à 700 maîtres armés de toutes pièces, laissant au capitaine Vignolles le commandement du siège de cette dernière ville. Aidé des troupes de Barraut et d'Ornano, qui se montaient, d'après Vignolles, à 3,000 hommes, il reprend la ville de Caumont, le 27 juin suivant, et revient devant Nérac, qui capitule (1) le 7 juillet, au moment où Mayenne mande aux consuls

---

(1) *Histoire du département de Lot-et-Garonne*, déjà citée, t. II, p. 2-12.

d'Aiguillon de lui envoyer 80 pionniers pour ce siège (1). Puis, le roi reçoit la soumission de Sainte-Foy, de Castillon, de Monflanquin, de Cadillac, de Layrac, de Mussidan, de Puymirol, de Casteljaloux et de plusieurs autres places. Clairac est assiégé le 23 juillet et pris le 4 août suivant.

Louis XIII quitte Tonneins le lundi 9 août et va coucher à Port-Sainte-Marie, après avoir chargé le comte de Saint-Géran de détruire les fortifications de Clairac. De Port-Sainte-Marie, il vient à Agen, d'où il part le 12 avec son armée et vingt-huit pièces de canon, pour aller devant Montauban, dont le siège, commencé le 18, dut être levé le 2 octobre après des pertes énormes. On sait que le duc de Mayenne y fut tué, comme il regardait par une embrasure et qu'il montrait à quelques seigneurs, ses amis, l'effet d'une batterie qu'il avait fait élever contre le faubourg de Ville Bourbon. Une balle qui perça le chapeau de Roquelaure, l'atteignit alors dans l'œil et l'étendit raide mort sur la place. Ce fut un vendredi, 18 septembre. Ce prince fut très regretté. En lui s'éteignit le nom de Mayenne et le premier titre du duché-pairie d'Aiguillon.

Le corps du duc de Mayenne fut porté, du camp devant Montauban, à Aiguillon, où il fut inhumé dans le sanctuaire de l'église des Carmes du côté de l'épître. Il ne devait d'abord y demeurer qu'en dépôt, pour être ensuite inhumé à Soissons, dans le tombeau de ses ancêtres; mais, soit négligence ou quelque autre raison encore ignorée, il était resté dans sa sépulture primitive jusqu'à la Révolution et même jusqu'en l'année 1815. Malebaysse, dans son Manuscrit, décrit fort au long la magnificence du convoi funèbre lors de son passage à Agen. Accompagné d'un détachement de cent hommes d'armes, le corps était porté dans un char traîné par six chevaux couverts de velours noir, et devant lequel marchait le cheval de bataille du feu duc, également couvert de velours noir jusqu'à terre, et mené en laisse par des valets de pied, tenant en main des torches allumées. Tout le clergé de la ville et les pénitents bleus, à la confrérie desquels appartenait le prince, allèrent en procession se joindre au cortège à la porte du Pin, et le conduisirent ensuite, dans le même ordre, à la porte Saint-Georges.

Alors commandait à Aiguillon pour le duc Bernard de La Fourcade,

---

(1) *Archives départementales de Lot-et-Garonne*, E. Supplément 736. BB. 1.

un Agenais bel esprit. Ce lieutenant général a laissé un recueil d'anagrammes et d'épigrammes à la louange de Mayenne et des grands seigneurs de l'époque. Ce recueil, dédié au cardinal de Richelieu, a pour titre : *Hortulus retrogradorum carminum et anagrammatum* (Parisiis, 1641, in-8°). Son auteur mourut en 1651 (1).

Le 17 novembre 1621, pendant que Schombert commence l'investissement de Monheurt, Bassompierre est à Aiguillon et se rend de là devant la place assiégée.

Le 28 mai 1622, Louis XIII quitte Sainte-Foy, où il laisse des commissaires chargés d'en faire détruire les fortifications ; puis, il visite Monségur, Marmande, Aiguillon, le Port-Sainte-Marie et entre le 1er juin dans la ville d'Agen (2).

Le 26 janvier 1626, la jurade d'Aiguillon reçoit une lettre de M. de Belmont, gouverneur de Clairac, qui demande aux consuls de contribuer à la démolition du vieux fort de cette dernière place.

---

(1) Dans le manuscrit intitulé : *Histoire de la ville d'Agen* (t. I, p. 315), Labénazie, contemporain de La Fourcade, présente ce poète obscur comme un des plus beaux esprits du temps et après avoir prodigué la louange à son recueil d'anagrammes, il ajoute, avec plus de conviction que de style : « Le sieur de La Fourcade, reussissoit si heureusement dans ces sortes de traits d'esprit, que lorsqu'il fallut graver les éloges de Louis treiziesme sur le piedestal du cheval de bronze où la figure du roy Louis XIII est posée dans la place royale à Paris, les pièces d'esprit du sieur La Fourcade furent préférées aux ouvrages de beaucoup d'autres, qui s'estoient épuisés sans approcher du brillant et de l'heureuse rencontre des productions de son esprit. C'estoit d'ailleurs un homme qui, avec son esprit si vif, avoit un corps qui, bien qu'il fut de médiocre taille, estoit un des plus forts et des plus agiles de son siècle. Son esprit et son agilité lui méritèrent la faveur du duc de Mayenne pendant sa vie, et après la mort (de ce dernier), il acquit la faveur de Louis XIII. Cest homme dont l'âme estoit généreuse, donnoit tout à l'honneur et rien à la fortune. Aussi ne s'avança-t-il pas beaucoup ! Il se contenta d'obtenir la charge de grand voyer de Guienne pour Jean de La Fourcade, son fils, qui l'exerça quelque temps ; mais les oppositions que les thrésoriers luy firent pour ne perdre pas cette attribution obligèrent le sieur de La Fourcade à renoncer au monde, dont il print un dégoût, pour prendre le party de l'église ». (*Bibliographie de l'Agenais*, par J. Andrieu, t. II, p. 35).

Nous verrons plus loin, Chapitre IX : *Histoire ecclésiastique*, que Jean de La Fourcade fut vicaire d'Aiguillon.

(2) *Histoire de l'Agenais*, déjà citée, t. II, p. 103 et 113. — *Notice sur Marmande*, déjà citée, p. 102.

Le 10 mai suivant, le duc de Nevers et la duchesse d'Ornano, seigneurs de l'ancien duché d'Aiguillon, font un règlement en vue de mettre fin aux querelles et aux divisions de la communauté : les attributions du capitaine de la ville, l'exercice de la justice, l'observation du repos du dimanche y sont déterminés; on y trouve des articles sur la taxe des greffes et des actes notariés, la police des hôtelleries, la vente des vins, la prédication du carême, l'entretien d'un régent, d'un médecin, etc.

Le 7 août 1627, le duc d'Epernon ayant averti les consuls d'Aiguillon que les ennemis du roi avaient l'intention de surprendre la ville, envoie M. Jean de Vassal de la Tourette, seigneur de Monviel, comme gouverneur de la ville, en attendant la décision du duc de Nevers.

Le 3 décembre suivant, les consuls reçoivent une lettre de la duchesse, nommant M. de Bachelier gouverneur de l'ancien duché d'Aiguillon (1).

Le 7 août 1629, la jurade veut que les procès-verbaux des délibérations portent le nom *d'arrestats*. Il est délibéré sur la levée des deniers pour l'entretien des gens de guerre, sur les précautions à prendre pour éviter la maladie contagieuse. On décide qu'une seule porte sera ouverte et gardée par deux habitants assistés des portiers.

En l'année 1630, M. de Monviel, gouverneur, d'Aiguillon, rend aux consuls les clefs de la ville. Il existe des contestations sur les francs-fiefs. On établit les comptes de la communauté : la levée à faire est de 2,170 livres. On nomme un régent des écoles aux gages de 150 livres : les consuls rappellent que le seigneur a reconnu leur droit de nommer le régent pour la présente année, à condition de faire examiner le candidat par le juge.

Le 26 octobre 1632, la jurade envoie une députation au roi qui est à Toulouse.

Le 9 avril 1633, on décide de faire la garde aux portes pour se préserver de la maladie contagieuse.

Le 13 janvier 1634, on délibère de procéder à un nouvel arpentement de la juridiction, attendu que, depuis l'arpentement fait il y a vingt ans, la plupart des propriétés ont été l'objet de ventes ou de mutations, à cause « de sy mauvaises années et sy esteriles ».

Le 17 septembre, il est donné avis du passage du duc d'Epernon (2).

---

(1) *Archives départementales de Lot-et-Garonne*, E. Supplément 736. BB. 1.
(2) *Arch. dép. de L.-et-G.*, E. Suppl. 737. BB. 2.

Charles de Malvin, seigneur de Montazet, de Boussères, etc., baron de Quissac, fils et héritier d'Antoine de Malvin de Montazet et de Françoise de Malvin, dont nous avons déjà parlé, avait été marié par contrat du 19 juillet 1630 avec Léonor de Vassal de la Tourette de Monviel, fille de Jean de Vassal de la Tourette, seigneur de Monviel, de Dondas, etc., gouverneur d'Aiguillon, et de Françoise de Camain (1).

Au commencement de l'année 1634, Maris de Médicis, lasse de languir en exil et honteuse de la vie misérable qu'elle y menait, eut enfin la pensée de se réconcilier avec le roi son fils. Et, chose étrange, la première personne qu'elle voulut intéresser à son sort, celle à qui elle écrivit secrètement pour la supplier de plaider sa cause auprès de Richelieu et même devant Louis XIII, fut précisément Mme de Combalet, son ancienne dame d'atours qu'elle avait chassée, injuriée et calomniée dans sa conduite. Aussi, maintenant que le malheur et le temps avaient apaisé son cœur et dissipé sa colère, était-ce à la nièce du cardinal que cette princesse s'adressait, assurée d'avance, disait-elle, que « la bonne Mme de Combalet, l'avocat des pauvres et des affligés, plaidcroit aussi sa cause ».

---

(1) Ledit Charles de Malvin de Montazet testa le 11 août 1684 et déclara avoir eu de sa femme cinq enfants qu'il nomme dans l'ordre suivant, instituant son héritier universel Geoffroy de Malvin, son fils aîné. Il voulut être enterré dans l'église des Carmes d'Aiguillon au tombeau de ses prédécesseurs et mourut le 7 juin 1687.

1o Geoffroy qui continue la descendance et que nous retrouverons ;

2o Jean-Louis, chevalier, seigneur de Boussères, était capitaine de cavalerie au régiment de Calbo le 17 février 1676 ; servait en la même qualité dans celui de Vivans le 17 avril 1677 ; était le 10 janvier 1680 capitaine de chevau-légers dans le régiment Royal-Piémont ; servait le 26 février 1686 en qualité de capitaine de cavalerie dans le régiment du Mestre de camp général ; fut nommé le 2 mars 1688 capitaine de cavalerie dans le régiment du Gas ; eut le 20 octobre de la même année une commission de lieutenant-colonel et capitaine de la seconde compagnie du régiment de Poinsegut-Cavalerie, et fut tué à l'affaire de Campredon en 1689.

3o Jean-Joseph fut reçu le 24 août 1644 religieux profès de l'ordre des carmes dans le couvent de Bordeaux sous le nom de frère Jean-Joseph de Sainte-Thérèse ; se rendit célèbre dans cet ordre et mourut à Bordeaux le 12 juillet 1725 étant ex-provincial de la province de Gascogne.

4o Antoinette fut mariée par articles sous-seings privés du 3 juin 1668 avec Joseph de Coquet.

5o Françoise épousa par contrat du 1er avril 1660 Jacob d'Hébrard, seigneur de Mazières et de Roqual.

(D'Hozier : *Armorial de France* ; *Généal. de Malvin*, déjà citée).

Malgré toutes les promesses que la reine-mère avait faites au roi et au cardinal, malgré le bon vouloir qu'elle était assurée de trouver en eux, Marie de Médicis, excitée par son fils Gaston d'Orléans, fomenta de nouvelles intrigues contre Richelieu, et Louis XIII refusa de continuer les négociations qui avaient été entamées pour le retour de sa mère.

Le cardinal, dont le génie souffrait d'être entravé sans cesse par ces complications stériles, fit proposer, pour en finir, au duc d'Orléans, une amnistie générale, de nouvelles pensions pour lui, et un brevet de duc pour son principal affidé Antoine de l'Aage, seigneur de Puylaurens, appartenant à une famille noble du Languedoc. Cette dernière offre toucha le favori du prince qui s'empressa d'entrer en pourparlers avec Richelieu.

Le parlement de Paris, par un arrêt du 5 septembre 1634, ayant déclaré nul et non valable le second mariage que le duc d'Orléans, devenu veuf, avait contracté, malgré la volonté du roi, avec la belle Marguerite de Lorraine, Puylaurens s'engagea à déterminer Monsieur à reconnaître la nullité de cette union et à rentrer en France pour faire sa paix avec le roi : le cardinal, en récompense de ce service, lui promit, s'il réussissait, de lui donner en mariage une de ses cousines, et en dot un duché-pairie. Et, pour obliger ce favori de Gaston d'Orléans à tenir promptement sa promesse, il remplit, le premier, l'engagement qu'il avait pris, et lui adressa un brevet du roi ainsi conçu :

« Aujourd'hui, 1er octobre 1634, Sa Majesté étant à Ecouen, et mettant en considération les grands et signalés services de M. le cardinal de Richelieu et voulant témoigner l'état qu'elle fait du conseil qu'il lui a donné de gratifier le sieur de Puylaurens de quelque grade d'honneur, en agréant le projet de mariage du sieur Puylaurens avec une parente du cardinal, a accordé pour la communauté de ce mariage, un duché-pairie que Sa Majesté achètera, et cent mille livres en argent comptant ».

Huit jours après l'envoi du brevet royal, Gaston d'Orléans rentrait en France, accompagné de son fidèle conseiller ; et, le 21 octobre, Monsieur venait trouver le roi son frère à Saint-Germain, et lui offrir sa soumission. Puylaurens s'agenouilla, à son tour, comme un coupable, devant le roi, qui le releva gracieusement.

C'est à Rueil, dans le cabinet du cardinal et au milieu des fêtes que se firent les accords du mariage de Marguerite du Cambout de Pontchâteau (1), fille de F. du Cambout de Coislin, marquis de Pontchâteau, et de Louise Du Plessis de Richelieu avec Antoine de l'Aage, seigneur de Puylaurens. Les fiançailles furent faites au Louvre, dans la chambre de la reine, le dimanche 24 novembre 1634, en présence de Leurs Majestés, et la bénédiction nuptiale leur fut donnée par l'archevêque de Paris, le 26, dans la chapelle du Petit-Luxembourg.

Richelieu avait donc acheté le confident et favori de Gaston d'Orléans, au prix du duché-pairie d'Aiguillon, éteint en 1621 par la mort d'Henri de Lorraine, duc de Mayenne. L'érection de ce duché-pairie s'accomplit en contradiction avec les réserves formulées par le parlement de Paris en 1600. Mais Puylaurens jouit peu de ce gage, comme on va le voir.

Le cardinal avait tenu ses promesses envers Puylaurens; mais le nouveau duc d'Aiguillon et pair de France, devenu cousin de Richelieu, ne répondit pas plus sincèrement qu'autrefois à ses désirs. Non seulement il ne fit rien de ce que le roi était en droit d'attendre de lui, après tant d'indulgence, mais il recommença à entretenir des correspondances coupables avec les ennemis de la couronne, en Espagne et en Flandre.

Le châtiment ne se fit pas attendre. Trois mois à peine après ce brillant mariage, le 11 février 1635, comme le duc accompagnait Monsieur et entrait avec lui au Louvre, il fut arrêté et conduit à Vincennes. Quatre mois plus tard, le duc de Puylaurens mourait dans cette prison, d'une fièvre pourpre, disent les uns, et, suivant les autres, de l'humidité d'une chambre voûtée qui avait si peu d'air que le salpêtre s'y formait partout, ce qui fit dire à Mme de Rambouillet, lorsqu'elle apprit cette mort « que cette chambre valoit son pesant d'arsenic. »

Le roi reprit alors le brevet de duc et pair qu'il avait donné à Puylaurens; mais Richelieu racheta, de la veuve, comme nous le verrons bientôt, les terres du duché d'Aiguillon, terres sur lesquelles était établi le titre qu'il avait l'intention de demander pour sa nièce, Mme de Combalet, si elle s'obstinait à ne pas se remarier (2).

Nous trouvons dans le livre des Jurades de l'année 1636, que les

---

(1) La veuve du duc de Puylaurens, Marguerite du Cambout de Pontchâteau se remaria le 31 janvier 1639, avec le comte d'Harcourt, lieutenant du roi à l'armée d'Italie, et Richelieu fit présent à sa cousine de deux cent mille écus, outre les cent quatre-vingt mille livres qu'il lui avait données au contrat de son premier mariage.

(2) Voir : *La duchesse d'Aiguillon*, par A. Bonneau-Avenant, p. 196-207.

consuls sont au nombre de quatre, élus chaque année par les consuls sortant de charge, assistés des jurats, ou par les huit consuls sortis de charge les deux années précédentes. La prestation de serment se fait devant le sénéchal et gouverneur du duché d'Aiguillon ou son lieutenant. Suivent des délibérations dont une est relative à la levée de trois soldats, qui seront envoyés au Port-de Penne où doivent se réunir les quatre cents hommes de recrue imposés à l'Agenais. Le duc de La Valette envoie une ordonnance pour le logement et entretien de la compagnie du sieur de Monviel. Le P. Carme qui exerçait les fonctions de régent ayant déclaré qu'il ne pouvait continuer à remplir cette charge, on nomme pour le remplacer Jean Nougié et Jean Fournier, aux gages de 150 livres par an (1).

Le cardinal de Richelieu, désespérant de vaincre l'opposition que sa nièce, Mme de Combalet, avait toujours faite à toute idée d'un second mariage, renonça aux projets d'alliance qu'il avait pu former pour elle. Mais, dans le désir de lui voir conserver après sa mort un rang à la cour et une position digne de son mérite, il lui donna les terres du duché d'Aiguillon, en demandant au roi de lui en accorder le titre et le nom.

Le titre de vente desdites terres est ainsi conçu :

« Par décret donné au Chastelet de Paris, le mercredy douziesme jour d'aoust mil six cens trente sept.

» Appert avoir été adjugé à maistre Nicolas Dangellé le jeune, procureur audit Chastelet de Paris, comme plus offrant et dernier enchérisseur, le duché d'Aiguillon, avec les bailliages, chastellenies, seigneuries, et autres dépendances dudit duché, saisis et mis en criées, à la requeste de noble homme François Fauvel, sieur de Rochecave, conseiller du Roy, et controlleur general des guerres en Limousin, ayant droit par transport de damoiselle Magdelaine Gron, vesve de feu noble homme Nicolas Le Jay, vivant conseiller du Roy, et correcteur en en la Chambre des Comptes à Paris : sur haut et puissant prince Charles de Gonzagues de Clèves, duc de Nivernois et de Reshelois, au nom et comme légitime tuteur des enfans mineurs de luy et de feue dame Catherine de Lorraine, jadis son épouse; lesdits mineurs héritiers de haut et puissant prince Henry de Lorraine, duc de Mayenne et d'Aiguillon et autres ; aux charges et moyennant la somme de quatre cens

---

(1) *Arch. dép. de L -et-G.*, E. Suppl. 788. BB. 3.

mille livres toürnois. Et au même instant ledit Angellé auroit déclaré que l'enchère qu'il avoit mise à la propriété dudit duché d'Aiguillon, circonstances, et dépendances et adjudication à luy faite d'iceluy duché, auroit esté pour et au profit de haute et puissante dame, dame Marie de Vignerod, dame de Combalet, qui auroit promis payer ce prix de l'adjudication et satisfaire aux charges et conditions portées au dit décret, signé Drouart et scellé. En l'un des marges duquel est la quittance de consignation des dites quatre cens mille livres tournois, faite par la dite dame de Cambalet es mains du sieur Guillore, conseiller du Roy et receveur des consignations dudit Chastelet, le quatorziesme jour dudit mois d'aoust dernier ; comme le contient la dite quittance : sur laquelle, et sur ledit décret, ce que dessus a esté pris, estraict et collationné par les notaires garde notes du Roy nostre Sire, en son Chastelet de Paris, soubs-signez, ce vingt septiesme jour de septembre, mil six cens trente-sept (1). »

Dans l'*Ancien Forez*, revue mensuelle (Roanne, 9ᵉ année, 1890) on peut voir un article de M. A. David avec ce titre : *Une protestation de Jacques de Lascaris d'Urfé, contre l'acquisition de la duché d'Aiguillon par la dame de Combalet.* Cette protestation est rédigée sous forme de testament le 18 décembre 1637. D'Urfé prétend avoir droit sur ladite terre et autres biens de la succession de M. et de Mᵐᵉ de Mayenne. Il accuse la dame de Combalet d'avoir corrompu François Fauvel, syndic des créanciers des feus sieur et dame de Mayenne, pour se faire adjuger le duché à vil prix. Cet acte, reçu au Chatelet de Paris, se trouve dans le n° 2747 de la Bibliothèque nationale.

Le premier acte que signa madame de Combalet, en entrant en jouissance de cette terre, dont elle devait illustrer le nom, fut un acte de piété et de charité. Elle donna une somme de 22,000 livres, le 18 août 1637, pour fonder, à perpétuité, une mission d'au moins quatre prêtres ayant pour but d'instruire et de soulager les habitants pauvres de la ville et du duché d'Aiguillon (2).

Le 23 novembre 1637, M. de Laborde, intendant des affaires de M. le cardinal duc de Richelieu, prit possession des terres du duché d'Aiguillon (3).

---

(1) *Bibl. Nat.*, *Mél. Clairambault*, vol. 382, p. 62-63. Pièce imprimée, 3 pages in-8°.

(2) Il s'agit ici de la fondation du couvent des Lazaristes de Notre-Dame de la Rose, près de Sainte-Livrade. Voir sur ce couvent le *Pouillé historique du diocèse d'Agen pour l'année 1789*, par l'abbé Durengues, pages 680-685.

(3) Arch. dép. de L.-et-G. E. Suppl. 738. BB. 3.

Quelques mois plus tard, dans la matinée du 1ᵉʳ janvier 1638, madame de Combalet étant allée à Saint-Germain rendre ses devoirs à Leurs Majestés, le roi la salua du nom de duchesse d'Aiguillon, pair de France, en lui présentant le brevet qui lui conféraient ces titres. La nouvelle duchesse, après s'être agenouillée pour le recevoir, baisa la main que Louis XIII tendait pour la relever, et se retira toute confuse, mais remplie de reconnaissance.

Ce brevet, qui lui avait rappelé d'abord, avec quelque amertume, celui de dame d'atours, qu'elle avait reçu treize ans plus tôt à pareil jour, lui causait maintenant une grande joie. Il prouvait, en la faisant duchesse de son chef, que le cardinal avait enfin renoncé à la remarier, et l'assurance de rester libre comblait ses plus chers désirs. De plus, l'honneur exceptionnel que lui faisait le roi, en créant un duché-pairie pour une femme, veuve et sans enfants, cet honneur la flattait, autant dans son attachement pour la royauté que dans son orgueil pour sa famille ; car, ainsi que le disaient les lettres patentes, c'était un témoignage public des services que son grand'père et son oncle avaient rendus à la couronne.

La teneur des lettres patentes du roi est la suivante :

« Louis, par la grâce de Dieu, Roi de France et de Navarre, à tous présents et à venir, salut.

» Les grands et signalés services que nous a rendus, à nous et à cette couronne, notre cher et bien aimé cousin le Cardinal de Richelieu, nous donnent une telle satisfaction que nous nous sentons conviés non seulement à la lui faire connaître par toutes sortes de témoignages, mais encore à les étendre aux personnes qui lui appartiennent, entre lesquelles Mᵐᵉ Marie de Wignerod de Pontcourlay, veuve d'Antoine de Beauvoir de Grimoard du Roure, seigneur de Combalet, étant une des plus proches comme nièce de notre dit cousin : c'est avec contentement que nous nous portons à la traiter favorablement à l'occasion de l'acquisition qu'elle a faite depuis peu de la terre et seigneurie d'Aiguillon en notre duché de Guienne, et d'autant plus volontiers que les grandes et rares vertus de ladite dame ne la rendent pas moins recommandable que les bonnes et considérables qualités qu'elle tient de sa naissance, les unes et les autres ayant acquis l'estime générale de la Cour, où elle a toujours vécu depuis son enfance dans les charges que les filles et dames issues des plus illustres maisons du royaume ont auprès des Reines.

« Elle nous a particulièrement donné sujet d'avoir sa conduite, et l'affection qu'elle a fait paraître à notre service, pour très agréable. De sorte que ces considérations, outre celle des bons services que ses prédécesseurs ont rendus aux Rois nos devanciers, nous font croire que nos grâces et faveurs ne sauraient être plus justement départies qu'à ladite dame comme en étant très digne.

» A ces causes, de l'avis des princes de notre sang..... créons et érigeons par ces présentes, en faveur de ladite dame, la terre d'Aiguillon en titre, nom, dignité et prééminence de Duché et Pairie de France pour elle et ses héritiers tant mâles que femelles tels qu'elle les voudra choisir..., etc.

». Donné à Saint-Germain-en-Laye, le 1er janvier 1638 ».

Ces lettres furent enregistrées au Parlement de Paris le 19 mai, et à la Cour des Comptes le 14 juillet 1638 et conservées dans les archives de la famille (1).

La duchesse d'Aiguillon, en acceptant ce titre, en comprenait tous les devoirs, et se promit de les remplir avec courage. Elle renonça dès lors à la vie religieuse qui l'attirait depuis longtemps, et se résigna de vivre à la Cour, afin d'y partager les hasards de la fortune de son oncle et d'y rester, après lui, le chef et le soutien de la maison de Richelieu. (2).

Elle acquit aussi, en 1642, l'engagement du pays d'Agenais, y compris le Condomois pour la somme de 60,000 francs, en sus du précédent engagement des justices fait en particulier à Jean Dureau, avocat en parlement, pour la somme de 175,500 fr. Les ducs d'Aiguillon conservèrent cet engagement jusqu'à la Révolution, et leurs fils aînés prirent en conséquence le titre de comtes d'Agenais (3).

L'érection en duché-pairie de la baronnie d'Aiguillon, faite en faveur de la nièce de Richelieu, inaugure, dans l'histoire de cette province, une phase nouvelle, en même temps qu'elle ouvre pour elle une ère de grandeur et de prospérité. Elle la met, en effet, pendant un siècle et demi, en la possession de seigneurs riches et puissants,

---

(1) Voir P. Anselme : *Les grands off. de la cour.*, Ed. de 1723 ; — La Chesnaye des Bois, vol. I. p. 84.

(2) *La duchesse d'Aiguillon*, déjà citée, p. 248-251.

(3) *Hist. de l'Agenais, du Condom. et du Bazad.*, déjà citée, t. II. 396. — Nous trouvons aux *Arch. départ. de Lot-et-Gar.*, (E. Suppl. 866. II, p. 35) à la date du 25 février 1642, quittance de 175,500 livres payées par la duchesse d'Aiguillon, adjudicataire des comtés d'Agenais et de Condomois, à Me Jean Dureau, avocat au parlement, qui s'était rendu adjudicataire de ce domaine pour le même prix, le 3 août 1641.

qui ajouteront désormais à leurs titres celui de comtes d'Agenais, qui consacreront, disons-le hautement à leur louange, une notable partie de leur temps, à améliorer les terres de leur domaine, ainsi que la situation de leurs vassaux, et dont le dernier, député pour la noblesse d'Agenais aux Etats-Généraux de 1789, se faisant l'écho des vœux de la nation, demandera, avant tous ses collègues, l'abolition de ces fameux droits seigneuriaux, si fort exploités de nos jours, et qui pour la plupart étaient tombés, depuis déjà longtemps et surtout dans nos provinces méridionales, en complète désuétude.

Dans nos Archives locales, on peut relever les nombreux actes de piété et de générosité des seigneurs d'Aiguillon, en faveur des personnes ou des diverses localités de leur duché. Il faut voir, notamment, dans le *Supplément à la série E des Archives départementales*, et dans les divers registres particuliers de la commune d'Aiguillon : « la liste des présents offerts à M. des Rochers, gouverneur du duché, en reconnaissance de tout ce qu'il a fait pour les intérêts de la commmunauté (BB. 2, 1636-1650) ; le vote par les jurats d'un présent à Mlle de Richelieu, qui est à Bordeaux (BB. 4, 1667-1675) ; la réception solennelle et enthousiaste, faite en 1723, par les habitants de la ville au duc d'Aiguillon ; les nombreux travaux d'embellissement exécutés par ordre du duc (BB. 15, 1779-1789) ; la fondation de chapelles, bonnes œuvres, établissements de charité, etc., etc. (1).

Marie Madeleine de Wignerod de Pontcourlay, marquise de Combalet et duchesse d'Aiguillon, naquit, en 1604, au château de Glénay, près de Bressuire, en Poitou. Elle était fille de René de Wignerod, seigneur de Pontcourlay, gentilhomme de la chambre de Henri IV, et de Françoise de Richelieu, sœur ainée du célèbre cardinal. Cette dernière avait pour père François Du Plessis de Richelieu, grand prévôt de France, et pour mère Suzanne de La Porte.

Les premières années de Mlle de Pontcourlay s'écoulèrent heureuses et ignorées, à l'ombre du foyer domestique, dans le calme de la vie de province. Sa mère, femme de mérite et de grande piété, l'éleva avec beaucoup de soin, et lui enseigna d'abord la religion, premier élément de toute éducation. Jamais enfant plus tendre n'avait aimé sa mère avec plus de respect. La nature, qui l'avait douée des qualités les plus attachantes du cœur, allait y ajouter encore le charme du vi-

---

(1) *La duchesse d'Aiguillon*, opuscule sur l'ouvrage de M. Bonneau-Avenant, par M. Ph. Lauzun, p. 1 et 2.

sage. Déjà l'éclat de ses yeux, la fraîcheur de son teint et l'abondance de ses cheveux bruns faisaient prévoir cette beauté rare que les poètes devaient chanter plus tard. Souvent, frappée d'admiration devant les grâces naissantes de sa fille, Mme de Pontcourlay sentait son cœur tressaillir de joie et d'orgueil.

Cependant le temps marchait et Mlle de Pontcourlay était arrivée à l'âge de la première communion. Sa mère, qui ne pouvait plus s'occuper de son éducation, la confia aux soins de son grand oncle, l'abbé de Wignerod, prieur de Mauléon et curé de Glénay, homme plein de savoir et de vertu. L'aimable vieillard se plut à dicter à sa nièce, en même temps que les enseignements du catéchisme, les premiers éléments des lettres françaises et latines, et l'attrait qu'il savait donner à ses leçons inspira dès ce moment à son élève un goût pour les choses de l'esprit, qu'elle conserva toute sa vie.

Au commencement de l'année 1616, Mme de Pontcourlay s'éteignait doucement au milieu des siens. Ses dernières paroles furent pour sa mère Mme de Richelieu, à qui elle confia ses deux enfants, et pour sa fille, à qui elle recommanda de la remplacer désormais près de son frère, le jeune marquis François de Wignerod.

M. de Pontcourlay, pour qui Glénay n'avait plus que de douloureux souvenirs, avait hâte de conduire ses enfants chez leur aïeule, afin de suivre à Paris M. de Luçon, à la fortune duquel il voulait s'attacher. Les adieux de Mademoiselle à la chapelle du château furent déchirants. Elle ne devait plus y revenir que pour y rapporter les cendres de son père et faire élever à la mémoire de ses parents un tombeau digne de sa piété filiale.

Le château de Richelieu qu'allait habiter Mlle de Pontcourlay ne ressemblait en rien au manoir de Glénay. « C'était, a dit dom Mazet, un petit castel bien bâti, dans un lieu plaisant, avec une jolie chapelle gothique et deux grands corps de servitude, au milieu de cours et de jardins, entourés de murailles et de fossés remplis d'eau courante. »

Cette châtellenie qui était depuis 1350 la terre patrimoniale des Du Plessis de Richelieu, famille d'une antique noblesse, s'élevait au milieu d'une vaste plaine arrosée par la rivière l'Amable. Madame de Richelieu, quoique très sédentaire, voyait beaucoup de monde, et la distance qui la séparait de Paris n'empêchaient pas les échos du Louvre d'arriver jusqu'à elle, car depuis la mort du grand prévôt elle était restée le centre d'une famille nombreuse et bien placée à la cour. Ayant pu apprécier par elle-même les avantages que donnent, dans le monde, le poli de l'éducation et l'élégance des manières, soutenus par une instruction solide, elle prit soin de développer chez sa petite-fille les dispositions heureuses que la nature y avait déjà fait naître. Ces deux cœurs, malgré la différence de l'âge, semblaient faits l'un pour l'autre, tant ils étaient unis par la conformité de leurs sentiments et de leurs pensées. Les goûts de Mlle de Pontcourlay étaient sérieux ; elle préférait l'étude et la prière à tous les divertissements de l'enfance. On comprend que, sous la direction de Mme de Richelieu, dont les exemples étaient encore plus éloquents que les paroles, son élève soit devenue ce modèle de piété et de charité, que le monde devait admirer plus tard. Elle avait cependant un esprit vif et une aptitude remarquable pour tous les arts d'agréments. Son père, qui avait encore la voix belle, en profita pour lui apprendre à chanter en s'accompagnant du luth. Il lui apprit aussi les langues italienne et espagnole, qui étaient fort en vogue à la cour, tandis que le prieur de Saint-Florent de Saumur venait lui donner des leçons de littérature.

Le 14 novembre 1616, la mort vint frapper Mme de Richelieu, qui fut emportée en quelques heures. A quelles mains allait être confiée désormais la jeunesse de sa petite-fille ? M. de Luçon proposa à M. de Pontcourlay d'emmener ses enfants à Paris ; mais la marquise de Richelieu (1), dont le mari venait d'hériter du château paternel, en qualité d'aîné de la famille, ayant manifesté le désir d'y passer quelques semaines, demanda et obtint de garder sa nièce auprès d'elle.

Cette femme, quoiqu'un peu vaine, avait un excellent cœur, et prit bientôt l'enfant en grande amitié. Pendant les longues soirées d'hiver qu'elles passèrent ensemble, Mlle de Pontcourlay entendit parler, pour la première fois, des plaisirs de la cour, des fêtes brillantes du sacre de Louis XIII, et des riches toilettes de la reine aux Etats-Généraux.

Le marquis et la marquise de Richelieu faisaient partie du cercle intime qui se formait chaque soir autour de Marie de Médicis. N'ayant pas d'enfants, la marquise désirait s'attacher sa nièce et lui faisait entrevoir la possibilité d'un mariage avantageux. Grâce à son crédit, Mlle de Pontcourlay, sans s'en rendre compte, subissait l'influence des promesses séduisantes de sa tante. De son côté, celle-ci n'aspirait qu'à regagner la capitale. Mais, le 7 avril 1618, une lettre du roi ordonna

---

(1) Marguerite Guyot des Charmeaux, dame de la seigneurie d'Ansac, veuve de Bernard Potier, seigneur de Silly, président du Parlement de Bretagne, qui, à la fin de 1611, s'était remariée, avec Henri Du Plessis, marquis de Richelieu, gentilhomme de la chambre du roi, et mestre de camp au régiment de Piémont, frère aîné d'Armand Jean Du Plessis, cardinal duc de Richelieu.

à l'évêque de Luçon de se retirer à Avignon, et le marquis de Richelieu, son frère, ainsi que M. de Pontcourlay, son beau-frère, reçurent le même commandement et partirent pour le même exil.

Mademoiselle de Pontcourlay voyait son père banni, au moment où elle croyait être réunie à lui pour toujours, et la solitude après cette espérance allait lui paraître plus triste que jamais. Sa tante, la marquise de Richelieu, commençait une grossesse qui avait comblé de joie toute la famille ; mais l'affliction qu'elle éprouva du départ de son mari, altéra si profondément sa santé que le lendemain, 15 octobre 1618, vers les sept heures du matin, après avoir mis au monde François-Louis Du Plessis, elle s'en alla de vie à trépas et fut inhumée dans l'église de Braye, où son mari vint la rejoindre le 22 juillet de l'année suivante.

Mlle de Pontcourlay avait grandi, comme on le voit, au milieu des malheurs des siens. Elle allait avoir seize ans. La nièce que M. de Luçon avait quittée frêle et délicate était devenue grande et belle, de cette beauté pure et touchante qui unit l'innocence de l'enfant à la grâce de la jeune fille. Belle comme elle l'était déjà et nièce d'un ancien ministre prêt à rentrer en faveur, elle ne pouvait manquer de partis. Au commencement de l'année 1620, son oncle, le marquis de Brézé présenta à M. de Luçon un de ses amis, le comte de Béthune, neveu de Sully, qui s'était épris d'un amour violent pour elle. De son côté, elle ne put défendre son cœur contre les mérites du jeune gentilhomme. Il fut convenu que les fiançailles se feraient, l'été, à la campagne.

Mais les événements changèrent le cours naturel des choses. Mlle de Pontcourlay dut faire un mariage de raison pour servir à la fortune de son oncle l'évêque. Le 26 novembre 1620, elle était conduite en grande cérémonie à la cour par ce dernier qui la présenta au roi, aux deux reines et à tous les grands dignitaires de la couronne. Revêtue d'habits magnifiques et couverte de pierreries que lui avait données la reine, elle était éblouissante de jeunesse et de beauté ; mais dans son dépit, elle resta aussi indifférente à tout ce qui se passait autour d'elle que s'il se fût agi d'une autre. C'est ainsi qu'elle entendit, dans la salle du grand conseil, la lecture du contrat de mariage entre messire Antoine de Roure, chevalier, seigneur de Combalet, fils de messire Claude de Roure, chevalier, seigneur de Bonneval, et de dame Marie de Luynes, d'une part, et Mlle Marie-Madeleine de Wignerod, fille de messire René de Wignerod, seigneur de Pontcourlay, et nièce de messire Armand-Jean Du Plessis de Richelieu, évêque de Luçon, conseiller du roi en ses conseils d'Etat et privé, surintendant des affaires et maison de la reine-mère, d'autre part. Aussitôt après la signature de ce contrat, le mariage fut célébré dans la chambre de la jeune reine, Anne d'Autriche, et la bénédiction nuptiale fut donné aux nouveaux époux par le cardinal de La Rochefouchauld, en présence du roi, des deux reines, des princes du sang et des personnes les plus qualifiées de la cour.

Six mois après, Antoine de Grimoard de Beauvoir du Roure, marquis de Combalet, obligé de quitter sa femme pour aller à la guerre, fut mortellement blessé devant Montpellier le 2 septembre 1622. En apprenant la mort de son mari, Mme de Combalet, veuve à dix-huit ans, se retira au couvent des Carmélites, situé à l'extrémité du faubourg Saint-Jacques et y resta deux années. Elle offrit son cœur à Dieu et jura de n'avoir plus que lui pour époux. Après un an de clôture, elle prit rang parmi les novices, en reçut l'habit des mains de M. de Bérulle et prononça les premiers vœux.

Mais Richelieu avait, sur l'avenir de sa nièce, dont il voulait faire l'héritière de sa fortune et l'illustration de sa famille, de tout autres projets. Aussi vint-il la reprendre au Carmel après lui avoir tenu les discours les plus émouvants. Elle sortit donc de cet asile de son choix et s'en remit à la direction de M. de Bérulle dans le monde et à la cour.

Le 1er janvier 1625, Mme de Combalet trouva sur sa table de toilette, parmi les présents magnifiques et les objets rares dont le cardinal aimait à la combler, un brevet du roi qui la nommait dame d'atours de la reine Marie de Médicis.

Dans le courant de l'hiver 1626, le comte de Béthune, qui avait voyagé longtemps pour effacer de son cœur l'image de celle qu'il croyait perdue pour lui, mais sans avoir pu la chasser de son souvenir, demanda de nouveau la main de la nièce de Richelieu. A cette nouvelle, celle-ci demeura sans paroles et pleura, puis répondit au cardinal : « Monseigneur, j'ai fait vœu de n'être plus qu'à Dieu, et je tiendrai ma promesse. » Elle sollicita et obtint un congé de la reine pour aller faire une retraite au Carmel où son oncle la conduisit lui-même.

Richelieu, qui craignait de perdre sa nièce, mit tout en œuvre pour combattre son projet de vie religieuse et lui en rendre la réalisation impossible. Tour à tour, ce furent M. de Bérulle et la mère Madeleine, trois docteurs de Sorbonne et le pape lui-même qui furent employés pour agir sur l'esprit de Mme de Combalet et en eurent raison. Elle vint reprendre sa place auprès de la reine-mère,

M. Bonneau-Avenant, à qui nous avons emprunté en les résumant les détails qui précèdent, se plaît surtout à retracer les œuvres charitables de la duchesse d'Aiguillon : dons faits au couvent des carmélites de la rue Saint-Jacques ; fondation de l'hôpital de Québec et de la colonie de Ville-Marie, au Canada, de l'association des Dames de Charité de Paris, du collège des Bons-Enfants, de la maison des missions à Rome ; protection accordée à l'hôpital de Marseille, etc., etc., tels sont les principaux actes charitables de Mme de Combalet. Ajoutons à cette longue liste une bonne œuvre locale, qui semble avoir échappé à M. Bonneau-Avenant, à savoir, la fondation du couvent des Lazaristes de Notre-Dame de la Rose, près de Sainte-Livrade, que signale M. l'abbé Barrère dans le tome II de son ouvrage (page 394). Nous parlerons plus loin de la fondation du couvent des Filles de la Croix d'Aiguillon.

Malgré les très vives critiques de ses ennemis, qui ont essayé de donner le change sur les nobles sentiments de notre duchesse, sa réputation de charité et de piété reste intacte aux yeux de l'histoire. Sa vie privée fut toujours irréprochable, et si elle n'a pas été heureuse en ménage, c'est dans le calme du cloître et dans la pratique des bonnes œuvres et non des plaisirs mondains, qu'elle a essayé de trouver le bonheur qui lui échappait. Elle fut obligée, par ses fonctions comme par sa naissance, de vivre à la Cour, « ce délicieux et méchant pays, dit quelque part Mme de Motteville, que l'on hait souvent par raison, mais que l'on aime toujours naturellement ». Elle fréquenta tous les grands personnages du royaume et fut mêlée, jusqu'après la Fronde, à toutes les intrigues du siècle. Nous nous contenterons d'appeler l'attention des lecteurs du livre de M. Bonneau-Avenant sur certaines pages intéressantes et notamment sur son intimité avec les célèbres précieuses de l'Hôtel de Rambouillet, Julie d'Argennes, la marquise de Sablé et surtout la baronne du Vigean, sur la protection qu'elle accorda à Corneille qui lui dédia *Le Cid*, à Voiture et plus tard à la famille Pascal ; enfin, surtout le chapitre XIII, où l'auteur nous donne un aperçu charmant de la cour d'Anne d'Autriche, après la mort de Richelieu et de Louis XIII, et où nous voyons, en la personne de Mme de Combalet, encore dans tout l'éclat de la puissance et de la beauté, le type de la grande patricienne, réunissant, dans son ravissant hôtel du Petit-Luxembourg et au milieu des innombrables chefs-d'œuvre que le Cardinal y avait entassés, l'élite de la noblesse française et tout ce que Paris possédait alors d'illustre dans l'armée, la magistrature, les lettres et les arts.

La noble Duchesse ne devait pas jusqu'à sa mort se départir de ses pieuses habitudes. Les dernières années sont véritablement édfiantes. Elle vit disparaître peu à peu les principaux membres de sa famille, ses neveux et nièces, ses meilleures amies, Mme de Rambouillet, sa fille et toute cette pléiade d'aimables femmes qui avaient fait les délices de la Cour de France et jeté sur elle un éclat incomparable. Un monde nouveau était venu, plus fastueux peut-être, plus brillant, plus orgueilleux que celui de la première moitié du siècle, mais, à coup sûr, moins chevaleresque, moins raffiné, moins séduisant. Sachant avec un tact infini distinguer en toutes choses le vrai du faux, Mme de Combalet n'alla jamais, pas plus dans son style que dans ses actes, jusqu'à mériter le titre de précieuse ; et elle nous apparaît encore, en ces belles années qui précédèrent la Fronde, les plus belles peut-être de toute l'histoire de France, comme représentant le mieux cette haute distinction, cette urbanité, cette exquise politesse, l'un des plus grands charmes de la société française au xviie siècle (1).

En octobre 1638, la Jurade d'Aiguillon délibère de réparer les murailles et de prendre des précautions pour la garde de la ville, d'après les conseils du duc de La Valette qui écrit aux consuls de se tenir en garde contre les séditieux.

Une députation est envoyée à Bordeaux pour saluer le prince de Condé (2).

Le 4 juillet 1642, la duchesse d'Aiguillon, qui déjà pendant une première maladie du Cardinal, avait fondé une maison de Lazaristes dans son duché, ajouta alors à sa fondation un don de 13,500 livres, pour l'entretien de trois prêtres de plus, qui devaient faire des missions dans toute l'étendue de ses terres, en Agenais et en Condomois, afin de reconnaître, disait l'acte, « les grâces qu'il a plu à Dieu de faire en la personne de Monseigneur le cardinal de Richelieu, et lui en demander la continuation ». A cette époque, en effet, Richelieu s'apprêtait à quitter Tarascon où l'action des eaux diminuait de jour en jour sa faiblesse, pour se rendre à Lyon, où sa nièce avait l'espoir d'aller le rejoindre (3). Mais ce grand ministre mourut peu de temps après, en cette même année 1642.

---

(1) *La Duchesse d'Aiguillon, d'après l'ouvrage de M. Bonneau-Avenant*, par Ph. Lauzun.

(2) *Archives départementales de Lot et-Garonne*, E. Supplément 738, BB, 3.

(3) *La duchesse d'Aiguillon*, par Bonneau-Avenant, p. 293.

En 1643, l'arceau d'une porte d'Aiguillon qui venait de tomber est restauré.

D'après l'état des frais annuels de la communauté, les gages des quatre consuls sont de 90 livres pour leurs livrées.

On fait des présents à M. de Rochers, gouverneur du duché, en reconnaissance de tout ce qu'il a fait pour les intérêts de la ville.

Les îles et les terrains vagues reçoivent une plantation d'arbres.

Une députation pour traiter de diverses affaires doit être envoyée à la duchesse, qui répond qu'elle refuse de la recevoir.

En 1645, on fait un nouvel arpentement des terres de la juridiction.

En 1647 passe le régiment du marquis de la Trousse et l'on prend des précautions pour se préserver de la maladie contagieuse.

En 1649, quelques cavaliers de M. de Crécy se permettent une agression contre un consul.

Le 22 novembre, un messager du duc d'Epernon vient donner avis qu'on ait à se préserver de toute surprise : on croit que 2,000 hommes rôdent aux environs.

En avril 1650, on organise les gardes en ville et M. de Marin reçoit l'ordre d'assembler à Aiguillon une compagnie de chevau-légers (1).

En juin 1651, on fait des réparations aux murailles et l'on reçoit Pierre de Bares comme médecin adjoint de la communauté. On délibère sur la députation à faire aux Etats-Généraux (2).

Une nouvelle guerre civile était près d'éclater. Mazarin, cédant à l'orage, se retire à Brulh dans l'Electorat de Cologne, et les princes, remis en liberté, rentrent à Paris en triomphateurs. De plus en plus ambitieux, Condé accepte, le 20 mai 1651, le gouvernement de Guienne en échange de celui de Bourgogne donné à d'Epernon, et part pour Bordeaux avec des projets étranges. Il y est bien reçu le 22 septembre et s'occupe aussitôt de dresser ses batteries contre Mazarin qu'on voulait rappeler. C'était la préparation d'une nouvelle guerre civile dont la duchesse de Chevreuse était l'âme, et qui ne visait à rien moins qu'à substituer à la Régente et à son ministre le gouvernement du duc d'Orléans et du prince de Condé. On connaît les intrigues qui avaient conduit ce dernier dans cette voie : la rupture du mariage projeté entre son frère Conti et Mlle de Chevreuse à l'instigation de la reine.

---

(1) *Archives départementales de Lot-et-Garonne*, E. Supplément 738. BB. 3.
(2) *Ibid*, 739. BB. 4.

Le Parlement de Bordeaux se déclare solidaire de Condé et rend un arrêt d'Union. La plupart des villes de l'Agenais adhèrent à la déclaration de Bordeaux. La vallée de la Garonne devient toute frondeuse, sauf Mézin et Langon qui restent fidèles au roi (1).

Le 10 octobre 1651, au milieu de nombreux passages et logements de troupes, paraît une ordonnance, datée d'Agen, du prince de Condé qui nomme le sieur de Galapian (2) commandant de la ville et du château d'Aiguillon (3).

Prévenu à Libourne de quelques combats d'avant-postes, Condé accourt, le 18 février 1652, par Duras, Marmande et Aiguillon, passe à Agen le 21, traverse la Garonne à Boé et arrive le soir devant Astaffort. Puis, dans la nuit, par une marche hardie, il surprend Saint-Luc à Gimbrède et lui enlève plusieurs postes. Le lendemain, 22, il met son adversaire en déroute et le poursuit jusqu'à Miradoux (4).

Le 2 mars, la jurade d'Aiguillon vote des crédits pour l'entretien de la garnison; le château est approvisionné pour quinze jours. On se prépare à loger « partie des troupes de Monseigneur le prince de Condé, Conti, Bourgoigne et Marsin et équipaige en nombre de 500 chevaux et quantité de vallets, pour y demeurer jusqu'à nouvel ordre (5) ».

Le 1ᵉʳ avril, le comte d'Harcourt écrit au cardinal Mazarin et lui parle de la réduction d'Agen et de Port-Sainte-Marie en l'obéissance du roi, ainsi que de la disposition qu'il y a d'avoir le même avantage sur Clairac et Aiguillon (6).

La Jurade de cette dernière ville décide, dans l'intérêt de la défense, d'adresser une requête au prince de Condé pour obtenir l'autorisation de murer une porte récemment ouverte dans le mur extérieur du château. L'on fait achat de munitions de guerre, lorsque du camp de Monheurt, le 1ᵉʳ mai, le comte d'Harcourt fait paraître une ordonnance pour le prélèvement d'une somme de 36,000 livres sur le duché d'Aiguillon. Les habitants du duché seront exempts du logement des

---

(1) *Histoire de l'Agenais*, déjà citée, t. II, p. 153-154.

(2) Pierre de Lusignan, baron de Galapian, 3ᵉ fils de François, premier marquis de Lusignan, et de Marguerite de Nuchèze. Ce fut son frère aîné, le marquis François II, qui prit une si grande part aux troubles de la Fronde bordelaise : il était lieutenant général dans l'armée des princes.

(3) *Archives départementales de Lot-et-Garonne*, E. Supplément 739. BB. 4.

(4) *Histoire de l'Agenais*, déjà citée, t. II, p. 159.

(5) *Archives départementales de Lot-et-Garonne*, E. Supplément 739. BB. 4.

(6) *Archives historiques de la Gironde*, VIII, 362.

gens de guerre et on leur tiendra compte de cette somme sur le reliquat des tailles des années précédentes (1).

M. de Vivens, écrivant le 16 septembre au cardinal Mazarin, lui dit entre autres choses : « Nos voisins qui sont les habitants d'Agen, Sainte-Livrade, le Port-Sainte-Marie et Aiguillon, sont portés pour l'ennemy, mais c'est avec une certaine façon que ceux qui n'y pactisent pas ne peuvent entendre (2) ».

Aiguillon était réduit à l'obéissance du roi avant la fin de l'année 1652, puisque le 14 décembre, M. de Saint-Luc, gouverneur, ordonne aux consuls de cette ville de ne pas laisser passer les bateaux des ennemis qui remontent la Garonne. Des soldats de l'armée du roi, malades ou blessés, sont envoyés de Marmande à Aiguillon pour y être soignés. Le duc de Candale nomme le sieur de Monvieil gouverneur de la ville et du duché d'Aiguillon par lettres datées ce même jour, au camp de Xaintrailles (3).

L'auteur du *Précis historique de la ville d'Aiguillon* déjà cité (*Recherches sur le pays du poète Théophile de Viaud*, etc.) rapporte l'anecdote suivante : « Le comte d'Harcourt, général de l'armée royale en Guyenne, surpris par la nuit dans un défilé formé par la Garonne et la montagne de Bère, alla demander l'hospitalité dans la maison la plus voisine et la plus apparente du lieu. Cette maison appelée Bourbon (4) était habitée par un gentilhomme du nom de M. Chéry.

---

(1) *Archives départementales de Lot-et-Garonne*, E. Supplément 739. B. 4.
(2) *Archives historiques de la Gironde*, VIII.
(3) *Archives départementales, ibid.*
(4) Le domaine de Bourbon était possédé originairement par M. Arnaud de Madronnet, qui le tenait du chef de M. Abraham de Morély. Au dernier siècle « le sieur de Madronnet en fit legs par son testament mystique, du 31 décembre 1768, clos par M⁰ Bouchereau, notaire à Bordeaux, insinué le 16 novembre 1769 ; et sur ce testament intervint une transaction, sous la date du 18 juillet 1771 devant M⁰ Rozan et son confrère, notaires à Bordeaux. Ce fut en vertu de ces deux actes que la vente en fut consentie le 16 février 1773, devant M⁰ Goudes, notaire à Tonneins, par M. Nicolas de Lustrac, de Monflanquin, M. François-Hébrard du Rocal, de Penne, M. Louis-Joseph Brillon, avocat à Paris et résidant à Tonneins, celui-ci au nom et comme mandataire de M. Joseph-Clément-Marie de Bruet, seigneur de Lagarde, gouverneur de la ville de Saint-Antoine, demeurant à Paris, sieur Jean Sabatier, inspecteur général de la manufacture de tabacs de Tonneins comme substitué par M. Jean-Louis Peyronnet, président trésorier de France, suivant acte passé devant M⁰ Guy et son confrère, notaires à Bordeaux, aux pouvoirs conférés, suivant acte passé devant M⁰ de Ribes et son confrère, notaires à Paris, le 6 du même mois, par M. Pierre-Joseph de Madronnet, chevalier et

Le comte, infiniment satisfait de l'accueil que lui fit ce gentilhomme, en qui il démêla un homme de mérite, le pria d'accepter son épée comme un témoignage de sa reconnaissance et de son estime. Cette épée que nous avons vue dans cette maison où les descendants collatéraux de ce gentilhomme la conservaient encore, est fort lourde, la garde en est d'argent et percée à jour. »

On fait en 1653 des travaux de fortification aux portes d'Aiguillon, et, le 15 mars, le chevalier de Vivens écrit au cardinal Mazarin une lettre dont nous retenons ce détail : « M. de Candalle a hosté la garnison d'Aiguillon, le château m'est remis pour en prendre soing. Je m'assure que S. M. sera satisfaite de mes services, et que V. E. cognoitra que je suis le plus satisfait des hommes quand je puis la servir (1). » Ce gentilhomme datait d'Aiguillon le 12 juin suivant une nouvelle lettre à Mazarin (2).

En 1652 et 1653, la peste fit de grands ravages à Aiguillon, comme dans toute la contrée. Au mois d'août de cette dernière année, la Jurade ordonne que la famille Pinsevoir, qui a fui de Clairac, où sévit l'épidémie, pour se réfugier dans le pays, sera expulsée. Le sieur Papon et la femme Bégoulle, soupçonnés d'être atteints de la maladie contagieuse, ayant été internés à la métairie de Rieubet et étant sortis

---

seigneur de Saint-Eugène et autres lieux et par M. Joseph de Madronnet, chevalier de Tasta, par acte du 2 décembre 1769 devant Mes Duprat et son confrère, notaires à Bordeaux, en faveur de M. Sébastien Giraudeau, ci-devant habitant de Saint-Domingue et alors habitant Agen, suivi ce contrat d'une quittance donnée par ledit sieur Peyronnet, en sa dite qualité, devant ledit Me Guy, le 22 juillet 1774, et d'une autre quittance, au rapport du même notaire consentie par ledit sieur de Madronnet lui-même, le 9 septembre 1788, d'une autre quittance suscrite devant ledit Me Goudes le 6 septembre 1793, par M. Jean Vassal de Tournon comme mandataire de dame Marguerite Montalembert, veuve de M. François Lustrac, ancien capitaine au régiment de la garde. » (Extrait du contrat de « vente par M. Pillips, Charles-Georges, ingénieur des Ponts et Chaussées, demeurant à Londres, à M. Barsalou, Victor, négociant, demeurant à New-York, Etats-Unis d'Amérique, pour 1,030,000. Terre de Lafon Bourbon située dans les communes de Nicole et de Tonneins ». Etude de Me Termes-Dubroca, notaire à Aiguillon).

L'ancienne maison de Bourbon est aujourd'hui la propriété de M. Joseph Amblard, ancien maire de Nicole. Louis XIII aurait couché à Bourbon. C'est là qu'est mort le célèbre violoniste Rodes.

(1) *Arch. hist. de la Gir.*, VII, 282.
(2) *Ibid.*, VIII, 445-446.

de la maison, y seront ramenés par la force, et, s'ils refusent d'entrer, ils seront brûlés avec la maison. Les PP. Carmes ferment leur église au public. On nomme quatre capitaines de santé et l'on fait des dépenses pour désinfecter la ville (1).

« Il est une circonstance très singulière que la tradition nous a conservée dans une famille du pays, écrit l'auteur cité du *Précis historique de la ville d'Aiguillon*. Elle nous apprend qu'un des moyens conseillés pour se garantir de la peste, c'étoit de se faire couper les cheveux, d'où l'on peut aisément conclure que tout le pays ne fut bientôt peuplé que de têtes tondues. Un gentilhomme du voisinage qui, malgré son grand âge et ses longs services à la guerre, avoit conservé une fort belle chevelure à laquelle il étoit très attaché, ne voulut jamais en faire le sacrifice. Il s'enferma dans une cuve où il se faisoit apporter à manger et où il se tint pendant près de deux mois. C'est ainsi, ajoute la tradition, qu'il parvint à sauver sa vie et sa chevelure. C'est ce même gentilhomme qui, blanchi dans les combats, se fit remarquer par sa figure vénérable et son éloquence persuasive dans une assemblée de noblesse convoquée à Agen. Comme un autre Nestor, il parla au milieu de cette assemblée avec tant de dignité et de sagesse qu'il entraîna tous les suffrages ».

En janvier 1656, la communauté d'Aiguillon est menacée de recevoir neuf cavaliers pour la contraindre au paiement des arriérés des tailles (2).

D'après les pièces et mémoires relatifs aux usurpations faites par les tenanciers dans les comtés d'Agenais et de Condomois et le duché d'Aiguillon pour servir lors du renouvellement du terrier, doivent des cens et rentes à Mme la duchesse : « Guillaume de Maurès, Anne de Caussade, François du Puy, Louis de Raymond, le sieur de Monferrand, premier baron de Guyenne, François de Carbonneau, François de Lusignan, Antoine de Lombart, le sieur de Narbonne, le sieur de La Roche, Jacob de Geneste, Jean de Belrieu, Gilles de Prayssas, Antoine de La Clergerie, Jean de Lidon, Pierre de Laval, baron de Madaillan, Armand de Goudailh », etc. (3).

---

(1) *Arch. dép. de L.-et-G.*, E. Suppl. 739. BB. 4.
(2) *Arch. dép. de L.-et-G.*, E. Suppl. 739. BB. 4.
(3) *Ibid.* 844. II 13. — On trouve aussi des Mémoires relatifs : aux usurpations de droits de rentes ou de propriétés faites par les communautés d'Aiguillon, de Saint-

En l'année 1666, la Jurade d'Aiguillon délibère sur les réparations à faire au clocher (beffroi), aux murs, aux tours, aux chemins de la ville. L'intendant Claude Pellot vérifie les dettes de la communauté et ordonnancie les paiements. Le total de ces dettes est de 11,582 livres (1).

Nous trouvons dans le livre de la Jurade pour les années 1667, 1668 et 1669, la fonte d'une cloche pour le service de la paroisse et de la communauté (la tour du beffroi adossée à l'église des Carmes était commune aux deux églises et à l'hôtel de ville), la construction de la fontaine du Barat, un présent envoyé à Mlle de Richelieu qui était à Bordeaux, une délibération des consuls et un avis donné par M. de Raignac, avocat en la cour, sur la question de savoir si la duchesse d'Aiguillon avait le droit de déléguer quelqu'un pour l'audition des comptes de la communauté, enfin la suppression à l'avenir de toute gratification en faveur des PP. Carmes, qui, étant en procès avec la communauté, ont méconnu dans les termes de leur requête l'autorité des consuls.

En l'année 1670, la nomination des consuls est faite par la duchesse, qui a le choix sur deux listes de présentation, de quatre noms chacune. On décide de faire des préparatifs pour la réception de Mlle de Richelieu dont la duchesse annonce la prochaine arrivée. La Jurade élève des contestations à l'occasion de changements faits dans la liste des consuls élus, par la duchesse et sur la prétention de cette dernière de se faire représenter à l'audition des comptes de la communauté (2).

« Quand Mme de Montauzier, fille de Mme de Rambouillet, mourut, à la fin de décembre 1671, la duchesse d'Aiguillon, son amie, tomba dans un tel état de faiblesse qu'il fallut que sa nièce la ramenât chez elle sans connaissance ; et, depuis ce jour, elle ne sortit plus de son hôtel. Elle voulut alors se démettre de sa charge de présidente des Dames de charité de Paris. Mais cette démission ne fut pas acceptée ; et, malgré ses objections et ses résistances, la duchesse fut maintenue dans ses fonctions et les occupa jusqu'à sa mort. Comme elle ne pouvait plus sortir de chez elle, les dames de l'Œuvre se réunissaient une

---

Pastour, etc., sur les droits de boucherie, de souchet, de péages sur les rivières, sur les abus de chasse ; ainsi qu'aux usurpations sur les fossés des villes et sur les châteaux en ruines à Gontaud, Condom, Penne, Puymirol, Laparade, etc.

(1) *Arch. dép. de L.-et-G.* 740. BB. 5.
(2) *Ibid.*, E. Suppl. 740, BB. 5.

fois par mois au Petit-Luxembourg, et pendant quelque temps ces assemblées donnèrent un peu de mouvement à sa silencieuse demeure. Mais, peu à peu, les forces de la duchesse l'abandonnèrent, son activité disparut, elle cessa de présider ces réunions, et tout mouvement, tout bruit s'éteignit autour d'elle.

» Mme d'Aiguillon, au milieu de cet hôtel somptueux et de ces galeries magnifiques, n'habitait qu'une seule chambre, et encore, la trouvant trop grande et trop richement meublée pour la modestie de ses goûts, couchait-elle dans un cabinet voisin, qui était, pour ainsi dire, la cellule de carmélite où s'écoulèrent les trois dernières années de sa vie, dans la souffrance et la prière. Tout auprès, se trouvait la chapelle haute de l'hôtel qui servait d'oratoire à la malade et dans laquelle son aumônier disait la messe chaque matin.

» Tous les salons avaient été démeublés ; et peu à peu les objets d'art et de curiosité qui les décoraient avaient fait place à de grandes tables vertes entourées de chaises qui en faisaient alternativement des ateliers de charité, des salles d'exposition ou des laboratoires de pharmacie. Les meubles magnifiques que Richelieu s'était plu à réunir au Petit-Luxembourg autour de sa nièce, gisaient pêle-mêle dans la poussière d'un garde-meuble. « Détachée de toutes choses et de la vie même, la duchesse d'Aiguillon, du fond de son palais, n'était plus occupée, dit Fléchier, qu'à se disposer à bien mourir. »

» Le 17 mai 1674, se sentant plus malade et craignant d'être surprise par la mort, elle fit son testament. Cet acte, que sa longueur (1) ne nous permet pas de citer en entier, mérite cependant d'être rappelé dans quelques-unes de ses parties, parce qu'il rappelle la plupart des œuvres de charité de la duchesse, et montre l'élévation d'âme et la générosité de cœur de celle qui l'a dicté. En voici le résumé :

« Au nom du Père, du Fils et du Saint-Esprit.

» Je, Marie de Wignerod, duchesse d'Aiguillon, étant, par la grâce de Dieu, saine de corps et d'esprit, me suis résolue de faire mon testament et ordonnance de dernières volontés dans la plus grande et sincère droiture de mon cœur...

» Je désire être enterrée incontinent après ma mort, sans être ouverte, et sans aucune cérémonie ni aucunes tentures, au grand cou-

---

(1) Testament de haute et puissante dame Marie de Wignerod, duchesse d'Aiguillon, pair de France, du 17 mai 1674, avec codicilles du 29 juillet 1674 et 9 avril 1675. (D'après le texte imprimé et communiqué par son héritier, M. le Marquis de Chabrillant, en 1868.)

vent des carmélites, au lieu où la Révérende Mère prieure l'ordonnera...

» Je sais bien que n'ayant pas été digne d'y passer ma vie, comme je l'ai fort désiré, je ne mérite pas d'y être reçue après ma mort ; mais comme je suis assurée que la charité de ces saintes religieuses ne me refusera pas cette grâce, j'ose les en supplier, pour avoir au moins cette consolation d'attendre dans leur sainte maison et avec elles le grand jour de la résurrection.

» Je veux qu'on fasse dire dix mille messes pour le repos de mon âme ..

» Etant redevable à la bonté de Monseigneur le grand cardinal de Richelieu, mon très honoré oncle et bienfaiteur illustre de notre maison, de la plupart des biens que je possède, il est bien juste que les personnes en faveur desquelles j'en dispose apprennent que c'est premièrement de sa main qu'elles les reçoivent, afin qu'après ma mort elles satisfassent, en quelque sorte, aux grandes obligations dont il m'a comblée, en priant et en faisant prier pour lui..... »

« Suivent les legs faits par la duchesse :

» Elle institue pour sa légataire universelle sa nièce, Marie-Thérèse de Wignerod de Pontcourlay de Richelieu, et lui donne le duché-pairie d'Aiguillon, en lui substituant la descendance de son neveu le marquis de Richelieu (1).

» Elle pardonne à son neveu, le duc de Richelieu, et à sa femme les procès interminables qu'ils ont intentés contre elle, et dit : « A quelque somme que puisse s'élever ce qui me sera dû par l'arrêté de compte que je rends au duc de Richelieu pour l'administration de sa personne et de ses biens, je veux et j'entends qu'elle soit réduite à 200,000 livres, faisant don et remise du surplus à mondit neveu. Pour les grandes avances que j'ai été obligée de faire pour lui conserver le gouvernement du Hâvre, dans des temps difficiles, ayant payé et entretenu la garnison de la citadelle de mes propres deniers pendant neuf années, sans avoir rien pu toucher du roi, ni des assignations de l'époque ; et quoique j'eusse intérêt de retirer de mondit neveu des avances aussi considérables, néanmoins, pour l'affection que

---

(1) Mlle d'Agenois recueillit, en effet, tout l'héritage de sa tante et devint après elle duchesse d'Aiguillon et pair de France, titres qu'elle laissa au fils de son frère le marquis de Richelieu, dont la descendance a continué jusqu'en 1789 la branche des ducs d'Aiguillon. Son frère aîné, le duc de Richelieu, épousa en secondes noces, en 1684, Anne d'Acigné, et sa descendance s'est illustrée jusqu'à la Restauration.

j'ai pour lui, je lui fais don et remise de ces avances à titre de legs. Je lui donne, en outre, le comté de Cosnac en Saintonge, le domaine d'Hiers et la baronnie d'Arvet, et, après lui, à la duchesse sa femme, et de plus dix de mes plus beaux tableaux.

» Je donne et lègue particulièrement à la duchesse de Richelieu, ma nièce, mon tableau de la Sainte Vierge avec Jésus et saint Jean. »

« Elle donne et lègue ensuite :

» 1º Au m^{is} de Richelieu, son petit neveu, 9,000 livres de rente, et, s'il se marie, les comtés d'Agenois et de Condomois, les baronnies de Tournon en Quercy, de Puch et de Monheurt en Albret. Mais, si ses héritiers mouraient sans postérité, elle donne son duché d'Aiguillon moitié à l'Hôpital général, moitié à la maison des Missions étrangères ;

» 2º A la m^{ise} du Vigean, 6,000 livres de rentes viagères et 6,000 livres de meubles, « pour récompenser, écrit-elle, l'affection sincère qu'elle m'a toujours témoignée et dont je dois lui rendre des hommages publics » ;

» 3º A M. l'abbé Plote, très digne prêtre, 1,000 livres ;

» 4º A Mlle de Varaize (son amie d'enfance à Glénay dont elle a oublié le nom de dame), 3,000 livres de rentes, et après elle à ses deux filles ;

» 5º A Mme de Miramion, 3,000 livres pour ses pauvres.

» Après la famille et les amis viennent les vieux serviteurs, et elle dresse l'état des officiers et domestiques qui sont présentement à son service, et de ce qu'elle veut qu'il leur soit donné. En tout, vingt-neuf personnes à qui elle distribue une somme de 39,200 livres. Parmi ces personnes, nous citerons seulement celles qui formaient son entourage personnel : M. Martin Husson, avocat au parlement, son intendant ; M. l'abbé Parcou, son aumônier ; M. de La Claux, son écuyer et sa femme ; Mlles Gauchet et Gauron, ses femmes de chambre ; M. Chabouillé, son secrétaire ; Dardeil, son maître d'hôtel ; Landry et Larrivière, ses valets de chambre, etc...

» Enfin elle termine par l'énumération détaillée des sommes qu'elle donne : pour la construction de l'église Saint-Sulpice, pour les pauvres de cette paroisse, pour les Carmélites, l'Hôtel-Dieu, l'Hôpital général, le refuge de Sainte-Pélagie, les Enfants-Trouvés, la maison des Missions à Paris et à Rome, les prisonniers, les Filles de la Charité, du Calvaire, du Précieux Sang, du Saint-Sacrement, de la Miséricorde, de la Providence, de la Croix ; l'hôpital de Québec, les évêques de la Chine, les pauvres de Ruel et d'Aiguillon, etc... En tout, soixante-sept legs composant une somme de 122,500 livres, qui, avec les 39,200 livres données aux domestiques, forment un total de 161,700 livres de donations à ajouter aux 16,000 livres de rentes viagères, somme considérable pour le temps.

» Le testament se termine par ces mots : *Domine, miserere super ista peccatrice* (Seigneur, ayez pitié de cette pécheresse), au-dessous desquels se trouve la date du 17 mai 1674 et la signature : Marie de Wignerod, duchesse d'Aiguillon.

» Mme d'Aiguillon mourut le 19 avril 1675, à l'âge de 71 ans, et fut enterrée aux Carmélites le surlendemain, sans pompe ni tentures, ainsi qu'elle l'avait demandé. Tous les prélats, princes, ducs et pairs qui étaient présents à Paris, se firent un devoir d'assister à ses funérailles. Tout le clergé, toutes les maisons religieuses d'hommes et de femmes, les Dames de la Charité et les œuvres pieuses y étaient représentées. Le deuil était conduit par le duc de Richelieu, suivi de tous les membres de la famille du cardinal.

» Après la cérémonie religieuse, le corps fut transporté dans le cloître intérieur du couvent de la rue d'Enfer. C'était là, près de la sépulture des princesses de Condé, et à côté de celle de la duchesse de Guise, que la Supérieure avait fait préparer la tombe de Mme d'Aiguillon.

» Jusque-là, l'assemblée, dit l'abbé de Brisacier, avait suivi la triste cérémonie dans un morne recueillement; mais, lorsqu'on entendit le bruit que fit le cercueil en touchant la dalle qui devait le garder à jamais, le silence se rompit, les cœurs éclatèrent, et des gémissements partirent de tous les points de l'assistance. Jamais plus touchant hommage ne fut rendu à la vertu.

» On scella ensuite sur cette fosse une modeste pierre de liais, toute semblable aux tombes des simples religieuses, portant cette inscription :

CI-GIT
HAUTE ET PUISSANTE DAME
MARIE DE WIGNEROD, DUCHESSE D'AIGUILLON, COMTESSE D'AGENOIS,
LAQUELLE A DEMANDÉ ET OBTENU D'ÊTRE INHUMÉE
AVEC L'HABIT DE CARMÉLITE, DANS CE MONASTÈRE DE
L'ORDRE DU MONT-CARMEL EN FRANCE.
CETTE ILLUSTRE ET PIEUSE DUCHESSE PAR SON HUMBLE
SENTIMENT D'ELLE-MÊME A DÉFENDU TOUTE AUTRE ÉPITAPHE
QUE CELLE-CI :
Domine, miserere super ista peccatrice.

» Le 13 mai 1675, on célébra un service funèbre pour le repos de l'âme de Mme d'Aiguillon dans la chapelle des Missions à Paris, et l'abbé de Brisacier, prédicateur de la reine, fit son éloge. Enfin, le 12 août suivant, Fléchier, sur la demande des Carmélites, prononça dans l'église de leur couvent l'admirable oraison funèbre que tout le monde connaît (1) ».

La clause du testament de la première duchesse la plus importante pour notre pays est celle par laquelle elle institue pour sa légataire universelle sa nièce, Marie-Thérèse de Wignerod de Pontcourlay de Richelieu, cinquième enfant de son frère François de Pontcourlay, général des galères, et de Marie de Guemadeuc, celle qu'on appelait *Mademoiselle d'Agenois* et à laquelle elle donne le duché-pairie d'Aiguillon en lui substituant la descendance de son neveu, Louis de Wignerod, marquis de Richelieu.

Mlle d'Agenois était âgée de vingt-neuf ans à la mort de sa sœur, Mlle de Richelieu qui arriva le 1er septembre 1665. Mme d'Aiguillon reporta alors toutes ses affections sur sa nièce la plus jeune, Marie-Thérèse de Wignerod. Celle-ci avait voulu plusieurs fois se faire religieuse ; mais la tendresse que lui témoignait sa tante et l'affectueuse reconnaissance qu'elle lui portait, l'avaient toujours retenue près d'elle.

« C'était, dit Saint-Simon, une des plus extraordinaires personnes du monde, mais avec beaucoup d'esprit. Elle fut toute sa vie un mélange de vanité et d'humilité, de grand monde et de retraite. Elle refusa de se marier ; elle prit et quitta plusieurs fois le voile blanc des novices, au Couvent des Filles du Saint-Sacrement, mais sans avoir pu se résoudre à y faire profession. »

« Cette nature mobile, mais pleine d'élan, toujours entraînée par la vivacité de son esprit ou la générosité de son cœur, séduisait Mme d'Aiguillon et la tenait sous le charme. Aussi disait-on qu'elle avait un peu gâté Mlle d'Agenois dans sa jeunesse et qu'elle l'appelait tout bas *sa vraie nièce*. A vingt ans, elle voulut la marier, mais celle-ci refusa en disant que la vie malheureuse de sa tante l'éloignait du mariage et que sa vocation l'appelait à la vie religieuse. La duchesse respecta ce sentiment et elle attendit dans l'espoir de garder encore sa nièce auprès d'elle. Depuis lors, les mêmes goûts, les mêmes habitudes de piété et de charité les avaient attachées davantage l'une à l'autre, et maintenant la séparation eut été trop cruelle pour toutes les deux.

---

(1) *La duchesse d'Aiguillon*, par Bonneau Avenant, p. 457-472.

Après la mort de sa sœur, Mlle d'Agenois ne parla plus d'entrer au couvent, et Mme d'Aiguillon s'abandonna sans crainte au bonheur de se sentir aimée. Sa nièce devint son amie, ou plutôt sa fille adoptive, et elle l'associa à toutes ses œuvres de charité, dans la pensée qu'elle les continuerait après elle. Enfin, quand elle vit que Mlle d'Agenois renonçait au mariage pour se donner à Dieu, et élever les enfants de son frère, elle lui légua son nom, ses richesses et ses titres, en l'instituant sa légataire universelle, afin qu'elle demeurât, comme elle, la gardienne de la fortune des Richelieu et la dépositaire du bien des pauvres (1). » Voilà comment Marie-Thérèse de Wignerod de Pontcourlay de Richelieu, bientôt âgée de 40 ans, devint duchesse d'Aiguillon.

D'après un état sommaire des hommages rendus par les feudataires ou tenanciers des sénéchaussées d'Agenais et de Condomois, de 1644 à 1680 (2), aux deux duchesses d'Aiguillon, nous mentionnons pour *l'Agenais* :

1644. — Jean de Fontainemarie, avocat, pour sa maison noble de Castecu, juridiction de Marmande.

1645. — Hermand d'Escodéca de Boisse, seigneur de Pardaillan, pour sa maison noble de la Tour de Monvieil, juridiction de La Sauvetat-de-Caumont, pour la baronnie de Pineuil, les seigneries d'Allemans et de Pardaillan ;

Charles Digeon, écuyer, pour la maison et repaire noble de Boisverdun, les seigneuries de Saint-Pardon et de Peyrières.

François de Lusignan, pour le marquisat de Lusignan, les seigneuries de Galapian et de Monbalen ;

Jean Douzon de Bourran, président en la Cour des Aides de Guienne, pour les seigneuries de Marsac et de Roger.

1646. — Jean de Sarreau, écuyer, pour les maisons nobles de Paris et Gibel.

1647. — Jean de Narbonne, pour la baronnie de Clermont-Dessous ;

Antoine de Percy, écuyer, pour la maison noble de Mondésir, paroisse de Calviac ;

François Dupin, écuyer, seigneur de Cazes, pour le château et seigneurie de Puyguiraud, juridiction de Marmande ;

Jacob de Geneste, pour la seigneurie de Maleromets ;

---

(1) *La duchesse d'Aiguillon*, déjà citée, p. 452-454.
(2) *Arch. dép. de Lot-et-Gar.*, E. suppl. 845. II. 13.

Jacques de Belzunce, pour la maison noble de Born.

1648. — Jean de Belrieu, pour la maison noble de Virazeil ;

Gédéon de Bruil, pour la maison noble de Lamothe-Sudres, juridiction de Monflanquin ;

Jean de Serres, écuyer, pour la seigneurie de Laval, juridiction de Penne.

1649. — Charles de Lustrac, écuyer, pour la maison noble de Canebazes, juridiction de Monflanquin.

1650. — Charles de Rochefort de Saint-Angel, pour le marquisat de Théobon et le captalat de Péchagut ;

Charles de Fumel, pour la vicomté de Fumel ;

François Bonnal, écuyer, pour la maison noble de Bonnal-Daugears;

Charles de Raymond, trésorier général de France, pour la maison noble de Lagarde en Villorit, juridiction de Port-Sainte-Marie.

1651. — Pierre de Laval, pour le château et baronnie de Madaillan;

Le Chapitre de Saint-Caprais, pour la moitié de la justice, fiefs et rentes de Port-Sainte-Marie et La Sauvetat-de-Savères ;

François de Courtête, écuyer, pour la maison noble de Prades, juridiction de Puymirol ;

Clémence de Maurès, agissant au nom de ses sœurs, Marie et Anne de Maurès, pour les cens et rentes qu'elles possèdent dans la paroisse d'Artigues ;

Jean de Gabel, bourgeois et marchand de Villeneuve, pour la maison noble de Monfabès ;

Armand de Lusignan, pour le marquisat de Lusignan.

1662. — Philibert de Carbonnières, pour le marquisat de Lacapelle-Biron et pour la maison noble de Lamothe d'Anthé ;

Henri de Latour d'Auvergne, pour la baronnie de Tonneins.

1663. — Philibert Hélie de Pompadour, pour la seigneurie de Puymiclan ;

François-Théodore de Nesmond, pour la baronnie de Laroque-Timbaud.

1665. — François de Montalembert, écuyer, pour la maison noble de Najejouls ;

Henri de Secondat, pour la seigneurie de Laperche.

1667. — François de La Rochefoucauld, pour la baronnie de Cahuzac, située partie en Périgord, partie en Agenois.

1670. — Félisse de Bazens de Montaut, épouse de Paul de Gourdon, comte de Naillac, pour la baronnie de Casseneuil.

1671. — La même pour la baronnie de Cancon ;

Jacques de Belrieu, pour la baronnie de Virazeil.

1674. — François Gaston de Losse, pour la seigneurie de Sauveterre ; Jean-Hector de Roquefeuil, pour la seigneurie de Blanquefort ; Bernard de Montpezat de Courbon, pour la baronnie de Prayssas ; Marie-Gilberte de Roquefeuil, pour la seigneurie de Bonaguil ; Jean-Jacques de Belrieu, pour des rentes en la juridiction de Villeréal et de Castillonnès ; Jean-Jacques de Montpezat, pour la seigneurie de l'Estelle ; François de Foix de Candale, pour la seigneurie de Lévignac.

1677. — Antoine de Montpezat, pour la seigneurie de Galapian.

Après 1677. — Charles de Montpezat, pour la seigneurie de Frégimont ; Jean-Gaston de Secondat, seigneur de Montesquieu, pour la maison noble de Castelnoubel ; Les consuls de Casteljaloux, Puymirol, La Sauvetat-de-Caumont, Gontaud, pour les droits de ces communautés.

Pour le *Condomois* :

1644. — Jean de Lasalle, pour la baronnie de Caumont.

1649. — Paul-Antoine de Cassagnes, pour le marquisat de Fimarcon.

1650. — Jacques de La Caussade, pour la baronnie de Calonges.

1658. — Pierre Sacriste, pour la baronnie de Samazan.

1662. — Jean-Jacques de Montesquieu, sieur de Saint-Colombe, pour la baronnie de Xaintrailles.

1667. — Joseph de Broca, pour la baronnie de Trenquelléon ; Henri d'Escoubleau, chevalier, comte de Monluc, pour la maison noble de Monluc, juridiction de Damazan.

1668. — Arnaud Gordièges de Mazières, pour la baronnie de Poudenas.

1677. — Charles de Montpezat, pour la seigneurie de Thouars.

1680. — Jean de Vivans, pour des biens nobles dans la seigneurie de Villeton ; Charles de Bouzet, marquis de Marin, pour des fiefs, rentes, justices, en la juridiction de Lamontjoie ; François de Narbonne, pour la maison noble de Réaup ; Asdrubal de Ferron, marquis de Carbonnieux, pour la seigneurie d'Ambrus ; Jean Ferrand, ministre, pour la maison noble de Caplisse, juridiction de Mézin.

Geoffroy de Malvin, chevalier, seigneur de Montazet, de Boussères, etc., baron de Quissac fut marié par contrat du 13 février 1665 avec Galianne Marie de La Cropte de Chanterac, fille de Louis-Joseph de La Cropte, chevalier, seigneur de Chanterac, Pouquet et autres places, et de Marthe Raymond. Il avait servi dans les mousquetaires avant d'être marié. Il fut émancipé par sentence du 22 janvier 1674 et donna son aveu et dénombrement au roi le 4 décembre 1695 pour la seigneurie et le domaine de Bissière. Il fit son testament le 6 octobre 1691, par lequel il déclara qu'il ne lui restait que trois fils et deux filles, désignant son fils aîné, Charles, pour être son héritier universel, et déclarant qu'il voulait être enterré aux Carmes d'Aiguillon, dans le tombeau de ses prédécesseurs. Il vivait encore le 7 janvier 1702 et mourut avant le 12 janvier 1704. Sa veuve testa le 27 novembre 1709, voulut être inhumée auprès de son mari et déclara n'avoir alors que deux fils, Charles l'aîné, qu'elle institua son héritier universel, et Charles-François, les autres étant morts à cette époque.

1° Charles, continue la descendance.

2° Charles de Malvin, appelé le chevalier de Montazet, entra au service d'abord en qualité de cornette dans la compagnie de chevau-légers de Montazet le 15 janvier 1689, fut lieutenant en la compagnie de Malvin dans le régt de Poinségut-Cavalerie le 21 juin 1690, et capitaine dans le régiment de Tournefort. Il se retira du service en 1699 et mourut avant le 27 novembre 1709.

3° Charles-François de Malvin, chevalier, seigneur de Boussères, appelé aussi le chevalier de Montazet, fut d'abord cornette dans le régt de Tournefort-Cavalerie le 22 juillet 1697, puis lieutenant le 16 décembre suivant et capitaine dans le même régt le 10 juin 1699 par la démission que son frère lui fit de sa compagnie, enfin major dans le régt de Livry-Cavalerie le 7 février 1703. Il quitta le service quelque temps après, mourut sans postérité à Aiguillon, le 6 août 1756, âgé de quatre-vingt-quatre ans et fut enterré dans l'église des Carmes.

4° Louis de Malvin de Montazet entra au service le 7 juin 1688 en qualité de sous-lieutenant d'infanterie au régt du comte de Soissons et fut tué l'année suivante à l'affaire de Campredon, âgé de 17 ans.

5° Françoise, religieuse au monastère de Notre-Dame à Sarlat en Périgord, en fut longtemps abbesse.

6° Marie-Thérèse fut reçue religieuse dans le même monastère le 7 janvier 1702 (1).

---

(1) D'Hozier, déjà cité.

En 1681, la Jurade d'Aiguillon fait réparer la Porte d'en Bas, élève des contestations sur l'éligibilité des hommes nouveaux au rang de deuxième consul et sur l'abus de la nomination de trois consuls par an, exerce des poursuites contre les débitants qui vendent du vin étranger, vote 30 livres pour le nivellement d'un fossé de l'enceinte de la ville. Conformément à un arrêt du Conseil d'Etat, la nomination des consuls se fera chaque année au 15 septembre (1).

Nous trouvons, pour les années 1682 et 1683, des réjouissances publiques à l'occasion de la naissance du duc de Bourgogne, l'entretien des plantations d'arbres, la restauration des digues et les dégâts causés par une inondation du mois de juillet 1683.

En avril 1685, dans la recherche des gentilshommes, nouveaux convertis, sur l'ordre du roi qui veut leur assurer sa protection, les consuls déclarent que, dans leur juridiction et le voisinage, il n'y a de ce nombre que trois membres de la maison de Quissac de Malvin.

La Jurade nomme en 1688 un régent qui enseignera la langue latine. Au mois de décembre, ordre est donné par le m^{is} de Saint-Rhue, commandant en Guyenne, d'envoyer au Château-Trompette les armes remises par les nouveaux convertis. Le jour de Noël, une grande inondation ravage les propriétés.

En 1689, répondant à une demande d'information du sénéchal sur le nombre et les qualités des gentilshommes de la juridiction, les consuls déclarent qu'il n'y a d'autre gentilhomme à Aiguillon que le baron de Montazet. La Jurade fait des démarches pour obtenir le maintien de la culture du tabac et délibère de mettre au coffre des archives, pour prévenir tout détournement, une troisième clef, qui sera confiée au premier consul sortant de charge. Deux cents prisonniers anglais passent à Aiguillon et sont dirigés sur Toulouse (2).

1689-1691. Il existe des délibérations de la Jurade relatives à la levée de 24 soldats de milice, à une convocation du ban et de l'arrière-ban (mai 1690), au rabais à imposer pour la vente du sel, aux réjouissances publiques pour célébrer les victoires nationales, à une alarme qui se répandit à l'occasion des nouveaux convertis et qui nécessita une distribution de poudre (1690), à l'ustensile des soldats de passage, à l'ordre du m^{is} de Sourdis de lever quatre compagnies de 100 hommes sur toute la juridiction, y compris Lagarrigue. Les consuls répondent relativement à ce dernier point qu'ils n'ont aucune juridiction pour

---

(1) *Arch. Dép.*, E. Suppl. 742. BB. 7.
(2) *Arch. dép.*, E. Suppl. 743. BB. 8.

faire contribuer les habitants de Lagarrigue à cette levée, bien que ceux-ci et ceux de Miramont soient obligés, en temps de guerre, de faire guet et garde à Aiguillon (1).

1691-1693. La Jurade s'occupe des dépenses relatives à l'instruction publique.

On détruit les fossés de la Porte d'en Haut. On décide que les compagnies bourgeoises s'assembleront tous les quinze jours pour faire l'exercice. En réponse à la demande faite par M. l'Intendant d'un état des francs-alleux et fiefs de la juridiction, les consuls déclarent qu'ils sont de la mouvance de la duchesse d'Aiguillon, à laquelle ils payent la rente. De temps immémorial, M. de Montazet rend hommage pour deux fiefs aux seigneurs d'Aiguillon. Nul ne possède de francs-fiefs (2)

Les consuls et notables de la paroisse de Miramont adressent une requête à M. l'Intendant afin d'obtenir d'être séparés d'Aiguillon pour les taxes.

Le 12 mars 1694, M. l'Intendant, Bazin de Besons mande à M. du Gasquet, maire d'Aiguillon, de convoquer la Jurade en vue des mesures à prendre pour assurer le soulagement des pauvres qui sont en grand nombre et dans la dernière misère (3).

En 1697 (ou 1698), Mᵐᵉ la duchesse recommande à la Jurade de lui adresser directement les lettres et les paquets et non à la demoiselle Gombault qui se permet de brûler « la liste des consuls pour les faire elle-même pour trois années et ainsi usurpe mes droits. »

La ville d'Aiguillon avait des armoiries, et celles qui lui furent concédées le 21 février 1698 sont enregistrées à l'armorial général dans le registre coté Guyenne. Elles portent : *de gueules à trois bandes d'or*. Nos archives départementales possèdent (E. Suppl. 862. II. 31) la quittance, signée par d'Hozier, de la somme de 56 livres 10 sous pour frais d'enregistrement desdites armoiries. Au 10 octobre de cette année, on ne put faire le règlement des vendanges, car le raisin était encore vert, à cause des longues pluies.

Pendant la période décennale qui s'étend de 1699 à 1709, les livres de la Jurade renferment les particularités suivantes : M. le curé est autorisé à introduire en ville 30 barriques de vin étranger pour sa provision de deux années. On déclare impossible la levée de trois soldats sur le corps des marchands et artisans, tant le nombre en est réduit.

---

(1) *Arch. dép.*, E. Suppl. 744. BB. 9.
(2) *Ibid.* 745. BB. 10.
(3) *Ibid.* 867. II 36.

Le tirage au sort se fera après la messe paroissiale. Les milices bourgeoises seront convoquées et passées en revue. M. l'Intendant ordonne aux jurats de signer le registre des délibérations, alors même que l'assemblée n'aurait pas conclu conformément à leur opinion. Paraît un règlement homologué par le Parlement de Bordeaux pour les élections des consuls, les conditions d'éligibilité, le rang et le choix des titulaires. Nul ne pourra être porté au premier ou au second rang de consul, s'il n'a déjà passé par le troisième ou le quatrième ; deux commissaires seront nommés chaque année pour assister à la nomination des nouveaux consuls ; ils auront le droit d'en appeler au Parlement pour faire casser, s'il y a lieu, les listes consulaires (1703).

On fait entendre des plaintes contre un fermier général des tabacs qui refusait les tabacs provenant de la juridiction et achetait de préférence ceux du Portugal, de l'Allemagne et de l'Angleterre, ainsi qu'au sujet de l'ordonnance d'après laquelle les chanvres bruts ne peuvent entrer dans le commerce avant d'avoir été offerts aux traitants (1).

---

(1) *Arch. dép.*, E. Suppl. 746. BB. 11.

CHAPITRE VIII

Louis-Armand de Wignerod (1704-1730). — Armand-Louis de Wignerod (1730-1750). — Emmanuel-Armand de Wignerod (1750-1788). — Armand-Désiré de Wignerod (1788-1789), ducs d'Aiguillon.

Marie-Thérèse de Wignerod de Pontcourlay, deuxième duchesse d'Aiguillon exerça pendant quelques années tous ses droits et continua à l'égard de son duché les nobles traditions de sa bienfaitrice. Mais elle ne tarda pas à céder à son neveu tous ses titres et à entrer au monastère des Filles du Saint-Sacrement, à Paris, où elle mourut le 19 décembre 1704, laissant, par voie de substitution, le duché-pairie à Louis-Armand de Wignerod, marquis de Richelieu, conformément aux intentions testamentaires de sa tante, Mme de Combalet.

Louis-Armand de Wignerod, marquis de Richelieu, arrière-petit-neveu de Marie-Madeleine de Wignerod, veuve de Combalet, gouverneur pour le roi de la ville et citadelle de La Fère, duc d'Aiguillon et comte d'Agenois, avait épousé Marie-Charlotte de La Porte-Mazarini, fille du duc de La Meilleraye et d'Hortense de Mancini, nièce de Mazarin. Il prit possession, le 29 décembre 1704, du duché d'Aiguillon en la personne de Me Jean Massac, son procureur général, conseiller du roi. Le procès-verbal en fut rédigé par M. Charles de Coquet, conseiller du roi, premier et ancien président présidial et juge-mage en la cour de la séchaussée d'Agen, en présence du sieur de Redon, procureur du roi en ladite sénéchaussée, qui se rendirent, le 27 décembre, d'Agen à Aiguillon, en bateau frété tout exprès pour eux. « Nous sommes partis de notre logis (qui était chez M. Gilbert, curé d'Aiguillon), écrit M. de Coquet dans son procès-verbal, en compagnie du sieur procureur du roi, de (Jean) La Chère, greffier en chef, de (Jean) Carrié, procureur du seigneur, assisté dudit Massac, procureur général dudit seigneur de Richelieu, et allés au-devant la grande porte du dit château d'Eguillon, où étant en présence de Mᵉ Jean Richard, avocat en parlement et lieutenant au dit duché, Mᵉ Jean-Simon Lescure, procureur fiscal du dit duché, noble Barthélémy et autre Barthélemy Boudon de Lacombe, écuyer, noble Andrieu Barrier, écuyer, sieur de la Cibadère, Mᵉ Bertrand Bégoule, avocat en la Cour, Mᵉ Jean de La Coste, conseiller du Roy et trésorier assesseur de la communauté d'Eguillon, sieur Antoine La Coste, bourgeois, Simon de Bégoule, sieur de Saint-Avid, et autres principaux habitants du dit Eguillon : nous avons pris ledit sieur Massac (faisant pour le dit seigneur de Richelieu) par la main, et iceluy conduit dans le dit château et en diverses chambres et appartements qui nous ont été ouverts par Antoine Vadier, receveur des rentes, et avons mis ledit Seigneur de Richelieu, en la personne dudit Massac, en la possession réelle, actuelle du dit château d'Eguillon et dépendances d'iceluy, le tout sans préjudice des droits d'autruy ; à cet effet le dit Massac, pour le seigneur, a fait divers actes possessoires, fermé et ouvert les portes et fenestres, le tout en signe de vraye et paisible possession, au veu et seu de tous ceux qui l'ont voulu voir et savoir, sans que personne se soit présenté pour s'y opposer et contredire, de quoi ce requérant le dit Carrié pour le dit seigneur, assisté du sieur Massac et en présence et du consentement du dit sieur procureur du roy, avons octroyé acte pour servir à telles fins que de raison. *Signé : de Coquet, juge mage, Redon, de Massac, de Richard, Lescure, de la Combe, Bégoule, La Coste, Duvigneau, Le Beigue, Brienne des Palay, Bégoule, Vadier et La Coste* ».

Suit le procès-verbal de l'état du château. Il fait constater l'absolu délabrement de cette antique demeure, ainsi que de la chapelle et des prisons (1).

La juridiction du duché s'étendait au loin. Son droit de haute, moyenne et basse justice et ses prérogatives féodales comprenaient une partie des quatre arrondissements du département. Un calque très précieux conservé à la mairie des plans dressés en 1677 par du Val d'Abbeville, fait connaitre l'étendue de ses limites aboutissant aux terres du comté de Laugnac, du marquisat de Lusignan, à la Garonne, au pays Condomois et aux terres de Clairac.

---

(1) Voir le procès-verbal in extenso dans la *Monographie sommaire de la commune d'Aiguillon*, par B. Mélet, p. 44-56.

C'était au nom du duc d'Aiguillon que se rendait la justice. La sénéchaussée comprenait un lieutenant-général, un lieutenant civil, un lieutenant criminel, des juges, des conseillers, des procureurs, des avocats, des greffiers et un bureau de contrôle et d'insinuation. Ses sentences et ses jugements ne relevaient que du Parlement de Bordeaux.

1711. — Quatre commissaires sont nommés pour recevoir les déclarations des propriétaires des maisons, afin d'établir l'assiette des impôts. Les milices bourgeoises sont supprimées. Une ordonnance de M. de Lamoignon désigne le maire et les trois premiers consuls pour l'année 1711-1712. (*Arch. dép.*, E. Suppl. 748. BB. 13.)

1717-1718. — La Jurade délibère sur le jaugeage des barriques, qui doivent avoir de 27 à 28 verges. La coupe des aubiers est adjugée pour le prix de 2,310 livres. (*Ib.* 749. BB. 14). D'après le compte-rendu de Miraben, receveur de la communauté, le cahier des comptes est divisé en trois chapitres : recettes, 25,576 livres ; reprises, 6,427 livres ; dépenses, gages et équipement des valets de ville, loyer du presbytère, rentes aux créanciers de la communauté, réparation au rempart (digue) de Nicole, 123 livres, à Jean Lassarrade, 2 livres 10 sous, pour avoir fait passer la rivière à quinze compagnies du rég' de la marine ; rente que fait la communauté au duc d'Aiguillon, pour deux ans, 10 livres 8 sous, etc. (757 *bis* CC. 5.)

Les consuls de 1718, Jean Dubourg, Pierre Leaumont, Joseph Le Begue et Simon Béril, déclarent avoir donné à Courbon, médecin de la ville. 330 livres pour une année de gages ; à Fraiche, régent de la langue latine, 180 livres ; au sieur Leaumont, 45 livres pour sa rétribution de consul ; à Simon Peigné, garde-forestier des iles du Lot, 40 livres ; aux maçons qui ont construit le puits de la Porte d'en Haut, 70 livres (758. CC. 6).

1719-1723. — La Jurade délibère sur une démarche commune à faire par les villes intéressées, pour obtenir une indemnité à raison de la défense de cultiver le tabac, sur la fabrication des tuiles d'après les moules déposés à la mairie, sur les distributions de grains à faire aux pauvres. M. Corbin est nommé médecin de la ville et adjoint à M. Antoine Garrigues de Pernau (1) (750. BB. 15).

---

(1) Antoine Garrigue de Pernau, docteur en médecine, capitaine de louveterie, eut de sa femme Françoise de Moynié :

1° Jean-Jacques, marié avec Mlle Verdolin sans conséquence ;

2° Henry qui suit ;

D'après le compte des dépenses de 1720 rendu par Miraben, figurent : 24 livres à M. Nebout, secrétaire de la communauté, pour une année de ses gages ; 8 livres de bois pour le corps de garde des cinq compagnies du rég' de Latour (759. CC. 7).

A la date du 27 juin 1723, le livre de la Jurade mentionne la réception solennelle du duc d'Aiguillon et la production des lettres de provision de la charge de gouverneur de la ville concédées à M. Sébastien Le Bouvier, intendant de M. le duc. Le procès-verbal de ladite réception est signé par 54 personnes ; le duc a signé *Le Comte d'Agenois* (751. BB. 16).

1724. — Une sentence arbitrale est rendue par M. Fauquier, arbitre désigné par M. de Boucher, intendant, dans un procès entre les consuls de l'année 1722 et ceux des années 1720 et 1721, et Miraben, leur trésorier, sur l'apurement des comptes. Cette sentence, reprenant un à un les articles contestés, ordonne diverses rectifications. Les articles annulés comprennent une somme de 4.366 livres 18 sous, mise à la charge de Miraben. Ce dernier adresse une requête à M. l'Intendant, pour obtenir un rapport de ses comptes devant un nouveau commissaire. Le conseil de ville délibère pour la liquidation de la dette de Miraben (760. CC. 8).

1724-1726. — Au nombre des dépenses, on trouve : 119 livres 12 sous pour travaux divers aux casernes des dragons ; 10 livres aux matelots qui ont traîné la chaîne des galériens jusqu'à Port-Sainte-Marie ; 32 livres 10 sous pour sept repas pris par les consuls de l'année 1726 au *Chapeau rouge* (762. CC. 10).

Le 24 février de cette dernière année, M. Laferrière, de Paris, est

---

3° Marie.

Henry Garrigue, jeune, sieur de Pernau, marié avec Catherine Matges, eut :

1° Jean, avocat, né le 20 mars 1754, mort célibataire ;

2° Henry, qui suit.

Henry Garrigue, jeune, avocat, marié avec Catheriné Gasquet, nommé juge de paix d'Aiguillon le 25 fructidor, an II de la R. F., qui ne laissa qu'un fils, savoir :

Jean-Baptiste Garrigue, avocat, marié avec Marguerite Neboul de Riberot, d'où provint :

Henry Garrigue, marié avec Marguerite-Antoinette-Mélanie Nebout, morte le 4 février 1894, d'un accident de chemin de fer à Port-Sainte-Marie. Leurs enfants sont :

1° Stéphanie-Marie, mariée avec Albert Laterrade, juge au Tribunal de Marmande, décédé ;

2° Marie-Henriette, mariée avec Siméon Jalras de Jourdan, de Montgaillard, d'où un fils : André ;

3° Jean-Antoine-Paul, marié avec Léonie Landreau, d'où Yvonne Garrigue.

fondé de procuration par Mathurin du Gasquet, écuyer, pour retirer du Trésor les 4,000 livres qu'il avait versées à raison de son office de maire de la ville d'Aiguillon; Jean-Lamothe Turpin et Jean Mallet, consuls, chargent le même de retirer aussi les 3,000 livres par eux versées, comme lieutenant de maire et assesseur (*Etude de M⁰ Grimard*, successeur de M⁰ Termes-Dubroca, notaire, à Aiguillon.)

1726-1728. — Dans le compte-rendu de Jean Barrier de Laburthe, nommé receveur de la communauté par M. Dupleix de Vaquincourt, chargé du recouvrement de la finance, on voit figurer : 19 livres 10 sous à chacun des valets de ville pour six mois de gages ; 78 livres 6 sous pour la liquidation des charges supprimées de maire et de lieutenant de maire ; 450 livres pour l'établissement d'un canal d'écoulement des eaux, près de la digue de Nicole (763. CC. 11).

Le 24 janvier 1728, l'afferme des greffes de la juridictiction d'Aiguillon et de Nicole est faite au sieur Etienne Seguin, à raison de 60 livres annuelles. (*Etud. Grimard*).

1727-1729. — Dans leur compte rendu des dépenses, les consuls, Jean Merle, Simon Barrier de la Cibadère, Pierre Laburthe-Rieubet et Jean Lacroix, portent 12 livres pour réparations aux deux portes de la ville, 24 livres payées à Jean Cave pour avoir recouvert la tour de la Porte d'en Haut, plus 4 livres pour l'ardoise, 7 livres, 10 sous, au au sieur Matges, marguillier de la Confrérie du Saint-Sacrement, pour les cierges qu'il a fournis aux consuls (764. CC. 12).

1729-1731. — Au nombre des recettes mentionnées par Pierre Laumont, ancien capitaine, Joseph Le Bègue de Gimont, ancien lieutenant, Joseph Nebout et Etienne Seguin, consuls de l'année 1730, paraissent un emprunt de 600 livres pour la réception du prince et de la princesse de Conti, une coupe de bois dans les iles donnant 633 livres, etc., et au nombre des dépenses : 15 livres payées à M⁰ Guillaume Nebout, notaire, pour soixante-trois extraits de beaux de ferme ; 28 livres pour une barrique de vin offerte aux habitants un jour de réjouissance publique ; 33 livres à Tufferan, maître arquebusier, chargé de l'entretien de l'horloge, pour ses gages ; 10 livres pour réparations des sièges qui sont sur les promenades ; 331 livres pour plantations dans les iles .; 200 livres à Pamiès, secrétaire du duc de Duras, pour sa pension annuelle (765. CC. 13).

Charles de Malvin, chevalier, baron de Quissac, seigneur de Boussères, de la Beousse, etc., appelé le m¹ˢ de Montazet, né le 7 novembre 1666, servait dans la seconde compagnie des mousquetaires et fut marie par contrat du 7 février 1709 avec Jeanne Françoise de Fontanges de Maumont. Il mourut le 22 janvier 1731 en son château de Lunac et fut enterré le lendemain dans l'église des Carmes. Sa veuve, décédée en 1747 dans son château de Plessac en Saintonge, fut inhumée dans l'église de ce lieu.

Ils eurent onze enfants :

1° Anne-Charles-François qui continuera la descendance ;

2° Antoine-Marie de Malvin, appelé le comte de Montazet, baron de Quissac, né le 19 février 1711, servit d'abord en qualité de cornette dans le rég' d'Orléans-dragons en 1731, fut capitaine dans ce même rég' la même année, colonel de dragons en 1744, aide-maréchal général des logis de l'armée du Rhin et de Flandres en 1744-1748, brigadier de dragons en 1748, gouverneur du fort de l'Escarpe en Flandres en l'année 1752, envoyé extraordinaire du roi à Vienne et à l'armée de S. M. I. la reine de Hongrie au mois de mai 1757, commandeur de Saint-Louis en septembre suivant, maréchal de camp le 1er décembre de la même année, après la bataille de Breslau, inspecteur général d'infanterie et de cavalerie au mois d'avril 1758, grand'croix de Saint-Louis, après la bataille d'Horkirken, ministre plénipotentiaire du roi auprès de LL. MM. Imp. et Roy., au mois de novembre suivant, enfin lieutenant général des armées le 18 mai 1760 pour l'affaire de Maxen. Le roi de Pologne lui envoya, le 15 août de cette même année, le collier de l'ordre de l'Aigle blanc, pour reconnaître les services qu'il en avait reçus. On lit dans les *Mémoires* de Gilbert de Raymond : « Le 27 janvier 1768, mourut à Quissac, à troies lieues d'Agen, M. le comte de Montazet, lieutenant général des armées du roy, grand'croix de l'ordre de St-Louis, chevalier de l'ordre de l'Aigle blanc, gouverneur de St-Malo, inspecteur général de cavalerie et d'infanterie et de dragons et ministre plénipotentiaire auprès de la reine de Hongrie, après quarante-trois jours de maladie. Il fut généralement regretté de tout le monde et à juste titre. Si la mort ne l'avoit arrêté dans sa carrière, il seroit parvenu par ses talents au faîte des grandeurs humaines. »

3° Antoine de Malvin de Montazet, né le 17 août 1713, fut successivement aumônier ordinaire du roi le 27 décembre 1742, abbé commandataire de l'abbaye de Nogent-sous-Coucy le 23 juin 1743, évêque d'Autun et abbé commandataire de l'abbaye de Moustier en Argonne le 10 mars 1748, archevêque comte de Lyon, primat de France le 12 mars 1758, membre de l'Académie française.

4° Antoine de Malvin, appelé le chevalier de Montazet, né le 9 octobre 1715, entra au service en qualité de lieutenant dans le rég^t du Maine-infanterie le 24 juillet 1733, y devint capitaine en 1735, obtint un brevet de colonel à la suite du même rég^t le 21 mai 1745 et fut capitaine des gardes de S. A. I. Mgr le comte de Clermont, le 19 décembre 1751, colonel du rég^t d'Enghien le 7 mai 1758, brigadier des armées du roi le 2 mai précédent, inspecteur général d'infanterie en mai 1760 et maréchal de camp au mois d'avril 1761.

5° Paul de Malvin de Montazet, né le 12 février 1722, aumônier de la reine le 10 juin 1750 et vicaire général de Moulins en la même année, mourut à Paris le 15 décembre 1752 et fut enterré à Saint-Sulpice.

6° Léon de Malvin, appelé aussi le chevalier de Montazet, naquit le 25 septembre 1724, fut admis au nombre des gentilshommes gardes de la marine au département de Rochefort le 9 juillet 1741, fut enseigne des vaisseaux du roi le 1er avril 1748, chevalier dans l'ordre de St-Jean de Jérusalem dit de Malte le 4 décembre 1752 et lieutenant de vaisseau le 11 février 1756.

7° Madeleine, née le 23 avril 1714, épousa, par contrat du 13 mai 1732, Charles de Malvin, chevalier, seigneur de Barrault, auteur de la neuvième branche, son cousin, ci-devant capitaine au rég^t Dauphin-Infanterie, resté le seul mâle des différentes branches des Malvin, seigneurs de Cessac, de Primet et de Saint-Symphorien établies à Bordeaux.

8° Julie-Angélique, née le 25 janvier 1718, fut reçue, le 25 septembre 1735, religieuse professe au monastère du Rouillan près Condom, de l'ordre de Saint-Dominique, et y mourut le 10 mars 1746.

9° Catherine, née le 5 août 1719, fut mariée, par contrat du 11 octobre 1740, avec Paul Sidrac de Saint-Mathieu, chevalier, seigneur des Touches et de Villars en Saintonge et de La Traverserie en Poitou.

10° Angélique, née le 6 décembre 1726, épousa, par contrat du 17 novembre 1745, Louis Levelu de Clairfontaine, chevalier, seigneur de Saint-Armand en Agenais, ci-devant major dans le régiment de M. de Clairfontaine, son frère, colonel d'un régiment de son nom.

11° Geneviève, née le 1er octobre 1728, fut mariée, par contrat du 27 juillet 1751, avec Marc de Luc, chevalier, qualifié comte de Luc, seigneur de Romaneau et de Laurignac en Saintonge. (D'Hozier, cité).

Louis de Wignerod, marquis de Richelieu, duc d'Aiguillon, mourut en l'année 1730 et eut pour successeur son fils Armand-Louis de Wignerod, né en 1683 et marié en 1718 avec Anne-Charlotte de Crussol, fille de Louis de Crussol, marquis de Florensac, duc d'Uzès, et surnommée à la cour la *Bonne duchesse*. Cette dernière mourut en 1772, laissant plusieurs travaux littéraires.

Son mari, le duc d'Aiguillon, fit imprimer dans son château de Véretz, près de Tours, en 1735, l'œuvre libidineuse portant le titre de *Recueil de Pièces choisies rassemblées par les soins du Cosmopolite* (in-4°, tiré à 7 exemplaires) (1).

Il fut nommé pair de France en 1731. Il était qualifié de « très haut et très puissant seigneur monseigneur Armand Duplessis de Richelieu, duc d'Aiguillon, pair de France, comte d'Agenois et Condomois, baron de Montpezat, Madaillan, Dolmayrac, Sainte-Livrade, Nicole, Puch de Gontaud, Tournon, Monheurt, marquis de Moncornet, seigneur de Véretz, Larcey, et autres places, gouverneur pour le roy des ville, citadelle, parc et château de La Fère ».

Le 8 décembre 1731, la Jurade envoie une députation à Bordeaux, auprès du nouveau duc et de la nouvelle duchesse qui ont annoncé leur prochaine arrivée à Aiguillon (751, BB. 16).

Nous trouvons dans les comptes rendus par Jean-Jacques Brienne, avocat au parlement, Jean Laburthe, Jean La Coste de Fauron et Bertrand Duburgua, consuls de l'année 1732, l'emploi de 163 livres 6 deniers à l'achat des rubans destinés à faire des cocardes pour les compagnies qui allèrent à Sainte-Bazeille, au devant de Mme la duchesse et celui de 294 livres 2 sous pour le présent que la ville lui offrit. La reddition des comptes se fait devant le sénéchal d'Aiguillon. (766. CC. 14).

Le 20 janvier 1732 la Jurade décide de faire une requête à M. le duc, pour obtenir d'égaliser les rentes en argent et en grains sur toutes les propriétés. Cependant des classes à part seraient faites pour les biens baillés à nouveaux fiefs et pour ceux qui ne paient qu'un sou par cartérée. Toute la paroisse de Pélagat rentre dans cette dernière catégorie (751, BB. 16).

Le 18 mai 1733, le roi donne des lettres patentes dont nous reproduisons la conclusion : « Voulant favorablement traiter notre dit Cousin le Duc d'Aiguillon, prévenir toute occasion de trouble dans les droits de justice appartenans au dit duché, en fixer irrévocablement l'état et en rendre plus facile, plus prompte et moins onéreuse aux habitans l'expédition de la justice,... confirmons la donation, cession

---

(1) *Hist. de l'Agenais*, déjà citée, t. II, p. 226.

et transport fait par le feu Roy Louis XIII à la duchesse d'Aiguillon du droit de justice haute, moyenne et basse es villes de Sainte-Livrade et Nicolle, bourgs de Granges, Saint-Sardos et cloture du bourg de Lacépède, pour en jouir par notre dit cousin duc d'Aiguillon, ses héritiers, etc... Lui permettons d'établir les officiers nécessaires ainsi qu'il est accoutumé dont les appellations ressortiront par devant les officiers du siège ducal d'Aiguillon... Les appellations du dit siège ressortiront et seront relevées immédiatement en notre cour du Parlement de Bordeaux auquel nous en attribuons la connoissance... nonobstant ce qui est porté par les lettres du mois d'août 1599 et janvier 1638 auxquels nous avons dérogé pour ce regard seulement, sauf ce qui pourroit regarder les causes, droits et prérogetives de la pairie... Faisons défense à nos officiers d'Agen et autres de connoitre des appellations des dits juges... » (1)

En 1734, les consuls de l'année 1733, Simon Bégoulle de Saint-Avit, Lagrange, de La Coste et Jean Mallet déclarent avoir retiré 6,711 livres de la ferme des Cartérées et avoir payé, à raison de 300 livres, les gages annuels de M⁰ Doazan, médecin de la ville, etc.

Le sieur Miraben, ancien consul et collecteur, s'étant plaint de n'avoir pas de recours contre ses collègues solidaires pour le remboursement de la somme mise à sa charge sur certains articles annulés de ses comptes, M. l'intendant Boucher lui répond qu'il lui garantit le recours (767. CC. 15).

Les consuls de l'année 1734, Pierre Leaumont, ancien capitaine, Paul Bégoulle, Bernard Brienne et Jean Carval déclarent 8,377 livres de recettes et 7,687 livres de dépenses, au nombre desquelles figurent 221 livres pour frais de voyage à Agen fait par deux d'entre eux qui sont allés vers M. l'intendant, 300 livres pour la réparation de la chaussée de Pélagat, 223 livres 4 sous pour celle de la place de l'église d'Aiguillon et 74 livres 13 sous pour deux feux de joie, etc. (768, CC. 16).

L'étude de M⁰ Grimard retient une transaction sur procès passée le 17 octobre 1734 entre Mᵐᵉ Anne-Charlotte de Crussol, duchesse d'Aignillon, en sa qualité de procuratrice générale de son mari, et Gilbert Antonin-Quintran Duchanin, héritier de Nicolas-Augier Duchanin, son père, d'Aiguillon, relativement à l'établissement qu'avaient fait Marie de Sanbusse, leur épouse et mère et ses enfants, de quatre girouettes sur deux pavillons de la maison qu'ils possédaient au quartier de

---

(1) Arch. Nat. Reg. x. 8725, f⁰ 587.

Lunac, et ce, sans autorisation du duc, comme seigneur dominant. Ces immeubles sont relâchés à la duchesse moyennant une somme de 6,000 livres.

Le 13 décembre, acte de foi et serment de fidélité sont faits par Anne-Charles de Malvin, écuyer, sieur de Montazet, Boussères et autres lieux, au duc d'Aiguillon, et hommage d'un fer de lance, à raison des maisons, édifices, jardins, terres et fiefs situés dans la ville d'Aiguillon, à Saint-Côme, Sainte-Radegonde et Lagarrigue, et d'une paire d'éperons blancs pour ses domaines et possessions à Pélagat. Les témoins sont : Messire Joseph-Geoffroy de Malvin, conseiller au parlement de Bordeaux, M. Jean Thorel, écuyer, sieur de Charlemont, chevalier de Saint-Louis et M. Louis Levelu, écuyer, sieur de Clairfontaine, (*Ibidem*).

1734-1735. Lettres patentes pour la confection du Terrier du duché d'Aiguillon (1). Procuration accordée par le duc à Louis Levelu, sieur de Clairfontaine, pour recevoir les fois et hommages de tous les vassaux. Arrêt du parlement de Bordeaux qui commet les officiers du sénéchal pour connaître, en qualité de juges-commissaires, de toutes les causes relatives à la confection du terrier.

Pour la plupart des terres les redevances comprennent une somme d'argent, une certaine quantité de blé et d'avoine, une poule ou des fractions de poule, un manœuvre ou des fractions. Par exemple, la métairie de Garonne, à Jean Merle, « contenant deux carterades, deux picotins, quatre escats, sujet à la rente d'un sol neuf deniers et un tiers de denier en argent ; froment, quatre picotins et un huitième de picotin ; avoine, deux picotins et un dix-septième de picotin ; poule, un douzième et un septante-deuxième d'une ; manœuvre, un douzième et un septante-deuxième d'une. » (834. II. 3).

Le passage d'Aiguillon sur le Lot, qui s'exerçait en bateaux et le droit de péage sur cette rivière sont, le 6 novembre 1736, affermés pour cinq ans, à raison de 450 livres par an ; et le 28 décembre 1741, ce ferme est élevé à 600 livres. (*Etude de M° Grimard*).

1734-1739. — Les consuls Joseph Duvignau, ancien capitaine d'infanterie, Pierre Laburthe de Rieubet, Joseph Larroque et Bertrand

---

(1) Dans le traité passé entre la duchesse d'Aiguillon et Nicolas Villeminot, ingénieur géographe, pour la levée du plan du duché d'Aiguillon, il est dit que ce travail devra être achevé en 3 ans. L'ingénieur recevra 100 livres par mois et de plus 25 sols par cartérée. Il s'engage à payer tous les frais accessoires sur cette dernière somme (E. Suppl. II. 2).

Miraben donnent leurs comptes : Le prix des fermes a été de 7,047 livres et les bois exploités dans les iles ont donné 1,565 livres, soit une recette totale de 8,612 livres. Parmi les dépenses sont mentionnés des travaux de terrassement à Saint-Côme et à Saint-Félix pour la somme de 3,963 livres. (772. CC. 20).

Le 20 février 1739, la Jurade envoie deux députés à une assemblée qui doit se tenir à Clairac, afin de poursuivre le rétablissement de la culture du tabac dans le pays et la liberté de descente des vins, entravée par le privilège des Bordelais (752. BB. 17).

Anne-Charles-François de Malvin, appelé le marquis de Montazet, chevalier, baron de Quissac, seigneur de Boussères, depuis marquis de Maumont et comte de Plassac, par succession de Jeanne-Françoise de Fontanges de Maumont, sa mère, naquit le 19 novembre 1709, servit dans la deuxième compagnie des mousquetaires pendant cinq années et fut marié, par contrat du 10 janvier 1733, avec Marie-Anne de Malvin, sa cousine du 4e au 5e degré, fille de Joseph-Joffroy de Malvin, chevalier, seigneur de Saint-Symphorien, conseiller au parlement de Bordeaux, et de Geneviève-Michelle de Robillard (*d'Hozier*, déjà cité).

Le 13 décembre 1739, il vendit à noble Antoine du Gasquet, écuyer, d'Aiguillon, le vieux château de Lunac et ses dépendances, pour 5,000 livres, sur lesquelles il fut délégué la somme de 2,000 livres pour être payée à Antoine de Malvin, abbé de Montazet, alors à Paris en Sorbonne, et qui fut quittancée les 7 avril et 7 mai 1740, et sous l'hommage au duc d'Aiguillon, conformément à l'acte du 8 novembre 1735, au rapport de Me Nebout. (*Etude de Me Grimard*).

1740-1742. — Les consuls déclarent avoir fait 8,617 livres de recettes et mentionnent parmi les dépenses 50 livres de gages au sieur Chalbel, secrétaire de la communauté, 90 livres pour la solde d'un milicien, engagé volontaire, et 6 livres payées à Alberny, boulanger, pour trois pains bénits fournis aux consuls (774. CC. 22).

1741-1743. — Dans le compte rendu par les consuls, le total des recettes est de 9,343 livres 10 sous 9 deniers. L'établissement de bancs en pierre sur l'esplanade a coûté 233 livres 11 sous, l'équipement des miliciens 207 livres, etc. (775. CC. 23).

1743-1745. — Les recettes s'élèvent à 11,354 livres 6 sous 6 deniers. La dîme des octrois est de 382 livres, etc. (778. CC. 26).

1745-1747. — Les digues de Saint-Côme et des Cartérées sont réparées ; la journée se paye 20, 10, 6 et 5 sous. (780. CC. 28).

1748-1751. — Dans le compte rendu par les consuls, nous trouvons : 14,144 livres 9 sous 4 deniers en recettes ; 13,166 livres 18 sous 10 deniers en dépenses ; 20 livres payées à la demoiselle Mallet, distributrice des lettres ; un dîner de 15 personnes à 45 sous par tête, des 4 sergents de ville à 15 sous. (784. CC. 32).

En somme, de 1737 à 1751, les recettes et les dépenses annuelles, varient de 15,000 à 8,000 livres.

Armand-Louis de Wignerod, marquis de Richelieu, duc d'Aiguillon mourut en l'année 1750 et son duché-pairie passa à son fils aîné Emmanuel-Armand de Wignerod, comte d'Agenois, né en 1720 et marié en 1740 avec Louise-Félicité de Bréhan.

« Tout jeune encore, très en vue à la cour, d'un physique agréable, spirituel, fin, ambitieux, recherché des plus grandes dames, notamment de Madame de La Tournelle, plus tard duchesse de Châteauroux (1), et à cause d'elle momentanément disgrâcié par Louis XV lorsque la troisième fille des Mailly-Nesle succéda à ses deux sœurs dans les bonnes grâces du Roi, blessé enfin héroïquement, à la tête de son régiment, à l'attaque du Château-Dauphin, le nouveau duc, maître de son immense fortune, arrivait avec tout un cortège de brillantes qualités, qui ne pouvaient que disposer en sa faveur..... Il ressort de tous les documents authentiques que nous avons consultés que plus tard le vainqueur de Saint-Cast, victime des Parlements et premier ministre de Louis XV, est loin de mériter les reproches dont la postérité n'a cessé de l'accabler. Sans chercher à atténuer ses fautes, lui pardonner l'appui peu honorable de la comtesse Du Barry, ni passer sous silence la faiblesse qu'il montra, comme ministre des relations extérieures, notamment à l'occasion du partage de la Pologne, nous devons cependant reconnaître que, méprisant toujours la popularité, le duc d'Aiguillon suivit, toute sa vie, la même ligne de conduite politique. Autant par tradition de famille que par conviction, le petit neveu du grand ministre de Louis XIII resta fidèle aux anciennes idées d'autorité et d'absolutisme qui avaient fait la force et la gloire des règnes

---

(1) Madame de Châteauroux n'était encore que Madame de La Tournelle, et le duc d'Aiguillon que le comte d'Agenois. Le futur ministre de la Du Barry ne succède à la pairie et ne prend le nom de duc d'Aiguillon que le 31 janvier 1750. — Voir dans la *Duchesse de Châteauroux et ses sœurs*, par Edmond et Jules de Goncourt, les curieux épisodes des premières amours de cette dame avec le comte d'Agenois. — Voir le rôle peu honorable du duc d'Aiguillon auprès de la Du Barry et de Louis XV dans *La Du Barry*, des mêmes auteurs.

précédents, et il combatit sans relâche l'esprit nouveau de libéralisme, qui, envahissant toute la France, devait en si peu de temps entraîner la monarchie aux abîmes (1) ».

Il était qualifié de « très haut et très puissant seigneur Monseigneur Emmanuel-Armand Duplessis Richelieu, duc d'Aiguillon, pair de France, comte d'Agenois et Condomois, et de Plelo, baron de Pordic et de Sainte-Livrade, marquis de Moncornet, seigneur de Verets, Larcey, et autres places, chevalier des ordres du roi, lieutenant-général de ses armées, noble Génois, gouverneur pour Sa Majesté des ville, citadelle, parc et château de la Fère, lieutenant-général de la province de Bretagne, commandant en chef de ladite province, gouverneur général de la Haute et Basse Alsace ».

Le 2 avril 1751, la jurade d'Aiguillon délibère de faire au nouveau duc une réception solennelle.

Le 12 mai suivant, noble Antoine du Gasquet, écuyer, rend son acte de foi et l'hommage d'un bouquet de violettes, devant la Porte d'en Haut, à Mgr le duc d'Aiguillon, au moment où celui-ci fait sa première entrée dans le chef-lieu de son duché, accompagné d'un grand nombre de vassaux et tenanciers et de deux consuls, assistés des jurats et autres notables, qui lui offrent le dais et les clefs de la ville. Les témoins sont Pierre Leaumont de Gachot, ancien capitaine, Jean-Barthélémy Corbun de Castelnau, Joseph Laroque, procureur au sénéchal.

Le 19 mai, Jean Duvignau, chevalier de Saint-Louis, lieutenant-colonel au rég' de La Morlière, habitant d'Aiguillon, rend son acte de foi et l'hommage d'un fer de lance doré, à raison du domaine noble de la Beousse, en Lagarrigue ou Notre-Dame de Campazet, qu'il avait acquis le 5 janvier 1750, à messire Jean de Bridiers de Villemor. Sont témoins messire Henri de La Goutte, seigneur marquis de Lapoujade, résidant en son château de Lapoujade et noble Joseph du Gasquet, écuyer.

Le 20 mai, Jean-Barthélemy Corbun de Castelnau, consul, rend son acte de foi et l'hommage d'une paire de gants de senteur, pour lui et ses enfants, nés de lui et de feue Angélique de Lafitte, à raison du domaine noble de Monbirat, par lui acquis à Anne-Charles-François de Malvin de Montazet le 14 novembre 1738. Les témoins sont Joseph de Redon, seigneur d'Auriolle et Jérôme Doazan, docteur en médecine, à Condom.

---

(1) *Documents inédits relatifs à l'entrée du duc d'Aiguillon à Agen et à Condom en 1751*, par Philippe Lauzun, p. 3-4.

Le 21 mai, *haut et puissant seigneur* Anne-Charles-François de Malvin de Montazet, chevalier, seigneur marquis de Maumont, comte de Plassac, ren son acte de foi et l'hommage d'une paire d'éperons blancs, à raison du domaine noble de Montazet, en présence de Joseph de Redon, seigneur d'Auriolle et François de Bazignan, écuyer, chevalier, commandeur de l'ordre de Saint-Lazare, seigneur de Tauzia, Bertin et Ligarde, habitant du château de Lapoujade, des villes de Nérac et Agen.

Le même jour, il fut constaté par acte et joint une déclaration établissant que la qualité de *haut et puissant seigneur*, prise par ledit Malvin de Montazet dans l'acte d'hommage qui précède, n'a été soufferte par Mgr le Duc que par certaine considération particulière, et que le titre de marquis ne pourrait s'appliquer qu'à ceux de marquis de Maumont et comte de Plassac, et n'avait aucun rapport au fief de Montazet, dont les détenteurs à l'avenir ne pourraient sous aucun prétexte s'attribuer la susdite qualité à raison de ce fief.

Le 22 mai, Jean-Jacques Brienne, fils émancipé de Jean-Baptiste Brienne, ancien capitaine de grenadiers au rég^t de Pujols, rend son acte de foi et l'hommage d'une paire d'éperons blancs et d'une paire de pigeons blancs, à raison de la nobilité du domaine de Riberot, par lui acquis à Anne-Charles-François de Malvin de Montazet, le 1er janvier 1743, devant Me Nebout, transportée sur le domaine d'Espalais, dont il avait fait reconnaissance le 30 mai 1744, les autres devoirs en nature restant à la charge de Joseph Nebout comme ayant acquis le surplus du domaine de Riberot, lequel rend, à son tour, le 23 juin suivant, son acte de foi et l'hommage d'un pigeon blanc, à raison de sa partie dudit domaine.

Le 31 mai, Louis Levelu, écuyer, sieur de Clairfontaine, ancien major d'infanterie, habitant au château de Saint-Armand, rend son acte de foi et l'hommage d'un fer de lance doré, comme procureur fondé d'Angélique de Malvin de Montazet, femme de Charles de Malvin, chevalier, seigneur de Barreau, à raison de la maison noble de Boussères et fiefs en dépendant, à elle attribués dans une licitation faite le 31 mai 1750, devant MM^{es} Treyssac et Deneschaud, notaires à Bordeaux. Les témoins sont François de Vivens, écuyer, de Clairac, et Bernard de Coquet, écuyer, ancien officier d'infanterie, de Montpezat (1). *(Etude de Me Grimard).*

---

(1) Ces actes étaient ordinairement suivis dans les quarante jours d'un acte de dénombrement ; y étaient tenus les tenanciers dépendant du duché-pairie. Il était procédé à un

Armand-Louis de Wignerod, père du nouveau duc d'Aiguillon, avait eu en 1740 quelques démêlés avec la communauté d'Agen, au sujet des biens nobles situés dans la paroisse de Saint-Cirq, de la délimitation de la juridiction d'Agen, et surtout de prétentions relatives au choix des consuls, que les Agenais soutenaient leur appartenir. Aussi, quand Emmanuel-Armand, son fils et son héritier, exprima son désir de visiter les pays dont il était engagiste, les défiances nées des précédents débats se réveillèrent chez ces derniers. Une vive opposition, une mauvaise volonté évidente se manifesta dans les pourparlers engagés à ce sujet entre l'Intendant de Guienne, marquis de Tourny, ses subdélégués d'Agen (Martin de Charrière) et de Condom (marquis de Goyon) et les jurades de ces deux villes. La correspondance et les délibérations relatives à cette affaire ont été publiées en 1885 et sont fort curieuses (1). Un cérémonial remontant à 1642 fut produit par le duc d'Aiguillon. La jurade d'Agen parut se récuser ; elle exhuma des archives communales le procès-verbal de prise de possession des comtés d'Agenois et de Condomois, et finalement, le 8 avril 1751, le consul de Bazignan avisa l'Intendant qu'on avait résolu de s'en tenir à la lettre dudit procès-verbal, muet sur les honneurs réclamés par le duc. Les officiers du présidial paraissaient opiner dans le même sens. De son côté, la jurade de Condom émit le 16 avril un avis semblable. Marmande, qui d'abord s'était égalemens réservée, adhéra ensuite au programme du comte d'Agenois. La duchesse d'Aiguillon protesta auprès de Tourny le 17 avril, et le duc adressa à cet intendant une lettre où il faisait appel à son autorité pour ramener au devoir les récalcitrants.

En somme, prières, démarches, commandements, rien ne put vaincre l'opposition des corps consulaires des deux villes. La division se mit à Agen entre le Présidial et la Jurade, et finalement des ordres du roi ou lettres de cachet, du 1er mai 1751, furent signifiées aux

---

arpentement et piquetage : la communication avec les pièces justificatives était faite ensuite au procureur ducal, et sur ses conclusions, il intervenait sentence prononcée par les commissaires du terrier. Nous citerons notamment celui d'aveu et de dénombrement fait le 5 mai 1738 par noble de Redon de Monplaisir, habitant de Port-Sainte-Marie, agissant comme tuteur de ses enfants et de feue Marthe Moynié, son épouse, représentant feu Henry Moynié, leur aïeul maternel, capitaine, à raison des terres qu'ils possédaient à Saint-Côme et qui étaient grevées de l'hommage d'un fer de lance. (*Etude Grimard.*)

(1) Voir : *Documents relatifs à l'entrée du duc d'Aiguillon à Agen et à Condom en 1751*, par Philippe Lauzun.

jurats et consuls en cause, qui durent alors s'incliner. L'entrée du duc d'Aiguillon à Agen s'accomplit le 16 juin 1751. Consuls et habitants étaient sous les armes. Le duc fut logé à la maison dite du Roi (1).

Anne-Charles-François Malvin de Montazet, dont il a été déjà fait mention, fit son testament le 5 février 1752 dans son château de Montazet, mourut le 11 mai 1754 et fut enterré dans le tombeau de ses ancêtres en l'église des Carmes d'Aiguillon. Il avait eu de son mariage avec Marie-Anne de Malvin, sa cousine, quatre enfants :

1° Charles-François, dit le marquis de Montazet, comte de Plassac, né le 21 octobre 1737, entra dans les chevaux-légers le 5 octobre 1754, fut cornette dans le rég^t de cavalerie de Clermont-Prince le 1er février 1757 et mourut pendant la campagne de cette dernière année, le 11 juillet suivant, et fut inhumé le lendemain dans l'église des Jésuites à Ruremonde, en Flandres ;

2° Charles de Malvin, appelé d'abord le chevalier de Malvin et connu depuis la mort de son frère aîné sous le nom de marquis de Montazet, comte de Plassac, naquit le 25 juin 1739, entra dans les chevau-légers le 20 mai 1756, et le 17 décembre de l'année suivante fut capitaine de cavalerie à la suite du rég^t de Clermont-Prince, et le 15 août 1759 capitaine d'infanterie dans le rég^t d'Enghien, dont le chevalier de Montazet, son oncle, était alors colonel et dont il fut lui-même colonel le 1er décembre 1762 ;

3° Jeanne-Françoise, née le 29 juillet 1735 et reçue chanoinesse-comtesse de Neuville dans le chapitre noble des dames comtesses de Neuville, en décembre 1761 ;

4° Paule-Diane-Louise, née le 1er juillet 1744 (*d'Hozier* déjà cité).

Nous trouvons aux *Archives départementales* (E. suppl. 783-787. CC. 31-35) les comptes rendus par les consuls :

1749-1751. — Recettes : 14,144 livres 9 sous 4 deniers. — Dépenses : 13,166 livres 18 sous 10 deniers. — Reprise : 3,348 livres 11 sous 3 deniers. — A la demoiselle Mallet, distributrice des lettres : 20 livres. — à Doazan, médecin, pour deux quartiers de ses appointements : 170 livres, etc.

1750-1752. — Recettes : 10,240 livres. — Réduction faite aux fermiers des Cartérées : 5,575 livres 10 sous. — Achat de 22 livres de poudre, à 32 sous la livre, pour l'arrivée du duc d'Aiguillon, etc.

---

(1) *Histoire de l'Agenais*, par J. Andrieu, t. II, p. 226 et suivantes.

1751-1753. — Recettes : 9,963 livres 5 sous. — On dresse une liste des propriétaires auxquels il est urgent de fournir du blé pour ensemencer leurs terres.

Les mêmes *Archives* (E suppl. 789. CC. 37), mentionnent les frais de réception du maréchal de Richelieu (1) à Aiguillon, en 1754, et d'un feu de joie à l'occasion de la naissance du duc d'Aquitaine.

Un arrêt du Conseil d'Etat de 1754 règle le tarif du bac, pour le passage de Nicole, ainsi qu'il suit :

Par personne à pied, 3 deniers tournois.

Par personne à cheval, 9 d.

Par cheval ou autre bête de somme chargée, non compris le conducteur, 9 d.

Par chaise ou autre voiture attelée d'un cheval, 4 s. 6 d.

Par chaise, litière, carrosse, coche, charrette ou charriot attelés de deux chevaux ou autres bêtes, 5 s.

Par bœuf, 9 d.

Par vache, 6 d.

Par douzaine de porcs, chèvres, moutons, 1 s. (*E. Suppl.* 757. CC. 4).

1753-1755. D'après le compte rendu par les consuls, le vingtième des octrois a donné pour un an, 388 livres, le vingtième des foires et marchés, 6 livres.

1754-1757. Les dépenses faites à l'occasion de la levée des milices sont montées à 108 l. 4 s.; et celles des consuls chez Lormino, aubergiste, se sont élevées à 146 l. 6 d. (*Arch. dép.*, E. Suppl. 789. CC. 37 et 790. CC. 38).

---

(1) Louis-François-Armand du Plessis, duc de Richelieu (1706-1788), maréchal de France en 1748, membre de l'Académie française en 1720. Il porta d'abord le titre de duc de Fronsac et se rendit célèbre par ses galanteries et ses intrigues qui le conduisirent deux fois à la Bastille. Il eut vers la fin de sa vie un scandaleux procès avec une dame de Saint-Vincent. Soulavie a publié des Mémoires sous son nom (1790, 9 vol. in-8º). La correspondance de ce duc a paru en 1789, in-8º.

Une disgrâce passagère l'avait conduit dans son gouvernement de Guienne, où il avait été nommé le 4 décembre 1755, en remplacement de Charles de Bourbon, comte d'Eu. Pour varier un peu ses plaisirs, ce grand seigneur, ami de Voltaire, qui lui adressait ses lettres « dans son royaume d'Aquitaine », eut la fantaisie de faire une entrée à Agen avec le cérémonial le plus brillant qui eut jamais été employé. Le *Journal de Malebaysse* contient une relation minutieuse de cette réception, qui fut vraiment splendide. Il repartit le lendemain par la porte Saint-Antoine pour se rendre à Aiguillon. (*Histoire de l'Agenais*, déjà citée, t. II, p. 229-230).

L'on peut consulter aux mêmes *Archives* (E. Suppl. 848. II. 17) les pièces d'un procès (1757-1760) intenté par le duc d'Aiguillon à Dieudonné de Ranse (1), écuyer, pour fait de chasse.

Le délinquant, condamné à 100 livres d'amende, fait appel au siège de la Table de marbre qui confirme le premier jugement. Ce dossier incomplet renferme des notes réfutant la prétention de M. de Ranse d'appeler château sa maison de Dolmayrac, et signalant les hommages rendus par les membres de sa famille aux ducs d'Aiguillon. Le premier, Guillaume Jean de Ranse (2), secrétaire du roi et de la reine de Navarre, rendit hommage en 1564.

1760-1762. La communauté paye 395 livres de rentes à MM. Destouches et du Gasquet, 90 l. de gages aux gardes forestiers, 315 l. aux valets de ville, 120 l. au chirurgien et buraliste, 142 l. 18 s. 6 d. pour l'achat de poids et mesures, etc. (E. Suppl. 795. CC. 43).

1762-1764. Le chanvre des propriétés communales est vendu à l'adjudication, à raison de 22 livres le quintal. (E. Suppl. 798. CC. 46).

Vers le milieu de l'année 1765, le duc d'Aiguillon entreprit de substituer au vieux château délabré du Fossat le château moderne qu'on voit encore et qui fut élevé sur les plans et sous la surveillance de l'architecte Leroy (3), élève de Soufflot. Le duc prit et retira, par puissance de fief et retenue au retrait féodal, les maisons et autres dépendances qui étaient bâties dans le quartier Mandillot, séparé de son château par la rue du Roi, et dont la démolition devait en agrandir les abords et faire cette grande place, qui est la beauté de la ville et l'objet de l'admiration des étrangers.

Les propriétaires des immeubles susdits, désirant concourir avec respect et soumission aux intentions de Mgr le Duc, lui en consentirent l'aliénation en la personne de Jean-Antoine Leaumont de Gachot, écuyer, son procureur général. Un seul fit résistance, et en raison de ces difficultés sa maison fut surnommée *Gibraltar*.

C'est ainsi que nous retrouvons les ventes :

---

(1) Voir une généalogie des de Ranse aux *Notes et pièces justificatives*, n° XVI.

(2) Voir (*ibidem*) plusieurs lettres inédites d'Antoine de Bourbon, de Jeanne d'Albret et d'Henri IV, adressées à Guillaume de Ranse.

(3) Lorsque Mgr de Bonnac eut fondé (1775) le palais épiscopal, qui est devenu la préfecture, le duc d'Aiguillon s'empressa de mettre son architecte à la disposition de l'évêque, sacrifiant ainsi l'exécution de ses projets au plaisir de rendre service. (Voir : *Hist. de l'Hôtel de la Préfecture d'Agen*, par M. A. Paillard. Rec. des Trav. de la Soc. d'Ag. Sc. et Arts d'Agen, 2ᵉ série, t. I, p. 74).

11 juin 1765, par Jeanne Argelos, servante chez M. Nebout de Riberot, pour 148 l. 10 s. : par Arnaud Coulé, concierge du palais de la cour sénéchale, pour 66 l. 13 s. 8 d.

23 juin, par Jean Florans, brassier, pour 256 l. ;

6 juillet, par Marie Rougié, veuve d'Antoine Gasquet, pour 300 l. ;

12 août, par Marie Lapoujade, servante de M° Guillaume Nebout, ancien notaire, pour 320 l. ;

20 août, par Jean-Baptiste Pazumot, ingénieur-géographe du Roi, habitant à Paris, qui avait acquis à Marie Lafosse, veuve de Jean Fayssaus, pour 900 l. ;

21 août, par Françoise Soulié, fille de feu Bernard, pour 500 l. ;

Par Marie Marrigue, veuve de Mathieu Tauzin, pour 500 l. ;

23 août, par Françoise Laulié, pour 510 l. 12 s. ;

26 août, par M° Pierre Merle, docteur en médecine, qui avait acquis la veille à Clément Bayle, officier d'infanterie, pour 1200 l.

Ces maisons ne comprenaient généralement qu'une chambre basse, avec une ou deux chambres et grenier au-dessus ; elles étaient construites en pierre et torchis et aboutissaient à une petite rue formant cul de sac, à l'établissement des dames religieuses et à la rue ducale qui communiquait du couvent à l'église paroissiale.

C'est sur le sol d'une partie de ces maisons qu'a été construite l'aile droite du principal corps du château actuel.

Le reste de la cour du château, ainsi que la place de l'hôtel de ville étaient également remplis de constructions ; les propriétaires en furent délogés et il fut affecté à leur habitation les maisons formant le quartier neuf et celui des Promenades.

L'aile droite était affectée au théâtre et l'aile gauche servait de logement aux artistes et serviteurs. Ces deux ailes étaient reliées par une banquette surmontée d'une grille coupée par un beau portail, qui existe encore à une habitation privée.

Le parallèle de deux pavillons, destinés aux écuries et remises, devait être bâti en face, à la place de l'hôtel de ville ; mais ces plans n'ont pu être réalisés, pas plus que les autres améliorations dont les cartes que nous avons conservées (1) nous donnent les projets.

Le 30 novembre 1769, M. Jean Jacques Garrigue reçoit un brevet de lieutenant de louveterie du roi dans l'étendue de la sénéchaussée d'Uzerche en Limouzin délivré par Emmanuel-François de Grossol-

---

(1) Note de M. Termes-Dubroca, ancien notaire d'Aiguillon.

les, comte de Flammarens et de Bouligneux, baron de Thouars, seigneur de Buzet, Labarthe et autres lieux, mestre de camp du rég^t de dragons de la reine, brigadier des armées du roi, veneur et grand louvetier de France. (*Arch. de M. Henri Garrigue*).

Le 8 avril 1770, il est fourni des vivres aux habitants des lieux atteints par « le débordement des deux rivières de la Garonne et du Lot, sy extraordinaire que, de mémoire d'homme, il n'est monté si haut ». (*E. Suppl.* 752. BB. 17).

Après la chute du ministère Choiseul et l'exil de ce dernier dûs aux intrigues de la Du Barry et du duc d'Aiguillon, celui-ci était nommé au ministère des affaires étrangères au mois de juin 1771. « La nomination de d'Aiguillon, écrivent Edmond et Jules de Goucourt (1), était fêtée par madame du Barry, au mois de septembre, par un grand dîner, à Luciennes, où s'asseyait à la table de la favorite, avec la femme du ministre, sa mère, cette protectrice des encyclopédistes, cette recéleuse de l'abbé de Prades pendant sa persécution, cette grosse athée, au nez de travers, au regard fol, à l'esprit désordonné (2), que la société de Chanteloup n'avait jamais pu supposer devenir la commensale de la favorite. A ce dîner assistaient tous les ministres d'État, tout le corps diplomatique, excepté les ambassadeurs d'Espagne et de Naples, les seuls ambassadeurs qui n'allaient pas chez la favorite. »

Le 16 juin 1771, les consuls d'Aiguillon font des réjouissances publiques à la nouvelle de la nomination de Monseigneur le duc comme Ministre des Affaires Étrangères. (*E. Suppl.* 752. BB. 17).

1772. — Les frais d'un service funèbre célébré dans l'église Saint-Félix pour la duchesse douairière d'Aiguillon se sont élevés à 335 livres 19 sous. (*E. Suppl.* 805. CC. 52).

De nouvelles fêtes sont célébrées à Aiguillon à l'occasion de la nomination du duc au Ministère de la Guerre. (*E. Suppl.* 807. CC. 55).

1773. — L'intendant Fagès adresse aux consuls une ordonnance approuvant leur décision d'après laquelle on payerait six sous par jour aux journaliers auxquels on impose des corvées pour les chemins.

Le duc d'Aiguillon établit des dames hospitalières pour soigner les malades dans l'hôpital de la ville et M. l'intendant approuva la création d'un atelier de charité pour venir en aide aux pauvres.

D'après un fragment de cadastre contenant l'ordre des paroisses du

---

(1) *La du Barry*, p. 115.
(2) Correspondance inédite de Madame du Deffaud. Colin. 1809, t. II.

duché, le taillable d'Aiguillon comprend les paroisses de Saint-Félix, de Saint-Côme, de Pélagat, de Sainte-Radegonde, de Gouts, de Lagarrigue en partie ; le taillable de Miramont comprend Lagarrigue autre partie, Saint-Jean d'Aubès et Saint-Avit ; le taillable de Coleignes comprend Coleignes en partie et Quintran en partie. (*E. Suppl.* 867. II. 36).

A l'avènement de Louis XVI, la disgrâce et l'exil de la du Barry entraînèrent celles du duc d'Aiguillon. La favorite du feu roi Louis XV dut partir le 12 mai 1774 pour l'abbaye de Pont-aux Dames, séjour qu'elle échangeait peu de temps après pour la terre de Saint-Vrain, près Arpajon. C'est en grande partie à son attachement persistant pour cette femme qu'il faut attribuer la disgrâce du duc d'Aiguillon. Celui-ci, dans une vive conversation avec Louis XVI, lui avait déclaré qu'indépendamment de la reconnaissance personnelle qu'il devait à la femme il obéissait aux ordres du feu Roi qui lui avait recommandé son amie à son lit de mort. Aussi, avant de partir pour son exil à Aiguillon, installait-il la nouvelle propriétaire dans sa terre de Saint Vrain. Le 24 juin 1775, l'installation était complète et Madame d'Aiguillon passait tout l'été avec Madame Du Barry, qui dans ce même été et à l'automne faisait deux voyages à la terre d'Aiguillon dont le duc ne pouvait sortir. Du reste, l'ex-favorite venait de rendre au duc un service d'argent, en lui prêtant 200,000 livres qu'il ne devait lui remettre que le 13 août 1784 (1).

Le corps de logis principal du nouveau château d'Aiguillon était terminé à cette époque et meublé avec le plus grand luxe (2). Le duc et la duchesse pouvaient recevoir magnifiquement des hôtes nombreux et leur donner des fêtes souvent accompagnées de représentations théâtrales.

« Cette petite cour, dit M. G. Tholin (3), n'eut pas son Dangeau ; toutefois on a gardé dans quelques familles agenaises des traditions qui s'y rapportent. Il paraîtrait que les invitations fort multipliées, furent d'abord acceptées avec empressement. On se refroidit peu à peu. L'ancien ministre avait-il fait sentir un peu trop les distances ? On l'a dit, et ce prétexte pour se détacher était justifié peut-être.

---

(1) *Mémoires secrets de la république des Lettres*, t. viii. — Voir *la Du Barry*, par Edmond et Jules de Goncourt, p. 303.

(2) Voir au chapitre X de cette Histoire : *Révolution*, à l'année 1793, le détail des richesses artistiques que renfermait le château d'Aiguillon.

(3) *Documents sur le mobilier du château d'Aiguillon confisqué en 1792.*

Mais aussi le contraste n'était-il point forcé entre le train de prince du dernier de nos grands seigneurs et le train modeste de ses invités ? A l'exception de quelques grandes familles qui vivaient à Paris, la noblesse de l'Agenais était pauvre.

» Je ne puis, à mon grand regret, entreprendre aucune description précise des fêtes données au château d'Aiguillon. Un seul document (1), bien peu de chose, un compte de sommelier, pour le mois d'avril 1782, peut donner un aperçu de cette large hospitalité. Son commentaire comporte une irrévérence à l'égard d'une société à coup sûr fort élégante, fort aimable, qu'il nous fait estimer d'après le nombre des bouteilles vides. C'est regrettable, mais enfin, faute de mieux, on aime encore à juger de ces noces de Gamache inédites sur l'addition. Que l'illustre père spirituel de Sancho Pança veuille bien m'excuser et l'indulgent Rabelais m'absoudre ?

» Donc, pendant ce mois d'avril 1782, on but au château d'Aiguillon, à la grande table, 577 bouteilles de vin d'une soixantaine de crûs différents ; à l'office, 1.484 bouteilles. Le personnel du théâtre devait être servi à part, car le dernier chapitre se décompose ainsi : office, 888 bouteilles ; femmes, 360 ; musiciens, 101 ; garçons, 135. A ce compte, une centaine de barriques de vin devait se consommer dans l'année au château d'Aiguillon.

» Au point de vue de la variété et du choix des crûs, cet état de consommation est curieux et la liste complète des vins servis à la grande table mérite d'être publiée (2).

Le voici : Rancio, Malvoisie, Chypre, Xérès, Sétubal, Muscat rouge de Toulon, Fayalset, *Carcavella*, Pacaret, Madère blanc, Rota, Malvoisie de Madère, Frontignan, Malaga sec, Rivesalte, Malaga doux, Aiguillon, Navarre, Rancio, Jurançon, Jurançon blanc, Galapian blanc, Lamalgue rouge, Cahors rouge, Jurançon vieux, rouge, Albi blanc, Canon rouge, Langon blanc, Laudun rouge, Saint-Emilion rouge, Mahons ordinaire, Véretz blanc, Laudun blanc, *Anglette* blanc (*sic*), vin du Rhin, Carboneux blanc, La Chartreuse rouge, Jurançon blanc, Cahors, Cité de Carcassonne, Margaux, Avignon, Capbreton rouge, Langon blanc, Barsac blanc, *Tavelle* rouge, Bergerac, Solesme, Cahors rose, *Vicbil* rouge, Narbonne rouge, Loupiac blanc, Sauterne, Rou-

---

(1) *Archives de l'Hôtel-de-Ville d'Agen*, II, 13.
(2) Voir le prix de l'adjudication de chaque crû au chapitre X : *Révolution*, année 1793.

leaux de Calabre, Malvoisie de Provence, Muscat de Mademoiselle de Galibert et de Mademoiselle de Raignac (1).

» Le théâtre n'était pas une salle banale, à transformer au besoin pour des représentations dramatiques ; toute une aile du château avait été exclusivement ordonnée en vue de cette destination. L'amphithéâtre et la scène laissaient place à d'utiles dépendances, un chauffoir pour les dames et deux foyers. Des portes matelassées isolaient ces annexes ; deux portes de même façon ouvraient l'une sur l'escalier, l'autre sur la rue. La salle, éclairée par des lustres de cristal, entourée de loges, garnies d'accoudoirs, de banquettes rembourées et de bancs plus simples, était assez vaste pour recevoir un nombreux public. On peut d'ailleurs juger des dimensions de ce théâtre ; il existe encore : il est devenu l'hôtel du *Tapis-Vert*.

» Les costumes représentent la défroque ordinaire de nos scènes où posent et grimacent des figures de tous les temps et de tous les mondes : robes de soie multicolores, manteaux brodés, corsets variés, culottes à la musulmane, toges romaines, habits à l'espagnole, chapeaux de Scapin, cuirasses et brassières, peaux d'ours, etc., etc. »

Parmi les décors, on peut signaler : « un salon doré, un cabinet bleu, une forêt, un hameau, une chambre rustique, un jardin, une place, un camp, une prison, un fond de mer, une montagne, deux arbres, une écorce d'arbre, trois bouts de roche, six colonnes de temple,

---

(1) « L'Agenais avait autrefois des spécialités qu'il a perdues. Les vins muscats récoltés aux environs de Tonneins durant les xvi⁰ et xvii⁰ siècles étaient estimés ; sans doute ils tenaient de la qualité des Bergerac plus que de celle du Frontignan. Les consuls d'Agen et de Clairac les offraient volontiers en présent aux grands personnages. Nous voyons cités encore dans la note de 1782 les muscats de Mademoiselle de Galibert et de Mademoiselle de Raigniac, dont les propriétés étaient situées aux environs de La Croix-Blanche, c'est-à-dire tout près d'Agen.

» J'ai trouvé dans un livre de jurades de Clairac (1753-1768) un acte qui fournit de précieux renseignements sur l'exportation directe de certains vins rouges de l'Agenais à de grandes distances. Les consuls de cette ville rappellent qu'autrefois une grande partie de leurs vins rouges s'expédiait au Canada ; la Hollande achetait de préférence leurs vins blancs doux. Les livres de raison de la famille de Raymond m'ont appris également qu'au siècle dernier des vins de Port-Sainte-Marie étaient exportés en Hollande. Cette exportation ayant diminué, les propriétaires des environs de Clairac songeaient alors à produire de l'eau-de-vie ; c'est pourquoi ils unissaient leurs efforts à ceux des communes de l'Aunis et de la Saintonge qui, dans la crainte de voir déprécier leurs produits, pétitionnaient afin d'obtenir l'imposition de droits élevés sur les rhums, *guildines* et taffias. »

une cheminée, deux façades de maison, deux portes vitrées, une forge, un nuage, deux bancs de gazon, un berceau, une pyramide, deux petites portes d'armoire, un parloir, une porte grillée, un escalier, une machine pour tonnerre, un rideau d'avant-scène, dix portes pour coulisses, un tableau avec le chevalet, pour le *Tableau parlant*. »

Quelle était la bibliothèque du théâtre d'Aiguillon ? On ne trouve pas une ligne sur ce sujet.

« Un goût exagéré pour la musique était professé par la plupart des grands personnages du XVIII° siècle, mais aucun d'eux n'a dû porter plus loin que le duc d'Aiguillon cette passion pour les opéras, les chansons et les symphonies. Il avait réuni près de quatre cents volumes in-folio de musique. » On y trouve Lully, Rameau, pour parler des illustres, « Mouret, Monteclair, de Campra et tant d'autres, choyés, applaudis à leur heure. Les œuvres de ces vieux auteurs sont devenus d'une rareté excessive, sans doute parce que les goûts et les modes ont changé, mais aussi pour d'autres motifs. Imprimées à grand frais par les Ballard, sous Louis XIV, reproduites de préférence par la gravure depuis Louis XV, ces partitions n'étaient jamais tirées qu'à un petit nombre ; de plus, les éditions sont bien souvent uniques.

» Il n'était point facile, même au dernier siècle, de se procurer des séries un peu complètes des grands compositeurs. Ainsi cette bibliothèque formée avec soin, peut-être durant plusieurs générations, s'enrichit beaucoup par les ventes et par les occasions de librairie. Un certain nombre de volumes portent, à côté des armes d'Aiguillon, des *ex libris* de Bonnier de la Mosson (1), du chevalier de Polignac, de Mme Rouillé, de Mlle du Thillet, de Mme la marquise de La Chétardye. Certains exemplaires sont ornés de riches reliures.

» De nombreux ouvrages ayant, malgré tout, échappé aux recherches de ces amateurs, à coup sûr prodigues d'argent, sont représentés par des partitions manuscrites non moins précieuses.

« En somme, les volumes rares ou uniques et sans doute aussi les morceaux inédits ou corrigés, abondent dans cette collection si peu connue.

» Il existe quelques œuvres dédiées aux ducs d'Aiguillon, entre autres : *Le retour de la paix*, cantate manuscrite, par M. Tarail ; *Mars et Vénus*, cantate manuscrite (1765), par M. de la Bérillaie ; *Le siège*

---

(1) Maréchal des camps et logis de la maison du roi. Il mourut en 1774, et sa bibliothèque fut vendue l'année suivante. Voir : *Armorial du bibliophile*, page 107.

de Saint-Malo et la bataille de Saint-Cast, cantatilles, par M. Barthélemy, musique gravée.

» Quelques notes intéressantes accompagnent parfois les partitions ; ainsi des détails circonstanciés sur la mise en scène du ballet des Turcs dans le *Bourgeois gentilhomme* ; les noms écrits au crayon, de quelques chanteurs ou cantatrices. On peut ainsi relever les rôles exécutés par MM. Bazin, Bilbeau, de Bonvoux, par Mmes ou Mlles Boullé, Caussade, Lupet, la Houssaye, Desprès, Fauvelle, Hemery, Aprin, Alexandrine, etc. (1). »

Quant au mobilier du château d'Aiguillon, on estimerait à plus d'un million sa valeur actuelle. Lits, canapés, fauteuils en tapisserie, glaces, tableaux, services en faïence et porcelaine, pendules, chandeliers et candelabres en bronze et en argent, lustres en cristal, tentures en tapisserie, meubles en marqueterie, surtouts de tables en argent, gravures, estampes, émaux, médailles, livres, etc., etc., sont presque autant d'œuvres d'art d'un assez grand prix (2).

Le duc voulant récompenser les services de Jean-Nicolas Paris, son pâtissier, et Jean-Louis Sauvigne, son valet de chambre, avait, à la date du 3 octobre 1767, nommé le premier concierge du château d'Aiguillon, avec un traitement de 500 livres par an, et créé au second une rente de pareille somme (*Etude Grimard*).

Aiguillon perd tous ses grains pendant l'inondation de mai 1770 (*Archives départementales de la Gironde*, portefeuille C. 3242).

Il est fait dans les *Registres paroissiaux* mention du décès et de la sépulture de la sœur du duc d'Aiguillon en ces termes :

« Le douze juin, mil sept cens soixante et seize, est décédée haute et puissante dame Innocente-Aglaë de Richelieu d'Aiguillon, âgée de vingt et neuf ans, épouse de haut et puissant seigneur Joseph-Dominique de Guignes Morton, marquis de Chabrillant, collonel du régiment de Conti-infanterie, premier écuyer de Son Altesse royale madame la comtesse d'Artois, seigneur de Saint-Gervais et autres lieux, et a été inhumée le lendemain dans l'église des révérends pères Carmes de cette ville, en présence de messire Joseph Duvignau, ancien commandant d'infanterie, de messire Jean Duvignau, ancien lieute-

---

(1) Ces diverses partitions font partie des archives de l'hôtel-de-ville d'Agen.

(2) Voir au chapitre X : *Révolution,* année 1793, le détail de plusieurs objets vendus aux enchères publiques à Aiguillon ou transportés à Agen.

nant collonel, de messire Jean-Joseph de Reygnac de Lacombe, chevalier de l'ordre de Saint-Louis, de messire Lucie de Tourtonde, chevalier de l'ordre de Saint-Louis, ancien capitaine de cavalerie, qui ont signé avec moy.

» Dubois, curé ».

Vient ensuite l'acte de baptême d'un enfant naturel, avec une note sur la déclaration de la paternité faite par la mère : « Le cinq octobre, mil sept cens soixante seize est né Marie Simon, fils naturel de demoiselle Launay, qui a déclaré que le sieur André Saugié, valet de chambre de M. le marquis de Brignon en étoit le père, a été baptisé le lendemain. Le parrain a été Simon Bridau et marraine Victorine Mathieu, qui ont signé avec moi.

» Secheyran, vicaire ».

Le duc d'Aiguillon est parrain d'un enfant : « Le seize de septembre, mil sept cens soixante et dix sept est né le même jour, a été baptisé Emmanuel-Armand Dulau, fils naturel et légitime de Michel Dulau et de Marie Lassarade, père et mère du baptisé. Le parrain a été haut et puissant seigneur Monseigneur Emmanuel-Armand Duplessis Richelieu, duc d'Aiguillon, pair de France, chevalier des ordres du Roy et ministre d'Etat *(sic)* ; marraine, haute et puissante dame Jeanne-Madeleine-Eugénie du Boisjelin, veuve de haut et puissant seigneur Charles-François-Emmanuel de Bahideuc, comte du Bois de la Mothe, capitaine des vaisseaux du Roy, chevalier de l'ordre militaire de Saint-Louis, qui ont signé avec moy.

» Le duc d'Aiguillon », « Boisjelin de Bahideuc Dubois de Lamothe »,
» Courrèges, vicaire ».

Nous retrouverons le même parrain le 21 juin 1779 au baptême d'Emmanuel-Armand Vigneau, fils de Charles Vigneau et de Clémence Dupré. Mais cette fois le sieur François Soucy fera pour le duc d'Aiguillon et demoiselle Jeanne Euchèle pour la marraine, madame la marquise de La Musanchèze.

Enfin les mêmes registres mentionnent, en 1781, Nicolas Goussas, chef de cuisine, Nicolas Rogier, maître d'hôtel, François Drovard, jardinier et Antoine Chassaing, piqueur des ouvrages du duc d'Aiguillon.

Un des plus grands débordements de la Garonne est celui des 31 mai et 5 juin 1777, qui survint pendant les foires du Gravier.

Le 19 juin de cette même année, Monsieur, frère du Roi (depuis Louis XVIII), entra dans Aiguillon. Les consuls employèrent 173 livres en frais de réjouissances publiques à son passage. On dit que le duc ayant manifesté le désir d'aller au devant de ce prince, il lui fut enjoint de n'en rien faire et de ne pas sortir de son château. Monsieur arriva vers 8 heures du soir à Agen, et le lendemain, s'étant levé avant six heures, il entendit, à l'église des Carmélites, la messe dite par l'abbé de Véronne, aumônier du roi et partit immédiatement après pour Toulouse.

Les comptes de l'administration communale nous fournissent les indications suivantes :

1774-1776. — La pension de M. Merle de Massonneau, médecin de la communauté, est de 700 livres et l'entretien des promenades de 345 livres.

1776-1778. — M. Salvandy, aîné, procureur-syndic de la communauté, reçoit, pour ses appointements de 7 années, 760 livres. Le pavage de la rue du roi entraîne une dépense de 1,391 livres.

1777-1781. — M. Murac, chirurgien des pauvres, et M. Duburgua, chirurgien, accoucheur des femmes pauvres, ont 100 livres chacun pour leurs gages annuels, et les soldats du guet 400 livres.

1780-1782. — Il est donné un acompte de 5,422 livres pour le remboursement des avances faites à la communauté par le duc d'Aiguillon. La réparation du chemin du pont de l'île, le nivellement du champ de foire et le pavage des rues entraînent une dépense de 1,193 livres.

1781-1783. Les fermes des propriétés labourables de la communauté donnent un revenu de 11,600 l. ; la ferme de l'île de Bramefan, 1,025 l. ; la ferme des boucheries, 600 l. ; les ventes de bois, 455 l. Les dépenses s'élèvent à 17.368 l.

1785-1786. Les recettes montent à la somme de 20,362 l., et les dépenses à celle de 20,365 l. Les honoraires des officiers municipaux sont de 440 l. Achat à Toulouse de 23 ormeaux pour la promenade, 218 l. (*E. Suppl.* 808-816. CC. 56-64).

Dans un état des revenus des dépenses du duché d'Aiguillon, en 1785, nous trouvons : « Revenus nets : moulins d'Aiguillon, 36,000 livres ; rentes des seigneurs d'Aiguillon, 9,000 l. ; de Montpezat, 15,100 l. ; de Dolmayrac, 5,050 l. ; de Madaillan, 10,600 l. ; de Sainte-Livrade, 2,400 l. ; droits de prélation, 2,400 l. Parmi les domaines personnels, la moitié sont affermés, la moitié sont en régie. De ce fait les revenus des îles de Rebéquet, de 7,000 l., sont réduits à 4,000.

L'île Barrié coûte autant qu'elle rapporte, 250 l. Le total des revenus du duché d'Aiguillon est de 114,145 l. Dans les dépenses figurent : les impositions royales, 2,668 l. et les vingtièmes nobles 1,369 l. ; les appointés, 6,820 l., parmi lesquels Leroy, architecte, 2,000 l. et Chabaud, organiste, 800 l. ; rentes et pensions, 1,182 l. ; dépenses pour la garde de la chasse dans le duché 6,820 l. Le total des frais locaux est de 16,309 l. La dépense totale de l'année, y compris les travaux de construction du nouveau château, est évaluée à 82,656 l. (*E. Suppl.* 869. II. 38).

1786-1788. Le total des recettes est de 19,228 l., et celui des dépenses de 20,361 l. On voit figurer dans l'état de la dépense faite « pour la politique » par la communauté, 185 l. 4 s. Sous ce titre sont compris les abonnements à la *Gazette de France*, à la *Gazette de Leyde*, au *Mercure*, etc. (*E. Suppl.* 817. CC. 65). Le sieur Turpin est adjoint au sieur Merle de Massonneau, médecin, auquel il convient d'épargner les fatigues.

Dans l'ouvrage intitulé : *Recherches sur le Pays du poète Théophile de Viaud et précis historiques des villes de Clérac, Port-Sainte-Marie et Aiguillon* (1), que nous avons souvent cité, nous trouvons des particularités assez intéressantes sur la seconde moitié du xviiie siècle. L'auteur anonyme raconte ce qu'il a vu et ce que la tradition locale lui a transmis, car il a habité la ville d'Aiguillon pendant plusieurs années. Aussi lui laissons-nous la parole :

« Si la ville d'Aiguillon, écrit-il en 1788, goûte depuis plus d'un siècle les douceurs de la paix générale dont la nation est redevable aux progrès de la raison, à l'adoucissement des mœurs, ce calme précieux n'a pas toujours été exempt de trouble. La discorde s'est souvent introduite dans l'enceinte de ses murailles et cette ville n'a que trop bien justifié quelquefois cette maxime de La Bruyère : *Qu'on n'a jamais vu et qu'on ne verra peut-être jamais une petite ville divisée en aucun parti*. Cette loi sage qui en 1768 admit au gouvernement des villes et à l'administration de leurs revenus les notables de chaque classe de citoyens, fut pour la ville d'Aiguillon le sujet de la plus terrible discorde et fendit en deux, si nous pouvons parler ainsi, le corps des habitants. Dans le choc de ces deux partis opposés, les

---

(1) « Brochure extrêmement rare, dit M. Jules Andrieu (*Bibliographie génér. de l'Agenais*, t. ii. p. 237), dont je ne connais qu'un seul exemplaire appartenant à la bibliothèque de M. Adolphe Magen.

passions acquirent une énergie, une chaleur dont elles sont à peine susceptibles lorsqu'elles s'enflamment pour des disputes de controverses et d'opinions religieuses. Les haines particulières, les jalousies réciproques ne connaissant plus de frein se montrèrent sans pudeur, et des hommes indifférents, dont la vie entière avoit été modérée et pacifique, n'eurent même pas la force de résister au torrent ; leur cœur fut embrasé de tout le feu de l'esprit de parti. Les têtes troublées de ce délire inconcevable devoient nécessairement s'égarer et c'est ce qui arriva, car on perdit de vue le but principal. Que l'on ne nous accuse pas de charger le tableau, nous en adoucissons les traits. Puisse-t-il, tel qu'il est, nous inspirer l'horreur de ces confédérations scandaleuses que nous avons vu rompre les nœuds sacrés qui doivent unir tous les hommes, et bien plus étroitement encore les habitants d'une même ville.

» La ville d'Aiguillon fermée de murailles en pierres et en briques fort élevées et garnies de machicoulis, renfermoit, il y a environ vingt ans, cent dix feux ou ménages, et environs cinq cents habitants ; mais, ses deux faux bourgs étant plus peuplés, nous croyons que sa population s'élevoit à deux mille âmes. Le faux bourg du Lot est habité en grande partie par des hommes qui s'occupent de la navigation et dont vingt-cinq à peu près servirent dans la marine royale pendant la guerre de 1755. Nous nous souvenons très bien qu'il y en eut fort peu qui revirent leur patrie. A l'extrémité du faux bourg du Muneau peuplé de laboureurs et de vignerons, on trouve une fontaine d'une très belle forme qui pourroit faire croire qu'elle faisoit partie de quelque petit fort placé au-dessus de l'espèce de tertre au pied duquel elle est construite. Ce qui paroit confirmer cette conjecture, c'est l'usage où l'on étoit avant l'invention de la poudre de faire une espèce de fortification à la tête des faux bourgs où les partis ennemis alloient faire le coup de lance.

» La promenade publique, agréable, bien située et bien plantée, est une preuve que les avantages se trouvent partout balancés par les inconvénients. Son extrémité occidentale, d'où la vue se repose agréablement sur le plus charmant paysage, est exposée, après les inondations surtout, à des exhalaisons meurtrières qui s'élèvent de la plaine humide et grasse qu'elle domine, tandis que sa partie opposée, où l'air est infiniment plus pur, est attenante au cimetière public dont le voisinage ne sauroit offrir un spectacle agréable ni inspirer des pensées bien réjouissantes. Observons ici que ce cimetière d'abord sagement substitué à celui [qui étoit] placé au centre de la ville, et destiné à la seule classe indigente du peuple, devoit éloigner par sa destination et le peu d'usage qu'on en faisoit (1) toute idée de danger ; mais depuis qu'en vertu des dernières ordonnances, il est devenu un gouffre général et par là même un foyer immense de corruption, on ne sauroit se dissimuler que sa situation près de la ville et d'un lieu placé sous le vent du midi, ne soit aujourd'hui infiniment redoutable.

» On entroit dans la ville, il y a environ vingt ans, par quatre portes principales. La porte appelée du Roy a été abattue à cette époque. Après avoir longtemps cherché quelle pouvoit être l'origine de son nom, nous avons abandonné quelques conjectures que nous avions formées à ce sujet et laissé à d'autres le soin de s'exercer sur cette étymologie. S'il arrive dans la suite que l'on élève une porte dans cet endroit du mur de la ville qui présente depuis quelques années une issue très incommode par où l'on peut se rendre sous les créneaux et ensuite à la promenade publique, il nous paroit assez naturel de la baptiser du nom d'un citoyen honnête homme mais d'un caractère assez bizarre que nous avons vu s'assujettir à se ployer en deux quatre fois par jour pour en faire son passage ordinaire. Le mur oriental de la ville offre les vestiges d'une porte qui nous a paru avoir servi à la garnison de *porte de sorties*. Murée aujourd'hui jusqu'aux trois quarts de son embrasure, elle sert à l'écoulement des eaux d'une partie de la ville. Au reste, on ne voit plus, dit-on, dans cette partie de la ville qu'une maison isolée et déserte à laquelle les habitans ont donné le nom de *Bastion* (2).

» Les Messieurs de Montazet ont possédé jusques vers le milieu de ce siècle dans l'enceinte de la ville, une maison anciennement appelée le Petit-Château (3). Cette maison admirablement située fut acquise par Messieurs du Gasquet. Nous l'avons vue pendant longtemps servir de rendez-vous à tout ce que la ville avoit de plus instruit et de plus aimables qualités qui distinguoient essentiellement les maîtres qui en faisoient les honneurs. Elle a passé depuis peu à M. Merle Massonneau devenu le neveu de ces Messieurs par son mariage avec Mlle Nebout, dont la

---

(1) Les registres paroissiaux nous indiquent qu'à l'exception des indigents, les habitants de la ville étaient inhumés dans l'église paroissiale ou dans l'église et le cloître des Carmes.

(2) Il s'agit certainement ici de la *Maison dite des Templiers*, dont nous avons parlé au Chapitre Ier.

(3) L'ancien château de Lunac, remanié aux xve et xvie siècles.

mère étoit née du Gasquet. Ces nouveaux propriétaires ont tout ce qui convient pour perpétuer dans cette maison ce qui dans tous les temps en a fait un lieu agréable et généralement recherché !

» Aiguillon est le siège d'une sénéchaussée qui compte plusieurs hommes de mérite parmi ses membres et qui place au rang de ses époques les plus glorieuses le petit nombre d'années qu'elle a été présidée par M. Brienne qui réunissoit à la connoissance la plus profonde des lois toutes les qualités qui constituent le grand magistrat. Dans le palais où se rend la justice, palais vaste et bien situé, sont deux cachots affreux (1) que l'on a en quelque manière décoré en leur donnant le nom de prison. Le cœur se soulève à l'aspect de ce monument de barbarie.

» L'hôtel de ville n'a de remarquable que son air mesquin. Il y a longtemps que nous avons entendu parler du projet de le réédifier, mais nous ignorons si ce projet a été effectué.

» Les boucheries situées dans un lieu peu facile (2) pourroient devevenir les plus belles et les plus commodes de tout ce pays ; il suffiroit de les élever et de les mettre de plein pied avec la halle communément appelée le Ravelin. La partie inférieure seroit alors destinée à la tuerie.

» Parmi les productions en tout genre dont le pays abonde, l'on peut regarder le chanvre comme la plus importante de toutes. Il seroit difficile de calculer la quantité que l'on en récolte depuis le Port jusqu'à Marmande. Dans certaines années, on l'a vu suffire à la consommation des ports de Brest, de Rochefort et de Bordeaux et suppléer ainsi au chanvre venant de l'étranger, auquel il est infiniment supérieur. Cette supériorité est due aux eaux de la Garonne et du Lot qui sont les grandes Rouères du pays. Le chanvre y acquiert en peu de jours cette blancheur qu'il ne peut obtenir dans les eaux stagnantes que dans un long espace de temps et aux dépens de sa qualité. Il y a environ trente ans que l'établissement d'une corderie royale à Aiguillon entra dans les vues du gouvernement. Un terrain très étendu et en friche (3) au confluent du Lot et de la Garonne, la facilité d'y amener par eau le chanvre de tout le pays où on cultive cette plante et

---

(1) Ils existent encore dans la petite maison attenante au Palais de Justice en face la maison Duburgua.

(2) Les boucheries étaient situées où est aujourd'hui la boucherie Soliès.

(3) Nous croyons que ce terrain se nomme *Sautegrue*.

dont Aiguillon est proprement le centre, tout concouroit à l'exécution d'un projet que firent échouer les inondations auxquelles pouvoit être sujet le lieu même désigné pour cet établissement qui eut enrichi toute la contrée.

» Aiguillon a plusieurs foires par an et un marché par semaine. Les marchés surtout sont très peu fréquentés, si on en excepte ceux de la saison qui suit immédiatement la récolte du chanvre. Cette désertion a pour principale cause la situation de cette ville dans le voisinage de plusieurs autres qui, étant plus considérables, attirent de préférence l'affluence et le concours. D'ailleurs, le défaut d'un bac sur la Garonne vis-à-vis de Monluc interdit, pour ainsi dire, les marchés d'Aiguillon à tout le peuple qui habite l'immense plaine à l'ouest du fleuve. Il ne peut s'y rendre qu'en passant la Garonne au Port-de-Pascau, ce qui exige un grand détour.

» Le confluent des eaux du Lot avec celles de la Garonne qui unit et met en relation l'Océan et la Méditerranée, sembloit avoir destiné la ville d'Aiguillon à être le centre d'un grand commerce et l'avoir désignée pour servir d'entrepôt aux productions de l'ouest et du midi de la France. De si précieux avantages n'ont pu tenter ses habitans qui ont paru dédaigner jusques ici tant de moyens de s'enrichir par la voie du négoce. De là vient qu'on ne voit jamais parmi eux ces grandes révolutions qui, dans les villes marchandes, élèvent un citoyen subitement et tout-à-coup aux premiers degrés de l'opulence et souvent le replongent bientôt dans l'abyme de la misère. Ces jeux doivent être inconnus dans un pays dont l'unique ambition des habitans est de transmettre à leurs enfans dans toute son intégrité l'héritage plus ou moins borné qu'ils tiennent de leurs pères.

» Les Aiguillonnais ont eu, dit-on, une bonne part de cette délicatesse d'esprit dont on sait que la nature a si heureusement doué les habitans de la Garonne. S'il n'en est que peu dont le nom se trouve inscrit dans les fastes des sciences et des arts, si Mrs de Massac et de Galibert sont les seuls qui se soient fait connoitre, le premier par des ouvrages utiles que les académies ont couronnés, le deuxième par l'histoire du siège de Cracovie qu'il soutint en 1771 contre une armée entière de Russes, histoire dont un ministre a été l'éditeur, ce petit nombre d'écrivains parmi eux doit moins s'imputer au défaut de leur génie, qu'à celui de secours nécessaires et de circonstances heureuses. Nous avons connu à Aiguillon deux familles d'artisans dans l'une desquelles le don de la poésie étoit comme héréditaire, et depuis six générations peut-être on voit se perpétuer dans l'autre de père en fils, et surtout parmi les femmes cet heureux don des saillies et des bons mots qui eut mérité à chaque individu de cette famille d'être placé à la cour de nos rois à côté des Triboulet, des Chicot et des l'Angely. Une fille, la dernière que nous ayons connue issue de cette famille, et qui vit peut-être encore, s'est rendue célèbre, il y a environ quarante ans, par un trait de courage bien au-dessus de son sexe. Un homme furieux parcouroit à cheval et le pistolet à la main la promenade publique où il avoit répandu l'épouvante et l'effroi. A l'aspect de ce furibond, les citoyens des deux sexes avoient pris la fuite et s'étoient enfermés dans leurs maisons. Marguerite Tufferan, c'est le nom de cette fille courageuse, s'avance sans hésiter, va droit au frénétique, l'arrête, le désarme et rend le calme à toute la ville. Cette action héroïque qui eut fait décerner dans Rome la couronne civique à cette fille étonnante, doit rendre sa mémoire à jamais chère à ses concitoyens.

» Les habitans d'Aiguillon, séduits par l'attrait d'une société douce et paisible, d'une vie tranquille et uniforme, respirant un air pur sous un beau ciel, sur un sol agréable et fertile, sont communément attachés au pays, on en voit fort peu qui aillent chercher ailleurs une autre patrie. Nous convenons que si leur cœur est véritablement exempt de cette ambition inquiète qui agite le commun des hommes, ils seroient parfaitement heureux s'ils n'étoient pas tyrannisés dans le sein de leur propre famille par le droit de primogéniture. Ce droit monstrueux (consacré ici non par la loi mais par l'usage) qui porte l'attention d'un père sur un seul de ses enfans et la détourne de tous les autres, brise inévitablement les liens des familles où il engendre les haines, les jalousies et tous les maux qui naissent de l'injustice et de la préférence. Les tribunaux du pays retentissent en tout temps de réclamation en supplément de légitime : on y entend le fils exhérédé reprocher à son père sa prédilection injuste, à son frère ainé sa cupidité insatiable et par une conséquence aussi bizarre qu'inconcevable, on voit presque toujours les victimes immolées à cet usage barbare et inique outrager elles-mêmes, à leur tour, par le partage inégal de leurs biens les sages et saintes lois de la nature. C'est ainsi que cet usage tyrannique, peut-être même criminel en ce qu'il sert à voiler les sentiments d'un père dénaturé pour le plus grand nombre de ses enfans, ceux non moins défavorables d'un oncle ou d'une tante pour quelques-uns de leurs neveux, se perpétue d'âge en âge, ôte aux puinés les moyens d'embrasser un état honnête dans lequel ils eussent servi utilement la patrie, remplit leur cœur de découragement et d'aigreur, les condamne à la loi austère du célibat et prive surtout les filles d'un établissement auquel leur mince légitime ne leur permet pas de prétendre (1) ».

1787-1789. — Le total des recettes est de 19,236 livres et celui des dépenses de 19,260 livres. Les travaux exécutés aux digues se sont élevés à la somme de 1,327 livres et l'écluse établie par M. Molié, architecte, au pont de l'isle, à celle de 5,789 livres (*E. Suppl.* 819. CC. 67).

Emmanuel-Armand de Wignerod, duc d'Aiguillon, mourut en septembre 1788 d'une maladie dont il portait depuis longtemps déjà les germes irritants. Ses os se liquéfièrent « comme de la cire pendant la canicule », ajoute Soulavie (2). Il eut pour héritier son fils, Armand-Désiré de Wignerod Du Plessis de Richelieu, duc d'Aiguillon et pair de France, qui avait épousé Jeanne-Victoire-Henriette de Navailles.

On accorda en cette même année à Aiguillon des travaux publics et on établit un atelier de charité.

Un édit de 1787 portait création des assemblées provinciales. Le Parlement de Bordeaux refusa de l'enregistrer. Exilé alors à Libourne, il accentua son hostilité par de violentes attaques contre le ministère, et réclama à grands cris le rétablissement des anciens Etats provinciaux et une convocation des Etats Généraux.

La noblesse de Guienne, de Périgord et de Gascogne présentait aussi des adresses au roi pour ce rétablissement des Etats.

Une vive polémique était engagée à ce propos en Agenais. Les dis-

---

(1) Le même auteur ajoute dans une note : « Les injures dont les matelots se saluent, pour ainsi dire, quand leurs bateaux se rencontrent, ne sont nulle part d'un usage plus fréquent et plus toléré que sur la Garonne. Il n'est même guère de lieu situé sur les bords de ce fleuve auxquels les mariniers n'aient donné un sobriquet. C'est ainsi qu'ils appellent ceux d'Agen « *chie au pot, chie au lit* » ; ceux de Port-Sainte-Marie « *foite boules* ». Ils crient à ceux de Thouars « *rend la lune, baya* ». Ils apostrophent ceux d'Aiguillon du sobriquet de « *souffle chiens* ». Ils demandent aux protestans de Tonneins « *s'ils ont mangé la cène* », et quand ils passent devant Marmande, ils crient à ses habitans : « *au sac Marmandois* ». Malheur enfin au particulier dont la maison est située sur la Garonne, lorsque sa conduite ou quelque événement de sa vie prêtent quelque peu au sarcasme de ces navigateurs. Vingt fois par jour les rives du fleuve retentissent du récit et du reproche de l'anecdote scandaleuse. »

(2) *Mémoires historiques et politiques du règne de Louis XVI*, par Soulavie. Treuttel, 1801, vol. I.

sidences étaient nombreuses.... Une foule de lettres et de brochures furent alors publiées pour ou contre ce rétablissement. Le vœu de la noblesse, communiqué aux communes, avait donné lieu à des délibérations contradictoires. Nérac, Villeneuve, Aiguillon, Casseneuil, Clairac, Monclar, etc., faisaient acte d'adhésion, pendant que Tonneins, Sainte-Foy et Fumel formulaient des réserves, et que Marmande, Duras, Cahuzac et plusieurs paroisses de la juridiction d'Agen répondaient par un refus formel.

Il est dit dans une délibération de la communauté d'Aiguillon relative à la convocation des Etats Généraux : « La communauté ne pouvant se dissimuler que la nation française est revenue des préjugés inconséquens qui jusques à présent consideroit le tiers état comme presque nul et sans voix, ils désirent et osent même se promettre qu'aux prochains Etats Généraux seront admis les députés pris dans le tiers état en nombre prépondérant à ceux qui pourroient être pris dans le clergé et la noblesse ». Ils émettent le vœu de voir restaurer les anciens Etats de la Guienne. (*E. Suppl.* 753. BB. 18).

Le nouveau duc d'Aiguillon fut nommé député de la noblesse aux Etats Généraux pour l'Agenais, avec Philibert de Fumel, marquis de Fumel-Monségur, maréchal des camps et armées du roi et Joseph de Bourran, baron de Lacourt. Il embrassa avec chaleur la cause de la Révolution, se réunit aux Tiers-Etat avec la minorité de son ordre et, dans la nuit du 4 août, demanda que tous les corps de ville, communautés et individus qui jouissaient de privilèges particuliers et d'exemptions personnelles supportassent à l'avenir toutes les charges publiques. Cette proposition généreuse fut accueillie dans l'Assemblée nationale par des acclamations enthousiastes. Quelques jours après, les troupes patriotiques agenaises, qui venaient de se former, le proclamèrent leur général, ce qu'il accepta avec empressement par lettre datée de Versailles le 28 août 1789.

Non moins brave que généreux, Armand-Désiré prit la place de Custine et le commandement des troupes françaises établies dans les gorges de Porentruy. Mais les conséquences de la journée du 10 août 1792 lui furent fatales : il fut injustement décrété d'accusation, quitta la France, se refugia en Suisse, puis à Londres, enfin à Hambourg, où il mourut en l'année 1800, au moment où son nom venait d'être rayé de la liste des émigrés.

Parmi les personnages nommés dans cette Histoire qui votèrent, eux ou leurs descendants, au mois de mars 1789, dans l'ordre de la noblesse, pour l'élection des trois députés susdits aux Etats Généraux, nous trouvons : Jean Duchanin, capitaine de cavalerie et garde du corps du roi ; Henri-Eugène Duchanin ; Jean-Pierre Duchanin, seigneur d'Espalais ; Thomas-Mathurin Galibert de Saint-Avit, maréchal des camps et armées du Roi ; Marc-Antoine Boudon de Lacombe ; Jean-Caprais de Ranse, chevalier, baron de Cadrés, ancien officier de cavalerie ; Hyacinthe-Dieudonné de Ranse, seigneur de Châteauvieux ; Pierre de Massac, seigneur des Fosses ; Joseph de Vassal de Monviel ; Sébastien de Redon des Fosses, seigneur dudit lieu, baron de Mansonville ; Marc-Antoine de Redon de Monplaisir, Marc-Antoine de Redon, fils, baron de Mansonville, chevalier de Saint-Louis ; Charles, marquis de Redon, colonel au régiment de Metz ; Simon-Pierre Merle de Massonneau, seigneur de Lunac ; Charles de Malvin, chevalier, marquis de Montazet, maréchal des camps et armées du roi.

Les représentants de la ville et communauté d'Aiguillon pour nommer les députés du Tiers-Etat aux Etats Généraux furent : Louis Mautor, avocat en Parlement ; Arnaud Merle-Dubarry, notable ; Etienne Coq, négociant, et Pierre Verdolin, notaire royal ; ceux de la juridiction de Miramont d'Aiguillon : Bernard Bezin Dubarry, notaire et consul, et Jean-Arnaud Bégoulle, bourgeois ; et celui de Nicole : Pierre Glory.

Nous ne terminerons pas ce chapitre, qui clôt l'ère de l'ancien régime, sans recueillir les noms que nous avons trouvés des personnages ayant occupé des charges publiques dans la juridiction d'Aiguillon. Nous commençons par la liste des *consuls* :

1550, Jean Larrival, Antoine Nebout, Jeannotet Abpolas, Jean Foucaut ; — 1599, Guillaume Coniel, Guillem Carrère ; — 1600, Isaac Miraben, notaire royal, Antoine Dupon, François Papon, notaire royal, Antoine Lacroix ; — 1602, Jérôme Brienne, marchand, Antoine Larrat ; — 1607, Henry Moynié, Pierre Brienne, Esprit Réau et Berthomieu, Mallet ; — 1610, Jérôme Brienne ; — 1612, Jean Gassot, Berthomieu et Jean Laporte ; — 1614, Jean Treilles, Arnaud de Métau, Jean Pradal ; — 1621, Esprit Réau ; — 1639, Jean Nebout, Robert Nebout ; 1640, Pierre Ruère, Antoine Dupon ; — 1642, Arnaud Lacoste, avocat en la Cour ; — 1644, Henri Treilles ; — 1647, Etienne Lafargue ; — 1656, Arnaud Lacaze, Jean de Métau, avocats en Parlement, Simon Bégoulle, Antoine Lacoste, bourgeois ; — 1657, Rodolès ; — 1658, Henri Brienne, Pierre Réau ; — 1661, Arnaud Layrac, Jean Brienne ; — 1662, Arnaud Layrac ; — 1653, Pierre Donnadieu, Pierre Descayrac, receveur de Mme la duchesse ; — 1667, Bernard Layrac,

Isaac Laburthe, Claude Donnadieu ; — 1669, les mêmes ; — 1671, Isaac Laburthe ; — 1673, Mallet, Montamat, Bonnore ; — 1679, Robert de Métau, Jean-Joseph Lafitte ; — 1680, Pierre et Jean Descayrac, Pierre Bares ; — 1681, Jean Brienne, Paul Falempin, Henri Julian, Thomas Gasquet ; — 1682, Antoine Pandellé ; — 1683, André Boudon, sieur de Lacombe, Jean Combabessouse, Rodolès ; — 1684, Joseph Bégoulle, Jean Florans ; — 1686, Henri Merle, Pierre Sanbusse, Arnaud Donnadieu ; — 1687, Jacques Turpin, Pierre Descayrac, Barthélemy Boudon, s^r de Lacombe ; — 1688, Jean Brienne d'Espalais ; — 1689, Antoine Pandellé, Henri Moynié, François Ducourneau, Jean Galibert, s^r de Saint-Avit ; — 1690, Pierre Sanbusse, Jean Trilhard, Jean Dubourg ; — 1691, Jean Trilhard, Pierre Sanbusse, Jean Dubourg ; — 1693, Jean Duburgua, notaire royal ; — 1694, Jean Bras et Pierre Duburgua ; — 1697, Mathurin du Gasquet, conseiller du roi, maire perpétuel, Antoine Lacoste, premier consul ; — 1698, Mathurin du Gasquet, maire perpétuel ; — 1699, Pierre Layrac, Guillaume Lafargue, s^r du Perron, Antoine Dupuch ; — 1700, Jean Merle, François Gasquet ; — 1701, Jacques Turpin, Etienne Sarlat ; — 1703, Jean-Paul Falempin, Arnaud Nebout et Pierre Genevois ; — 1704, Charles-François Barrier, maire, Jean Massonneau, consul ; — 1705, Charles-François Barrier, maire, François Ducourneau, lieutenant de maire, Jean Massonneau et Ganduque, consuls ; — 1707, Joseph Lacoste, maire ; — 1708, Brienne d'Espalais, maire, Merle, lieutenant de maire et consul, Flourans, Chalbel, consuls ; — 1709, Les mêmes ; — 1711, François Ducourneau, maire ; — 1718, Jean Dubourg, Pierre Leaumont, Joseph Lebègue de Gimon, Simon Béril ; — 1721, Jean Dupuy, chirurgien ; — 1722, Antoine Garrigue, docteur en médecine ; — 1724, Jean-Joseph Nebout, lieutenant de maire, Jean Dubourg, Jean et Guillaume Nebout ; — 1725, Arnaud Merle, Jean Mallet, Jean Layrac, Pierre Passout ; — 1726, les mêmes ; — 1727 ; Jean Merle, Simon Barrier de la Cibadère, Pierre Laburthe de Rieubet, Jean-Antoine Lacroix ; — 1728, Jean-Antoine Lacroix ; — 1729, Guillaume Nebout, Joseph Nebout ; — 1730, Pierre Leaumont, ancien capitaine, Joseph Lebègue de Gimon, ancien lieutenant, Joseph Nebout, Etienne Seguin ; — 1733, Jean-Jacques Brienne, avocat au Parlement, Jean Laburthe, Jean Lacoste de Fauron, Bertrand Duburgua ; — 1734, Simon Bégoulle de Saint-Avit, Lagrange, Lacoste, Jean Mallet ; — 1736, Pierre Leaumont, Paul Bégoulle, Arnaud Brienne, Jean Carval ; — 1737, Simon Bégoulle, Guillaume et Jean Nebout, Charles Feytis ; — 1739, Joseph Duvignau, ancien capitaine, Pierre Laburthe, Joseph Larroque, Bertrand Miraben ; — 1740, Arnaud Merle, Joseph Descayrac, Jean Nebout, Etienne Gardelle ; — 1742; Antoine du Gasquet, écuyer, Charles-François Barrier, Antoine Mallet, Jean Lafargue ; — 1743, Jean-Jacques Brienne, avocat au Parlement, Charles Layrac, Jean Mallet ; — 1747, Jean-Jacques Brienne, avocat, Jean-Antoine Leaumont, Charles Layrac, Charles Soullié ; — 1748, les mêmes ; — 1750, Jean-Paul Bégoulle, Jean Nebout, Jean Lafargue, Bernard Flourans, Bertrand Duburga, maître chirurgien ; — 1751, Corbun de Castelnau, Joseph Larroque, Raymond Mallet ; — 1752, Etienne Galibert, Jean Lacaze, Bertrand Miraben, Géraud Bitaubé ; — 1754, Paul Bégoulle, Pierre Martin, Jean Lafargue, Pierre Duluc ; — 1755, Etienne Descayrac, Jean Carval, Pierre Labarrière ; — 1756, Lucie Tourtonde, Jean Merle, François Lacroix ; — 1757, Marc-Antoine Boudon de Lacombe, Jean-Jacques Garrigue ; — 1762, Lucie Tourtonde, Jean Lafargue, Antoine Nebout, François Lacroix ; — 1763, Joseph du Gasquet, Antoine Michel Lacaze, Merle-Dubarry, Géraud Bitaubé ; — 1764, Louis Mautor, Jean Lebègue de Gimon, Charles-François Barrier, Jean Verdolin ; — 1765, Jean Lacaze de Gandorre, Jacques Turpin de l'Entre, Joseph Bégoulle, Pierre Florans ; — 1766, Simon-Pierre Merle de Massonneau, Jean-Jacques Garrigue, Jacques Murat ; — 1768, Jean Joseph Raignac, sieur de Lacombe, chevalier de Saint-Louis, maire, Leaumont de Rieubet, échevin ; — 1769-1773, Jean-Baptiste de Raignac de Lacombe, maire, Jacques Turpin de l'Entre et Laburthe du Tap, échevins ; — 1773-1790, Simon-Pierre Merle de Massonneau, maire, Antoine-Calixte Nebout de Viau, 1er consul, Leaumont de Rieubet, 2e consul.

Gouverneurs capitaines d'Aiguillon :
1521-1530, Charles Malvin de Montazet ; — 1530-1572, Barthélemy Malvin de Montazet ; — 1572-1586, François Malvin de Montazet ; — 1587-1616, Antoine Jean Malvin de La Barthère ; — 1617-16..., Jean de Vassal de la Tourette, sieur de Monviel, Dondas, etc. 1627-16..., Bachelier, gouverneur du duché d'Aiguillon ; — 1639-16..., Roch Chateau, sieur de Rocher, sénéchal et gouverneur du château et du duché d'Aiguillon et intendant de Mme la duchesse ; — 1652-16..., Vassal de la Tourette de Monviel ; — 1671-16..., François de Gaucher, sieur de Belleville, gentilhomme ordinaire de Mme la duchesse et capitaine de la ville et du château d'Aiguillon. — 1719-17..., Sébastien le Bouvier, gouverneur du duché ; — 1722-17..., M. de Boucher, intendant du duché, etc.

Lieutenants généraux de la Sénéchaussée :

1620, Bernard de Lafourcade ; — 1640, Bernard de Tourtonde ; — 1656, Mathurin du Bois de Mérignac ; — 16..., M. du Gasquet ; — 1686, Nicolas Duchanin, sieur du Sabbon ; — 1738, Joseph Nebout de Riberot ; — 1769, Jean-Jacques Brienne ; — 1785, Jean-François James.

Lieutenants particuliers :
1621, Bertrand de Métau — 1679-1684, Michel de Lacaze ; — 1728, Jean de Richard ; — 1729-1764, Jean de Massac ; Mortemousque, Jean de Lacoste, conseillers assesseurs.

Juges :
1599, Jean Sanson ; — 1614, Isaac Miraben ; — 1641, Isaac Cazenobe ; — 1703, Pierre Ducourneau.

Procureurs :
1601, Jean Treilles ; — 1609, Bertrand Barrier ; — 1621, Bertrand Lacaze ; — 1626, Antoine Miraben ; — 1639, Jean et Robert Nebout ; — 1642, Isaac Cazenobe ; — 1646, Henri Bienne ; — 1655, Jean Lebègue ; — 1669, Bertrand Laburthe, procureur substitut ; — 1679, Joseph Descamps ; — 1683, Jean Duburgua ; — 1688, Bertrand Chalbel ; — 1693, Jean Nebout. — 1698-1721, Jean-Simon Lescure ; — 1704, Jean de Massac ; — 1711, Antoine Nebout ; — 1724-1727, Raymond Labarrière ; — 1723-1734, Simon Béril, substitut ; — 1735, Daniel Mautor ; — 1742, Guillaume Nebout ; — 1743-1764, Bertrand Miraben ; — 1747, Jean Larroque ; — 1747-1754, Daniel Mautor ; — 1764-1769, Lauzero ; — 1769-1789, — Bertrand Salvandy.

Avocats :
1612, Isaac Miraben ; — 1614, James de Viau ; — 1642, Arnaud Lacaze ; — 1656, Jean de Métau ; — 1660, Pierre de Mérignac ; — 1680, Etienne Galibert ; — 1693, Bernard Bégoulle ; — 1703, Pierre Duvignau ; — 1704, Bertrand Bégoulle, Joseph Laburthe, Mathurin du Gasquet ; — 1723, Joseph Nebout ; — 1747, Jean-Jacques Brienne ; — 1789, Florans, Louis Mautor, Jean Garrigue, aîné, Henri Garrigue, jeune.

Receveurs :
1656, Pierre Descayrac ; — 1717, Miraben ; — 1724, Jean Dubourg ; 1726, Jean Barrier de Laburthe :

Notaires :
1600, Antoine Merle, Isaac Miraben, Fraçois Papon ; — 1639, Ro-

bert Nebout ; — 1682, Jean Duburgua, Pandellé, Montamat, Chalbel ; 1711, Jean Nebout ; — 1722, Etienne Seguin ; — 1730, Guillaume Nebout ; — 1789, Pierre Verdolin, Bernard Nugues.

Officiers :

1609, Michel Gasquet, capitaine ; — 1614, Henri Moynié, Treilles, capitaines ; — 1644, Bertrand Descayrac, capitaine ; — 1703, Joseph Gasquet, capitaine ; — 1704, Pierre Sanbusse, capitaine ; 1705, Pierre Leaumont, capitaine ; — 1708, Pierre Lafitte, capitaine ; — 1711, Etienne Duvignau, capitaine ; — 1717, M. du Gasquet, maréchal de camp des armées du roi ; — 1720, Simon Barrier, officier ; — 1729, Pierre Duvignau, capitaine au rég^t de Muse ; — 1739, Pierre-Joseph Duvignau, capitaine au rég^t de Choiseul-Infanterie, Jean Pierre Chauvet, ancien capitaine d'infanterie ; — 1743, Joseph Lebègue de Gimon, ancien officier d'infanterie ; — — 1776, Joseph Duvignau, ancien commandant d'infanterie, Jean Duvignau, ancien lieutenant-colonel, Louis de Tourtonde, ancien capitaine de cavalerie ; — 1786, Thomas-Mathurin de Galibert, maréchal de camp, Jean-François Duvignau du Verger, capitaine au génie ; — 1787, François-Thomas Boudon de Lacombe, ancien capitaine d'infanterie, Jean Joseph Boudon de Lacombe, ancien capitaine d'infanterie ; — 1791, Jean-François Duvignau, ancien lieutenant-colonel des troupes légères au rég^t Denau, Charles Béril, capitaine de dragons et de la garde nationale d'Aiguillon.

Parmi les hommes recommandables par leur talent dans la guerre, les sciences et les lettres natifs d'Aiguillon ou dans sa juridiction pendant le XVIIIe siècle, nous mentionnerons :

1° Thomas-Mathurin de Galibert, maréchal de camp, né à Saint-Avit (annexe d'Aiguillon) le 8 novembre 1729, mort au même lieu en 1799. Après de brillants faits d'armes, il fut envoyé en 1771 à la Confédération de Bar, en Pologne, et devint gouverneur de la citadelle de Lamservoni, dans les monts Carpathes, d'où il sortit pour se jeter avec ses hommes dans le château de Cracovie qu'assiégeait Souvarow. Les Russes eurent difficilement raison de cette forteresse, qui ne se rendit qu'à la dernière extrémité et faute de vivres, après vingt-sept jours de tranchée ouverte. Cette héroïque conduite valut à Mathurin de Galibert l'admiration de l'ennemi et le grade de brigadier des armées du roi. Il ne connut cette nomination, datée de 1772, que deux ans plus tard, à son retour de captivité. Il fut fait maréchal de camp en 1781, et se retira peu après dans sa terre de Saint-Avit.

L'auteur anonyme des *Recherches sur le Pays du poëte Théophile de Viaud*, etc., dit que le général de Galibert se fit aussi connaître « par l'*Histoire du Siège de Cracovie*, qu'il soutint en 1771 contre une armée entière de Russes, histoire dont un ministre a été l'éditeur. » Le ministre-éditeur fut, sans doute, Emmanuel-Armand de Wignerod; mais la relation du général ne se retrouve plus.

2° Guillaume-Charles Duburgua, naquit à Aiguillon en 1765, et mourut à Agen le 1er septembre 1835. Officier supérieur, membre du conseil du 1er arrondissement de Lot-et-Garonne, conseiller de préfecture à Agen, membre de la Société académique de cette ville, il a publié : « Mémoire théorique et pratique sur la culture du tabac dans les départements du midi de la France, et principalement dans celui de Lot-et-Garonne, telle qu'elle est pratiquée depuis 1789, avec des observations et des expériences tendant à améliorer cette culture. » (*Agen, impr. Raymond Noubel*, an XIII (1805), in-8° de 136 pp.) : et 2° Manuel du cultivateur de tabac, à l'usage des planteurs du département de Lot-et-Garonne, (*Agen*, ibid., in-8° de 24 pp.)

3° Justin Duburgua, chimiste, frère du précédent, né à Aiguillon en 1777, s'enrola, à l'âge de 14 ans, afin d'aller rejoindre son frère à l'armée d'Italie (1796), et le département lui décerna un sabre d'honneur pour sa brillante conduite. Il avait été attaché aux ambulances de notre armée et était devenu le disciple et l'ami de Spallonzini, Fontana, Scopoli et Baratieri.

Rentré en France, il se livra avec passion à l'étude des sciences, pour lesquelles il avait des aptitudes remarquables, et lors de l'expédition de Saint-Domingue, il concourut avec succès, à peine âgé de 21 ans, pour l'emploi de pharmacien en chef militaire. Il a laissé deux ouvrages : 1° « Le Newtonianisme de l'amitié. Lettres philosophiques sur la lumière et les couleurs. » (Paris, 1802, in-8°) et 2° « Traité de Physique mise à la portée de tout le monde, avec un éloge du comte Barratieri, et un Essai sur les sensations de l'odorat et du goût. » (Paris, 1803, in-8°).

De ce jeune savant, si prématurément disparu à l'âge de 26 ans, on cite aussi de remarquables articles de presse relatifs à des « Expériences sur la décoloration des liqueurs végétales par le charbon. Ses « Topographies médicales de Lodi et de Saint-Domingue » sont restées manuscrites (1).

---

(1) Voir *Bibliographie générale de l'Agenais*, par Jules Andrieu, t. I.

CHAPITRE IX

Histoire ecclésiastique. — Aiguillon et ses annexes, l'hôpital, les Carmes, les Filles de la Croix. — Saint-Côme. — Nicole. — Pélagat.

I. — D'après le Pouillé de Valéri (1), la paroisse de Saint-Félix d'Aiguillon et ses annexes : Compazets, Saint-Jean d'Aubès, Cadron de Goutz, Sainte-Radegonde et Saint-Avit de Meys étaient comprises dans l'archiprêtré du siège d'Agen (2). Un document plus ancien donne le nom de ces églises de la manière suivante : « Ecclesia de Miramonte et de Compazet (aujourd'hui Lagarrigue), de Daubes (Saint-Jean d'Aubès ou du Bosc), de Cadron (Saint-Vincent de Gouts ou Cadron de Gouts), ecclesia Sancti Centi de Meys (Saint-Avit de Meys, appeau de 1627). Au XVIIe siècle, Saint-Félix d'Aiguillon et ses annexes, Sainte-Radegonde, Saint-Vincent de Gouts, Saint-Avit, Notre-Dame de Lagarrigue, Saint-Jean du Bosc et Saint-Martin faisaient partie de l'archiprêtré de Montpezat.

Saint-Félix d'Aiguillon était un membre du prieuré de Buzet dans le Condomois. Ce prieuré dépendait lui-même de l'antique abbaye de Saint-Sever au diocèse d'Aire. L'église de Saint-Martin (de Labeousse), dont le nom figure encore dans les titres les plus récents, est depuis longtemps détruite. L'union des autres annexes à la cure d'Aiguillon remonte à une époque assez reculée mais qu'on ne saurait préciser. Elle fut faite *ad vitam*, en 1497, sous Léonard de la Rovère, évêque

---

(1) M. G. Tholin écrit Jean de Valier. Ce dernier, évêque de Carles, puis de Grasse, était en 1551 suffragant et vicaire général de Matteo Bandelli (Mathieu Bandello, évêque d'Agen de 1550 à 1555.)

(2) « In archipresbyteratu Sedis : Rector Sancti Felicis de Aculeo, de Compazetz, Sancti Joannis Daubes, du Cadron de Goutz, Sancte Radegundis et Sancti Aviti de Meys. »

d'Agen, en faveur de François de Montpezat. On a des bulles du pape Alexandre VI, du 8 avril 1497, ratifiant cette union. Il paraît qu'elle existait bien antérieurement à cette date. On ne pouvait, il est vrai, en fournir la preuve juridique. Aussi arrivait-il qu'à chaque vacance du bénéfice, les paroisses annexes étaient impétrées séparément et obtenues en cour de Rome, comme de véritables cures. De là, des procès interminables qui ne cessaient qu'à la suite de marchandages plus ou moins scandaleux. Pour remédier à cet état de choses, considérant d'ailleurs l'insuffisance du revenu de la paroisse Saint-Félix, 250 livres à peine, Mgr de Chabannes procéda canoniquement quant à une nouvelle union qui fut ensuite confirmée par lettres patentes du roi vers 1740 (1) ; de sorte qu'en l'année 1789 Aiguillon arrive en tête des paroisses, d'après leur revenu officiel, avec 3,800 livres et passe à juste titre pour en valoir de 12 à 15,000 (2).

L'auteur anonyme des *Recherches sur le pays du poëte Théophile de Viaud*, etc., souvent citées, écrivait dans cet ouvrage en 1788 : « La cure d'Aiguillon à laquelle ont été réunies, il y a environ deux cent cinquante ans (3), cinq paroisses voisines, est devenue par son étendue, ses revenus et son gouvernement pastoral, le bénéfice à charge d'âmes le plus important du diocèse. Ceux qui sollicitèrent cette réunion auprès du pontife qui, trompé par un faux exposé, consentit à réunir cinq chapelles seulement : *modo sint capellæ*, mériteroient de grands reproches, si les évêques d'Agen et les prieurs de Buzet qui en sont les collateurs alternatifs, n'eussent eu la sagesse de confier presque toujours le soin de cette église aux pasteurs les plus respectables, tels que les Dubois, les Brienne, les Lagrèze, les Passalaigue, les Mazac, etc. »

« L'église Saint-Félix, dit le colonel Duburgua dans son Mémoire manuscrit, devait appartenir au commencement du xiiie siècle, d'après ce qu'on a pu voir au moment de sa destruction. Comme l'église des Jacobins d'Agen, elle était divisée en deux nefs, soutenues au milieu par trois piliers carrés, cantonnés de chaque côté d'une colonne engagée d'un tiers environ (voir planche III) ; les chapiteaux écornés ou abattus étaient méconnaissables : il fallait les préparer à recevoir, comme

---

(1) *Pouillé du diocèse d'Agen*, en 1789, par l'abbé Durengues, p. 659-660.
(2) *Ibidem*, p. 80.
(3) Nous venons de voir par ce qui précède qu'il y avait plus de 250 ans.

tout le reste de l'édifice, une couche épaisse de plâtre selon le goût du temps. Cette *belle* opération fut faite à l'époque de la construction du château neuf. Les murs intérieurs étaient plats et on pouvait voir encore l'emplacement des consoles correspondant aux colonnes des piliers qui soutenaient les deux nefs. Les voûtes renforcées par des nervures en pierre d'appareil prenaient leur point d'appui sur les chapiteaux des colonnes. On a pu en distinguer les amorces en 1858, époque de la démolition de l'église qui laissa apparaître une litre parsemée des écussons des Richelieu.

» Le chevet, à l'extérieur (voir planche III), se composait de deux demi-hexagones reliés par la ligne médiane des piliers de raccordement des deux nefs. L'un a subsisté jusqu'à jusqu'à la fin, l'autre a disparu à l'époque où on a construit le porche, la porte d'entrée (1) et un escalier au moyen duquel on descendait par une douzaine de marches dans l'église, dont le niveau se trouvait à deux mètres environ en contre-bas du sol actuel. L'abside était circulaire; les croisées à plein cintre avaient été remaniées plusieurs fois et particulièrement au siècle dernier, surtout en 1779.

» A l'extérieur, des contre forts sans retrait et en biseau s'élevaient à peu près jusqu'aux trois quarts de l'amortissement du mur. La façade-ouest s'appuyait sur l'enceinte. Le clocher carré, servant primitivement de porte d'entrée sur le côté-nord, se trouvait dans l'axe de la rue qui conduit chez M. le docteur Nebout, à l'ancien château de Lunac. On a mis au jour sa base lors de la démolition de l'église. Il était intérieur et n'avait qu'une légère saillie à l'extérieur. Des traces d'incendie (de 1430 sans doute) se voyaient sur le mur de l'abside et surtout derrière l'autel. Ce côté était encore noirci par les flammes et les moellons étaient effrités. L'appareil des murs tout en pierre était semblable à celui de l'enceinte.

» Sur la face-sud, il y avait autrefois quatre chapelles. L'une, la plus rapprochée de l'autel, était affectée à la sacristie ; la seconde dédiée à la Sainte-Vierge ; la troisième avait été supprimée et son ouverture bouchée à l'époque du plâtrage de l'église, pour faire place à la chaire ; la quatrième n'avait pas de destination. Elevées entre les

---

(1) Délibération des maire et consuls du 7 sept. 1779. Ont signé Merle, maire, Salvandy aîné, syndic, Boudon de Lacombe, Lebègue de Gimon, Garrigue, Turpin de l'Antre, Miraben, greffier.

Délibération du 1er nov. 1779. Ont signé Merle, maire, Nebout, consul, Leaumont de Rieubet, consul, Bitaubé, Verdolin de Pouchon, le chevalier de Tourtonde.

contre-forts, elles communiquaient avec la nef au moyen de grandes ouvertures en brèche. Il était facile de s'assurer qu'elles étaient de beaucoup postérieures à la construction de l'église. Un jeton de Louis XIII trouvé dans l'intérieur du mur de l'une d'elles semble en indiquer la date. Un acte de 1736 déposé dans l'étude de M. Termes Dubroca mentionne trois chapelles. L'une, de Saint-Robert, avait été fondée ou restaurée par M. Métau ; l'autre était celle de Sainte-Catherine et la troisième avait pour fondateur M. Barrier. Une des trois devait occuper la place de la chapelle de la Vierge ; l'autre était celle qui fut plus tard remplacée par la chaire et l'autre celle qui lui était adjacente. Quant à celle qui formait la sacristie, elle a dû toujours avoir cette destination. Mais où était la chapelle de la Vierge ? Sans doute dans la nef de gauche, à la place de la porte d'entrée percée seulement à la fin du xviiie siècle. »

« Bien que la population fut demeurée fidèle à la religion catholique, à l'époque de la Réforme, dit l'abbé Durengues dans son *Pouillé*, (p. 664-665), l'église de Saint-Félix se trouvait à la fin du xvie siècle dans le plus déplorable état. D'après l'évêque Nicolas de Villars, les autels et les fonds baptismaux étaient renversés, le reposoir du Saint-Sacrement avait disparu, le toit s'était effondré... le cimetière était ouvert, bien qu'il eut été clos, plein d'ordures, d'immondices et d'égouts des maisons voisines (1). Le prélat supplia les principaux habitants « de s'affectionner à la réparation de leur église comme étant témoins oculaires avec lui de l'état misérable où elle se trouvoit ». Elle ne fut recouverte que vers 1640, grâce aux libéralités de la duchesse d'Aiguillon qui donna 3,000 livres pour cet objet. Elle était longue de trente-sept pas, large de vingt-trois, haute de trente-huit pieds, bâtie de pierre et lambrissée. Une rangée de cinq piliers (le colonel Duburgua dit trois) la partage en deux nefs. Il y a trois chapelles, l'une du côté de l'Evangile, dédiée à sainte Catherine, où est desservie la chapellenie de ce nom, deux du côté de l'Epître : la première dédiée à Notre-Dame de la Compassion, la deuxième au fond de l'église, dite de

---

(1) C'était le cimetière primitif, situé entre les deux bourgs de Lunac et du Fossat, à l'endroit où est aujourd'hui l'avenue de l'église. Un nouveau cimetière, placé à l'extrémité-est des promenades, fut béni le 17 décembre 1735. (Voir ce que dit au chapitre VIII sur l'insalubrité de ce nouveau cimetière, l'auteur anonyme des *Recherches sur le Pays*, etc., si souvent cité).

Notre-Dame des Agonisants. Le clocher (1) est à cent pas de l'église, il est commun à la paroisse, aux carmes et à la ville.

» L'église de Sainte-Radegonde (2) est sur les bords du Lot au milieu du cimetière. Elle est longue de vingt-cinq pas, large de dix. Le clocher est sur le mur du fond en forme de triangle. Démolie quelques années après le Concordat, elle a été rebâtie à deux cents mètres environ de l'emplacement primitif près de la route d'Aiguillon.

» On lisait dans le cartulaire de l'Evêché que le seigneur de Montpezat avait abandonné à l'Evêque d'Agen, le 3 février 1239, la dîme de Sainte-Radegonde qui est entre Aiguillon et Gouts ; les frères Coissalt, le 13 septembre 1283, celle de Gouts ; Paul de Lunac, celle de Saint-Jean d'Aubès, le 12 novembre 1257. On ne sait ni quand ni comment ces dîmes ont fait retour à la cure ». (*Pouillé*, déjà cité, p. 666).

Nous avons dit au chapitre IV que le lieu de Sainte-Radegonde était aussi appelé Anymulle.

Le 1er avril 1602, dans l'église de Sainte-Radegonde, fut bénite la cloche de ladite église à laquelle on donna le nom de Sainte-Radegonde. Le parrain fut Messire Antoine, seigneur de Montazet, et la marraine d^{lle} Françoise de Malvin, femme du parrain. Furent présents MM^{es} Jean Sanson, juge d'Aiguillon, Me Jérôme Brienne, marchand et premier consul, MM. les trois autres consuls et un grand nombre de jurats (*Reg. paroiss.*)

L'église de Saint-Vincent-de-Gouts a les mêmes dimensions que celle de Sainte-Radegonde. Elle est voûtée de la dernière période de l'ogive, a son chevet pentagonal dont les arcs de voûte multipliés sont unis par sept clefs. La clef principale présente des armes sculptées : écartelé : aux 1er et 4, trois bandes ; aux 2 et 3 trois fasces. La nef est de

---

(1) Ce clocher était l'ancien beffroi décrit au Chapitre Ier.

(2) Il y avait sur le bord du Lot, dans la paroisse Sainte-Radegonde, au château de Boussères appartenant depuis la fin du xve siècle aux Malvin de Montazet, une chapelle domestique. Ce n'est pas dans ce château mais à Quissac que naquit, le 17 août 1713, Antoine Malvin de Montazet, archevêque de Lyon de 1758 à 1788 et membre de l'Académie Française. Ce prélat attira auprès de lui un prêtre, natif d'Aiguillon, Thomas Merle de Castillon, dont il fit son vicaire général. L'abbé de Castillon fut condamné le 25 frimaire an II (15 décembre 1794) à la peine de mort comme prêtre réfractaire et exécuté à Lyon, le même jour. Voir sa biographie édifiante dans les « *Martyrs de la Foi* », par l'abbé Guillon.

trois travées, dont les deux premières sont des grandes croisées d'ogives et celle du fond d'une petite croisée. Une chapelle, dédiée à Notre-Dame, de même style, est ajoutée au sud. Le clocher, contemporain du reste de l'édifice, est un mur droit percé en haut de deux ouvertures cintrées pour recevoir les cloches. On y monte par un escalier à vis en pierre construit dans une tour adossée au mur de l'église vers le fond au nord-ouest. On voit par un plus ancien clocher en grosses briques encastré dans le mur du clocher actuel dont nous venons de parler, qu'une église plus antique, assise sur un sol beaucoup plus bas existait en ce lieu. On a trouvé dans le cimetière des auges en pierre de l'époque mérovingienne. Peut-être cette église était-elle bâtie sur les ruines d'un temple.

L'église de Saint-Avit est sur une colline. Elle est longue de vingt pas, large de huit. Le sanctuaire est voûté. Du côté de l'Evangile il existe une chapelle voûtée. On a trouvé des amorces de murs gallo-romains dans la propriété de Mme Dayres, née de Redon.

« L'église de Notre-Dame de Lagarrigue est sur le penchant d'une colline. Elle est longue de quarante pas, large de douze et voûtée. Il y a deux chapelles, l'une du côté de l'Epître, dédiée à Sainte-Anne, l'autre du côté de l'Evangile, dédiée à Saint-Cloud. Ces deux chapelles ont été interdites par Mgr d'Yse de Saléon. » (*Pouillé*, cité, p. 665-666).

» La date de cette église, dit M. Tholin (*Etudes sur l'Architecture religieuse de l'Agenais*, p. 235), est certaine : le millésime de 1559 est gravé sur la clef de voûte principale de la première travée. La couverture du chevet est soutenue par un réseau d'arcs unis par sept clefs. Les trois premières travées de la nef sont recouvertes par des voûtes en étoiles ; celle du fond, par une simple croisée d'ogives, ainsi que les croisillons. Des demi-colonnes composent les dosserets qui divisent les travées. Une tour rectangulaire, ayant un étage de baies en plein cintre, surmonte la façade occidentale. »

« L'église se Saint-Jean du Bosc ou d'Aubès est située sur une colline ; elle est longue de vingt-cinq pas, large de huit et lambrissée. Le clocher est une tour que termine un pavillon couvert de tuilles à crochet.

» Dans toute l'étendue du bénéfice, la dîme du blé se paie au onzième, du vin au vingtième dans le chai et au seizième à la vigne. A Aiguillon, le prieur de Buzet prend à peu près toute la dîme. Son *dimier*, assez restreint, porte le nom de barouillage. Le curé n'a que les novales et la dîme de quelques terres formées par alluvion. A Saint-Jean d'Aubès, les chapelains de Montpezat prenaient autrefois la moitié de la dîme. Ils ont fait abandon au curé de tous leurs droits, moyennant une redevance annuelle de 80 livres. Dans les autres annexes le curé est seul décimateur. Son revenu est exactement de 11,000 livres(1); sa cure la plus riche du diocèse. Il y a un presbytère à Aiguillon, à Lagarrigue et à Saint-Vincent de Gouts. La fabrique d'Aiguillon possède une métairie (2) dont le revenu est employé à l'entretien de l'église. A Saint-Jean-d'Aubès, la confrérie de Saint-Jean jouit d'une vigne de dix cartonnats donnée par Dumoulin de Montorzet.

» Le droit de nomination a été longtemps contesté entre l'Evêque et le Prieur de Buzet. Il a été réglé par une transaction, vers 1740, que l'un et l'autre nommeraient alternativement.

» On compte mille communiants à Aiguillon, cent quatre-vingt à Sainte-Radegonde, soixante à Gouts, deux cents à Saint-Avit, quatre cents à Lagarrigue et cent à Saint-Jean d'Aubès. Le curé réside à Aiguillon et y fait le service ordinaire. On prêche dans cette ville l'avent, le carême et l'octave du Saint-Sacrement. Il y avait au XVIe siècle quelques vignes dont le revenu était affecté à l'entretien de la lampe du Saint-Sacrement. Ces vignes passèrent, dans la suite, aux mains des consuls qui, depuis, paient les honoraires du prédicateur. Pour ce qui est de la prédication de l'octave, le curé partage avec eux tous les frais. Il y a cinq vicaires pour desservir les annexes. L'un réside à Lagarrigue et y fait toutes les fonctions curiales. Les autres résident à Aiguillon et vont tous les dimanches et fêtes dire la messe et chanter les vêpres dans les autres annexes. Mgr Claude Joly avait fixé à quatre le nombre des vicaires par une ordonnance confirmée par le Parlement de Bordeaux. » (*Pouillé*, déjà cité, p. 666-667).

Nous donnons ici la liste des curés et vicaires :

Du commencement du XVIIe siècle à l'année 1629, nous trouvons : *Antoine Rodolès*, prêtre et recteur de Saint-Félix d'Aiguillon et de ses cinq annexes.

Il eut pour vicaires : 1601, Pierre Rodolès, Berthoumieux Colom-

---

(1) En 1789, Aiguillon arrive en tête des paroisses, d'après leur revenu officiel, avec 3,800 livres et passe à juste titre pour en valoir de 12 à 15,000.

(2) En l'année 1624, Pierre Lesperon légua à l'église Saint-Félix la métairie de Bouquinet. (*Archives départementales de Lot-et-Garonne*, E. Suppl. 865. II. 34).

bier, Etienne Lanaccassaigne, Thomas Couderc ; 1601-1619, Antoine Demaux ; 1609-1621, Pierre Colombier ; 1609-1627, Géraud Falguières, qui signe en 1609 « pro rectore » ; 1609-1619, Jean Taleuse, Paul Pègues ; 1619-1629, Louis Saint-Jury ; 1620-1625, Bernard Raynal ; 1620-1629, Jean Cardiac ; 1620-1628, Jean Bonis ; 1627-1632, Antoine Colombier ; 1627-1628, Bernard Carrère.

De 1629 à 1641, *Joseph Rodolès*, prêtre et recteur de Saint-Félix.

Vicaires : 1629-1631, Auréjac ; 1629-1645, Géraud Bousquet ; 1630-1633, Benoit Rodolès ; 1632-1539, E. Servat ; 1632-1633, Galtier, Ramon ; 1634-1636, Pierre Viguier ; 1635-1648, Antoine Bon ; 1637-1662, Raynal.

De 1661 à 1678, *Jean d'Escayrac*, docteur en théologie, prêtre et recteur de Saint-Félix, archiprêtre de Montpezat.

Vicaires : 1635-1648, Antoine Bon, déjà cité ; 1637-1662, Raynal, déjà cité ; 1643-1545, Jean Aubert ; 1644, Ambroise Rodolès ; 1645, Durand-Bladié ; 1645-1651, J. Lagarrigue ; 1651-1652, Jean Paychery; 1652, Lacam, Chammas ; 1652-1663, Monteau ; 1656-1660, Bures ; 1656-1663, Philippe Daubas ; 1657, Brienne, Dumolin ; 1655, P. Descayrac ; 1660-1672, Tourtonde ; 1660, Jean Gratecap ; 1661-1662, Guillaume Delrieu ; 1663, Bernard Coue ; 1664-1671, Meilhan ; 1664-1607, Merle ; 1665, Verdier ; 1660-1701, Jean Miraben ; 1667-1671, Margoet ; 1670-1671, Lafourcade (1) ; 1671-1678, Mosquet ; 1672-1673, Boisse ; 1675-1677, Lacaze ; 1675-1676, Descailhaous ; 1676, Daurée ; 1677, Dayrand ; 1677-1682, Jean Mercier.

De 1678 à 1690, *Jean Mazac*, docteur en théologie, prêtre et recteur de Saint-Félix, archiprêtre de Montpezat, promoteur du diocèse.

Vicaires : 1660-1701, Jean Miraben, déjà cité ; 1677-1682, Jean Mercier, déjà cité ; 1678, Labrunie ; 1679-1682, Guillaume Rigal ; 1679-1685, Ratier ; 1680-1683, Jean Granier ; 1681, Arnaud Monbet ; 1682, Arnaud Flourans ; 1683-1685, Thomas Lescure ; 1683-1709, Barthélemy Matges ; 1683, Nicolas-Jacques Beaulaigue ; 1684-1688, Lafargue ; 1684, Vidouze ; 1685-1691, François Réau ; 1685-1687, Pierre Loze de Plaisance ; 1685-1686, Bernard Lacaze ; 1688-1692, Combes ; 1689-1697, Etienne Lacaze.

De 1690 à 1719, *Joseph Gilbert*, docteur en théologie, prêtre et recteur de Saint-Félix.

---

(1) Lafourcade était fils de Bernard de Lafourcade, capitaine gouverneur et lieutenant général d'Aiguillon, dont nous avons parlé au chapitre VII.

Vicaires : 1660-1701, Jean Miraben, déjà cité ; 1683-1709, Barthélemy Matges, déjà cité ; 1685-1691, François Réau, déjà cité ; 1688-1692, Combes, déjà cité ; 1689-1697, Etienne Lacaze, déjà cité ; 1690-1692, Jean Fournier ; 1692-1694, Robert Chapdeu ; 1693-1694, Delom, J. Moynié ; 1664, Teyssonnières ; 1695-1696, Roux ; 1695-1712, Lacroix ; 1698-1699, Lacombe ; 1700-1704, Mélanger ; 1701-1718, Miraben ; 1701-1704, Carmentran ; 1705-1714, Gauthier ; 1707-1715, Delpech ; 1711-1713, G. Gaubert ; 1713-1719, Jean-Jacques Mazac ; 1715, Montagne ; 1715-1721, Pierre Duvignau (1) ; 1715-1716, Lamourdedieu ; 1718, Duburgua ; 1718-1722, Lafargue.

Du 20 novembre 1719 au 15 juillet 1727, *Jean-Jacques Mazac* (2), recteur de Saint-Félix et archiprêtre de Montpezat.

Vicaires : 1715-1721, Pierre Duvignau, déjà cité ; 1718-1722, Lafargue, déjà cité ; 1720-1721, Antoine Espinasse ; 1721-1723, Rabié; 1722-1729, Pierre Maure Bisel ; 1722-1723, Briffaut ; 1723-1724, Monbet ; 1723-1730, Bonhomme ; 1723-1724, Layrac ; 1725-1030, Antoine Gasquet ; 1725, Pierre Latour de Conteron ; 1726-1737, Péborde.

Du 25 mars 1728 au 9 avril 1732, la cure étant en litige, Pierre Maure Bisel, vice-curé de Saint-Félix d'Aiguillon.

Vicaires : 1729, Lacoste ; 1730-1738, Flourans ; 1730-1732, Bernard de Montayral ; 1631-1737, J.-B. Duburgua ; 1731-1732, Bisel.

---

(1) Pierre Duvignau fut d'abord avocat au Parlement de Bordeaux, et marié à Preignac avec Mademoiselle Lamothe. Après treize ans de mariage, sa femme mourut, lui laissant cinq garçons et une fille. Ce malheureux événement le plongea dans une si grande affliction qu'il résolut de se faire prêtre. Il confia donc le soin de sa famille à un ami, voisin de sa maison de Fromadan, nommé Lafargue, et entra au Séminaire d'Agen où il fut ordonné prêtre. Nommé vicaire à Aiguillon en 1745, il devint en 1722 curé de Port-Sainte-Marie. Ses deux fils aînés entrèrent au service, le troisième se fit grand carme, le quatrième prêtre séculier, le cinquième, aveugle de naissance, mourut célibataire. La fille ne se maria pas. Un jour de fête votive, Pierre Duvignau chanta la Grand'Messe à Port-Sainte-Marie, assisté de ses deux fils en qualité de diacre et de sousdiacre. Plus tard il fut promu à la cure de Puymirol, où il mourut dans un âge avancé. L'aîné de ses fils, qui devint chef de bataillon, se maria avec Mademoiselle Lafitte, fille aînée et héritière de Joseph Lafitte et de Catherine du Gasquet.

(2) Jean-Jacques Mazac était le neveu de Jean Mazac, premier recteur de Saint-Félix de ce nom. Il fit un voyage à Paris. C'est de lui dont il est question dans un arrêt du parlement du 7 juillet 1724 qui condamne Jean Chartier, hôtelier sur la route d'Orléans, à payer au sieur Barbier de La Serre, chanoine d'Agen et au sieur Mazac, curé d'Aiguillon en Agenais, 2.000 livres qu'ils déclarèrent par serment leur avoir été volées dans l'hôtellerie. (*Recherches sur le pays du poëte*, etc.)

Du 9 avril 1732 au 24 avril suivant, la cure étant en litige, Bernard de Montayral, vice-curé de Saint-Félix en remplacement de Pierre Maure Bisel, démissionnaire et nommé curé de Port-Sainte Marie.

Du 24 avril 1732 à 1737, *Pierre Mazac*, licencié en droit canon et civil, recteur de Saint-Félix.

Vicaires : 1726-1737, Péborde, déjà cité ; 1730-1738, Jacques Flourans, déjà cité ; 1731-1737, J.-B. Duburgua ; 1733, Vergez de Cazaux; 1733-1734, J.-B. Duchanin (1) ; 1735, Barbier de La Serre ; 1736-1737, Lafitte ; 1737, Masquard.

De 1737 à 1754, *Jean-Bernard Passalaigue* (2), docteur en théologie, recteur de Saint-Félix.

Vicaires : 1737-1750, Bertrand-Maurice Sénéchal ; 1738, Bussac ; 1738-1739, Bourière ; 1738-1744, Jean Nebout (3) ; 1739-1753, Pierre Vilatte ; 1739, Gratien-Félix de Redon des Fosses (4) ; 1740-1748, Guillaume Louis Boudon de Lacombe (5) ; 1744, Malaure ; 1744-1754, Vergez de Cazaux ; 1745-1747, Canet, Pierre Leaumont ; 1751-1753, Duburgua.

De 1754 à 1768, *Jean Chaloupy de Lagrèze*, docteur on théologie, recteur de Saint-Félix, archiprêtre de Montpezat.

Vicaires : 1751-1755, Duburgua, déjà cité ; novembre 1753-1758,

---

(1) M. J.-B. Duchanin fut nommé curé de Pardaillan. Il vote en celle qualité avec le clergé en mars 1789 pour l'élection des députés aux Etats Généraux.

(2) M. Jean-Bernard Passalaigue, curé d'Aiguillun et abbé de Pérignac, fut nommé chanoine de la cathédrale et vicaire général de Mgr Gilbert de Chabannes en 1754. Il reprit cette dernière charge en 1768 auprès de Mgr Louis d'Usson de Bonnac. En 1789 M. Passalaigue, abbé de Pérignac et vicaire général possédait une maison canoniale à Agen. Il sera détenu dans sa maison en 1795, à cause de ses 83 ans. (*Pouillé*, déjà cité, pp. 84 et 116.)

(3) M. Jean Nebout, né le 13 janvier 1710, prit possession de la paroisse de Pélagat le 15 août 1744.

(4) Gratien Félix de Redon des Fosses prit part en mars 1789 à l'élection des députés du clergé aux Etats Généraux, en qualité de prieur de Saint-Blaise du Breuil. (*Procès-verbal de l'Assemblée des trois ordres*, etc.). Il était chanoine de Saint-Etienne d'Agen. Il sera détenu en 1794. Monestiers le fera marier pour le tirer de réclusion. (*Pouillé* déjà cité, p. 117.)

(5) M. Guillaume-Louis Boudon de Lacombe deviendra prieur-curé de Notre-Dame de Puymirol et archiprêtre de Ferrussac. Il sera incarcéré à Agen pendant la Terreur. (*Pouillé*, déjà cité, p. 246-249).

Antoine du Roux de Monplaisir (1) ; 1754-1759, Louis Monforton (2) ; 1756-1765, Turpin ; 1758-1775, Jean-Joseph Nebout (3) ; 1760-1768, Brienne ; 1766-1767, Gardelle (4) ; 1768, Molié.

De 1768 à 1770, *Brienne*, recteur de Saint-Félix.

Vicaires : 1768-1771, Lacaze.

De 1770 à 1791, Jean-Louis Dubois (5), docteur en théologie, recteur de Saint-Félix.

Vicaires : 1770-1772, Galaup ; 1775-1791, J.-B. Secheyran (6); 1777-1791, Courrèges (7) ; 1780-1785, Jean-Urbain d'Auber de Peyrelongue (8); 1768, Molié ; 1788-1791, Duportal ; 1791, Prayssas, Joseph-Pierre Chaubet (9) et Joseph Nouguès (10).

---

(1) M. Antoine du Roux de Monplaisir sera nommé recteur de Saint-Cristophe de Galapian et de ses annexes Saint-Pierre de Pompéjac et Notre-Dame de Quintran. Il prêtera le serment à la Constitution civile du clergé, le rétractera et sera maintenu à son poste après le Concordat. (*Pouillé*, déjà cité, p. 652).

(2) Louis Monforton deviendra curé de la cathédrale Saint-Etienne et de ses annexes Notre-Dame du Bourg et Saint-Vincent des Corbeaux. « Fort bon homme, à n'en pas douter, mais faible et fort au-dessous de sa tâche. C'est un malheur pour lui qu'il ait succédé à un homme de premier mérite, M. Arbeau, dont la perte a laissé un grand *déficit* dans la paroisse. Louis Monforton renoncera à sa cure en 1791, pour devenir premier vicaire cathédral de l'évêque constitutionnel. Après le Concordat, le titre de cathédrale étant trasnféré à l'église Saint-Caprais, il sera nommé curé de la paroisse, alors créée, de Notre-Dame d'Agen. » (*Ibidem*, p. 124-127).

(3) M. Jean-Joseph Nebout, né le 28 octobre 1732, docteur en théologie, deviendra curé de Saint-Pierre de Lacépède, prêtera le serment en 1791 et mourra le 22 nivôse an VI (1797) (*Ibidem*, p. 712).

(4) Voir sur l'abbé Gardelle, chapitre X.

(5) Jean-Louis Dubois prêtera le serment en 1791, sera curé constitutionnel et mourra peu après, pendant la Révolution.

(6) M. J.-B. Secheyran deviendra curé de Saint-Symphorien de Nicole, prêtera le serment, le rétractera et sera maintenu à son poste après le Concordat. (*Ibid*, p. 650).

(7) M. Courrèges sera nommé curé de Gontaud après le Concordat.

(8) M. Jean-Urbain d'Auber de Peyrelongue deviendra curé de Saint-Sulpice de Montagudet dans l'archiprêtré de Ferrussac, émigrera pendant la Révolution et sera nommé curé de Lauzun après le Concordat. (*Ibid*. p. 372-373).

(9) M. Joseph-Pierre Chaubet prêtera le serment ainsi que M. Dubois, son curé, deviendra curé constitutionnel d'Aiguillon pendant la Révolution, sera nommé curé de Gouts de Meilhan après le Concordat. (Voir sur ce personnage chapitre X.)

(10) M. Joseph Nouguès prêtera le serment comme son confrère qui précède.

Il existait trois chapellenies fondées et desservies dans l'église de Saint-Félix d'Aiguillon. La première par rang d'ancienneté était dite de Sainte-Catherine. Elle avait été fondée par un prêtre, nommé Jean de Paulhac, le 13 juillet 1373. Le service était de deux messes par semaine, le mercredi et le vendredi. Les biens consistaient en sept carterées de terre labourable et vigne. Elle était de la nomination du curé et des consuls. Le titulaire devait être, autant que faire se pouvait, un prêtre natif de la paroisse. Les registres paroissiaux mentionnent comme chapelains de ladite chapelle: en 1654, M. Bernard Lacaze, prêtre, qui fut enseveli dans le presbytère de Saint-Félix, à l'âge de 86 ans, le 6 août 1693, en présence de MM. Matges, curé de Saint-Côme, J. Moynié, Robert Chapdeu et Delom, vicaires ; vers 1701, M. Pierre Falempin, prêtre, qui fut inhumé dans la chapelle de Sainte-Catherine, à l'âge de 34 ans, en 1711. Le 25 octobre 1736, M. Me Jacques Flourans, prêtre et vicaire de Saint-Félix, fut présenté à Mgr l'Evêque d'Agen, par les curé, maire, sous-maire et consuls d'Aiguillon, comme chapelain de la chapelle de Sainte-Catherine. Au moment de la Révolution, M. Pierre Mallié, futur constitutionnel, était chapelain. Il ne fut pas employé à l'organisation du culte, lors du Concordat.

Venait ensuite la chapellenie Robert fondée en 1687, par Robert Métau de Thoumazet et Jeanne Begoulle, sa femme, qui la dotèrent chacun de 1,500 livres. L'aîné des héritiers présentait, le curé conférait. Etait pourvu de droit tout prêtre de la parenté et à son défaut tout prêtre natif de la paroisse. Le chapelain ne pouvait être en même temps vicaire. Le service était une messe les dimanches et fêtes et l'assistance à tous les offices de l'église Saint-Félix. Le 23 octobre 1736, Simon Bégoulle, de Saint-Avit, et Etienne de Galibert, de Saint-Avit, nomment M. Me Jean-Baptiste Duchanin, à la chapelle de Saint-Robert.

La troisième dite de Barrier avait été fondée par André Barrier, écuyer, sieur de la Cibadère, par son testament du 20 août 1715. Les clauses de la fondation sont les mêmes que celles de la précédente, sauf qu'il y eut en plus deux messes de mort à dire chaque semaine. En 1728, M. l'abbé Barrier en était chapelain. Le 24 octobre 1736, Me Pierre Vilatte, vicaire de Saint-Damian, fut installé à la chapelle susdite et le 2 novembre suivant fut installé à la même chapelle Me Jean-Baptiste Duburgua, sur la nomination faite de sa personne par Simon Barrier, de Cauparre, avocat au Parlement et juge royal de la ville de Damazan.

Une quatrième chapelle, celle du château, était desservie par trois chapelains. « Feu M. le duc d'Aiguillon, possesseur de l'ancienne baronnie de Montpezat, étant venu après sa disgrâce fixer son séjour à Aiguillon, écrit Labrunie (1), y appela, en 1780, du consentement de l'ordinaire, trois chapelains de Montpezat (2), afin, disait-il dans sa requête, *que les offices fussent faits dans ce chef-lieu de son duché avec plus de pompe et de majesté.* Il en laissa un seulement à Montpezat pour y acquitter à lui seul les charges de la fondation. Une qui leur était commune à tous était de joindre à leur office celui de la Vierge et des morts ». Le duc d'Aiguillon nommait à ces bénéfices. Les titulaires étaient au moment de la Révolution : Jean-Barthélémy Doazan, chanoine et doyen du Chapitre d'Aiguillon, qui refusera le serment à la constitution civile du clergé, subira la déportation et sera un instant nommé à Saint-Brice et Coleignes après le Concordat ; Jean-Daniel Mautor, aussi insermenté, qui sera nommé à Saint-Côme après la Révolution, et Pierre-Etienne Leaumont, qui préférera s'exiler en Espagne que prêter le serment et sera nommé à Sainte-Radegonde lors du rétablissement du culte (3).

Nous trouvons dans les comptes des subsides levés pour le Pape dans la province de Bordeaux, à la date du 31 mai 1318 : « la chapelle d'Aiguillon, [est taxée] 70 sols », et dans les comptes du samedi avant la fête de saint Thomas, apôtre, de l'an 1326 : « la chapelle d'Aiguillon 70 sols 8 deniers ; la chapelle de Miramont 4 livres ; la chapelle de Gouts et de Sainte-Radegonde 8 livres, la chapelle de Saint-Côme 70 livres, la chapelle de Saint-Avit de Meys 70 sols, la chapelle de Galapian 7 livres (4) ».

Le 16 avril 1601, Jean du Gasquet, écuyer, est parrain de Catherine de Mirailh, fille de Jean de Mirailh et de Madeleine Gasquet.

---

(1) *Abrégé chronologique*, etc., an. 1482.

(2) Dans le bourg de Montpezat, il y avait la chapelle du château, bâtie par les anciens seigneurs de Montpezat, sous le vocable de Notre-Dame de l'Assomption. En 1482, Charles de Montpezat fonda quatre chapellenies dans cette chapelle avec l'approbation du Pape Xiste IV. Les chapelains, qui prenaient volontiers le titre de chanoines de Montpezat, étaient obligés, les jours fériaux, à dire en commun et en psalmodiant, l'office de la Sainte Vierge et celui des morts et à assister à une messe basse, dite par semaine ; à psalmodier les vêpres les samedis, dimanches et fêtes ; à bénir les Rameaux, le jour de Pâques fleuries, et à faire la procession du Saint-Sacrement le jour de la Fête-Dieu. (*Pouillé*, déjà cité, p. 669-670.

(3) *Pouillé*, déjà cité. — *Etude de M° Grimard*. — *Reg. paroiss*.

(4) *Archives historiques de la Gironde*, XIX, 197-198.

Le 4 octobre de la même année, Jean Treilles est qualifié procureur d'office d'Aiguillon et autre Jean Treilles, régent des écoles *(Reg. parois.)*

En 1608 est faite l'adjudication aux enchères, pour 30 livres par an, des biens appartenant « à la coupe du Purgatoire » (*Archives départementales*. E. Suppl. 863. II. 31).

En 1630, le sieur de Beaulieu est autorisé à fonder un couvent de religieux de l'ordre qu'il voudra. Ce projet n'a pas de suite.

En 1636 une députation de la communauté est envoyée à l'évêque d'Agen pour le prier de ne pas donner à Aiguillon de prédicateur du carême, parce qu'on ne peut faire le service divin ni dans l'église paroissiale, ni dans celle des Carmes, qui sont en ruines. On répare la toiture de l'église Saint-Félix. (*Livre de la Jurade*).

On trouve encore dans le même livre des actes relatifs à l'établissement d'un couvent de l'Annonciade.

Il s'élève l'année suivante, je ne sais quelle querelle entre les habitants d'Aiguillon et leur prédicateur, querelle qui est apaisée grâce à l'intervention du chancelier Séguier, ainsi que nous le fait connaître la lettre de Mgr Barthélemy Delbène ou d'Elbène audit Chancelier :

« Monseigneur, le sieur Passien, grand vicaire d'Agen, après m'havoir escrit le procédé des habitans d'Egulion contre leur prédicateur, m'ha mendé comme sur ce que vous leur havés dict, ils ont changé de façons de faire. C'est une chose qui ne vous est point nouvele de vous rendre le protecteur de l'Eglise, et de reprimer semblables perçones qui se laissent aler à ses désordres par l'abry auquel ils se mettent à la faveur d'un procès qui ne finist pas d'ordinaire en peu de temps. Je vous hay de tres grandes obligations de la peine que vous havés prise de vous souvenir de la prière que vous en havoit faict le dict sieur Passien, etc.

« Paris, ce 25 août 1637 (1) ».

Le 28 décembre 1639, Antoine de Malvin, écuyer, seigneur de Quissac et sa femme Anne de Longuetille sont parrain et marraine à un baptême. Le 2 avril 1641 est aussi parrain Bernard de Tourtonde, prêtre, docteur en théologie. (*Reg. parois*).

Le premier acte que signa Mme de Combalet en entrant en jouis-

---

(1) *Recueil des travaux de la Société d'Agriculture, Sciences et Arts d'Agen*, 2e série, t. iv, p. 397.

sance du duché dont elle devait illustrer le nom, fut un acte de piété et de charité. Elle donna une somme de 22,000 livres, le 18 août 1637, pour fonder à perpétuité une mission d'au moins quatre prêtres ayant pour but d'instruire et de soulager les habitants pauvres de la ville et du duché d'Aiguillon. Le 4 juillet 1642, la duchesse qui déjà, pendant la maladie de son oncle le cardinal de Richelieu, avait fondé une maison de Lazaristes dans son duché, ajouta alors à sa fondation un don de 13,500 livres, pour l'entretien de trois prêtres de plus, qui devaient faire des missions dans toute l'étendue de ses terres en Agenois et en Condomois, afin de reconnaître, disait le texte, « les grâces qu'il a plu à Dieu de faire en la personne de Monseigneur le duc de Richelieu, et lui en demander la continuation (1) ». Il s'agit ici de la fondation du couvent de Notre-Dame de la Rose, près de Sainte-Livrade (2).

En l'année 1643, les PP. Minimes demandent à fonder un couvent dans la ville d'Aiguillon, mais leur requête n'est pas agréée. (*Arch. dép. E. Suppl.* 738. BB. 3).

Le 1ᵉʳ novembre 1646, Jean Descamps, natif de Clairac et François Meynard renoncent à l'hérésie de Calvin et font profession de foi catholique, apostolique et romaine par devant M. Descayrac, recteur d'Aiguillon et en présence du peuple assemblé pour la messe de paroisse.

Le 19 décembre suivant, Jeanne Soulhagon, femme de Mathieu Galnis, native de Clairac abjure la R.P.R. et fait profession de foi catholique dans l'église Saint-Félix par devant le R.P. Chichard, de la Cⁱᵉ de Jésus.

Le 8 septembre 1648, Daniel Dasqué reconnaît et confesse d'un cœur contrit et repentant devant la Très-Sainte Trinité, la glorieuse Vierge Marie et tous les Saints et en présence de son père et de tous les paroissiens. qu'il a grandement failli en adhérant aux hérétiques et déteste, rejette et condamne toutes les hérésies.

Le 2 octobre 1652, Esther Miget abjure de même la R.P.R.

Le 22 avril 1654, Suzanne Loubière fait la même abjuration, ainsi que Marthe Boudon, de la paroisse de Gouts, le 12 juin suivant. (*Reg. parois.*)

Le 29 août 1656, M. de Mérignac, lieutenant général de la ville

---

(1) *La duchesse d'Aiguillon,* par M. Bonneau-Avenant, p. 221 et 293.
(2) Voir sur le couvent de Notre-Dame de la Rose le *Pouillé* déjà cité, p. 680-685.

d'Aiguillon et intendant pour Mme la duchesse remet, au nom de cette dernière, entre les mains de M. Descayrac, recteur de Saint-Félix, un ornement d'église complet de toile d'argent à fond bleu rehaussé d'or avec les parements de velours figuré à fond d'argent, consistant en une chasuble, deux dalmatiques, deux étoles, trois manipules, un devant d'autel, croix, chappes, processionnaux ; plus une chasuble de toile d'argent rehaussée de fleurs avec ses étole et manipule, une bourse et une palle, deux voiles, l'un de toile d'argent rehaussé de soie rose et bordé d'une dentelle d'argent, et l'autre de petit tafetas vert bordé d'une petite dentelle d'argent, six corporaux, en présence de MM. Arnaud de Lacaze, Jean de Métau, avocats en parlement, Simon Bégoulle et Antoine Lacoste, bourgeois, consuls.

Le 28 décembre 1656, Marie Thouars abjure la R.P.R. et fait profession de foi catholique dans l'église de Saint-Félix, entre les mains de M. Ducros, prédicateur d'Aiguillon et grand pénitencier de Mgr l'évêque d'Agen, en préssnce de M. Descayrac, recteur de Nicole, de MM. Reynal et Daubas, vicaires dudit Aiguillon. (*Reg. parois.*)

La *Gazette* du 4 juillet 1665 (p. 648) contient la mention suivante d'une visite et mission de Mgr Claude II Joly à Aiguillon :

« D'Agen, le 22 juin 1665. — Nostre Evesque, ci-devant curé de Saint-Nicolas-des-Champs de la ville de Paris, estant arrivé dans son diocèze, y a aussitost donné les soins qu'il a jugez necessaires : ayant commencé par la ville d'Eguillon où il a fait pendant huit jours, une mission très utile, tant par ses doctes prédications, deux fois le jour, que par la confirmation qu'il a conférée à plus de 2,000 personnes, et la pacification des divisions qu'il y avoit depuis plusieurs années. Aussi toute la province a esté merveilleusement édifiée jusques à ceux de la R.P.R. de Clerac et de Tonneins, dont les principaux ont assisté à ces exhortations, et l'accompagnèrent fort loin avec les catholiques à sa sortie de la dite ville d'Eguillon ».

L'année suivante, ce prélat fait une ordonnance pour régler le service divin et la résidence des vicaires dans les annexes de la paroisse Saint-Félix (*Arch .dép., E. Suppl.* 739. BB. 4).

Les *Registres paroissiaux* mentionnent, en 1666, le baptême de Marc-Antoine de Redon, fils de Charles de Redon, écuyer, et de Germaine d'Anglade ; Mr Me Antoine Descayrac comme chanoine de Saint-Seurin ; le 7 avril 1680, l'abjuration de la R.P.R. faite par Pierre

Gimbelot, âgé de 19 ans, de Marthe Gimbelot, âgée de 15 ans, d'autre Marthe Gimbelot, âgée de 8 ans, de Suzanne Meydieu, femme de Jean de Carmentran, de Moïse de Carmentran, âgé de 9 ans, de Joseph de Carmentran, âgé de 5 ans, d'Anne de Carmentran, âgée de 2 ans et demi, tous habitants de la juridiction, par devant Mr Me Jean Mazac, docteur en théologie, promoteur du diocèse et recteur d'Aiguillon, en présence de Michel Lacaze, lieutenant particulier d'Aiguillon et d'Etienne Galibert, avocat.

Abjurent encore la R.P.R., le 9 février 1681, Jeanne Saint-Genès, de la paroisse de Belot en Albret, diocèse de Condom, habitante d'Aiguillon ; le 16 mars, Jean François et Marie Portes, frère et sœur, du lieu d'Unet ; le 6 mai, Anne Favre, âgée de 28 ans, de la paroisse de Roubillou, diocèse d'Agen ; le 25 mars 1682, Moïse Lespinasse, âgé de 20 ans, fils de Jacques, de Lafitte ; le 5 avril, Anne Salié, native de Villeneuve, âgée de 25 ans ; le 14 mai, Anne Cellier, fille d'Abel, âgée de 25 ans, de la paroisse de Lompian ; le 21 août, Marie Didouan, âgée de 18 ans, fille de Pierre Didouan et de Marie Salié, de la paroisse de Nicole ; le 5 septembre, Marthe Labaubie, âgée de 17 ans, fille de Pierre Labaubie et d'Anne Dauzon, de la paroisse de Nicole ; le 3 novembre, Jean Bégoulle, âgé de 44 ans, fils de Pierre Bégoulle et d'Isabeau Guarin, de la paroisse de Pélagat ; le 12 décembre, Marie Sommières, âgée de 40 ans, de la paroisse de Nicole ; le 27 décembre, Jean Grasset, âgé de 58 ans et Marguerite Henry, âgée de 50 ans, de la paroisse de Quintran, juridiction d'Aiguillon ; le 14 janvier 1683, Pierre Chappe, âgé de 18 ans, fils d'Antoine Chappe et de Marie Margende, de la paroisse de Coleignes, juridiction d'Aiguillon ; le 15 janvier, Bernarde Flouret, âgée de 50 ans, fille de Jean Flouret et d'Anne Couderc ; Marie Bégoulle, âgée de 20 ans, fille de Pierre Bégoulle et de la susdite Bernarde Flouret ; Moïse Grasset, âgé de 12 ans, fils de Jean Grasset et de Marguerite Henry ; le 18 janvier, Marie Lussar, âgée de 30 ans, native de Saint-André de Montpezat et habitante de Lagarrigue ; Larrieu, âgé de 35 ans, fils de Raymond Larrieu et de Marthe Barbe, de la paroisse de Nicole ; Jean Lamothe, âgé de 15 ans, fils de Jean Lamothe et de Jeanne Froysot, de la paroisse de Puch, diocèse de Condom ; le 22 janvier, Jean Fayet, âgé de 24 ans, fils de Pierre Fayet et d'Isabeau Barbecane, de Nicole ; le 29 janvier, Jean Flouret, âgé de 35 ans, fils de Pierre Flouret et d'Anne Bardin ; le 14 février, David Brouquet, âgé de 38 ans, fils de Pierre Brouquet et de Marie Livraud, natif de Coleignes et habitant de Gouts ; le 21 février, Jean Brouquet, âgé de 12 ans, fils de David Brouquet et de

N... Beynard, de la paroisse de Gouts ; le 25 février, Jacques Bégoulle, âgé de 15 ans, fils de Jean Bégoulle et de Françoise Claverie, de la paroisse de Pélagat ; le 25 mars, Clément Soulhagon, maître-charpentier, âgé de 40 ans, fils de Pierre Soulhagon et de Marie Perbet, natif de la paroisse Sainte-Foy de Pech-Bardat et habitant de la paroisse de Clairac ; le 26 mai, Jean Chastel, âgé de 40 ans, natif de la paroisse de Clairac et habitant de la paroisse de Saint-Félix ; le 28 mai, Marguerite Dalliès, âgée de 33 ans, fille de Pierre Dalliès et de Jeanne Buisson ; Jean Chastel, âgé de 12 ans, fils dudit Jean Chastel et de ladite Marguerite Dalliès, tous habitants d'Aiguillon ; le 19 septembre, Jacques Chastel, âgé de 14 ans, fils dudit Jean et de ladite Marguerite ; le 3 janvier 1684, Mathieu Andrieu, âgé de 50 ans, fils de Jacques Andrieu et de Marie Armand, de la paroisse de Granges ; le 9 avril, Raymond Vidouze, de la paroisse de Saint-Caprais de Grateloup ; le 25 février 1685, Jean Regimbeaud, âgé de 45 ans, fils de Pierre Regimbeaud et de Judith Chaudruc, de la paroisse de Quintran ; le 8 avril, Raymond Lacaze, âgé de 17 ans, fils de Guillaume Lacaze et de Marie Claustre, de la paroisse de Saint-Jean d'Aubès ; le 17 juin, Suzanne Diboulet, âgée de 18 ans, fille de Jean Diboulet et de Jeanne Dauzon, de la paroisse de Coleignes ; le 1er septembre, Jean Dubuisson, âgé de 90 ans, de la paroisse de Sainte-Radegonde ; le 2 septembre, Pierre Jats, brassier, âgé de 53 ans, et Pierre Jonquère, traceur de pierres, de la paroisse de Pélagat ; David Loches, âgé de 40 ans, de la paroisse de Pélagat ; Pierre Gélat, habitant d'Aiguillon ; le 3 septembre, Pierre Bonnemoix, âgé de 25 ans ; Jacques Gélat, âgé de 23 ans, Jean Gélat, son frère, âgé de 27 ans ; Rachel Regimbeaud, âgée de 50 ans ; Marie Dubuisson, âgée de 28 ans ; Suzanne Dubuisson, sa sœur, âgée de 22 ans ; Anne Dubuisson, âgée de 19 ans ; Marthe Dubuisson, âgée de 21 ans ; Jeanne Gélat, âgée de 25 ans ; Marguerite Gélat, sœurs, âgée de 15 ans ; Judith Bacqué, âgée de 55 ans, tous de la paroisse de Saint-Félix ; Pierre et Jean Planté, père et fils, âgé le premier de 50 ans et le second de 20 ans, de la paroisse de Nicole ; le 5 octobre, Jean Regimbeaud, âgé de 27 ans, fils de Pierre Regimbeaud et d'Anne Bompar, de la paroisse de Gouts ; le 27 octobre, Suzanne N... ; le 28 octobre, Jean Regimbeaud, âgé de 20 ans ; le 24 février, Jeanne Aymard, âgée de 11 ans, fille de David Aymard et de Suzanne Descombels, de la paroisse de Gouts ; le 25 février, Jean Dauzon, âgé de 12 ans, Judith Dauzon, âgée de 15 ans et Marie Dauzon, âgée de 12 ans, frère et sœurs, enfants de Pierre Dauzon et de Marie Gary, de la paroisse de Gouts ; le 25 mai, David

Duvignau, âgé de 35 ans, natif de Vilotte, juridiction de Fauillet. (*Reg. parois.*).

Le 5 mai 1681, Mgr Jules de Mascaron, évêque d'Agen, fait son entrée dans la ville d'Aiguillon (*Reg. de l'Hôpital*).

« Le 18ᵉ janvier 1687, M. le mⁱˢ de Beinac, passant par ici, mourut et son corps fut retenu par la justice pour n'avoir pas donné à sa mort aucune marque de catholicité » (*Reg. parois.*)

Le 28 mars 1689, Mgr de Mascaron fait sa visite pastorale à Aiguillon (*Reg. de l'Hôpit.*)

En l'année 1693, les consuls, n'ayant pas été invités par M. le curé à approuver le choix qu'il a fait d'un prédicateur, refusent de voter la somme de 14 livres, gratification ordinaire de la mission (*Arch. dép. E. Suppl.*, 744. BB. 9).

« Aujourd'hui troisième de may de l'année mille sept cents deux, nous sommes revenus en procession generalle de la ville d'Agen au nombre de deux mille ou environ qui nous étions transportés dans ladᵉ ville d'Agen le premier jour de may pour gaigner le jubilé de l'année sainte, qui avoit esté accordé par notre Sᵗ Père le pape Clément onze de la même manière que si nous avions visité les quatre églises patriarcales de la ville de Rome suivant le mandement de Mgr Jules de Mascaron, evesque d'Agen. Nous allâmes à Agen en procession generalle où nous visitâmes en arrivant les quatre églises parroissiales, et le lendemain nous les visitâmes aussi et nous chantâmes la grand-messe dans l'eglise parroissiale de Sᵗᵉ Foy, et les Mʳˢ de la communauté, avant de partir, firent faire un bel étendard bordé d'or et en firent présent à la confrérie du Très Sᵗ Sacrement.

GILBERT, curé d'Aiguillon » (*Reg. par.*)

Le 22 décembre 1702, M. Chalbel, juge de Nicole, est enseveli, à l'âge de 46 ans, dans l'église Saint-Félix.

Le 3 février 1703, Pierre Duchanin, écuyer, est parrain de Jeanne de Sanbusse.

Le 3 mars, est baptisée Marie, fille de Jean de Richard, lieutenant particulier au sénéchal d'Aiguillon, et de Thècle de Muraille. Le parrain est Pierre de Muraille, écuyer, capitaine au régᵗ de Normandie.

Le 4 mai, est baptisée Marie, fille de Pierre Duvignau (1), avocat en

---

(1) M. Pierre Duvignau se fit prêtre après la mort de sa femme, comme nous l'avons déjà vu, devint vicaire d'Aiguillon, curé de Port-Sainte-Marie et ensuite de Puymirol.

parlement, et de Marie de Lamothe. Le parrain est Pierre Gerbuzac, banquier de La Rochelle, remplacé par Pierre Ducourneau, juge d'Aiguillon.

Le 7 août 1704, est baptisée Marie de Sanbusse, fille de Pierre de Sanbusse, capitaine, et de Marguerite Merle.

Le 12 août, est baptisée Jeanne, fille de Pierre Lafitte, sieur de Piles, et de Catherine du Gasquet. La marraine est Jeanne de Mérignac, femme de M. du Gasquet.

Le 23 décembre, noble André Barrier (1), sieur de la Cibadère, gentilhomme ordinaire de la maison du roi, est parrain d'un enfant.

Le lendemain, est baptisé Joseph-Mathurin, fils de Mathurin du Gasquet, avocat en parlement et de Marie de Pandellé. Le parrain est Joseph de Lacoste, conseiller du roi et assesseur, et la marraine Catherine du Gasquet.

Le 1er février 1705, est baptisée Elisabeth, fille de Pierre Leaumont, capitaine, et de Marguerite Merle.

Le 28 septembre suivant, Mgr François Hébert, accompagné de M. l'abbé de Belzunce, son vicaire général, fait sa visite pastorale à Aiguillon.

Le 25 août 1710, est inhumé dans l'église Saint Félix Jacques Géraud, âgé de 50 ans, cuisinier de M. le curé.

Le 27 décembre, est baptisé Marc-Antoine, fils d'André Boudon, écuyer, sieur de Lacombe et d'Ysabeau Nebout, et filleul de Marc-Antoine Nebout et de Rose Boyer, en présence du Mathurin de Gasquet, écuyer, et de Guillaume Nebout.

Le 27 mai 1711, est baptisée Marie, fille de Louis Levelu, sieur de Vaudricourt, major dans le rég^t de Clairfontaine et de Françoise Ducourneau. Le parrain est Charles Levelu, sieur de Clairfontaine, son grand père, remplacé par François Ducourneau, maire d'Aiguillon et grand père maternel de l'enfant et la marraine est Marie Corales, grand mère.

Le 9 juin 1717, est célébré dans la chapelle d'Espalais le mariage de Guillaume Lanauze et de Jeanne-Thérèse du Duchanin.

Le 22 septembre, est baptisé Thomas, fils de Pierre Tapio de Monteils, écuyer, conseiller secrétaire du roi et la marraine Suzanne du Gasquet.

Le 15 novembre, est célébré dans la chapelle du château de Flaon

---

(1) M. André Barrier est le fondateur de la chapellenie de ce nom, dont nous avons parlé.

le mariage de Thomas du Gasquet, écuyer, fils de Thomas du Gasquet, secrétaire du roi et de Jeanne de Mérignac, avec Marie de Bayle, fille de feu Jacques de Bayle et d'Antoinette Brienne, en présence de M. du Gasquet, maréchal de camp des armées du roi, et de Mathurin du Gasquet, etc. (*Reg. parois.*)

Dans le compte rendu par Miraben, receveur de la communauté, pour 1717-1718, nous trouvons aux dépenses 100 livres au P. Grégoire, capucin, pour sa mission de l'Avent ; 56 livres au F. Jean, ermite, supérieur de l'Ermitage du Pech de Bère, pour la pierre du piédestal de la croix de la mission. *(E. Suppl.* 757 bis, CC. 5).

Le 6 janvier 1720, est baptisée Marie-Jeanne, fille de Simon Barrier, officier, et d'Isabeau de Massac. Le parrain est Jean de Massac, juge royal de Puch.

Le 18 mai, est baptisé Jean-Baptiste, fils de Raymond Labarrière, et de Louise Duburgua. Le parrain est le R. P. Jean-Baptiste Duburgua, de la Cie de Jésus, remplacé par Jean de Richard, juge d'Aiguillon (*Reg. parois.*)

Cette année, le R. P. Vincent Souterène, cordelier, reçoit de la communauté 200 livres comme prédicateur du carême, et la rétribution annuelle du prédicateur de l'octave du T. S. Sacrement est élevée de 15 à 24 livres.

En 1721, le R. P. Orfeuille, jésuite, touche 200 livres de la communauté pour la prédication du carême. (*E. Suppl.* 868. II. 37. — 750. BB. 15. — 759. CC. 7.)

Le 19 février, est célébré le mariage de Simon Lescure, procureur ducal, et de Marie Bégoulle.

Le 5 juillet, Michel Dulau abjure la R.P.R.

Le 2 mai 1723, est célébré le mariage de Bernard de Cloche, écuyer, baron de St-Agnet et y habitant, fils de M. de Cloche Despoys, baron de St-Agnet et de dame de Caplane, avec Jeanne Gallarsolle, veuve de M. Lacrosse, sieur de Gallarsolle, en présence de M. Pierre Duvignau, curé de Port-Sainte-Marie.

Le 28 janvier 1725, Jean de Villemor, écuyer, sieur de Lamothe abjure la R.P.R. (*Reg. parois.*)

En cette dernière année, il est payé par la communauté la somme de 15 livres au R. P. Polycarpe, prieur des Carmes d'Aiguillon, pour les frais de Quarante-Heures (*E. Suppl.* 761. CC. 9.)

Le 28 janvier 1726, est baptisée Marie, fille de Francois Lheureux et de Guillaumette Grattecap. Le parrain est Charles de Malvin, m^{is} de Montazet et la marraine très haute et très puissante dame Marie de

Mazarin, duchesse d'Aiguillon, fille de très haut et très puissant seigneur duc de Mazarin.

Le 15 juillet 1727, Mr Me Jean-Jacques Mazac, recteur d'Aiguillon et archiprêtre de Montpezat est décédé, à l'âge de 46 ou 47 ans, dans la maison presbytérale. Son corps a été inhumé dans le presbytère de l'église de Saint-Félix le lendemain (*Reg. parois.*)

En cette même année, la communauté paye 66 livres pour faire carreler et lambrisser l'église. (*E. Suppl.* 762. CC. 4).

Le 7 janvier 1728, Jacques Duburgua, prêtre, et Marguerite Labarrière de Roques de Rodoulès tiennent à baptême Jacques-Jean-Baptiste, fils de Raymond Labarrière, procureur ducal, et de Louise Duburgua.

Deux jours après, est parrain d'un enfant J. B. Duburgua, sous-diacre.

« Le 16e mars a été faite la bénédiction de la cloche de la paroisse St-Félix, par M. Nebout, curé de St-Brice, archiprêtre de Montpezat, commis par M. Ratier, vicaire général, en présence de MM. Duvignau, curé de Port-Sainte-Marie, Barrier, chapelain, Bisel, vicaire, Gasquet, vicaire, Péborde, vicaire, Arnaud Merle, marguillier et d'un grand nombre de paroissiens. Messire Charles de Malvin, chevalier, mis de Montazet et dame Jeanne Françoise de Fontange de Maumont, son épouse, qui ont été choisis pour donner le nom à la cloche, lui ont donné celui de Jeanne. »

» Le 25e mars, messieurs les vicaires généraux d'Agen, le siège vacant, ont nommé M. Bisel, prêtre, vice-curé d'Aiguillon et ses annexes, la cure étant en litige. » (*Reg. parois.*)

Le 17 juillet, Mr Me Antoine Lagrèze de Bap, prêtre, maitre es-arts, de Pédelard, juridiction de Puymirol, est installé à la cure de St-Vincent de Gouts, et le même jour Mr Me Pierre Mazac, à la cure de Notre-Dame Compazet, autrement de Lagarrigue.

Le 15 décembre, Mr Me Jean Gossaux, curé de Monbran, est installé à la cure de Sainte-Radegonde, et, le lendemain, Mr Me Louis de Cazaux, curé de St-Pierre du Vert et de Ste-Anne d'Estrades, juridiction de Biron, à la cure de N. D. de Compazet de Lagarrigue ;

Le 25 décembre, Mr Me Louis Guiraud, curé de Ste Madeleine de Sermet, à la cure de St Vincent de Gouts. (*Etude de Me Grimard.*)

Le 10 mars 1729, est baptisé Jean-Joseph, fils de André Lacaze de Gandorre et de Rose Gasquet. Le parrain est le R. P. Jean-Joseph Gasquet, de la Cie de Jésus, remplacé par Antoine Gasquet, vicaire d'Aiguillon, et la marraine est Anne Françoise Laburthe.

Le 10 août, est baptisé Alexandre, fils de Jean de Massac, juge d'Aiguillon et de Jeanne Baraillon. Le parrain est Alexandre de Massac, clerc tonsuré.

« Le 9e du mois d'avril 1732, les vicaires généraux de Mgr de Saléon, évêque et comte d'Agen, ont nommé le sieur Bernard de Montayral vice-curé d'Aiguillon et ses annexes, à cause de la démission du sieur Maure Bisel, appelé à la cure de Port-Sainte-Marie, le bénéfice étant toujours en litige. » (*Reg. parois.*)

» Le 24 avril, Me Pierre Mazac, prêtre licencié en droit canon et civil en l'Université de Paris, de Frespech, sur la présentation de lui faite par messire Charles-Louis-Vincent de Salabéry, conseiller au Parlement de Paris, prieur du prieuré de Notre-Dame de Buzet, diocèse de Condom, et sa nomination par Mgr l'illustrissime et révérendissime évêque et comte d'Agen, du 20 février dernier, et l'institution canonique accordée, sur le refus de l'évêque d'Agen, par Mgr l'illustrissime et révérendissime archevêque de Bordeaux, du 20 dudit mois d'avril, a été mis en possession de la cure et église paroissiale de Saint-Félix d'Aiguillon et de ses annexes, Ste-Radegonde, St-Vincent de Gouts, Saint-Avit, St-Jean d'Aubesq, Notre-Dame de Compazet de Lagarrigue. » (*Etude de Me Grimard*).

» Le 7e février 1735, Pierre Bonard, natif de la paroisse de Largny près Viliers Coterets en Valois, diocèse de Soissons, fils majeur de feu Jean Bonard et de feue Marie Magdeleine Deharle, et Catherine Lafortune, fille de feue Jean Lafortune et de Jeanne..., tous deux demeurant chez Madame la duchesse d'Aiguillon, le fiancé en qualité de rôtisseur et la fiancée en qualité de fille de la garderobe, après avoir le 6 de ce mois passé contrat de mariage, ont fiancé à l'église et se sont promis et juré réciproquement de se prendre pour mary et femme..., le tout en présence de Mlle Thérèse-Francoise Gaubert, femme de chambre de Madame la duchesse, de Mlle Marie-Jeanne Lefébure, femme de chambre de Madame la comtesse de Pontac, de M. Daniel Mautor, procureur ducal, de M. Francois Henri, valet de chambre, de M. Claude Chatelet, chef de cuisine, tous demeurant dans cette paroisse. » (*Reg. parois.*)

En l'année 1736, la communauté donne à Jean-Baptiste Duburgua, prêtre, 300 livres pour la prédication de l'Avent et du Carême (*E. Suppl.*, 768, CC. 16).

Le 21 mai de cette même année, les paroissiens de Saint-Félix d'Aiguillon, étant assemblés, chargent M. Brienne d'Espalais, syndic des marguilliers, de faire des démarches auprès de l'Evêque d'Agen, pour obtenir l'annexe des paroisses de Notre-Dame de Compazet de Lagarrigue, Saint-Vincent de Gouts, Sainte-Radegonde, Saint-Avit et Saint Jean d'Aubès, afin d'augmenter les ressources de la cure qui, prises séparément, ne dépassent pas 20 pistoles.

Le lendemain, les paroissiens de Lagarrigue, étant assemblés, adhèrent à la réunion à l'église Saint-Félix d'Aiguillon des annexes projetées, nomment pour les représenter Bernard Viela et revoquent les pouvoirs de syndic par eux conférés à Barthélemy Boudon, écuyer, sieur de Lacombe. Cette délibération fait suite à celle du 31 décembre 1733. (*Etude de M*e *Grimard*).

On voit par ce qui précède que la séparation des cinq annexes d'avec la paroisse de Saint-Félix, avait été effectuée quelque temps auparavant.

Le 9 octobre 1738, est baptisé Jean Pierre-Thomas, fils de Pierre Joseph Duvignau, ancien capitaine dans le rég^t de Choiseul-Infanterie et de Marthe Lafitte. Le parrain est Jean-Pierre Chauvet, ancien capitaine. (*Reg. parois.*)

En l'année 1739, M. Gratien-Félix de Redon, est mentionné comme chapelain de Notre-Dame de Pitié et vicaire d'Aiguillon.

Le 10 décembre, Me Guillaume Boudon de Lacombe est installé chapelain de l'une des quatre chapelles desservies dans l'église Notre-Dame du château de Montpezat, sur la nomination faite par le duc d'Aiguillon, comme patron desdites chapelles, datée du château de Vérets le 9 octobre 1739, en remplacement de Me Péborde. Sont présents Me Philippe de Bonnefon, avocat en parlement et juge royal, et Jean Fayolles de Laval, écuyer, de Montpezat. (*Etude de M*e *Grimard*).

En 1740 sont qualifiés clercs tonsurés MM. Merles et Jean Duburgua.

Le 15 mai 1741, est baptisé Gilbert-Antonin, fils de Michel-Célestin Duchanin, écuyer, et de Jeanne Bourdelle. Le parrain est Gibert-Antonin Duchanin de Quintran, écuyer, et la marraine Marie-Charlotte Duchanin.

MM. Pierre Laumont de Bellevue et J.-B. Labarrière sont clers tonsurés. (*Reg. parois.*)

Le 19 décembre, Mr Me Bernard de Passalaigue, curé d'Aiguillon, donne à ferme les revenus de la cure d'Aiguillon et ses annexes Sainte-Radegonde, Gouts, Lagarrigue, Saint-Jean d'Aubès et Saint-Avit, pour neuf ans, à raison de 5,200 livres annuelles, qui n'étaient que de 2500 le 19 juin 1730.

Le 26 janvier 1744, les paroissiens de Lagarrigue déclarent à Jean et

Arnaud Merle, du Barry, frères, et reconnaissent que, quoique la procession faite à l'occasion de la mission des Frères de la Rose eut passé sur leur prairie attenant à l'église, le curé n'avait aucun droit sur la dite prairie. (*Etude de M° Grimard*).

Le 2 août 1746. est célébré le mariage de Antoine du Gasquet, écuyer, âgé de 49 ans, d'Aiguillon, fils de feu Mathurin du Gasquet, écuyer, et de Marie Pandellé, avec Jeanne Passalaigue, âgée de 18 ans, fille de Claude Passalaigue, conseiller du roi. receveur des décimes du diocèse d'Agen, et de Catherine Dumolin, en présence de Thomas du Gasquet de Flaon, écuyer, oncle de l'épouse, de Thomas-Joseph du Gasquet, frère de l'épouse, de Joseph Nebout de Riberot, lieutenant général de la sénéchaussée, de Etienne de Galibert, écuyer, etc. (*Reg. parois*.)

Le 5 août 1748, M° Pierre Leaumont de Bellevue est installé chapelain de l'une des quatre chapelles de Notre-Dame du château de Montpezat. (*Etude de M° Grimard*).

Le 27 mars 1749, est baptisé Charles Anne-François, fils de Louis Levelu de Clairfontaine et d'Angélique Malvin de Montazet. Le parrain est Charles-Anne-François de Malvin, m^{is} de Montazet et la marraine Madeleine Malvin de Barreau. (*Reg. parois*.)

En 1761, la communauté paie 15 livres 10 sous des pain bénit et cierges pour les consuls, (*E. Suppl.*, 795, CC. 43) et, en 1763, il est fait des réparations à l'église de Gouts (*E. Suppl.*, 797, CC. 43).

Le 2 octobre 1764, est célébré le mariage de Joseph Labadie, humaniste à Aiguillon, et de Mlle de Béril.

Les 4, 5, 6 et 12 novembre 1768 sont faites la présentation et la nomination à la cure de Saint-Félix d'Aiguillon, de Sainte-Ragegonde, Saint-Vincent de Gouts, Notre-Dame de Lagarrigue, Saint-Jean et Saint-Avit, ses annexes, par Jean François Dubois, curé de Lausseignan, au diocèse de Condom, comme fondé de pouvoir de messire Louis de Malbeste, prêtre et prieur commandataire de Buzet, de la personne de M. Jean-Louis Dubois, bachelier en droit civil et canonique, curé de Notre-Dame de Buzet, en remplacement de M. Jean Chaloupy de Lagrèze, décédé. La nomination à cette cure appartenait alternativement audit prieur et à l'évêque d'Agen. (*Etude de M° Grimard*).

Ce ne fut cependant qu'en 1770 que M. Jean-Louis Dubois devint curé d'Aiguillon. En attendant, M. Brienne occupa ce bénéfice.

En 1779, la communauté paie 302 livres 19 sous pour la balustrade de l'église Saint-Félix.

En 1786, les réparations du péristyle de ladite église coûtent 116 livres 17 sous 3 deniers. (*E. Suppl.* 812, CC. 60 et 816, CC. 64).

Le 3 avril 1786, est enterrée Angele Malvin de Montazet, âgée de 59 ans et veuve de Levelu de Clairfontaine, écuyer, sieur de Boussères.

Le 17 octobre, M. l'abbé Jean d'Aubert de Peyrelongue, ancien vicaire d'Aiguillon et curé de Saint-Sulpice de Montagudet, bénit dans l'église Saint-Félix le mariage de Jean-Baptiste d'Aubert, chevalier, m^{is} de Peyrelongue, écuyer du roi, capitaine au rég^t du roi-cavalerie, chevalier de Saint-Louis, fils de feu François d'Aubert, seigneur de Peyrelongue, ancien major au rég^t de Vogué-cavalerie, chevalier de Saint-Louis, et de Catherine Cloupeau, natif et habitant de Marmande, avec Reine-Françoise-Elisabeth de Coquet, fille de feu Jean-Philippe de Coquet, écuyer, et d'Elisabeth de Laisné, native et habitante d'Aiguillon, en présence de Thomas-Mathurin de Galibert, maréchal de camp, de Jean François Duvignau du Verger, capitaine au génie, de Charles Le Roy, ingénieur du roi, de Joseph d'Aubert de Peyrelongue, cousin de l'époux.

Le 10 juillet 1787, M. l'abbé Guillaume Boudon de Lacombe, curé de Puymirol, bénit dans l'église Saint-Félix le mariage de François-Thomas Boudon de Lacombe, écuyer, ancien capitaine d'infanterie, chevalier de Saint-Louis, fils de Jean-François Boudon de Lacombe, écuyer, et d'Elisabeth de Chilaud, de la paroisse de Lagarrigue, annexe d'Aiguillon, avec Honorée Boudon de Lacombe, âgée de 19 ans, fille de Marc-Antoine Boudon de Lacombe, écuyer, et de Marie de Brienne, en présence de Jean-Joseph Boudon de Lacombe, écuyer, ancien capitaine d'infanterie, chevalier de Saint-Louis, oncle de l'époux, de Jean-Jacques Boudon de Lacombe, écuyer, frère de l'époux et de Jean Henri Bernard de Brienne, oncle de l'épouse.

En l'année 1791, les paroisses de Sainte-Radegonde et de Saint-Vincent de Gouts, sont dites les seules annexes d'Aiguillon.

Le 18 octobre de cette année, est baptisé François-Charles, fils de Jean-François Duvignau, capitaine au génie, chevalier de Saint-Louis et de Louise Turpin-Duvignau. Le parrain est Jean-François Duvignau, ancien lieutenant-colonel des troupes légères au rég^e Denau, chevalier de Saint-Louis, représenté par Charles Béril, capitaine de dragons et de la garde nationale d'Aiguillon, chevalier de Saint-Louis.

Nous verrons au chapitre suivant que Jean-Louis Dubois et ses deux vicaires MM. Chaubet et Nougès, prêtèrent le serment à la Constitution civile du clergé et continuèrent de remplir les fonctions ecclésiastiques jusqu'en novembre 1792, car, au 10 de ce mois nous lisons dans les registres paroissiaux :

« Nous officier municipal de la ville d'Aiguillon avons arrêté le présent registre cejourd'hui dix novembre mille sept cents quatre-vingt douze, l'an premier de la République française. Lacaze du Padouen, off. munic. commissaire. » Depuis cette dernière date, on ne voit plus figurer que les actes de l'état civil.

La paroisse de Saint-Félix se rend, en procession, tous les ans, le premier dimanche de septembre, depuis un temps immémorial, sur l'emplacement de l'île Barrié, où furent inhumés les victimes du siège de 1346 et celles des pestes anciennes.

« Il y a (*Pouillé du diocèse*, p. 662) deux confréries d'arts et métiers, l'une de Saint-Crépin et Saint-Crispinien pour les cordonniers, l'autre de Saint-Eutrope pour les tisserands. Chacune fait dire une messe le jour du patron et une autre le lendemain pour les confrères défunts.

» Une troisième confrérie dite des Dames de Charité, a été fondée vers 1630, par les Pères de la Mission (Lazaristes). Elle s'occupe du bouillon des pauvres. Elle a 112 livres de revenus fixe ; ses biens sont administrés par un procureur, qui rend compte en présence du curé. »

Sous ce régime, on le voit, les pauvres n'étaient pas oubliés ; la charité s'exerçait par un comité composé de dames patronnesses, et nous retrouvons entr'autres documents, une procuration à la date du 6 décembre 1734, donnée par dame Marie de Bayle, épouse de messire Thomas du Gasquet, écuyer, sieur de Flaon, supérieure des Dames de la Charité, Françoise de Lacaze, trésorière, demoiselle Rose Nebout, garde meubles de ladite charité, et messire Antoine du Gasquet, écuyer, procureur de ladite charité, pour toucher et recevoir le legs de 2,000 livres fait par dame Marie de Wignerod, duchesse d'Aiguillon, dans son testament du 29 juillet 1674. (*Etude de Mᵉ Grimard.*)

I. « Les pauvres (*Pouillé* déjà cité, p. 664-665) ont une autre ressource : c'est l'hôpital. Bâti à l'extrémité du faubourg du Muneau, sur la route d'Agen, il consiste en une salle et deux petites chambres au rez-de-chaussée et six autres chambres au premier. L'une d'elles était destinée aux pauvres prêtres passants, on l'appelle encore la chambre des prêtres. On n'a pas le titre de fondation, mais d'après une inscription placée au-dessus de la porte principale, cet hôpital était à l'origine un asile pour les pauvres pèlerins. Aujourd'hui il sert à recueillir les malades des paroisses de Saint-Félix, de Gouts et de Sainte-Radegonde. Il est administré par un bureau composé du curé, du lieutenant général, du procureur ducal et des consuls. Le curé est chargé du spirituel. Une dame hospitalière sert les pauvres gratuitement et on donne 150 livres de gage à une servante. Les revenus, toutes charges déduites, sont de 450 livres. La chapelle, sous le vocable de Saint Jean, a été bâtie, vers 1608, par Jeanne d'Arnaud; elle a été consacrée, comme l'indiquent les croix qui sont sur les murs. Longue de dix-huit pas, large de dix, elle a un tiers voûté et deux tiers lambrissés. Il y a un clocher. » Aujourd'hui elle est toute lambrissée.

L'auteur anonyme des *Recherches sur le pays du poëte*, etc., dit également : « On trouve dans le faubourg du Muneau un hôpital situé en bon air, composé d'un grand corps de logis et de deux ailes en retour. C'est un fort bel édifice ; mais il est si mal renté, qu'il semble que ses fondateurs se soient plus occupés du soin d'y étaler le faste, que du projet d'y secourir l'indigence. Les pauvres du pays étaient dans cet état d'abandon, lorsqu'une demoiselle, célèbre par l'agrément de l'esprit et les charmes de la figures, s'arrachant aux douceurs de la maison paternelle, se retira, il y a environ vingt ans (vers 1768) dans cet asyle de l'humanité souffrante et malheureuse et s'y consacra pour toujours au soulagement des pauvres et des malades. C'est là que douée d'un cœur généreux et sensible, d'une âme sublime et compatissante, on la voit, dans l'exercice de toutes les vertus, déployer des talents et des ressources qui chaque jour multiplient les consolations et les secours dans ce refuge de l'infortune, dans cet utile et charitable établissement. Nous ne doutons pas que Mlle de Massac n'ait trouvé dans les ressources de sa charité ardente et inépuisable les moyens de procurer à cette maison un emplacement qui lui manquait, celui d'un jardin ou autre lieu aéré et sain, propre à accélérer la guérison en fortifiant la convalescence. »

Etaient syndics en 1599 Jean Blanchard et Pierre Lacaze ; en 1602 François Papon, notaire royal et Antoine Lacroix ; en 1612 Jean Treilles et Jean Arnaud, en 1621 Jean Lesperon et Pierre Brienne ; en 1640 Jean Moynié et Jacques Escudié ; en 1652 Pierre Descayrac et Antoine Mallet ; en 1655 Pierre Barrier et Jean Nebout ; en 1658 et 1659 Bernard Layrac et Isaac Laburthe ; en 1665 Bernard Ruère et Jacques Labarrière ; en 1669 Antoine Pandelé, jurat et Jean Nebout, greffier au siège de la ville ; en 1671 Simon Bégoulle et Jean Nebout ; en 1673 Isaac Laburthe et Jean Nebout ; en 1674 Bernard Montamat et Jean Paul Falempin ; en 1677 Henri Merle et Henri Julien ; en 1678 Jean-

Bezin et Imbert Rocquier ; en 1679 Pierre Duvignau et Pierre Bares ; 1680 les mêmes ; en 1681 les mêmes.

Le 5 mai 1681, Mgr Mascaron, évêque d'Agen, en conséquence de son entrée dans la ville d'Aiguillon, fait la visite de l'hôpital en présence de M. Mazac, curé, des sieurs Michel Lacaze, lieutenant particulier, Joseph Descamps, procureur ducal, Jean Brienne et Paul Falempin, bourgeois et consuls, assistés des sieurs Duvignau et Barres, syndics et de plusieurs bourgeois de la ville. On fait connaître au seigneur évêque non seulement les secours qu'on donne aux pauvres, les fonds et consistance dudit hôpital, mais encore sa fondation et les comptes des syndics. Sa Grandeur exhorte les membres du bureau à s'assembler fréquemment pour secourir les pauvres et rémédier aux choses importants.

Etaient syndics en 1682 Bares et Chalbel ; en 1683 Pierre Brousse et Jean Duburgua ; en 1685 Bernard Montamat et Pierre Bares ; en 1686 François Ducourneau et Jean Florans ; en 1687 les mêmes ; en 1688 Jean Bezin et Etienne Seguin ; en 1689 les mêmes.

« Dans l'hôpital de la ville d'Aiguillon, le bureau d'icelluy estant assamblé par l'ordre de Monseigneur l'illustrissime et reverendissime eveque et compte d'Agen faisant sa visite aud^t Aiguillon, assistant et president aud^t bureau cejourd'huy vingt huitiesme du mois de mars mil six cens quatre-vingts neuf, a esté representé par le s^r Etienne Seguin, sindicq dud^t hopital qu'il est adverty qu'il y a heu sy devant plusieurs sindics dud^t hopital qui n'ont point rendheu compte de leur administration et comme led^t s^r Seguin sçoit très bien que c'est de son obligation de les poursuivre à rendre lesd^ts comptes, il requiert led^t bureau de luy donner pouvoir d'agir en justice pour les fere condampner par des paynes à rendre lesd^ts comptes. Sur quoy par l'assemblée dud^t bureau a esté délibéré que lesd^ts sindics seront incessamant poursuivis par led^t Seguin pour rendre les comptes de l'administration qu'ils ont heu du bien dud^t hopital ; à l'effect de quoy et en cas que led^t Seguin ne fist son devoir, le s^r procureur ducal se joindra à luy pour lui faire faire toutes les diligences necessaires ; et d'autant que mond^t seigneur eveque ayant examiné le presant livre des délibérations du bureau et trouvé que l'on s'assembloit trop rarement, il a esté pareillement délibéré selon l'intantion dud^t seigneur eveque et lad^te assemblée en conformitté d'icelle, qu'outre les assemblées necessaires et pressantes pour les affaires dud^t hopital, les sindics tant à presant en charge que ceux quy seront sy après seront tenus et obligés de convocquer l'assamblée dud^t bureau pendant six fettes sollannelles de l'année, savoir, aux fettes de Paques, de la Pentecôte, à la fette-Dieu, à la fette de l'Assomction de la Saincte-Vierge, à la Toussaints et à la Noël, et a ledit seigneur eveque signé avecq M. Jean Mazacq, curé dud{t} Aiguillon, M. Duchanin, sénéchal et lieutenant général dud{t} duché, M. Jean Richard, lieutenant particulier aud{t} siège, M. Bertrand Chalbel, procureur ducal, sieurs Anthoine Pandellé et François Ducourneau, consuls dud{t} Aiguillon et led{t} Seguin ».

Etaient sindics en 1690 Jean Bezin et Etienne Seguin ; en 1691 Jean de Galibert, sieur de Saint-Avit et Jean Brienne, sieur d'Espalais ; en 1592 Pierre de Sanbusse et Jean Dubourg ; en 1694 Isaac Miraben et François Gasquet ; en 1697 Jacques Turpin et Etienne Sarlat, Me chirurgien ; en 1698, Jean-Paul Falempin et Pierre Layrac ; en 1699 Jean-Pierre Duvignau, avocat en parlement et Jean Lesperon ; en 1701 Pierre Descayrac et Antoine Mallet ; en 1704 Jean Lacoste, assesseur, et Bertrand Bégoulle.

Le 28 septembre 1705, Mgr François Hébert, évêque et comte d'Agen, conseiller du roi en tous ses conseils, en conséquence de sa visite en la ville d'Aiguillon fait celle de l'hôpital, accompagné de M. l'abbé de Belsunce, son vicaire général, de M. Gilbert, curé, de M. de Richard, lieutenant particulier, des sieurs François Ducourneau et Jean Ganduque, consuls, et des sieurs J.-B. Brienne et Jean Merle, syndics.

Etaient syndics en 1723 Jean Baussens et Jean Matges ; en 1725 Jean Brienne Laubarède et Jean Matges ; en 1726 les mêmes ; en 1729 Matges et N... ; en 1731 Jean Gardelle et Jean Danduran. (*Reg. de l'hôpital à la mairie d'Aiguillon*).

En 1732, la Jurade décide que les brebis tuées ou achetées en contravention par les bouchers, seront confisquées et le prix en sera remis aux mains de Mlle Lacaze, chargée des soins à donner aux pauvres honteux et à ceux de l'hôpital (*E. Suppl.* 751. BB. 16).

Etaient syndics en 1747 Jean Larroque, procureur, et N... ; en 1764 Miraben, procureur, et N... ; en 1769 Tartas et N... (*Reg. de l'hôpital*).

En 1773 paraît une ordonnance du duc d'Aiguillon établissant des dames hospitalières pour soigner les malades dans l'hôpital de cette ville.

Etait syndic en 1785 Bernard Mallié (*Reg. de l'hôpital*).

II. — Les Grands Carmes, institués en Orient en 1205, s'établirent à Agen et à Aiguillon vers 1272 (1). Ces religieux élevèrent leur couvent

---

(1) *Hist. de l'Agenais*, par J. Andrieu, t. I, p. 72, note 3.

à l'extrémité du faubourg du Muneau de cette dernière ville, à gauche du coude que forme la grande route, au lieu qui porte encore le nom de *Aous Carmés biels*. On voit aujourd'hui sur cet emplacement une métairie appartenant à M. Henri Garrigue. Il y a quelques années, en creusant une fosse pour éteindre de la chaux, on découvrit deux cadavres inhumés côte à côte à une profondeur de 0m30, sans traces de clous ou de cercueils. A cette même époque, en démolissant un vieux mur, construit avec des matériaux de l'ancien couvent, on en retira un chapiteau de colonne orné d'une tête de moine que le propriétaire a conservé. Il est probable qu'on trouverait les anciennes substructions si on creusait le sol à une certaine profondeur.

Nous avons vu au chapitre II que la traduction en français d'un Vidimus de 1402 déposée aux Archives départementales de Lot-et-Garonne (1) relate un acte du 22 mars 1281 (n. st.) par lequel Pierre de Saint-Pastour (2) concède au frère Laurent, provincial des Carmes (3) un emplacement dans l'intérieur de la ville d'Aiguillon, à la condition que ces religieux détruiraient leur couvent et leur église situés au-delà des murs pour les reconstruire à l'intérieur. L'accord fut en effet conclu entre les deux parties, mais ne fut pas exécuté, on ne sait pour quelle raison, car les Carmes occupèrent l'emplacement primitif au faubourg du Muneau jusqu'en 1346, époque du fameux siège d'Aiguillon. Nous verrons bientôt que ce ne fut qu'en 1348 qu'ils s'établirent sur l'emplacement que leur avait concédé en 1281 Pierre de Saint-Pastour, et qu'ils conservèrent jusqu'à la Révolution.

Nous avons une transaction importante passée à Agen, le 3 février 1282, entre les religieux Carmes qui bâtissaient alors leur église et leur monastère, et le prieur de Buzet, auquel appartenait l'église paroissiale de Saint-Félix d'Aiguillon. Ces établissements si utiles pour les œuvres de la foi ne pouvaient jamais s'élever sans préjudicier aux biens temporels des églises qui voyaient par là le décroissement de leurs revenus, dont une partie se tournait vers les nouveaux monastères. De là ces discussions, ces transactions inévitables. Le prieur de Buzet, de l'ordre de Saint-Benoît et membre de celui de Saint-Sever,

---

(1) *E. Suppl.* 823. GG. 1. Copie de la translation des Pères Carmes dans la ville d'Aiguillon, etc.

(2) Saint-Pastour, ancien fief noble, possédait à deux cents pas de l'église paroissiale de Saint-Côme une église dite de Saint-Pastour, qui était une dépendance de la commanderie du Nomdieu (*Pouillé du diocèse d'Agen*, p. 655.

(3) L'ordre des Carmes fut introduit en France par Saint-Louis.

souleva donc des difficultés aux religieux du Carmel. Frère Gaucelme Duprat, procureur du prieur provincial des Carmes, fut commis pour transiger avec Pérégrin, prieur de Buzet, et Pierre Sénat, recteur de Saint-Félix d'Aiguillon. Il promit le tiers des offrandes qui se feraient à l'église du monastère, même à l'autel, à l'exception, toutefois, de celles qui seraient faites à quelqu'un des Frères pour une messe particulière. Plusieurs articles de cette transaction regardent les sépultures ecclésiastiques ou les droits et offrandes qui en proviennent, le partage des cierges, de la pourpre et de la soie. On y voit la coutume alors reçue de porter certains cadavres sur des lits où sans doute ils avaient rendu le dernier soupir. Tous les ans, le jour de la fête de saint Félix, le prieur des Carmes viendrait assister à la grand messe dans l'église paroissiale et déposerait sur l'autel, comme reconnaissance féodale, un tournois blanc d'argent. Les trois jours des rogations, les religieux viendraient aux processions pour aider le curé ou ses vicaires. Chaque nouveau prieur, à son avènement, serait tenu de se présenter dans l'église d'Aiguillon, en présence du curé du lieu et du prieur de Buzet, et de jurer sur les saints évangiles de garder fidèlement tous les articles de cette transaction, et de les faire garder inviolablement par ses religieux, auxquels il devrait aussi promettre de donner sans aucune fraude la portion canonique. Enfin, le nouveau prieur serait tenu, en vertu de son serment, de prêter secours, conseil et faveur auxdits prieur et curé, toutes les fois qu'il en serait requis. Sous ces conditions, le prieur de Buzet et le curé d'Aiguillon permirent aux religieux du Carmel de terminer la construction de leur église et de leur monastère. Cette transaction fut passée par le conseil de frère Arnaud de Caillau, prieur des Carmes d'Agen, et avec l'expresse volonté et consentement de l'évêque Jean Jerlandi (1).

Le couvent des Carmes d'Aiguillon fut placé sous le vocable de Notre-Dame.

Au mois de juin 1304, Bertrand de Gout, archevêque de Bordeaux, futur Clément V, vient au prieuré d'Aiguillon, le visite, y annonce la parole de Dieu et y couche avec son train (2).

---

(1) *Hist. relig. et monum. du diocèse d'Agen,* par l'abbé Barrère, t. II, p. 44-45. Cet acte fut renouvelé, peu après, à Saint-Sever. Il y a, en effet, un *vidimus,* relatant cette transaction, collationné, en 1477, par un official forain de l'évêque d'Aire, sur un manuscrit daté du mercredi avant la fête de Pâques 1283 (*Arch. de l'Evêché,* F. liasse 13 et liasse Aiguillon).

(2) *Arch. hist. de la Gir.* XXII, 308.

La défense d'Aiguillon en 1346 avait nécessité des sacrifices de toute sorte de la part des habitants. Par ordre d'Hugue Ménil, capitaine de la ville, on détruisit le couvent des Frères du Mont-Carmel et leurs autres édifices, situés dans le faubourg du Muneau et dont l'ensemble des pertes fut estimé à 2,234 livres tournois. Après le siège, les Frères s'adressèrent au roi d'Angleterre qui, par lettres données à Westminster, le 4 septembre 1348, chargea le sénéchal de Guienne et le connétable de Bordeaux de choisir dans l'intérieur d'Aiguillon, un lieu plus propice que l'ancien pour que les Carmes pussent y bâtir un oratoire et les autres édifices, à la construction desquels Edouard III voulut concourir des deniers provenant des revenus de la Guienne (1).

Les Carmes construisirent leur couvent sur l'emplacement où est aujourd'hui la gendarmerie.

L'église (12 de la planche IV) remonte au milieu du xive siècle. Elle est dépourvue de contre-forts, et ses baies anciennes ont été remaniées. Sa charpente apparente et lambrissée, qui date de la même époque, a la forme d'un vaisseau ogival, ce qui donne à son ensemble une ressemblance singulière avec la carène renversée d'un navire. Toute en bois de chêne soigneusement équarri, cette charpente curieuse se compose d'une suite de fermes-maîtresses qui délimitent six travées et de chevrons munis de pièces courbes qui s'assemblent, d'une part, dans des sablières reposant sur des corbeaux de pierre, et, de l'autre, dans le faîtage. Les poinçons de ferme sont façonnés en colonne polygonales. Quant aux entraits, chacune de leurs extrémités, sur la partie qui regarde le sol, est orné de sculptures représentant des têtes de monstres, une tête d'homme barbu, celle d'une femme voilée, et l'écu en bannière écartelé, qui reproduit, aux 2 et 3, les armes des du Fossat, et aux 1 et 4 celles des Montpezat. D'autres têtes de monstres figurent encore sculptées sur la face inférieure de ces entraits, au droit de leur assemblage avec les poinçons. Ces derniers motifs représentent de fort près les gargouilles des cathédrales. Les gueules largement ouvertes semblent broyer les poutres entre deux rangées de dents formidables.

La partie conservée du comble de cette église au levant forme une sorte de beffroi dans lequel est suspendue une cloche portant l'inscription suivante en capitales : « En l'année mil six cens vingt deux con-

---

(1) *Bibl. Nat. mss. Bréquigny*, 28, f° 277.

suls Daniel Métau Jean Begoule maistre Estienne Pradal et Pierre Brienne (1) ».

La structure de cette chapelle est bien simple. C'est un vaisseau construit sur un plan rectangulaire, de 22 mètres 40 de longueur sur 10 mètres de largeur. Adossée au mur de ville, son chevet était plat. En 1785, elle était plus longue et sa façade bordait la Grande Rue. Sa longueur n'est plus depuis cette date que celle que nous venons d'indiquer. A cette époque, l'édifice montrait partout des lézardes profondes, surtout sur la face-sud. Ces dégradations dataient de longtemps et n'avaient fait que s'accroître, car, vers le milieu du xviie siècle, on avait été obligé de cesser le service divin, à cause de son état de ruine. En 1786, l'angle de la façade du côté sud-ouest s'écroula. On se décida alors à abattre (2) tout ce qui menaçait encore de tomber et on démolit la partie des murs de l'église attenant à la chapelle de Saint-Joseph, ainsi que la façade qui fut reculée et reportée à la place où on la voit aujourd'hui.

Du côté de la cour de la gendarmerie (ancien couvent des Carmes) on remarque que le mur se compose de deux parties bien distinctes : 1º la base, haute environ de 4 mètres et épaisse de 1 mètre 40 ; 2º le reste de la construction élevée au-dessus, mais d'une épaisseur seulement de 0 mètre 75. Tout prouve que le mur primitif a été abattu, sans doute en 1786, pour arrêter la ruine totale, en même temps que la façade et une partie du mur-sud. En tous cas, on eut l'heureuse idée d'étayer la charpente, précaution qui a permis d'assurer la conservation de cette œuvre aussi rare que belle (3).

Cet édifice, soustrait au culte depuis la Révolution, reçoit les débarras de la Mairie.

La famille Malvin de Montazet avait sa sépulture dans cette église ; la famille Nebout, ainsi que plusieurs bourgeois de marque et des prêtres y étaient également inhumés. On y voyait aussi le mausolée de la comtesse de Chabrillant, sœur du dernier duc d'Aiguillon. Un coffre à bahut en chêne recouvrant un autre cercueil en plomb où était le corps de Henri de Mayenne, premier duc d'Aiguillon, tué au siège de Montauban en 1621, était déposé dans une niche creusée dans le mur

---

(1) *Souven. archéol. de la ville d'Aiguillon*, déjà cités. — Voir : *Etudes sur l'archit. relig. de l'Agenais*, par M. G. Tholin, p. 252-254 : et *planche XXVIII* reproduisant la charpente.

(2) Délibération des maire et consuls, du 1ᵉʳ mai 1785 et du 15 oct. 1786.

(3) *Mém. manusc.*, p. 38-39.

et presque à fleur de terre, du côté de l'Epître. Pendant les premières années de ce siècle et probablement antérieurement, ce cercueil a souvent servi de siège aux enfants. On ne sait ce qu'il est devenu ; il a dû disparaître vers 1815.

« Nous tenons de témoins occulaires, dit l'auteur anonyme des *Recherches sur le pays du poëte Théophile de Viaud*, etc., que feue Madame la duchesse d'Aiguillon née d'Uzès (1) fit ouvrir ce cercueil où l'on disoit que le corps d'Henri de Mayenne avoit été inhumé armé, botté et revêtu du cordon des ordres ; mais on n'y trouva que des ossements et des cendres....

» Les Malvin de Montazet, ajoute-t-il, ont dans cette église leur sépulture. Nous y avons vu inhumer le frère aîné et l'oncle de l'archevêque de Lyon (Antoine Malvin de Montazet), que le clergé de France vient de perdre. Le corps de la sœur puinée de ce prélat y repose depuis 1786. Cette dame, d'un mérite rare, que nous avons beaucoup connue joignoit à l'esprit le plus délicat le caractère le plus affable, à la figure la plus intéressante et la plus noble toutes les grâces de son sexe ».

Nous trouvons, en effet (*Reg. parois.*), que furent inhumés dans l'église des Carmes, savoir, le 2 juin 1703, Guillaume de Redon, âgé de 40 ans; le 20 juin, Geoffroy de Malvin, baron de Montazet et seigneur de Quissac et de Boussères ; le 2 juin 1710, Me Jean Duburgua, notaire royal, âgé de 63 ans ; le 28 octobre 1715, dame de La Cropte de Montazet, âgée de 78 ans ; le 6 avril 1713, dlle Catherine Julien, femme de M. Merle de Massonneau, âgée de 33 ans ; le 28 septembre 1723, Me Jean Nebout, notaire, âgé de 90 ans; le 22 janvier 1731, Charles Malvin de Montazet, mis de Quissac, âgé de 60 ans ; le 11 mai 1754, Charles de Malvin, mis de Montazet, âgé de 45 ans ; le 6 août 1755, Charles de Malvin de Montazet, seigneur de Boussères, âgé de 84 ans ; le 13 juin 1776, haute et puissante dame Innocente-Aglaé de Richelieu d'Aiguillon, âgée de 29 ans, épouse de haut et puissant seigneur Joseph-Dominique de Guignes-Morton, mis de Chabrillant, colonel au régt de Conté-Infanterie, premier écuyer de S. A. R. Mme la comtesse d'Artois, seigneur de Saint-Gervais et autres lieux.

D'autres familles avaient leur sépulture dans le cloître.

En l'année 1637, le R. P. Carme, qui exerçait les fonctions de régent, déclare qu'il ne peut continuer à remplir cette charge.

---

(1) Charlotte de Crussol, épouse de Louis-Armand de Wignerod Du Plessis de Richelieu.

Pendant la peste de 1653, les Carmes ferment leur église au public.

Les consuls d'Aiguillon et les PP. Carmes eurent de longs procès terminés par des accords en 1655 et 1673. Les premiers prétendaient que le clocher et les cloches dudit couvent (le clocher n'était autre que le beffroi) étaient une propriété de la communauté, attendu que ledit clocher était bâti au-dessus d'une ancienne porte de ville, que l'horloge de la ville y était installée et que les armes de la ville étaient représentées sur les cloches (*E. Suppl.* 865. II. 34). — La jurade avait décidé, pendant le procès de la communauté avec les Carmes, que ces derniers, ayant méconnu dans les termes d'une de leurs requêtes l'autorité des consuls, seraient à l'avenir privés de toute gratification (*E. Suppl.* 740. BB. 5).

Le couvent d'Aiguillon fit une vive opposition à Mgr Claude Joly (1), dans l'affaire des Réguliers. Un religieux ne craignit pas dans un sermon, le jour de la fête Notre-Dame du Mont-Carmel, d'appliquer au prélat réformateur ces paroles du prophète Elie : « *Sufficit mihi, Domine, tolle animam meam, dereliquerunt pactum tuum filii Israël, altaria tua destruxerunt....* » (III, Regum. XIX. 4, 14.)

Nous trouvons dans les comptes de la jurade de 1724-1726, la somme de 15 livres payée au P. Polycarpe, prieur des Carmes d'Aiguillon, pour les frais des Quarante-Heures (*E. Suppl.* 752. CC. 10).

Nous terminerons cet article par les observations suivantes de l'auteur anonyme des *Recherches sur le pays*, etc. :

« Aiguillon a une communauté de Grands Carmes ordinairement composée de trois ou quatre religieux dont la conduite régulière et le zèle à partager les travaux du ministère avec le clergé séculier leur ont constamment mérité l'estime des concitoyens.... Nous les avons vus occuper une maison construite sur les dimensions des anciens cloîtres, laquelle, tombant en ruines, il y a près de trente ans (vers 1759 ou 1760), a été réédifiée dans le goût moderne et transformée en un des plus agréables séjours de la pénitence ».

III. Enfin la ville possède un couvent des Filles de la Croix. Nous empruntons à une étude de M. l'abbé Viallard, ancien curé d'Aiguillon (2), l'histoire de cette nouvelle fondation religieuse.

Madame de Villeneuve, née Marie Luilier, ayant fondé un nouvel

---

(1) Voir : *Pouillé*, déjà cité, p. 661.
(2) Voir : *Hist. manusc. de la Communauté des Filles de la Croix d'Aiguillon, depuis son établissement jusqu'à nos jours.*

institut de religieuses, les Filles de la Croix, Madame de Combalet, duchesse d'Aiguillon, en 1643, leur fit don de 30,841 livres, à condition qu'elles enverraient des sujets dans ses terres. D'après un mémoire de Mgr Abelly, dans le courant de la même année, cette bienfaitrice accorda à ces religieuses, *pour s'établir à Paris, la somme de 3,600 livres de revenu à prendre sur les coches de Rouen, à la charge que lesdites Filles enverroient quatre de leurs sœurs à Aiguillon pour y faire les fonctions de leur Institut.* Aussi vit-on arriver en 1655 à Aiguillon deux pauvres religieuses, dont l'une portait le nom de Françoise Guyonneau. Cette ville avait souffert au milieu des luttes de religion. Le peuple vivait dans une grande ignorance des vérités du salut ; et cette ignorance multipliait les vices ; l'hérésie même avait fait des conquêtes.

Les deux religieuses se logèrent dans l'ancien château. On les voyait depuis le matin jusqu'au soir et tous les jours de la semaine, excepté le dimanche, apprenant à lire, à écrire aux personnes de leur sexe. Jeunes filles et jeunes femmes venaient en foule recueillir leurs leçons.

En 1658, la maison de Paris envoya deux nouveaux sujets à Aiguillon. Les élèves allaient toujours en augmentant, et le peuple payait en témoignages d'affection et de reconnaissance les services qu'on lui rendait.

Les Filles de la Croix comprirent que le moment était venu de donner un plus libre essor à leur zèle ; elles annoncèrent que trois fois par semaine, elles feraient des instructions publiques sur les vérités de la religion. Il se fit un grand concours : la plus vaste salle du château était trop petite pour contenir les femmes de tous les âges et de toutes les conditions, qui venaient de la ville et de la campagne. Les ignorants s'éclairaient, les catholiques indifférents revenaient à la pratique sincère de la religion, et, chose étonnante, des calvinistes en grand nombre rentraient dans le sein de l'Eglise.

Parmi les personnes qui adjuraient l'hérésie, il y en avait qui appartenait à la classe la plus indigente de la société ; il y en avait aussi qui, étant d'une classe plus élevée, s'exposaient néanmoins, par leur conversion, à une grande pauvreté ; il fallait créer des ressources pour aller au-devant de toutes ces misères ; il fallait consolider ces conversions naissantes en les mettant à l'abri des terribles tentations que fait naître le besoin. Les religieuses s'adressèrent à Mme la duchesse, providence vivante de tous les malheureux, laquelle envoya *l'ordre à ses Receveurs de donner certaines sommes d'argent pour établir les nouvelles converties, qui toutes persévérèrent dans une vie bien catholique.* « Cependant ces chères sœurs, poursuit le Père Beauvais, continuèrent leurs saints travaux avec tant de zèle que Mme la duchesse souhaita que pour faciliter de faire mieux la charité aux pauvres de son duché, les Filles de la Croix fissent la recette générale de ses terres en cette province, pour que l'épargne de ce qu'il auroit fallu payer à des Receveurs fut employée par les dites sœurs au soulagement des pauvres familles, surtout des calvinistes qui embrassaient la religion catholique. La sœur feu Anne Guyonneau eut le soin de ce grand travail avec toute la consolation que l'avoit désiré Mme la duchesse. Emerveillé du bien spirituel que produisaient en ce pays les bons exemples des Filles de la Croix, Mgr Joly, évêque d'Agen, en témoigna sa reconnaissance à Mme la duchesse, la priant instamment d'achever son œuvre par l'établissement définitif d'une communauté à Aiguillon. » Comme c'était au zèle et à la capacité de la sœur Guyonneau qu'on devait attribuer tant de succès, celle-ci fut rappelée à Paris et remplit de 1666 à 1672, les fonctions de supérieure dans la maison-mère.

La mort de Mme d'Aiguillon survenue en 1675 fut un malheur public. Les pauvres de la capitale et surtout les pauvres de ses domaines la pleurèrent. « La bonne duchesse laissa par testament un legs de 6,000 livres, pour acheter une maison aux Filles de la Croix et achever l'établissement audit lieu. » Mais la riche héritière de la première duchesse ne se pressa pas d'acquiescer au désir de Madame sa tante. Les trois religieuses « qui étoient restées en cette ville, ne pouvant continuer leur domicile dans le château par les grands changements que causa la mort de cette illustre première duchesse, furent rappelées dans leur maison de Paris par Mgr Abelly, ancien évêque de Rodez, leur très honoré père et supérieur. » Leur départ fit couler les larmes des pauvres, des ignorants et des nouveaux convertis.

Mgr de Mascaron, évêque d'Agen et M. Mazac, curé d'Aiguillon, joignirent leurs efforts pour obtenir le retour des religieuses.

Cinq années s'écoulèrent. Les sœurs Marie Decoudiace, Germaine Dufour et Marguerite Carbonnois revinrent à Aiguillon reprendre les humbles fonctions d'institutrices. Elles se logèrent dans un des coins de l'emplacement qu'elles occupent aujourd'hui (1). La seconde du-

---

(1) La Jurade vote en 1681 la somme de 1400 livres pour l'acquisition d'une maison qui servira aux 4 religieuses de la Croix vouées à l'éducation de la jeunesse (*E. Suppl.* 741. BB. 6).

chesse, en leur cédant ce logement, acquittait une partie des volontés de sa tante. Leur habitation plus que modeste avait plutôt « les apparences d'une écurie » que d'une maison. L'école fut fréquentée comme aux plus beaux jours de son ancienne splendeur. Les conférences souffrirent peut-être parce qu'il n'y avait plus une vaste salle pour recevoir la foule avide d'entendre, mais le zèle se fait à tout : on multiplia les instructions.

Cependant l'existence des Filles de la Croix était toujours fort précaire. La comunauté de Paris ne pouvait-elle pas d'un moment à l'autre les rappeler ? Le peu d'exactitude de la seconde duchesse à remplir les intentions de sa tante était une raison légitime pour le rappel des religieuses. Il fallait donc empêcher le retour d'un tel malheur, fonder une maison avec toutes les conditions légales et canoniques. A Aiguillon tous ceux qui s'intéressaient à l'œuvre partageaient les mêmes convictions à cet égard. Les notables de la ville unirent leurs efforts pour arriver au résultat si désiré et le succès le plus complet répondit à l'activité de leurs démarches. Avant tout il était nécessaire de créer des ressources, d'assurer une existence matérielle à la future communauté ; sans cela l'autorité ecclésiastique n'aurait jamais donné son approbation. On travailla d'abord dans ce sens ; « le corps de ville s'engagea pour un fonds de 3000 livres, produisant 150 livres de revenu (1) » ; la duchesse d'Aiguillon se décida à remplir complètement les intentions de sa tante : des difficultés se présentèrent du côté de la maison-mère ; on les surmonta après beaucoup de négociations. Les religieuses de Paris « cédèrent à perpétuité leurs compagnes envoyées à Aiguillon, et, de plus, par reconnoissance pour feu Mme la duchesse » ; elles souscrivirent l'engagement de solder à la future communauté une rente annuelle de 300 livres. Le 28 août 1689, Mgr Mascaron écrivit, dans son château de Monbran, l'ordonnance qui autorisa l'établissement définitif, et Louis XIV signa à Fontainebleau, en octobre 1699, les lettres patentes qui confèrent à la communauté « tous les mêmes droits, privilèges et exemptions des autres maisons cloîtrées de son royaume et les amortissements pour leurs enclos et chapelle qu'elles pourront faire construire, à la charge pour les religieuses de faire journellement quelques prières pour Sa Majesté. »

Le revenu de 450 livres donné aux Filles de la Croix était une somme

---

(1) En 1691, la Jurade vote une rente de 150 livres aux religieuses de la Croix chargées de l'éducation des filles. (*E. Suppl.* 744. BB. 9).

évidemment insuffisante pour établir un noviciat ou séminaire, ouvrir un pensionnat et agrandir la maison. Les religieuses commencèrent par « la réparation de la maison qui n'étoit proprement qu'une méchante écurie ; elles firent d'abord torchiser quelques chambres pour y loger des pensionnaires, faire les classes et y recevoir toutes les filles de la ville et de la campagne qu'elles instruisoient gratuitement ». Direction du pensionnat, écoles gratuites, conférences spirituelles aux personnes du dehors, quels travaux, quelles fatigues pour ces pauvres religieuses ! Dans une visite de Mascaron en 1690, une supplique lui fut présentée pour obtenir une chapelle, faveur que l'Evêque leur accorda. Il fallut sept années pour élever cette chapelle qu'on voit à gauche en entrant. Les religieuses « se condamnèrent à des privations de toutes sortes, retranchant presque tout leur nécessaire » pour cette œuvre. Marie Decoudiace et Germaine Dufour, épuisées par les fatigues plus encore que par les années, devinrent infirmes et incapables d'exercer les laborieuses fonctions de leur état. Marguerite Carbonnois est seule pour porter un fardeau au-dessus de ses forces. Mais deux demoiselles remarquables par leur capacité et leurs vertus viennent se consacrer au seigneur et se placer sous la direction de cette dernière, élue supérieure en 1695. Les courages abattus se relèvent ; quelques ressources, portées par les nouvelles postulantes, permettent de reprendre les travaux de la chapelle un instant interrompus.

La communauté eut à souffrir d'une persécution qui n'osait pas s'avouer au grand jour, mais qui dans l'ombre s'attachait à nuire à ses intérêts matériels, « occasionnant des dommages de toute nature et poussant la malice jusqu'à tuer des vaches à lait qu'on avoit achetées pour le service des infirmes ». Ces menées criminelles révélaient des sentiments de haine et d'ingratitude bien pénibles à des cœurs dévoués. En agissant ainsi, les méchants nourrissaient peut-être l'espoir d'anéantir l'établissement des Filles de la Croix, ils se trompaient. La calme résignation des religieuses détermina la vocation d'une jeune personne qui éleva la communauté à cet état de prospérité qu'elle perdit seulement dans les orages de la Révolution. Marie de Larrard naquit à Tonneins d'un père protestant et d'une mère catholique, favorisés des biens de la fortune. Orpheline dans un âge encore tendre, Mascaron la prit sous sa protection. On avait à craindre la résistance des parents protestants. Le crédit de l'évêque était grand et on réussit. Mlle de Larrard fut confiée au couvent d'Aiguillon. Elle deviendra en quelque sorte l'ange gardien de la communauté. Elle faisait des progrès dans les sciences, dans la piété surtout. Avant de déclarer ouvertement sa résolution de se faire religieuse, elle se servit du crédit de Monseigneur Mascaron et de M. Bezon pour obtenir de sa famille des secours assez abondants, et elle répara au moyen de ces premières largesses les pertes et les dommages causés par les méchants.

La vocation de Mlle de Larrard souleva de violentes tempêtes ; elle renversait des espérances en déjouant les calculs de l'égoïsme et de la cupidité : « Les parents y apportèrent toute sorte d'obstacles ; il y eut quelques personnes qui surprirent adroitement par des mensonges la bonne foi d'un ministre : on obtint par ce moyen une lettre de cachet pour l'éloigner de la communauté ». Mlle de Larrard, avec une énergie qu'on ne lui connaissait pas encore, protesta contre la violence qui lui était faite : elle réclame les droits de la conscience méconnue, la liberté dont on l'a dépouillée. « Monseigneur de Mascaron, M. l'Intendant et la demoiselle s'adressèrent à Monseigneur de Chateauneuf pour qu'il eut la bonté d'obtenir du roi de la laisser libre dans sa vocation. Ce seigneur obtint de Sa Majesté une autre lettre de cachet qui lui permettait de suivre l'appel de Dieu, après qu'elle auroit été éprouvée trois mois dans le couvent où Monseigneur de Mascaron jugeroit à propos de la mettre. Ce prélat la fit conduire dans le couvent des dames religieuses du Tiers-Ordre, à Agen. pendant lequel temps il prit soin de sa conduite spirituelle. L'ayant trouvée constamment persévérante, il la renvoya après les trois mois expirés chez les sœurs de la Croix ».

Pendant son absence, la chapelle avait été terminée (1697), mais elle était dénuée de tout. « La novice obtint des provisions assez considérables contre ses parents, et secourut beaucoup la communauté, qui par ce moyen commença à orner la chapelle et à bâtir la maison qui étoit comme une pauvre chaumière ».

La persécution ne déposa pas les armes. On osa proposer aux Filles de la Croix d'user de leur influence sur Mlle de Larrard, de lui persuader qu'elle n'était pas appelée à la vie religieuse, que sa conscience lui faisait un devoir de se rendre aux vœux de ses parents et de donner sa main avec sa fortune à un calviniste ! La honte de la défaite porta l'exaspération aux dernières limites, et la haine trouva des instruments malheureusement trop dociles, même dans les hommes revêtus d'un caractère public.... Denrées confisquées, mauvais traitements infligés ouvertement aux servantes de la communauté, incarcération de quelques ouvriers attachés au service de la maison. Des ordres formels venus de la capitale purent seuls mettre un terme à ces violences, en rappelant au devoir les mandataires infidèles. Mlle Larrard prit, pour ne plus les quitter, les saintes livrées de la Croix (1699).

Un malheur imprévu, inouï, vient fondre tout à coup sur la communauté. Le 20 décembre 1699, le feu se déclare au couvent des Filles de la Croix, et, dans l'espace de 84 jours, il se renouvelle trois fois. Il consume et détruit la maison, le mobilier, tout en un mot, à l'exception de la chapelle. La haine, « un instant assoupie, se réveille avec plus de fureur. Les religieuses sont accusées d'avoir mis elles-mêmes le feu à leur maison, et la méchanceté désigne aux passions populaires, comme coupable par-dessus toutes les autres, la sœur de Larrard. Des personnes amies accréditent les rumeurs publiques par une trop facile crédulité.

La sœur de Larrard épanche ainsi sa douleur avec son indignation dans le cœur de son Evêque :

« Vive Jésus crucifié !

« Monseigneur, dans tous les malheurs qu'il a plu au Seigneur de nous envoyer, notre unique consolation a été de croire que Dieu ne permettoit pas un mal sans en vouloir tirer un plus grand bien; et après avoir cherché en lui notre consolation, il a eu pitié de ses pauvres filles, et il permet que nous trouvions auprès de Votre Grandeur, non pas un supérieur, mais un père qui prend à cœur tout ce qui arrive à ses enfans comme si c'étoit à lui-même. En vérité, Monseigneur mon très honoré père, qu'est-ce que nous ferions si nous n'étions pas persuadées de votre grande charité et de votre sainte protection toute paternelle, puisque le Seigneur permet que nous soyons dans une ville où.... (*Nous supprimons ici quelques lignes et on comprendra notre réserve : des personnages respectables par leur position et par leur caractère y sont nommés; la bonne foi des gens de bien est quelquefois surprise*). Votre Grandeur peut juger par là quelle seroit notre désolation, si nous n'étions pas persuadées des bontés dont vous honorez toute cette petite communauté, qui se jette à vos pieds et demande votre secours, surtout celle qui a l'honneur de vous écrire. Je sais, Monseigneur, que j'ai une grande part dans les bruits qui courent et qu'on m'accuse de n'être pas étrangère au crime qui s'est commis. Je prie le Seigneur qu'il m'envoie la mort plutôt que la pensée seule d'un pareil crime ».

Mascaron n'eut pas le temps de partager les douleurs de ses Filles et de les fortifier par ces ineffables consolations dont la tendresse pastorale a le secret. La coupable était une pensionnaire de la maison qui avait caché sous le voile de l'hypocrisie la perfidie de ses desseins. Malheureuse victime de la tyrannie de ses parents, elle était entrée par force au couvent ; et, trop faible pour lutter contre la volonté de sa famille, trop faible aussi pour faire connaître sa position aux religieuses, elle avait cherché dans le crime un refuge contre son désespoir, pensant que sur les ruines d'un établissement incendié, elle trouverait sa liberté. Elle se trompa : d'un esclavage dont elle aurait pu s'affranchir, elle passa à un esclavage mille fois plus écrasant. Se dérobant par la fuite aux recherches de la justice, elle alla ensevelir dans une retraite ignorée ses remords et sa honte. « On fit son procès par contumace ».

Le peuple, trompé par de perfides suggestions, revient de ses erreurs et change des démonstrations hostiles en témoignages de regrets et d'affection : « Les principaux habitants de la ville s'empressèrent de soulager les religieuses dans leur détresse ; aidés du crédit de Mgr Mascaron, ils intéressèrent en leur faveur plusieurs dames de considération de Paris, ainsi que la communauté (de la maison-mère), dont elles reçurent des aumônes. » Mais les aumônes de Paris et les secours d'Aiguillon n'étaient pas encore, de bien s'en faut, à la hauteur des dépenses à faire. La sœur Marie de Larrard rentra dans la possession de sa fortune. « M. le marquis de la Vrillère obtint de Sa Majesté la grâce de commettre pour commissaire M. de Labourdonnay, intendant de la Guienne, pour régler les droits paternels et maternels de la sœur de Larrard entre ses parents ; le tout fut terminé à la satisfaction des deux parties, par l'équitable justice que leur rendit mondit sieur l'Intendant. La sœur Marie acheta sans retard un enclos et fit bâtir une maison dont la situation est très belle, ayant vue sur une vaste campagne et sur les rivières du Lot et de la Garonne qui se joignent tout proche. »

Mgr Hébert, évêque d'Agen, avait autorisé le 15 août 1705 les Filles de la Croix à posséder le T. S. Sacrement dans leur chapelle. Les mères fondatrices de la maison d'Aiguillon ne tardèrent pas à mourir. La sœur de Larrard fut appelée (1712) au gouvernement de la communauté. Les sujets se présentèrent en grand nombre ; en 1715, le couvent compta plus de vingt religieuses, professes, novices et postulantes. A partir de l'année suivante jusqu'en 1731, sans parler de quelques acquisitions antérieures, la communauté devint propriétaire des biens dont nous dressons l'énumération d'après un acte authentique qui détermine les redevances féodales :

« De Marguerite et Ysabeau Poumayrol, 9 cartérées, 1 cartonnat ;

» De Bernard de Lacaze, prêtre, 23 cartérées, 3 cartonnats ;
» De M{{lle}} Leblanc, 15 cartérées ;
» De M. Merle Massonneau, 9 cartérées ;
» De Pierre Ruère, 7 cartérées ;
» De Claude Lafargue, 11 cartérées ;
» De M{{lle}} Laburthe, le moulin de Rieubet et quelques dépendances. »

D'ailleurs les largesses des Filles de la Croix n'eurent d'autres bornes que celles mêmes de leurs revenus.

Le notaire apostolique dressait acte public de la prise ou vêture d'habit que faisaient les personnes qui se donnaient à la vie religieuse. Le 30 novembre 1730 est dressé acte, à l'occasion de l'entrée dans la communauté des Filles de la Croix d'Aiguillon, de la d{{lle}} Marie Foy de Bonhomme, fille de M{{e}} Jean-Jacques de Bonhomme, conseiller du roi, son procureur en la cour royale d'Agen ; de la d{{lle}} Anne Laburthe ; et, le 24 décembre 1725, de la d{{lle}} Marguerite Merle, âgée de 20 ans, fille de feus M. Jean Merle de Massonneau et de Catherine Julien, assistée de M{{e}} Jean Layrac, notaire ducal, son parrain et curateur, et sous l'agrément de Mgr Hébert. Comparaissent à cet acte les sœurs Marie de Larrard, supérieure, Charlotte Dincord, Marianne Thévenin et Madeleine Gossolme, conseillères. — Les 23 avril et 2 mai 1731, prend l'habit d{{lle}} Jeanne-Marie Branet, fille de Jean-Louis Branet et d'Anne Burgué, assistée d'Antoine Lacoste, ancien lieutenant de cavalerie, son curateur, et de noble Marc-Antoine Burgué, chevalier de Saint-Louis, capitaine au rég^t de Béarn, son oncle, habitant au Sendat, juridiction de Casteljaloux. Elle apporte, comme aumône dotale, la métairie de Touret, en Saint-Julien, juridiction de Fargues, en Albret, et une créance de 1.000 livres sur M{{me}} la maréchale duchesse d'Harcourt, Mgr le comte de Beuvron (?) et l'abbé d'Harcourt, chanoine de N.-D. de Paris, ses deux fils. Comparaissent à cet acte Jeanne Dufossat de Beaujardin, supérieure, Marie Larrard, économe, Charlotte d'Anicourt, Marie-Anne Thévenin et Marguerite Seguin, conseillères (*Etude de M{{e}} Grimard*).

En 1734, Mgr de Saléon, évêque d'Agen, demande à la sœur de Larrard une religieuse capable de gouverner une communauté d'Agen sur le penchant de sa ruine. Après dix ans de travaux et de sacrifices, l'ordre et la régularité sont rétablis, et la religieuse, qui avait si bien commandé, revient prendre humblement le joug salutaire de l'obéissance. Sœur Marie de Larrard remplit les fonctions de supérieure pendant vingt ans. Elle s'éteignit doucement (1737) avec la consolation de laisser un grand nombre de religieuses formées par ses soins dans l'esprit de leur saint institut. Parmi ses filles spirituelles on peut citer Mlle Olympe Labat de Lapeyrière et Mlle Merle de Massonneau appartenant toutes deux à des familles qui vivent encore.

On trouve dans l'étude de Me Grimard une procuration donnée par les Filles de la Croix d'Aiguillon pour toucher une somme qui est dûe à la communauté. A cet acte comparaissent Marie-Anne Beaumont, supérieure, Elisabeth Faure de Saint-Joseph, assistante ; Jeanne Falzet, Anne Gasquet et Françoise Masson, conseillères.

Depuis la mort de la sœur de Larrard jusqu'à la Révolution, nous ne rencontrons aucun événement qui soit digne de remarque. Les sœurs Sainte-Foy Leydet, Rosalie Adam, Saint-Sauveur Dunoyer et Bitaubé prirent l'habit, la première en 1763, les deux autres en 1779 et la dernière en 1786. Sœur Jeanne Garrigue donna quittance le 6 mai 1783 à Geneviève Lesterne dite Marion, servante chez M. Merle, docteur en médecine, de la somme de 100 livres (*Arch. de M. Henri Garrigue*).

« La communauté des Filles de la Croix (*Pouillé du diocèse d'Agen*, p. 662) possède aujourd'hui (1789), dans la ville d'Aiguillon, un bel établissement avec une chapelle, le tout estimé 10,000 livres, et quatre métairies, situées dans les paroisses de Gouts, de Sainte-Radegonde, de Saint-Côme et de Saint-Félix, de la contenance totale de quatre-vingt-six cartérées, quatre cartonnats, deux picotins, dix escats en vingt-cinq pièces, d'une valeur de 131,000 livres (1). Les religieuses sont au nombre de vingt-cinq et tiennent l'école des filles. »

Au moment de la Révolution, elles devront céder à la violence ; c'est en pleurant qu'elles abandonneront les lieux si souvent témoins de leurs austérités et de leur ferveur. Pas une ne sera parjure !

II. L'église paroissiale de Saint-Côme est construite sur l'emplacement du *castellum* gallo-romain. Elle se compose dans sa partie primitive d'une seule travée formant la nef, d'un chœur et d'un sanctuaire normalement orientés. L'ensemble à l'intérieur ne dépasse pas quatorze mètres en longueur, sur environ sept mètres de largeur. Au-delà de la nef, les murs du chœur s'arrondissent à peu près en quart de cercle pour se relier à ceux de l'abside, fort étroite et disposée en cul-de-four. Les voûtes sont ogivales, mais à nervures prismatiques, et ne remontent pas au-delà du XVIe siècle. Elles reposent

---

(1) En 1794, on vendit un domaine situé dans le district de Casteljaloux, qui leur avait appartenu.

sur des pilastres romans, à colonnes mi-engagées, et ceux des chapiteaux existant encore représentent des rinceaux et de lourdes volutes. Deux fenêtres en plein cintre, fort étroites au-dehors et tout unies, éclairent la nef; celle du côté-nord a été postérieurement remaniée.

L'entrée de l'abside, d'une largeur de deux mètres soixante seulement, est accusée par un arc doubleau que supportent deux pilastres, sur chacun desquels s'applique une demi-colonne à chapiteau, rappelant, comme ceux de la nef, de vagues traditions d'ordre composite. Trois petites baies cintrées éclairent cette abside, autour des murs de laquelle se développent à l'intérieur, deux bandeaux ornés de billettes et régnant le premier à hauteur de l'appui des fenêtres, le deuxième au-dessus de l'archivolte de celles-ci. Ce dernier se prolonge dans le chœur, où il se relie à l'imposte des pilastres.

Toute la partie, au couchant, qui précède la nef, ne date que du dernier siècle. Elle n'offre aucun intérêt et communique avec le reste de l'église par une arcade surbaissée.

Le clocher s'élève de ce côté, sous forme de simple pignon, auquel on accède de l'intérieur par un escalier à vis dont la cage carrée fait saillie sur l'angle sud-ouest de l'édifice. Ce mur est ajouré de trois baies, dans lesquelles sont suspendues deux cloches, l'une de 1819, l'autre de 1760.

On entre dans l'église, du côté du midi, par une porte sans caractère précédée au-dehors, de quelques marches et suivie d'un degré descendant dans la nef. Au bas de ce degré, à gauche, est déposé un chapiteau antique en marbre blanc, grossièrement sculpté de feuilles d'acanthe et creusé pour servir de bénitier. A droite, un fragment de colonne en marbre supporte une petite cuve de pierre, du xvie siècle.

A l'exception de son appareil, régulièrement disposé et de moyenne grandeur, l'extérieur n'offre rien de particulièrement remarquable (1). M. Tholin ajoute : « Les contre-forts qui flanquent l'édifice, larges à la base, sont à triple ressaut. Comme à Sainte-Livrade, ceux qui cantonnent l'aisselle des absides ont un seul angle saillant. Le clocher-arcades qui forme pignon sur la façade, ne paraît pas ancien, non plus que la porte ouverte au midi. Je classe l'église de Saint-Côme parmi les monuments du xiie siècle (2) ».

D'après l'auteur de la *Guienne historique et monumentale*, les

---

(1) *Souvenirs Archeol.*, déjà cités.
(2) *Etud. sur l'archit. relig. de l'Agenais*, par G. Tholin, p. 153.

Templiers auraient approprié à leur usage, les constructions gallo-romaines qui étaient debout.

Nous lisons dans le *Pouillé du Diocèse d'Agen* (p. 655): « Valéri place dans l'archiprêtré du Siège, le prieuré et la rectorie de Saint-Côme. Le prieuré était de l'ordre de Saint-Augustin et le roi y nommait en vertu du Concordat de 1516. « Vers 1611, écrit Labénazie, « M. Darnal, doyen et chanoine de Saint-André de Bordeaux et prieur « du prieuré de Saint-Côme-lés-Aiguillon, fit unir ce bénéfice au « Noviciat des Jésuites de Bordeaux. » Après la suppression de la Compagnie de Jésus, il a été donné aux *Economats*. Il y avait, à deux cents pas de l'église paroissiale, une autre église, dite de Saint-Pastour, qui était une dépendance de la commanderie du Nomdieu. » La dîme du blé se paie au onzième, du vin au seizième, des menus grains au treizième. Les Economats prennent actuellement (1789) les trois quarts des fruits, le curé un quart. La part de ce dernier est exactement de 1,350 livres. Les chevaliers de Malte prennent la dîme dans un petit canton de la paroisse où était située l'église Saint-Pastour. Il y a un presbytère. La fabrique possède une vigne dont le revenu est affecté au luminaire. L'évêque nomme au bénéfice. On compte sept cents communiants. Le service comporte deux messes et les vêpres tous les dimanches et fêtes. Il y a un vicaire. »

Nous trouvons Barthélemy Colombier, ancien vicaire d'Aiguillon, recteur de Saint-Côme en 1619, et Antoine Colombier, ancien vicaire d'Aiguillon, recteur de Saint-Côme de 1632 à 1646, remplacé par M. Descayrac (*Reg parois.*). Le 23 janvier 1732, M. Joseph Parailloux, en remplacement de M.-J.-B. Lafargue, nommé à la cure de Saint-Brice; le 8 novembre 1746, M. Jean-Paul Layrac, ancien curé de Marcoux; et le 18 avril 1766, M. François Faure prennent possession de la paroisse de Saint-Côme. (*Etude de M° Grimard*).

En l'année 1700, on bénit à Saint-Côme une chapelle en l'honneur de Notre-Dame de Bon-Secours, ainsi qu'une cloche du poids de 139 livres, dont le parrain est Antoine du Gasquet, et la marraine Marie Anne de Ranse. L'inscription porte: « Ad Dei laudem, et honorem B. Mariæ Virginis et S. S. Cosmæ et Damiani curà D. B. Matges, rectoris anno 1700.

En 1702, la procession de Saint-Côme s'unit à celle d'Aiguillon pour aller à Agen visiter les quatre paroisses, afin de gagner le jubilé. Le retour s'effectua en bateau, aux frais de la communauté (*Reg. parois.*).

En 1760, une cloche du poids de 150 livres, fondue à Port-Sainte-

Marie par Goussel, fondeur Lorrain, est bénite et a pour parrain Bertrand Verdolin de Jauguet et pour marraine Jeanne Lolière, femme de M. Layrac de Ventamil.

Une ordonnance de Mgr d'Usson de Bonnac, décide qu'à l'avenir les processions du second et troisième jours des Rogations se feront à Saint-Côme séparément, au lieu d'être unies à celles d'Aiguillon. (*Arch. dép., E. Suppl.* 829. GG. 7.)

En 1791 le titulaire était Jacques-Vincent Deguilhem Lansac, qui prêta le serment à la constitution civile du clergé, et fut nommé à Montayral après le Concordat.

III. « Valéri place l'église Notre-Dame de Pélagat dans l'archiprêtré de Montaut et représente comme formant avec Saint-Etienne de Tignagues une même rectorie. Le sanctuaire est voûté, la nef lambrissée.

» L'abbaye de Clairac prend tout le vin à l'exception d'un tonneau qu'elle donne au curé et les trois quarts du blé, seigle, tabac, orge, avoine, fèves. Le curé prend tout le reste et sa part est estimée 750 livres.

» L'évêque, comme vicaire-général du roi dans l'abbaye de Clairac, nomme au bénéfice.

» On compte deux cent vingt communiants. En 1696, il y avait cent catholiques et autant de nouveaux convertis. Le curé est tenu au service ordinaire. La fête patronale est le 15 août. Le titulaire actuel est Jean Couderc, futur constitutionnel qui sera nommé à Laffitte après le Concordat. » (*Pouillé* déjà cité, p. 614).

IV. « Valéri place dans l'archiprêtré de Montaut la rectorie de « Puy de Bure ». Pech de Bère est l'ancien nom de la paroisse. Celui de Nicole paraît pour la première fois dans une lettre (1) d'Edouard Ier, en date du 20 mai 1293, relative à la contruction de la bastide de *Nicola in loco prius vocato Cangio*. L'abbé de Clairac était seigneur du lieu lorsqu'il appela en paréage Raymond, comte de Toulouse, pendant les guerres des Albigeois. Il a perdu depuis tous droits seigneuriaux sur Nicole, peut-être en 1348, lorsque cette petite ville fut mise dans la juridiction d'Aiguillon (2). L'ancienne église était située sur la

---

(1) Tamizey de Larroque. *Documents inéd.* déjà cités.

(2) Nous avons vu à la page 89 de la présente Histoire que Saint-Symphorien de Nicole fut compris en 1295 pour faire partie du ressort et district de la ville d'Aiguillon, juridiction de Lunac,

colline de Pech de Bère. Elle n'a été définitivement abandonnée que dans le milieu du XVII° siècle.

» Vers 1700, deux ou trois ermites de l'ordre de Saint-Antoine, abbé, vinrent s'établir sur le territoire de cette paroisse. A force de travail, ils bâtirent leur ermitage et une chapelle dans les rochers de la colline de Pech de Bère (1). Expulsés brutalement par le duc d'Aiguillon, propriétaire de cette colline, ils furent reçus, en 1722, par le comte de La Vauguyon, dans une terre qu'il possédait à Montardit. Les ermites purent rentrer dans leurs grottes de Nicole et leur chapelle fut bénite le 1er mars 1758, par l'archiprêtre de Tonneins. Les évêques d'Agen, qui étaient leurs supérieurs, leur avaient donné la règle de Saint-Vincent d'Agen.

» L'église paroissiale actuelle a été construite, vers 1750, pour la plus grande commodité des habitants. Elle est sur la croupe d'une colline, à cinquante pas de la Garonne et sur la route d'Aiguillon à Tonneins. Il y a, dans le voisinage, une dizaine de maisons. Elle est longue de huit cannes, large de quatre, haute de six et lambrissée. Il y a un clocher.

» La dîme du blé se paie au onzième, du millet et des menus grains au quinzième. Le curé prend toute la dîme sauf en un très petit canton, au centre de la paroisse, où c'est l'abbaye de Clairac. La part du curé est exactement de 2,500 livres. Il y a un petit presbytère.

» L'évêque, comme vicaire général du roi dans l'abbaye de Clairac, nomme au bénéfice.

» Au moment de la révocation de l'édit de Nantes, il y avait 25 catholiques sur 120 huguenots. On compte aujourd'hui (1789) 170 communiants. Le curé est tenu au service ordinaire. » (*Ibidem*, p. 649-650).

Nous trouvons Mr Rodolès curé de Nicole en 1650 ; M. Pierre Descayrac en 1655 ; Bernard Florans, vicaire de Nicole en 1685. (*Reg. parois.*)

---

(1) L'auteur anonyme des *Recherches sur le pays du poëte*, etc. s'exprime en ces termes : « Tout près du sommet de la montagne on voit les restes ou plutôt les commencements d'un ermitage pratiqué dans le roc par de pieux anachorètes. Ils avoient à peine construit de leurs mains quelques cellules ainsi qu'un oratoire, que la calomnie pénétra jusqu'à eux dans cet asile reculé, sanctifié par le jeûne, la prière et le travail. On leur attribua sur les héritages voisins des déprédations auxquelles nous ne pouvons croire. Un homme puissant, mort depuis peu d'années, voisin de ces bons ermites, passionné ou prévenu contre eux, se déclara leur ennemi, et parvint, il y a environ 40 ans (vers 1748), à les faire déguerpir.

Le 29 avril 1737, noble Jacques Dablanc de Danglars, du diocèse de Cahors, prend possession de la cure de Saint-Symphorien de Nicole. (*Etude de M⁰ Grimard*).

En 1791 le curé était J.-B. Secheyran, qui prêta le serment à la Constitution civile du clergé, le rétracta et fut maintenu à son poste après le Concordat.

CHAPITRE X

Révolution.

Nous commençons par formuler un regret : la disparition du registre des délibérations municipales d'Aiguillon, de l'année 1789 au 2 octobre 1791, rendra fatalement incomplète l'étude de la Révolution pendant cette période.

Nous relevons d'un Mémoire écrit en 1848, par Jean-Joseph Nebout Sent-Pé, né le 12 janvier 1771, grand père de M. le docteur Joseph Nebout, les lignes suivantes :

« Je fis toutes mes classes jusqu'à la rhétorique inclusivement chez M. Labadie, maître de latin à Aiguillon. Je jouis pendant tout ce temps d'une grande liberté d'action et me livrai avec délices à tous les jeux de l'enfance mais d'une façon honnête, car, mes parents recevant chez eux une société choisie, je ne reçus que de bons principes de morale et de sociabilité dont je crois ne m'être jamais écarté. A l'âge de dix-huit ans, on m'envoya à Bordeaux sous le patronage de mon frère aîné, Jean-Pierre-Thomas, pour faire ma philosophie au collège de Guienne. C'était en l'année 1788-1789. Déjà, depuis un an, la France était bouleversée par des partis contraires à la royauté. Les cours étant finis, je partis de Bordeaux avec mon frère pour revenir chez nos parents, le 14 juillet 1789, jour de la prise de la Bastille et le premier de la Révolution. A notre arrivée dans notre ville natale, nous trouvâmes nos parents en butte à une faction turbulente, composée de quelques brouillons, à la tête desquels étaient ouvertement affichés les sieurs Coq, Nugues et Verdolin, et clandestinement dirigée par le sieur Louis Mautor, avocat au parlement. Ils étayaient leurs prétentions sur le droit qu'ils avaient, disaient-ils, de faire rendre compte aux administrateurs d'alors des revenus de la commune. Ceux-ci étaient au nombre de trois : M. Simon-Pierre Merle de Massonneau, maire, M. Antoine-Calixte Nebout, mon père, 1er consul et M. Jean-Pierre Leaumont de Rieubet, 2me consul. Par jugement de l'administration départementale leurs demandes exhorbitantes furent réduites à presque rien. Cette affaire n'a pas eu d'autres suites. La diversité des opinions politiques jointe à ces divisions intestines, firent à cette époque, de la ville d'Aiguillon une véritable Babylone. Cette malheureuse affaire s'apaisa mais laissa dans la ville des germes de haine jusque dans le sein des familles. Les diverses opinions religieuses vinrent encore accroître cet état de malaise général, tellement que tous les liens de société furent rompus, même entre parents ».

Le 11 août 1789, on nomme, en assemblée générale des habitants de la ville et communauté d'Aiguillon, un comité permanent, à l'instar des autres villes, pour aider MM. les officiers municipaux dans leurs fonctions « que les circonstances du tems rendent plus difficiles et plus importantes pour pourvoir à tout ce qui intéressera l'ordre et la sûreté publique et décider toutes les difficultés que les ennemis pourroint faire naître ».

Etaient présents à cette élection MM. Merle de Massonneau, maire ; Nebout, 1er consul ; James, lieutenant général ; Florans, avocat ; Lacroix, père ; Martin Miraben, fils, officier d'infanterie ; Jean Garrigue, aîné, avocat ; Lacaze du Padouen, bourgeois ; Jean Nugues, aîné, négociant ; Etienne Coq, aîné, négociant ; Pierre Verdolin, notaire ; Jean Goutières aîné ; Moullié ; Dayre, fils ; Lormino ; Sabaté, aîné ; Lafargue ; Charpentier ; Bernard Dallet ; Cazenove, père ; Beaussens, aîné ; Gasquet, aîné ; Bernus ; Durand, père ; Bidou ; Lagarde ; Bonnet ; Chaumel ; Despeyroux ; Lassarrade ; Bonnet, aîné ; Durand, fils ; Goutières, jeune ; Flourance, cordonnier ; Latournerie, aîné ; Busquet ; Cazenove ; Dubouil ; Dupouy ; Massé ; Coulet ; Baraldé, fils ; Cruchon, fils ; Fernandes ; Gasquet, chapelier ; Rodolose, fils ; Manset, fils ; Lafosse ; Jonquières ; Bonnet, père ; Dufranc ; Jonquières, fils ; Miraben, secrétaire ; Fulgence Coq ; Henri Garrigue, jeune ; Louis Mautor, avocat ; Masain, jeune ; Turpin, fils ; Boudon, fils ; Jean Coq, jeune ; Nugues, notaire ; Labarrière, aîné ; Labarrière, jeune ; Fabre ; Murac ; Reignac de Lacombe ; Lacroix, fils ; Duburgua ; Gimon, fils ; Merle du Barry ; Merle Bellevue, fils ; Labadie ; Carrion et Cugné, soit en tout soixante-quatorze habitants, qui nommèrent vingt commissaires, savoir : MM. James ; Florans ; Lacroix ; Miraben, fils ; Garrigue, aîné ; Lacaze du Padouen ; Thomas Nebout de Riberot ; Jean Nugues, aîné ;

Etienne Coq, aîné; Verdolin; Jean Goutières, aîné; Moullié; Dayre, fils; Lormino; Sabaté, aîné; Lafargue; Charpentier; Bernard Dallet; Cazenove, père; Beaussens, aîné et Gasquet, aîné. Sont élus par acclamation : président, M. James, et secrétaire, M. Bernard Nugues, notaire.

Les dits commissaires devront rediger leurs statuts qui seront ensuite soumis à l'approbation et sanction de la majorité des habitants, et adressés à Monseigneur le duc d'Aiguillon pour leur donner son agrément.

M. James donne sa démission de président pour ne pas se trouver dans le cas de connaître en police des affaires qui pourraient être renvoyées en justice, ce qui l'obligerait à une récusation d'autant plus nuisible aux justiciables que les officiers du sénéchal d'Aiguillon sont absents.

Le 30 août suivant, on tient une nouvelle assemblée générale pour approuver et sanctionner les statuts élaborés par le comité permanent. Etaient présents : MM. Paul Coq, père; Jean-Jacques Garrigue; Laburthe du Tap; Lacaze du Padouen, fils; Bégoulle de Gouts, jurats; Thomas Cave; Jean Flourence, anciens notables; Florans; Jean Garrigue, aîné; Henri Garrigue, jeune, avocats; Pierre Beaussens; Jean Bonnet; Raymond Sarrazin; Pierre Maillé; Daprès; Gasquet, marchands; Jean Nugues, aîné; Etienne Coq, aîné; Jean Coq, jeune; Jean Goutières; Bernard Dallet, négociants; Verdolin, notaire; Jean Fontaine; Pierre Lugas; Jean Pugeyran; Jacques Combabessouse; Pierre Lafon; Jean Ducourneau; Barthélemy Barate; Jean Rubiteau; Jean Charpentier; Jean, Jean et autre Jean Péribère, laboureurs; Jean Mourgues; Jean Laurent; Jean Charpentier, cultivateurs; Charles Latournerie, filassier; Jean Durand, sergier; Pierre Lagarde; Pierre Poitevin, tisserands; Paul Cruchon; Pierre Brassier; Jean Duplan, maçons; Cazenove; Antoine Chassain; Jean Lafargue, entrepreneurs; Jean Gasquet; François Tauzin, tonneliers; Jean Flourence; Etienne Delbourg; Bernard Simon; Bernard Delco, cordonniers; Jean Carrion; Villesauvès; Thomas Nebout de Riberot, bourgeois; Pierre et Barthélemy Lamirail, voituriers; Jérôme Sabaté, boulanger; André Bezin, procureur; Jean Dunoyer; Jean Lafosse, menuisiers; Charles Lormino, maître de poste; Jean Descomps, tailleur; Bernard Miraben, officier; Pierre Bonnet; Charles Vigneau, maîtres de bateau; Jean-Paul Miraben, père, chevalier de Saint-Louis; Barthélemy Vergnes, tourneur; Pierre Saoude, maréchal; Pierre Coulet, tapissier; Noël Richard, tuilier; Antoine Charpentier, forgeron; Jean Layrac, militaire; Jean

Layrac, en tout soixante-quinze habitants de la ville et de la juridiction. C'est bien peu. Où étaient les autres ? La juridiction comptait plusieurs milliers d'habitants.

Il est dit dans le compte-rendu de cette assemblée que le 25 août précédent, dès que le comité permanent eut élaboré ses statuts, qui d'ailleurs réduisaient presque à néant l'autorité des consuls, ceux-ci sortirent de la salle avec plusieurs de leurs amis et déclarèrent qu'ils ne signeraient jamais de tels règlements.

En conséquence, ces officiers municipaux refusent de se rendre à la présente réunion, dans laquelle on les accuse de n'avoir presque rien fait de réparations utiles à la juridiction depuis environ dix-huit ans qu'ils sont en charge, et non seulement d'avoir dépensé, on ne sait comment, d'après des délibérations signées pour la majeure partie de deux ou trois jurats de leurs parents et amis, les revenus patrimoniaux de la communauté, riche aujourd'hui de plus de 16,000 livres de revenu, mais encore d'avoir par leur négligence laissé perdre au lieu de Nicole une ile immense. Aussi est-il unanimement délibéré et arrêté que les poursuites à raison de la reddition des comptes pour les six dernières années, seront continuées devant le parlement de Bordeaux et qu'on priera Sa Majesté d'ordonner la destitution de MM. Merle de Massonneau, maire, Nebout, 1er consul, Leaumont, 2me consul, du procureur ducal Salvandy, procureur syndic et Murac, trésorier, et de pourvoir à leur remplacement.

Copie de cette délibération sera en même temps adressée à Mgr le duc d'Aiguillon, en témoignage du profond respect dont la présente assemblée est animée pour ses vertus et son patriotisme, avec l'assurance que les citoyens de la juridiction respecteront toujours ses droits et que la crainte seule d'une révolution des plus malheureuses pour Aiguillon, a dirigé leur conduite en toute cette affaire.

Les statuts sont approuvés et M. Miraben, père, chevalier de Saint-Louis, est acclamé président, M. Garrigue, aîné, avocat, vice-président et Goutières, aîné, négociant, secrétaire.

Le 8 septembre, M. Leaumont de Rieubet donne sa démission de la charge de second consul.

Le 27 septembre, l'assemblée générale de la ville d'Aiguillon, à la réquisition de M. Miraben, président du comité, délibère et arrête à l'unanimité : 1° que, d'après la vérification des comptes des consuls pour les six dernières années, se trouvant un déficit de plus de 50.000 livres, le comité en fera l'offre à l'Etat, en attendant que la révision des comptes pour les autres années puisse être obtenue du Parlement, avec promesse de faire également don à l'Etat du déficit qui s'y découvrira ; 2° que, par crainte de la disette, il sera répondu à la proposition généreuse des sieurs Coq et Nugues, qui s'engagent à faire l'achat de mille sacs de blé au prix courant et à les livrer au même prix aux pauvres et aux boulangers, sur la présentation de mandats signés par le comité ; 3° que, les ennemis de l'Etat et plus encore le grand nombre de brigands et gens sans aveu errants dans le royaume faisant appréhender des événements malheureux, il sera établi un corps de troupes patriotiques dont on offrira le commandement général à Mgr le duc d'Aiguillon « dont les vertus et le patriotisme ont élevé un triomphe d'amour et de respect dans les cœurs » ; 4° que dorénavant le comité sera autorisé à saisir les auteurs et fauteurs de cabales contre l'ordre public et à les garder en prison jusqu'à ce qu'il soit statué sur leur sort.

De plus, la présente assemblée, ayant pris connaissance d'une cabale de quelques particuliers dont le sieur Fabre a été reconnu l'auteur, comme ayant fait défendre au carillonneur de sonner pour réunir la présente assemblée, ce qui donne à présumer que c'est lui qui a fait couper la courroie du battant de la cloche dans le courant de la nuit, et considérant encore que ledit Fabre ayant refusé de venir à l'hôtel de ville pour rendre compte de sa conduite, a fermé sa porte à ceux qui le recherchaient, et lancé sur eux des tuiles, au risque de les écraser, délibère et arrête qu'il sera mis en prison et y restera tout le temps qu'il plaira au comité.

On procède, le lendemain, à l'interrogatoire du sieur Fabre et de ses complices. Celui-ci déclare se nommer Jacques Fabre, chirurgien de la ville, âgé de 32 ans. Il avoue qu'il voulait la destitution du présent comité et qu'il était lié dans ce but avec plusieurs particuliers, les sieurs Cugné et Lassarrade, aîné, père, aubergistes, Labarrière, aîné, ancien jurat, et Chassain, aîné, piqueurs, Duburgua, père, chirurgien pensionnaire de la communauté, Bernard Gasquet et Bonnet, aîné, tonneliers, Cazeneuve et Martin Baptiste, cordonniers, Jean et autre Jean Manset, fils, boulangers, Jonquières, père, marchand et Jonquières, fils, tailleur ; que lesdits Chassain et Cugné faisaient ordinairement les propositions et que c'était chez ce dernier que se tenaient les réunions pendant la soirée ; que, samedi, vers trois heures du soir, il alla, lui, Fabre, prier le sonneur de cloches de ne pas sonner pour l'assemblée générale du lendemain après la dernière messe, qu'il n'avait pas coupé la courroie du battant de la cloche, ni n'était allé à la campagne pour capter les paysans ; qu'il refusa d'obéir aux soldats du guet et de se rendre à l'hôtel de ville en disant qu'il ne voulait pas reconnaître le comité permanent, et qu'ensuite, ayant vu des citoyens armés, chargés de le prendre, il ferma sa porte et lança des tuiles ; mais qu'il espérait que sa bonne réputation ferait oublier ces manquements tant envers la juridiction qu'envers le comité dont il reconnaît la compétence.

Fabre est remis en prison et, M. Verdolin faisant les fonctions de procureur d'office, le comité fait appeler les autres accusés pour être interrogés à leur tour.

Antoine Chassain répond que samedi, vers dix heures du soir, se retirant avec les sieurs Fabre, Duburgua et Martin Baptiste, ils complotèrent entre eux de couper la courroie du battant de la cloche, ce qu'il fit lui-même avec son couteau..

Pierre-François Duburgua, maître chirurgien, reconnaît que, samedi soir, vers dix heures, se trouvant près de l'horloge avec lesdits Chassain, Fabre et Martin Baptiste, et le premier leur proposant d'aller couper la courroie du battant, il répliqua que pour beaucoup il ne se chargerait d'une pareille besogne. Arrivés à la porte du clocher, ils ne purent l'ouvrir au moyen de quelques clefs et la secouèrent si fortement qu'elle céda. Alors Chassain et Fabre montèrent au clocher.

Martin Baptiste déclare que, Fabre et Chassain ayant comploté d'enlever le battant de la cloche, il avait été d'avis qu'on ne le fît pas : aussi continua t-il de se promener avec Duburgua pendant l'exécution.

Les quatre prévenus sont condamnés à verser chacun 6 livres d'amende entre les mains de Mlle de Massac, supérieure de l'hôpital, Fabre fut relâché.

Le 18 octobre, le duc d'Aiguillon est reconnu général des troupes patriotiques, le comité en entier colonel, M. Jean-Paul Miraben lieutenant-colonel et M. Thomas Nebout de Riberot major, tous inamovibles dans leurs grades.

M. le curé bénit les drapeaux dans l'église paroissiale, où la troupe assiste à la messe célébrée par son aumônier, en présence du comité permanent et des deux officiers municipaux en chaperons. Puis tous prêtent le serment de bien et fidèlement servir pour le maintien de la paix, pour la sécurité des citoyens et contre les perturbateurs du repos public.

Le 27 octobre, M. Miraben, est réélu président, Verdolin nommé vice-président en remplacement de M. Garrigue, et Dayres secrétaire à la place de M. Goutières.

Le 8 novembre, le comité, « considérant la brillante fortune dont jouit le sieur Merle de Massonneau, la délicatesse de son tempérament qui ne lui permet pas de se lever la nuit lorsqu'il est appelé auprès des malades de la campagne, surtout sa qualité d'inspecteur des Eaux de Barboutan qui l'oblige à se déplacer, etc. », délibère et arrête que la pension de 500 livres accordée audit sieur Merle en sa qualité de médecin de la communauté est transportée sur la tête du sieur Turpin. (*Arch. comm. d'Aiguillon*).

« Cejourd'huy six décembre mil sept cents quatre vingt neuf, en l'hôtel commun de la ville d'Aiguillon, nous, Verdolin, Coq aîné, Nugues aîné et Goutières aîné, et nous soussignés commissaires nommés par la délibération généralle du comité en datte du douze du courant aux fins de la réception des déclarations à faire par les jurisdictionnaires, conformément aux décrets de l'Assemblée nationale du mardy 6 octobre dernier et instruction publiée par ordre du Roy relativement à la contribution patriotique, certiffions avoir cejourd'huy fait afficher aux portes des églises parroissialles de la présente ville et jurisdiction la liste de toutes les personnes y ayant leur principal domicille, et en conséquence nous avons arrêté qu'un chacun de nous se renderoit alternativement au présent hôtel de ville avec le secretaire-greffier, les jours de mardy, judy et vendredy de chaque semaine, depuis neuf heures du matin jusqu'à midy, pour recevoir lesdites déclarations à faire. Avons arreté de plus que la liste dont est cy-dessus mention demeureroit affichée aux susdits lieux pendant huit jours. Avons enfin arreté qu'on se conformera exactement à l'article 24 de la susdite instruction, etc.

» Et de tout ci-dessus avons dressé le présent verbal que nous avons signé avec le secrétaire-greffier.

  Goutières, aîné com^{re}. Verdolin, com^{re}.
  Coq, l'ainé, com^{re}. Nugues, l'aîné, com^{re}.
           Miraben, s^{re} greffier. »

Suit la liste des contributions patriotiques :

8 décembre. — Jean Nugues, aîné, contribuera pour la somme de 256 livres et déclare que, pour le remboursement de ladite somme, si jamais il a lieu, il désire qu'il soit fait à Paul et Bernard Nugues, ses deux fils.

15 décembre. — Mr Me Jean-Louis Dubois, curé d'Aiguillon, s'engage à acquitter tout de suite sa contribution patriotique de 300 livres, renonce au remboursement et déclare n'avoir rien retiré des deux dernières récoltes du bien qu'il a dans la juridiction de Damazan.

Joseph Verdolin de Pouchon déclare contribuer pour 100 livres en 3 termes.

18 décembre. — Messire Simon-Pierre Merle de Massonneau, maire et président du comité d'Aiguillon contribuera pour 1200 livres en 3 termes et désigne Antoinette-Marguerite-Adelaïde Merle de Massonneau, sa fille aînée, pour être à ses droits à l'époque du remboursement.

Dlle Marie-Anne Gasquet contribuera pour 36 livres comme don gratuit ;

Madame Lacaze du Padouen pour 36 liv.

22 décembre. — Jacques Murac, maître en chirurgie d'Aiguillon contribuera pour 150 l., en 3 termes égaux et désigne, pour jouir de ses droits, lors du remboursement, sa propre fille.

Messire Jean-Joseph Raignac de Lacombe, écuyer, chevalier de St-Louis, contribuera pour 300 l. en 3 termes égaux et désigne, pour jouir de ses droits lors du remboursement, Mlle Aurore de Raignac, sa fille aînée.

Dlle Verdolin de Jauguet pour 24 l.

Simon Barrier de Cauparre, résidant audit lieu de Cauparre, paroisse de Lagarrigue, juridiction d'Aiguillon, pour 9 l., payables au 1er avril.

Jean de Leaumont de Rieubet, habitant de la paroisse de Ste Radegonde, pour 18 l.

M. Jean-Paul Miraben, de Gouts, chevalier de St Louis, pour 12 l., en 3 termes.

Merle du Barry, pour 1150 l., et désigne Joseph-Thomas Merle, son fils, pour jouir du remboursement.

Mme Laburthe, pour 24 l.

Laffitte, pour 24 l.

Laburthe, pour 3 l.

Charles Le Roy, ingénieur des Ponts et Chaussées, résidant à Aiguillon, pour 1025 l., en 3 termes, et désigne Marie-Louise-Véronique de Sachy, sa nièce, pour jouir du remboursement.

Dlle Françoise Boudon de Lacombe, pour 40 l., en 3 termes et désigne ses héritiers, au remboursement.

Jean-Jacques Garrigue, pour 100 l., en 3 termes.

Antoine-Calixte Nebout de Viau, pour 550 l., en 3 termes, et désigne

Jean-Pierre-Thomas Nebout, son fils aîné, pour jouir du remboursement.

Bernard Mouillé, pour 50 l., en 3 termes, et désigne ses héritiers au remboursement.

Lucie Tourtonde de Ventamil, chevalier de St Louis, pour 300 l., en 3 termes, et désigne Bernard Tourtonde, son fils, au remboursement.

Jean Bras de Boudounet, pour 9 l.

29 décembre. — Louis Batailh, habitant de la paroisse de Ste Radegonde, pour 72 l., en 3 termes.

M. Dubois, curé d'Aiguillon, déclare que l'église d'Aiguillon possède dans la paroisse de St Côme un bien appelé à Bouquinet pour l'entretien de ladite église et contribue pour 50 livres tout de suite. Les revenus dudit bien ne sont que de 765 livres, et les charges pour décimes, paiement du sacristain, du bedeau, des clercs, pour les hosties, l'entretien des vitres et du toit, les fournitures d'ornements et de vases sacrés et le blanchissage sont tout au plus en état d'être payées avec ledit revenu.

Bitaubé contribuera pour 120 l., en 3 termes.

Bégoulle, de Gouts, pour 60 l., en 3 termes.

Thomas Nebout de Riberot, pour 450 l., en 3 termes.

Me Antoine Florans, prêtre d'Aiguillon, pour 300 l., en 3 termes.

Barrier du P., pour 100 l., en 3 termes.

Florans, fils, de Pélagat, pour 9 l., en 3 termes.

31 décembre. — Antoine-Michel Lacaze de Ventamil, pour 18 l., en 3 termes.

Jean Duvignau du Verger, pour 150 l., en 3 termes.

Marie Duvignau pour 250 l., en 3 termes et désigne Jean-Joseph S^t Pé Nebout pour jouir du remboursement.

D^{lle} Thérèze de Massac, pour 120 l., en 3 termes et désigne M. Augustin de Massac, son neveu, au remboursement.

Xavier-François Florans, chapelain de Ste Catherine d'Aiguillon, pour 60 livres en 3 termes.

Pierre Regimbeau, pour 9 l., en 3 termes.

Pierre Verdolin, notaire royal, pour 60 l., en 3 termes.

Pierre Dessans, pour 36 l., en 3 termes.

Jacques Turpin de l'Antre, pour 12 l. en 3 termes

Louis Mautor, avocat, pour 400 l., en 3 termes.

Romain Barrier du Délice, pour 24 l., en 3 termes.

Jean Brienne de Laubarède, pour 210 l., en 3 termes.

Jean Fontet de Merle, pour 72 l., en 3 termes.

5 Janvier. — Jean Louis-Dubois, curé d'Aiguillon, contribuera pour 1304 l., déduction préalablement faite de toutes les charges de son bénéfice pour lequel est faite la présente déclaration. En un seul paiement au 1ᵉʳ avril prochain, sous la déduction néanmoins de l'intérêt légal.

Jean Goutières, aîné, pour 36 l., en 3 term.

Pierre Verdolin, procureur verbalement fondé par Mᵐᵉ Bologne de Clairfontaine pour 500 liv., en 3 term.

Pierre Verdolin, agissant comme dessus pour sʳ Joseph Lacave Combret pour 9 l., en 3 term.

Bertrand Salvandy, procureur ducal, pour 100 l., en 3 term.

Jean Layrac, bas officier invalide, pour 6 l., en 3 term.

Dˡˡᵉ Castillonne de Merle pour 480 l., en 3 termes, et désigne Thomas-Joseph Merle, son neveu, au remboursement.

Jacques Canot dit *Pendelin*, pour 4 l., en 3 term.

Guillaume Sabaté, pour 12 l. en 3 term.

12 Janvier. — Dˡˡᵉ Layrac, faisant pour sa mère, pour 20 l., en 3 term.

Jacques Maillé, de Parrel, pour 24 l., en 3 term.

Pierre Alberny, boulanger, pour 30 l., en 3 term.

Jacques Laterre, pour 24 l., en 3 term.

Pierre Gasquet, du Passage de Pélagat, pour 50 l., en 2 term.

André Bezin, jeune, pour 72 l., en 3 term.

Joseph Duprat, marchand, pour 36 l., en 3 term.

Jean Flourence Garrigue, négociant, pour 48 l., en 3 term.

Antoine-Joseph Nebout de la Gardolle, pour 24 l., en 3 term.

Pierre Dufau, fermier à Gouts, pour 3 l., en 3 term.

Jean Pasquet, fermier à Gouts, pour 3 l., en 3 term.

14 janvier. — Françoise Marin, pour 6 l., en 3 term.

18 janvier. — Pierre Flourence, de Sᵗᵉ Radegonde, pour 80 l. en 3 term.

21 janvier. — Pierre Mollié, pour 150 l., en 3 term.

Charles Vigneau, jeune, pour 206 l., en 3 term., désigne Armand Vigneau, son fils ainé, au rembours.

Charles Vigneau, aîné, pour 66 l., en 3 term., désigne Charles Vigneau, son fils plus jeune, au rembours.

23 février. — Jean-Daniel Mautor, chanoine, pour 210 l., en 3 term., désigne Armand-Bernard Mautor, son frère, au rembours.

26 février. — Pierre-Etienne Leaumont, prêtre chapelain, pour 202 l., en 3 term , désigne Mˡˡᵉ Elisabeth de Leaumont, sa sœur, au rembours.

Jean-Barthélemy Doazan, prêtre chapelain, pour 202 l., en 3 term., désigne dame Marie Corbien de Caubios ou son héritier, au remboursement.

Thomas Cave, pour 200 l. en 3 term., désigne M. Villette, son gendre, au rembours.

Jérôme Dumoulin pour 30 l. en 3 term.

Barrier, prêtre chapelain, pour 140 l., en 3 term.

Frère Barnabé Marot, prieur des Carmes d'Aiguillon, pour 200 l., en 3 term.

Dame Marie Dunoyer, supérieure du Couvent des Religieuses de la Croix, pour 400 l. en term.

Jean Lacaze de Gandorre pour 150 l., en 3 term., désigne Jean Antoine Lacaze, son fils, au rembours.

Jean Merle de Bellevue pour 50 l., en 3 term.

François Leblanc pour 9 l., en 3 term.

Marc-Antoine Boudon de Lacombe pour 300 l., en 3 term.

Jean Couderc, curé de Pélagat pour 326 l., en 3 term.

19 mars. — Dame Dufau, veuve de M. Dugros pour 570 l., en 3 term., désigne son fils aîné, au rembours.

Dame Brienne d'Imbert pour 275 l., en 3 term., désigne sa sœur aînée au rembours.

Marie-Rose de Riberot pour 150 l., en 3 term., désigne Marguerite-Antoinette-Adélaïde Merle de Massonneau, sa nièce, au rembours.

Bernard Dunau pour 400 l., en 3 term., désigne Antoine-Félix Dunau, son fils, au rembours.

Joseph Gasquet pour 50 l., en 3 term.

Charles Lamourdedieu pour 12 l., en 3 term.

François Lacroix pour 6 l., en 3 term.

Jean-Baptiste Mautor pour 60 l., en 3 term.

Pierre de Leaumont pour 100 l., en 3 term.

« Nous, officiers municipaux de la ville d'Aiguillon déclarons avec vérité que la somme de trois mille livres que ladite communauté doit contribuer aux besoins de l'Etat est conforme aux fixations établies par le décret de l'Assemblée nationale du 6 octobre 1789 concernant la contribution patriotique. Et lesdits officiers municipaux s'engagent à acquitter ladite somme de trois mille livres en trois paiements fixés par l'art. II du décret de l'Assemblée nationale. En foy de quoy avons signé.

Merle de Massonneau, maire ; Dunau municipal ; Casenove, mcp. »

« M. de Béril, lieutenant colonel de dragons et Mme son épouse ont payé 1000 l., pour le montant de leur contribution patriotique et ont déclaré que dans ladite somme ci-dessus étaient compris les revenus de la ferme de Lafon, paroisse de Nicole. »

Jean-François Jame, lieutenant général au sénéchal d'Aiguillon, contribuera pour 300 l., en 3 term., désigne Charles-François Jame, son frère plus jeune, au rembours.

Paul Coq pour 300 l., en 3 term., désigne ses deux fils aînés, au rembours.

Paul Coq, frères, pour 100 l., se désignent entre eux au rembours.

Miraben, fils, pour 12 l.

Marin, ancien gendarme, pour 3 l.

Garrigue, aîné, pour 12 l.

Garrigue, jeune, pour 12 l.

Lacaze du Padouen, pour 3 l.

Lacroix, fils, pour 9 l., en 3 term.

8 juillet. — Mme Brienne d'Espalais, pour 200 l., en 3 term.

12 juillet. — Noël Gasquet, aîné, pour 18 l., en 3 term.

6 août. — Michel Dulau, pour 45 l., en 3 term.

Dame Garrigue, religieuse au couvent d'Aiguillon, pour 12 l., en 3 term.

Pierre Flourence pour 30 sols.

Raymond Busquet pour 6 l., en 3 term.

Jean-Symphorien Turpin, docteur en médecine, pour 137 l., en 3 term.

Jean-David-François Vareilles pour 105 l., en 3 term.

Henry Garrigue, jeune, pour sa mère, pour 36 l., en 3 term.

Pierre Maillé, prêtre, en qualité de chapelain nommé à la chapelle de Sainte-Catherine par MM. les consuls et le curé d'Aiguillon, à qui la nomination est dévolue, pour 186 l. (1).

A la fin du même registre, on lit :

« Le prieuré de Saint-Côme d'Aiguillon ci-devant affecté au noviciat des Jésuites de Bordeaux, diocèse d'Agen, province et parlement

---

(1) *Arch. de la mairie d'Aiguillon* : Cahier pour les déclarations du quart des revenus des jurisdictionnaires d'Aiguillon conformément aux décrets de l'Assemblée nationale du 6 octobre dernier et instruction publiée par ordre du Roy relativement à ladite contribution.

Commencé le 6 décembre 1879.

N° 19. LACROIX, fils, c^{re}.   Coq, jeune, c^{re}.

de Guienne, consiste en dîmes sur les blés, seigle, orge, meture, avoine, baliarge, lines (?), pois, fèves, chanvres de grain, gros millet et vin. Il est affermé, par acte du 28ᵉ janvier 1782 devant Lhuillier, notaire à Agen, pour les trois quarts de la totalité desdites dîmes, l'autre quart appartenant au curé, la somme de 3000 livres, plus 765 l. 3 s. 6 d. pour les décimes et 250 pour un vicaire, laquelle déclaration, moi, Pellissier, aîné, procureur fondé de M. Brière de Mondettour, receveur général des Economats, certiffie véritable, déclarant au surplus que coppie de la présente déclaration a été par moy affichée aux lieux accoutumés de la paroisse Saint-Côme et pareille coppie remise au secrétaire de la municipalité pour l'enregistrement. A Agen le 20 février 1790.

« En qualité de procureur fondé de M. Brière de Mondetour je certiffie la présente affiche véritable. A Agen, led. jour.

« Signé : Pelissier, aîné. »

« 26 dudit. — La chapelenie Sainte-Catherine d'Aiguillon, diocèse d'Agen en Guienne, est composée de bienfonds, partie en terre labourable, partie en vigne, formant la contenance de quarante-sept carts. ou environ, perche et mesure d'Aiguillon, dont six de la première classe, quatre de la seconde classe et quarante quartˢ deux picotins de la troisième et dernière classe. Le dernier contrat passé, il n'y a pas neuf ans, n'est pas sous nos yeux, mais nous savons qu'à la réserve de quelques quartonats, le bénéfice est affermé trois cents quatre-vingt-dix-huit livres. Le soussigné résignataire, nouveau possesseur, fit la déclaration de son revenu par devant M l'archiprêtre avant l'entière perception des fruits. Il se guida sur ledᵗ acte ; il ne porta ledit revenu qu'à la somme de cinq cents cinquante livres ; aujourd'huy qu'il a colligé toute la récolte d'accord avec le fermier, il a tout calculé sans vouloir en faire une règle à l'avenir, il croit pouvoir l'évaluer sept cents livres, vu la cherté des grains. Le soussigné certiffie que ledit bénéfice est grevé d'une pension du tiers du revenu, reservé par le résignataire son prédécesseur, plus de douze livres au sol de décimes ; il certiffie encore que le titre primitif de ladᵉ chapelle leur a été toujours soigneusement caché, laquelle déclaration, moi, Xavier Florans, chapelain, certiffie véritable, déclarant au surplus qu'une coppie en a été affichée par moy aux lieux accoutumés de la paroisse Saint-Côme, une autre à Aiguillon, une autre enfin remise au secrétaire de la municipalité dud. Aiguillon pour l'enregistrement. Fait aud. lieu le 26 fʳ 1790.

« Signé : Xavier Florans. »

« Du 24 dudᵗ. — Je soussigné en execution d'un décret de l'Assemblée nationale du 13 novembre 1789, sanctionné par le Roy le 18 dudᵗ, déclare posséder dans la ville d'Aiguillon une maison presbitéralle sans jardin ; possède à Lagarrigue, annexe d'Aiguillon, une maison presbitéralle avec une petite pièce de terre où est le jardin, possédée par deux vicaires résidents dans led. lieu, laquelle maison et terre a été achettée à la condition que deux vicaires resideroient sur lesd. lieux; possède à Saint-Jean d'Aubès, autre annexe d'Aiguillon, environ trois quartonnats de terre qui est la seule chose qui serve aux besoins de la fabrique ; déclare enfin que dans six églises qui forment la paroisse d'Aiguillon, il n'y a que les vases sacrés absolument nécessaires pour le service divin, que les ornements indispensables dans les étoffes communes sans galon d'argent ni d'or et à la matrice des galonnés en or donnés par feu M. le duc d'Aiguillon, pour une fondation, à laquelle non seulement les prêtres de la paroisse, mais encore les bénéficiers sont obligés d'assister gratis. J'affirme que je n'ay aucune connoissance qu'il ait été fait aucune soustraction des titres et mobiliers de la cure d'Aiguillon. La déclaration j'affirme être véritable. A Aiguillon, le 24 février 1790.

Signé : Dubois, curé d'Aiguillon. »

« Par devant les officiers municipaux de la ville d'Aiguillon en Agenois soussignés... Ce jourd'huy vingt février mil sept cents quatre vingt dix est comparu sœur Marie Denoyer, au nom et comme supérieure des sœurs religieuses de la Croix de ladite ville, nommée à ladite charge par acte capitulaire de ladᵉ communauté en date du vingt quatre may 1787, ainsy qu'elle nous la fait apparoir.

Laquelle, pour satisfaire au décret de l'Assemblée nationale du 13 novembre 1789, sanctionné par Sa Majesté le 18 dud. mois, enregistré au parlement de Bordeaux le 3 décembre suivant, Nous a représenté une déclaration détaillée de tous les biens mobiliers ou immobiliers dependans de ladite maison des dames de la Croix d'Aiguillon ainsy que l'état des charges dont lesdits biens se trouvent grévés, etc... (Le détail des biens manque).

Merle de Massonneau, maire; Brienne, municipal ; Dunau, municipal ; Marie Denoyé, supérieure des Filles de la Croix ; Miraben, sʳᵉ greffier. »

Le même jour, déclaration de frère Barnabé Marot, prieur des Carmes;

De Jean-Joseph Barrier, prêtre et chapelain de la chapelle de Saint-Robert ;

De Jean-Louis Dubois, curé d'Aiguillon, pour les biens de la cure et de la fabrique ; de Jean-Jacques de Guillem de Lansac, curé de la paroisse de Saint-Côme pour les biens et charges de la dite cure, (sans aucun détail desdits biens et charges.)

Nous avons le « *Registre des délibérations pour la municipalité d'Aiguillon commencé le 11 septembre 1791.* »

Nous trouvons à cette date : Brienne, maire ; Antoine-Joseph Nebout, Sabaté, Bitaubé, Cazenove, Dunau, Gasquet, Larbez, officiers municipaux ; Duprat, Villatte, autre Duprat, Lafargue, Massé, Cancel, Réau, Flourence, Baussens, Gasquet, Merle, Raignac de Lacombe, Merle Fontet, Carrère, Feytis et Mollié, notables ; Miraben, secrétaire-greffier, et Barrier, procureur de la commune.

21 octobre. — « Ce jourd'huy MM. les maire, officiers municipaux et procureur de la commune assemblés en conseil municipal en l'hôtel commun de ladite ville, après avoir été fait lecture par ledit procureur de la commune de la lettre du Roi portée à l'Assemblée nationale par le Ministre de la justice, le treize septembre dernier, et de l'adresse du directoire du département aux citoyens dudit département, et de la proclamation du Roi, du vingt-huit septembre dernier, le s^r Barrier, procureur de la commune, a pris la parole et a dit :

« Messieurs,

» Quel vœu plus cher à leur cœur pouvoint former les Français que l'acte constitutionnel présenté à la sanction du Roi qu'il a accepté et promis de faire exécuter ! Sans entrer dans l'énumération de ses motifs, renfermés dans sa lettre, je dirai : voici de mes instants l'instant le plus heureux, puisqu'il rassoit la monarchie sur la base la plus solide qui ait jamais existé. O doux nom de liberté, propriété, sûreté, justice, sources d'où découle le peu de bonheur dont l'homme soit susceptible, il me sera donc permis de vous proférer et de jouir sans crainte, à l'abri des lois, de tous les biens que vous me faites espérer !... Montrons-nous nous-mêmes, Messieurs, aussi grands que le Roi des Français. Immolons à l'oubli tout sentiment de haine et de vengeance. N'ayons d'autres ennemis à combattre que ceux qui se sont rendus coupables par l'infraction des lois. Pénétrons-nous de ce qu'il nous dit dans sa proclamation du 28 septembre, dans laquelle il exhorte les amis de la patrie et de la liberté à seconder sa vigilance et ses soins par soumission aux lois du royaume, en abjurant tout esprit de parti et toutes les passions qui l'accompagnent. Réfléchissons surtout sur la Déclaration des Droits de l'Homme et du Citoyen conçue en dix-sept articles, en tête de la Constitution française. Soyons remplis d'indulgence et de modération à l'égard de tous les Français qu'une opinion différente de la nôtre en matière religieuse nous a éloignés et ne perdons point de vue l'exemple de ce même Roi, que, sans vouloir dominer la pensée, la loi protège également ceux qui lui soumettent leurs actions; que l'homme tout entier sorte de chacun de nous. Elevons dans nos cœurs un sanctuaire paisible où pourront habiter la charité et la justice. Ne cherchons qu'à faire du bien à nos concitoyens et nos frères, n'ayant qu'un même cœur pour le vouloir, et songeons enfin, au lieu de leur nuire, que la bienfaisance et la justice que nous exercerons envers eux, nous rapprochera de la divinité. »

» Les officiers municipaux, après avoir applaudi au discours civique du procureur de la commune, animés du même esprit, ont délibéré, ouï et ce requérant M. le Procureur de la commune, conformément à l'arrêté du directoire du département et au mandement de M. l'évêque dud[t] département, qu'il seroit fait une députation de deux officiers municipaux vers M. Dubois, curé de la paroisse de Saint-Félix de cette ville, pour lui demander de chanter, dimanche prochain, 23 du mois courant, un *Te Deum*, à l'issue des vêpres, où se rendront les officiers municipaux avec la marque distinctive de leur charge, et que M[rs] les notables formant le conseil de la commune, seroient invités de s'y rendre, en actions de grâces envers l'Eternel d'avoir inspiré à notre Roi d'assurer à jamais le bonheur de son peuple en mettant le dernier sceau à notre immortelle Constitution. Ont pareillement délibéré qu'il sera fait, le même jour, à huit heures du soir, une illumination sur toutes les fenêtres de la ville et des faubourgs, au signal qui en sera donné par le canon et que le commandant de la garde nationale de la ville seroit requis de mettre le régiment sous les armes au moment de la solennité du *Te Deum*; qu'il seroit, en outre, allumé un feu de joye sur les allées de la ville. Lesdits officiers municipaux rendent le commandant dudit régiment personnellement garant et responsable des attroupements séditieux qui pourroint avoir lieu dans le cours de cette journée et notamment pendant l'illumination. Ont encore délibéré que cette solennité seroit annoncée, la veille, à l'heure de l'Angelus, par le son de toutes les cloches de la ville et le bruit du canon, et le lendemain matin, au lever du soleil, etc... »

6 novembre. — Renouvellement annuel de la municipalité ;

MM. Sabaté aîné, Gasquet du Passage, Larbès et Antoine-Joseph Nebout de la Gardolle, favorisés par le sort, restent pour composer la moitié du corps municipal; ainsi que MM. Merle du Barry, Lafargue, Merle Fontet, Massé, Florance, tailleur, Baussens, Mollié, architecte, Cancel aîné et Carrère du Pont, pour former la moitié du conseil de la commune.

Déjà, plusieurs ecclésiastiques de la ville et des environs, en particulier M. Jean-Louis Dubois, curé d'Aiguillon, M. Joseph-Pierre Chaubet, et Joseph Nouguès, vicaires, M. Jean Couderc, curé de Pélagat et M. Guillem de Lansac, curé de Saint-Côme, avaient prêté serment à la constitution civile du clergé, au grand scandale des vrais fidèles.

Le 19 novembre 1791, la pétition suivante fut adressée à :

« Messieurs les officiers municipaux d'Aiguillon.

» Les citoyens soussignés non conformistes faisant tant pour eux que pour un très grand nombre d'autres citoyens de qui ils ont autorisation et pouvoir, ont l'honneur de vous dire, Messieurs, que, désirant jouir de la liberté du culte accordée par l'heureuse Constitution autour de laquelle ils s'entourent (*sic*), ils désirent s'assembler pour dresser une pétition au corps administratif et demander une église où ils puissent librement et sans trouble et sous l'inspection de la municipalité exercer leur culte. A cet effet, Messieurs, ils ont l'honneur de demander votre consentement qui, aux termes de la loi, leur est nécessaire. Leur assemble sera chez Monsieur de Raignac, chevalier de Saint-Louis, sans trouble et sans armes. L'exécution des lois faites par l'Assemblée sera toujours pour eux la base de leur conduite. Fait à Aiguillon le dix neuf novembre, mil sept cent quatre vint onze.

» Raignac de Lacombe, ch^r de St-Louis; Murac, Brienne-Imbert; Merle Massonneau; Poline Merle; Marie Murac; Baussens; Boudon; Pagès; Galibert-Raignac; Thomassin Galibert; Raignac aîné; Chemin Merle; Merle Dubarry; Caroline Merle; Agathe Merle. »

Le lendemain, les maire et officiers municipaux assemblés extraordinairement, répondent aux pétitionnaires qu'il leur sera permis de s'assembler dans la maison désignée, pourvu qu'il ne soit porté nulle atteinte aux décrets de l'Assemblée nationale et à la religion du royaume.

Le 20 novembre, MM. Jean Florans, maire, Pierre Leaumont, Pierre

Lacaze et Jean Coq, officiers municipaux et Pierre Verdolin, procureur de la commune, ainsi que MM. Garrigue jeune, Bernard Gasquet, Lacroix fils et Flourence fils, du Grand Chemin, notables, tous nouvellement élus, font serment d'être fidèles à la nation, à la loi et au Roi, de maintenir de tout leur pouvoir la Constitution du royaume et de remplir avec zèle et courage les fonctions civiles et politiques qui leur sont confiées. Le même serment est prêté le 27 du même mois par les autres nouveaux notables, MM. Pierre Aymard, Jean Péribère, Antoine Charpentier, Pierre Bonnet et Mathieu Pucheyran. Il est délibéré, ce même jour, de prendre 6000 livres sur les revenus de la commune, pour en appliquer la moitié à des achats de blé qui sera prêté sous caution aux juridictionnaires, et l'autre moitié à des ateliers de charité. M. Turpin est nommé médecin de la municipalité aux gages de 600 livres.

Le 3 décembre, à la réquisition du procureur de la commune, la municipalité requiert M. le commandant de la Garde nationale de mettre en usage tous les moyens que la force et la sagesse mettent dans ses mains, pour surveiller les assemblées nocturnes et clandestines, en particulier celles qui sont dénoncées se tenir dans les paroisses de Gouts et de Sainte-Radegonde. Les chefs et auteurs desdites assemblées seront pris et amenés.

Le 11 décembre, le directoire du district de Tonneins demande l'envoi des matières en cuivre provenant du couvent des Carmes d'Aiguillon.

Le 18 décembre, MM. Merle du Barry et Merle-Fontet donnent leur démission de la charge de notables.

Le 21 décembre, Mlle Angélique de Massac demande à sortir de l'hôpital dont elle est supérieure, ce qui est accepté.

1er janvier 1792. — Quoique les frais du culte soient à la charge de la nation, cependant, comme la commune a de tous temps payé les prédicateurs, des commissaires seront envoyés à M. le curé, afin de le prier de procurer pour le carême un prédicateur qui sera payé aux taux ordinaire.

Il n'y aura désormais que le sieur Labadie pour régent du latin, aux appointements de 500 livres, en lesquelles seront comprises les deux livres pour sa pension de retraite. Il prendra, en outre, 10 sols par mois pour les enfants qui commencent à lire ; 15 sols pour ceux qui lisent et écrivent, et 20 sols pour ceux qui apprennent le latin, à la charge par lui d'aller chanter au lutrin les dimanches et fêtes, sans préjudice de ce que la nation pourra lui accorder pour cette dernière fonction.

Le régent du français recevra 250 livres comme par le passé, et ne pourra exiger que 10 sols par mois des commençants, 15 sols de ceux qui écrivent et 20 sols de ceux qui apprennent le calcul.

Nous lisons dans un « *Cahier des Procès verbaux de dénonciations et des plaintes au corps municipal d'Aiguillon* (1) ce qui suit :

« Aujourd'huy 15me jour de janvier 1792, je soussigné, étant sur la place du marché, à 7 heures du matin, Mme Fernande m'ayant requis, m'a déclaré que dans ce moment il se rassembloit beaucoup de monde chez M^r l'abbé Gardelle et qu'elle ne savoit quel étoit le motif de ce rassemblement. De là m'étant transporté près l'horloge pour prendre des renseignements sur ces faits, la fille ainée du s^r Jonquières m'a fait la même dénonciation que dessus. M'étant transporté de suite à l'hôtel commun pour aviser aux moyens à prendre avec mes autres confrères pour prévenir tous les désagréments qui peuvent résulter de pareilles assemblées clandestines ou attroupements, mais n'ayant trouvé aucun membre du corps municipal, j'ay de suite député un des soldats du guet vers M. Lacaze, officier municipal, et vers M. le procureur de la commune pour qu'ils se transportassent de suite pour aviser à des causes urgentes. Dans cet intervalle s'est encore présentée à l'hôtel commun Mme Cugné, aubergiste, et la femme de Jean Argelos, qui ont fait la même dénonciation en disant qu'elles ignoroient ce que tant de monde alloit faire dans cette maison, que sans doute il se tramoit quelque chose qui pourroit être contraire à la tranquilité publique et nous ont requis d'y tenir la main pour éviter les suites funestes qui pourroient en résulter. Sur quoy MM. Lacaze et Verdolin ne s'étant point rendus et n'étant point seul compétent pour éclaircir cette affaire, j'ay dressé le présent verbal de tout ce dessus, pour être présenté au conseil municipal, pour qu'il statue ce qu'il appartiendra. Fait dans l'hôtel commun le même jour et an que dessus.

» A huit heures du susd^t jour, s'est encore présenté Arnaud Malié, maître de bateau, qui a dénoncé qu'à l'instant il se faisoit encore une autre assemblée dans la même maison dud^t Gardelle et que beaucoup de monde s'en formalisoit, que certains vouloient assumer sur eux de

---

(1) *Archives de la mairie d'Aiguillon.*

s'y transporter, pour s'assurer de ce qui s'y faisoit, veu que la municipalité tolleroit tout par la négligence de ses fonctions.

» Le même jour et an que dessus.

» Coq jeune off. mpl. »

« Ce jourd'huy, dix sept janvier mil sept cents quatre vingt douze, le conseil municipal assemblé au nombre de cinq membres, le procureur de la commune est entré et a dit : C'est avec la plus vive douleur qu'il va remettre sous vos yeux le tableau malheureux et affligeant de la misère qui désole la majeure partie des habitants de cette municipalité. Dans la ville et dans la campagne on n'entend que murmures et désespoir : icy le journalier laborieux demande du travail pour luy et sa famille, mais les ateliers sont fermés, et le propriétaire n'a pas de moyens pour l'occuper et pourvoir à sa subsistance ; l'époux et l'épouse octogénaire tendent des mains durcies par le travail, mais les malintentionnés sont sourds à leurs plaintes, les familles de médiocre fortune ne peuvent donner ; le curé, jadis leur ressource et leur espoir, n'est plus chargé de les secourir, les revenus de la charité sont épuisés, et l'hôpital est sans moyens. La mort que dans le désespoir ils invoquent en maudissant la Constitution qu'ils ne connoissent point et à laquelle les malintentionnés ne manquent pas d'attribuer la cause de leurs maux, la mort, dis-je, est leur unique espoir. Tantôt c'est un cultivateur, qui après s'être, pour ainsi dire, exécuté, pour se procurer du pain ou du bled, se présente chez un négociant pour acheter les objets de première nécessité et qui, obligé de perdre plus ou moins sur les assignats qu'on lui a donnés pour prix de ce qu'il a vendu, est frustré de ce qui lui auroit été nécessaire pour vivre, murmure et, écoutant les suggestions des malintentionnés, accuse la Constitution qu'il ne connoit pas, de sa ruine et de sa perte. Il n'y a pas de jour que vous n'ayez vu, Messieurs, ces malheureux recourir à vous, pour vous solliciter un remède à leurs maux. Frappés de leur légitimité et de leur grandeur, le conseil municipal et vous avez délibéré et arrêté que partie des revenus de cette commune seroient cette année prodigués au secours de ces malheureux par l'établissement des ateliers de charité. Le conseil municipal et vous avez senti que ces premiers secours seroient insuffisants, les terrains des rivières du Lot et de la Garonne ont menacé vos plaines d'une perte imminente, vous avez voulu prévoir les fléaux de l'avenir par de promptes et salutaires réparations, vous avez délibéré encore et avez déterminé un employ de 4,000 livres en ateliers de charité pour les réparations des rivages...

Il y a un mois et demi que votre première pétition est parvenue au district... Je propose et requiers, Messieurs, que vous députiez incessamment vers le directoire du département pour le prier d'accorder ou refuser son autorisation aux diverses délibérations qui lui ont été envoyées.

» Délibéré et arrêté conformément à ce dessus ».

« Ce jourd'huy, 22 janvier 1792, à neuf heures du matin, étant dans l'hôtel de la commune, la demoiselle Lassarrade, épouse du s^r Cugné, aubergiste, est venue dénoncer à nous Lacaze, Coq jeune, off. mpx, et Verdolin, proc. de la commune que des non-conformistes s'étoient rassemblés en grand nombre chez les demoiselles Massac, et que le peuple, prenant ombrage de ce rassemblement, commençoit à s'attrouper et pourroit bien troubler l'ordre, ce que voulant éviter, nous sommes, en vertu de l'ordonnance de M^r le juge de paix de ce canton en datte du 19 du courant et dont nous nous sommes munis, nous sommes, disons-nous, allés en compagnie de nos soldats du guet, transportés au domicile et en la maison desdites d^{lles} Massac, où étant et après avoir frappé à plusieurs reprises, la d^{lle} Thérèze Massac s'est présentée, et luy ayant demandé si dans sa maison il n'y avoit pas un rassemblement et si on n'y disoit pas la messe, elle a répondu qu'à la vérité M^r l'abbé Barrier disoit la messe, mais que le rassemblement n'étoit pas considérable et qu'il y avoit fort peu d'étrangers. Ayant demandé le lieu du rassemblement et ayant frappé à la porte pour y entrer, ladite porte a aussitôt été fermée par derrière, et la d^{lle} Thérèse Massac nous ayant dit qu'on n'avoit pas fini de dire la messe, nous avons cru qu'il étoit de notre devoir de ne pas insister à entrer de suite pour ne pas troubler ce culte. Ayant donc attendu dans une des salles voisines et la messe étant dite, nous sommes entrés dans la chambre où nous avons trouvé le s^r abbé Barrier, la dem^{lle} sa sœur, une de leurs nièces dem^{lle} Barrier de Cauparre et la dem^{lle} Bourdieu qui a dit rester en pension chez les dem^{lles} Massac. Ayant demandé au s^r abbé Barrier s'il avoit célébré la messe dans cette chambre, il a répondu que oui, qu'il venoit de la dire. Luy ayant demandé si les personnes dont nous venons de parler étoient les seules qui eussent assisté à sa messe, il nous a juré, foy de prêtre, qu'il n'y avoit personne plus, si on en excepte le reste de la maison des dem^{lles} Massac. Ayant ensuite représenté au sieur abbé Barrier et aux autres étrangers qui étoient avec luy, que les lois ne leur permettoient pas de s'assembler ainsi clandestinement pour les fonctions du culte et qu'ils devroient se conformer aux modes que la loi leur prescrit pour pouvoir librement exercer le culte, le sr abbé Barrier nous a répondu qu'il seroit plus circonspect à l'avenir et qu'il se conformeroit à la loy. Etant ainsi sortis, nous avons trouvé un grand nombre de peuple assemblé près la maison de la demlle Massac. Luy ayant dit ce qui en étoit, nous l'avons exhorté à se retirer, ce qu'il a fait, etc. »

« Ce jourd'huy, 28 janvier 1792, à onze heures du matin, nous, officiers municipaux de la ville d'Aiguillon soussignés, nous sommes transportés en vertu de la délibération du conseil municipal du jour d'hier dans le couvent des dames de la Croix de cette ville, où étant et parlant à la dame Fayol, supérieure dudit couvent et à la dame Leyret, les avons priées de faire assembler les autres filles de la Croix. A quoi elles ont répondu qu'elles étoient en retraite et qu'elles [deux] représentoient toute la communauté. Leur ayant ensuite fait lecture de ladite délibération et leur ayant demandé leur avis sur icelle, elles ont répondu que le serment qu'on leur demande mérite des réflexions, et que d'après cela, elles ne peuvent defférer à ce qui leur est demandé, le délai étant trop court. Ayant pris leur réponse pour un refus, nous les avons exhortés de faire des réflexions ultérieures, le temps qui s'étoit écoulé depuis la publication de la loi étant plus que suffisant pour avoir pu faire des réflexions, et nous avons laissé à ladite dame supérieure une copie de ladite délibération, la priant et l'exhortant de la communiquer aux autres filles de la Croix pour qu'elles avisent à ce qu'elles auront à faire, et de ce dessus nous avons fait et dressé le présent verbal, etc.

Nebout (Antoine-Joseph) off. mpl. Cop jeune, off. mpl. Lacaze du Padouen, off. mpl.

Verdolin, pr. de la Com.   Miraben, sre greffier. »

Le 29 janvier, dans l'église, à l'issue de la dernière messe, Joseph Labadie, régent humaniste et Charles Béril, régent français, ont fait chacun individuellement serment en disant : « Je jure d'être fidèle à la nation, à la loi et au roi et de maintenir de tout mon pouvoir la Constitution du royaume et d'en enseigner les principes aux enfants qui me sont ou me seront confiés », en présence d'Antoine Nebout, Jean Coq, Etienne Massé, Pierre Baussens, Bernard Gasquet, Jean Bonnet, officier municipaux et notables, lesquels ont en même temps donné défaut contre les dames de la Croix et ordonné que des copies tant de la délibération, procès-verbaux que du présent verbal seraient incessamment adressées à Messieurs du directoire du département, pour être par eux statué ce qu'il appartiendra, etc. (1).

Le même jour, sont nommés administrateurs du bureau de la charité MM. Florans, maire, Vigneau aîné, Leaumont, Massé, Garrigue, B. Gasquet. off. mpx et notables, conjointement avec les douze dames qui seront élues par les dames et entre elles dans l'assemblée de vendredi prochain.

3 février. — Aucune des dames invitées à se rendre dans l'église des ci-devant Carmes pour y choisir et nommer entre elles deux bureaux qui régiraient les administrations de l'hôpital et de la charité, ne se présente (2).

7 février. — Cette nuit, l'ordre a été troublé. On a démoli les murs d'un jardin du s^r Raignac, de la terrasse du s^r Merle, du jardin du s^r Mallet; on a emporté partie des plantes et bois de ces jardins ; on est allé jusqu'à jeter dans le puits de la Porte d'en Haut une grande quantité de bois et de volailles mortes et puantes. Le procureur de la commune ne peut pas soupçonner les vrais amis de la Constitution qui gémissent d'une telle entreprise, et accuse plutôt les ennemis de la chose publique ou leurs instruments.

Il est arrêté que, pour protéger les droits sacrés de la propriété, il sera fait des perquisitions et le commandant de la garde nationale sera requis de prêter main forte en cas de nouveaux troubles et de saisir les coupables.

Le directoire du département avait envoyé, à la réquisition du s^r Raignac, une brigade de la gendarmerie d'Agen, pour maintenir l'ordre. Le conseil municipal, blessé de cette mesure, déclare, le 8 février, qu'il faut se méfier de la conduite du s^r Raignac, remercie le directoire, renvoie les gendarmes et demande la création d'une brigade à Aiguillon.

Le 10 février, séance extraordinaire où le procureur de la commune dit qu'il voit avec regret les non-conformistes se prévaloir, pour ainsi dire, du facile accès que le s^r Raignac, leur agent, a trouvé auprès du département en trompant sa religion, ce qui ferait suspecter la confiance dans les corps constitués et le patriotisme des citoyens de

---

(1) Arch. de la mairie d'Aiguillon: Cahier des dénonciations, etc., déjà cité.
(2) Ibidem.

cette ville. Cette démarche du département semble avoir refroidi le zèle de nos concitoyens et enhardi les prétentions des non-conformites et l'on ignore quel peut être le but de ces derniers, puisque, d'un côté, le s^r Simon-Pierre Merle vous écrit de Bordeaux et vous invite à faire des recherches à domicile pour retrouver la porte enlevée de son jardin et la grille en fer de sa terrasse (qui, d'après le rapport de sa servante, sont chez lui) et que, de l'autre, la dame Honorée Brienne a porté sa plainte à la police de sûreté, sous prétexte que dans la nuit du 8 au 9 du courant on avait lancé plusieurs pierres contre les fenêtres de sa maison et cherché même à enlever les contrevents, ce qui paraissait par les empreintes laissées sur le sol, particularité qui n'a pas été trouvée exacte par l'officier de la police du sûreté. L'opinion publique, dit-il, n'accuse pas les patriotes. Craignez que ces dénonciations multipliées ne soient un piège.

L'assemblée, bien que les deux premiers dénonciateurs aient privé la ville du secours de leurs bras et de leur fortune en les transférant l'un, Raignac, à Agen et l'autre, Merle, à Bordeaux, considère que la police de sûreté et la garde nationale ne sauraient assez se tenir en garde, ni user de trop de prudence, et arrête que, dès ce soir, M. le commandant de la garde nationale établira des patrouilles pour veiller au maintien de l'ordre et de la tranquilité publique.

Le 18 février, « tous les citoyens sont invités à s'enroler librement pour la défense de la patrie en danger contre les atteintes que les émigrés, les ennemis intérieurs et les puissances étrangères cherchent à porter à la Constitution pour vous charger de fers. Vous verrez ces nouveaux Romains, animés par le danger de la patrie, s'empresser de venir consigner sur vos registres l'engagement solennel de verser tout leur sang pour la défense de cette Constitution qui est l'appendix (*sic*) de leur bonheur et de leur liberté. »

20 février. — Les ateliers de charité donneront, pour les réparations aux remparts et rivages, 5 sols par jour aux enfants depuis l'âge de 6 ans jusqu'à 8 ; 7 sols 6 deniers à ceux qui auront de 8 à 12 ans ; 10 sols aux jeunes gens de 12 à 15 ans, ainsi qu'aux femmes et aux vieillards et 15 sols aux hommes.

Le 18 mars, le procureur de la commune entre dans l'Assemblée et dit : La misère est à son comble, le danger de l'insurrection est des plus imminents, cette municipalité est menacée de manquer de pain, les journaliers ne trouvent plus de travail chez les propriétaires dont la récolte est des plus modiques, la charité publique et privée a épuisé sés ressources, les pauvres, en proie aux horreurs de la faim, murmurent.

A peine eut-on ouvert les ateliers de charité sur les rivages du Lot et de la Garonne qu'une foule d'environ cinq cents de nos pauvres s'y sont précipités. Le concours a été si grand que deux jours suffirent pour absorber plus de 300 livres, et le défaut de petits assignats, qu'on ne pouvait avoir ici en échange qu'à grosse perte, fut cause de la suspension des travaux.

D'un côté, c'est la misère des pauvres et, de l'autre, l'insuffisance du blé. Les boulangers n'ont que 300 sacs de blé ou de farine. M. Nugues, négociant, offre 300 sacs de farine et 200 de blé. Il est vrai qu'il y a encore dans la municipalité 800 sacs de blé dans des maisons particulières, mais on ne peut compter sur cette provision à cause de la loi qui permet de la vendre ailleurs. En prenant le blé des boulangers et celui du sieur Nugues, vous assurez le pain pour un mois, jusqu'à la fin d'avril. En outre, la commune a 5,300 livres pour être employées en ateliers de charité.

L'assemblée déclare qu'elle ne peut en ce moment s'occuper du pourvoi des grains, attendu qu'il résulte du recensement qui vient d'être fait, que la municipalité est encore pourvue suffisamment ; que ce serait énerver le commerce de faire elle-même les provisions et qu'il serait à craindre que la municipalité ne fut pas assez riche pour supporter les pertes qu'exigeront sans doute les circonstances. Il est arrêté que les négociants et boulangers devront se pourvoir des grains nécessaires à la consommation publique et les particuliers venir faire la déclaration des grains qn'ils peuvent avoir.

Le 15 avril, les dames invitées à composer le bureau de charité, ne s'étant pas présentées pour élire douze d'entre elles qui seraient chargées de visiter les malades de l'hôpital, de leur donner les secours spirituels et temporels, de soigner et faire soigner les meubles, linges et effets dudit hôpital, d'aller particulièrement voir et assister les malades de la ville et de la campagne, de faire les quêtes, etc., l'Assemblée municipale se voit forcée de procéder elle-même au scrutin d'où sortent les noms de Mesdames Brienne d'Espalais, Marie-Anne Brienne, Dubourg, femme du sr Turpin, Miraben, femme du sr Verdolin, Coq, femme du sr Nugues, Lacroix, Labadie, Lacaze du Padouen, Larbès, Vigneau fils et Gasquet aîné. M. Turpin père, est élu administrateur en remplacement de M. Antoine-Calixte Nebout, aîné.

Le sr Péjac recevra 50 livres pour avoir montré l'exercice des armes aux jeunes citoyens.

« Cejourd'hui 14 juin 1792, à 6 heures ou environ du soir, Nous, Leaumont et Vigneau, officiers municipaux, avec le procureur de la commune sont entrés Fulgence Coq, Baussens fils, Sornin et Jacquet, boulangers, lesquels nous ont dit qu'ils perdoient trois livres par sac sur le bled qu'ils travailloient, qu'en conséquence ils demandoient qu'on leur augmentât le pain, à deffaut de quoy ils alloient cesser demain d'en faire. Leur ayant représenté que nous n'étions pas en nombre suffisant pour nous occuper dans l'instant de leur pétition, mais qu'on convoqueroit pour demain le conseil municipal, le s^r Sornin, en haussant la voix plus qu'auparavant, a dit que si on ne leur augmentoit pas le pain, ils n'en feroient pas pour demain. Le procureur de la commune lui ayant représenté qu'il haussoit trop la voix, que ses menaces n'en imposoient pas et que s'il manquoit à la municipalité on le puniroit, le s^r Sornin a répliqué plus fièrement qu'ils ne feroient pas de pain, et en sortant il crioit qu'il alloit luy-même se taxer le pain, et qu'on fut chez lui ! (voulant dire qu'il en donnoit le défi). Le s^r Fulgence disoit, de son côté, au procureur de la commune qu'il n'étoit pas compétent pour parler et qu'il ne pouvoit que faire des réquisitions par écrit ; et dans l'instant, nous susdits, ayant envoyé chercher M^r le Maire, et luy arrivé, nous luy avons fait part de ce dessus, et considérant qu'une telle détermination de la part de ces quatre boulangers de ne pas vouloir faire de pain, paroit une coalition qui pourroit devenir dangereuse si on n'y remédioit promptement, et que d'ailleurs le manquement fait à la municipalité en la personne de MM. Leaumont, Vigneau et Verdolin mérite une punition, le procureur de la commune requiert que, dans l'instant, M. le commandant du détachement du 7me régiment d'infanterie en garnison dans cette ville soit requis d'envoyer un détachement de six hommes pour envoyer ledit Sornin dans la maison d'arrêt de cette ville et que ledit détachement restera en garnison chez ledit Sornin, à raison de 30 sols par jour, jusqu'à ce qu'il aura été trouvé et traduit dans lad^{te} maison d'arrêt, qu'au surplus le conseil municipal sera assemblé demain pour être par lui avisé ce qu'il appartiendra, et a le procureur de la commune signé

VERDOLIN, pr. de la commune. »

Délibéré et arrêté conformément au réquisitoire ci-dessus.

Le lendemain, on décide de faire sortir de prison ledit Sornin, à la condition par lui de faire du pain, de payer 3 livres aux six soldats en garnison chez lui, et de reconnaitre ses torts. (Voir *Cahier des dénonciations*, etc., déjà cité).

Le 15 juin, en séance du Conseil, on s'occupe de cette affaire. Les boulangers ayant dit quelques jours auparavant manquer totalement de blé, le sr Vigneau, négociant, annonça qu'un de ses bateaux venait d'arriver chargé de cette denrée et qu'il leur livrerait le sac à 23 livres 10 sols, prix que les boulangers trouvèrent trop élevé. Dès lors, la municipalité intervint et arrangea le marché. Les boulangers prenaient 202 sacs de blé à raison de 23 livres chacun et la commune s'engageait à payer le reste du prix, c'est-à-dire 10 sols par sac.

Mais les premiers, le marché conclu, ne tardèrent pas à demander l'augmentation de la taxe du pain et quatre d'entre eux menacèrent de fermer la boulangerie, comme nous venons de le voir, accusant la municipalité de leur avoir fait acheter un blé qui était mauvais.

La police municipale s'étant servi des soldats du 7me régiment pour ramener à exécution son jugement sur Sornin, la garde nationale s'en prit, plusieurs citoyens eurent dispute avec les soldats de ligne et des plaintes furent portées à l'officier commandant le détachement.

Craignant des troubles, le procureur de la commune requiert le conseil de prendre telles mesures de surveillance qu'il jugera convenables, pour empêcher que les deux troupes n'en viennent aux mains.

Ledit procureur ayant ensuite constaté que jamais la misère n'avait été si profonde, car, tandis que les hommes travaillent aux ateliers de charité, les vieillards, les femmes et les enfants ne se nourrissent que des fèves qu'ils vont dérober, il est arrêté que le 2me bureau municipal demeure chargé du pourvoi des subsistances et des moyens d'en assurer la qualité ainsi que de l'ouverture de deux autres ateliers de charité, le premier à Pélagat et le second à St Côme.

Le 3 juillet, le procureur de la commune, indigné de la désertion de la plupart des officiers municipaux du lieu des séances et de leur obstination à ne vouloir remplir aucun des devoirs de leur charge, ce qui jette le désarroi dans toutes les affaires, qui sont en souffrance, menace de les dénoncer à la municipalité, au conseil général, à leurs concitoyens, aux corps administratifs et même à l'Assemblée législative, et les somme de reprendre désormais le poste qui leur a été assigné.

On ne voit figurer, en effet, depuis un certain temps, que les noms de Florans, maire, de Vigneau et Leaumont, officiers municipaux, avec celui de cinq ou six notables, sur le registre des délibérations.

Le 8 juillet, sept officiers municipaux et un seul notable, Lafargue, se rendent à la séance. MM. Garrigue jeune et Coq sont nommés commissaires pour l'organisation de la fête civique du 14 juillet.

Le 13, on vote 3 livres pour le citoyen qui représentera la municipalité, le 14, à Agen, et 6 livres pour les deux autres qui la représenteront à Tonneins.

Le 19 juillet, An IV de la Liberté, le conseil général de la commune, la justice de paix, les gardes nationales sont déclarées en permanence.

Le 9 août, M. Brienne, commandant de la garde nationale en l'absence du commandant en chef, se présente à la séance extraordinaire du conseil général et demande si la garde nationale doit être en activité permanente, attendu que le conseil général n'y est pas.

L'assemblée répond que ceux qui ont manqué à la loi de permanence seront dénoncés aux corps administratifs.

Le 30 août, le conseil général et la garde nationale, réunis au pied de l'arbre de la liberté dans le champ de la Fédération, jurent d'être fidèles à la nation et de maintenir de tout leur pouvoir la liberté, l'égalité, ou de mourir en les défendant. Le procès-verbal de serment est signé par Lacaze du Padouen, Antoine-Joseph Nebout, Vigneau, Pierre Leaumont, Coq jeune et Sabaté, officiers municipaux, Lafargue, Cancel, Flourence, Gasquet et Garrigue, notables, et Miraben, s^{re} greffier.

Le 8 septembre, après des visites domiciliaires, il est arrêté que les armes des citoyens qui seront reconnus bons patriotes, leur seront remises, et que les suspects seront désarmés.

MM. Coq jeune, Vigneau et Verdolin se transporteront chaque jour de courrier au bureau de la poste aux lettres, pour y faire procéder en leur présence à l'ouverture des paquets et examiner s'il ne se trouve pas des lettres, papiers, nouvelles venant de lieux suspects ou adressés à des personnes suspectées par le peuple. Et s'il s'en trouve, ils seront portés à l'hôtel de la commune, ouverts et lus devant lesdits commissaires par les destinataires eux-mêmes. Dans le cas où il n'y aurait rien de suspect dans ces correspondances, les commissaires devront garder sur leur contenu un silence inviolable.

Le 11e septembre, « l'an IV de la Liberté et le 1er de l'Egalité, » ne siégeaient à la séance du conseil général de la commune en permanence que MM. Flourans maire, Gasquet, Vigneau, Lacaze, Coq jeune, Baussens, Massé, Garrigue jeune, Lacroix, Sabaté et Antoine-Joseph Nebout.

M. le Maire dit que l'objet de la convocation est d'aviser aux moyens de maintenir la sûreté et la tranquillité publique. Le procureur de la commune prend la parole en ces termes : « Messieurs, le moment est venu où on ne doit plus reconnoître qu'une classe de citoyens, celle des patriotes ou des aristocrates ; la trompette sonne, le combat est livré, il ne reste plus aux citoyens qu'à désigner leurs amis ou leurs ennemis. Déjà l'opinion publique a désigné que ceux-là étoient les ennemis de la liberté et de l'égalité qui ont favorisé ou favorisent encore l'émigration, qui, sous prétexte d'opinions religieuses, ont cherché à diviser les citoyens, qui, dénigrant les sociétés populaires, s'en sont éloignés... Déjà le tocsin sonne sur ces citoyens coupables ou indifférents, etc.

» Je requiers que, vu les dégâts qui se font continuellement aux vignes, M. le commandant de la garde nationale de la campagne soit tenu de faire chaque nuit rouler des patrouilles... ; que jour et nuit un officier municipal ou un notable reste en permanence, aux peines portées contre les délinquants de 12 livres pour la première fois, de 24 heures d'arrêt pour la seconde et de suspension pour la troisième ; que tous les citoyens et citoyennes dont les enfans, les maris ou les frères sont émigrés, qui jusqu'ici, sous prétexte d'opinions religieuses, ont déserté nos églises et nos rites ou agi contre la Constitution, soient désarmés ; *que les ossemens de M. Mayenne soient exhumés et que le cercueil en plomb qui les contient soit converti en balles*, etc. »

Il est arrêté qu'il sera exécuté selon la forme et teneur ci-dessus.

Le même jour, « s'est présenté M. Vareilhes, habitant du lieu de Montazet, paroisse de St-Côme et a réclamé deux lettres portées aujourd'hui à l'hôtel de la commune venant du bureau de la poste aux lettres de la ville. Il a déclaré reconnoître la lettre timbrée de Bordeaux et non celle timbrée de Tarbes. Nous commissaires, après la lecture de ces lettres, ayant trouvé la seconde suspecte et équivoque, avons requis le sr Vareilhes de la laisser au greffe pour être communiquée au conseil général de la commune et être statué ce qu'il appartiendra. »

Une lettre timbrée de Galice en Espagne à l'adresse de « Monsieur le baron de Caubios » a été ouverte par les commissaires, lue et regardée « comme suspecte en ce qu'elle contient des vœux pour le renversement des droits de l'homme. » Elle sera remise au greffe et communiquée au conseil général. Le sr Caubios est invité à venir en prendre connaissance.

Le 13 septembre, le conseil étant en permanence, M. Leaumont, officier municipal, est nommé commissaire pour aller chez M. Villesauvès, citoyen de Ste-Radegonde, saisir les correspondances, et ce, à cause d'une lettre qui a été interceptée ce matin au bureau de la poste, à l'adresse de Mlle Villesauvès et venant de Bordeaux, laquelle, ayant été ouverte par le s^r Pierre Villesauvès, fils aîné, en présence des commissaires et trouvée suspecte, a été retenue par le conseil général. De plus, le s^r Leaumont ayant saisi plusieurs lettres chez M. Villesauvès, lecture en a été faite à l'hôtel de la commune en présence des deux fils de M. Villesauvès, représentant leur père et mère. Plusieurs de ces lettres ont été reconnues suspectes, et les fils Villesauvès ont déclaré ne pas avoir connaissance de l'auteur de la lettre interceptée le matin ni de la correspondance saisie.

La demoiselle Duluc, femme du s^r Villesauvès, ayant été mandée, a reconnu que l'auteur de la lettre interceptée était son frère, le s^r Duluc, prêtre, actuellement à Bordeaux, chez la ve Labat, rue Dabadie. Elle a dit qu'elle n'était pas dans l'usage de recevoir des lettres contre-révolutionnaires.

« Dans la correspondance saisie à son domicile avons trouvé quatre lettres suspectes que nous avons retenues, une datée de Bordeaux, le 4 avril 1791, non signée; l'autre du 21 avril 1791, datée d'Andernos et signée *Duluc*, une troisième du 18 décembre 1791, datée de Sanguines non signée, et la dernière, de Sanguines, le 7 janvier 1792, signée *Duluc*.

» Leaumont off. mpl. Coq jeune off. mpl. Verdolin. »

« Le 14 septembre est encore saisi chez Chevrier, voiturier d'Aiguillon, un paquet de lettres. Une lettre est adressée à Madame de Fayolles, supérieure, à Aiguillon; une autre à Madame Bayle, sur la place du marché à bled, à Agen; un billet de Mlle Aurore de Reignac, chez M. Guitard, rue Garonne, à Agen; une lettre pour Mlle Aurore, un autre billet pour les dames religieuses d'Aiguillon, une autre à l'adresse de M. Leaumont, officier municipal, deux billets sans adresse dont un marqué d'une croix au crayon et une autre lettre adressée à M. Reignac de Lacombe, à Agen. Sur le billet à l'adresse des dames religieuses est écrit au dos : « remettre à quelqu'une de mes pénitentes du dehors. » (*Arch. de la mairie d'Aiguillon* : Registre des procès-verbaux.)

16 septembre. Le conseil général étant en permanence, il a été délibéré et arrêté, en présence des citoyens du territoire de cette commune dûment assemblés dans l'église des ci-devant Carmes que, vu le danger de la patrie et la nécessité de surveiller l'ordre et la tranquilité publique, il serait nommé des commissaires pour aider la

municipalité dans ses divers travaux. Ont été élus MM. Grenier, Dubouil, Carrion, Daroux, Brienne d'Espalais, Turpin fils, Coulet fils, Brienne, Darqué fils et Fernandes.

« Ce jourd'huy, dix-huit septembre mil sept cent quatre-vingt-douze, l'an 4º de la liberté et le 1er de l'égalité, le conseil général de la commune en permanence, MM. Coq, Vigneau et Verdolin, commissaires nommés par délibération du conseil général de la commune, ont dit avoir vu ce matin entre les mains de M. Le Roy, intendant de M. d'Aiguillon, une lettre à lui écrite de Basle en Suisse par mond' sr d'Aiguillon, qui lui mande entre autres choses qu'il s'est retiré dans cette terre étrangère et l'exhorte à vendre ce qu'il pourra et de lui procurer de l'argent pour le lui faire passer à une adresse qu'il lui désigne.

» L'assemblée, considérant que le séjour de M. d'Aiguillon sera peut-être regardé comme une émigration, que dans ces circonstances les municipalités sont spécialement chargées de surveiller les propriétés des émigrés comme appartenants à la nation;

» Que d'ailleurs la nouvelle de l'émigration de M. d'Aiguillon a tellement chauffé le peuple qu'il seroit dangereux qu'il ne se portât à ravager et détruire les propriétés de M. d'Aiguillon, ce qui deviendroit un préjudice notable soit pour M. d'Aiguillon, s'il n'est pas regardé comme émigré, soit pour la nation, s'il est regardé comme tel, soit pour les créanciers, ce qui encore pourroit exposer l'ordre et la tranquilité de la ville ;

» Il a été arrêté, ouï et ce requérant M. le procureur de la commune que dans l'instant M. Le Roy seroit prié de se rendre à l'hôtel de la commune, pour être requis de représenter ladite lettre pour ce fait être statué ce qu'il appartiendra faire, etc.

» Et dans l'instant mondit sr Le Roy s'étant présenté et ayant remis sur le bureau la même lettre qui avoit été saisie ce matin au bureau de la poste aux lettres, et dont lecture en avoit été faite par mondit sr Le Roy en présence desdts srs commissaires, mondit sr Le Roy a été requis de laisser ladite lettre, ce qu'il a fait, et délibérant d'après les considérations de l'autre part, il a été arrêté, ouï et ce requérant M. le procureur de la commune, que MM. Coq jeune, Leaumont, Lacaze, Garrigue jeune, Massé et Verdolin, officiers municipaux et notables et procureurs de la commune, se transporteront tout de suite dans les édifices appartenant à M. d'Aiguillon dans le territoire de cette municipalité, pour y apposer le scellé, et que M. le commandant de la garde nationale sera requis de mettre une garde qui veillera à la conservation desdits scellés jusqu'à ce qu'il en ait été autrement ordonné.

» Antoine-Joseph Nebout, Leaumont, Coq jeune, Vigneau, Lacaze du Padouen, off. mpx, Massé, Garrigue, notables, Verdolin, pro. de la com., Miraben, s^{re} greff. »

21 septembre. On demande 31 volontaires au canton et des dons en argent par souscription. Si les 31 volontaires se présentent, on n'obligera pas les jeunes gens à subir le sort. On fournira à chacun un fusil de ceux qui appartiennent à la municipalité et une giberne qui sera achetée aux dépens de la commune. On offrira, en outre, de faire travailler les terres des volontaires qui n'auront que trois ou quatre cartonnats de bien propre, en ferme ou à moitié.

Le 29 septembre, An I de la R. F., MM. Jean Couderc, curé de Pélagat et Jacques-Vincent Lansac, curé de St-Côme, en exécution de la loi du 15 août dernier, ont juré, en présence du peuple, d'être fidèles à la nation, de maintenir de tout leur pouvoir la liberté et l'égalité ou de mourir à leur poste.

Le même jour, « le conseil général en surveillance permanente où étoient MM. Florans maire, Gasquet, Sabaté, Nebout, Leaumont, Lacaze, Vigneau, Coq et Carrion, off. mpx et commissaires, le procureur de la commune a dit que le jour où la monarchie a été détruite et où sur ses ruines va s'élever la République, est une époque trop mémorable et trop propre à ranimer le courage, l'espérance et la joie de tous les Français, pour qu'on ne la solennise pas par des fêtes publiques. » Salves d'artillerie, son des cloches, feu de joie, *Te Deum*, illumination et adresse de remerciement à la Convention nationale, tel est le programme.

Le 30 septembre, font le serment exigé par la loi les citoyens Jean-Louis Dubois, curé de Saint-Félix d'Aiguillon, Joseph-Pierre Chaubet et Joseph Nouguès, vicaires de ladite église, Joseph Lafitte, juge de paix, Bernard Nugues, greffier dudit juge, Lucie Tourtonde, Charles Béril, décorés de la croix de Saint-Louis, Joseph Loubatière, Jean Layrac, Jean Labaubie, Jean-Daniel Mautor, prêtre, Xavier-François Florans, clerc tonsuré, Charles Béril, directeur de la poste aux lettres, Charles Vigneau, Pierre Leaumont, Charles Lormino, maître de poste, Bernard Ducasse, Pierre Courbet et Guillaume Mourgues.

Le 1er octobre, on fait prêter le même serment aux citoyens retenus dans leur lit par la maladie, Pierre Marot, prêtre, ci-devant prieur des Carmes d'Aiguillon, Jeanne Garin, religieuse de l'Annonciade d'Agen, Pierre Jats, de Pélagat, Jean Duvignau, décoré de la Croix de Saint-Louis.

Prenant en considération une pétition de la *Société des Amis de la Liberté et de l'Egalité*, le procureur de la commune dit « que le couvent des ci-devant Filles de la Croix étoit le foyer du fanatisme où se rendoient tous les prêtres réfractaires et les fanatiques de cette municipalité. » Il parle de leur obstination à refuser le serment auquel elles étaient tenues comme chargées de l'éducation publique, de leur persévérance à refuser le nouveau serment, quoiqu'invitées à venir le prêter le jour d'hier. Tout annonce combien ces citoyennes, dont le patriotisme est très suspect, pourraient être dangereuses à la tranquillité publique à cause de la facilité qu'elles auraient de converser avec les gens de la campagne et de les séduire, etc.

Il est arrêté que quatre commissaires, Coq, Dubouil, Lacaze et Massé procèderont au recolement de l'inventaire qui a été fait, prendront les clefs du couvent, y établiront un concierge, et ordonnerons aux ci-devant Filles de la Croix qui ne sont pas de cette municipalité, d'en sortir sous trois jours.

Le 6 octobre, est établie la taxe suivante pour le passage du Lot par bateau :

Pendant le jour et la nuit, il sera pris pour un carrosse en poste 20 sols et 2 sols par cheval y compris le retour ;

Pour une chaise en poste, 10 sols, et pour chaque cheval, aller et retour, 2 sols ;

Pour chaque cheval, y compris le cavalier ou le conducteur, 1 sol ;

Pour chaque charrette ou voiture à 2 chevaux et à 2 roues, y compris les chevaux ou les bœufs et la charge, 12 sols ;

Pour chaque grande charrette de roulier, 1 livre 10 sols et 1 sol par cheval ;

Pour chaque paire de bœufs, 5 sols ;

Pour chaque bourrique et son conducteur, 9 deniers ;

Pour chaque brebis ou mouton, 2 deniers, de même pour les cochons ;

Pour chaque veau, 1 sol ;

Pour chaque barrique pleine, sans charrette, 1 sol.

Le 9 octobre, il est décidé qu'on viendra au secours de la ville de Bordeaux en lui envoyant des grains ; on rappelle que, l'année dernière, Bordeaux a soustrait les citoyens d'Aiguillon et des environs aux horreurs de la famine par l'envoi d'abondantes provisions.

Du même jour. La municipalité étant tenue, aux termes de la loi, d'envoyer au directoire du district l'argenterie provenant des ci-devant Filles de la Croix, le syndic de Tonneins permet, sur la demande du curé d'Aiguillon, l'échange desdits vases sacrés, savoir, d'un ciboire, d'un calice et d'une paire de burettes contre autant de vases sacrés similaires de la paroisse de Saint-Félix.

11 octobre. Il sera dressé un état général de tous les biens séquestrés du citoyen Vignerot ci-devant d'Aiguillon, pour être représenté à l'assemblée générale des citoyens de la municipalité.

12 octobre. Les citoyens Jean-Pierre-Thomas Nebout fils aîné, Coq aîné, Florans fils aîné, Dallet, tant en leur nom qu'en qualité de députés de la *Société des Amis de la Liberté et de l'Egalité*, ont remis sur le bureau du Conseil Municipal un extrait des séances de ladite Société en date du jour d'hier les autorisant à solliciter une assemblée générale des citoyens qui seront consultés sur les demandes et les poursuites à faire contre les détenteurs des biens communaux ; et ont, en conséquence, lesdits députés remis au citoyen maire un écrit intitulé : « Transaction entre messire Honorat de Savoie, comte de Villars, seigneur d'Aiguillon et autres places et les consuls, manants et habitants dudit Aiguillon, du 4e janvier 1550, avec l'arrêt d'homologation, du 13 avril 1550, écrit sur 32 pages trois quart, signé à la fin Pendelé, Montayral, notaire royal et Chalbet, not. ro. »

Le 14 octobre, le conseil général est assemblé avec les citoyens du territoire de la commune. La municipalité est autorisée à poursuivre la réintégration des biens usurpés sur la communauté tant par les ci-devant seigneurs d'Aiguillon, d'après la transaction de 1550 sus-relatée, que par tous les autres détenteurs et possesseurs desdits biens communaux. Lesdits citoyens de la commune et les membres du Conseil qui délibèrent dans ladite assemblée générale ne sont qu'au nombre de cinquante-cinq.

Le 22 octobre, les citoyens boulangers, Alberny, Manset aîné, Cadet Sornin, Fulgence Coq, Sabaté, Courbet et Baussens se plaignent de la taxe du pain. La municipalité les fait venir et augmente la taxe d'un denier par livre. Le blé se vend couramment 24 livres le sac et le pain 3 sols 8 deniers la livre, et le *choine* 4 sols 2 deniers, à Port-Sainte-Marie.

Le 2 novembre, les citoyens se plaignent, à leur tour, de ce que les boulangers ne font presque plus de pain et le vendent au-dessus de la taxe. Il est arrêté qu'on surveillera les boulangeries.

Le 3 novembre, le cⁿ Lacroix fils s'offre pour la levée des impositions de l'année 1792, à raison de 1 denier 1/2 par livre.

Le 4 novembre, le cⁿ Mollié est élu officier public.

Le 14 novembre, le pain-choine est taxé 4 sols 7 deniers la livre ; le pain courant, 3 sols 11 deniers ; le pain brun composé de 8/14 de blé et de 5/14 de *ballarge* (?) et 1/2 de fèves, 3 sols 5 deniers.

Le 27 novembre, on décide de surveiller les îles où, sous prétexte qu'elles sont, par l'émigration de Vignerot, devenues propriété nationale, les citoyens se ruent pour les dévaster et en emporter le bois.

Le 4 décembre, prêtent serment les nouveaux élus de la municipalité : les C^{ns} Moullié-Parreau, Flourence, du Grand Chemin, Brienne, fils, Grenier, aubergiste et Noël Gasquet, officiers municipaux, Bernard Dallet, Lacaze de Ventamil, Turpin, père, Béril, capitaine, Janoutet Mallié, Pugeyran aîné, Lacroix, père, Darroux, Dunau, Fontaine, Goutières, aîné et Aymard, notables.

Nebout-Riberot donne sa démission de la charge d'officier municipal, Villette de celle de procureur de la commune et Merle du Barry de celle de notable.

Le 20 décembre, Garrigue prête serment comme nouvel officier municipal et Coq jeune en qualité de nouveau procureur de la commune.

Le 23 décembre, Dunau est nommé officier public.

Le 26 décembre, le Conseil Général arrête qu'il sera fait acte d'opposition à la vente des objets appartenant à la commune soit en vertu de la transaction de 1550, soit en vertu des reconnaissances dont Verdolin est détenteur, soit en vertu du Livre terrier et de tous autres titres, lequel acte sera signifié au district de Tonneins et contiendra l'opposition que la commune entend faire à la vente desdits objets comme se trouvant possédés par Vignerot d'Aiguillon, émigré.

3 février 1793. On supprime un soldat du guet pour mettre à sa place un garde champêtre, afin de faire cesser le brigandage qui s'exerce sur les récoltes de toute nature qui sont journellement dégradées et ravagées.

Le 12 février, les boulangers déclarent ne plus pouvoir acheter du blé à cause de la taxe du pain qui est trop faible. Des visites domiciliaires seront faites chez eux pour constater la quantité de leur provision. Ceux qui se trouveront pourvus de farine, seront forcés de faire du pain. Il sera exercé des perquisitions chez les autres citoyens détenteurs de grains, afin de prévenir les malheurs de la famine.

Le 14 mars, le Cⁿ Leaumont, nommé maire en l'assemblée primaire du 2 décembre 1792, prête le serment qu'il n'avait pu prêter jusqu'à ce jour, pour cause de maladie.

26 mars. Il a été délibéré que tous les membres du corps et du conseil municipal qui ne se rendront pas à leur poste, lorsqu'ils seront légalement convoqués, sans des raisons légitimes, seront dénoncés par procès-verbal aux autorités supérieures et reconnus suspects comme abusant de la confiance publique.

Une liste sera dressée des personnes dont la correspondance doit être interceptée. Elles seront suspectes, désarmées et consignées dans leur maison.

Le 2 avril, on forme un comité de sûreté générale composé des citoyens Grenier, Brienne fils, Darroux, Lafitte de Parailloux, Pugeyran et Fontaine, officiers municipaux et notables.

L'arrêté du directoire relatif à la détention des citoyens qui n'ont pas prêté le serment prescrit par les lois des 14 et 15 août dernier, sera exécuté.

Le 4 avril, les commissaires nommés pour l'ouverture des lettres suspectes, en ont présenté une timbrée de Rioxa, en Espagne, à l'adresse de Mlle Castillon Merle, qui, lecture faite, a été reconnue dangereuse et contraire aux principes de la République.

En conséquence, ouï et ce requérant le procureur de la commune, il a été délibéré que toutes les personnes dénommées dans cette lettre, savoir, les citoyennes Castillon Merle, Benoite, sa femme de chambre, Angélique Massac, Dubarry mère, Fayolle, ci-devant supérieure des Filles de la Croix et les Bellegarde, sœurs, seront regardées comme suspectes et consignées dans leur maison jusqu'à nouvel ordre.

7 avril. Les citoyens Salvandy, Le Roy et Leaumont ne seront pas compris dans la liste de consignation, mais leurs lettres seront vérifiées, s'il en est qui viennent de l'étranger ; les citoyens Mautor et Merle Massonneau seront ajoutés à ladite liste et resteront consignés dans leur maison. Le comité de sûreté générale sera seul chargé désormais d'ouvrir les lettres suspectes.

14 avril. La consigne est levée, faute de preuves, pour tous les citoyens et citoyennes, à l'exception de Castillonne Merle, de Françoise Marin et de Mautor.

20 avril. Vu le manque de blé, deux commissaires, Coq aîné et Villette, se rendront à Bordeaux pour en acheter 1000 boisseaux.

21 avril. La consigne du C^n Mautor et des C^{es} Castillonne Merle et Françoise Marin est provisoirement levée, à cause du manque de preuves de leur suspicion.

22 avril. Des visites domiciliaires seront faites chez tous les citoyens pour constater l'état des subsistances, vu la grande disette des objets de première nécessité.

28 avril. Levée définitive de la consigne de Mautor, Castillonne Merle et Françoise Marin.

Sont nommés, au renouvellement du comité de sûreté générale, les C^{ns} Lacroix fils, Darroux, Nugues aîné, Turpin fils, Carrion et Lafitte-Parailloux.

12 mai. « La rue d'en bas jusques au clocher sera nommée rue de Brutus ; la rue de Dayres, rue Maubec ; la rue qui suit, rue Roze ; la rue près Fabre, rue de la Concorde ; la place devant Alberny, place Rousseau ; la rue du c^n Tourtonde, rue du Sommeil ; la rue du c^n Lacaze, rue de l'Arcade ; l'espace qui va du clocher à l'église paroissiale, allées Saint-Félix ; la place du ci-devant château, place d'Armes ; la rue qui va à la porte du roi, rue Galante ; la rue où reste Messin, rue du Civisme ; la rue qui va de la Porte d'en Haut à la place d'Armes, rue de l'Egalité ; la rue du c^n Florans, rue Notre-Dame ; la rue où reste Bégoulle, rue Cul de Notre-Dame.

Au faubourg du Lot, la rue qui va du Chapeau rouge au Lot, rue Ça ira ; la rue du Baron, rue Tricolore ; la rue qui suit, rue de l'Etoile ; la rue du Roi, rue de la Liberté ; la rue qui suit, rue des Marais ; l'autre rue qui vient à la suite, rue de l'Ile ; la rue qui va depuis Rozié jusqu'à la rue de la Liberté, rue Traversière ; la place devant la Boucherie, place de la Nation ; la promenade dite des Fossés, cours de la Liberté ; la rue depuis Dupré allant à Soulié, rue Minerve.

Au faubourg du Muneau, la promenade sera nommée cours du Champ-de-Mars ; la Grande rue allant à la Corderie, rue des Sans-Culottes ; la première rue en montant, rue de la Fraternité ; la seconde rue, rue de la République ; la rue près Dallet allant chez Moulié, rue la Bertège ; la rue des C^{es} Massac, rue de l'Union ; la rue où reste Duplan, rue du Midi ; la rue de Cruchon, rue du Repos.

26 mai. La commune achètera assez de piques pour armer les citoyens qui ne le sont pas, ainsi que six canons en fonte de fer, de calibre de six livres.

Les biens du duc d'Aiguillon, émigré, avaient été confisqués en l'année 1792. Le 16 septembre de cette année, comme nous l'avons vu plus haut, le Conseil général de la commune d'Aiguillon fit apposer les scellés sur toutes les portes du château, mesure confirmée encore deux jours après par la Commission du département de Lot-et-Garonne.

« Un décret avait été rendu par l'Assemblée Nationale, à la date du 14 novembre 1789, pour asssurer la conservation des livres et des objets précieux provenant des établissements supprimés. Le Conseil de Lot-et-Garonne, ajoute M. G. Tholin (1), s'inspira de ces recommandations et, huit mois après l'apposition des scellés, prit des mesures conservatoires pour empêcher le pillage du mobilier d'Aiguillon, pour régulariser la vente et pour faire exécuter le triage des livres, des archives et des objets d'art à conserver. Les deux pièces suivantes en font foi :

« Le 28 mai 1793, l'an 2me de la République, à dix heures du matin, le Conseil du département de Lot-et-Garonne, réuni dans le lieu ordinaire de ses séances publiques, présents les citoyens Lagravère, vice-président, Lacoste, Lamarque, Lapeyssonnié, etc...

Le Conseil voulant prévenir les dilapidations qui pourroient se commettre dans la vente des meubles de Vignerot, émigré, qui sont à Aiguillon, et de concert avec l'administration de Tonneins, a nommé Lespinasse père, négociant de cette ville, à l'effet de se transporter demain, 29 du courant, à Aiguillon et dans la maison dudit Vignerot, pour y apprécier tous les meubles et effets qui lui seront présentés par Nugues aîné, administrateur du district de Tonneins ; il sera en outre chargé d'adhérer à tout ce qui pourra lui être prescrit par le citoyen Nugues, commissaire dudit district, et le citoyen Saint-Amans, commissaire particulier du département. »

Du même jour. « Le Conseil du département, voulant, en conformité de la loi, conserver tous les objets qui pourroient devenir utiles pour la propagation des sciences et arts ;

» Considérant que la maison de Vignerot, émigré, située à Aiguillon, renferme plusieurs objets propres à seconder les vœux de la loi ; tels que des tableaux, estampes, dessins, vases, porcelaines, médailles, meubles précieux, livres, etc. ;

» Le Conseil du département, ouï le procureur général sindic, a nommé les citoyens Saint-Amans et Noubel, à l'effet de se transporter

---

(1) *Documents sur le mobilier du château d'Aiguillon, confisqué en 1792*, par M. G. Tholin, archiviste, Agen, 1882, auxquels nous allons faire de nombreux emprunts.

le 29 du courant à Aiguillon et dans la maison ayant appartenu au ci-devant duc d'Aiguillon pour y faire le choix de tous les objets précieux énoncés ci-dessus, savoir, le citoyen Saint-Amans, des tableaux, peintures, estampes, dessins, etc., et le citoyen Noubel, de tous les livres qui pourroient servir à l'instruction publique et à propager les sciences et les arts.

» Le vice-président et le secrétaire général du Département ainsi signé : Me LAGRAVÈRE, vice-président ;
TEMPOURE (1). »

Ainsi, un état des tableaux et objets réservés fut dressé le 30 mai 1793 par les citoyens Saint-Amains et Noubel. Ce document, qui serait pour nous d'un immense intérêt, n'existe plus.

3 juin. « Le Directoire du district a nommé pour commissaire le citoyen Nugues, administrateur du district et le citoyen Turpin, habitant d'Aiguillon, pour procéder conjointement avec deux officiers municipaux de la commune d'Aiguillon à la vente des meubles du ci-devant château d'Aiguillon, à la charge par lesdits commissaires de se conformer aux lois relatives à la vente des meubles des émigrés, notamment à celle du 24 avril d^{er} ainsy qu'aux antérieures. Le Directoire a également nommé le citoyen Lafitte, commissaire, à l'effet de lever les scellés des titres et papiers qui sont dans le ci-devant château d'Aiguillon en présence des deux officiers municipaux de cette commune, et les faire transporter ensuitte dans les archives du district, et a chargé le sieur Giraudeau, l'un de ses membres, et le secrétaire de l'administration de se rendre jeudi prochain, six du courant, pour diriger les premières opérations des commissaires et leur fournir tous les renseignements et toutes les instructions qui leur seront nécessaires...

CREBESSAC. GIRAUDEAU. FARSIT. MARMANS. »

« Le 5 juin 1793, l'an 2me de la République françoise..., le Conseil du département a nommé le citoyen Durand, commissaire, pour aller à Aiguillon y faire procéder à la vente des effets du ci-devant château de Vignerot, émigré, et lui donné l'autorisation suivante : « Nous, administrateurs du département de Lot-et-Garonne, commettons et déléguons le citoyen Durand, membre du Directoire, pour se transporter à Aiguillon, demain, le 6 du courant, afin de faire procéder à la vente des meubles et effets qui ont été inventoriés dans le ci-devant château dudit Aiguillon, appartenant à Vignerot, émigré,

---

(1) *Arch. de la Mairie d'Aiguillon* : Registres des délibérations municipales.

autorisons en conséquence ledit citoyen Durand de faire procéder à ladite vente au plus offrant et dernier enchérisseur, conformément au mode usité pour la vente des meubles et effets nationaux, l'autorisons enfin à réserver pour l'Administration, sur lesdits meubles et effets, tous les tableaux et autres objets désignés dans le procès-verbal ou état dressé le 30 mai par les citoyens Saint-Amans et Noubel, commissaires nommés par l'arrêté du Conseil du département du 28 du même mois de mai ; ensemble deux lustres, savoir, celui qui est dans le salon de compagnie et un autre à choisir dans les autres salles, les poëles qui sont dans le ci-devant château et finalement les cartons et papiers qui devront être gardés au prix de l'estimation (1). »

« Cejourd'huy, 6me juin 1793, l'an 2me de la République françoise, le procureur sindic de Tonneins s'est présenté au présent hôtel de la commune et nous a requis l'enregistrement d'un arrêté du directoire du district de Tonneins en date du trois du courant portant commission aux citoyens Nugues et Turpin, à l'effet de la vente des meubles et effets de Vignerot et aux citoyens Lafitte et Sarrazin à l'effet de procéder à la levée des scellés et faction…. d'inventaire des archives dudit Vignerot et au citoyen Giraudeau pour diriger les premières opérations desdites ventes et inventaire, duquel arrêté ledit procureur nous a remis une expédition pour demeurer annexée au présent. De tout quoy lui avons donné acte et a signé avec nous.

LEAUMONT maire, LAFITTE, GIRAUDEAU, TURPIN, VERDOLIN, pr. s^e ».

« Ce jourd'hui 6 juin 1793, l'an 2me de la République, s'est présenté le citoyen Durand du directoire du département de Lot-et-Garonne, porteur de la commission d'icelui qui l'autorise à procéder à la vente des meubles et effets qui ont été inventoriés dans le ci-devant château d'Aiguillon appartenant à Vignerot, émigré, et à réserver pour l'Administration sur lesdits meubles et effets tous les tableaux et autres objets désignés dans le procès-verbal ou état dressé le 30 mai dernier par les citoyens Saint-Amans et Noubel commissaires nommés par arrêté du 28 du même mois, ensemble deux lustres, savoir, celui qui est dans le sallon de compagnie dudit ci-devant château d'Aiguillon et un autre à choisir dans les autres salles, tous les poëles et finalement les cartons et papiers qui doivent être gardés à prix de l'estimation. Enregistré à Aiguillon, le jour, mois et an que dessus.

GARRIGUE, off. mpal. LACROIX, secr^e greff. »

---

(1) *Documents sur le mobilier*, etc. déjà cités.

« En conséquence de la délibération du directoire du district de Tonneins cy-annexée en datte du 3 juin 1793, qui nomme pour commissaires les citoyens Nugues aîné et Turpin fils, pour procéder conjointement avec deux off. mx. de notre commune à la vente des meubles du ci-devant château d'Aiguillon, et de la commission du directoire du département de Lot-et-Garonne qui charge le citoyen Durand de se transporter à Aiguillon pour procéder à la susdite vente, et en vertu de la loi du 24 avril dernier, le Corps municipal, assemblé au nombre de cinq membres, a nommé, pour procéder à ladite vente conjointement avec les susdits, les citoyens Leaumont maire et Moullié off^r municipal ».

12 juin. Vu la lettre du citoyen Durand, en date du jour d'hier, au citoyen maire demandant à la municipalité un commissaire pour procéder avec lui au choix et à l'estimation desdits objets choisis et qui doivent l'être d'après sa commission ; considérant que le procès-verbal dressé par les citoyens Saint-Amans et Noubel, le 30 mai dernier, faisant choix de toute la bibliothèque et des tableaux, ainsi que de tous les objets qui dépendent de la salle des spectacles, contient divers objets qui ne sont point indiqués par la loi ; considérant que la commission du citoyen Durand porte que tous les poêles, deux lustres et tous les cartons à papier seront aussi réservés pour être transportés à Agen, il a été délibéré sur le rapport, ouï et ce requérant le procureur de la commune, conformément à la loi du 24 avril dernier.... « qu'il seroit procédé au choix et estimation des objets d'art et science, tableaux, estampes, statues, dessins, bronzes, vases, porcelaines, médailles, meubles précieux, ainsi qu'il est porté par ledit procès-verbal du 30 mai dernier, à l'exception néanmoins des effets dépendant de la salle des spectacles, ainsi que partie des brochures, cartes et œuvres de musique contenues dans lad. bibliothèque, de même que tous les poêles et deux lustres désignés dans la commission dudit citoyen Durand, que le transport desdits objets sera sursis jusques à ce que le directoire du district de Tonneins aura donné son avis à ce sujet. etc. ».

« Après ce triage préalable, dit M. Tholin (1), la vente du mobilier du château d'Aiguillon s'effectua sur place. Elle ne fournit pas moins de 52 vacations, du 6 juin au 4 septembre 1793.

Le total réalisé, 98,686 livres 17 sous, représenterait de nos jours, eu égard à la valeur relative de l'argent, une somme triple. Si l'on

---

(1) *Documents*, etc., déjà cités.

tient compte de la valeur artistique d'un grand nombre d'objets réservés ou vendus, meubles, tableaux, bibliothèque, on estimerait peut-être à plus d'un million la valeur actuelle du mobilier de ce château.

Le catalogue des objets mis aux enchères remplit à lui seul 300 pages (1). Il serait utile de le publier en entier s'il contenait des descriptions plus complètes de ce mobilier. On n'y trouve malheureusement que des indications sommaires : rien sur la forme, les dimensions, le style, l'ornementation, la provenance des meubles en marqueterie, des services en faïence et en porcelaine, des chandeliers et des candélabres en bronze et en argent, des lustres en cristal, des tentures, des canapés et des fauteuils en tapisserie, tous objets de luxe dont cette longue liste atteste la profusion.

En étudiant les prix de vente, on est frappé de ce fait que les objets d'art proprement dits, tableaux, tapisseries, sont adjugés à vil prix; ceux d'un luxe moins relevé, tels que glaces, se vendent relativement cher. J'ai relevé des prix de 22 glaces vendues successivement de 165 à 570 livres. Le total de mon addition, 8,136 livres, forme un prix moyen de 365 livres.

Les faïences et les porcelaines, qui sans doute éblouiraient les yeux et videraient les bourses de nos collectionneurs modernes, ne trouvent pas d'acquéreurs à des prix beaucoup plus élevés que ceux des produits d'une fabrication vulgaire.

Les pendules ne sont pas nombreuses. Voici deux mentions : une pendule portative, montée sur un rhinocéros, 340 livres ; une pendule à l'antique, 210 livres.

Un surtout de table en argent fut adjugé pour 260 livres, c'est-à-dire, je suppose, presque au poids du métal.

Quatre cabriolets garnis en damas se vendirent seulement 105 livres, le prix d'une charette à bœufs. Ils pouvaient être d'un luxe déplacé ou compromettant.

Les lits furent mis aux enchères garnis, avec leurs rideaux et généralement deux à cinq fauteuils d'étoffe assortie.

Quelques détails sur les couleurs et les tissus des garnitures nous font connaitre les modes de la fin du siècle dernier. Voici des notes relevées dans le procès-verbal sur la façon et le prix de vente des lits :

Lit à la polonaise, 1,300 livres.

---

(1) *Archives départementales,* série Q.

Lit complet en tapisserie, 800 l.
Id. garni en satin bleu et blanc, 1,000 l.
Id. garni en satinade aux trois couleurs, 1,200 l.
Id. en indienne, 260 l.
Id. en trois couleurs, 465 l.
Id. en damas, coton et soie cramoisi et blanc, 460 l.
Id.   id.   610 l.
Id. en satinade cramoisi blanc, 450 l.
Id. en damas, 505 l.
Id. en camelot cramoisi blanc, 500 l.
Id. en camelot rayé vert et blanc, 450 l.
Id. en camelot rayé cramoisi et jaune, 435 l.
Id. en noir de trois couleurs, avec rideaux en taffetas vert et blanc, 600 l.
Id. en satinade, en trois couleurs, 950 l.
Id. en baldaquin, garni en camelot rayé bleu et blanc, 720 l.
Id. à tombeau, garni en satinade bleu et blanc, 1,175 l.
Id. en toile blanche brodée et rideaux de même, 210 l.

Les articles relatifs aux tapisseries sont d'une brièveté désespérante. Les voici tels quels :

Tapisserie en toile, 125 l.
Cinq pièces de tapisserie en laine, 130 l.
Six   id.   au salon de compagnie, 325 l.
Six   id.   de laine, en grandes figures, 185 l.
Deux   id.   de Bruxelles, estimées 50 l., sans enchérisseur.

Autres pièces de tapisserie représentant l'histoire de Maurice, estimées 150 l., sans enchérisseur.

Deux autres pièces de tapisserie, 77 l.

Six pièces de mauvaise tapisserie, 50 l. 15 s.

Une mauvaise tenture de tapisserie, chambre du vieux château, 110 l.

Les tableaux furent vendus entre deux vacations, dont l'une fut consacrée à la cave (1) et l'autre aux défroques du théâtre.

En voici la liste :

1. Dix-sept tableaux de la famille de Vignerot, compris une gravure ovale et deux autres ovales, 400 l.

---

(1) Je parlerai plus loin de cette vente qui fournit un curieux état du classement et du prix des crûs à la fin du siècle dernier.

2. Un tableau représentant la vue de Rennes, 4 l.
3. Le portrait d'une femme, 10 l.
4. Deux portraits représentant un homme et une femme. 10 l. 5 s.
5. Trois portraits enfants, 4 l.
6-7-8. Trois portraits de femmes, très vieux, 10 l. 5 s.
9. Le portrait d'une femme et deux enfants, 8 l. 10 s.
10. Deux portraits ovales représentant deux jeunes personnes, 3 livres 10 s.
11. Deux autres portraits ovales, représentant deux hommes, 3 l. 5 s.
12. Un portrait de femme, 6 l.
13. Deux tableaux représentant deux pots de fleurs, 7 l. 15 s.
14. Deux tableaux en paysage, 5 l. 5 s.
15. Une table représentant l'enlèvement d'Europe, 10 l. 5 s.
16. Deux portraits ovales représentant deux hommes, 8 l.
17. Un paysage avec des enfants, 7 l. 15 s.
18. Un tableau représentant un temple, 5 l. 10 s.
19. Un tableau représentant une abbaye, 8 l. 5 s.
20. Un tableau représentant la place de Rennes et une Thérèse, le tout cadre doré, 18 l. 15 s.
21. Neuf tableaux sous verre, peints en camaïeu, représentant divers sujets, 60 l.
22. Un castre (*sic*) encadré sous glace, représentant l'état militaire, 22 livres.
23. Dix-neuf tableaux en gravure et autres sous petits cadres, 25 livres 5 s.
24. Un portrait de femme, 5 l. 5 s.
25. Une table représentant un plan d'attaque de la ville de Maduré, 3 l. 5 s.
26. Un buste de femme en pierre de Coudet, 6 l.
27. Deux vaches chinoises et autre petit objet, 10 l.

Le total de ces œuvres, abandonnées comme des non-valeurs artistiques par les commissaires, est de trente-cinq portraits, sept paysages ou vues de villes et de châteaux, deux tableaux de fleurs, 9 peintures en camaïeu, dix-neuf gravures, deux mosaïques ou pièces de marqueterie (?), un buste.

A peine les tableaux réservés au musée d'Agen étaient-ils remis au chef-lieu, qu'un nouveau triage vint en réduire le nombre. A ce sujet, je laisse la parole au chroniqueur Proché :

Dans une fête célébrée à Agen le 22 septembre 1793 « on livra aux flammes tous les tableaux qu'on avoit retirés des églises, ceux qui représentoient des rois ou des princes, ou qui retraçoient quelques vestiges de la féodalité, en un mot tous ceux qu'on avoit trouvés dans les maisons des particuliers et *au château d'Aiguillon*.

» Tous ces tableaux, dont quelques-uns étoient des chefs-d'œuvre, avoient été portés sur un tombereau qui suivoit le cortège. On y remarquoit le portrait du roi Louis XV, représenté en grand, le sceptre à la main, placé sur le devant du tombereau. »

Il semble, d'après ce récit, que tous les tableaux provenant du château d'Aiguillon aient été sacrifiés dans cet auto-da-fé. Un défaut de rédaction a fait dire à Proché plus qu'il ne l'a voulu. La liste des tableaux condamnés au feu se limite à ceux qui représentaient « des rois ou des princes ou qui retraçaient quelques vestiges de la féodalité. »

Quel en était le nombre et la valeur? Nous l'ignorons, le premier inventaire rédigé par les commissaires étant perdu.

Les épaves de la galerie de peinture du château d'Aiguillon semblent avoir été conservées un peu pêle-mêle dans l'année qui suivit la confiscation. On y avait joint des gravures et des moulages, envoyés de Paris. Au commencement de 1795, le Directoire de Lot-et-Garonne songea à l'appropriation du local du musée. Il tenait alors ses séances dans l'ancien couvent des Carmélites, sur l'emplacement du lycée actuel (ancien lycée). Il résolut d'installer la bibliothèque et le musée dans ce même établissement. Dix jours avant de prendre cette décision, le 6 nivôse, le Directoire avait désigné des commissaires pour faire l'inventaire des tableaux du château d'Aiguillon déposés au musée. Ce travail fut confié à Saint-Amans, qui avait déjà fait le triage antérieur à la vente, et à Lalyman auquel fut adjoint Mouillac l'aîné, professeur de dessin. L'inventaire fut terminé le 25 Nivôse. Cette pièce, d'un intérêt exceptionnel, existe aux Archives départementales. Sa rédaction est faite dans la forme imposée par le décret de la Convention nationale du 8 pluviôse an II, relatif à l'établissement des bibliothèques publiques dans le district. Ainsi les commissaires se servirent des signes conventionnels +, ++, +++, pour indiquer la valeur des objets, à savoir : (je cite les instructions).

« + Cette croix simple annonce que l'objet est remarquable par ses caractères, ou par sa belle conservation, et qu'il peut servir à l'enseignement.

« ++ Cette croix double désigne les objets rares, précieux et par conséquent très remarquables.

« +++ Les objets les plus rares et les plus précieux pourront être marqués d'une croix triple. »

Comme bon nombre des tableaux qui figurent dans cet état existent encore à la Préfecture, j'ai cru devoir ajouter à chaque article des notes (1) sur les attributions de ces tableaux au double point de vue de l'école de peinture à laquelle ils se rattachent et des souvenirs qu'ils rappellent ou des personnages qu'ils représentent.

« Nous, commissaires nommés par le district d'Agen, dans la séance du 6 nivôse, pour procéder à l'inventaire des tableaux déposés au département et provenant du ci-devant château d'Aiguillon, ayant appartenu à Vignerot, émigré, nous sommes transportés dans la salle du Muséum où nous avons dressé l'inventaire desdits tableaux ainsi qu'il suit :

I. — Portrait au pastel de Jacques Le Causeur, à l'âge de 132 ans. Ovale de 21 pouces de haut. Sous glace, bien conservé. Ouvrage de Caffiéri. ++

Deficit.

II. — Pastels. Deux tableaux faisant pendants. Marines, représentant des côtes de la Méditerranée. Groupes de pêcheurs. 2 pieds de largeur, 20 pouces ds haut. Sous glace, bien conservés, remarquables par la beauté des ciels. Fig. méd. Par J. A. Volaire. +

Préfecture.

III. — Pastels. Deux tableaux faisant pendants. Contes de La Fontaine : Les oies de Frère Philippe, et l'Ermite. 20 pouces, hauteur ; 10 pouces, largeur. Sous glace, bien conservés. La nature un peu bleue. Par J. A. Volaire. +

L'Ermite existe à la *Préfecture.*

IV. — A la goueche. Deux tableaux faisant pendants. Vues du ci-devant château de Verray. 28 pouces de largeur, 15 de hauteur. Sous glace, bien conservés. Remarquables par la délicatesse des figures. Beaux massifs. Faire sec et un peu léché (*sic*). ++

Préfecture. — Ces deux gouaches, représentant le château de Véretz (Indre-et-Loire), somptueuse résidence des ducs d'Aiguillon, au xviiie siècle, ont quelque intérêt historique et archéologique, car le château de Véretz est détruit. Mais cet intérêt est dépassé par leur mérite artistique. Elles portent la signature de Van Blarenbergue, 1771. Les œuvres de ce peintre miniaturiste, même réduites aux dimensions d'une boîte ou d'une tabatière, se payent couramment de 20 à 30.000 francs dans les ventes publiques.

V. — [Tableau] à l'huile, sur bois, représentant Saint-Jean-Baptiste, baptisant sur les bords du Jourdain. 15 pouces, hauteur ; 10 pouces,

---

(1) Elles se distinguent du texte par un caractère typographique différent.

largeur. Bien conservé. Remarquable par ses beaux coloris et par la composition et l'ordonnance des grouppes (sic). Ouvrage présumé de l'Albane. +++

Déficit.

VI. — [Tableau] à l'huile, représentant Saint-Jean-Baptiste dans le désert. Copie infidèle du beau tableau d'André del Sarto, dépendant de la collection de la galerie de Dusseldorf, décrit par Forster dans son *Voy. pitt. et ph.*, page 180 et suiv. 4 pieds, hauteur; 3 pieds, largeur. Assez bien conservé. Un peu obscur. +-+

Musée d'Agen (No 14.) C'est une copie fort ancienne et assez exacte d'une composition non d'Andrea del Sarto, mais de Raphaël. Cette toile serait d'un prix inestimable s'il pouvait être démontré qu'elle rentre dans la catégorie des nombreuses répétitions faites sous les yeux de Raphaël.

VII. — Tableau à l'huile. Portrait d'Hortense Mancini. Ovale de 30 pouces de haut. Très bien conservé. Grande manière; touche ferme et moelleuse; style harmonieux; cheveux bien bouclés. +++

Préfecture. — Portrait d'Olympe Mancini, femme du comte de Soissons. Ecole de Mignard. Hauteur 0m80; largeur 0m62. L'original ou une répétition de ce beau portrait existe, dit-on, au palais de l'Escurial.

VIII. — [Tableau] à l'huile, sur toile, représentant une femme sous les attributs de Flore. 2 pieds de haut, sur 22 pouces de largeur. Bien conservé. Faire gracieux. Coloris gris; dessin correct; chairs bien rendues; draperies dures. +

Préfecture. — Portrait de Madame du Barry, par François-Hubert Drouais. Hauteur, 0m74; largeur, 0m60. Cadre ancien. Ce portrait a son histoire. C'est vraisemblablement celui dont il est fait mention dans le « Mémoire des ouvrages de peinture commandés par Mme la comtesse du Barry à Drouais, peintre du roi, premier peintre de monsieur et à son épouse, 1774. Une copie du portrait de Mme la comtesse en Flore, retouchée d'après nature, *pour M. le duc d'Aiguillon* 600 l. Pour la bordure dudit tableau, argent déboursé, 120 l. (1). »

IX. — Deux [médaillons] à l'huile, sur toile, forme ovale, de 15 pouces de haut représentant des têtes d'enfants. Bien conservés. Touche forte et harmonieuse. Dessin et coloris excellents. +++

Préfecture — L'un de ces médaillons porte le nom de Nattier, sur cadre. Il semble plutôt que l'un de ces sujets doive être attribué à Fragonard et l'autre à Duplessis' Vallin ou Greuze.

---

(1) *La du Barry*, par Edmond et Jules de Goncourt. Paris, Charpentier, 1878, pages 364, 368.

Quand le mobilier du château d'Aiguillon fut mis aux enchères, Le Roy acheta un certain nombre de lots, notamment les portraits de famille. Tout fait présumer qu'il était en cela le mandataire du duc d'Aiguillon.

X. — Deux [panneaux] à l'huile, sur bois ; pied carré, représentant des animaux morts. Bien conservés ; fini très précieux, par Oudry.

Préfecture.

XI. — A l'huile, sur un silex agatisé. Forme ovale de 10 pouces. Repeint et gâté.

Deficit.

XII. — [Tableau] à l'huile, sur toile, 8 pieds de largeur, 6 pieds de hauteur, représentant Léda. Très mal retouché et entièrement gâté.

Deficit.

XIII. — [Tableau] à l'huile, sur toile, 3 pieds de hauteur, 4 pieds de largeur, représentant une bacchanale. Retouché, un peu gâté. De très beaux restes. Manière du Poussin. ++

Deficit.

XIV. — [Tableau] à l'huile, sur toile, 3 pieds de hauteur, 4 pieds de largeur, représentant un triomphe de Vénus sur les eaux. Bien conservé. De beaux détails. Quelques figures pleines d'expression. Manière du Poussin. ++

Préfecture. — Ce beau tableau du *Triomphe d'Amphitrite*, peut être attribué à Coypel ou à Le Moine.

XV. — [Tableau] à l'huile, sur toile. Forme ovale. 30 pouces de haut. Portrait de femme. Draperies bien retouchées, manière large. Figure belle et bien composée. +

Préfecture. — Portrait d'Armande Félice de Mazarin, épouse de Louis de Mailly, marquis de Nesle, morte le 12 octobre, 1719, par Nattier.

XVI. — Cinq [tableaux] à l'huile, sur toile, 28 pouces hauteur, 2 pieds largeur. Portraits de femmes. Bien conservés, détails précieux. ++

Préfecture. — 1º Marie-Josephe de Saxe, buste, vêtue d'une robe rouge. Ce portrait est attribué à Nattier. Hauteur, 0^{m}74 ; largeur, 0^{m}60.

2º Mme de Pompadour, dessinant ; par Nattier. Hauteur, 0^{m}72 ; largeur, 0^{m}58. Cadre ancien.

3º Mme de Pompadour, lisant de la musique. Hauteur, 0^{m}73 ; largeur, 0^{m}59.

4º Femme cueillant une fleur d'oranger. Ecole de Beaubrun ou de Mignard (1690-1709 (?). Hauteur, 0^{m}94 ; largeur, 0^{m}75.

5º Portrait de Marie-Louise-Thérèse de Saint-Nectaire, épouse de Louis de Crussols, marquis de Florensac (?). Elle est représentée cueillant une fleur d'oranger. Hauteur, 1^{m}15 ; largeur, 0^{m}89.

6º et 7º La comtesse de Provence par Drouais.

Peut-être Marie Leczinska, représentée la tête surmontée d'un croissant.

XVII. — Tête de femme, au pastel, sous glace. 18 pouces de haut sur 12 de large. Bien conservée. +

Préfecture. — Faut-il voir dans cette description un portrait de Mme de Pompadour, à mi-corps ? Ce pastel, de Vidal, représente la favorite dans la plénitude de formes de sa seconde jeunesse. L'original de ce portrait, à l'huile, appartient à M. le marquis de Laborde.

XVIII. — Vue d'une paroisse flamande. Hauteur, 18 pouces; largeur, 24 pouces. Bien conservée, mauvais coloris.

Deficit.

XIX. — Portrait de femme peint à l'huile et sur toile. Ovale, de 30 pouces de haut. Bien conservé, dessiné sans goût.

Préfecture. — Dame de la cour de Louis XIV (1665 (?)) vêtue d'une robe bleue. Hauteur, 0m80, largeur, 0m62.

XX. — Deux paysages. Forme ovale, 18 pouces de largeur. Peints à l'huile et sur bois. Assez bien conservés, médiocrement peints.

Deficit.

XXI. — [Tableau] à l'huile, sur toile, représentant un guerrier (?). Hauteur 15 pouces, largeur 12. Déchiqueté dans plusieurs endroits. Dessin correct, bon genre. +

Deficit.

XXII. — Deux [tableaux] à l'huile, sur toile, 35 pouces de hauteur, 26 de largeur. Caricatures. Bien conservés.

Deficiunt.

XXIII. — [Tableau] à l'huile, sur toile, portrait de femme, 2 pieds largeur, 26 pouces de haut. Bien conservé, remarquable par la beauté du coloris et la correction du dessin. ++

Préfecture. — Sans doute un des portraits décrits à la suite de l'article XVI.

XXIV. — [Tableau] à l'huile, sur toile, représentant un portrait de femme appuyée sur une esclave (négresse). 4 pieds de haut, 3 pieds de large. Retouché et gâté.

Préfecture. — Portrait de Louise de Crussols, école de Mignard.

XXV. — [Tableau] à l'huile, sur toile, 5 pieds de haut, 8 pieds de largeur, représentant le *Passage de la Mer Rouge*, manière de Poussin (1). Crevé dans quelques endroits, plusieurs parties repeintes. Les

---

(1) Nous savons que le Poussin travailla quelques temps pour la duchesse d'Aiguillon. Les numéros XIII et XXV devaient être de ce peintre.

Les portraits du maréchal de Richelieu de Cinq-Mars, qui sont à la Préfecture, doivent provenir aussi de la collection du château d'Aiguillon.

fragments originaux, remarquables par leur expression, leur coloris et la richesse de la composition. +++

Deficit.

Les autres tableaux dépendants de la collection d'Aiguillon ont été brûlés par ordre des représentants du peuple ou sont dans un tel état de dégradation qu'ils ne peuvent servir ni à la connaissance de l'art, ni à l'instruction publique.

Fait à Agen, le 25 nivôse, l'an III de la République française une et indivisible.

[Signé] : Lalyman, commissaire ; Saint-Amans, commissaire ; Mouillac l'aîné. »

Voici maintenant le prix des vins de la cave du château d'Aiguillon vendus aux enchères en 1793 :

Rancio blanc, 6 livres 10 sous la bouteille ; Malvoisie, 2 l. 11 s. ; Chypre, 4 l. 6 s. ; Xérès, 4 l. 1 s. ; Sétubal, 5 l. ; Toulon (dans l'état de 1782, muscat rouge de Toulon), 5 l. ; Fayalset, 3 l. ; Calcavelhe (Carcavella dans l'état de 1782), 3 l. 15 s. ; Pacaret, 4 l. ; Madère blanc, 5 l. 5 s. à 5 l. 12 s. ; Rota, 8 l. 10 s. ; Malvoisie de Madère, 5 l. ; Frontignan, 4 l. 10 s. ; Malaga sec, 5 l. 1 s. ; Rivesalte, 8 l. ; Malaga doux, 6 l. 10 s. ; Aiguillon, 1 l. 3 s. ; Navarre, 5 l. 10 s. ; Rancio, 4 l. 17 s. ; Jurançon, 3 l. 19 s. et 4 l. ; Jurançon blanc, 3 l. 2 s. ; Galapian blanc, 1 l. ; Lamalgue rouge, 1 l. 1 s. ; Cahors rouge, 1 l. 1 s. ; Jurançon vieux rouge, 1 l. 18 s. ; Albi blanc, 1 l. 8 s. ; Canon rouge, 1 l. 9 s. ; Langon blanc, 2 l. 9 s. ; Laudun rouge, 1 l. 18 s. ; Saint-Emilion rouge, 1 l. 16 s. ; Mahons ordinaires, 1 l. 1 s. ; Verets blanc, 1 l. 6 s. ; Laudun blanc, 1 l. 19 s. ; Ang-Telle (*sic*, dans une autre liste, *Anglette*) blanc, 1 l. 12 s. ; Urhezis (*sic*. Est-ce le vin du Rhin, cité dans la liste de 1782 ?), 3 l. 1 s. ; Carboneux blanc, 1 l. 17 s. ; La Chartreuse rouge, 3 l. 5 s. ; Jurançon blanc, 1 l. 16 s. ; Cahors, 1 l. 6 s. ; Cité de Carcassonne, 1 l. 4 s. ; Margaux ; 1 l. 16 s. ; Avignon, 1 l. 1 s. ; Capbreton rouge, 1 l. 8 s. ; Langon blanc, 1 l. 7 s. ; Barsac blanc, 1 l. 16 s. ; Turelle (*sic*, dans la liste de 1782, *Tavelle*) rouge, 1 l. 1 s. ; Bergerac, 1 l. 4 s. ; Solesme, 2 l. 5 s. ; Cahors rose, 1 l. 7 s. ; Rubil (*sic*, dans la liste de 1782, *Vicbil*) rouge, 1 l. 1 s. ; Narbonne rouge, 1 l. 3 s. ; Loupiac blanc, 1 l. 10 s. ; Genève blanc, 1 l. 7 s.

Les barriques de vin ordinaire se vendirent de 20 à 84 livres et les bouteilles vides de 6 à 7 sous.

La nomenclature qui précède fixe à peu près sur le classement des crûs à la fin du siècle dernier ; on peut supposer, en effet, que, parmi les adjudicataires, les fins connaisseurs ne manquaient pas. Pour une vente publique, les prix furent relativement élevés : si l'on considère que, la valeur relative de l'argent ayant changé, 6 à 8 livres en 1793 sont à peu près l'équivalent de 20 francs à notre époque, on trouvera que la cave du château d'Aiguillon s'est très bien vendue.

Les vins liqueur et les vins muscats de France, d'Espagne, de Portugal et d'Italie ont toutes les préférences : par exemple le Rivesalte, 8 l. ; le Malaga, le Rancio blanc, plus de 6 l. Immédiatement après arrivent les vins blancs capiteux, tels que le Jurançon blanc, 3 à 4 l.

Les vins aujourd'hui les plus côtés ne sont pas représentés : ni Bourgogne, ni Champagne. Enfin, en dépit du voisinage, les crûs du Bordelais, non moins variés que célèbres, sont en petit nombre et se vendent à vil prix : le Margaux, le Saint-Emilion, le Barsac, 1 l. 16 s. ; c'est-à-dire quelques sous de plus seulement que les vins de Cahors et d'Aiguillon. Ainsi le classement de nos grands vins du sud-ouest est tout moderne. Les goûts ont changé en s'affinant (1). »

Bien qu'ils n'aient pas été précisément compris dans la catégorie des livres et des objets d'art à réserver et à trier par les commissaires, les décors, les costumes et la bibliothèque à l'usage du théâtre ne furent pas vendus. On ne mit en vente que 67 bancs de bois, dont 2 de 8 pieds de long et 2 rembourrés en crin ; 15 banquettes ou tabourets garnis de paille ; les accoudoirs garnis de crin ; la toile tendue par terre à l'amphithéâtre (adjugée à 85 l.) ; la toile tendue sur la marche des loges, etc. Tout le reste fut transporté à Agen, où il servit pour le théâtre de cette ville, comme nous le verrons plus loin.

Reprenons le cours des événements de la Révolution à Aiguillon.

23 Juin. Il sera dressé une liste des citoyens qui seront reconnus pour inciviques ou dont l'égoïsme et l'indifférence pour la chose publique sont notoirement connus, afin de prélever sur eux de quoi faire travailler le bien des indigents qui sont partis pour combattre les rebelles de la Vendée.

Nous lisons dans le *Registre des dénonciations* (2) les deux procès-verbaux suivants :

« Le 26 juin 1793, par devant nous, Coq jeune, procureur de la commune s'est présenté le cⁿ Jean Florence, cordonnier, hab^t le faubourg du Lot, lequel nous a dénoncé qu'hier 25 du présent mois, vers 4 heures du soir, il s'étoit trouvé chez le cⁿ Landié, aubergiste dudit

---

(1) *Documents sur le mobilier*, etc., déjà cités.
(2) Archives de la mairie d'Aiguillon.

faubourg avec les c^s Jérôme Sabaté, Beaussens fils ainé et Fabre, oncle, chirurgien, et dans la même chambre à une table par côté étoient aussi les c^s Grenier et Pierre Bonnet, off^rs mpx. avec le c^n André Bezin. A l'instant est entré le c^n Coulet, fils, tapissier, avec le c^n Durand, fils, teinturier, lesquels s'étant fait apporter du vin, se sont mis à la table que nous occupions sans que ledit Coulet se soit assis, et ayant entamé diverses discussions, ledit Coulet est parvenu à la faire rouler sur la conduite de la Convention nationalle dont ses expressions étoient impropres. Il a fini par dire que tous les membres qui la composoit étoient de la foutu canaille. Sur de pareils propeaux et dirigé par l'amour du bien public, je luy ay fait plusieurs observations en lui représentant à quoy il s'exposoit. En menant une pareille conduite, toutes mes observations ont été vaines, il a toujours persisté en continuant les mêmes propeaux que dessus et s'est porté même jusques à me provoquer et me faire des menaces, en ajoutant que tous ceux qui soutenoient la Convention ne valoient pas plus qu'eux et que tous ensemble n'étoient que de la foutu canaille. Alors le c^n Grenier fit quelques observations et dit que celuy quy auroit le plus de connoissance devoit finir. Sur cella le calme s'est rétabli, mais bientôt après ledit Coulet, reprenant la parole, a répété en criant et prenant tous ceux qui étoient dans la salle à témoins, que tous les membres qui composoient la Convention étoient tous de foutus coquins. De tout quoi ce dessus avons fait et dressé le procès verbal pour le rapport en être fait au tribunal de police municipale dans le plus bref délai, etc.

» Signé : Florance. Coq jeune pro. de la commune ».

« Ce jourd'huy, 28me juin, l'an 2me de la République françoise une et indivisible, dans la maison commune d'Aiguillon, par devant Nous Brienne fils, off. mpl., et Coq jeune, p^r de la commune se sont présentés les c^ns Brienne d'Espalais et Vigneau ainé, habitant de cette ville, nous ayant dénoncé que s'étant trouvés ce même jour au lieu des encans dans la maison nationale ci-devant appartenant à Vignerot d'Aiguillon, le c^n Nugues l'ainé avoit annoncé à l'Assemblée que tous les meubles et effets dépendants de lad. maison étoient finis de vendre, que néanmoins il restoit encore d'autres objets à vendre, tels que la comédie, tableaux et le vin des caves tant en bouteilles que autre, et une partie de chanvre, que ces objets étant d'une grande conséquence, il avoit besoin de prendre des renseignements et, sur ce motif, il a renvoyé la continuité des enchères de lundy prochain en huit, c'est-à-dire au huit du mois prochain, et comme lesdits c^ns Brienne et Vigneau font partie des enchérisseurs et voulant acheter dudit vin, ils ont réclamé tant en leur nom qu'au nom d'autres citoyens qui, comme eux, veulent faire des achats et qui partagent les mêmes opinions, que le scellé qui a été levé sur la porte des caves où est contenu ledit vin soit par la municipalité reposé auxdits lieux qui contiennent les effets à vendre, pour prévenir tout soupçon qu'on pourroit avoir pour la falsification dudit vin et autres objets qui restent encore à vendre, et ce pendant l'intervalle que durera l'ajournement des commissaires, etc... » Et à l'instant les scellés furent replacés.

28 juin. Les boulangers manquant de pain et la disette étant générale, les citoyens se sont attroupés sur les bords de la rivière et ont arrêté un bateau chargé de blé destiné à la ville de Tonneins. Le Conseil, considérant combien il est urgent de ramener lesdits citoyens au respect et à l'exécution des lois et de prévenir les horreurs de la famine, arrête qu'il sera fait des visites domiciliaires chez tous les citoyens pour connaitre leurs approvisionnements, et que ceux qui en auront au-dessus de leur nécessaire jusqu'au 20 juillet prochain, seront tenus de déposer l'excédent dans l'ancienne maison commune pour être distribué au prix de la taxe et le produit leur être rendu en paiement ; que deux membres du corps municipal se transporteront de suite sur le bord de la rivière où se trouve le bateau chargé de blé, afin de ramener les citoyens à l'exécution des lois, et que les c^{ns} Mallet et Lormino seront envoyés au département pour l'inviter à venir au secours de la commune privée de subistances.

4 juillet. Un certificat de résidence est délivré à Xavier Florans ; de résidence et de civisme à Duvignau Du Verger, et, le 28, de résidence et de civisme à Nebout-Riberot, Marie Manset, Mollié et Le Roy.

28 juillet. Les citoyens ayant pris au bateau chargé de blé pour Tonneins 20 sacs et un carton de cette denrée et la commune de Tonneins ayant protesté contre cette violation de la loi sur la libre circulation des grains, il a été arrêté que blé ainsi enlevé serait rendu. Les citoyens et citoyennes d'Aiguillon venus en foule sur le bord de la rivière avaient cru pouvoir soustraire ce blé en remplacement de celui qu'avait déjà pris la commune de Tonneins et qu'elle avait promis de leur restituer en même temps qu'aux autres communes du district.

10 août. On célèbre la fête de la Fédération. Le canon tonne, les cloches sonnent, le juge de paix et ses assesseurs et la garde nationale sont présents. Les prêtres assermentés de la paroisse disent la messe

au pied du nouvel arbre de la liberté qui vient de remplacer le premier, coupé par un coup de vent.

11 août. La loi demandant au moins les deux tiers des membres du Conseil général pour délibérer, le procureur de la commune s'aperçoit que depuis bien du temps les assemblées dudit Conseil sont désertes et que très souvent les membres du bureau municipal ne siègent pas du tout. Il requiert que la délibération du Conseil général, en date du 26 mars dernier, soit mise à exécution. Il est délibéré que le procureur de la commune reste chargé de mettre à exécution ladite délibération.

25 août. Les c^{es} Portelance, Boulogne-Clairfontaine obtiennent des certificats de résidence.

1 septembre. Le procureur de la commune donne lecture d'une dénonciation adressée au département contre la majeure partie des membres de l'administration municipale que l'indifférence tient éloignés de leur poste dans les assemblées. Il est délibéré qu'une plainte serait envoyée au directoire d'Agen. Ont signé les membres présents, Leaumont maire, Maillé, Dallet, Flourance, Gasquet, off. mpx, Fontaine, Lormino, Béril, Lacaze et Turpin, notables.

8 septembre. Les citoyens non mariés ou veufs sans enfants ayant été convoqués pour la levée de trois hommes, ne se sont pas rendus. En conséquence, le Conseil général extraordinairement assemblé dans la ci-devant église des Carmes, lieu ordinaire de ses séances, en vertu du décret de la Convention nationale du 23 août dernier pour la levée en masse des citoyens, étonné d'une pareille désertion et voulant en connaître les motifs, délibère que le commandant de la garde nationale sera interrogé sur la convocation des jeunes citoyens. Jean-Pierre-Thomas Nebout, fils aîné, commandant, a déclaré avoir requis Jean-Joseph Nebout, fils jeune et Leaumont Rieubet fils, capitaine de la première classe et Fernandes, lieutenant, commandant la compagnie à la place du capitaine Coq aîné empêché par la maladie. A leur tour, lesdits Nebout et Leaumont ont déclaré avoir convoqués par billets les sous-officiers, mais le c^n Fernandes n'a pu rendre compte de sa réquisition, non plus que lesdits sous-officiers. Le commandant reste chargé de prendre tous les renseignements et d'en faire un rapport.

10 septembre. Le procureur de la commune constate de nouveau, que malgré toutes les sollicitations et réquisitions, la très grande partie du Conseil général ne se rend pas à son poste et paraît avoir abandonné les soins de l'administration qui lui est confiée. Il requiert en

conséquence, que les membres ainsi convaincus de négligence et d'indifférence soient dénoncés aux Corps supérieurs et reconnus suspects comme abusant de la confiance publique.

L'Assemblée arrête qu'il sera pris des renseignements sur les motifs d'absence, avant de statuer définitivement.

11 septembre. Les citoyens de 18 à 25 ans étant assemblés pour la levée de trois hommes de cavalerie, le sort désigne Pierre Gérard, cordonnier d'Aiguillon, natif de Fontange en Auvergne, âgé de 22 ans ; Messines second, fils du métayer du Pont de la Peyre, et Jean Duprat, tonnelier, demeurant au Tuquet.

Sont aussi désignés pour l'armée des Pyrénées Antoine-Joseph Nebout-Riberot, fils aîné, pour Aiguillon, Jacques Cazautet, de Montazet, pour St Côme et Gasquet, fils jeune, pour Pélagat, Ste Radegonde et Gouts.

26 septembre, An II de la R. F., plusieurs citoyens, compris soit dans le contingent de trois mille hommes soit pour la levée en masse de tous les citoyens de dix-huit à vingt-cinq ans, ne se sont pas rendus à leur poste, malgré les diverses sommations de la gendarmerie et de la municipalité et sont encore, au mépris de la loi, dans leurs foyers ou à voltiger sur le territoire des communes voisines, afin de se soustraire aux poursuites dirigées contre eux. Il est délibéré que cinq gardes nationaux seront placés en garnison chez chacun des citoyens réfractaires jusqu'à ce qu'ils se soient rendus, et notamment chez les citoyens Merle Bellevue, Miraben, fils second, à Gouts, etc. La gendarmerie est requise pour arrêter et conduire les réfractaires.

1er Octobre. Les membres qui manqueront trois séances de l'assemblée municipale seront regardés comme suspects et dénoncés comme tels au comité du salut public.

Des certificats de civisme sont délivrés à Mautor, prêtre, Xavier Florans et Elisabeth Ranse.

Conformément à la loi du 28 juillet dernier, Béril et Duvignau déposent à la municipalité leurs croix dites de St-Louis.

13 octobre. Les c^{es} Merle Castillon, Benoite, sa femme de chambre, Pons, ci-devant religieuse et Marie, sa servante, seront dénoncées au département comme suspectes pour avoir fui de cette ville, afin d'échapper à la peine qui devait leur être infligée par le comité du salut public.

Des certificats de civisme sont accordés à Nebout, aîné, Lacaze du Padouen, Merle-Fontet, fils, Mautor, prêtre, Marot, ci-devant carme,

Villette, notaire, Nugues, juge de paix et Carrion, directeur de la poste aux lettres.

Loi du maximum. Le poids de la mesure de la 1re qualité du blé est fixé à 124, pour être vendue 17 livres 7 sols 2 deniers ; le blé nature à 118, pour être vendu 14 l. 3 s. 8 d. ; le seigle à 114, pour être vendu 11 l. 8 s. ; l'orge à 96, pour être vendu 8 l. 12 s. 8 d. ; l'avoine à 82, pour être vendue 11 l. 9 s. 6 d. ; le blé d'Espagne à 124, pour être vendu 9 l. 18 s. 4 d. ; le son à 58, pour être vendu 4 l. 1 s. 2 d., lesquels prix des mesures ont été fixés relativement au maximum du quintal de chacun desdits objets.

Conformément à l'art. 8 du décret du 29 septembre, le prix des journées de travail est fixé à 30 sols, sans la nourriture.

19 octobre. Le vin se vendra au détail 14 sous le pot.

20 octobre. L'assemblée, reconnaissant que les doutes qu'elle avait eus sur le civisme des c[ns] Mautor, Villette, Dunau, Fabre, Baussens père, Florans père, James et le frère des c[es] Mautor, avaient disparu depuis l'époque où le comité des douze les avaient admis dans la *Société populaire*, déclare que leur consigne est levée, ainsi que celle des c[es] Merle-Dubarry, filles, Mautor, sœurs, Merle Massonneau, mère et fille, la servante de Marie-Anne Barrier, la fille de Louis Boudon, Leaumont, sœur, pour avoir depuis quelque temps abjuré le fanatisme.

27 octobre. Menaces (toujours vaines) du procureur de la commune contre la majeure partie des membres du conseil général qui n'assistent pas depuis longtemps aux séances.

Lafargue, fils, Merle Massonneau et Lormino, maître de poste, reçoivent un certificat de civisme.

31 octobre. Les scellés apposés aux archives du ci-devant château seront levés.

5 novembre (septidi de la 2me décade de brumaire de l'an II), certificat de résidence décerné à Teulou, et de civisme à Chassain, aîné.

Septidi de la 3me décade de brumaire. Le procureur de la commune est entré dans l'assemblée et a dit que demain il fera « au comité de surveillance du district de Tonneins-la-Montagne la dénonciation de cette présente municipalité pour lui démontrer l'état de détresse où elle se trouve, afin qu'il prenne les précautions nécessaires pour reviviffier le zèle des membres de cette administration qui se sont depuis si longtemps endormis sur leurs devoirs. »

L'assemblée, considérant l'exactitude de quelques-uns de ses membres et les mots vagues du réquisitoire, délibère qu'il serait à propos que le procureur dévoilât en bon républicain la conduite de chaque membre et qu'il n'hésitât pas à faire connaître ceux qui sont incapables ou insouciants, conformément à l'arrêté du comité de surveillance.

Les membres exacts sont à peu près les mêmes : Leaumont, maire, Brienne, fils, Florence, Moulié, Garrigue, Gasquet, off. mpx, Fontaine, Béril et Darroux, notables.

Quatridi de primaire. Une lettre du maire et du procureur est adressée à tous les membres de l'administration municipale pour leur demander de répondre par écrit, d'ici à jeudi, sur les raisons qui les tiennent éloignés de leur poste.

Octidi de primaire. Merle Massonneau est élu membre du comité pour l'emprunt forcé. On fait une liste des citoyens riches qui feront la somme de 1000 livres pour les dépenses dudit comité.

Primidi de la 2me décade de frimaire. Des certificats de civisme sont délivrés à Boudon Lacombe, fils ainé, à Chaubet, vicaire, à chacun des membres de la municipalité et du conseil général de la commune et à Lacroix, fils, s^{re} greffier.

« Ce jourd'hui seize frimaire, l'an 2me de la République françoise une et indivisible, le corps municipal assemblé, s'est présenté le c^{n} Le Roy, dont le nom dans le régime de la Liberté et de l'Egalité fait injure à la République et retrace l'idée des despotes qui ont existé pour le malheur de l'humanité. Ledit citoyen étant à la hauteur d'un vrai républiquain a demandé que le nom qu'il porte soit changé en celui de l'Epi qui présente une idée de l'abondance et de la satisfaction de l'homme. En conséquence, le corps municipal, faisant droit à la juste demande dudit citoyen, a agréé le nom de l'Epi qui est celui par lequel il sera reconnu d'hors en avant, se réservant que s'il lui revenoit quelque hérédité sous son premier nom, il le reconnoiteroit pour cela seulement, comme il l'a observé au département lorsqu'il y demanda le changement de son nom, comme le porte le verbal dont il est détenteur et a ledit citoyen signé avec nous :

Leaumont maire. Moulié off. mpl. Garrigue off. mpl. Dallet off. mpl. Lépi ci-devant Leroy, Coq jeune pr. de la C^{e}. »

« Ce jourd'hui, 18 frimaire l'an 2e de la R. F., le conseil général de la commune en surveillance permanente assemblé au lieu ord^{re} de ses séances publiques où étoient les c^{ns} Leaumont maire, Garrigue jeune, Dallet, Moulié, Lafitte, Fontaine, Pugeran, Mallié à Janoutet, Lormino, Goutières, Lacaze, Brienne fils, Grenié, Flourence.

» Le cⁿ maire a fait lecture de l'arrêté du conseil du département de Lot-et-Garonne concernant la fête de la Raison qui, suivant l'arretté doit être célébrée mardy prochain, jour de la 3me décade, et d'après l'article 6 qui porte que le conseil général de la commune choisira la citoyenne qui réunira à la vertu et à la beauté le patriotisme le mieux prononcé, il a, en conséquence, choisi la citoyenne Tivoline Riberot ; et, comme l'art. 5 porte que de jeunes citoyennes, vêtues de blanc, suspendront des guirlandes aux quatre coins de l'autel, le conseil a cru devoir nommer les citoyennes Xénovie Merle-Fontet, Gasquette, fille de Bernard, la fille du cⁿ Busquet et la fille aîné du cⁿ Villette, et, pour que ces citoyennes n'ignorent pas le choix que le conseil a fait, les cⁿˢ Garrigue jeune, Leaumont, Brienne fils et Coq jeune ont été nommés pour les prévenir qu'elles ont été choisies pour l'objet ci-dessus énoncé. Pour que cette fête puisse se célébrer avec ordre et pour remplir les désirs du département et de tout bon républicain, les cⁿˢ Jean Demay aîné, Germain Demay, Coulet et Fernandes, menuisier, ont été nommés commissaires pour faire faire ce qui sera nécessaire pour la fête de la Raison et les cⁿˢ Garrigue jeune et Brienne fils ont été nommés commissaires pour faire fournir aux dépens de laditte fête. »

Des certificats de civisme sont délivrés à la femme du cⁿ Ranse, à Layrac, Mautor et Marot, prêtres.

« Ce jourd'hui, 22 frimaire l'an 2e de la République françoise une et indivisible, le conseil général assemblé extraordinairement au lieu ordinaire de ses séances publiques, se faisant un devoir de consigner sur ses registres, ne l'ayant pu le même jour, la solennité de la fête de la Raison, qui fut célébrée le décadi 20 frimaire sur la place d'Armes où avoit été dressé un autel convenable à cet objet, en conséquence de l'ordre établi par une délibération précédente, le conseil assemblé reçut sur le bureau les lettres d'avocat des citoyens Garrigue jeune, James, veuve Salvandy, Lozero, Garrigue aîné, Mautor, Dunau, Nebout aîné, Salvandy aîné, et celles de médecin, du cⁿ Turpin fils, qui s'en dépouillèrent avec joie pour rendre hommage à la Raison et à l'Egalité ; ensuite il fut fait une députation à la citoyenne Tivoline Riberot (1), ayant réuni les suffrages du conseil pour représenter la

---

(1) En province, presque généralement, et surtout dans les petites villes, la fête de la déesse Raison n'a été qu'une pâle imitation des saturnales de Paris. Dans la capitale, c'étaient des prostituées qui remplissaient ce rôle ; dans les petites villes, au contraire, pour rehausser aux yeux du peuple alors bien moins corrompu et impie qu'aujourd'hui

Raison et aux citoyennes Xénovie Merle-Fontet, Villette aînée, à la fille du c{{n}} B. Gasquet et à la fille du c{{n}} Busquet, choisies pour représenter des vertus aux quatre coins de l'autel où avoient été placés les attributs de la Régénération française. Arrivé à la maison commune, le conseil général invita ces citoyennes de partir pour la célébration de ladite fête, un détachement de la garde nationale et une musique à ce destinée accompagna le cortège, et rendus sur laditte place, le maire plaça la citoyenne représentant la Raison sur l'autel et quatre officiers municipaux les Vertus. A l'instant le canon fut tiré, l'encens brûla et, dans l'intervalle, des discours y furent lus, des hymnes analogues à la fête furent chantées et répétées en chœur par les vieillards, les femmes et les enfants et des citoyens sans nombre qui jaloux de rendre hommage à la divinité tutélaire des François s'étoient rendus pour entourer l'autel de la Raison. Les discours et les hymnes finis, la citoyenne qui représentoit la Raison ayant en horreur les restes de la féodalité, source du malheur du genre humain, les foula aux pieds avec indignation et dans l'instant ils furent anéantis par les flammes que les citoyens s'empressèrent d'entretenir en criant : Vive la Raison, la République et la Montagne !

Leaumont maire, Garrigue off. mpl. Brienne fils, off. mpl. Dallet, off. mpl. Moulié off. mpl. B. Dunau, notable. »

Nonidi de nivôse an 2me. Le passif de la commune s'élève à 46,361 livres 17 sous 3 deniers, et l'actif à 19,221 livres 1 sous 5 den.

Certificats de civisme délivrés à Cazenove, Lafargue, Merle-Bellevue, Dubouil, James et Mautor.

11 nivôse. Les citoyens sont invités à se réunir demain dans la ci-devant église des Carmes pour y procéder à l'épuration ou réorgani-

---

la déification de la raison, on choisissait les jeunes filles les plus belles, c'est vrai, mais aussi les plus vertueuses. C'est ce qui arriva pour la ville d'Aiguillon. Mademoiselle Marguerite Nebout de Riberot, appelée en famille Tivoline, joignait à une grande beauté des vertus solides qu'on admira jusqu'à sa mort. Sa famille n'osa pas, non plus que celle de Mademoiselle Xénovie Merle-Fontet, s'opposer à ce choix, par peur de dénonciation d'abord et d'échafaud ensuite. Mais aucun souvenir odieux ne resta de cette cérémonie. On en trouve une preuve dans l'alliance de M. Adolphe Nebout, son fils, avec Mademoiselle Jacobet de Mazières, dont le père, officier de l'armée de Condé, chevalier de Saint-Louis, avait eu sa mère guillotinée à Bordeaux sur la place Dauphine, en 1793, pour le seul crime d'avoir reçu une lettre de son fils alors à l'étranger. Or, le fils d'une martyre de la Révolution n'aurait jamais consenti à unir sa propre fille au fils d'une femme qui aurait été déshonorée pour avoir représenté la Raison.

sation des membres du corps municipal et du conseil général de la commune.

14 nivôse. Les nouveaux élus jurent de maintenir la Liberté et l'Egalité ou de mourir à leur poste en les défendant. Ce sont Nebout, aîné, Dubouil, Merle-Dubarry et Mautor, du Muneau, officiers municipaux, Murac, Mallet, Tauran, Brienne d'Espalais, Richard et Cazenove, père, notables.

Sont chargés du registre des mariages, Nebout, fils, à la place de Turpin, père ; et du registre des naissances, Dunau, notable, à la place de Garrigue, jeune ; au bureau municipal sont nommés Leaumont, maire, Nebout, fils aîné et Garrigue, jeune ;

Au nouveau bureau de police municipale chargé de la distribution des subsistances et police extérieure, Brienne fils, Moulié, Mautor et Nebout fils ;

Au bureau pour la correspondance, Leaumont, maire, Merle-Dubarry et Garrigue, jeune ;

Au bureau pour la lecture et proclamation des décrets et arrêtés, Grenier et Dubouil qui en feront aussi lecture dans la salle des assemblées populaires et chaque jour de décade ;

Au bureau du tribunal de police municipale, Leaumont, maire, Nebout, fils aîné et Grenier.

Goutières est élu secrétaire-adjoint au traitement de 600 livres.

19 nivôse. Pour fêter la prise de Toulon, la municipalité se rendra avec tous les citoyens autour de l'arbre de la liberté pour y chanter des hymnes patriotiques accompagnées d'instruments de musique. Il y aura ensuite un banquet civique où chacun apportera ce qu'il pourra, puis un bal et des illuminations obligatoires des maisons particulières. Le canon sera tiré et une barrique de vin coulera pour ceux qui n'auront pu en apporter.

De retour de leur mission, les c^{ns} Mautor, Grenier, Nebout, Garrigue, Dubouil, Leaumont et Merle nommés commissaires pour la fermeture des églises de la juridiction, remettent sur le bureau les clefs desdites églises qui sont ensuite déposées dans un placard de la maison commune pour y rester jusques à ce qu'il en soit autrement ordonné.

23 nivôse. Des certificats de civisme sont accordés à Barrier, aîné, de Cauparre, Vigneau jeune, Miraben second, Nugues aîné et Couderc, curé de Pélagat.

27 nivôse. Les c^{ns} Grenier et Brienne sont nommés commissaires à l'effet d'accélérer la vente des bois et matériaux provenant des démolitions des tours de la maison nationale de l'émigré Vignerot, et de

plusieurs autres objets non inventoriés qui sont tant dans ladite maison que dans celle des ci-devant religieuses. Ils seront chargés aussi de faire transporter à la maison commune, pour y être mis sous scellé, le reste des papiers qui se trouvent encore dans les archives de ladite maison nationale et qui n'ont pas pu être brûlés avec les autres, le jour de la fête de la Raison.

Les scellés seront apposés sur les titres et papiers des pères dont les enfants sont émigrés et lesdits commissaires se transporteront à cet effet chez les c^{ns} Lacombe, père et Merle-Bellevue, père, dont les fils déportés sont en tout point regardés comme émigrés.

Du 2 au 28 pluviôse. Certificats de civisme délivrés aux c^{ns} Nebout Riberot, Teoulou, Merle-Bellevue, père et à sa femme, Merle-Bellevue, fils jeune, Lacombe, père, à la c^e Boulogne et à sa mère, aux fils du c^n Villesauvès qui sont au service de la patrie, aux c^{ns} Béril et Duvignau, pensionnaires de l'Etat ; certificat de bonne vie et mœurs à la c^e Wuimy Bernard.

7 ventôse. Le c^n Antoine Cabannes (ex curé constitutionnel de Mauvezin) (1), natif de la présente commune, dit qu'ayant fixé son domicile depuis un an environ dans la commune de Mauvezin, déclare vouloir le fixer désormais dans celle d'Aiguillon.

« Ce jourd'hui, 7 ventôse, an second de R. F., le Conseil municipal assemblé, le c^n Jacques-Vincent Lansac, ci-devant curé de St-Cosme, s'est présenté et a déclaré ne vouloir à l'avenir exercer aucune fonction relative au culte catholique et que pour preuve de sa déclaration il a remis entre les mains de la municipalité ses lettres de prêtrise; déclare en outre ne vouloir suivre à l'avenir que le flambeau de la Raison et n'avoir d'autre désir que la prospérité de la République une et indivisible.

Déclaration identique du c^n Couderc, ci-devant curé de Pélagat. « Le même jour s'est présenté le c^n Béril aîné, lequel et au nom du c^n Marot, ci-devant carme, domicilié de cette commune, a fait remise entre les mains de la municipalité des lettres de prêtrise dudit c^n Marot, lequel, par l'organe dudit c^n Béril, a déclaré vouloir renoncer à toute fonction du culte catholique pour ne suivre à l'avenir que le flambeau de la Raison et n'avoir d'autre désir que l'unité et la prospérité de la République.

---

(1) Voir *Notice sur le château de Mauvezin*, p. 319, 320, 322, 327, 328, 362, 438.

« Ce jourd'hui 7me ventôse an 2 de la République françoise une et indivisible, le conseil général de la commune assemblé au lieu ord^{re} de ses séances où étoient les c^{ns} Leaumont maire, Brienne, Garrigue, Mautor, Nebout, Merle-Dubarry, Moullié, Béril, Mallet, Murac, Brienne d'Espalais, Turpin père, Lacroix, Dubouil et Lafitte, off^{rs} municipaux et notables, il a été fait lecture de l'arrêté du c^n Monestier, en datte du 27 pluviôse dernier.

» L'assemblée ayant pris en considération le susdit arretté et considérant que de tous les maux qui ont avili l'homme ou contribué à son malheur, il n'en est point dont on ait plus à se plaindre que du fanatisme et de la supertission et que c'est par eux que tous les autres fléaux de l'humanité ont pesé sur la tête des citoyens.

» Considérant que le flambeau de la Raison étant celui qui doit briller dans le cœur d'un vray républiquain et qu'il ne doit à l'avenir professé d'autre culte que celui de la Raison ainsy que la municipalité l'a déjà manifesté à la Convention nationale par l'organe de son agent par une adresse en datte du 28 nivôse qui annonce le triomphe de la Raison dans cette commune et l'expiration du fanatisme, sur le rapport ouy et ce requérant l'agent national, le conseil délibère que la ci-devant église paroissiale seroit le lieu désigné à ce culte, que tous les signes de la superstition seroient détruits et qu'il seroit fait les réparations convenables à ce local. A cest effet ont été nommés pour com^{res} affin d'accélérer tous les travaux de ce temple, les c^{ns} Coq jeune, Turpin, Béril et Leaumont, lesquels sont autorisés de faire pour le compte de la commune toutes les réparations nécessaires et qu'en outre tous les membres du corps et du conseil g^l de la commune, pénétrés d'un civisme républicain, concourront avec lesdits commissaires, autant que leurs fonctions publiques leur permettront, à la confection du temple de la Raison, ainsy que tous les citoyens de cette commune qui seront invités à ce sujet par un de ses membres qui se rendra ce soir à l'assemblée populaire pour donner communication de la présente délibération. A cet effet a été nommé le c^n Nebout fils. Il a été de plus délibéré qu'il seroit conservé une cloche pour servir à l'usage du temple de la Raison et qu'il seroit fait une adresse pour inviter les citoyens de la commune à s'abstenir de tout travail les jours de décade et que ceux qui contreviendroint à la présente délibération seroint traités conformément au susdit arretté cy dessus cité qui dans ce cas les déclare suspects. Il a été aussi délibéré que les quatre déserteurs qui ont été envoyés dans cette commune à domicile porteront pour marque distinctive sur le bras gauche de la largeur d'un pouce et demi et en long une bande écarlate et que les articles expliqués dans l'envoy du département seront lus à la *Société populaire* ».

A la marge : « Délibère enfin que lors que le temple de la Raison aura reçu les réparations dont il est susceptible, la proclamation des lois et de toutes autres instructions civiques y seront proclamées chaque jour de décade ».

9 ventôse. Vu l'affreuse misère qui menace la commune, on demande la permission de se procurer des grains dans divers départements.

15 ventôse. Prêtent serment les membres du comité de surveillance, Coulet, fils, Garrigue, aîné, Fernandes, oncle, Brienne, père, Duprat, m^d, Antoine-Calixte Nebout, père, Busquet, Gasquet, père, Nugues, aîné, Augé, Debachy et Rodolose.

19 ventôse. Certificats de civisme délivrés aux c^n Mautor, neveu, Mollié, Fernandes et Lacaze-Gandorre.

17 germinal. Pareils certificats aux c^{ns} Labadie, Lauzero, Guérin, Salvandy, aux c^{es} Carrion, fille, Coulet, v^e Boulogne, Elisabeth Boulogne-Clairfontaine, Pierre Lalieuve, Jean Monmalié, Joseph Bourbiel, Trillard, fils et Vareilles, et le 11 floréal, aux c^{ns} Lilot Florans et à Antoine Cabannes.

La journée des travailleurs de terre est fixée à 35 sols et à 18 sols pour les femmes ; celle des charpentiers, maçons, charrons et tonneliers à 45 sols, avec un sol en déduction pour quatre mois de l'année.

23 floréal. Les c^n Murac et Turpin, officiers de santé, se transporteront chez le c^n Barrier ci-devant prêtre, qui est dans le cas de la réclusion, pour constater s'il peut être transporté à Agen.

Lecture est donnée du tableau de la vie politique du c^n Ranse. L'assemblée, avant de le certifier, demande audit Ranse un certificat de civisme de la municipalité dans laquelle il a habité avant de venir dans celle-ci. Le tableau de la vie politique du c^n Marc-Antoine Boudon Lacombe, père, est certifié. Celui de sa femme ne sera certifié qu'après qu'un commissaire se sera transporté à la séance de la *Société populaire* pour y prendre des informations et savoir si la c^{ne} Brienne a fréquenté les sociétés populaires, assisté aux décades et aux fêtes civiques ; celui de la c^e Dufau veuve Dugros est certifié.

24 floréal. « La municipalité ne présente que le tableau de la plus affreuse misère » par le manquement des grains de toute nature. Il devient impossible de verser dans le district de Marmande les 49 quintaux 21 livres 1/4 de grains que le district de Tonneins lui demande. Elle se plaint de souffrir de l'inégalité dans l'affectation des subsistances.

Le tableau de la vie politique du c^n Raignac entraine plusieurs débats à la suite desquels ledit tableau est renvoyé à celui qui le présente, la municipalité n'ayant aucune réponse à faire. Celui du c^n Galibert est renvoyé à la commune de Miramont; celui de la c^{ne} Brienne remis sur le bureau est discuté et l'assemblée décide de ne pas se prononcer.

27 floréal. Le marin Gratiolet, jeune, requis deux fois de conduire à Agen le bateau du c^n Maillé chargé de fourrage pour le compte de la République, s'est échappé des mains du garde et caché. Il sera recherché par la garde nationale et conduit dans la maison d'arrêt de la commune où il restera trois jours avec un quart de pain.

1er prairial. Le conseil municipal, ayant à cœur l'exécution de la loi relative à la réclusion des ci-devant ecclésiastiques et voulant l'appliquer contre le c^n Barrier que des raisons de santé avaient empêché d'être traduit au chef-lieu du département, requiert de nouveau les médecins de se transporter chez lui et d'attester s'il peut ou non supporter le voyage d'Agen.

Le procès-verbal de ces derniers attestant que ledit citoyen avait recouvré assez de force pour ce transfert, le conseil a délibéré que, dans la journée de demain, il serait pris les moyens nécessaires pour faire passer le ci-devant ecclésiastique dans la maison de réclusion d'Agen et qu'à défaut de gendarmes un garde national serait chargé de sa conduite.

« Ayant reçu une députation de la *Société populaire* invitant la municipalité à mettre tout l'ordre possible au temple de la Raison et à convoquer tous les citoyens et citoyennes qui ont de la voix à chanter des hymnes patriotiques, il a délibéré qu'il seroit fait un choix des dits citoyens et citoyennes pour former un cœur et rendre par ce moyen les décades plus solamnités (*sic*) ».

11 prairial. Après lecture faite de l'arrêté du représentant du peuple Monestier relatif à l'arrestation des parents des émigrés, l'assemblée a délibéré que les citoyens et citoyennes qui se trouvent dans ce cas devront présenter demain le tableau de leur vie politique.

Le c^n Nebout jeune reçoit un certificat de civisme.

Les tableaux de la vie politique du c^n Boudon Lacombe, père, des c^{es} Gardelles, sœurs, Gardelle, femme de Baussens et de Jeanne Gardelle, veuve Boudon sont approuvés.

12 prairial. Les tableaux de la vie politique des c^{es} Clairfontaine, Elisabeth Julie Leaumont, Brienne, femme de l'émigré Imbert, ainé, Soulié, veuve Cave, Dufau, veuve Dugros et des c^{ns} Romain Barrier,

frère du c" Louis-Henry-Raymond Barrier, prêtre émigré et Jacques Vincent Lansac, ci-devant prêtre et frère de trois émigrés, sont certifiés;

Un certificat de civisme est délivré aux c"* Jean Argelos, Flourans, arpenteur et Jean Dallet, jeune.

14 prairial. Les tableaux de la vie politique des c^{es} Merle-Bellevue, Marguerite Galibert, femme du c" Merle et Marie Merle, sont certifiés.

15 prairial. « Le conseil municipal, délibérant sur les moyens de rendre solennelle la fête de l'Etre suprême qui doit avoir lieu le 20 prairial, a arrêté qu'il seroit nommé trois commissaires qui, conjointement avec ceux du comité de surveillance et de la *Société populaire* mettront tout l'ordre et la solennité nécessaires à une fête de cette nature ».

19 prairial. Le conseil est instruit que la c° Boudon-Lacombe est en état d'arrestation.

21 prairial. L'arrêté du représentant du peuple Monestier relatif aux ci-devant prêtres a été exécuté et chacun des ci-devant ecclésiastiques s'est rendu au chef-lieu du district.

L'art. 12 a eu, le 19 prairial, son plein et entier effet relativement à l'envoi au district de tous les meubles et autres objets servant au fanatisme dans les ci-devant églises de la commune.

Quatre commissaires seront chargés de présenter le plan des réparations à faire au temple de l'Etre suprême et à la Salle de la *Société populaire*.

La femme du c" Laribeau, jeune, recevra 30 livres par an pour balayer ledit temple et en chasser les araignées.

Le c" agent national menace de dénoncer la municipalité si elle ne ramène pas à exécution l'arrêté de Monestier relatif à l'arrestation des parents des émigrés.

22 prairial. Tableaux de la vie politique du c" Ranse et de sa femme la c° Lauvergna et des c^{es} Barrier, sœur de Jean-Joseph Barrier, ci-devant prêtre en réclusion à Agen, Cécile, Cadette et Thérèse Massac, et Catherine Duluc, femme du c" Villesauvès, comme sœur d'un ci-devant prêtre soumis à la déportation, certifiés.

Les travailleurs de terre recevront 40 sols par jour et les femmes 20 sols, sans être nourris ; les moissonneurs, 40 sols, et les femmes 1 livre 10 sols avec la nourriture ; les bouviers, 30 sols par cartonats avec la nourriture ; les conducteurs de charrettes avec bœufs ou chevaux, 15 sols par voyage à la distance de la moitié de l'arrondissement de la section d'Aiguillon et 30 sols de l'extrémité de ladite section, avec la nourriture. La location d'un cheval avec son conducteur pour le transport des denrées sera de 4 livres 5 sols par jour, et la nourriture. Le louage d'une charrette sera de 30 sols par jour, et d'une charrue, de 10 sols.

L'agent national requiert qu'il soit fait des recherches pour connaître le lieu où s'est caché le c^n Daniel Mautor, ci-devant prêtre, parti de cette commune avec un passeport depuis environ un mois.

27 prairial. Le c^n Leaumont, maire, se présentera à la *Société populaire* pour y faire la lecture du tableau nominatif des fonctionnaires publics afin d'éclaircir la discussion sur le compte de chaque individu et sur les prochaines élections.

Il sera nommé quatre commissaires pour surveiller les citoyens qui par oisiveté, par leurs promenades, par leur conduite et leurs parures affectées paraitraient vouloir célébrer les jours des ci devant dimanches et fêtes, afin qu'ils soient punis.

Il a été délibéré que chaque jour de décade, après la lecture des lois, un membre du corps municipal ou du conseil général prononcerait un discours dans le temple de l'Etre suprême.

1er messidor. Les c^{ns} Grenier, officier municipal, Lormino et Turpin, notables et Carrion, volontaire, reçoivent un certificat de civisme; Teulou, un certificat de résidence et de non-émigration; la c^e Garin, ci-devant religieuse, un certificat de résidence.

Le c^n Béril, notable, ayant été réputé noble en vertu des lettres qu'il avait obtenues dans le temps pour ses services, se retire du conseil de la commune et obtient une attestation de sa conduite depuis la Révolution.

11 messidor. Certificat de civisme délivré aux c^{ns} Fernandes, fils jeune, Merle, fils et Richard.

21 messidor. L'agent national, considérant que beaucoup de membres, officiers municipaux et notables manifestent un dégoût très prononcé pour prendre connaissance des lois et les mettre à exécution, viennent rarement dans les assemblés du Conseil ou n'y paraissent qu'avec une indifférence répréhensible et que ces assemblées sont presque toujours désertes;

Considérant que les assemblées du corps municipal, du tribunal de police municipale et des autres bureaux ne sont pas tenues avec plus d'exactitude, requiert que les membres absents soient punis et la permanence rétablie; qu'il soit pris des renseignements sur le compte de Castillon-Merle, ci-devant prêtre, sorti depuis longtemps de cette commune où il est supposé avoir des propriétés, qui deviendraient réversibles à la nation, s'il a été atteint par la loi, et que les prisons et maisons d'arrêt soient rendues solides pour prévenir les évasions qui arrivent quelquefois. Nous avons vu au chapitre précédent que l'abbé Thomas Merle de Castillon fut guillotiné à Lyon le 25 frimaire an II (15 décembre 1794).

Il a été délibéré et arrêté comme ci-dessus.

1er thermidor. Le c^n Vareilles reçoit un certificat de civisme, et Marot, ci-devant carme et la c^e Clairfontaine obtiennent un certificat de résidence.

Sous prétexte d'une régénération de l'esprit public les mesures les plus invraisemblables se succédaient sans trêve. Il était temps vraiment que vint le 9 thermidor an II (29 juillet 1794) : on ne saurait prévoir ce que fut devenue la France. Ce jour-là, la Convention nationale arrête et condamne Robespierre. Ce fut la fin de la Terreur. Cette nouvelle fut accueillie dans tout l'Agenais par une explosion de joie. Une détente salutaire en résulta aussitôt : Boussion et Treilhard furent renvoyés en mission à Agen, où ils arrivèrent le 27 mars 1795. Ils rétablirent ce qu'avaient organisé Tallien et Monestier ; puis le désarmement des citoyens s'accomplit en avril, et les églises furent rouvertes en juin. Bien qu'on fut alors en pleine débâcle des assignats, dont la valeur devenait dérisoire et dont la disparition était prochaine, les fêtes officielles se multipliaient encore : fêtes de la Jeunesse, des Epoux, de la Reconnaissance et des Victoires, des Vieillards, de la Souveraineté du peuple, etc., leur énumération complète serait longue (1). Mais n'anticipons pas sur les événements.

28 fructidor. Le c^n Henri Garrigue, jeune, est nommé juge de paix à la place du c^n Nugues, notaire.

1er jour des Sans-Culottides. La municipalité déclare que la mise en liberté des c^{es} Massac, sœurs et Brienne, femme de Boudon-Lacombe, n'est point un obstacle à la Révolution.

Un comité dramatique s'étant formé à Agen, Isabeau, représentant du peuple en mission dans le Lot-et-Garonne, mit à sa disposition les décors et les costumes provenant du ci-devant château d'Aiguillon. Son arrêté est daté du 16 octobre 1794 (26 vendémiaire an III). Trois jours après, le directoire de Tonneins prit la décision suivante :

---

(1) *Hist. de l'Agenais*, t. II, p. 254-255.

« 1° La municipalité d'Aiguillon dressera un inventaire de toutes les décorations du théâtre d'Aiguillon, des costumes, et généralement de tout ce qui peut se déplacer et servir à l'ornement d'un théâtre.

» 2° Le citoyen Serret le fils, l'un des membres du comité dramatique, donnera aux gardiens et dépositaires des susdits effets un récépissé des objets dont il se chargera (1). »

11 brumaire 3ᵉ année républicaine. Les cⁿˢ Jean-Timothée Barrier,

---

(1) *Documents sur le mobilier du château d'Aiguillon, confisqué en 1792*, par G. Tholin, page 28.

« Une analyse de tous les documents relatifs à la nouvelle affectation du mobilier du théâtre d'Aiguillon, ajoute notre savant archiviste, serait fastidieuse. Il suffira de citer les faits suivants : ces décors et ces costumes servirent quelques temps aux représentations données par le comité agenais. Mais, en 1797, une scission s'opéra dans cette Société, qui se composait de 24 membres ; six d'entre eux, en se détachant, s'efforcèrent de dégager leur responsabilité au sujet de la conservation du matériel qui leur avait été confié. Avertie par eux et prise à son tour de quelques scrupules, la municipalité d'Agen en référa au ministre. Cependant, deux artistes montalbanais avaient tenté d'exploiter ces dissentiments ; et le ministre de l'Intérieur reçut à la fois leur demande et celle de l'Administration municipale. Il répondit par la lettre suivante :

« Bureau du Musée, etc. Paris le 26 pluviôse an VI. Le Ministre de l'Intérieur à l'Administration municipale d'Agen. — Citoyens, j'ai reçu la lettre par laquelle vous demandez que je mette à votre disposition, pour faciliter la représentation des pièces patriotiques, les costumes et décorations du ci-devant château d'Aiguillon, cédés par le Représentant du peuple Isabeau à une Société d'amateurs dramatiques de votre commune. Le ministre des Finances auquel j'avois, le 3 frimaire dernier, écrit sur cet objet et à l'occasion de la demande formée par les citoyens Garnier et Cressant, artistes dramatiques du théâtre de Montauban, m'a répondu, le 29 du même mois, qu'il a écrit au département de Lot-et-Garonne, de séquestrer les décorations et costumes du théâtre du ci-devant château d'Aiguillon, jusqu'à ce que le directoire exécutif ait prononcé sur la radiation définitive de l'émigré d'Aiguillon. Vous voyez, citoyens, que je ne puis aucunement disposer des costumes et décorations que vous demandez. Cependant si le directoire n'ordonne pas la radiation de d'Aiguillon de la liste des émigrés, peut-être alors il sera possible de les mettre à votre disposition pour l'objet que vous proposez. Salut et fraternité. LETOURNEUX. »

Cette dépêche semble prouver que le duc d'Aiguillon avait fait quelques démarches pour être rayé de la liste des émigrés. Sans doute le Directoire n'admit pas sa requête.

Le 10 avril 1798, un état estimatif des coutumes du fonds d'Aiguillon fut dressé par Joseph Raymond, commissaire délégué à cet effet. Le total de l'évaluation fut arrêté à la somme bien minime de 478 l. 10 s. On était à la fois juge et partie. En vertu d'un arrêté de l'Administration centrale de Lot-et-Garonne, du 8 septembre de la même année, la ville d'Agen fut autorisée à acheter ces costumes au prix fixé dans le procès-verbal. » (Pages 28 et 29.)

de Cauparré, ci-devant curé de Guérin, district de Casteljaloux et Jean-Joseph Nebout, ci devant curé de Lacépède, munis de leur certificat de civisme de la commune de Tonneins, déclarent établir leur domicile dans la commune d'Aiguillon.

13 pluviôse. Passalaigue, ancien curé d'Aiguillon, possédait une cour et une écurie tenant au presbytère. En quittant ce bénéfice, ledit curé vendit à Lagrèze, son successeur, lesdites cour et écurie le 23 novembre 1753. Chaloupy Lagrèze fut héritier de ce dernier. Aussi vendit-il, en cette qualité, cette propriété à Dubois, curé d'Aiguillon, qui la revendit, par acte du 17 pluviôse an II, au c^n Chaubet, son ancien vicaire.

Nous trouvons les registres paroissiaux depuis le 15 avril 1795. Les actes sont signés « Chaubet, vicaire d'Aiguillon », prêtre assermenté. C'est donc alors que l'église Saint-Félix fut rouverte au culte conformiste. (*Arch. de l'église Saint-Félix*).

1er floréal. Le Conseil général délibère qu'il n'y a point dans la commune d'Aiguillon de désarmement à faire des partisans de la tyrannie avant le 9 thermidor ni de liste de terroristes, aucun citoyen ne pouvant rentrer dans cette catégorie.

12 vendémiaire an IV. Lecture faite du décret de la Convention nationale du 5me jour complémentaire, tendant au renouvellement des membres des administrations municipales qui se trouvent parents d'émigrés ou de ministres des cultes insermentés, les c^{ns} Leaumont, maire, Bataille, officier municipal et Brienne d'Espalais, notable, sont dans ce cas et remplacés les c^{ns} Turpin, fils, pour maire, Gasquet, fils de Bernard, pour officier municipal et Martin, jeune, pour notable.

1er brumaire. La commune d'Aiguillon, chef-lieu de canton, étant d'une population inférieure à celle de 5,000 habitants, ne doit pas avoir pour elle seule une administration municipale, mais seulement un agent municipal et un adjoint dont la réunion avec les agents municipaux de chaque commune du canton formera la municipalité du canton.

14 brumaire. Le c^n maire a mis en question de la manière que serait divisée la commune d'Aiguillon, à l'effet d'en faire deux sections, aux termes de l'arrêté du département, pour pouvoir procéder demain à la nomination des agents municipaux et de leurs adjoints.

Le conseil municipal délibère que la commune d'Aiguillon connue ci-devant sous la dénomination de la paroisse Saint-Félix, en formerait une, et le reste des autres sections, savoir Saint-Côme, Sainte-Radegonde, Pélagat, Gouts et portion de la Gagarrigue, formerait l'autre;

que la première tiendrait ses séances dans l'église des ci-devant Carmes et la seconde dans la salle du ci-devant château.

16 brumaire. Les c⁵ Jean-Pierre-Thomas Nebout, fils aîné, et Miraben, aîné, de Gouts, sont nommés agents municipaux et Lacaze Ventamil et Lacroix fils, adjoints. Le cⁿ Nugues, aîné, est élu président de l'administration municipale du canton.

17 brumaire. Nugues et Miraben refusent d'accepter pour cause de maladie le mandat qui leur est confié; Lacroix et Lacaze le refusent simplement.

La municipalité actuelle restera provisoirement en exercice.

24 brumaire. Pour la 1ʳᵉ section de la commune d'Aiguillon, Nebout, père, est élu agent municipal à la place de Nebout, fils, mais n'accepte pas cette fonction; Lacroix, nommé adjoint, ne se présente pas;

Pour la 2ᵐᵉ section : Miraben, agent et Lacaze Ventamil, adjoint;

Pour la commune de Nicole : sont nommés Glory agent municipal et Brienne Jean adjoint;

Pour la commune de Dominipech : Bourgade agent et Bourrens adjoint;

Pour la commune de Coleignes : Jacques Allègre agent et Jacques Regimbaud adjoint;

Pour la commune de Salvy (Saint-Salvy) : Pierre Latané, fils, agent et Antoine Maillé adjoint;

Pour la commune de Galapian : Desclaux, fils, agent et Cadet Restat adjoint;

Pour la commune de Vincent (Saint-Vincent) : Couderc, aîné, agent et Roger adjoint;

Pour la commune de Miramont : Lafitte agent et Pierre Bezin adjoint;

Pour la commune de Brice (Saint-Brice) : Coulet agent et Martin du Tripaux adjoint.

Verdolin est nommé à titre provisoire commissaire du directoire exécutif auprès de l'administration du canton d'Aiguillon.

Nugues accepte la présidence de l'administration municipale du canton.

Le 1ᵉʳ frimaire an IV, l'administration municipale d'Aiguillon, composée comme on vient de le voir, adresse à ses concitoyens la proclamation suivante :

« Toutes les lois anciennes et modernes mettent les personnes et les propriétés sous la surveillance, la protection et la responsabilité des autorités constituées. C'est donc elles qui doivent compte à la nation de tous les biens et édifices qui se trouvent sur leur territoire respectif. Quel compte, citoyens, voulés-vous que l'administration municipale puisse rendre du ci-devant château, du labirinthe, de la maison des ci-devant religieuses et de l'hopital ? Tout a été dégradé, pillé ou vollé. Il faut donc ou que l'administration municipalle indemnise à ses propres dépens la nation des domages qu'elle aura laissé faire, pouvant les empêcher, ou que cette indemnité soit supportée par ceux qui seront convaincus avoir commis les dégats et les vols. Dans cette cruelle alternative, l'ad^n mp^{le} déclare qu'elle poursuivra avec toute la rigueur des lois ceux qui seront dénoncés et convaincus d'avoir attenté aux propriétés publiques ou particulières. A cet effet, elle invite tous les bons c^{ns} qui pourront avoir connoissance des dégradations et vols qui se feront, soit dans le labyrinthe, soit ailleurs, d'en venir faire la dénonciation. Elle exhorte les pères et mères de bien se pénétrer du principe juste et sage qui les rend responsables du délit de leurs enfans. Elle invite tous les c^{ns} de la Garde nationale d'accourir au premier appel que leur fera l'ad^n mple pour saisir et arrêter les coupables.

» Citoyens de tous les âges et de tous les états, votre ad^n vous représente que vous êtes tous intéressés à la segonder dans sa détermination, parce que votre tranquilité et la conservation de vos propriétés et de vos personnes en dépendent, nous ajouterons même votre honneur, pour ne pas demeurer confondus avec les malfaiteurs qui, enhardis par l'impunité, iront bientôt troubler votre repos et ravager vos propriétés.

» Nugues l'ainé présid^t. Glory ag^t mpl. Miraben ag^t mpl. Lafitte ag^t mpl. Bourgade, ag^t mpl. Allègre ag^t mpl. J. Coulet ag^t mpl. Verdolin com^{re}. Chanabé s^{re} en chef. »

Les citoyens Feuillerade, ci-devant curé de Saint-Brice et Barrier, prêtre, ne peuvent à cause de leurs infirmités, être transportés à Agen, pour y subir leur réclusion.

Merle-Dubarry, élu agent mpl de la 1re section de la commune d'Aiguilon, n'accepte pas cette fonction, ni Béril, ni Bernard Dunau, ni Fontet, fils.

Latané n'accepte pas non plus la fonction d'agent mpl. de Saint-Salvy.

15 frimaire. A l'instant des citoyens sont entrés dans l'assemblée et ont dit que des malfaiteurs étaient en ce moment sous le couvert du ci-devant château et volaient du plomb. Les agents municipaux, Miraben et Couderc, revêtus de leur écharpe et accompagnés de la force

armée se rendent sur les lieux, mais les malfaiteurs ont disparu, non sans qu'on ait entendu le peuple briser plusieurs carreaux de vitres dans la salle basse du ci-devant château.

Aussitôt défense est faite de tenir ouvertes les portes du château, d'y aller danser et de s'y assembler sans permission. Que si forcément on veut y danser ou s'y assembler sans permission, les ménétriers, musiciens et chanteurs seront regardés comme auteurs de rassemblements contraires à la présente défense et traduits devant les tribunaux. « Et comme l'ad^n est pour ainsi dire sans force pour faire exécuter ces déterminations et pour surveiller la conservation des propriétés nationales et particulières, il a été délibéré que la garde nationale de cette commune serait réorganisée dimanche prochain.

Le c^n Brienne, fils, élu agent mpl. de la 1re section de la commune d'Aiguillon n'acceptant pas, le c^n Leaumont, ancien maire est nommé à sa place ; et le c^n Cazenove élu son adjoint n'acceptant pas, c'est le c^n Gasquet, fils aîné de Bernard qui est nommé. Le c^n Beudon est également élu agent mpl. de Saint-Salvy en remplacement du c^n Latané.

17 frimaire. Le c^n Leaumont n'acceptant pas la charge d'agent, l'Assemblée, considérant qu'il serait inutile de nommer encore à ces places, après le refus successif de dix citoyens, espère que le c^n Leaumont voudra bien accepter au moins à titre provisoire, et faire jouir encore ces concitoyens de son administration sage et paternelle.

Même prière est adressée au c^n Boudon qui refusait la même charge pour Saint-Salvy.

Le c^n Leaumont, sensible à cette démarche, accepte, à titre provisoire, le pouvoir qui lui est confié.

Les c^{es} Barrat et Mendouze, nourrices de deux enfants de la patrie, demandent l'augmentation de leurs gages ou remettent leur nourrisson à la commune. On décide d'envoyer les enfants au dépôt d'Agen.

Les soldats du guet, Mendouze, frères, ne pouvant pas vivre avec leur modeste traitement, en sollicitent l'augmentation et obtiennent 1,000 francs par an et une paire de souliers, chacun.

On donnera à l'avenir 45 livres de blé par mois aux femmes qui nourriront un enfant de la patrie.

19 frimaire. L'administration municipale considérant que le défaut de réorganisation de la garde nationale, vu le petit nombre de citoyens qui se sont présentés, ne sert qu'à enhardir les malfaiteurs à dilapider les domaines nationaux et particuliers ; qu'une pareille apathie de la part des c^{ns} d'Aiguillon rend l'exécution des lois presque

impossible, délibère que lesdits citoyens demeurent invités pour la dernière fois à s'inscrire sur un registre spécial et que, le nombre suffisant pour former une compagnie une fois atteint, celle-ci sera uniquement destinée à faire exécuter les lois pour la protection des personnes et des propriétés, mais qu'à défaut d'inscription de la part des citoyens, il sera demandé à Agen une partie des troupes qui y tiennent garnison.

6 nivôse. Le c^n Leaumont donne sa démission d'agent municipal. « L'ad^n vivement pénétrée de la versabilité dudit c^n Leaumont qui semble se faire un jeu tantôt d'accepter, tantôt de refuser, sans se permettre de rechercher les raisons qui peuvent le déterminer à tenir une pareille conduite, a passé à l'ordre du jour et néanmoins elle invite le citoyen Gasquet à vouloir remplacer l'agent mpl. de la commune d'Aiguillon ».

15 nivôse. Le com^{re} du directoire exécutif est entré dans l'assemblée et a dit que plusieurs malfaiteurs coupaient en ce moment ce qui restait des arbres du bosquet. Le c^n Miraben, escorté de quelques gardes nationaux, se rend sur les lieux et ne voit personne.

27 nivôse. Les c^{ns} Jean-Jacques et Marie-Honorée Boudon Lacombe, frère et sœur, demandent que le c^n Guillaume André Boudon Lacombe, prêtre, sorti du territoire de la République et mis sur la liste des émigrés, soit exhimé de la dite liste et que ses biens leur soient restitués. L'ad^n refuse l'exhimation et accorde les biens.

11 pluviôse. L'ad^n invitée à prendre des renseignements sur un attroupement considérable d'hommes et de femmes armés qui, à force ouverte, se rendirent coupable d'un délit, vis-à-vis le village de Vidalot, le 5 du courant, regrette de n'avoir rien appris à ce sujet.

L'ad^n, considérant que, depuis la suppression de l'hôpital, les pauvres ont été livrés à la misère la plus fâcheuse ; considérant que la c^e Angélique Massac, ancienne hospitalière, serait la personne qu'il conviendrait de mettre en cette place, délibère qu'il sera fait incessamment un état de ce qui est dû audit hôpital ; que les réparations reconnues urgentes par le c^n Le Roy, ingénieur du département, seront faites ; que l'ad^n du département sera priée d'autoriser de joindre au revenu dudit hôpital trois cartonats de fonds et une petite maison et autres revenus ayant appartenu à la *Charité* de la ville d'Aiguillon , que la c^e Angélique Massac sera invitée à prendre la place d'hospitalière.

Comme jusqu'à ce jour il n'a pas été possible de faire respecter les propriétés publiques et privées à défaut de garde nationale, l'ad^n m^{le}

demande à celle du département l'établissement d'une brigade de gendarmerie.

Même jour. « L'ad", considérant que la c® Elisabeth-Bénédictine Boulogne, mariée le 14 février 1776 avec le c" Levelu-Clairfontaine, émigré ou mort, a obtenu un certificat de civisme et que le témoignage unanime que ses concitoyens donnent de ses principes politiques et de ses vertus privées sont précisément les principes mêmes qui honorent le plus les vrais républicains ;

» Considérant que la justice et l'humanité sont les plus fermes appuis de l'ordre social et que ces maximes sacrées doivent être plus particulièrement les vertus des hommes libres ;

» L'ad" estime que jusqu'à ce que ladite citoyenne ait obtenu la plénitude de la jouissance qu'elle est en droit de réclamer, il y a lieu de lui accorder la jouissance de la moitié du domaine de Boussères actuellement affermé au c" Flourence Garrigue pour la somme de 2,000 livres. »

18 pluviôse. Pour célébrer, le 25 du courant, l'anniversaire « de la juste punition du dernier roi des Français, on élèvera un grand amphithéâtre au pied de l'arbre de la Liberté sur lequel monteront tous les fonctionnaires, les chanteurs et chanteuses et les musiciens. La cloche de la maison commune sonnera à 10 heures du matin, la garde nationale du canton se mettra en marche, drapeau déployé, vers la maison commune principale où un détachement viendra prendre les membres de l'ad". Le cortège se dirigera vers la Porte basse, passera sur le fossé et se rendra à l'arbre de la Liberté pendant que la musique jouera des airs patriotiques. Le président prononcera un discours « analogue à la circonstance » et tous en criant : « je le jure » feront le serment d'être sincèrement attachés à la République et de vouer une haine éternelle à la royauté.

25 pluviôse. Le procès-verbal de cette cérémonie nous apprend que le c" Coulet, agent municipal, fit le discours et qu'une liste des présents et des absents fut dressée de la manière suivante :

Présents : Nugues aîné président, Glory, Miraben, Allègre, Lacaze, Desclaux, Couderc aîné, Gasquet aîné, Lafitte, Coulet, agents municipaux ; Brienne jeune, Restat, Regimbaud, Bezin, Vidal, Martin, adjoints ; Nugues, juge de paix, Lacaze, Dumard, Bitaubé, Baraté, Garrigue, Leaumont, Caubios, Brunet et Coq, assesseurs ; Bezin-Dubarry, Miraben, Villette, notaires ; Dufran, greffier ; Labadie, instituteur ; Goutières, Bissière, Carrion aîné ; Chanabé s^{re} en chef.

Absents : Mallié, adj. mpl de la commune de St-Salvy ; Bourgade, agent mpl de la com. de Dominipech et Bourrens, adj. ; Lafitte, Restat aîné et Ducauze, assesseurs de Galapian ; Sévignac, Descombats et Regimbaud, aîné, ass. de Coleignes ; Antoine Florence, ass. de Miramont ; Benquet et Jean Duluc. ass. de St-Vincent ; Monceau jeune à Bouty, Goudolle et Pascalié, ass. de Dominipech ; Boudon, Martinisque, Souillagon, Viela, ass. de St-Salvy ; Salomon Arphel, ass. de St-Brice. — Lacaze oncle, infirme, Mautor neveu, Daroux, Desclaux et Moneroc, pensionnaires de la République.

Suivent les salariés qui ont prêté le serment mais n'ont pas signé le procès-verbal : Le Roy, ingénieur ; Molié, architecte ; Dulau, aîné employé aux vivres ; Mallet, employé aux fourrages ; Boileau, Béril, Tourtonde, capitaines ; Duvignau, lieutenant colonel ; Balguerie Bérau, chef de brigade ; Nugues jeune fils, Boisseau-Garin, Couderc, Barrier-Caupare, Secheyran, Delors, Béril, instituteur, Lormino, maître de poste, Vigneau aîné, Loubatère, Soulié, cordier, Iffernel, Pierre Dubois et Pierre Courbet, pensionnaires de la République.

2 ventôse. L'administration adresse à ses concitoyens la proclamation suivante : « C'est avec la plus vive douleur que l'ad^n voit journellement que les propriétés publiques et privées sont violées, que déjà les personnes ne sont plus respectées, et que bientôt l'anarchie armeroit les citoyens les uns contre les autres si elle n'employoit toute la rigueur des lois pour réprimer la licence et faire punir le crime. Oui, citoyens, l'ad^n vous dénonce, vous dira-t-elle, des jeunes gens que la fougue des passions ont arrachés à la surveillance de leurs parents honnêtes, dira-t-elle, des hommes qui n'ayant rien, ne faisant rien, vivent et se nourrissent très bien avec leur famille, dira-t-elle, des hommes pour qui les vols, les rapines sont un besoin ; il faudroit pour cela que ces êtres immoraux lui fussent connus, et si elle les connoissoit, elle ne vous les dénonceroit pas, mais elle les dénonceroit à la loy dont elle provoqueroit la rigueur.

» Citoyens, qui que vous soyés, ouvrés les yeux, sortés enfin de cette létargie qui vous conduiroit à votre perte. Voyés-vous les récoltes de votre voisin dévastées, voyés-vous son jardin ravagé, voyés-vous sa volaille la proie des brigands, voyés-vous ses arbres coupés et arrachés, voyés-vous les puits encombrés d'immondices et démolis, voyés-vous les propriétés nationales détruites, voyés-vous enfin vos voisins assaillis et poursuivis à coups de pierre ! Ne vous y flattés pas, vos propriétés, vos personnes mêmes seront la proie des dilapidations, des ravages et des attentats qui auront ruiné vos voisins, si vous ne vous réunissés pas à lui pour apporter une masse de force et de résistence capable d'en imposer. Réunissés-vous donc à votre ad"; elle vous donnera l'exemple du courage et de la fermeté nécessaire pour en imposer à l'anarchie et aux violateurs des lois. Environnés-la sans cesse de vos conseils et de vos lumières, que le cri du raliement soit sans cesse : respect inviolable aux personnes et aux propriétés ! guerre aux perturbateurs du repos public ! guerre aux dilapidateurs ! guerre enfin aux anarchistes, de quelque masque qu'ils se voilent ! Et vous, malheureux parens, à qui une trop grande faiblesse pour vos enfans a fait perdre l'empire que la loy et la naissance vous donnent sur eux, reprenés cet empire ou vous allés répondre devant la loy du crime dont vos enfans pourroient se rendre coupables. Et vous, citoyens dont la profession est de recevoir les étrangers pour leur donner à manger et à boire, vous, aubergistes et cabaretiers qui recevés chés vous le soir et bien avant dans la nuit des citoyens qui, gorgés de vin, se répandent en sortant de chés vous dans les rues, dans les places publiques et ailleurs et y exercent des attentats inouis, songés que la loy est là et que bientôt elle vous demandera compte et vous rendra responsables des crimes de ceux qui les auront conçus et préparés dans vos auberges pour ensuite aller les exercer. »

En conséquence, l'ad" arrête :

Art. Ier. La Garde nationale sera définitivement réorganisée dans le délai de huit jours.

Art. II. Tous les citoyens demeurent invités à dénoncer secrètement tout ce qu'ils peuvent savoir.

Art. III. Il est défendu aux cabaretiers et aubergistes de donner à boire et à manger après 10 heures du soir.

Art. IV. Il est défendu à tous et en particulier aux jeunes gens d'errer en troupes dans les rues et places publiques et autres lieux du canton après 10 heures du soir.

Art V. Les parents qui auront perdu par faiblesse ou autrement l'empire que la loi et la nature leur donnent sur leurs enfants seront tenus de venir en faire la déclaration à l'Administration.

9 ventôse. Il sera établi dans ce canton cinq instituteurs et deux institutrices, savoir, deux instituteurs et deux institutrices pour les deux sections de la commune d'Aiguillon, un instituteur pour la commune de Nicole et section de Pélagat, un pour la commune de Brice (Saint) et de Coleignes, un pour les communes de Vincent (Saint), Salvy (Saint) et Dominipech et un pour les communes de Galapian et de Miramont.

Pour tenir lieu auxdits instituteurs et institutrices d'indemnité de logement et de jardin, il leur sera alloué, savoir, aux instituteurs de la commune d'Aiguillon 200 livres à chacun, et 150 livres à chacune des institutrices, aux autres instituteurs des campagnes, 150 livres à chacun.

Il sera aussi alloué aux instituteurs de la commune d'Aiguillon une rétribution scolaire mensuelle de 10 sols en valeur métallique par chaque élève qui ne fera que lire, 20 sols par chaque élève qui lira et écrira et 30 sols par chaque élève qui lira, écrira et chiffrera, et aux institutrices et autres instituteurs 8 sols en valeur métallique pour chaque élève qui lira, 16 sols par chaque élève qui lira et écrira, et 24 sols par chaque élève qui lira, écrira et chiffrera.

L'adⁿ municipale dispensera le quart des élèves, pris parmi les pauvres, de la rétribution scolaire.

Le cⁿ Ducos restera instituteur de la commune de Nicole et section de Pélagat.

Le ci-devant clocher d'Aiguillon (le beffroi) qui menace d'une ruine certaine sera démoli.

8 germinal. « Le programme de la fête de la Jeunesse du 10 germinal prochain élaboré par le cⁿ Couderc ayant été unanimement accepté le président de l'adⁿ a invité les agents municipaux des communes à faire connoitre la conduite de leurs jeunes gens dans leur arrondissement respectif pour décerner au plus méritant le prix de vertu. Lesdits agents ayant répondu qu'ils reconnoissoient chez tous leurs jeunes concitoyens égalité de vertu et de mérite, l'adⁿ a délibéré que le prix de vertu ne seroit pas accordé cette année.

« Les divers instituteurs ayant été invités de faire composer leurs élèves pour que l'adⁿ put déterminer et faire déterminer par un jury qu'elle a composé des citoyens Mautor, Florans aîné et Nebout fils aîné, pour scavoir lequel de ces jeunes élèves mériteroit le prix de l'éloquence par la prononciation de discours qu'ils auroient composés, et lesdits instituteurs ayant répondu que le temps étoit trop court pour pouvoir faire composer leurs élèves et que d'ailleurs ceux qui auroient été susceptibles d'une pareille composition étoient sortis de chez eux pour aller dans de grandes villes, il a été délibéré que les prix d'éloquence ne seroient pas distribués cette année et que les seuls prix à distribuer seroient pour la course et que l'adⁿ n'ayant pu se procurer un panache aux trois couleurs, il seroit donné une aune et demi de ruban pour premier prix et une aune pour le segond. »

Les revenus de l'hôpital à rétablir n'étant que de 1,010 livres 3 sols 8 deniers, il est demandé au département un secours annuel de 3,000 livres en valeur métallique.

10 germinal. Célébration de la fête de la Jeunesse. La cloche sonne, la musique joue, la garde nationale est sous les armes. Le cortège sort précédé des jeunes citoyens et escorté de la garde nationale et se rend à l'arbre de la liberté, où l'on chante des hymnes patriotiques, aux cris répétés de Vive la République ! Le cortège vient se placer ensuite devant le ci-devant château. La course à parcourir part de ce lieu jusqu'au chemin appelé de Gontaud. Salvandy, fils second, arrive premier dans la première compagnie, Darroux arrive aussi premier dans la seconde compagnie. Les deux jeunes lauréats reçoivent du président l'accolade fraternelle, et le cortège reprend sa marche vers la maison commune, où un banquet est servi, suivi de danses publiques.

Le cⁿ A. Constant, évêque du département de Lot-et-Garonne, écrit d'Agen 3 prairial (22 mai 1796), au cⁿ Saurine, évêque de Dax, député à la Convention nationale, la lettre dont nous retenons le passage suivant :

« Presque partout, dans les paroisses où les curés me reconnoissent, on a fait des premières communions. Il y a quinze jours, je me trouvai dans une ville, Astaffort, où j'étois attendu depuis quelque temps ; j'y donnai le sacrement de confirmation à sept cents personnes, toutes munies du certificat de leur préparation. Le temple, quoique fort vaste, ne put contenir la foule. Je craignis que l'affluence ne produisit quelque désordre ; mais par les mesures que l'on prit, tout se passa bien... Je dois partir la semaine prochaine pour une autre ville, Aiguillon, et j'ai lieu d'espérer un accueil aussi favorable. Le président de cette administration est venu lui-même avec le curé me prier de m'y rendre pour la Fête-Dieu. On me demande de tout côté dans le diocèse. (*Revue de l'Agenais*, t. VI. année 1879 : *Documents inédits pour servir à l'hist. du départ. de Lot-et-Garonne pendant la Révolution française*, par A. Gazier.)

M. Chaubet, prêtre assermenté, faisant les fonctions de curé de Saint-Félix, rend compte en ces termes de la visite de M. Constant, évêque constitutionnel : « Ce jourd'hui 26 may 1796, par moy soussigné, après avoir été informé par M. Constant, évêque du diocèse d'Agen, qu'il se disposoit à faire sa visite, et à donner la confirmation dans la paroisse d'Aiguillon, d'après ses avis j'ay averti les personnes non confirmées de se disposer à la réception de ce sacrement. Les enfans de tout sexe ont été reçus à l'âge de neuf ans accomplis. Ledit sieur Evêque a donné la confirmation dans l'église paroissiale d'Aiguillon, assisté de ses prêtres. Les paroisses confirmées ont été : Aiguillon,

Sainte-Radegonde, son annexe, Saint-Côme, Lagarrigue et ses annexes, Galapian, Saint-Salvi, Pélagat et Nicole. Afin qu'on puisse se rappeler de l'époque, je l'ay inséré au présent registre. » (*Reg. par.*)

M. Dubois, ancien curé d'Aiguillon, assermenté, devait être déjà mort.

10 prairial. « Tableau des ci-devant ecclésiastiques susceptibles de recevoir des pensions :

NOMS	PRÉNOMS	AGE	DOMICILE	PENSION	OBSERVATION
Garin, prêtre	Jean-Baptiste	38 ans	Aiguillon	800 livres	Lesdits pen-
Garin, religieuse	Jeanne	77 —	Aiguillon	700 —	sionnaires n'ont
Lacombe, prêtre	Henry	68 —	St-Vincent	1.000 —	rien reçu depuis
Sécheyran, prêtre	Jean-Baptiste	45 —	Nicole	800 —	le 1er vendé-
Boisseau, prêtre	Raymond	29 —	Aiguillon	800 —	miaire dernier.»
Chaubet, prêtre	Pierre	32 —	Aiguillon	800 —	
Nebout, prêtre	Jean-Joseph	63 —	Aiguillon	1.000 —	
Cabanes, prêtre	Antoine	29 —	Aiguillon	800 —	
Lacaze, oncle, prêtre	Jean	67 —	Aiguillon	1.000 —	
Duroux, prêtre	Antoine	70 —	Galapian	1.000 —	
Couderc, prêtre	Antoine	55 —	Aiguillon	800 —	
Desclaux, prêtre	Jean	45 —	Galapian	800 —	
Barrier, prêtre	Timothée	35 —	Aiguillon	800 —	
Mautor, prêtre			Aiguillon	800 —	

— Il y aura dans Aiguillon un troisième instituteur pour apprendre les sciences, la langue française par principe, la langue latine et les mathématiques. Il logera au ci-devant couvent des religieuses, ainsi que les deux institutrices. La gendarmerie et les prisons sont aussi dans cet établissement.

L'instituteur du latin recevra par mois 40 sols de chaque élève qui apprendra la langue française par principe, 3 livres de l'élève qui apprendra les langue française et latine et 4 livres de celui qui apprendra les deux langues et les mathématiques.

16 brumaire an v. Sont nommés administrateurs de l'hospice civil d'Aiguillon Béril, capitaine, Turpin, père, Nebout aîné, père, Salvandy, homme de loi et Raymond Busquet.

14 frimaire. Il sera notifié à la c^e Boulogne-Clairfontaine l'arrêté du département en date du 26 brumaire, relatif à la vente à elle consentie du domaine de Boussères.

21 frimaire. On constate que des vols et brigandages se commettent tous les jours sur les propriétés nationales et privées.

12 nivôse. L'arrestation prononcée contre le citoyen Barrier, prêtre, en réclusion chez lui est anéantie.

Le commissaire du directoire exécutif près le canton entre dans l'assemblée et dit : « En vain jusques ici vous avez cherché les moyens pour réprimer les vols et les dégâts qui se commettent journellement dans les propriétés publiques et particulières de ce canton. Vos exhortations, vos proclamations, vos défenses, loin de produire l'effet que vous deviez en attendre, n'ont pas été écoutées, et l'insousiance des propriétaires et l'immoralité des maraudeurs ont été poussées au point que les propriétés ne sont plus respectées, que les édifices nationaux sont totalement dégradés, les arbres du ci-devant château et des isles ayant appartenu à Vignerot dévastés, les arbres fruitiers, les vignes appartenant aux particuliers, coupés, arrachés, les récoltes et les maisons enlevées, détruites, etc... »

L'ad^n arrête que tous les citoyens du territoire du canton demeureront en réquisition permanente pour la surveillance non seulement de leurs propriétés mais encore de celles de leurs voisins.

26 nivôse. Le président dit que ce n'est pas seulement en ville que les dévastateurs exercent leurs brigandages sur les biens nationaux, mais dans tout le canton et que la maison ci-devant curiale de Galapian est absolument dévastée. Miraben, agent municipal d'Aiguillon-campagne ira avec l'agent de Galapian constater les dégradations et rechercher les coupables.

24 pluviôse. D'après le rapport des com^{res} Miraben et Gasquet, il est constaté que le clocher est solide et ne demande que quelques réparations. Sa démolition allant contre le vœu d'un grand nombre de citoyens, on examinera de nouveau s'il peut être réparé d'après le devis demandé.

22 ventôse. Le citoyen Fabre, officier de santé, s'appuie sur son service gratuit à l'hôpital pour demander la jouissance de la chapelle adossée à la ci-devant église d'Aiguillon. Il lui est donné permission de faire une porte et une fenêtre à ladite chapelle et d'en jouir.

13 germinal. Duburgua est nommé agent mpl. de la commune d'Aiguillon-ville et Lacroix fils adjoint ; Villesauvès, de Sainte-Radegonde, adjoint d'Aiguillon-campagne ; Pierre Dumas adjoint de Galapian ; Caubios adjoint de Nicole, et le 20 germinal, Allègre agent mpl. de Coleignes ; Maillé agent de St Salvy et Simon adjoint ; Gardelle agent de Miramont et Couderc agent provisoire de St Vincent.

14 floréal. La municipalité s'adresse à l'ad^n centrale pour lui expo-

ser combien le canton d'Aiguillon est surchargé d'impôts, afin d'obtenir un dégrèvement.

Le 14 thermidor an v (2 août 1797), les prêtres constitutionnels du diocèse d'Agen s'assemblent en synode, d'après la convocation expresse du cⁿ Constant, évêque d'Agen, à l'effet de procéder à la nomination d'un député du second ordre pour se rendre au concile national qui doit se tenir à Paris et dont l'ouverture est indiquée pour le 15 du du courant. En conséquence les prêtres constitutionnels se réunissent dans l'église de Notre-Dame du Bourg et nomment trois scrutateurs et un secrétaire. Puis il est proposé à l'assemblée d'envoyer une députation aux prêtres dissidents pour leur témoigner son désir de la paix et de l'union et les inviter à concourir à la nomination d'un député au concile. L'assemblée accueille cette proposition avec plaisir et nomme deux députés, les citoyens Ladavière, curé de Sᵗ Caprais d'Agen et Chaubet, curé d'Aiguillon, qui quittent la séance et se transportent de vers le cⁿ Collet, ancien vicaire général et chef de l'ancienne congrégation pour lui faire part des instructions du synode. Le cⁿ Collet répond que ses principes sont trop opposés pour opérer cette réunion. Le cⁿ Boissière, curé de Villeneuve, est élu député au concile. *(Revue de l'Agenais*, t. vi. p. 308 et 309. *Documents inédits*, etc., déjà cités).

10 fructidor. Lacroix, fils, adjoint mpl. écrit une lettre à l'adᵒⁿ en forme de consultation pour savoir si, conformément à la loi du 7 vendémiaire sur la police des cultes, il doit faire enlever une enseigne sur laquelle est peinte une croix blanche.

Le commissaire de l'adⁿ centrale répond au comʳᵉ de l'adⁿ municipale d'Aiguillon « que l'adⁿ municipale feroit mieux de feuilleter ses registres, et de voir si quelque opération ou réquisition est arriérée, que de s'occuper d'une enseigne portant une croix blanche. »

L'adⁿ passe à l'ordre du jour sur la question de ladite enseigne.

15 fructidor. Le cⁿ Caubios rapporte à l'adⁿ que cinq maisons de Pélagat viennent d'être entièrement consumées par les flammes. Un des sinistrés a perdu son enfant dans l'incendie, mais un autre enfant, le jeune Péribère, âgé de 8 à 9 ans, s'est jeté à travers le feu pour sauver son frère encore au berceau, et s'est brûlé aux jambes et aux bras. Le trait héroïque de cet enfant mérita une récompense, l'adⁿ arrête qu'il recevra 40 sols par jour pendant deux décades et qu'une souscription publique sera ouverte pour venir au secours de ces infortunés.

Il est sans cesse question dans les registres municipaux de la poursuite de nombreux déserteurs, de continuelles réquisitions de blé, fourrages, etc. pour l'armée et de la disette des grains et des objets de première consommation dans les communes du canton.

1ᵉʳ jour complémentaire. Les agents des communes préviendront les ecclésiastiques autorisés à demeurer en France, de venir au chef-lieu du canton prêter le serment prescrit par la loi du 19 fructidor dernier.

3 vendémiaire an VI. Tous les ecclésiastiques ont prêté ledit serment, excepté le cⁿ Barrier reclus dans la maison d'Agen et renvoyé chez lui pour cause d'infirmité et de vieillesse, et le cⁿ Mautor, qui, ayant prêté le serment du 7 vendémiaire, ne s'est pas présenté pour prêter celui du 19 fructidor.

L'état des pensionnaires ecclésiastiques de la commune d'Aiguillon est, à cette date, le suivant :

Jean-Baptiste Garin, né le 15 janvier 1758.
Jeanne Garin, née le 20 mars 1719.
Henri Lacombe, né le 18 octobre 1738.
Jean-B. Secheran, né le 18 juillet 1751.
Raymond Boisseau, né le 27 août 1767.
Pierre-Joseph Chaubet, né le 17 avril 1764.
Antoine Cabanes, né le 30 juin 1767.
Antoine Duroux, né le 25 septembre 1726.
Antoine Couderc, né le 22 décembre 1734.
Jean Desclaux, né le 27 mars 1751.
Jean-Joseph Nebout, né le 15 avril 1733.
Timothée Barrier, né le 10 juin 1761.
Daniel Mautor, né le 13 juin 1756.
Benoit Moncroc, né le 30 mars 1727.

10 vendémiaire. Il sera fait de fréquentes visites chez le cⁿ Monerot, de Saint-Brice, pour arrêter son beau-frère, le cⁿ Gaulejac, émigré rentré.

12 vendémiaire. Le comʳᵉ se plaint de ce qu'en son absence on a volé son livre de correspondances composé de plus d'une main de grand papier, qui était sur son bureau. Le coupable sera recherché.

1ᵉʳ brumaire. La commune d'Aiguillon-ville aura deux instituteurs et deux institutrices, au logement desquels on affectera le couvent et le jardin des ci-devant Filles de la Croix. La commune d'Aiguillon-campagne n'aura qu'un instituteur, à la résidence de Saint-Côme, qui habitera la maison presbytérale et le jardin y attenant; la commune de Nicole aura un instituteur, qui logera dans la maison presbytérale et jouira du jardin y attenant. De même, pour la commune de Miramont. L'instituteur de la commune de Galapian fera sa résidence du presbytère et recevra 60 livres annuelles pour lui tenir lieu de jardin. Il n'y aura qu'un seul instituteur pour les trois communes de Saint-Salvy, Saint-Vincent et Dominipech, à la résidence de ce dernier lieu, comme point central, au logement duquel, à défaut de maison presbytérale, sera affectée une somme de 150 livres. Les communes de Saint-Brice et de Coleignes, auront un seul instituteur, à la résidence de Saint-Brice, qui recevra aussi 150 livres comme indemnité de logement.

Des affiches seront posées dans le territoire du canton et des cantons circonvoisins annonçant que le 8 du courant un concours sera ouvert en présence de l'adⁿ pour l'obtention des places d'instituteurs dans lieux ci-dessus énoncés. Seront tenus d'assister audit concours les instituteurs et institutrices déjà reçus, ainsi que les maîtres et maîtresses de pension, pour leur être expressément ordonné de ne se servir dans les écoles que des livres élémentaires indiqués par les lois et les arrêtés des autorités supérieures.

19 brumaire. La contribution mobilière, personnelle et somptuaire pour l'an v s'élève dans le canton d'Aiguillon à :

(En cotes personnelles).	4.577 82
(En cotes somptuaires et mobilières). . .	11.130 18
(Et pour les 25 centimes additionnels). . .	3.927 »
Total.	19.636 00

L'adⁿ municipale, ne pouvant se persuader avoir été portée à une taxe si exorbitante, prie l'adⁿ centrale de revoir son travail pour vérifier si aucune erreur ne s'y serait glissée.

4 nivôse. Verdolin donne sa démission de com^{re} du directoire exécutif près le canton et est remplacé par Duburgua, agent mpl. du chef-lieu.

16 pluviôse. L'adⁿ municipale de la commune de Miramont se transportera de suite sur tous les biens du cⁿ Galibert, prévenu d'émigration, pour y apposer les scellés et faire l'inventaire de tous les bestiaux, instruments aratoires, meubles, et déclarer qu'au nom de la loi tous lesdits biens sont séquestrés pour être régis et administrés par le directeur général des domaines nationaux du département.

12 germinal. Le président ayant annoncé qu'on avait déposé sur le bureau divers procès-verbaux des assemblées primaires et communales portant nomination d'un président et de plusieurs agents, le commissaire a requis qu'il en fut donné communication. Lecture faite, le

c^n Goutières, aîné, élu président de l'ad^n mpl du canton, a reçu du c^n Nugues le fauteuil, après l'accolade fraternelle et un discours plein de républicanisme, de paix et de concorde.

Les autres élus, s'étant également approchés du bureau, ont reçu tour à tour l'accolade du nouveau et de l'ancien président.

Puis, l'ad^n déclare que le c^n Nugues a bien mérité de ses concitoyens par le zèle, l'activité et le républicanisme qu'il n'a cessé de montrer pendant les 30 mois de l'exercice de sa charge.

Le c^n Dulau est nommé agent mpl. de la commune d'Aiguillon, et le c^n Dubouil adjoint ;

Le c^n Couderc, aîné, agent de la commune de St-Vincent, et le c^n Bégoule adjoint ;

Le c^n Dumas agent de la commune de Galapian et le c^n Restat, aîné, adjoint ;

Le c^n Jean Simon adjoint de la commune de St-Salvy ;

Le c^n Lafitte agent de la commune de Miramont ;

Le c^n Caubet agent de la commune de St-Brice et le c^n Bernège, adjoint ;

Le c^n Philippot adjoint de la commune de Coleignes.

Le com^{re} du directoire exécutif, après avoir prémuni les administrés contre une lettre dite pastorale sur un prétendu concile de France, a requis l'ad^n que s'il en était découvert des exemplaires ou quelques citoyens la colportant, il leur en soit donné avis.

19 germinal. On prendra tous les moyens de surveillance pour faire abattre les croix qui seraient placées au bout des mâts des bateaux comme étant des signes d'un culte réprouvé par la loi du 7 vendémiaire. Il sera écrit à tous les maîtres de bateaux pour qu'ils fassent disparaître de tels signes, s'ils existent. Les marins déserteurs seront surveillés.

28 germinal. Le c^n Pierre Fauché est élu agent mpl. de la commune de Nicole et le c^n Florans agent de celle d'Aiguillon-campagne.

28 germinal l'ad^{on} ne vote qu'une somme de 200 francs pour la célébration de toutes les fêtes.

20 thermidor. L'ad^n approuve la conduite des agents mpx. de Miramont et de Galapian contre les fêtes votives de l'ancien régime et demande compte aux c^{ns} Florans et Villesauvès, agent et adjoint de la commune d'Aiguillon-campagne, de leur négligence à faire exécuter la loi, en laissant les gens s'attrouper et danser dans leur arrondissement les jours de pareilles fêtes.

An VII. 16 vendémiaire. L'ad^n municipale du canton d'Aiguillon, vu les lois et les arrêtés qui prescrivent le départ des militaires et réquisitionnaires du canton ; considérant que tout a été fait pour l'exécution des lois et arrêtés, mais qu'aucun militaire ou réquisitionnaire ne s'est présenté pour remplir son devoir, et que des impulsions perfides des ennemis du gouvernement sont les seules causes d'une pareille désobéissance, arrête :

1° Tous les militaires ou réquisit^{res} du canton sont invités au nom du salut public, à se rendre à leur poste.

2° Tout citoyen, convaincu de décourager ou d'épouvanter lesdits militaires et réquisit^{res} au moment de leur départ ou de leur donner asile, sera poursuivi comme fauteur et complice de désertion.

3° La colonne mobile du canton est mise en réquisition permanente pour opérer le départ des militaires et réquisit^{res}.

4° Il sera établi garnison chez les parents desdits militaires jusqu'au départ de ces derniers.

16 nivôse. Depuis quelque temps, l'exécution des lois salutaires des 17 thermidor, 13 et 23 fructidor derniers et relatives aux institutions républicaines semble complètement oubliée, surtout dans les communes rurales. En conséquence, les délinquants seront à l'avenir sévèrement poursuivis, quand les moyens de prudence et de persuasion demeureront sans effet.

16 ventôse. L'ad^n instruite que le c^n Couderc, ministre du culte, professe l'état d'instituteur particulier dans la section de Pélagat, sans avoir fait les déclarations préalables ni conduit ses élèves au temple décadaire ; considérant qu'il est essentiel que les ad^{ns} surveillent très exactement tout genre d'institutions, afin d'anéantir tout germe d'habitude préjudiciable au gouvernement républicain ; considérant que le c^n Couderc n'a rempli aucune condition préalable et que les lois et arrêtés se trouvent méconnus, sans préjuger des principes de républicanisme du c^n Couderc, ouï et ce requérant le com^{re} du d^{re} exécutif, arrête qu'il est défendu au c^n Couderc d'exercer en aucune manière l'état d'instituteur et qu'il ne pourra jouir de cet avantage qu'autant qu'il se sera conformé aux lois sur tous ces points.

26 ventôse. Le c^n Caubios, adjoint mpl de Nicole, étant textuellement compris dans la classe des ci-devant nobles, est suspendu de ses fonctions et le c^n Leaumont de Nicole mis à sa place.

6 germinal. Il sera fait une proclamation pour la stricte observation des décades et toutes les lois républicaines seront ramenées à exécution contre les délinquants. Un détachement de la garde nationale

sera requis dans chaque commune pour servir de garde aux corps constitués pour la célébration du décadi.

« L'ad̄ municipale, vu le prospectus de l'école et pensionnat, établi à Aiguillon par les citoyens Jauffret et Fabre (1), anciens professeurs du collège de Toulouse ; considérant qu'un des devoirs les plus sacrés pour une administration républicaine, est de fournir aux citoyens toutes les facilités possible de procurer à leurs enfants le bienfait inappréciable de l'éducation ; considérant que les directeurs de l'établissement susdit sont dès long-temps connus par leur civisme, leur moralité et leurs succès dans l'enseignement dans une ville célèbre pour les sciences et les arts ; considérant que l'école des citoyens Jauffre et Fabre a, depuis qu'elle existe à Clairac, fixé l'estime et la confiance des pères de famille et mérité les éloges de la part de l'ad̄ centrale ; considérant que toutes les parties du local affectées à ce pensionnat conviennent parfaitement à un établissement de ce genre, soit qu'on le considère sous le rapport de sa division intérieure, soit qu'on le regarde sous le rapport de sa situation thypographique (*sic*) ; considérant que favoriser ces établissements formés sous les auspices du bonheur public c'est rendre un service signalé à la génération prochaine, espoir de la patrie ;

» Délibérant au complet de ses membres, le com̄re du d̄re exécutif entendu, arrête à l'unanimité :

» 1º Le prospectus de l'Ecole et Pensionnat dirigé par les citoyens Jauffret et Fabre sera imprimé en tête de la présente délibération, au nombre de deux milles exemplaires in-4º, pour être adressé aux autorités de ce département et circonvoisins, avec invitation de lui donner toute la publicité que mérite son objet important.

» 2º L'ad̄ centrale est instamment priée de donner tant son approbation au prospectus que son autorisation au présent arrêté.

» 3º Il sera de plus envoyé trois exemplaires au ministre de l'Intérieur.

» Délibéré en séance publique, à Aiguillon, le jour, mois et an susdits et ont signé : Goutières l'aîné, pr̄t, Dulau, P̄re Dumas, Florans, Caubet, Couderc, Allègre et Fauché, ad̄rs, Duburgua, com̄re et Chanabé, secr. en chef. »

Du 16 germinal au 6 prairial. Sont nommés : Les c̄ns Jean Dumou-

---

(1) Fabre-Dumoustier et Jauffret, prêtres constitutionnels. Ce dernier, originaire de la Provence, était curé de Saint-Pierre de Roubillou, archiprêtré de Montaut, avant la Révolution. Il devint curé de Duras, plusieurs années après le Concordat.

lin adjoint de Miramont ; Bernège agent mpl. de St-Brice ; Jean Fourcade adjoint de Galapian ; Bertrand Boudon agent de St Salvy ; Lacroix fils agent d'Aiguillon-ville ; Charles Bitaubé adjoint d'Aiguillon-campagne ; Philippot agent de Coleignes et Regimbeau adjoint ; Bonnemayre fils agent de Dominipech et Rougé adjoint ; Leaumont adjoint provisoire de Nicole ; André Bourrens agent provisoire de Dominipech.

16 prairial. Les c^{ns} Bégoulle de St-Avit et Clément Feuillerades étant reconnus parents d'émigrés au degré prohibé, l'arrêté qui les a nommés com^{res} répartiteurs de la commune de Miramont est rapporté et Antoine Florence et Brunet, de Miramont, sont mis à leur place.

26 prairial. Le c^n Duburgua est remplacé par Lacroix en qualité de com^{re} du directoire exécutif près le canton.

Le c^n Rougé est élu agent mpl. de Dominipech en remplacement de Bonnemayre, démissionnaire, et le c^n Bourrens André est élu adjoint définitif.

6 thermidor. L'agent mpl. de Galapian rapporte que depuis quelque temps les instituteurs semblent négliger de se rendre avec leurs élèves aux fêtes nationales et décadaires. L'ad^n arrête qu'il leur sera écrit d'être plus exacts et de se rendre à ces fêtes eux-mêmes à la tête de leurs élèves.

10 fructidor. Le c^n Constant, évêque du département, écrit au c^n Grégoire, évêque du département de Loir-et-Cher, rue Saint-Guillaume, à Paris, la lettre suivante :

« Agen, le 16 août 1799, 10 fructidor an VII.

Très cher et respectable collègue,

..... Ce n'est que la nécessité qui me force d'accepter l'offre que me fait le curé d'Aiguillon (1). J'ai cru qu'il valait mieux prendre ce parti que celui de me retirer dans ma famille, où l'on m'appelle toujours. Je serai autant à portée d'administrer le diocèse à Aiguillon qu'à Agen. La première ville est même plus centrale. Je sais que quelques familles et un certain nombre de personnes verront avec peine mon changement ; mais les secours spirituels ne manquent point à Agen..... Au reste, le parti que je me suis proposé de prendre, et

---

(1) Chaubet, curé constitutionnel d'Aiguillon, offrait l'hospitalité au malheureux Constant, qui se trouvait réduit à faire des dettes.

que je ne prendrai point encore de quelque temps, n'est point pour toujours. Si notre sort venait à s'améliorer de manière que je puisse de nouveau fixer mon séjour à Agen, sans être obligé de contracter des dettes et dans une situation moins pénible, je ne balancerais pas d'y revenir, etc. (1)..... »

Le c^n Chaubet, curé constitutionnel d'Aiguillon, écrit « Au citoyen, le citoyen Grégoire, président de l'Institut national, à Paris », la lettre suivante : (2)

« Aiguillon, 28 ventôse an VIIIe (19 mars 1800).

MONSIEUR,

Malgré que je n'ai pas l'honneur d'être connu de vous, avec la confiance que j'ai en vous et rempli de cette confiance, je viens, comme l'ange de la paix, implorer auprès de vous le secours de votre protection pour le repos et la tranquilité des habitants de la paroisse d'Aiguillon dont je suis le curé, et intimement lié avec le citoyen Constant, évêque de notre département. Ma paroisse a joui de la plus parfaite tranquilité depuis quatre ans, grâce à une bonne administration qui, malgré la division des citoyens en matière civile et religieuse, par ses lumières et sa sagesse, a su, jusqu'à ce jour, faire jouir aux habitants les délices de la paix. Mais voici le moment où les administrations vont être renouvelées, et je crains que, par ce renouvellement, la religion du préfet de notre département ne soit trompée, et qu'il nomme à notre commune des hommes ennemis et du gouvernement et de la religion... C'est pourquoi je me fais l'honneur de vous écrire de vouloir bien parler ou écrire au citoyen Rogié de la Bergerie, notre préfet, votre ami et votre collège à l'Institut national, de le prier de ne se point laisser persuader pour la nomination du maire et de son adjoint à la commune d'Aiguillon. Veuillez, je vous prie, pour remplir ces deux places, lui désigner le citoyen Goutières aîné, président actuel de notre administration municipale, pour maire d'Aiguillon et le citoyen Nugues aîné, pour officier de police. Monsieur Constant, évêque de notre département, doit de suite vous écrire en leur faveur... Ce sera un service que vous rendrez à tous les habitants de la commune d'Aiguillon. Je saisirois toutes les occasions de pouvoir

---

(1) *Revue de l'Agenais*, t. VI, p. 312. *Documents inédits*, etc., déjà cités.
(2) *Ibidem*, p. 318.

vous en témoigner toute ma reconnoissance. Je désirerois même pouvoir trouver une commodité sûre pour vous faire parvenir quelques carottes de tabac de Clairac. Si vous pouvez me fournir une commodité sûre, veuillez, je vous prie, me le marquer le plus tôt possible.

J'ai l'honneur, etc.

CHAUBET, curé d'Aiguillon. »

20 floréal. Nous lisons dans un « Inventaire du mobilier et papiers dépendans de la commune d'Aiguillon » : « Sommes descendus au temple décadaire, y aurions trouvé trois fauteuils garnis en panne rouge, plus une grande table en forme de croissant neuve, plus vingt sept bancs pour asseoir les citoyens dont quinze de courts et le reste longs. »

» Bitaubé, Boudon, Rougé, Serres, Laumond, Bernège, Couderc aîné et Dumas, agents municipaux. »

Le vœu de M. Chaubet ne fut pas exaucé, mais nous trouvons à la date de :

L'An IX, 19 vendémiaire : Merle-Massonneau, maire président, Nugues aîné, maire de la commune d'Aiguillon *extra-muros*, Jauffret, Laffitte, Villette, Garrigue, Brienne, Mautor, B^d Dunau, Lacaze, Vigneau jeune, Merle, Fontaine, Pugeyran, Baladié, Bitaubé, Regimbeau, Coq aîné, Florans, Boisseau, conseillers des deux communes d'Aiguillon.

Le Concordat avait été signé le 15 juillet 1801, entre le gouvernement français et le Saint-Siège, pour le rétablissement du culte catholique.

Aussi le 21 germinal « le président du conseil municipal d'Aiguillon a donné communication de l'arrêté des Consuls du 7 ventôse dernier et de la lettre du préfet de ce dépar^t du 7 du présent mois, le premier relatif à l'acquisition, location, réparation des batimens destinés au culte, et plus pour l'établissement des presbytères.

» Sur quoi les Conseils prenant le tout en considération et après s'être convaincu que le culte seroit exercé dans les deux communes, sçavoir à Aiguillon-ville, à St-Côme et Ste-Radegonde, sections de la commune *extra muros*, arrette que le tout sera séparément discuté. En conséquence, mis en délibération pour la desservance de la ville, demeurent unaniment d'accord que le battiment destiné au culte est en bon état. Venant au logement du desservant de la paroisse St-Félix (ville) il est arrêté que le desservant aura son logement dans la nouvelle maison commune et attendu que les fonds pour les réparations sont libres.

» Délibérant sur la desservance de la section de St-Côme, commune *extra-muros*, les Conseils après avoir eu l'avis des commissaires pris dans leur sein à cet effet nommés, arrettent qu'à part quelques légères réparations, le logement est en bon état, que l'église ayant besoin de réparer, les réparations en seront faites dans le plus court délai des fonds qui sont libres et que les Conseils destinent à cet objet.

» Délibérant sur la desservance de Ste-Radegonde, dans la commune *extra*, les Conseils, après avoir pris les renseignements des commissaires à cet effet nommés, estiment que l'église est en assez bon état, mais qu'étant scituée sur le bord de la rivière du Lot, que les débordements en ayant sapé les berges qui la deffendoient, il est démontré que pour empêcher qu'elle ne s'écroule, une somme de cent francs est indispensable pour ces réparations. Et attendu qu'il n'a jamais existé de logement comme n'ayant jamais été qu'annexe, estiment d'attendre l'arrivée du desservant pour, de gré à gré, traiter avec lui, tant pour sa facilité que pour son avantage, et que le revenu pour cet objet sera pris sur les dépenses communales.

» Les Conseils ayant pris communication de la lettre écrite par les sindics marguilliers de l'église de St-Félix (ville) tendant à obtenir l'autorisation à ce que des chaises soient placées dans ladite église d'après l'offre qui en a été faitte par un citoyen, et d'en donner 300 francs par année pour ce privilège;

» Vu la lettre du préfet du 25 nivôse dernier qui renvoye aux Conseils pour y statuer, sont d'avis que la demande des marguilliers soit acceptée et que ledit privilège sera mis à l'enchère, que l'adjudicataire sera soumis à une taxe, dont on lui donnera connoissance avant l'adjudication, que les fonds en provenant seront spécialement employés pour l'entretien des édifices et objets servant au culte, que coppie de la présente sera envoyée au préfet pour avoir son autorisation. »

« Ce jourd'hui seize floréal l'an onze de la République, les Conseils municipaux des deux communes *intra* et *extra muros* assemblés, en conséquence de l'arrêté du préfet du 6 de ce mois et délibérant sur une augmentation de traitement à accorder aux desservants des églises comprises dans l'arrondissement desd. communes, ainsi que sur les frais d'achat des objets nécessaires au service du culte ;

» Vu la loi du 18 germinal an 10, ensemble l'arrêté du préfet, les Conseils, considérant que depuis très longtemps les communes d'Aiguillon supportent un impôt très onéreux, contre la surcharge duquel il a été fait plusieurs réclamations ;

» Considérant que ces charges extraordinaires ont encore été aggravées par le logement des gens de guerre depuis quelque temps fixé dans notre commune ;

» Considérant que les dépenses ordonnées pour le logement des desservans et les dépenses à faire pour les objets nécessaires au culte épuiseront le peu de ressources qui restoient encore aux deux communes et qui ne seront vraisemblablement pas suffisantes ;

» Considérant que voter de nouvelles surcharges seroit violer les intérêts des habitants et les mettre dans l'impossibilité de s'acquitter, même des revenances que le maintien du gouvernement exige ;

» Délibèrent :

» Art. 1er. Les Conseils municipaux, mûs par les considérations ci-dessus énoncées, déclarent qu'il est hors de leur pouvoir et même hors des facultés des paroisses d'accorder aucune somme quelconque pour servir à augmenter le traitement des ecclésiastiques desservans.

» Art. 2. Quant à l'achat et à l'entretien des objets nécessaires au culte les Conseils se réfèrent à ce qui est statué à cet égard par la délibération du 21 germinal dernier.

Les Conseils, délibérant aussi sur les moyens de procurer quelques ressources à l'église du chef-lieu, ont décidé par suite de leur délibération du 21 germinal dernier de fixer le prix des chaises ainsi qu'il suit :

Tarif. Les quatre fêtes principales de St-Félix, à la messe, cinq centimes (ou un sol).

— — à vêpres, cinq centimes.

Aux sermons du carême et de l'Avent, cinq centimes.

Les dimanches et autres jours, à la messe, deux centimes et demi (ou deux liards).

— — à vêpres, deux centimes et demi. »

Le Conseil de la commune *extra-muros* délibère si la ci-devant église de Pélagat qui est en très bon état, ci-devant cure, doit être érigée en succursale. Il sera fait envers cette église comme envers celles de St-Côme, de Ste-Radegonde et d'Aiguillon.

1er messidor. « Les deux maires sont invités de nouveau à obtenir du préfet l'autorisation demandée par la délibération du 21 germinal dernier aux fins de faire procéder aux réparations des maisons et édifices destinés au culte et aux desservants, de la manière la plus économique. »

An XIII, 25 vendémiaire. Sont nommés Duprat père conseiller municipal à la place de Villette, décédé, Carrion aîné, à la place de Lacaze-Ventamil, aussi décédé et Brienne fils, Lacaze du Padouen,

Bernard Nugues, Bitaubé père et Fontaine père, conseillers municipaux de la commune *extra-muros*.

15 pluviôse. « Les Conseils passant à l'objet des maisons presbitéroles, ont reconnu que de trois desservans qu'il y a dans les deux communes, il n'y a qu'un seul ecclésiastique logé, et en convenant qu'il est instant de pourvoir au logement des deux autres, se sont convaincus qu'entreprendre de fournir un logement en nature à chacun entraineroit à des dépenses que la commune est hors d'état de faire encore et que par conséquent les desservans étoient exposés à être longtemps privés du logement que la loy leur accorde, ont convenu d'offrir aux desservans une prestation annuelle en numéraire pour leur en tenir lieu. Sur quoi les citoyens Jean Cyrille Graulhié, recteur de la succursale d'Aiguillon et Pierre-Etienne Leaumont, recteur de la succursale de Ste-Radegonde s'étant rendus à l'assemblée sur l'invitation qui leur en a été faite, ont accepté une prestation annuelle en numéraire pour leur tenir lieu de logement que la loy leur accorde et qui a été arrêté de gré à gré à la somme de 200 fr. pour chacun d'eux, pour leur être payée à compter dud. 1er vendémiaire dernier, par avances et de six mois en six mois. »

17 pluviôse. Dans l'état des dépenses prévues pour l'an XIII, on lit :
« Pour réparation aux églises d'Aiguillon, St-Côme et Ste-Radegonde, et de la maison commune, 800 fr.

Pour le loyer des logements des desservans d'Aiguillon et Ste-Radegonde, 400 fr. »

25 pluviôse. Les communes *intra* et *extra-muros* étant depuis longtemps sans aucun établissement pour l'instruction des jeunes filles, la partie haute et basse de la maison commune du côté-nord avec les jardins qui sont dans la cour et aux fossés de la ville dans toute l'étendue de l'édifice sera cédée à cet effet. Les maires sont invités à procurer des dames instruites et d'une probité bien reconnue pour être placées à la tête de ces écoles.

An XIII, 12 ventôse. Les d^{lles} Mallet et Bitaubé qui se présentent pour institutrices peuvent avantageusement remplir les vues des deux communes.

CHAPITRE XI

Époque contemporaine.

Le 20 octobre 1803, Mgr Jacoupy, évêque d'Agen, visite Aiguillon et y confirme nombre de grandes personnes et beaucoup d'enfants de six à neuf ans.

Le 23 octobre suivant, M. l'abbé Graulhié prend possession de l'église succursale de Saint-Félix et y remplit la charge pastorale jusqu'au 18 octobre 1809, date de sa nomination à la cure de Marmande.

En cette année 1803 meurt à Saint-Domingue Justin Duburgua, chimiste, né à Aiguillon en 1777. « A quatorze ans, il s'enrola pour aller rejoindre son frère Guillaume-Charles, à l'armée d'Italie, et le département lui décerna un sabre d'honneur pour sa brillante conduite. Il avait été attaché aux ambulances de notre armée et était devenu le disciple et l'ami de Spallanzani, Fontana, Scopoli et Baratieri. Rentré en France, il se livra avec passion à l'étude des sciences, pour lesquelles il avait des aptitudes remarquables, et lors de l'expédition de Saint-Domingue, il concourut avec succès, à peine âgé de vingt ans, pour l'emploi de pharmacien en chef militaire ». On a de lui les ouvrages mentionnés au chapitre précédent (1).

En 1804, les Filles de la Croix ouvrirent une école dans l'ancien presbytère de Saint-Félix, où elles restèrent jusqu'en 1815. Le collège de MM. Fabre-Dumoustié et Jauffret ne pouvant plus loger le grand nombre des élèves internes dans l'ancien Palais de Justice, fut transféré en 1802 dans l'ancien couvent des Filles de la Croix (2) que ces religieuses reprirent en 1815.

---

(1) *Bibliog. génér. de l'Agenais*, par Jules Andrieu, t. II, p. 251-252.
(2) Les directeurs affermèrent ce local par acte public à M. Le Roy, ancien ingénieur, architecte du duc d'Aiguillon, représentant de M. le marquis de Chabrillant.

Le 30 juillet 1808, Napoléon Ier, venant de Montauban et d'Agen, arrive à Aiguillon dans la soirée et descend dans l'ancien château de Lunac, chez M. Merle de Massonneau, maire de la ville. Ce dernier donnait des détails très piquants sur le séjour que fit l'Empereur dans cette habitation, où il dîna, passa une nuit et décréta la construction du pont de pierre sur le Lot (1).

Armand-Désiré de Wignerod Du Plessis de Richelieu, dernier duc d'Aiguillon, ancien député de la noblesse aux Etats-Généraux de 1789, était mort à Hambourg, sans enfants, en l'année 1800. Sa succession passa, en partie, à sa veuve, Jeanne-Victoire-Henriette de Navailles, mariée en secondes noces avec le comte Stanislas de Girardin, en partie au petit-fils de sa sœur Aglaée, mariée le 16 novembre 1766, au marquis de Chabrillant. Un de ses descendants, le comte de Chabrillant, revendiqua plus tard les débris du duché d'Aiguillon auprès de l'Etat, qui lui rendit ce qui n'avait pas été vendu comme biens nationaux (2). Or, le 4 mai 1809, MM. de Chabrillant, frères, héritiers bénéficiaires de leur aïeul maternel, Emmanuel-Armand duc d'Aiguillon, adressent à M. le Préfet de Lot-et-Garonne une pétition pour rentrer en possession de la place située devant le château, appelée place d'Armes.

Le 21 août suivant, le conseil municipal repousse les prétentions des pétitionnaires, sur l'avis de trois commissaires nommés, MM. Jean-Pierre-Thomas Nebout aîné, Duburgua et Garrigue jeune, qui chargés de faire un rapport s'expriment en ces termes :

« Messieurs,

» La commission que vous avez nommée dans votre séance du 7 août pour vous faire un rapport sur la pétition de MM. de Chabrillant ne s'est pas dissimulé la difficulté de la tache que vous lui avez imposée. Il eut été sans doute à désirer pour elle qu'à l'aide des monuments historiques, des titres publics et privés et d'une tradition constante et soutenue elle eut pu vous montrer la puissance féodale, ébranlée par l'affranchissement des communes et l'établissement du régime municipal, sous un prince trop peu célébré par les historiens, lutter encore avec avantage pendant plusieurs siècles contre des citoyens qui nouvellement associés à l'exercice du pouvoir souverain, faisaient tous leurs efforts pour achever le grand œuvre de leur existence politique : il eut été bien satisfaisant de mettre sous vos yeux le tableau fidèle de

---

(1) *Souvenirs* archéol. déjà cités.
(2) *La duchesse d'Aiguillon*, par Philippe Lauzun, p. 14-15.

l'énergie qu'avaient particulièrement démontré vos devanciers dans toutes les circonstances où l'autorité de leurs seigneurs voulait ajouter quelques droits de plus à ceux déjà trop onéreux qui pesaient sur leurs têtes et dont la source était le plus souvent aussi impure qu'illégale; mais c'était trop s'écarter de son sujet dans une affaire toute particulière, il lui suffira de vous entretenir de quelques faits principaux qui jetteront le plus grand jour sur la discussion actuelle.

» Les premières barrières que les habitants de cette commune opposèrent aux entreprises toujours renaissantes du pouvoir féodal fut un procès long et dispendieux qu'ils soutinrent contre Honorat de Savoie, marquis de Villars, leur seigneur, au sujet de la propriété de leurs biens communaux. Sur ce procès intervint une transaction célèbre le 4 janvier 1550, dans laquelle les droits de propriété du seigneur sur les biens en litige furent clairement établis, de même que ceux de la commune. Cet acte solennel qui a fait la loi du pays jusqu'au moment de la Révolution avait été homologué par un arrêt du Parlement de Bordeaux du 13 avril 1551.

» Sous la maison de Richelieu, les habitants de cette commune virent se renouveler de la part de leurs seigneurs les entreprises les plus hardies. Les descendants de la nièce du cardinal qui avaient changé leur nom de Wignerod en celui de Duplessis Richelieu, semblèrent renchérir sur tout ce qui avait été fait précédemment; mais comme l'esprit du Cardinal semblait avoir passé tout entier dans sa nouvelle famille, ils surent imprimer à leurs actes les plus arbitraires un caractère de grandeur qui les porta à méditer et à exécuter de grands projets d'embellissements dans cette ville, chef-lieu de leur duché.

» Ce fut par une suite de ce système que Charlotte de Crussol, mère d'Emmanuel-Armand, ayeul maternel des pétitionnaires, força les maire et consuls, vers l'année 1736, à démolir la maison commune alors située au-dessus des halles entre l'église des RR. PP. Carmes et les maisons des sieurs Carrion et Marin. Elle assigna auxdits maire et consuls pour maison commune un local encore existant, adossé, du côté du couchant, aux écuries du château. Il n'existe aucune acte qui puisse nous fixer sur la question de savoir si cette cession était purement précaire ou si les maire et consuls jouirent de cet objet comme propriétaires à titre d'échange contre celle qui fut démolie. Tout ce que nous savons de positif c'est qu'Emmanuel-Armand, vers l'an 1779, reprit ce local et força les maire et consuls d'alors à construire une maison commune sur l'emplacement des boucheries adossé à la nouvelle halle.

» A la mort de Louis XV, Emmanuel-Armand fut disgracié. Il quitta la Cour et fixa son séjour parmi nous. Il conçut le projet de rebâtir son château sur un plan plus vaste ; mais comme il était très gêné dans le local existant, il acheta plusieurs maisons qu'il fit démolir, il concéda des terrains appartenant à la commune, pour faire bâtir des maisons aux citoyens qu'il avait délogés ; il usa rigoureusement de toute la plénitude du retrait féodal, pour ravir aux particuliers qui n'étaient point muni du droit de prélation les maisons qui étaient à la convenance de ceux qui se trouvaient sans logement. Il intercepta plusieurs rues principales dont le sol est encore enclavé dans l'enceinte de ces constructions, il s'empara de plusieurs places, carrefours et chemins qui lui devenaient indispensables. En un mot, il fit tout ce qu'il voulut presque sans opposition. Le contrastre de son autorité passée avec son état d'exil avait aigri son caractère au point qu'il ne pouvait plus supporter la moindre contradiction.

» Lors de son retour à Paris en novembre 1782, il laissa son château dans l'état où il est aujourd'hui. Tout entreprenant qu'il était, il fut toutefois arrêté dans ses projets d'en démasquer la façade. Un particulier n'avait pas absolument voulu lui vendre sa maison qui était en face du portail de la principale entrée et de l'avenue qui y conduisait ; le duc céda cependant à l'obstination de ce particulier au grand étonnement de tous ses vassaux, qui virent avec surprise qu'il n'avait pas renouvelé à son égard la scène du champ de Naboth.

» Emmanuel-Armand mourut le 1er septembre 1788. Armand-Désiré, son fils, dernier duc d'Aiguillon, acheva de déblayer la place aujourd'hui existante en achetant quelques maisons encore invendues.

» Elle se trouva par ce moyen augmentée d'une partie du sol de l'église des RR. PP. Carmes que son père avait forcé les officiers municipaux de raccourcir en construisant à leurs frais une façade parallèle à celle de l'église paroissiale. L'époque de ces dernières opérations fut pendant le séjour que fit Armand-Désiré dans cette ville, à la convocation des Etats-Généraux.

» Tel était l'état des choses lorsque, dans le courant de l'an v, l'administration municipale qui n'avait aucun local, soit pour les revues et manœuvres des troupes de ligne qui étaient successivement placées en garnison dans cette ville, soit pour les rassemblement de la Garde nationale sédentaire, affecta cette place alors sous le sequestre au service public et y fit planter des arbres pour le plus grand agrément de l'objet auquel elle fut destinée.

» Dans des temps postérieurs et principalement depuis que cette ville est devenue un gîte d'étape, cette place est indispensable, soit pour ce service, soit pour la tenue des foires et marchés que les accidents trop multipliés arrivés dans l'ancien local, trop resserré pour cet objet, ont forcé d'y transporter.

» Ce serait sans doute ici le lieu, avant de discuter le fond de cette affaire, d'examiner scrupuleusement la qualité des pétitionnaires : ils prennent celle d'héritiers bénéficiaires de leur ayeul, tout comme leurs enfants mineurs le font à l'égard de la succession de leur oncle ; mais cette qualité purement précaire, qui ne leur donne d'autre droit que celui d'administrer les biens de deux successions à la charge d'en rendre compte, ne doit-elle jamais prendre fin ? Depuis vingt-un ans que la succession de leur ayeul est ouverte, depuis plus de dix ans que celle de leur oncle est jacente et que l'inventaire est clôturé, n'ont-ils pas eu le temps de délibérer sur leur acception ou sur leur répudiation ? peuvent-ils ignorer que les créanciers sont en souffrance et que parmi le nombre les héritiers Nebout-Riberot et Barrier de la Cibadère n'ont été désintéressés par eux ni par la nation pour leur maison et pour une partie des emplacements qu'ils réclament aujourd'hui sur cette place ? Nous rendons à MM. de Chabrillant la justice de croire que s'ils avaient été parfaitement instruits des localités, ils n'auraient jamais osé hasarder la démarche qu'ils font aujourd'hui. Ils auraient compris que le silence des créanciers qui sont sur les lieux, n'avait d'autre motif qu'un sentiment douloureux qui les porte naturellement à oublier leurs propres intérêts pour soupirer uniquement sur les malheurs d'une famille qui occupe encore une place dans leurs affections les plus chères. Aurait-on jamais pu contester à ces créanciers, après l'expiration des délais pour faire inventaire et pour délibérer, le droit de forcer ces pétitionnaires à prendre qualité pour provoquer sur leur tête ou sur celle d'un curateur aux successions vacantes l'expropriation et le jugement (d'ordre ?) qui en est la suite nécessaire ? pouvait-on le leur contester encore ? Cependant ils ne l'ont point fait, ils ont laissé tranquillement jouir les pétitionnaires des fruits et revenus des deux successions, ils ont vu même avec une sorte de plaisir les tribunaux par une complaisance déplacée et, sans aucun doute, nuisible à leurs intérêts, les autoriser successivement à couper des arbres en masse, à démolir les bâtiments et à faire leur bénéfice du produit des ventes. Est-ce de la part des créanciers une conduite qui puisse faire penser qu'ils ont jamais eu l'intention de traiter MM. de Chabrillant de turc à maure, comme ceux-ci prétendent le faire à l'égard de tous les citoyens de cette commune ?

» Mais ce n'est point par des considérations morales que le conseil municipal doit repousser la demande des pétitionnaires, il a des raisons plus victorieuses à y opposer. Il est de fait rigoureusement démontré, soit par la reconstruction de la façade de l'église des RR. PP. Carmes, soit par l'établissement de plusieurs escaliers dans la ville et les faubourgs, que depuis très longtemps et par un système suivi d'embellissement, les seigneurs d'Aiguillon et la commune ont coopéré à tous ceux qui ont été exécutés, avec cette différence cependant que les seigneurs ne les faisaient que pour leur agrément sur leurs propriétés particulières, tandis que la commune les faisait des deniers communaux, tant pour l'agrément et l'avantage des seigneurs que pour ceux bien plus indirects de ses administrés. Cela posé, nous devons examiner : 1° quels sont les droits de la commune sur ces terrains occupés par la place en question, 2° quels sont ceux qui ont été pris par Emmanuel-Armand à la commune et qui, enclavés aujourd'hui dans l'enceinte du château et de la terrasse, ne peuvent être compensés que par ceux qui restent sur cette place et forment l'objet de la réclamation de MM. de Chabrillant.

» Il est géométriquement démontré que MM. de Chabrillant n'auraient à réclamer sur la place existante, quand bien même elle n'aurait pas été affectée à un service public avant la levée du séquestre, sauf même les droits privilégiés des héritiers Riberot et Barrier, qu'une surface de vingt-un ares, quarante centiares, le reste du terrain appartenant à la commune pour le sol des rues suivantes : 1° pour le sol de la rue d'entre la maison de M. Lacaze l'aîné et la chapelle et le chai des Carmes, 2° pour le sol du carrefour ayant existé entre le chai des Carmes et la maison et chai dudit sieur Lacaze, 3° pour le sol de la rue de Las Plassasses, formant au total une surface de trois ares, cinquante-quatre centiares, sans y comprendre le terrain qui est au-devant de l'église des Carmes, à prendre de l'alignement du mur du cloître.

» Il est aussi géométriquement démontré, d'un autre côté, que la commune a été dépossédée d'une bien plus grande quantité de terrains enclavés dans l'enceinte du château et de la terrasse et qui ne peut être compensée que par celui qui fait l'objet des réclamations de MM. de Chabrillant sur la place dont s'agit. Ces terrains sont : 1° le sol de la rue en face du portail de l'ancien château, 2° le sol de la rue parallèle à la cour de l'ancien château et au quartier de Mandillot, 3° le sol de la grande et de la petite rue de Mandillot et d'une petite maison appartenant à la commune qui n'a jamais été achetée, 4° le sol sur lequel ont été édifiées les maisons neuves sur la promenade, 5° le sol des maisons des héritiers Bry et du sieur Cruchon, 6° le chemin du Peyrat qui traversait les terrasses du château, à prendre vis-à-vis de la maison du sieur Soulié jusqu'à de Loustallot, 7° l'ancienne maison commune encore existante, sol et bâtiment formant au total une surface de vingt-huit ares, trente-six centiares, ce qui surpasse de six ares quatre-vingt-six centiares la contenance réclamée par les pétitionnaires.

» Nous pouvions sans doute revendiquer un terrain appartenant à la commune et situé au couchant de la levée de terre de la Bousigue, à prendre depuis le chemin qui conduit au Port-de-Pascau jusqu'aux possessions du s^r Nebout sur lequel Emmanuel-Armand fit planter une double rangée de peupliers d'Italie par suite de son système d'embellissement, ainsi qu'il le fit déclarer aux officiers municipaux d'alors par ses gens d'affaires. La commune a été privée de cet objet en raison de l'émigration d'Armand-Désiré, son fils, ce terrain ayant été compris pour une moitié dans les possessions vendues à son préjudice par les corps administratifs. Il ne serait peut-être pas hors de propos de parler encore d'un alluvion formé sur la rive droite du Lot, attenant aux biens communaux, dont Emmanuel-Armand, ayeul des pétitionnaires, s'empara comme engagiste de l'Agenais, sous prétexte que c'était une île formée dans le sein d'une rivière navigable, parce que, dans le temps des plus fortes crues d'hiver, elle était entourée du côté de la terre d'environ deux mètres de largeur. Cette possession a été vendue comme bien national et la commune a été privée par là d'un objet de très grande valeur, étant de la contenance de deux hectares ou environ.

» D'après tout ce qui vient d'être dit, Messieurs, et dont les preuves vous ont été rigoureusement administrées, votre commission pense que le Conseil municipal doit délibérer sans hésiter : que la réclamation des pétitionnaire, eussent-ils même toute autre qualité que celle d'héritiers bénéficiaires, toujours incertaine et précaire, n'est fondée ni en raison ni en justice et que les compensations que la commune, toujours mineure, peut leur opposer, sont bien au-dessus des prétentions qu'ils ont assez inconsidérément formées devant les corps administratifs. »

« Le Conseil municipal, après avoir entendu le rapport ci-dessus de la commission, considérant qu'il renferme de la manière la plus claire et la plus exacte tous les faits nécessaires pour confirmer la ville d'Aiguillon dans la propriété de la place que réclament MM. de Chabrillant, délibère que le présent rapport sera transcrit sur le registre des délibérations comme un monument propre à assurer dans tous les temps les droits de la commune et que copie sera adressée à M. le Préfet du département de Lot-et-Garonne pour répondre à l'envoi qu'il a fait de la pétition de MM. de Chabrillant. »

Le 18 septembre suivant, le Conseil municipal décide de construire sur la grande place de la ville une maison commune qui sera adossée dans toute sa longueur à l'église des ci-devant Carmes.

Le 19 octobre, M. l'abbé de Lapeyrière, curé de Lacépède, est nommé à Saint-Félix d'Aiguillon, qui devient cure de 2e classe le 26 avril 1827. Le nouveau titulaire meurt le 20 août 1845, à l'âge de 83 ans.

Le 1er août 1813, M. le Préfet pose la première pierre du pont d'Aiguillon, avec toutes les cérémonies d'usage en pareille occasion. Ce pont, bâti d'après les plans de M. Bourrousse de Laffore, architecte ingénieur, fut livré à la circulation en 1825.

Comme dernier souvenir de l'importance militaire qui, jusqu'à nos jours, a été attachée à l'occupation de cette ville, il n'est pas sans à propos d'ajouter ici qu'en 1814, à l'époque de l'invasion des Anglais dans le Sud-Ouest, le général français, commandant la subdivision d'Agen, mit en état de siège Aiguillon, qu'une garnison de 800 fantassins, 200 cavaliers et une batterie furent chargés de défendre. L'approche de l'ennemi ayant été signalée, le chef de l'artillerie étudia les diverses positions de la ville et reconnut bientôt que ses canons ne seraient nulle part mieux établis que sur la terrasse au-dessus des caves romaines. Fort heureusement pour le propriétaire de celles-ci, le général intervint à ce moment, modifia les dispositions déjà prises, et fit placer ses pièces en contre-bas de la terrasse, au pied des vieux murs. La marche rapide des Anglais et les événements politiques de Paris rendirent inutiles ces belliqueux préparatifs, et nos troupes durent se retirer sans combattre (1).

A la rentrée des Bourbons en France, MM. Fabre-Dumoustié et Jauffret, directeur du collège, rompirent leur association. Le premier conserva à lui seul le principalat, et son établissement fut transféré en

---

(1) *Souvenirs archéol.*, déjà cités,

1815 dans le couvent des anciens Carmes, où il déclina peu à peu et disparut en 1820 (1).

En 1815 apparaissent deux écoles de garçons pour l'enseignement du français : l'une de M. Alexandre Guimas, ancien officier de marine sous le 1er Empire, qui devint très prospère, l'autre de M. Labarrière, ancien clerc de procureur. En outre, MM. Ducourneau et Lugas dirigeaient chacun une école dans la banlieue. En 1817, MM. Despeyroux et Audhuy vinrent également s'établir à Aiguillon comme instituteurs privés, mais ils n'y restèrent que jusqu'en 1820.

M. de Lapeyrière, curé d'Aiguillon, a noté de sa main dans les registres paroissiaux les détails suivants sur la mission du 16 avril au 7 mai 1820 : « Le second dimanche après Pâques, 16 avril 1820, M. Passenaud, chanoine et théologal d'Agen, est venu prêcher une mission, à Aiguillon, pendant trois semaines, donnant deux discours chaque jour. Cette mission a produit quelques conversions. Le 5e dimanche, on planta une croix en fer, dont les attributs de la passion étaient dorés. On l'avait faite à Bordeaux. Elle fut placée à l'extrémité d'une promenade, près de la route publique, au-dessus des escaliers qui y conduisent. M. Passenaud établit aussi dans l'église paroissiale la dévotion des quatorze stations du chemin de la croix, laquelle dévotion fut aussi établie au couvent des religieuses et dans l'église de l'hôpital. »

Le 4 octobre 1834, M. de Chabrillant vendit au détail, par devant Me Termes-Dubroca, père, le château actuel d'Aiguillon, dont le principal corps de logis fut racheté en 1852 aux prix de 110,000 francs par la commune, qui l'a loué depuis, pour en faire un magasin, à l'Administration des Tabacs (2).

---

(1) *Monogr. somm. de la commune d'Aiguillon*, par B. Mélet, p. 22.

« En 1824, poursuit M. Mélet, l'administration locale voulant rétablir le collège disparu, choisit pour principal M. Fabre-Augustin, qui dirigeait alors un pensionnat libre à Clairac. Mais ce dernier ne resta que trois ans à la tête du nouveau pensionnat communal. Tour à tour MM. Pouges et Dalidou lui succédèrent, mais sans éclat, et le collège d'Aiguillon tomba en 1844, pour ne plus se relever.

» A côté de celui-là, un autre moins important avait été fondé en 1804 par M. Chabeau, organiste-musicien du duc d'Aiguillon. Dans la partie du château qui lui était afférente, il réunit une quinzaine d'internes, auxquels il associa quelques externes ; mais son établissement périclita comme le grand collège, en 1815. » (*Ibidem*, p. 23).

(2) *Ibidem*, p. 23.

M. Edouard Guimas, qui avait pris en 1832 la direction de l'école fondée par son père en 1815, fut nommé en 1835, instituteur communal par M. Guizot, ministre de l'Instruction publique et se retira de cette fonction deux ans après, pour redevenir instituteur libre. Il fut remplacé par M. Dayres, qui, déporté en 1851, mourut de la dyssenterie au fort St-Grégoire d'Oran, en Algérie, où il subissait une captivité des plus rigoureuses (1).

M. de Lapeyrière a laissé encore, écrite de sa main aux registres paroissiaux, la mention suivante : « Pendant l'Avent de 1836, M. l'abbé Vermot, missionnaire de Besançon, après avoir donné diverses missions à Tonneins et ailleurs, a prêchée, à Aiguillon, avec un autre missionnaire. Cette mission a produit beaucoup de fruit dans le cœur des auditeurs. Il prêchait, les jours ouvriers, le matin vers 6 heures et le soir à 5 heures, afin que les ouvriers en journée pussent y assister. L'église était toujours remplie d'auditeurs qui l'écoutaient avec fruit. La croix en fer, qui existait déjà, fut dorée de nouveau, puis portée en procession, debout sur un brancard, par quatre-vingt-seize hommes, divisés en quatre compagnies de vingt-quatre chacune, qui se relevaient de temps en temps. La mission finit le lendemain de Noël, jour où la croix fut remise sur son piédestal réparé. » (2)

Au mois d'août 1839 le duc d'Orléans visite Aiguillon.

En octobre 1845, M. l'abbé Jacques Vialard prend possession de l'église paroissiale et meurt, le 4 mai 1874, curé de la cathédrale, où il avait été nommé le 24 novembre 1871.

Le 26 mai 1852, l'école communale fut confiée aux chers Frères de l'Institut des l'Ecoles chrétiennes. Elle était gratuite et installée dans un magnifique local. Le Frère Gildas en fut le premier directeur. L'école libre payante de M. Guimas ne put lutter contre le nouvel établissement, et M. Raynal, son successeur, se retira de lui-même en 1874.

---

(1) *Monogr. somm de la commune d'Aiguillon*, déjà citée, p. 23-24.

(2) « Une croix en pierre qui existait de temps immémorial à l'entrée d'Aiguillon, au Muneau, ayant été renversée et cassée par quelque enfant, fut réparée à neuf en 1834 et bénite, ensuite, pendant une procession des Rogations, avec l'autorisation de Mgr l'Evêque d'Agen, par M. Lapeyrière, curé d'Aiguillon. Les quêtes des fidèles payèrent la réparation. » (*Note de M. de Lapeyrière*). « Cette même croix ayant subi un nouvel accident, par suite d'un orage, a été restaurée une seconde fois par les soins de personnes pieuses. » (*Note de M. l'abbé Thézan*).

On n'a pas oublié avec quel talent et quel succès le Frère Justinus-Marie dirigea cette école publique du 19 octobre 1852 au 16 octobre 1869. Après lui, vinrent les Frères Laumer, Laurent, Jucondien et Ildefonse.

Le 28 janvier 1858 fut le dernier jour où le culte fut célébré dans la vieille église Saint-Félix d'Aiguillon. La chapelle des anciens Carmes s'ouvrit provisoirement aux fidèles pendant que s'élevait sur l'emplacement de l'ancienne, la nouvelle église paroissiale. Cette dernière fut bénie le 20 novembre 1859 et le R. P. Sourrieu, nommé plus tard à l'évêché de Châlons, prêcha pendant l'Avent de cette dernière année une mission préparatoire à l'inauguration du nouvel édifice, de style ogival, dressé sous l'habile direction et d'après les plans de M. Alaux, architecte bordelais, et consacré, le 22 octobre 1861, par S. E. le cardinal Donnet, assisté de Mgr Desprez, archevêque de Toulouse, et de Mgr de Vesins, évêque d'Agen.

Le 24 novembre 1871, M. l'abbé Jean Thézan est nommé curé d'Aiguillon et prend possession de sa paroisse le 1er décembre suivant (1). Quatre curés auront rempli la durée de ce siècle, laissant après eux nombre d'œuvres de zèle et de piété.

M. Vialard a fait bâtir cette belle et gracieuse église de Saint-Félix et, son successeur l'a meublée avec une richesse qui n'a d'égale que le bon goût de l'ornementation.

Le lundi de Pâques, 5 avril 1875, la clôture du Jubilé présidée par Mgr Fonteneau fut signalée par la bénédiction de la croix des Allées, restaurée et redorée pour la circonstance.

Une fête dont le souvenir vivra longtemps est celle de l'inauguration solennelle de l'orgue construit par MM. Magen et fils, frères.

---

(1) Nous pouvons rappeler ici le nom des vicaires depuis le Concordat : MM. Bédest, du 20 février 1816 au 29 janvier 1818 ; Massac, du 6 octobre 1833 au mois de février 1836 ; Bernière, du mois de février 1836 au mois de juin 1845 ; Couleau, du mois de juin 1845 à la fin de l'année 1871 ; Lafitte, du mois de décembre 1871 au mois de juin 1873 ; Latour, du mois de juillet 1873 au mois de juin 1876 ; Ducousso, du mois de juillet 1876 au mois d'octobre 1877. Ont rempli les fonctions de vicaire depuis cette dernière date, les prêtres habitués : MM. Chavaroche pendant plusieurs années après M. Ducousso ; Grimaud, ancien curé de Saint-Salvy, de 1878 au mois de février 1887 ; Cauboue, ancien curé de Roufflac, de 1889 à 1890. Depuis lors, le R. P. Raphaël, passioniste du couvent de Latané, vient seconder le zèle de M. Thézan, aux principales fêtes et pendant l'Avent et le Carême.

Le 15 décembre 1877, la cérémonie commence, à six heures du soir, devant toute la population réunie à de nombreux étrangers. On entend tour à tour la grande voix de l'orgue, sous les doigts habiles de M. Omer Guiraud, organiste de la basilique Saint-Sernin de Toulouse, l'éloquent discours de M. le curé, œuvre d'art aussi, où l'on ne sait quoi admirer davantage, le charme de l'expression ou la profondeur des idées, enfin le grand morceau de Gounod, *Près du fleuve étranger*, admirablement exécuté par le chœur de Saint-Félix (1).

Le 29 décembre 1879, la nouvelle municipalité d'Aiguillon laïcise l'école des Frères. Ceux-ci continuent cependant leur œuvre dans le même local en qualité d'intituteurs libres.

D'autre part, l'école des filles fondé en 1875 par Mlle Raynal, est transformée en école communale au mois d'octobre 1881.

En l'année 1886, Jean-Germain Demay, archiviste et sigillographe, né à Aiguillon le 15 janvier 1818, meurt à Paris.

Chef de la section historique aux Archives Nationales, membre du Comité des Travaux historiques et scientifiques, chevalier de la Légion d'honneur, officier d'Académie, etc., il compte au nombre de nos plus savants paléographes. Ses travaux de sigillographie, qui ont obtenu le grand prix Gobert, ont une valeur exceptionnelle. On a de lui : *Inventaire des Sceaux de la Flandre*, etc. ; — *Le Costume de guerre et d'apparat d'après les Sceaux du moyen-âge* ; — *Les Preux de Charlemagne et le Costume à l'époque carlovingienne* ; — *Le Costume au temps de saint Louis, d'après les Sceaux et les miniatures* ; — *Le Costume au temps de Jeanne d'Arc*, — *Le Costume au moyen-âge, d'après les Sceaux* ; — *Inventaire des Sceaux de la Normandie, précédé d'une Paléographie des*

---

(1) « Au temps des luttes orphéoniques, Aiguillon avait une société chorale qui dans huit concours obtint huit récompenses. Quand l'enthousiasme de ces combats d'harmonie fut passé, l'orphéon de Saint-Félix n'en conserva pas moins l'amour musical, et, sous la direction habile et dévouée de son président, M. Henri Garrigue, il continua de de vivre, mais pour consacrer sa glorieuse retraite à rehausser l'éclat des fêtes religieuses. Réuni au chœur des chanteuses, il forme un effectif de 70 exécutants, et vraiment, il faut aussi l'entendre pour comprendre le degré de perfection qui existe dans l'homogénéité de ses voix, dans l'expression de ses chants, dans la délicatesse de ses nuances, dans la hardiesse de ses attaques et dans la justesse de ses tenues. » (*Rapport sur les travaux du grand orgue*, p. 9).

des Sceaux : — *Inventaire des Sceaux de la collection Clairambault à la Bibliothèque Nationale.*

M. Germain Demay est l'auteur de la *Table héraldique* dans la *Collection des Sceaux* de M. Douet d'Arcq, et il a rédigé la partie sigillographique (pp. 193 à 223) du bel ouvrage de M. Léopold Delisle, administrateur général de la Bibliothèque Nationale : *Les Collections de Bastard d'Estang à la Biblioth. Nation.* En outre, il a fourni de nombreux articles à la *Gazette des Beaux-Arts*, aux Mémoires de la *Société des Antiquaires de France* et de la *Société de l'Histoire de France*, etc.

Son frère, Jean-Victor Demay, né aussi à Aiguillon, est actuellement général d'artillerie et officier de la Légion d'honneur (1).

Le 7 avril 1890, lundi de Pâques, plus de dix mille personnes assistent dans les allées de la Croix à la cérémonie qui clôture la mission, ouverte le 16 mars précédent, par les RR. PP. Ladislas, gardien des Frères Mineurs capucins de Périgueux, et Michel, du couvent de Bayonne. Cent quatre-vingts hommes formant douze sections portent, à tour de rôle, la croix magnifiquement restaurée et redorée, sur le nouveau piédestal, où on la voit encore. Derrière les sections organisées, suivent trois cents hommes qui veulent aussi partager l'honneur de porter le splendide brancard, préparé pour servir de trône au signe de Rédemption. Mgr Cœuret-Varin préside la fête.

Les établissements charitables sont l'Hospice, la Société de Secours mutuels, dite de Saint-François de Salles, et le Bureau de bienfaisance.

Grâce au système d'embellissements suivi par les ducs et les municipalités de ce siècle, Aiguillon est une des plus jolies petites villes que l'on rencontre sur notre sol. Deux sociétés musicales, dont le talent est justement apprécié de la population, se font entendre souvent sur les belles promenades si agréablement fréquentées les dimanches et jours de fêtes. L'une est la *Fanfare municicipale*, fondée en 1880, sous la direction de M. Dupont et transformée depuis 1894 en *Harmonie* par son nouveau directeur, M. Pons, dont le zèle et l'habileté lui présagent de nouveaux succès.

L'autre, qui s'appelle *Les Enfants d'Aiguillon*, fut créée en 1860

---

(1) *Bibliogr. gén. de l'Agenais*, déjà cités, t. I. p. 231-233.

par le Frère Justinus et remise à la direction deM. Kopf (1). La guerre de 1870 en amena la dissolution, mais pour peu de temps, car en 1872 le Frère Itatius reconstitua la Société avec un nouveau directeur, M. Fernandez de Monge. Mais le départ du cher Frère survenu deux ans plus tard la désorganisa de nouveau ; et une nouvelle fanfare, composée en grande partie des éléments de l'ancienne, transporta dès lors son siège dans une des salles de la mairie, sous la direction de M. Cannieu et la présidence de M. Cabrié, alors maire d'Aiguillon, pour disparaître enfin en 1877. En cette dernière année, le Frère Laurent fut assez heureux pour la remonter dans l'ancien local de l'Ecole et en confier la direction à M. Zoller, qui la conserva jusqu'en 1878. M. Daniel Andrieu la reconstitua définitivement le 1er novembre 1880. Elle n'était composée que d'enfants. Mais leurs succès au concours de Marmande, du 1er juillet 1881, engagèrent les anciens membres à reprendre leur rang dans la jeune fanfare qui alors compta 50 exécutants. M. Andrieu céda la direction à M. Zoller et prit le titre de sous-chef et d'organisateur principal. M. Garrigue fut élu président (2).

Après une nouvelle dissolution de la Société et une nouvelle reconstitution en 1884, M. Andrieu en reprit la direction qu'il a conservée jusqu'à nos jours (3).

La commune d'Aiguillon, dont les campagnes produisent en abondance du blé, du tabac, du chanvre, du maïs, etc., est peu industrielle, les efforts de ses habitants s'étant tournés à peu près exclusivement vers l'agriculture. Cependant les moyens de communication pour l'importation et la circulation des matières premières et la réexpédition des produits fabriqués ne manquent pas : ce sont des routes nombreuses et bien entretenues, la grande artère de la Compagnie des chemins de fer du Midi, de Bordeaux à Cette, des bifurcations voisines sur le Gers, les Landes et la vallée du Lot, la Garonne et le Lot, ces deux belles voies navigables, la Baïse enfin, en grande partie canalisée, qui vient, à la limite-ouest, se perdre dans le fleuve et lui sert de

---

(1) De 1862 à 1870, la jeune société prit part avec un réel succès à six concours, elle obtint quatre premiers prix et deux seconds.

(2) Les nouveaux succès de la fanfare comprennent de 1882 à 1884, quatre premiers prix de lecture à vue, quatre premiers prix d'exécution et un second prix d'honneur.

(3) *Les Enfants d'Aiguillon*, réorganisés, arrivent en division supérieure de 1885 à 1894, après avoir obtenu : sept premiers prix de lecture à vue, sept premiers prix d'exécution, cinq premiers prix d'honneur et deux premiers prix de direction.

trait d'union avec le canal latéral à la Garonne, éloigné de quelques kilomètres.

Cette situation topographique exceptionnelle, qui, dans d'autres régions eût fait d'Aiguillon une cité ouvrière par excellence, a tenté à peine le haut commerce et la grande industrie. Il faut toutefois constater la création récente de deux importantes scieries empruntant, l'une (usine Charbouneau et Bouyer) la force motrice aux eaux du Lot, l'autre (usine Vidal) celle de la vapeur, à côté d'établissements existant de longue date : Minoterie de M. Bardin, Fabriques de machines agricoles de M. Cusson et de M. Loubières, Poterie de M. Tronche, Distillerie de MM. Chaumel-Mestrot, etc.

L'industrie agricole, au contraire, y fait des progrès plus sérieux : deux vastes exploitations de *tomates* créées par M. Philippe Descomps, maire de Nicole, assurent du travail à de nombreux ouvriers. L'une, actuellement dirigée par M. Boudon, est presque entièrement située sur le territoire d'Aiguillon ; et l'autre, ayant encore à sa tête M. Descomps, n'y compte qu'une partie de son étendue et a établi son siège à Nicole. D'intelligents agriculteurs, parmi lesquels il convient de citer M. Barrat, lauréat de la prime d'honneur au dernier concours régional agricole, ont imité ces remarquables exemples. A l'heure actuelle, l'exportation des tomates se joignant à celles des asperges, des abricots, des pêches, des chasselas, en un mot de toutes les primeurs, est devenue pour la région une véritable source de richesses.

Nous ajouterons que le Magasin des Tabacs en feuilles, installé dans le château des anciens ducs, occupe un certain nombre d'ouvriers des deux sexes. On y reçoit les importantes récoltes des communes environnantes et on y fait subir à l'herbe de Nicot diverses opérations préliminaires avant que de l'expédier aux manufactures de l'Etat, où elle est convertie en scaferlati, en poudre, en cigares, etc.

Le commerce de gros n'est représenté que par des négociants en vins, MM. Belloc, Cazenove, frères, Guitard et Lignac (1).

Nous terminons cette étude par la liste des maires et des adjoints pendant ce siècle (1) :

De 1799 à 1807, M. Simon-Pierre Merle de Massonneau, maire *intra-*

---

(1) Nous empruntons ces détails à *La Statistique agricole et industrielle du canton de Port-Sainte-Marie*, par Gaston Lavergne ; manuscrit honoré, en 1894, des remerciements et des félicitations de la *Société Nationale d'Agriculture de France*, dont l'auteur était déjà lauréat.

muros, et MM. Pierre Lacroix, fils, et Jean-Symphorien Turpin, adjoints. — M. Nugues, aîné, maire *extra-muros*.

De 1807 à 1814, M. Jean-Antoine Merle de Massonneau, maire, et MM. Jean-Symphorien Turpin, Félix Dunau, fils, Pierre Lacroix, fils, adjoints.

Pendant les Cent-Jours, M. Bernard Nugues de Lille, docteur en médecine, maire.

De 1817 à 1830, M. Jean-Symphorien Turpin, maire, et MM. Félix Dunau, fils, Jean Brienne, Pierre Termes-Dubroca, Antoine Nebout de Riberot et Jean-Baptiste Garrigue, adjoints.

De 1838 à 1850, M. Bernard Nugues de Lille, maire, et MM. Pierre Termes-Dubroca, Louis-Sébastien Bitaubé, Jacques Beaugrand, Louis-Antoine Mautor, Jean Buston, adjoints.

De 1850 à 1870, M. Léonard-Antoine-Saint-Germain Merle de Massonneau, maire, et MM. Pierre Termes-Dubroca, Jacques Beaugrand, Etienne Gasquet, Jérôme Sabaté.

1870 (4 septembre), M. Daniel Charbouneau, maire, et MM. Prudence Descamps et Ferdinand Nebout de Riberot, adjoints (commission municipale).

De 1871 à 1878, M. Louis Cabrié, docteur en médecine, maire, et MM. Gervais Nebout (1871-1875), Valmont Marabail (1871-1876), Henri Garrigue (1875-1878), Jacques Vigneau (1876-1878), adjoints.

De 1878 à 1885, M. Daniel Charbouneau, maire, et MM. Osmin Gasquet (1878-1879), Jean Buffandeau (1878-1885), Pierre Duprat (1879-1884), adjoints.

De 1885 à 1889, M. Jean Buffandeau, maire, et MM. Osmin Gasquet (1885-1888), Antoine Lignac (1885-1888), Gaston Lavergne (1888), Lucien Duprat (1889), Pierre Delga (1889), adjoints.

De 1889 à 18.., M. Ferdinand Grimard, maire, et MM. Henri Cazenove et Pierre Duprat, adjoints (1).

---

(1) La construction du pont de pierre et de l'hôtel de ville est due à l'administration de M. Turpin ; l'affectation du corps principal du château à l'entrepôt des tabacs en feuilles, à l'administration de M. Saint-Germain Merle de Massonneau ; la canalisation d'eau de source alimentant la ville et la digue préservant des inondations le quartier du Lot, à l'administration de M. Cabrié ; la construction des Ecoles laïques, à l'administration de M. Buffandeau ; l'établissement de la lumière électrique et la création de l'Ecole supérieure, à l'administration de M. Grimard. Cette école est actuellement dirigée par M. Bazin.

NOTES
ET PIÈCES JUSTIFICATIVES

N° I. — « Rex senescallo suo Vasconie salutem.

» De vestris industria probata et circumspectione provida plenius confidentes tractandi nomine nostro de avisamento consilii nostri parcium illarum cum dilecto et fideli nostro Arnaldo Guarsie de Fossato de permutacione de castro de Aculeo cum pertinenciis in Agenesio pro certis redditibus ad valorem nobiscum facienda, vobis tenore presencium committimus potestatem ita quod super tractatu hujusmodi certioremur antequam quicquam ulterius inde fiat, et ideo vobis mandamus quod super premissis tractatis in forma supra dicta, et nos inde reddatis distincte et aperte per vestras litteras certiores nobis has litteras remittentes ut ex nunc inde fieri faciamus quod pro commodo nostro nobis et consilio nostro videbitur faciendum.

In cujus, etc., datum apud Haddele tertio die junii (1316).

Per ipsum Regem. » (*Bibl. nat.*, *Coll. Bréquigny*, t. xx, p. 311. Rot. Vasc. an° 9, Ed. 2. memb. 2).

N° II. — « Rex dilecto et fideli suo Almarico de Credonio, senescallo suo.

» Ex parte dilecti et fidelis nostri Arnaldi de Gassie de Fossato, domini de Aculeo, nobis est ostensum quod cum per litteras nostras patentes, universis senescallis, castellanis, prepositis, ministris, officiariis, civibus, ballivis et fidelibus nostris in dicto ducatu constitutis directas perdonaverimus prefato Arnaldo et adjutoribus et fautoribus suis sectam pacis nostre que ad nos pertinuit pro homicidiis, roberiis, incendiis domorum et aliis transgressionibus diversis per ipsos apud Aculeum et Sepeda, ut dicitur, perpetratis et firmam pacem nostram eis inde concesserimus, ita tamen quod starent recto in curia nostra de premissis cuilibet conquerenti prout in litteris nostris predictis plenius continetur, vos nullam ad concessionem predictam considerationem habentes, prefatum Arnaldum ad repondendum coram vobis de premissis conveniri, et ipsum minis et terroribus ac metu carceris in quo eundem detinuistis se inde (pour deinde?) totali voluntati vestre supponere et submittere compulistis, ac postmodum in magna pecunie summa vobis et parti solvenda ipsius Arnaldi et fautorum suorum racionibus super feloniis et trangressionibus predictis nullatenus intessectis seu auditis condempnastis in ipsius Arnaldi dispendium non modicum et gravamen et contra formam concessionis nostre supradicte, et quia nolumus quod prefatus Arnaldus contra dictam concessionem nostram indebite fatigetur, vobis mandamus quod, visis litteris nostris predictis, eas in dicto ducatu publicari et pacem nostram prefato Arnaldo et adjutoribus et fautoribus suis predictis inde concessam firmiter et inviolabiliter observari faciatis juxta tenorem litterarum nostrarum earumdem. Et si quid contra tenorem predictum per vos in hac parte minus rite attemptatum fuerit, id summarie et de plano sine dilacione modo debito emendar-revocari faciatis, ita quod raciones ejusdem Arnaldi contra adversarios suos in premisi sis plenarie possint intelligi et audiri.

Datum apud Langele xviii die julii (1316).

Per peticionem de Consilio ». (*Ibid.* p. 338. Vasc. Rot. an. 9 Ed. ii, m. 21.)

Nº III. — « Rex Senescallo suo Vasconie qui nunc est vel qui pro tempore fuerit aut eorum loca tenentibus, salutem.

» Querelam dilectorum et fidelium nostrorum Amaneni de Fossato et Arnaldi Garsie accepimus continentem quod licet ipsi racione dominii sui quod eis in villa de Aculeo competit in simul et pro indiviso habeant et habere debeant ac ipsi et eorum predecessores a tempore quo non extat memoria et non alii infra jurisdiccionem suam ibidem habere consueverint pillorium et alias diversas libertates quidam tamen officiales et ministri nostri parcium predictarum quoddam aliud pillorium in quareria dicte ville de Aculeo juxta pillorium ipsorum Amaneni et Arnaldi ibidem ab antiquo situm ipso Amaneno nobiscum in obsequio nostro existente, jam de novo construere fecerunt minus juxte in ipsorum Amaneni et Arnaldi prejudicium et libertatis sue predicte lesionem manifestam. Et quia eisdem Amaneno et Arnaldo prejudicari (*sic*) nolumus in hac parte, sed ipsos eo specialius quo predictus Amanenus nobiscum in obsequio nostro moram facit continuam volentes favore prosequi gracioso vobis mandamus quod habita super premissis informacione pleniori vocatis vocandis et defensore nostro si vobis legitime constare possit pillorium predictum in prejudicium eorumdem Amaneni et Arnaldi et libertatis sue predicte lesionem de novo indebite constructum esse, ut est dictum, tunc illud amoveri prout justum fuerit faciatis.

» Teste Rege apud Ebor. xii die octobris (1317). » (*Ibid.*) t. xxi, p. 61. Rot. Vasc. anno 10 Edwardi II, membr. 9.)

Nº IV. — « Rex Senescallo suo Vasconie qui nunc est vel qui pro tempore fuerit aut ejus locum tenenti, salutem.

» Monstraverunt nobis dilecti et fideles nostri Amanenus de Fossato et Arnaldus de

Garsie quod cum secundum libertates et consuetudines in Agenesio hactenus usitatas singuli domini castrorum et villarum parcium earumdem castra et villas suas predictas petra et calce claudere et kernellare ac turres et portalia licencia a nobis super hoc non requisita licite facere possint predictusque Arnaldus et Bonifacius de Fossato defunctus consanguineus predicti Amaneni cujus heres ipse est quoddam portale lapideum in muro ipsorum Arnaldi et Bonifacii inter jurisdiccionem suam et jurisdiccionem dominorum de Lunacio in villa de Aculeo juxta libertates et consuetudines predictas construere fecissent Almaricus de Credonio nuper senescallus ducatus predicti portale illud ad procuracionem quorumdam emulorum ipsorum Arnaldi et Bonifacii ibidem prosternere et destruere fecit mimus juste, predictos Amanenum et Arnaldum portale illud huc usque repare (pour reparare) minime permittendo in ipsorum Amaneni et Arnaldi dispendium et libertatis et consuetudinis predictarum lesionem manifestam. Et quia eisdem Amaneno et Arnaldo injuriari nolumus in hac parte sed ipsos eo specialius quo predictus Amanenus nobiscum in obsequio nostro moram facit continuam volentes favore prosequi gracioso vobis mandamus quod habita super premissis informacione pleniori vocatis vocandis et defensore nostro si vobis legitime constare possit singulos dominos parcium predictarum castra et villas suas claudere et kernellare ac turres et portalia facere posse ac portale illud per prefatum Almaricum injuste prostratum et destructum extitisse, ut predictum est, tunc ipsos Amanenum et Arnaldum portale illud facere et reparare juxta libertates et consuetudines perdictas prout justum fuerit licite permittatis.

« Teste Rege apud Benyngburgh xiii die octobris (1317).
        Per Consilium » (*Ibid.* p. 65. Rot. Vasc. an. 10 Ed. II, membr. 9.)

N° V. — « Rex Senescallis suis Vasconie et Agenesii qui nunc sunt vel qui pro tempore erunt, salutem.

» Monstraverunt nobis consules castri de Lunacio in Agenesio per perticionem suam coram nobis et consilio nostro exhibitam quod cum pro damnis et transgressionibus diversis ipsis consulibus et aliis quampluribus per Arnaldum Guarcie de Fossato, militem, nuper factis ejusque rebellionibus et inobedienciis contra officiales nostros ibidem per vos nunc senescalle ducatus predicti dum alias fuistis in illo officio sentenciatum fuerit deffinitive quod porta castri ipsius Arnaldi de Aculeo dirrueretur usque in terram absque spe reedificationis ejusdem seu clausura facienda ibidem, idem Arnaldus et Almanenus de Fossato et habitantes in eodem castro in loco quo porta que per vim sentencie predicte dirruta fuit quandam aliam portam in enervacionem sentencie illius construi faciunt jam de novo, per quod nobis supplicarunt consules supradicti ut sentenciam illam execucioni demandari attemptata que contra eandem amoveri faceremus, nos volentes fieri quod est justum in hac parte, vobis mandamus quod visa sentencia predicta si per eandem vobis constiterit ita esse tunc portam aliquam seu clausuram ibi fieri seu edificari nullatenus permittatis sentenciam predictam in omnibus suis articulis juxta juris exigentiam execucioni demandari facientes.

» Datum est supra (apud Haddale xxvi die julii (1320).
» Per peticionem de Consilio. » (*Ibid.* t. xxii, p. 239. Rot. Vasc. an. 13 et 14 Ed. 2, m, 8.)

N° VI. — « Rex senescallo suo Vasconie qui nunc est vel qui pro tempore fuerit aut ejus locum tenenti, salutem.

» Ex querela dilectorum et fidelium nostrorum Amaneni de Fossato et Arnaldi Garsie accepimus quod licet celebris memorie dominus Edwardus quandam rex Anglie pater noster ad querelam Bonifacii de Fossato consanguinei predicti Amaneni cujus heres ipse est et predicti Arnaldi eidem patri nostro suggerencium quandam bastidam juxta muros ville predictorum Bonifacii et Arnaldi de Aculeo ad procuracionem dominorum de Lunacio per ministros ipsius patris nostri ibidem in ipsorum Bonifacii et Arnaldi prejudicium et exheredacionem fuisse constructam habito per eundem patrem nostrum avisamento super construccione dicte bastide eam tanquam injuste et in prejudicium predictorum Bonifacii et Arnaldi levatam penitus amoveri fecisset quidam tamen officiales et ministri nostri parcium predictarum ad procuracionem predictorum dominorum de Lunacio nulla habita consideracione ad factum patris nostri in hac parte bastidam predictam jam de novo construere nitantur, in ipsorum Amaneni et Arnaldi prejudicium et exheredationis periculum manifestum et quia eisdem Amaneno et Arnaldo prejudiciari nolumus in hac parte, sed ipsos eo specialius quo predictus Amanenus nobiscum in obsequio nostro moram facit continuam volentes favore prosequi gracioso vobis mandamus quod habita super construccione bastide predicte informacione pleniori et vocatis vocandis et defensore nostro, si vobis constare poterit evidenter quod dictus pater noster bastidam illam ex causa predicta amoveri fecit, ut est dictum, tunc eam in prejudicium dictorum Amaneni et Arnaldi levari nec quicquam in hac parte in eorum dampnum seu prejudicium indebite attemptari permittatis, et si quod contra eos in hac parte indebite fuerit attemptatum, id ad statum debitum reponi prout justum fuerit faciatis.

» Teste ut supra (apud Benynburgh xiiii die octobris (1317).

Per Consilium. » (*Ibid.* t. xxi, p. 69. Rot, Vasc. an. 10. Ed. ii. m. 9.)

N° VII *bis* (voir N° VII au-dessous). — « Regie majestati significant consules castri de Lunacio in Agenesio et alii quibus dominus Arnaldus Guarcie de Fossato, miles, dampna dedit quod cum super dampnis datis per dictum militem predictis consulibus et pluribus aliis ipsos depredando, quosdam vulnerando et quosdam interficiendo, et incendia in suis domibus ponendo et inhobediencias et rebelliones contra vestros officiales faciendo dictus miles per dictum Amalricum dominum de Credonio tunc senescallum Vasconie in diversis summis dandis vobis et dictis consulibus et aliis dampna passis et in diruendo a summo usque ad solum portale castri de Aculeo dicti militis, ubi dicte inhobediencie et rebelliones facte fuerunt quod portale diruendum est absque spe reedificacionum seu reficiendum portale seu claururam ibidem, et licet dictum portale dirutum fuerit justa tenorem dicte sentencie dominus Amanenius de Fossato et dictus miles et habitantes in ipso castro de Aculeo Burgi de Fossato in loco ubi dictum portale quod fuerat per dictam sentenciam dirutum aliud portale de novo edifficant contra tenorem sentencie supradicte a qua sentencia non fuit appellatum, sed ipsa sentencia transsivit in rem judicatam. Quare supplicant mandari senescallo Vasconie et Agennesii visa dicta sentencia sibi constet de predictis dampnis portale quod de novo, ut premittitur, reedificatur, quod non faciat et dirutum inibi edifficari non permittat et dictam sentenciam in omnibus suis capitulis omni mora postposita exequatur. » (Vers 1321).

On lit à la ligne : « Fiat quia justa est. » (*Ibid.* t. XXII. p. 287. Ex bundellis in turre London.)

N° VII. (Ce qui suit se trouve sur une membrane de parchemin cousue à la première) : « Item supplicant litteras nobilis et potentis viri domini Amalrici domini de Credonio nuper senescalli Vasconie et litteras domini Guillelmi de Monte-Acuto, quondam senescalli Vasconie, sigillo curie Vasconie sigillatas, confectas super reedificationem et restauracionem bastide nove de Aculeo quæ dum inchoata extitit ejusque structura ac populacione modo mirabili subcrecento ille bonorum omnium inimicus qui exultatione humani generis reputat suum casum quibusdam nequicie sue commilitonibus spem sue inobedencie adeo insufflavit cum omnibus bonis ipsius quod ex inde rapacitati sue portare non licuit incendio, nonnullosque ejusdem incolas neci crudelissime ab incauto et sub noctis silencio tradidit, habitatoresque ceteros qui periculum illud evadere potuerunt in depopulacionis periculum profugando vestram dignetur magnificenciam confirmare et mandare senescallo Vasconie et Agennesii qui nunc sunt vel qui pro tempore fuerint et eorum cuilibet quod dictam bastidam faciant omni mora post posita et exultatione remora (pour sine mora, sans doute) reedificari et etiam populari et habitatoribus in eadem concedas predictas franquesias et etiam libertates. » (Vers 1321).

A la suite : « Mandetur senescallo Vasconie quod super facto hujus se informet et faciat in hac parte quod sibi videbitur expedire pro commodo Regis et utilitate patrie. » (*Ibid.*)

(De même encre et de même écriture que la précédente ordonnance suit un troisième article, que nous insérons N° X.)

N° VIII. — Item cum in villa de Aculeo sint duo castra quorum unum vocatur castrum de Fossato, et aliud castrum de Lunacio, quod castrum de Lunacio ad vos in parte pertinet, et habitantes in castro de Fossato in quo nullam partem habetis gaudeant de franchesia costume vestre Burdigale vinorum suorum, et habitantes in castro de Lunacio quod in parte vestrum est non gaudeant franquesia supra dicta, supplicant consules dicti castri de Lunacio sibi concedi franquesiam predictam, sic quod de vinis suis dicta franquesia gaudere possint sicut alii habitantes in predicto castro de Fossato gaudent ut est superius expressatum, maxime cum bone memorie dominus Edwardus quondam progenitor vester per suos litteras quas parati sunt ostendere promisit habitantibus in dicto castro concederet tales libertates quales concesserat uni de bastidis Agennesii qui habent franqueriam supradictam. » (Vers 1321).

On lit au dos de l'original en parchemin : « Informet se senescallus, et rescribat Regi informationem suam. » (*Ibid.* t. XXII p. 285. Ex bundellis in turre London).

N° IX. — « Rex eidem (senescallo suo Vasconie), salutem.

» Supplicarunt nobis consules castri de Lunacio quod cum in villa de Aculeo sint duo castra, unum videlicet vocatum de Lunacio ad nos in parte pertinens, et alterum vocatum de Fossato ad nos, ut dicitur, non pertinens, ac habitantes in eodem castro de Fossato gaudeant franquesia custume nostre Burdegale velimus habitantibus in dicto castro de Lunacio eo graciosius hujusmodi franchesiam de dicta custuma concedere quo in eodem castro partem habemus, ac celebris memorie dominus Edwardus, quondam Rex Anglie pater noster per litteras suas patentes habitantibus in eodem castro de Lunacio promisit tales libertates concedere quales concesserat uni de bastidis Agenesii franchesiam predictam habentibus sicut dicunt, nos igitur volentes super negotio predicto plenius informari, vobis mandamus quod vos viis et modis quibus melius poteritis super premissis omnibus informetis, et nos de hujusmodi informatione vestra reddatis sub sigillo vestro distincte et aperte certiores, hos breve nobis remittentes.

» Datum ut supra (apud Haddeleye xxvi die julii, anno xiii) 1320.

» Per peticionem de Consilio. » (*Ibid.* t. xxii. p. 91. Rot. Vasc. An. 13 et 14 Ed. 2. membr. 7.)

No X. — « Item supplicant mandari senescallo Vasconie et Agenesii et eorum cuilibet qui nunc sunt vel pro tempore fuerint quod Raimundum Marquesi, civem Vasati, Othonem de Casa nova et Guillelmun Bertrandum Lo Chok, quondam milites ac Guillelmun et Arnaldum Mauri et omnes alios et singulos qui receperint fusta, lapides et cementa pro constructione pontis per consules et habitantes in dicta bastida super flamen Olci (*sic* pour Olti) faciendi emptas choadunatos et preparatos compellant seu eorum heredes et bonorum detentores ad restituendum ipsis consulibus seu universitati dicte bastide et dicti castri de Aculeo burgi de Lunacio seu habitare volentibus in eisdem predictos fustes, lapides et cementa qua ipsos et ipsorum quemlibet sibi constiterit recepisse. »

Répondu : « Mandetur senescallo quod faciat, vocatis vocandis, justitiam. » (Vers 1321). (Ibid. t. xxii, p. 287. Ex bundellis in turre London.)

No XI. — « Rex eidem (senescallo suo Vasconie....)

» Supplicarunt nobis consules castri de Lunacio in Agenesio per petitionem suam coram nobis et consilio nostro exhibitam quod nos velimus mandare vobis et senescallo nostro Agenesii qui nunc est vel qui pro tempore erit quod vos et ipse compelleretis Reymundum Marquesii, Ottonem de Casanova, Guillelmum Bertrandi Le Coyl, Guillelmum et Arnaldum Mauri, vel eorum heredes aut bonorum suorum detentores ac omnes alios et singulos qui receperunt fustas, lapides et cementa pro constructione pontis super flumen Olti faciendum per consules et habitores in bastida nova de Aculeo, compta et provisa ad restituendum ea prefatis consulibus vel universitatibus dicte bastide et castri de Aculeo, burgi de Lunacio seu habitare volentibus in eisdem, nos volentes fieri in premissis quod est justum, vobis mandamus quod vocatis coram vobis qui vocandi sunt in hac parte dictis consulibus super hoc debitum et festinum fieri faciatis justitie complementum prout de jure et secundum foros et censuetudines partium illarum fuerit faciendum. »

» Datum ut supra (apud Haddeleye xxvi die julii an. xiii) 1320.

» Per petitionem de Consilio. » (*Ibid.* t. xxii, p. 87. Rot. Vasc. an. 13-14 Ed. 2. memb. 8.)

No XII. — « Item supplicant mandari senescallo Vasconie quod consuetudines, libertates et franquesias concessas bastide de Nicla (Nicola) et pariatgium factum super constructione dicte bastide cum dominis castri de Lunacio observet et teneat et ab aliis faciat observari ». (Vers 1321).

On lit au dos de l'original en parchemin : « Mandetur senescallo quod viso pariagio observet illud, et quoad confirmationem libertatum, etc., informet se senescallus, et rescribat Regi suam informationem ». (*Ibid.* t. XXII. p. 283. Ex bundellis in turre London).

No XIII. — « Rex Senescallo suo Vasconie et constabulario suo Burdegalensi qui nunc sunt vel qui pro tempore erunt, salutem.

» Supplicavit nobis dilectus nobis Arnaldus de Monte-Pesato, dominus de Agulon, quod cum rex Francie castrum, terras et redditus ipsius Arnaldi in Agenesio cepisset et castrum suum predictum funditus dextruxisset pro eo quod dictus Arnaldus domino Edwardo, nuper regi Anglie, patri nostro, et Edmundo, nuper comiti Kant, tunc tenenti locum ipsius patris nostri in ducatu predicto, et post modum nobis fideliter adhesit, ac idem comes de avisamento consiliariorum nostrorum ibidem pro fidelitate et bono gestu ipsius Arnaldi in recompensacionem dampnorum castri, terrarum et reddituum sic ablatorum que ad octingentas librarum parvorum turonensium de mandato dicti avunculi nostri extendebantur terras et redditus Arnaldi Bernardi de Pesshat de Burdegale, inimici et rebellis dicti patris nostri, que ad quingentas librarum parvorum turonensium extendebantur eidem Arnaldo de Monte-Pesato assignasset, ita quod si terre et redditus dicti Arnaldi Bernardi summan quingentarum librarum predictarum excederent, tunc idem Arnaldus de Monte-Pesato de eo quod plus valerent dicto patri nostro annuatim responderet et constabulario Burdegalensi compotum reddere teneretur, velimus dicto Arnaldo de Monte-Pesato terras predicti Arnaldi Bernardi in valorem octingentarum librarum parvorum turonensium ad quas castrum, terra et redditus ab eodem Arnaldo de Monte-Pesato per dictum regem Francie capta extendebantur, assignare et facere liberari, nos ad fidelitatem et bonum gestum ipsius Arnaldi de Monte-Pesato erga ipsum patrem nostrum et nos, consideracionem habentes et volentes ejus supplicationi gratiose annuere in hac parte, concessimus eidem Arnaldo de Monte-Pesato de gratia nostra speciali dictas terras et redditus que fuerunt prefati Arnaldi Bernardi habendas et tenendas in valorem octingentarum librarum parvorum turonensium per annum quousque ƚerre et tenementa prefati Arnaldi de Monte-Pesato per dictum regem Francie sic occupata sibi plenarie fuerint restitua, ita quod si dicte ƚerre et redditus valorem octingentarum librarum parvorum turonensium excedant, tunc nobis de eo quod superfuerit respondere et cum constabulario nostro Burdegalensi qui pro tempore fuerit computare teneatur, et ideo vobis mandamus quod eidem Arnaldo de Monte-Pesato dictas terras et tenementa que fuerunt prefati Arnaldi Bernardi habere faciatis in forma supradicta.

» Datum apud Westminsterium XX die septembris (1332).

» Per peticionem de Consilio. » (*Ibid.* t. xxv, p. 51. Rot. Vasc. anº 6 Ed. III memb. 3).

Nº XIV. « Rex omnibus ad quos, etc., salutem.

« Supplicavit nobis Reymundus de Cassanea, burgensis Agenni, per peticionem suam coram nobis et consilio nostro exhibitam quod cum occasione adhesionis ipsius Reymundi parti nostre in presenti guerra in ducatu Aquitanie horta frater suus germanus et quidam consanguineus suus et plures alii de hospicio suo interfecti ac uxor ajus et liberi ac quidam alii amici sui carcerali custodie sint mancipati, ac bona et possessiones sua per inimicos et rebelles nostros parcium illarum ea occasione destructa et consumpta penitus existant, velimus ei in partem recompensationis dampnorum jacturarum et gravaminum predictorum ac servicii sui nobis in hac parte impensi loca de Agulhons (1), de Monjoy et de Salvitate de Saberas, cum terris, redditibus, paiagiis, homagiis, meris et mixtis imperiis, jurisdictionibus altis et bassis, ac aliis pertinentiis suis universis in manibus dictorum inimicorum jam existentibus concedere graciose sub certa forma tenenda, cum loca predicta ad manus nostras redire contigerit, nos ad dampna, jacturas et gravamina predicta per ipsum Reymundum ratione dicte adhesionis parti nostre passa ac servicia per eundem Reymundum nobis impensa considerationem habentes ac volentes eo pretextu ipsum in partem recompensationis premissorum respicere graciose, concessimus ei dicta loca de Agulhons, de Monjoy et de Salvitate de Saberas cum terris, redditibus, proventibus, exitibus, paiagiis, homagiis, meris et mixtis impensis, jurisdictionibus altis et bassis ac aliis pertinentiis suis predictis ad terminum vite ipsius Reymundi, cum loca predicta ad manus nostras contigerit devenire sicut predictum est, donacione, assignacione seu mandato in contrarium facto vel faciendo non obstante, ita tamen quod post decessum ipsius Reymundi loca predicta cum suis pertinentiis predictis ad nos et heredes nostros integre revertantur.

» In cujus, etc., Teste rege apud Turrim London. VIII die junii (1341).

» Per Consilium in Parliamento ». (*Ibid.* t. XXVI, p. 165. Rot. Vasc. an. 15 Ed. III, membr. 25).

N. B. (de Bréquigny) : Suit le mandement au sénéchal de Gascogne et au connétable de Bordeaux pour la délivrance et la mise en possession.

---

(1) Note de Bréquigny : Aiguillon, Agenais, intendance de Bordeaux, élection d'Agen.

XV° — GÉNÉALOGIE DES NEBOUT[1]
SIEURS DE RIBEROT, DE VIAU, ETC.
(D'après les archives de M. le docteur Nebout et les registres paroissiaux)

Cette famille comptait déjà parmi les plus notables de la juridiction d'Aiguillon au commencement du XVI° siècle. Nous avons vu dans l'acte de transaction passé le 4 janvier 1550 entre Honorat de Savoie, comte de Villars, baron d'Aiguillon et autres places, et les consuls, jurats et habitants, figurer Antoine Nebout, 2me consul, Simonet, Jean, Bidou, Martin et Amanieu Nebout, notables. Mais, faute de documents, nous n'avons la filiation bien établie que depuis :

I. — Robert Nebout, né en 1607 et mort le 24 février 1680. Il fut notaire royal d'Aiguillon, procureur au sénéchal et consul de cette dernière ville en 1639 avec Jean Nebout, aussi procureur au sénéchal en cette dernière année. Il avait épousé d^{lle} Marie de Larrival, dont il eut :

1° Jeanne, née le 15 juin 1634 ;

2° Jean, né le 26 août 1635 et mort en 1723. Il s'était marié le 21 juin 1672 avec d^{lle} Marguerite Brienne, fille de Jean Brienne, m^e chirurgien, et de Jeanne Florans, d'où provinrent :

    1° Robert, né le 17 juillet 1673 ;

    2° Simon, né le 10 juin 1678 et mort à l'âge de 4 ans ;

    3° Rose, née le 16 mars 1681 ;

    4° Marie-Thérèse, née le 21 novembre 1691 et morte à l'âge de 14 ans ;

    5° Jean-Joseph Nebout, né le 30 novembre 1692, qui fut consul d'Aiguillon, procureur d'office de Clairac, et marié le 15 juin 1706 avec d^{lle} Marie Duvignau, fille de Pierre Duvignau et de Charlotte Ducourneau et morte le 17 juillet 1759, à l'âge de 80 ans, dont il eut quatre filles :

        1° Marie, née le 19 juillet 1707 et mariée avec Jean Dunau ;

        2° Marguerite, née le 22 décembre 1708 ;

        3° Marie-Anne, née le 12 janvier 1710, filleule de Robert Nebout, docteur en théologie et curé de Saint-Brice ;

---

(1) Les Nebout avaient leur sépulture dans l'église des Carmes d'Aiguillon, au-dessous du sanctuaire, du côté de l'Epître.

4° Rose, née le 24 septembre 1711, filleule d'Etienne Duvignau, capitaine, et morte le 14 mars 1779.

6° Joseph, né le 25 mai 1695.

3° Guillaume Nebout, né le 6 février 1638, et marié avec d{lle} Antoinette Poumayrol, d'où :

Marc-Antoine Nebout, procureur au sénéchal d'Aiguillon, qui épousa le 6 février 1708 d{lle} Françoise Florans et en eut :

1° Jean, né le 13 janvier 1710, vicaire d'Aiguillon en 1738, puis curé de la paroisse de Pélagat, dont il prit possession le 15 août 1744;

2° Autre Jean, né le 4 novembre 1711, filleul de Jean Nebout, notaire royal;

3° Marie, née le 1er janvier 1715.

4° Jean, *qui suit* et dont descendra la branche des Nebout, *sieurs de Riberot*;

5° Marc-Antoine Nebout, né le 15 juin 1642, qui épousa d{lle} Rose Boyer et en eut :

1° Robert, né le 9 juin 1675, curé de Saint-Brice, archiprêtre de Montpezat;

2° Marie, née le 5 septembre 1676;

3° Elisabeth, née le 1er septembre 1677 et mariée le 29 janvier 1710 avec André Boudon, écuyer, sieur de Lacombe, fils de Barthélemy Boudon, écuyer, sieur de Lacombe, et de Madeleine de Tarau;

4° Guillaume Nebout, né le 6 novembre 1678, notaire royal, consul et procureur au sénéchal d'Aiguillon, qui épousa le 1er août 1712 d{lle} Jeanne Rodolès et en eut deux filles :

1° Marie, née le 22 septembre 1713;

2° Antoinette, née le 19 octobre 1714 et morte le 20 mai 1754.

5° Jean Nebout, né le 13 mars 1681, consul d'Aiguillon, mort le 26 octobre 1730;

6° Antoinette Nebout, née le 5 juillet 1682, mariée le 23 novembre 1729 avec Bernard de Lacoste, ancien lieutenant au rég{t} de Piémont, fils de feu Joseph de Lacoste, ancien maire d'Aiguillon, et de Jeanne du Gasquet;

7° Marie, née le 17 juillet 1683 et morte le 22 août 1710;

8° Catherine, née le 11 avril 1685 et morte le 4 octobre 1721.

6° Joseph;

7° Bernard, né le 23 juin 1645;

8° Arnaud, *qui suivra* à son tour et dont descendra la branche des Nebout, *sieurs de Viau* ;

9° Georges, né le 23 juillet 1649.

II. — Jean Nebout, né le 29 janvier 1639, procureur d'office de Clairac, épousa d^lle Marguerite de Lescure et en eut :

1° Jean-Simon, né le 23 mai 1688 ;

2° Marie-Anne, née le 19 juillet 1689 ;

3° Joseph, *qui suit :*

III. — Joseph Nebout, sieur de Riberot, habitant du château de Lunac, qualifié du titre d'écuyer dans les registres paroissiaux de Saint-Félix, avocat au parlement, procureur au sénéchal d'Aiguillon, puis lieutenant général de la sénéchaussée, épousa le 24 novembre 1723 d^lle Marie du Gasquet, fille de Mathurin du Gasquet, écuyer, et de Marie Pandellé et en eut :

1° Marguerite-Dorothée Nebout de Riberot, née le 27 septembre 1736, mariée le 18 novembre 1766 avec Simon-Pierre Merle de Massonneau, fils de Pierre Merle de Massonneau et de Marguerite Dumas ;

2° Marie-Rose, née le 14 août 1738 ;

3° Marie-Anne Nebout de Riberot, née le 12 novembre 1739, mariée le 1er février 1769 avec Louis de Mautor, avocat au parlement, fils de Daniel de Mautor, avocat au parlement, et de Marie Leblanc ;

4° Marie, née le 13 août 1741 et morte à l'âge de 22 ans ;

5° Thomas, *qui suit :*

IV. — Thomas Nebout, qualifié du titre d'écuyer, sieur de Riberot, né le 9 mars 1744, épousa d^lle Jeanne Laburthe et mourut le 22 avril 1808. Il fut père de :

1° Marie, née le 15 avril 1771 ;

2° Marguerite, née le 2 novembre 1772 ;

3° Antoine-Joseph, *qui suit* ;

4° Marguerite Nebout de Riberot, appelée en famille Tivoline, née le 9 juillet 1775 et mariée le 18 frimaire 1796 avec Jean-Pierre-Thomas Nebout, fils de Antoine-Calixte Nebout, sieur de Viau, et de Catherine-Claire Duvignau ;

5° Arnaud-Bernard Nebout de Riberot, né le 13 décembre 1776 et marié le 28 fructidor 1801 avec Jeanne d'Escudié, fille de Antoine d'Escudié et d'Antoinette Lafitte, dont il eut :

1° Marguerite Nebout de Riberot, née le 24 messidor 1802 et mariée le 2 février 1824 avec Jean-Baptiste Garrigue, avocat, fils de Henri Garrigue, avocat, juge de paix sous la Terreur, et de Catherine Gasquet ;

2° Angélique Nebout de Riberot, née le 27 thermidor 1804 et mariée le 11 février 1830 avec Joseph de Redon, fils de Marc-Antoine de Redon et de Marie-Anne Maindeville.

6° Marie-Anne-Eulalie, née le 2 octobre 1779 et morte le 21 nivôse 1804, à l'âge de 25 ans ;

7° Antoine-Joseph-Destaing Nebout de Riberot, né le 22 février 1781 et marié le 29 novembre 1807 avec Antoinette-Mélanie Nebout, fille de Antoine-François Nebout de la Gardolle et de Marie-Anne Miraben, dont il eut :

1° Nérée-Antoine, né en 1811 et mort à l'âge de 3 ans ;

2° Marie-Laure Nebout de Riberot, mariée en premières noces avec M. Sauvage, de Bruch, et en deuxièmes noces avec M. Ninon.

8° Louis, né le 7 juin 1783 et mort le 31 août 1809.

V. — Antoine-Joseph Nebout de Riberot, né le 20 mai 1774, épousa le 16 fructidor 1797 Léone-Félicité Jacobet de Mazières, dont il eut :

1° Jean-Baptiste Waddington, *qui suit* ;

2° Antoine-Calixte-Ferdinand, né le 20 janvier 1806 et mort célibataire ;

3° Alexandrine Nebout de Riberot, mariée avec Adolphe Leblanc.

VI. Jean-Baptiste Waddington Nebout de Riberot, né le 7 brumaire 1801, épousa Rosa Boé, fille de Bernard Boé et de Anne Maydieu, d'où provinrent :

1° Louis de Gonzague, *qui suit* ;

2° Stanislas Nebout de Riberot, né le 25 mars 1846, avocat à Bordeaux, marié avec Sophie Soffis, dont il a :

1° Maurice, âgé de 15 ans ;

2° Valentine, âgée de 13 ans.

3° Marie-Joseph-René, né le 21 décembre 1849, célibataire.

VII. — Louis de Gonzague Nebout de Riberot, né le 8 mai 1838, avocat à Condom, a épousé Marie Lébé, fille de Eucher Lébé, président du Tribunal de Condom, et de Emma Pujos, et en a :

Maurice, né le 4 juillet 1875.

II. — Arnaud Nebout, né le 3 mars 1647, consul en 1703, épousa le 17 février 1681 d^lle Marie Bares, de Condom, et en eut :

1º Marie, née le 16 novembre 1681 et morte à l'âge de 19 ans ;

2º Guillaume Nebout, né le 29 décembre 1682, mariée avec N...., dont naquit une fille.

3º Jean, né le 16 juillet 1684 et mort célibataire ;

4º Louise Nebout, née le 1er juillet 1686, mariée en premières noces le 28 août 1713 avec Joseph Bégoulle, officier de cavalerie, et en deuxièmes noces le 28 juillet 1722 avec Jean Lamothe-Turpin, ancien lieutenant d'infanterie ;

5º Marguerite, née le 27 juillet 1687 ;

6º Pierre Nebout, sieur de La Gardolle, né le 16 octobre 1689 et mort le 13 juin 1764. Il eut de N..., Thomas, né le 11 juillet 1742 ;

7º François, né le 14 mars 1691, religieux cordelier ;

8º Pierre, né le 13 décembre 1693, aussi religieux ;

9º Marie-Anne, née le 23 octobre 1693 et morte le 3 septembre 1773 ;

10º Jean-Joseph Nebout de La Gardolle, né le 14 septembre 1697 et mort le 9 novembre 1758 ;

11º Jean-Joseph, *qui suit*.

III. — Jean-Joseph Nebout, sieur de Viau, né le 23 mai 1700, fut consul d'Aiguillon en 1729 et mourut le 3 novembre 1754. Il avait épousé le 20 septembre 1726 d^lle Marie Montamat de Viau, fille de feu Charles Montamat et de Françoise Garrigue et nièce de Antoine Garrigue, docteur en médecine, et morte le 19 avril 1776, à l'âge de 78 ans. De ce mariage provinrent :

1º Antoine-Calixte, *qui suit* ;

2º Pierre, né le 8 novembre 1731 et mort célibataire le 30 décembre 1771 ;

3º Jean-Joseph Nebout, né le 28 octobre 1732, prêtre, docteur en théologie et vicaire d'Aiguillon en 1758, puis curé de Lacépède, mort le 22 nivôse 1797 :

4º Marie, née le 8 août 1734 et morte célibataire le 21 novembre 1763 ;

5º François, né le 7 octobre 1736 et mort âgé de 6 jours ;

6º Antoine-François Nebout, sieur de La Gardolle, né le 26 juin 1738 et mort le 28 octobre 1822. Il avait épousé le 28 octobre 1776 d^lle Marie-Anne Miraben, fille de Bertrand Miraben et de Mlle Lacroix, d'où ;

1° Antoine-Thomas, né le 21 août 1777, mort jeune ;

2° Jean-André-Corsin-Magloire, né le 23 octobre 1779, mort jeune ;

3° Antoinette-Mélanie Nebout de La Gardolle, née le 24 février 1782 et mariée le 29 novembre 1807 avec Antoine-Joseph-Destaing Nebout de Riberot ;

7° Pierre, né le 25 juillet 1739 ;

8° Marie, née le 19 juillet 1741, morte célibataire le 2 décembre 1817.

IV. — Antoine-Calixte Nebout, sieur de Viau, né le 13 octobre 1729, fut longtemps premier consul d'Aiguillon et mourut le 25 décembre 1818. Il avait épousé le 20 février 1767 d^{lle} Catherine-Claire Duvignau, fille de Joseph Duvignau, commandant du bataillon des milices de Libourne, capitaine au rég^t de Muse en 1729, et de Marthe Lafitte de Piles et petite fille de Catherine du Gasquet, veuve de Mr Lafitte de Piles. Ladite Catherine Claire, fut tenue à baptême le 12 août 1729, par Pierre Duvignau, curé de Port-Sainte-Marie, et Catherine du Gasquet, sa grand'mère. De ce mariage provinrent :

1° Jean-Pierre-Thomas Nebout, qualifiée noble, né le 1er janvier 1768, marié le 18 frimaire 1796 avec Marguerite Nebout de Riberot, appelée en famille Tivoline, dont il eut :

Antoine-Calixte-Bernard Nebout, appelé en famille Adolphe, né le 9 messidor 1797 et marié avec Françoise-Antoinette Jacobet de Mazières, fille de M. Jacobet de Mazières et de Caroline Rault de Ramsault, dont il eut :

1° Marguerite-Antoinette-Mélanie Nebout, née le 22 août 1827, mariée le 11 octobre 1848 avec Henri Garrigue, fils de J.-B. Garrigue, avocat, et de Marguerite Nebout de Riberot, et morte le 4 février 1894, à Port-Sainte-Marie, d'un accident de chemin de fer ;

2° Françoise-Caroline, née le 30 juin 1830, morte âgée de 16 mois ;

3° Jean-Baptiste-Antoine Nebout, appelé en famille Arthur, né le 18 janvier 1832, marié le 21 septembre 1857 avec Marie-Luçane Miraben, fille de Pierre-Edouard Miraben et de Rosalie Perrotin, dont il a :

Elisabeth Nebout, née le 10 août 1858, mariée le 14 octobre 1879 avec Henri Théron de Montaugé, fils de Louis Théron de Montaugé et de Gabrielle Darans.

2º Jean-Joseph, *qui suit* :

V. — Jean-Joseph Sent-Pé Nebout, né le 12 janvier 1771, épousa le 7 février 1820 Marie-Catherine-Elisabeth de Ranse, fille de Charles-Nicolas-François-Armand de Ranse et de Jeanne-Pauline de Lauvergnac et en eut :
1º Thomas, né le 6 mars 1821, mort âgé d'un an ;
2º François, *qui suit* :
3º Antoine, né le 7 février 1826, mort âgé de 2 ans et demi ;
4º François-Gervais Nebout, appelé en famille Sent-Pé, né le 18 juin 1830, marié le 12 juillet 1857 avec Marie-Louise de Leaumont de Rieubet, fille de Jean-Célestin de Leaumont de Rieubet et de Jeanne-Zélie Graulhié, dont il a :

Jeanne-Madeleine Nebout Sent-Pé, née le 8 mai 1860, mariée le 30 septembre 1883 avec Albert de Bazignan, capitaine au 4ᵉ zouaves, fils de Léonard-Seurin-François-Louis-Gustave de Bazignan et de Catherine-Joséphine Dufort.

5º Elisabeth-Amélia, née en 1833, morte à l'âge de 10 ans.

VI. — François Nebout, né le 6 novembre 1823, épousa le 20 août 1849 Anne-Marie-Louise de Leaumont de Rieubet, fille aînée de Jean-Célestin de Leaumont de Rieubet et Jeanne-Zélie Graulhié et en a :
Jean-Joseph, *qui suit*.

VII. — Jean-Joseph Nebout, docteur en médecine, habitant du château de Lunac, né le 10 juin 1850, épousa le 21 mai 1878 Marie-Jeanne-Marguerite Lafon, fille de Jean-Emile Lafon et de Marie-Joséphine-Laure Fontaine de Lalande, d'où sont provenus :
1º François-Marie-Joseph-Christian, né le 13 juin 1879 ;
2º Marie-Louis-Bertrand-Henri, né le 19 juin 1882.

N° XVI. — GÉNÉALOGIE DES DE RANSE

Barons de Ranse, vicomtes de Bruilhois, seigneurs de Plaisance, de Laperche, de Lacourt, de la Tour, de Labarthe, de Marognes, de Rigny-La-Salle, de Taillancourt, de Traveron, d'Ovranville, du Rozoy, etc.

(D'Après les archives de M. Jean-Marie-Armand de Ranse d'Aiguillon.)

Armes : *D'argent au croissant de sinople, accompagné de 3 fleurs de néflier de 5 feuilles d'azur.* — Couronne : *de baron.* — Support : *deux lions.*

Cette ancienne et noble famille est issue, suivant la tradition, des anciens comtes romains de ce nom. Les de Ranse (1) s'établirent en France vers le xii° siècle. Fixés d'abord en Gascogne, ils se divisèrent en trois branches : l'aînée resta en Navarre, une autre s'établit en Champagne et l'autre à Paris, dans l'Ile-de-France.

La branche aînée, restée en Navarre, dont les représentants combattaient à Bouvines, en 1214, parmi les barons français, et prenaient la croix en 1249, a joué un grand rôle, surtout sous François Ier et Henri IV et s'est perpétuée jusqu'à nos jours.

En 1483, Floquet de Ranse se fixa en Champagne, dans le bailliage de Chaumont; ses descendants écrivirent presque tous leur nom *de Reance* et se distinguèrent dans les armes. Ils possédèrent les seigneuries de Rigny-la-Salle, de Taillancourt, de Traveron, d'Ovranville, du Rozoy, etc., etc., et s'allièrent à un grand nombre de familles nobles de la province. Cette branche se divisa en deux rameaux qui furent maintenus dans leur noblesse par jugement de M. de Caumartin, en 1669.

On ignore l'époque à laquelle se forma la branche de Paris, sur laquelle nous n'avons que peu de renseignements.

Ces diverses branches, et souvent les rameaux qui en naquirent, se distinguèrent par des armes différentes. Celle de Champagne portait : *d'azur à la croix d'or* (2) ; un rameau résidant à Agen portait : *d'or*

---

(1) L'orthographe de ce nom a varié suivant les époques et les lieux où ont vécu ceux qui le portaient ; on le trouve écrit *de Rance*, *de Reance* et *de Ranse*. Cette dernière manière de l'écrire est celle qui a été adoptée par ses représentants actuels.

(2) *Biblioth. nation.* ms. d'Hozier ; *Armorial de Champagne.*

à *3 aigles de sable posées en fasce* (1). Nous avons donné en tête de cette généalogie celles qu'a conservées la souche.

Le premier membre de cette famille que nous trouvons mentionné en France est Pierre Rance, témoin d'une donation faite par Raymond de Sanzillon à l'église Notre-Dame de la Chapelle-Bayol, dépendante du monastère de Bénevent (2), dans le milieu du XII° siècle. Geoffroy de Rance fut au nombre des barons qui combattirent à Bouvines (3). Gilles-Ortis de Rance, chevalier, se croisa en 1249 (4), et de Rance, sire de Basseu, fut l'un des seigneurs qui signèrent, en 1370, le traité d'union fait à Londres entre le roi de Navarre et le roi d'Angleterre. Au mois de février 1390, Traquet de Braquemont, Huc du Boulay, chambellan, et Nicolas de Rance, clerc et conseiller, députés du roi de France, en Guienne et Languedoc pour réparer les attentats et dommages faits contre les trêves, déléguèrent leur pouvoir à Bérard d'Albret, seigneur de Sainte-Bazeille (5), et, le 12 mai 1396, Nicolas de Rance et le comte de Sancerre reçurent de Richard II, roi d'Angleterre, un sauf-conduit, avec mission de réprimer en Aquitaine les tentatives contre la trêve conclue entre les rois de France et d'Angleterre (6).

La filiation suivie de la branche aînée s'établit depuis :

I. — Archambault de Ranse, écuyer, seigneur de Plaisance, etc., qui donna quittance, en 1415, à Pierre de Voisins, vicomte de Lautrec, d'une somme de 24 écus. Il avait épousé Catherine de Manas, dont il eut :

1° Michel, *qui suit ;*

2° Madeleine de Ranse, mariée avec Pierre de Carbounières.

II. — Michel de Ranse, écuyer, seigneur de Plaisance, de Laperche, etc., capitaine au service du roi de Navarre, combattit à Cocherel en 1446. Il eut de son union avec N... du Puy, entre autres :

1° Etienne, *qui suit ;*

---

(1) *Ibidem.* Agen, n° 165.
(2) *Ibid. Cartul. de Bénévent* (Limousin).
(3) La Roque : *Traité du ban et arrière-ban.*
(4) *Bibl. nat.* ms. *Liste des gentilshommes croisés.*
(5) *Arch. dép. des Basses-Pyrénées*, E. 51. — Voir : *Hist. de la ville de Sainte-Bazeille*, par l'abbé R. L. Alis, p. 105-106.
(6) Voir : *Rôles gascons et normands.*

2° Floquet de Ranse, écuyer, qui se fixa en Champagne vers 1485. Par une attestation délivrée, le 21 juin 1523, devant Hugues Roulier, notaire à Nogaro, Carbonnaire, seigneur de Borsoilhan et de Castres, Antoine de Montlezun, seigneur d'Armagnac, et Hugues de Pellet, seigneur de Salles affirment la noblesse de Floquet de Ranse, leur parent, et certifient que la maison de Ranse, dont il était sorti, avait toujours été reconnue parmi les nobles de la Gascogne.

3° Guillaume de Ranse, chanoine à Castres.

III. — Etienne de Ranse, écuyer, seigneur de Plaisance, Laperche, etc., fit la guerre de Roussillon et transigea, en 1492, avec ses frères Floquet et Guillaume, par un acte produit en 1669 devant le commissaire chargé de la recherche de faux nobles, en Champagne. Il eut de son union avec N... :

1° Pierre, *qui suit;*

2° François de Ranse, qui fut un des gentilshommes attachés à la personne du roi François Ier, et eut le titre de baron romain. Il doit être fait mention de lui dans les *Chroniques de Iean Carion* (1) (page 281) : « L'an 1524, vers la fin du temps d'Esté, monseigneur Charles de Bourbon avec grosse armée de gens de l'Empereur descendit en Provence pour mettre le siège devant Marseille, où le roy envoya messire Philippe de Chabot, seigneur de Brion, le seigneur Rance, et autres. » Charles de Bourbon, qui avait trahi sa patrie, fut obligé de lever le siège de cette ville. — On lit encore (page 287) : « Le duc de Bourbon arriva auprès de Rance, qui menoit la bataille. Parquoy le dimenche, matin 5 jour de may, l'an mil cinq cens vingt et sept, [les assiégeants] mirent leurs eschelles contre les murailles de ladite ville de Rome, donnerent l'assaut d'un costé et d'autre. Les Espagnolz, et gens desesperez entrerent par dedans la bresche. Et ainsi que ledict seigneur de Bourbon des premiers montoit la muraille, fut frappé d'un fauconneau au droit de l'aine dont il mourut. Le Pape Clément s'estoit retiré avec plusieurs cardinaux, et le seigneur Rance au chasteau S. Ange » ; — Enfin, à la page 321 : « Au mois de Iuing (1549) Jacques de Coussy, seigneur de Vervin, gendre du mareschal du Biez

---

(1) Les chroniques de Iean Carion, philosophe. Là où sont contenuz les choses mémorables depuis la création du monde iusques au regne du roy François deuxiesme de ce nom, à present regnant *traduict en François, par maistre Iean le Blond.* A Paris. Par Iean Ruelle, libraire demourant en la rue Sainct Iaques, à l'enseigne Sainct Nicolas. 1568.

fut décapité à Paris, et son corps mis en quatre parties, lesquelles avec la teste d'iceluy furent portées afficher sur les remparts des places fortes du païs de Boulonnois, pour avoir rendu la ville et chasteau de Boulongne aux Anglois, combien que ladicte ville et chasteau fussent pour lors deuement muniz pour résister longuement aux adversaires. Et pource que Françoys de Rance n'avoit peu estre recouvré, il fut par effigie décapité en la dicte ville de Paris. »

IV. — Pierre de Ranse, écuyer, seigneur de Plaisance, Laperche, etc., fut lieutenant dans l'armée de Jean d'Albret, roi de Navarre, et eut de son mariage avec Catherine de Salenabe :
1° Guillaume, *dont l'artique suit ;*
2° Jean de Ranse, écuyer, marié avec N... de Montesquiou.

V. — Guillaume de Ranse, écuyer, vicomte de Bruilhois, seigneur de Laperche, de Lacourt, de Plaisance, etc., etc., amiral des mers de Bayonne, d'abord secrétaire d'Antoine de Bourbon et de Jeanne d'Albret, et ensuite secrétaire d'Henri de Navarre et de Marguerite de France (1), devint conseiller du roi Henri IV, secrétaire ordinaire des finances, contrôleur général de ses domaines de Navarre et d'Albret, auditeur en sa Chambre des Comptes de Nérac, etc., etc. » Il obtint de Charles IX qu'il exemptât, par édit du mois d'octobre 1572, la ville de Casteljaloux de garnison et de passage des gens de guerre (2).

Des lettres inédites de ces princes, dont quelques-unes sont publiées ici, prouvent qu'ils avaient pour lui une affectueuse estime :

— « A Ranse secretere du Roy mon mary et mien.

» Ranse, je croy quil vous souvient comme cy devant le Roy a faict don au feu Roy de Navarre mon pere des biens du general Secondat dont en fut expedié brevet, lequel avez entre vous mains comme jay este advertye et pour ce que le roy mon marry et moy avons deliberé nous en ayder par deçà je vous ay bien voulu escripre la presente affin que ne faictez faulte incontinant icelle receue de delivrer ledit

---

(1) Lettres de provisions données par Marguerite de France, sœur unique du roi, par la grace de Dieu, Reine de Navarre, duchesse d'Alençon, etc., à Guillaume Rance, sieur de Plaisance, natif de la ville de Saubeterre, pour le nommer à l'état et office de notre secrétaire ordinaire. 16 février 1544, datées d'Orléans. (Arch. de M. de Ranse, d'Aiguillon).

(2) *Hist. de l'Agenais, du Condom. et du Bazad.*, déjà citée, t. II, p. 174.

brevet au porteur qui enverra exprez par dellà pour nous le porter ou fere tenir en dilligence et sur ce prie le créateur vous donner sa saincte grace. Escript a Paris le xviii° octobre 1558.

[de la main de la Reine] : Vostre bonne mestresse

JEHANNE. »

— « A Ranse nostre secretaire.

» Ranse, Monsr Ruzé nostre chancelier de Foix et Bearn ma envoyé de Vendosme une lettre que vous avez escripte au Roy mon mary dattée du xxvme doctobre dernier laquelle toutesfoys na esté receue dudict Seigneur a ce que ma escript nostre dict chancellier que le xiiiime du présent qui me faict penser que ceulx a qui avez commis vostre pacquet se sont assez negligemment acquittez de le rendre et faire tenir promptement es mains dudict Seigneur, car si plustost j'eusse eu nouvelles du besoing que faisoient les clefz de nostre tresor de Nérac on les eust long temps a envoyees come je faiz maintenant par le pacquet qui accompagne ceste cy addressant a nostre secretaire Alespée auquel vous ferez tenir ledict paquet seurement et incontinant affin que l'assignation quavez donnee aux comptables de nostre duche Dalbret ne soit retardee a faulte desdictes clefz et quilz nayent occasion de prolonger l'audition de leurs comptes et nous satisfaire du reliqua de la recepte de nos deniers qui sont deuz audict sieur Roy mon mary et moy et si necessaires que suys contraincte vous dire mon vouloir estre que communiquez la presentement a toutz noz amez et feaulx gentz de noz comptes à Nerac a ce quilz et vous tiennent la main que noz dicts comptables ne demeurent en arriere de leur debvoir et pour vous estre ce pacquet rendu plus diligemment j'ay commandé ladresse d'icelluy estre faicte à Jehan le maistre tenant la poste à Bourdeaux pour le bailler au greffier Pontac affin de le vous faire tenir seurement et sitost que vous aura este rendu envoyerez a mon dict secretaire Alespée celluy que je luy envoye a quoy ne ferez faulte pryant Dieu, Ranse, quil vous donne sa trez saincte grace. Escript à Paris ce xviime jour de novembre 1558.

[Les quatre mots suivants sont de la main de la Reine] :

Vostre bonne metresse

JEHANNE. »

— « A Ranse mon conseiller et secretaire ordinaire.

» Ranse, dernierement que vous partistes pour aller à la Court vous me dictes que vous aviez accordé touchant la traicte des blez que jauroys dans ung moys apres neuf mil livres comptant. Le temps est long temps ya passé et navons encores touché les deniers ny moings scai-je en quelle main vous avez mys ladicte traicte. Vous scavez si j'en ay apresent affaire. Pourquoy vous en yrez a Bourdeaulx incontinent la presente receue et faictes que jaye la dicte somme au plus tost et me ferez service agreable et atant je prye le créateur vous donner sa grace.

» De Chalard le xxvime juillet 1559.

[De la main du Roi] : Vostre bon maistre :

ANTOINE.

[Post scriptum autographe] : « Faites tant par voz services que soys content. »

— « A Ranse mon conseiller et secretaire ordinaire.

» Ranse, jay veu vostre lettre par laquelle me faittes le discours de ma traicte de bledz de Bourdeaulx et lempechement que les juratz de la dicte ville me y font et desia en ont prinz leurs droictz sans avoir reepect à ce que la dicte traite est mienne et en mon nom sur quoy je leur escriptz la lettre que verrez laquelle vous leur présenterez de ma part et m'advertirez incontinent de leur vouloir affin que je y pourvoie. Je croy bien que vous nen serez pas en ceste peine et quilz vous rendront les deniers quilz en ont prins pour iceulx ensemble tout le demeurant provenant de la dicte traicte et aussi des estatz des Comptes me porter comme jen escrips a ma chambre des Comptes a Nerac et vous envoie aussi la commission pour proceder a la vente des bledz du premier quartier de la St-Michel parce que jay affaire de deniers. Bonnefons, vous et le contrerolleur Pedesclaux pourrez proceder a la vente au plus offrant et dernier encherisseur le plus a mon proffict que faire se pourra a deniers comptans pour mestre incontinent aportez la part que je seray comme jay audict Bonnefons vous et leditct Pedesclaux la fiance et a tant je prie le createur vous donner ce que plus desirez.

» A Juilly le xxiiime jour de aoust 1559.

ANTOINE, »

— « A Ranse, mon Secretaire et Receveur general de mon amiraulté de Guyenne.

» Ranse, je vous ay voulu escrire la presente a ce que vous ne faillez de bailler et mettre ez mains de..... (ici une abréviation illisible) Augier de la Rase (ou la Rose) commis du general de mes finances les deniers que vous avez de vostre charge de lamiraulté par son Recepisse de laquelle somme il nous demeurera comptable et vous serez de pareille somme déchargé en la mise et dépens de voz comptes priant Dieu vous donner sa grace.

De Vibonne (?) ce xxviime jour de novembre 1559.

ANTOINE. »

— « A Ranse mon conseiller et secretaire ordinaire de mes finances.

» Rance, ayant entendu que mon cousin mons^r de Turenne a envoyé vers vous pour vous prier de luy vouloir proroger et surceoir le temps du retrais de sa terre de Montfort, je vous en ay bien voulu prier de ma part, tant en consydération de son emprisonnemant qui ne luy peut permettre de donner tel ordre a ses affaires, quil désire que pour lamityé que je luy porte, le respect de laquelle joinct avec laffection que vous avez à mon service feront je m'asseure que ne procederez contre luy comme sil estoit personne duquel vous ne peussiez attandre jamais aucun plaisir. Que si en ce dont je vous prie vous le gratiffiez pour l'amour de moy je le reconnoistray par tous les moyens que jauray jamais de m'employer pour vous daussi bonne volonté que je prie Dieu vous avoir, Rance, en sa saincte garde.

» A Nerac le dernier jour de novembre 1582.

[Les quatre mots suivants autographes] : Vostre bon maystre

HENRY. » (*Arch. de M. de Ranse, d'Aiguillon*).

Guillaume de Ranse testa le 26 avril 1589. Il fut tué le 5 janvier 1591, du côté des catholiques, dans les rues d'Agen que Saint-Chamarand, sénéchal d'Agenais, chassé depuis deux ans de cette ville, venait de surprendre, la nuit par trahison (1).

Il avait épousé en premières noces, le 4 mars 1549, Guirautine de

---

(1) Voir sur cette affaire : *Hist. de l'Agen. du Condom. et du Bazad.* déjà citée, t. II, p, 296-297 ; et *Hist. de l'Agenais* déjà citée, t. II. p. 48-49.

Metge (1) et en deuxièmes noces Antoinette Desnoyers de Gandillac. Du premier lit naquit :

Nicolas, *qui suit* ;

du second lit :

1° Henri de Ranse, écuyer, seigneur de Laperche, habitant de Port-Sainte-Marie. Il se distingua, en 1621, au siège de Caumont, donnant le premier, tête nue, et menant à l'assaut de la barricade méridionale un gros de soldats et de gentilshommes (2). Saint-Amans (3) rapporte ainsi sa mort survenue en 1622 : « Un M. Agard, natif d'Angoulême et domicilié à Agen, partant pour Bajamont où il allait chercher sa fille qui avait été enlevée par M. Calmeil, fut rencontré par l'oncle du ravisseur et par M. de Rance, de Port-Sainte-Marie, qui l'attaquèrent auprès du couvent des Carmes. Ce M. Agar se défendit si bien, qu'il tua ses deux adversaires. D'abord mis en prison, il en sortit bientôt après et ne subit ainsi qu'une légère détention. »

2° Pierre de Ranse, seigneur de Lacourt, qui testa le 27 mars 1627 en faveur de Guillaume son fils ;

3° Antoinette de Ranse, mariée avec Guillaume de Pens, seigneur de la Garde ;

4°, 5° et 6° Anne, Marie et Marguerite.

VI. — Nicolas de Ranse, écuyer, vicomte de Brulhois, seigneur de Plaisance, de la Tour, de Labarthe, juridiction de Port-Sainte-Marie, etc., etc., nommé, en survivance à son père, à la charge d'auditeur en la Cour des Comptes de Nérac, par commission des 12 mars et 17 septembre 1579, lui succéda dans ses fonctions et épousa, en novembre 1595, Sereine de Calmeil, dont il eut :

1° Etienne, *qui suit* ;

2° Joseph de Ranse, prêtre, docteur en théologie, curé de Port-Sainte-Marie.

VII. — Etienne II de Ranse, écuyer, seigneur de Labarthe, etc., reçut, au mois de novembre 1636, commission dans le rég^t de Mgr de

---

(1) Contrat de mariage passé dans la maison de demoiselle Guirautine de Metge, à Port-Sainte-Marie, le 4 mars 1549. (*Arch. de M. de Ranse*).

(2) Voir sur la belle conduite de Henri de Ranse au siège de Caumont le 27 juin 1624 : *Histoire de l'Agen. du Cond. et du Bazad.*, t. II. p. 352.

(3) *Ibidem*, p. 388.

Mun, afin de lever cent hommes d'armes pour le service du roi Louis XIII. Il épousa, en novembre 1652, Anne de Favières, dont il eut :

1° Marc-Antoine de Ranse, seigneur de la Tour, qui se maria avec Marguerite de Sevin du Pécil et mourut sans enfants ;

2° Jean-François, *qui suit* ;

3° Marie de Ranse, mariée, en 1680, avec le vicomte du Gout ;

4° Isabeau.

VIII. — Jean-François de Ranse, écuyer, seigneur de Marognes, etc. seigneur et baron romain, épousa le 19 mai 1685 Marie de Montpezat, fille de feu Jean de Montpezat, écuyer, sieur de Maransan et de Hélène de Malleyrac, habitante du lieu de Dolmayrac et petite-fille de François de Montpezat, écuyer, sieur de Poussou (1), gentilhomme ordinaire de la chambre du roi, et de Olympe de Brunet de Pujols, sa seconde femme, dame de Lestelle, veuve de Pierre de La Crompe, sieur de Beaumarès. Ce contrat fut passé dans la maison noble de Poussou en la juridiction de Madaillan, en présence du sieur Guilhoutet, curateur, noble Marc-Antoine de Ranse, frère, Cassagne Réau, Marie de Ranse, Auterrible de Cieutat, Oveilles de Monlezun, Bordes Lacuée, La Tour de Ranse, Lisle de Bressoles, Marguerite de Genneves, proches parents de l'époux, et de François de Montpezat, sieur de Poussou, grand père de ladite future, Hélène de Malleyrac, sa mère, Pujols Lestelle de Poussou, C. de Tropenat, Villières Castelviel, et Messieurs des Ratiers, d'Elbès Grabiat, Biennassis et autres proches parents et amis.

Le 15 juillet 1726, Louis-Armand de Wignerod, duc d'Aiguillon, comte d'Agenois, gratifie du droit de prélation et retenue à lui appartenant, Jean-François de Ranse. Celui-ci laissa de son union avec Marie de Montpezat :

1° Joseph-Marc-Antoine, *qui suit* ;

2° Joseph-Marc-Antoine-Félix de Ranse, chevalier de St-Louis, marié, en 1736, avec Catherine Grimard de Loulé, dont il eut :

    1° Antoine de Ranse, qui épousa, en 1802, Anne Tissier, et en eut :

        Guillaume-Edmond de Ranse, qui s'est marié le 2 novembre

---

(1) Les Poussou sont des puinés des anciens barons de Montpezat, de Madaillan, d'Aiguillon, etc. Le château de Poussou est construit sur un coteau de la paroisse de Cardounet, à 2000 mètres environ de l'église de Doulougnac et du château de Madaillan. (*Nobil. de Guienne et de Gascogne*, t. IV, p. 324.)

1826, avec Marie-Polymie Dubousquet de Canbeyres (ou Caubeyres?) issue d'une ancienne et noble famille de l'Agenais, qui l'a rendu père de :

    1° Joseph-Léopold ;
    2° Félix-Henri ;
    3° François-Joseph de Ranse, décédé ;
    4° Anne-Josèphe-Léontine.

2° Pierre de Ranse, mort à Saint-Dominique ;

3° Marguerite-Claire de Ranse, marié avec Antoine Moriac de Bois Delfour ;

4° Elisabeth de Ranse, marié à N... Simard de Lamothe.

3° Hyacinthe-Dieudonné de Ranse, qui épousa Catherine Delas de Brimont et en eut :

    N. de Ranse, qui a eu de son mariage avec N... d'Hébrard de Cadrès :

        1° Charles de Ranse, marié avec Mlle Laval de Montpazier ;
        2° Amélie de Ranse, mariée avec M. de Rap, ancien officier ;
        3° Adèle.

4° Hélène ;
5° Marie-Anne.

IX. — Joseph-Marc-Antoine de Ranse, qualifié baron de Ranse, chevalier, seigneur et baron romain, habitant de son château de Ranse, paroisse de Saint-Côme, juridiction d'Aiguillon, épousa, par contrat du 18 avril 1752, Marie-Marthe d'Alesme, d^{lle} pensionnaire au couvent des Dames ursulines de Sainte-Livrade, fille de François d'Alesme, conseiller honoraire du parlement de Bordeaux, marquis de Saint-Pierre d'Oleron, vicomte d'Escaussefort, seigneur du Pian et de Dupin et autres places et de Marie-Marthe-Armande de Quélen, habitant à Bordeaux, paroisse et rue Saint-Rémy. Le contrat est passé dans ledit couvent, le futur assisté de Joseph-Marie-Antoine-Félix, chevalier de Ranse, son frère, de Hélène et Marie-Anne de Ranse, ses sœurs, de dame Catherine Delas de Brimont, sa belle-sœur, de Marthe Dangeros de Castelgaillard, épouse de Renaud de Lartigue, chevalier, seigneur de Bassabat, et la future épouse assistée de Charles-Louis de La Valette Parisot, prêtre, protonotaire du St-Siège apostolique, commandeur de l'ordre de St-Jean, des comtes du Sacré Palais de Latran et doyen de l'église de Montpezat, diocèse de Cahors, habitant de la Rose en Sainte-Livrade, porteur de la procuration de la dame de

Quélen, mère de la future épouse, et procureur fondé pour donner son consentement au présent mariage.

De cette union naquirent :

1º Charles-Nicolas-François-Armand, *qui suit* ;

2º, 3º et 4º Hélène, Marie et Elisabeth, religieuses.

X. — Charles-Nicolas-François-Armand de Ranse épousa Jeanne de Lauvergnac, dont il eut :

1º Jean-Adolphe, *qui suit* ;

2º Jean-François-Léonard de Ranse, docteur en médecine, marié avec Mlle Boudon de Lacombe ;

3º Marie-Antoine-Théophile de Ranse, avocat ;

4º Marie-Catherine-Elisabeth de Ranse, mariée le 7 février 1820 avec Jean-Joseph-Sent-Pé Nebout, fils de feu Antoine-Calixte Nebout, sieur de Viau, et de Catherine-Claire Duvignau ;

5º Anne-Amélie.

XI. — Jean-Adolphe de Ranse a épousé Caroline Boisseau, dont sont issus :

1º Charles-François-Nicolas, *qui suit* ;

2º Jeanne-Pauline de Ranse, mariée avec M. Joseph Lafaige.

XII. — Charles-François-Nicolas de Ranse s'est marié avec Marie-Elise Turpin, fille de Jean-Placide Turpin, de Lagarrigue, et de Marie Elisabeth Leblanc, d'où :

XIII. — Jean-Marie-Armand de Ranse, qui a épousé le 25 mai 1880 Hélène-Marie-Léontine de Lagardelle-Malherbe, fille de Bernardin-Marie-Dieudonné de Lagardelle-Malherbe et de Marie-Claire-Albertine-Valérie Mieulet de Lombrail. De cette union sont provenus :

1º François-Marie-Dieudonné-Marc, né le 20 avril 1881 ;

2º Jean-Marie-Bernard, né le 8 janvier 1884.

TABLE DES MATIÈRES

Dédicace..................................... I
Introduction. — Lettre de M. Ph. Tamizey de Larroque.. III-VI
A mes collaborateurs........................ VII-VIII

Chapitre 1er. — Description archéologique. — Article 1er :
Cours d'eaux. Fontaines. — Art. ii : Voies de communication : Voies d'Eysses, par la Tourasse de Bourran à Saint-Côme. La tourasse de Bourran. Le Pas-de-la-Grave. Le Boué. Gouts. Bois de Saint-Martin. La Tuque. La tourasse de Lagarrigue et les environs. Voie de Nicole à l'ancien Passage et à Saint-Côme. Vinzelles et le Tuquet. La tourasse. Voie de la tourasse à Saint-Côme. La Justice. La Plaine du Sergent. Le Parlement. Le camp de Sourdeau. Le Quadrivium. Fines. Voies secondaires. Le camp de Ramon. Ancien chemin. — Art. iii : Castrum de Saint-Côme. — Art. iv : Castrum d'Aiguillon. Le réduit. Le castellum romain. Le château de Lunac. Le château du Fossat. Le beffroi. Anciennes maisons. — Art. v : Enceinte de la ville. Construction de l'enceinte. Démantèlement et restauration des murs. Détails de l'enceinte. Défenses extérieures.................................... 1-56

Chapitre II. — Histoire militaire et civile. Premiers seigneurs connus. Les Lunac, les Montpezat, les du Fossat, les d'Aïguillon. Guerre des Albigeois. Les seigneurs de Miramont. District et juridiction de Port-Sainte-Marie. Accord passé entre le sieur de Saint-Pastour et les Carmes. Transaction entre les co-seigneurs de Lunac et ceux du Fossat. Bastide de Nicole. Confiscation par le roi de France du duché de Guienne. Libertés et coutumes de Lunac. Un troubadour 57-91

CHAPITRE III. — Rivalités et violences entre les seigneurs de Lunac et ceux du Fossat. Commencement de la Guerre de Cent-Ans................. 93-116

CHAPITRE IV. — Suite de la Guerre de Cent-Ans. Siège d'Aiguillon en 1346..... 117-182

CHAPITRE V. — Suite et fin de la Guerre de Cent-Ans. Les Montpezat seuls seigneurs d'Aiguillon................ 183-206

CHAPITRE VI. — Honorat de Savoie, marquis de Villars. Charles, duc de Mayenne. Guerres de religion....... 207-237

CHAPITRE VII. — La baronnie d'Aiguillon érigée en duché-pairie. Henry de Mayenne. Antoine de l'Aage de Puylaurens. Marie-Madeleine de Wignerod, dame de Combalet. Marie-Thérèse de Wignerod....... 239-299

CHAPITRE VIII.— Louis-Armand de Wignerod. Armand-Louis de Wignerod. Emmanuel-Armand de Wignerod. Armand-Désiré de Wignerod, ducs d'Aiguillon... 301-341

CHAPITRE IX. — Histoire ecclésiastique : Aiguillon et ses annexes. L'hôpital. Les Carmes. Les Filles de la Croix. Saint-Côme. Nicole. Pélagat.. 343-392

CHAPITRE X. — Révolution........... 393-484

CHAPITRE XI. — Epoque contemporaine....... 485-500

NOTES ET PIÈCES JUSTIFICATIVES 501-526

TABLE ALPHABÉTIQUE

DES NOMS DE LIEUX ET DE PERSONNES

AVIS PRÉLIMINAIRE

Voir aux pages 209, 210 et 216 : les noms des consuls, jurats et habitants de la juridiction d'Aiguillon, contractant avec Honorat de Savoie, comte de Villars et baron d'Aiguillon dans l'acte de transaction de 1550 ;

— aux pages 244-247 : les noms des personnes ayant des propriétés dans la paroisse de Saint-Félix d'Aiguillon ;

— aux pages 348-251 : les noms des personnes ayant des propriétés dans la paroisse de Saint-Côme ;

— aux pages 251-253 : les noms des personnes ayant des propriétés dans la paroisse de Sainte-Radegonde ;

— aux pages 253-254 : les noms des personnes ayant des propriétés dans la paroisse de Gouts ;

— aux pages 254-255 : les noms des personnes ayant des propriétés dans la paroisse de Pélagat ;

— à la page 255 : les noms des personnes ayant des propriétés dans une partie de Lagarrigue ;

— aux pages 255-256 : les noms des personnes ayant des propriétés dans une partie de Miramont ;

— aux pages 256-258 : les noms des forains ayant des propriétés dans la juridiction d'Aiguillon ;

— aux pages 336-338 : les noms des consuls d'Aiguillon ;

— à la page 338 : les noms des gouverneurs d'Aiguillon ;

— à la page 339 : les noms des lieutenants généraux de la sénéchaussée d'Aiguillon, des lieutenants particuliers, des juges, des procureurs, des avocats, des receveurs;

Voir aux pages 339-340 : les noms des notaires ;
— à la page 340 : les noms des militaires officiers ;
— aux pages 349-353 : les noms des curés et des vicaires de la paroisse de Saint-Félix ;
— aux pages 357-361 : les noms des personnes qui ont abjuré le protestantisme;
— aux pages 370-372 : les noms des syndics de l'hôpital d'Aiguillon ;
— aux pages 394-396 : les noms des électeurs d'Aiguillon en 1789 ;
— aux pages 399-404 : les noms de ceux qui contribuent à la souscription patriotique en 1789 ;
— aux pages 401-484, *passim :* les noms des officiers municipaux, des fonctionnaires et des électeurs pendant la Révolution.

A

Aage, seigneur de Puylaurens (Antoine de l'), 269, 270.
Abelly (Mgr), 279, 380.
Acigné (Anne d'), 289.
Adam (Rosalie), 387.
Agen, 21, 47, 51, 58, 65, 71, 79, 98, 100, 109, 110, 112, 114, 115, 116, 119, 128, 131, 132, 133, 135, 136, 137, 144, 150, 164, 171, 175, 176, 184, 187, 188, 190, 195, 196, 200, 220, 221, 222, 223, 228, 235, 236, 264, 265, 266, 283, 284, 315, 317, 323, 361.
Agenois (Mlle d'), 289, 292, 293. — Voir Wignerod (Marie-Thérèse de).
Aginnum, 21.
Agolant, 119.
Agolem ou *Agolant,* 119.
Agulhon (En Bernard), 83.
Aiguillon Guillaume d'), 61, 95.
    Pierre d'), 62, 95.
    Guillem d'), 63, 95.
    Bernard d'), 66, 95.

Aiguillon Elie d'), 66, 95.
    Arnaud d'), 107, 108, 117.
    Guillaume d'), 107, 108, 117.
    le duc d'), 262. — Voir Lorraine et Mayenne (Henri de).
    la duchesse d'), 262.
    la duchesse d'), 274, 280, 281, 282, 286, 288, 291, 298, 346, 356, 380. — Voir Wignerod et Combalet (Marie de).
Alais, 138.
Alard (Me Pierre), 215.
Alaric (II), 57.
Albret (Amanieu d'), 59, 202.
    le sire d'), 99, 114, 188.
    Bérard d'), 110.
    Bernard Ezii d'), 158.
    Jean d'), 201, 205.
    Alain, sire d'), 203.
    Isabelle d'), 205.
    Jeanne d'), 520, 521.
Aldiarde (dame), 62, 94.
Alesme (Marie-Marthe d'), 525.
    François d'), 525.
Alexandre (VI), 344.

Alexandrine (Mlle), 235.
Alis (l'abbé R. L.), 71, 119, 517.
Allemans (la sgrie d'), 293.
Alphonse (comte de Toulouse), 47, 64, 65, 68, 70, 96, 97.
Ambissovicus, 27.
Ambissum (bourg d'), 29.
Amblard (M. Joseph), 285.
Amboise (Ingier, seigneur d'), 141.
Ambres, 140, 175.
Ambrus (la sgrie d'), 295.
Amiens, 111.
André (Frère), 77.
Andrieu (M. Jules), 61, 71, 101, 145, 266, 316, 328, 485.
Andrieu (Daniel), 498.
Angellé, 272. — Voir Dangellé (Nicolas),
Angers, 48.
Anglade (Germaine d'), 358.
Angles (Guébarde des), 108.
Angoulême, 119, 120, 123, 133, 134. — Voir *Agolem.*
Anicourt (Charlotte d'), 386.
Anjou (le duc d'), 188, 189, 190.
Anselme (le Père), 274.
Ansold (seigneur), 61.
Antin (le comte d'), 72.
Anymulle, 180, 347. — Voir *Sainte-Radegonde.*
Aprin (Mlle), 325.
Aquaviva (Anne d'), 234.
Arezet (Antoine), 165.
Argelos (Jeanne), 319.
Argennes (Julie d'), 280.
Argenton (l'abbé), 67.
Armagnac (le comte d'), 176, 184, 185, 188.
    Jean, bâtard d'), 202.
    Gaston d'), 99.
    Jean II, dit le Bossu, comte d'), 191.
    Jean III d'), 191.
Armagnac, 234.
Arnaud (Jeanne d') 370.
Arpajon-Lautrec (Delphine d'), 201.

Arques (Philippe d'), 145.
Arquissan (Saint-Pierre d'), 191.
Artifau (Bernard), 69.
Artigues, 294.
Arundel (le comte d'), 122, 124, 126, 153, 154.
Arvet (la baronnie d'), 290.
Astaffort, 188, 283, 470.
Astarac, (Jeanne d'), 191.
Ataulf, 57.
Atria (le duc d'), 234.
Auberoche, 119, 124, 141.
    (le château d'), 118.
Auber de Peyrelongue (l'abbé Jean-Urbain d'), 363, 368.
    Jean-Baptiste d'), 368.
    François d'), 368.
    Joseph d'), 368.
Aubrac (l'hôpital d'), 161.
Auch, 223, 234.
Audhuy (M.), 493.
Augerant (Robert d'), 155.
Auguste (Empereur), 11.
Aumale (Claude duc d'), 234.
Aurelzer (Pierre), 136.
Autrebier (Pierre), 135.
Autriche (Anne d'), 279.
Auvergne (Jeanne d'), 136.
    Guillaume XIII d'), 136.
Auvignon (Arnaud d') 78, 79, 81, 83.
Auvillars, 64, 65.
Aux (Bernard d'), 193.
Avignon, 135, 278.
Aymart (vicomte de Clermont), 139, 165.
Aymart (Mr), 71.
Aymeri (vicomte de Narbonne), 132, 133, 139.
Azincourt, 192.

B

Bachelier (M. de), 267.
Bahideuc (Charles-François-Emmanuel de) 326.

Bajalet, 25.
Bajamont, 68, 137, 164, 175, 194.
Bajamont (le seigneur de), 197.
Balbet (Guillaume), 135.
Balenxs (Isarn de), 114, 115.
Bandello (Mathieu), 343.
Baraillon (Jeanne), 365.
Barbane, 186.
Barbaste, 22.
— pont de), 71.
Barbier de La Serre (le sieur), 351.
Bardin (Mr), 499.
Barentin (Drogon de), 66.
Bares (Pierre de), 282.
— Marie), 513.
Barjols (Elias de), 91.
Barn (Barthélemy du), 142.
Barrat (Mr), 499.
Barraut, 264.
Barrère (l'abbé), 60, 175, 184, 235, 280, 374.
Barrié (île), 7, 8, 328.
Barrier, sr de la Cibadère (Andrieu), 302.
— André), 354, 362.
— Simon), 354, 363.
— l'abbé Jean-Joseph), 407, 413, 414, 456, 457.
Barrier de Comparre, Mlle), 413.
— l'abbé Louis-Henri-Raymond), 457.
Barrier de Laburthe (Jean), 305.
— Marie-Jeanne), 363.
— l'abbé Jean Timothée), 460, 471, 474.
Barry (la du), 312, 320, 321.
Barsalou (M. Victor), 285.
Barthère (Jeanne Ponsan de La), 231.
Bassac (Bernard de), 90.
— Antoine de), 231.
Basset de Drayton (Raoul), 109.
Bataille, 163.
Baume (Jacquemin de La) 140.
Baur (Bernard), 72.
Baux (Bertrand de), 139, 141, 142, 176.
Bayle (Clément), 219.

Bayle (Marie de), 263, 269.
— Jacques de), 263.
Bayonne, 64, 82, 117, 131.
Bazas, 29, 65, 66, 180.
Bazens (le bourg de), 70.
Bazens (Arnald de), 69.
— de Montaud (Félisse de), 294.
Bazignan, seigneur de Tauzia, Bertin et Ligarde (François de), 314.
— le consul de), 315.
— Albert de), 515.
— Léonard-Seurin-François de), 515.
Bazin (Mr), 325.
Bazin (Mr), 500.
Bazin de Besons (Mr), 298.
Beaucaire (le vicomte de), 188.
Beaugrand (Jacques), 500.
Beaujardin (Jeanne Dufossat de), 386.
Beaulieu (le sieur de), 356.
Beaumont, 118.
Beaumont (Marie-Anne), 387.
Beauvais (Richard de), 130.
Beauvais (le Père de), 380.
Beauville, 137. — Voir : Boville.
Bécarn (Simon de), 191.
— Jeanne de), 191, 196.
Bédat (Le), 21.
Begorria ou Begorra (Pierre de), 80. — Voir : Bigoria.
Bégoulle (Mr), 14, 44.
— (la femme), 285.
— Jean), 376.
— Me Bertrand), 302.
— Simon), 302.
— Jean Arnaud), 336.
— Jeanne), 354.
— Simon), 354, 358.
— Marie), 363.
— Joseph), 513.
Béguin (Arnaud de), 90.
Bellangier (Jean de), 216, 217.
Bellegarde (les demoiselles), 428.
Bellevue, 21.
Belloc (Mr), 499.

Belly (maison), 30, 31.
Belmont (M. de), 266.
Belrieu (Jean de), 286, 294.
    Jacques de), 295.
    Jean-Jacques), 295.
Belzunce (Jacques de), 294.
    l'abbé de), 362, 372,
Benstède (le chevalier de), 99.
Béousse (La), 15, 313.
Bergerac, 52, 111, 117, 118, 120, 122, 123, 124, 128, 143, 145, 174, 176, 189, 235.
Béril (Charles), 368.
Bernadoc (Raymond de), 90.
Bernard (seigneur), 61.
Bernard (VII, comte d'Armagnac), 192.
Bernet, (fontaine du), 9.
Bernet (Raymond du), 79.
Berrossa, 99.
Bertrand (Hugue), 97, 98.
Bertrandy (Mr), 119, 120, 121, 127, 129, 138, 145, 147, 151, 152, 156, 158, 166, 173, 174, 177, 180, 182.
Bérulle (Mr de), 279.
Berzian (Jacques de), 200.
Besançon (Jean de), 166.
Béthune (le comte de), 278, 279.
Bezin-Dubarry (Bernard), 336.
Bibal (ancienne maison), 30.
Bigau, 261, 262.
Bigoria (Pierre de), 77, 80.
    Manin de), 77, 78, 80.
Bigorne, 77.
Bigorre (le comte de), 63.
Bilbeau (Mr), 325.
Birac (Grimond de), 190.
Biron, Sgr de Casteljaloux (Blaise de), 231.
Biron (le maréchal de), 231.
Bisel (l'abbé Maure), 365.
Bitaubé (la sœur), 387.
Bitaubé (Louis-Sébastien), 500.
Blanc, 12.
Blanchard 17, 20, 23, 148.
Blanchard (Pierre), 216.

Blanquefort (la seigneurie de), 295.
Blaye, 114, 117.
Blazerte (Bibien de), 77.
Blois, 201, 242.
Blois (le comte de), 168.
Boat (Arnaud) 137.
Boc (Gaston), 79.
Bocalh (B), 185.
Boé (Rosa), 512.
    Bernard), 512.
Boëre (Raymond Pierre de La), 70.
    Guillaume de La), 70.
Boisjelin (Marie-Eugénie de), 326.
Boisseau (l'abbé Raymond), 471, 474.
    Caroline), 526.
Boisverdun (le repaire noble de), 293.
Bonadeo ou Bonadieu (Antoine), 76
Bonaguil (la seigneurie de), 295.
Bonard (Pierre), 365.
    Jean), 365.
Bonconseil (Gauvin de), 90.
Bonhomme (Marie Foy de), 386.
    Me Jean-Jacques de), 386.
Bonnac (Monseigneur de), 318.
Bonnant, 35.
Bonnal (François de), 294.
Bonnal-Daugears (la maison noble de), 294.
Bonneau-Avenant (Mr), 270, 273, 280, 281, 292, 357.
Bonnefond (Me Philippe de), 366.
Bonneval ('abbaye de), 162.
Bonneval, 118.
Bonnier de la Mosson, 324.
Beaux Repeaux (la paroisse de), 70.
Bonvoux (Mr de), 325.
Bordeaux, 63, 64, 65, 82, 83, 117, 118, 126, 128, 134, 153, 158, 174, 178, 179, 187, 192, 196, 218, 220, 221, 230, 231, 264, 281, 282.
Borellis (Raymond de), 175.
Borie (Mr), 40.
    (maison), 47.
Born (la maison noble de), 294.
Born (Bertrand de), 91.

Bosc (le capitaine du), 234.
Bouc (Jean), 108.
Boudon, 5.
Boudon (Mr), 499.
Boudon de Lacombe (Barthélemy), 302, 366, 510.
    Barthélemy), 302.
    Marc-Antoine), 336, 362, 368.
    l'abbé Guillaume), 352, 366, 368, 465.
    André), 362, 510.
    François-Thomas), 368.
    Jean-François), 368.
    Honorée), 368, 465.
    Jean-Joseph), 368.
    Jean-Jacques), 368, 465.
Boudonet, 5.
Boué (Le), 13.
Boullé (Mlle), 325.
Boulogne (Elisabeth-Bénédictine), 466.
Bourbon, près Nicole, (maison noble de), 284, 285.
Bourbon (le cardinal de), 236.
    le duc de), 123, 132, 133, 137, 150. — Voyez le suivant :
    Pierre de), 131, 132, 134, 139.
    Jacques de), 165.
    Antoine de), 219, 521, 522.
    Henri de), 223, 522.
    Henri de), 223.
    Isabelle de), 226.
    Charles de), 317.
Bourdette (La), 12.
Bourdillan (Jacques), 216.
Bourg, 114, 117.
Bourg (Colomb du), 65.
Bourgade (le capitaine), 228.
Bourgogne (Jeanne de), 182.
Bourgoigne, 283.
Bourgoignon (Thibaut le), 105.
Bourran, 11, 22.
Bourran (Jean-Douzon de), 293.
    Joseph de), 335.
Bourrousse de Laffore (ingénieur), 3, 492.
    (J.-F.), 17, 59, 73.

Boussac, 16, 25.
Boussac (Mr), 19.
Boussères de Mazères, 21.
Boussères de Sainte-Radegonde, 202, 231, 260, 261, 347.
Boutaric, 68.
Bout des Cartérées (Le), 8.
Bouvier (Sébastien Le), 304.
Bouyer (Mr), 499.
Bouzet (Anne de), 203.
    marquis de Marin (Charles de), 295.
Boville, 184.
Boville (le seigneur de), 67, 68.
    le sire de), 194.
    Bertrand de), 90.
    le seigneur de), 197.
Bowet (H.), 186.
Boyer (Rose), 362, 510.
Bramefan (île de), 9, 327.
Branet (Marie-Jeanne), 386.
    Jean-Louis), 386.
Brantôme, 226.
Brehan (Louise-Félicité de), 312.
Breneux (Saint-Jean de), 191.
Bréquigny, 82, 181.
Bretagne (Jean duc de), 83.
Brézé (le marquis de), 278.
Bridiers de Villemor (Jean de), 313.
Brienne (Raoul, comte de), 112.
Brienne (Pierre), 476.
    Jérôme), 244.
    Robert), 244.
    Pierre), 262.
    Jérôme), 263, 347.
    Jean-Jacques), 314.
    Jean-Baptiste), 314.
    Antoinette), 363.
    Jean-Henri-Bernard), 368.
    Jean), 371.
    Honorée), 416.
    Jean), 500.
    Jean), 509.
Brillon (Louis-Joseph), 284.
Brisacier (l'abbé de), 291, 292.
Briset (Thomas), 130.

Broca (Joseph de), 295.
Bruch (le château de), 70, 95.
Bruet, seigneur de Lagarde (Joseph-Clément-Marie de), 284.
Buffandeau (Jean), 500.
Bruil (Gédéon de), 294.
Bruilhois (Gaston de), 95.
Buisson (M⁰ Guillaume), 215.
Brulh, 282.
Brunet de Pujols (Olympe de), 524.
Bure ou *Bère* (la gourgue de), 211.
Burgué (Anne), 386.
       Marc-Antoine), 386.
Burie, 220.
Buston (Jean), 500.
Buzet (le château de), 82.
   Notre-Dame de), 367.
   le prieuré de), 343, 365.
Buzet (le prieur de), 348, 349, 367, 373, 374.
     Peyre de), 71.

C

Cabanes (Antoine), 453, 471, 474.
Cabrié (Louis), 498, 500.
Cadillac, 265.
Cadoin (le monastère de), 94.
Cadot (Chevenin), 144.
Cadron de Gouts, 13, 343. — Voir : *Gouts*.
Caen, 165.
Cahors, 128, 131, 132, 134, 146, 188, 198.
Cahusars (M⁰ François), 216.
Cahuzac (la baronnie de), 294.
Caillau (Frère Arnaud de), 374.
Calais, 182.
Calezun, 98.
Calmeil (M. de), 523.
     Sereine de), 523.
Calonges (la baronnie de), 295.
Camain (Françoise de), 268.
Camasiis, 97.

Cambout de Pouchâteau, (Marguerite du) 269, 270.
    F. du), 270.
Cambridge (Thomas de), 99.
Cambrois (Guillaume de), 90.
Campagne (Raymond de), 78, 79, 82.
Camparoumo, 12.
Canpots (aous), 12.
Camps (Jean des), 90.
Cancon (le château de), 202.
    la baronnie de), 294.
Candale (le duc de), 284, 285.
Candanere, 82. — Voir : Candeure.
Cande ou *Candie*, 4, 21, 56, 82. — Voir : *Cangium*.
Candeure (Jean de), 82.
Canebaze, jurid. de Monflanquin (la maison noble de), 294.
Cangium, 82, 390.
Cannieu (Mʳ), 498.
Cap de Birissa, 97.
Cap de l'Ilot, 5, 8.
Cap dou moundé, 5.
Caplisse, jurid. de Monflanquin (la maison noble de), 295.
Caravelle (Gaubert de), 190.
Carbonneau (François de), 286.
Carbonnières (Philibert de), 294.
Carbonnois (Marguerite), 380, 382.
Carbounières (Pierre de), 517.
Carcassonne, 61, 83, 131, 133, 193.
Carcassonne (le vicomte de), 188.
Cardounet, 97, 100, 113, 183, 196, 199.
Carrié (Jean), 301.
Cars, comte de la Vauguyon (Jean des), 226.
    François des), 226.
Carte (Thomas), 2, 185.
Cartérées (Les), 9, 42, 77, 148, 149.
Cassade (Raymond de la), 142, 166.
Cassagne (Monin de la), 115.
    Raymond de la), 115.
Cassagnes (Guillaume des), 184.
    Paul-Antoine des), 295.
Cassaigne (Arnaud de La), 140.

Casseneuil, 46, 294, 335,
Cassignas, 68.
Castécu (la maison noble de), 293,
Castelbajac (Raymond de), 140.
Castelbon (Roger-Bernard de Foix, vicomte de), 132, 133, 140.
Castelculier, 68. 82.
Casteljaloux, 223, 229, 263, 265.
Casteljaloux (le sieur de), 232.
Castelmoron, 55, 65, 95, 113, 121, 123, 185, 195, 226.
Castelnau d'Essenauld (le marquis), 1, 26.
Castelnoubel (la maison noble de) 295.
Castelpers (Bertrand de) 140.
Castelsagrat, 119, 120, 137, 140, 145.
Castelsarrazin, 63.
Castets, 235.
Castillon, 10.
Castillon (d'*Aiguillon*), 104.
Castillon (*Gironde*), 56.
Castillon-sur-Dordogne, 207, 235, 265.
Castillon (Gaucher de) 114.
   (Pons de) 193.
Castillonnès, 106, 295.
Caubios (le baron de) 421, 473.
Caudecoste, 236.
Cauderoue (le château de), 70, 71.
Caudrot, 65.
Caumont, 62, 65, 192, 195, 220, 235, 264, 295.
Caumont (Anier-Sanche de) 62.
  Barthélemy de) 79.
  le seigneur de), 98, 99.
   Alexandre de), 99, 114, 118, 129, 130, 155, 156.
   Guiscard de) 114.
   Guillaume-Raymond de), 141.
   Catherine de), 196.
Cauparre, 15, 16.
Caussade (Anne de), 286.
Caussade (Mlle), 325.
Caussade (Jacques de La), 295.
Cave (Jean), 305.
Caven (Arnaud de), 481.
Caylus (le château de), 60.

Cayssac, 199.
Cazanova (Guillaume), 76.
Caze (Mr de La), 224.
Cazeaux (M. Me Louis de), 364.
Cazenove (Othon de), 107.
Cazenove (Henri), 500.
Cazotte (La), 25.
Cenne (La), 126.
Centudville, 77, 79, 80, 205.
César, 11, 29.
Chabaneau (M.), 91.
Chabannes (Mgr de) 344.
Chabaud (M.), 328, 493.
Chabouillé (Mr), 290.
Chabrillant (le marquis de) 485, 486-490.
Chaceporc (Pierre), 65.
Chalbel (Me Bertrand), 218, 361, 372.
Champeauu (Les) 12.
Chandos, 188.
Chanteloup (Amanieu de) 186.
Chantérac, 220.
Charbouneau (Mr), 499.
   Daniel), 500.
Charles (IV dit le Bel), 108, 109, 111.
  V), 188, 190.
  VII), 193, 196.
  IX), 221, 227, 229.
Charles de France, duc de Guienne), 200.
Charles (Frère), 75.
Charlemagne, 119.
Charmeaux (Marguerite Guyot des), 277, 278.
Charmont (Beaudoin de), 140.
Charnecel (Jacquin de), 142.
Charny (Geoffroy de), 140.
Chartier (Jean), 351.
Chartogne (Ferry de), 123.
Chassain (Antoine), 326.
Chassaudy (le capitaine) 224.
Chastenay (Jean de) 140.
Châteauneuf-sur-Charente, 235.
Châteauneuf (Mgr de), 383.
Châteauroux (la duchesse de), 312.
Chatelet (Claude), 365.
Châtillon sur-Indre, 134.

Châtillon (Jean de), 140.
Chaubet (l'abbé Joseph-Pierre), 353, 368, 409, 424, 461, 470, 471, 473, 474, 479, 480, 481.
Chaudruc de Crazannes (Mʳ), 17, 27, 28.
Chaumel-Mestrot (Mʳ), 499.
Chauvel (Jean), 167.
Chauvet (Jean-Pierre), 366.
Chauvillé (Johannes), 138.
Chemin (N. du), 195.
Chère (Jean La), 301.
Chéry (Mʳ), 284.
Chesnaye des Bois (La), 274.
Chétardye (la marquise de La), 324.
Chevalier ou *des Chevaliers* (l'île), 9.
Chevreuse (la duchesse de), 282.
Chichard (le R. P.), 357.
Chilaud (Elisabeth de), 368.
Chrestian (Le), 25.
Christophe (vicaire de l'Evêque d'Agen). 201.
Cibadère (La), 23.
Cirot de La Ville (l'abbé), 60.
Clairac, 22, 55, 62, 65, 89, 113, 148, 250, 195, 220, 226, 227, 230, 235, 265, 266, 283, 285, 311, 323, 335, 358.
   (l'abbaye de) 82, 197, 390, 391.
Clar, bailli de Casseneuil (Simon de) 90.
Clarence (le duc de), 163.
Claverie (François de), 261.
Claux (Mʳ de La), 290.
Clergerie (Antoine de La) 286.
Clermont-Dessous, 21, 62, 67, 70, 95, 303.
Clermont-Dessus (le seigneur de), 67, 68.
Clermont (le comte de), 61.
Clermont (Guillem-Saisset de), 62.
Clermont (Raoul de), 82. — Voir : Nesle.
Clermont (Marquèse de), 231.
Clèves (Henriette de), 239.
   Charles-Gonzagues de), 271.
Cloche, baron de Saint-Agnet (Bernard de), 363.
Cloupeau (Catherine), 368.

Clovis (1ᵉʳ), 57.
Cocherel (Adam de), 172.
Cohardon (Guillaume de) 68, 69.
Coleignes, 11, 12, 22, 95, 181, 262, 321, 355.
Colers (Arnal), 69.
Coligny (l'amiral de) 222, 223, 226, 227.
Colombier (Barthélemy), 389.
   Antoine), 389.
Colornhs (Pierre de), 161.
Combalet (Mme de), 56, 260, 268, 270, 271, 272, 273, 279, 280, 301, 356, 379. — Voir : Wignerod (Marie-Madeleine de).
Combret (Béranger de), 139, 142.
Comminges (le comte de), 63.
   Guy de), 131, 132, 137, 140, 175.
Communauté (l'île de la), 8, 55.
Compazet, 343. — Voir : *Lagarrigue*.
Condat, 186.
Condé (le prince de), 222, 281, 282, 283.
Condom, 47, 61, 62, 81, 106, 190, 222, 223, 287, 315.
Coniel (Guillaume), 244.
Conquête (La), 23, 54, 170, 178.
Constance (le général), 57.
Constant (Evêque constitutionnel), 470, 479, 480.
Conti (le prince de), 282, 283.
Cocq (Thomas), 130.
Coq (Paul), 8.
   Etienne), 336.
Coquerel (Adam de), 142.
Coquet (Charles de), 301.
   Bernard de), 314.
   Reine Françoise-Elisabeth de), 368.
   Jean-Philippe (de), 368.
Corales (Marie), 362.
Corbie, 219.
Corbin (Mʳ), 303.
Corbun de Castelnau (Jean-Barthélemy, 313.
Corneille, 280.
Cosnac (le comté), 290.

Coucy, 51.
Couderc (Mr Jean), 390, 409, 424, 453, 471, 474, 477.
Cougny (Mr de), 1.
Coulé (Arnaud), 319.
Courrèges (l'abbé) 353.
Cours, 68.
    (le château de), 70.
Cours (Catherine de) 196, 202.
    le seigneur de) 197.
    François de), 229.
Courtainviller (Robert de), 175.
Courtête (François de), 294.
Coyl (Guillaume-Bertrand Le), 107.
Craon, 184.
Crassus, 29.
Crécy, 146, 182.
Créon (Amalric de), 99, 101, 103, 105.
Croix de Richard, 12, 16, 22.
Cropte de Chanterac (Galianne-Marie de La), 296, 377.
    Louis-Joseph de La), 296.
Cruemont pour *Cugurmont* (le bourg de), 70.
Crussol (Anne-Charlotte de), 307, 309, 377, 487.
    Louis de), 308.
Curson (Agnès de), 144.
Cusson (Mr), 499.

D

Dalidou (Mr), 493.
Damazan, 22. 55, 119, 120, 122, 145, 200, 223, 235, 236.
    (le château de), 123.
Damville et Danville (le comte de), 222.
    le maréchal de), 224.
    — Voir : Montmorency (Henri de).
Danduran (dit le Perriquet), 208.
Dangellé (Nicolas), 271.
Danglars (Jacques Dablanc de), 392.
Darans (Gabrielle), 514.
Darnalt, 194.

Darré-la-Tour, 12.
Dauffen (Robert), 142.
David (M. A.), 272.
Dayres (Mr), 494.
Decoudiace (Marie), 380, 382.
Deen (Guillaume de), 98.
Deharle (Marie-Madeleine), 365.
Delahet, 217.
Delas de Brimont (Catherine), 525.
Delbène ou d'Elbène (Mgr Barthélemy), 356.
Delboscq (Guillard), 216.
Delga (Pierre), 500.
Delrieus (Arnold), 69.
Demay (Jean-Germain), 141, 496, 497.
    Jean-Victor), 497.
Dentre (Othe), 142, 172.
Deodat (l'abbé), 162.
Derby (Henri de Lancastre, comte de), 117-122, 126-131, 134, 145, 153, 154, 156, 158, 159, 168, 173-176, 178-180, 188.
Dert-Aculeus, 2, 185.
Descamps (Fori), 69.
Descamps (Me Joseph), 371.
Descamps (Prudence), 500.
Descayrac (M. Me Antoine), 358.
    M.), 389.
    M. Pierre), 391.
Desclaux (l'abbé Jean), 471, 474.
Descomps (Philippe), 499.
Descorsang (Raymond Audebant), 142, 172.
Desnoyers de Gandillac (Antoinette), 523.
Despeyroux (Mr), 493.
Despierre (Decodat), 70.
Desportes, 242.
Desprès (Mlle), 325.
Destouches (Mr), 318.
Devèze (Jean de la), 185.
Devienne (dom), 230.
Digeon (Charles), 293.
Dincord (Charlotte), 386.
Doazan (Me), 309.
    Jérôme), 313.
    l'abbé Jean-Barthélemy), 355.
Dolmayrac, 193, 204, 205, 239, 240, 241, 318, 327.

Dominici (Raymond), 175.
Dominipech, 70, 89, 475,
Donnac ou Donnant (Pierre), 142, 172.
Donnadieu ou Donadieu (Arnaud), 263.
Douazan. 220.
Doulougnac, 100, 113, 183, 196.
Dozon (Jean), 205.
Drouart, 272,
Drovard (François), 326.
Dubois (l'abbé Jean-Louis), 333, 367, 368, 406, 407, 408, 409, 424.
    l'abbé Jean-François), 367.
Dubousquet de Caubeyres (Marie-Polymie), 525,
Duburga, 13, 24, 43, 53.
    Jean), 377.
    Guillaume-Charles), 341, 485.
    Justin), 341, 485.
    l'abbé Jean-Baptiste), 354, 363, 365.
    Louise), 363, 364.
    l'abbé Jacques), 364.
    l'abbé Jean), 366.
    le colonel), 3, 7, 18 27, 35, 40, 43, 147, 148, 160, 162, 166, 171, 177, 344, 346.
Ducasse (Jean), 76.
Duchalard (Me Léonard), 215.
Duchanin (Antonin Quintran), 309.
    Nicolas Augier), 309.
    Jean), 336.
    Henri-Eugène), 336.
    Jean-Pierre), 336.
    l'abbé Jean-Baptiste), 352, 354.
    Pierre), 361.
    Michel-Célestin), 366.
    Gilbert-Antonin), 366.
    Gilbert-Antonin), 366.
    Marie-Charlotte), 366.
Duchard, 217.
Ducourneau (Me Pierre), 362.
    Françoise), 362.
    François), 362, 372.
    Charlotte), 509.
Ducourneau (Mr), 493,

Dufort (Catherine-Joséphine), 515.
Dufour (Germaine), 380, 382.
Dulau (Emmanuel-Armand), 326.
    Michel), 326, 363.
Duluc (Catherine), 422, 457.
    l'abbé), 422.
Dumas (Marguerite), 511.
Dumolin (Catherine), 367.
Dumoulin de Montorset, 349.
Dun (Begun de), 90.
Dunau (Félix), 500.
    Jean), 509.
Dunoyer (Sœur Saint-Sauveur), 387.
    Marie), 406.
Duns, 96.
Dupin (François), 293.
Dupont (Mr), 497.
Duprat (Frère Gaucelme), 374.
Duprat (Pierre), 500,
Duprat (Lucien), 500.
Dupré (Clémence), 326.
Duras, 283.
    le château de), 220.
Duras, 220.
Dureau (Jean), 274.
Durengues (l'abbé), 7, 63, 272, 344, 346.
Duroux (l'abbé Antoine), 471, 474.
Durfort (Arnaud de), 110.
    Cécile de), 183.
    Jean de), 190, 194.
    Bertrand de), 192.
Duvignau (Jean), 313, 325.
    Joseph), 325, 514.
    Pierre), 351, 361, 509, 514.
    Marie), 361, 509.
    Pierre-Joseph), 366.
    Catherine-Claire), 511, 514.
    Jean-Pierre-Thomas), 366.
    Etienne), 510.
Duvignau Du Verger (Jean-François), 368.
    François-Charles), 368.
    Jean-François), 368.
    Jean), 425.

E

Eauze, 22.
Edmond (comte de Kent), 111.
Edouard (Ier), 73, 76, 77, 82, 83, 101, 104, 106.
  (II), 59, 94, 99-111.
  (III), 100, 110, 111, 114, 115, 117, 121, 122, 130, 131, 138, 154, 169, 172, 174, 177-181, 187.
Edouard (Prince de Galles), 186. — Voir : Galles.
Elbeuf (René, marquis d'), 234.
Epernon (le duc d'), 264, 267, 282.
Erquery (le sire d'), 112, 113.
Esca (le seigneur d'), 72.
Escayrac (Arnaud d'), 79.
Escodéca de Boisse, seigneur de Pardaillan (Hermand d'), 293.
Escoubleau (Henri d'), 295.
Escoussan, 59.
Escudié (Jeanne d'), 511.
  Antoine d'), 511.
Espagne (Bertrand d'), 180.
Espalais (la chapelle d'), 303.
Espiens (le village d'), 70.
  le château d'), 70.
Estillac (Raymond d'), 79.
Estrades (Radulphe d'), 73.
Eu (Raoul, comte d'), 124, 134, 139, 165, 168.
Euchèle (Jeanne), 326.
Eudes (II, duc de Bourgogne), 123, 136, 139.
Excisum, 11. — Voir Eysses.
Eysses, 11, 22, 28.

F

Fabre (Augustin), 493.
Fabre-Dumoustier (Mr), 478, 485, 492.
Fabreja (Jacques), 138.
Falconeira, 62.
Falconeira (Vidal de la), 62.
  Pagane de la), 62.
  Pierre de la), 62.
Falempin (l'abbé Pierre), 354.
  Paul), 371.
Falgar (Sicard de), 132.
Fallières (M. O.), 69, 81.
Falzet (Jeanne), 387.
Faure (Elisabeth), 387.
Fauriel (Mr), 62.
Fauvel (François), 271, 272.
Fauvelle (Mlle), 325.
Favas (le capitaine), 234.
Favières (Anne de), 524.
Faye (Hugues de), 61.
Fayolle (Oddet de), 205.
  dame), 414, 422, 428.
Fayolles de Laval (Jean), 366.
Ferrand (Jean), 295.
Ferrare (Anne d'Este de), 223.
Ferréol (Guillaume-Raymond), 81 et
Ferriol (Etienne), 114.
Ferron, marquis de Carbonnieu (Asdrubal de), 295.
Feugarolles (le château de), 70.
Ffilongleye (Ricard), 187.
Fimarcon (le marquisat de), 295.
Fimarcon (le sire de), 190.
Fines, 21, 22.
Fines Aculei, 3.
Flament (Jean de), 90.
Flandrine (dame), 60, 93.
Flaon (le château de), 362.
Fléchier, 288, 292.
Fleurance, 190.
Floirac, 68, 96.
  le château de), 70.
Flotte (Pierre de), 142.
Flourans et Florans (M. Me Jacques), 354.
  Xavier), 405, 447.
  Jeanne), 509.
  Françoise), 510.
Foix (le comte de), 63.
  Robert de), 133.

Foix (Catherine de), 201.
    Alain de), 205, 207.
    Jeanne ou Françoise de), 207, 233.
    Gaston II de), 112, 114, 132, 133, 140, 143, 168, 169, 172, 182, 205.
    de Candale (François de), 295.
Fontaine (Jean de la), 140.
Fontaine (Guérin des), 163.
Fontainemarie (Jean de), 293.
Fontange de Maumont (Jeanne-Françoise de), 306, 311, 364.
Fontanha (Saint-Michel de), 191.
Fontenille (Mʳ de), 222.
Fontevrault (l'abbaye de), 60, 94.
Fontgrave, 229, 261.
Fontirou, 68.
Force (La), 118.
Force (le marquis de La), 264.
Fossat (le château du), 40, 48, 76, 80, 101, 104, 106, 178, 204, 261, 318.
    le bourg du), 43, 44, 59, 67, 80, 102, 178, 179, 181.
    la seigneurie du), 58.
Fossat (Gautier Iᵉʳ du), 59, 60, 94.
    Arnaud du), 60.
    Giraud du), 60.
    Guillaume du), 60, 94.
    Gautier II du), 94.
    Arnaud-Garcie Iᵉʳ du), 63, 94.
    Amanieu Iᵉʳ du), 73, 78, 81, 83, 94, 95, 100, 108.
    Arnaud-Garcie II du), 59, 77, 81, 95, 98, 101, 105, 108, 110.
    Bonafoux Iᵉʳ du), 77, 95.
    Bonafoux II du), 77, 81, 94, 95, 100, 102, 104.
    Raymond-Bernard du), 81, 95.
    Amanieu II du), 94, 96, 100.
    Gautier III du), 62, 63, 94.
    Gautier IV du), 94.
    Indie du), 94.
    Amanieu III du), 59, 94, 95, 99, 105, 108, 110, 112, 113, 117, 127, 181, 183.

Fossat (Marie du), 95, 100, 108.
    Gautier V du), 67, 73, 95.
    Gautier VI du), 95, 96, 99, 117, 181, 186.
    Amaury du), 183.
    Amanieu IV du), 183, 186, 187, 188, 190, 196.
    Arnaud-Garcie III du), 186, 187.
    Gaillard du), 186.
    Bertrand du), 188, 190, 191.
    Jeanne du), 191, 196.
Fou (Lyette du), 233.
Foucaud (Raymond de), 122, 123, 127.
Fouguères (Gaufried de), 133.
    Salomon de), 133.
Fouguerolles (Raymond de), 98.
Foulhiac (l'abbé de), 146.
Fourlane, 21.
Fournier (Bertrand), 186.
Fournier (Jean), 271.
Fourtic, 21.
France (Marie de), 141.
Francescas, 114, 223.
François (Iᵉʳ), 205.
François Raymond (citoyen d'Avignon), 135.
Fraysses, 97, 100, 113, 183, 196.
Frégimont, 193.
    le château de), 70.
    la seigneurie de), 295.
Frégose (le sieur de), 227.
    Octave de), 227.
    Janus de), 227.
Fremant (Bernard), 135, 143, 152, 165, 175, 176.
Frespech, 184.
Frespech (le baron de), 194. — Voir: Montferrand.
Froissart, 3, 49, 52, 119, 122, 124, 126, 129, 130, 138, 143, 146, 147, 149, 154, 155, 157, 159-163, 167, 168, 170, 171, 173, 182, 189.
Fromadan (le ruisseau du), 5, 10, 20, 148, 170, 171.
Funel, 195, 335.
    la vicomté de), 294.

Fumel (le seigneur de), 67, 68.
    Charles de), 294.
    Philibert de), 335.

G

Gabel (Jean de), 294.
Gaffeur (Jean), 142.
Gailleto (Jean de), 201.
Galapian, 89, 353, 355, 471, 475.
    le château de), 70.
    la seigneurie de), 293, 295.
Galapian (Arnaud de), 90.
    Gaillard de), 179.
    le sieur de), 283. — Voir : Lusignan.
Galard (le lieu de), 77.
Galard (Ayssin de), 77.
    Jean de), 193.
Galard-Brassac (Paul de), 193.
Galibert (Mlle de), 323.
    Thomas-Mathurin de), 336, 340, 341, 368.
    Etienne de), 354, 359, 367.
    Marguerite de), 457.
Galles ou Prince Noir (le prince de), 172, 187.
Galliac, 65.
Gallois de La Baume (Le), 112, 113, 124, 139.
Ganduque (Jean), 372.
Garcie-Arnaud (abbé de Saint-Sever), 72.
Gardelle (l'abbé), 411.
Garin (Jeanne), 424, 471, 474.
    l'abbé Jean-Baptiste), 471, 474.
Garrigue (Antoine), 303, 513.
    Jean-Jacques), 303, 319.
    Henri), 303.
    Marie), 304.
    Jean), 304.
    Henri), 304, 512.
    Jean-Baptiste), 304, 500, 512, 514.
    Henri), 74, 304, 373, 496, 498, 500, 514.
    Marie-Henriette), 304.
    Jean-Paul-Antoine), 304.
    Yvonne), 304.
    sœur Jeanne), 387.
    Françoise), 513.
    Catherine), 514.
Gasquet (Antoine du), 37, 389.
    Marie du), 37.
    Mathurin du), 305, 362, 363, 367, 511.
    Joseph-Mathurin du), 362.
    Antoine du), 311, 313, 367, 369.
    Joseph du), 313.
    Catherine du), 351, 362.
    Jean du), 355.
    Madeleine du), 355.
    Suzanne du), 362.
    Thomas du), 363, 369.
    Thomas du), 363, 367.
    Thomas-Joseph du), 367.
    Jeanne du), 540.
    Marie du), 511.
Gasquet (Catherine), 304.
    Rose), 364.
    le R. P. Jean-Joseph), 364.
    l'abbé Antoine), 364.
    Anne), 387.
    Etienne), 500.
    Osmin), 500.
    Catherine), 512.
Gassot (Pierre), 244.
Gaston (vicomte de Béarn), 73.
Gauchet (Mlle), 290.
Gaudoyen (René), 216. — Voir : Lhonnorey.
Gaule de Paul de Coq, 8.
Gauron (Mlle), 290.
Gauthier (Raoul), 141.
Gautier (Arnaud), 90.
Gélas (Pierre de), 191.
Gélis (célérier de Grandselve), 67.
Geneste (Jacob de), 286, 293.
Genève (Pierre de), 140.

Genny-Coutet, 2, 8. — Voir : *Janicoutet*.
George (Jehan), 219.
Gerbuzac (Pierre), 362.
Gibel (la maison noble de), 293.
Gildas (Frère), 494.
Gimbrède, 283.
Girardin (Stanislas de), 486.
Giraudau (Sébastien), 285.
Gironde, 65, 220.
Giroux, 12.
Glénay, 275, 276.
Glocester (le comte de), 153.
Glory (Pierre), 336.
Goas, 229.
Gombault (demoiselle), 298.
Gombry (Jean de), 129, 130.
Goncourt (Edmond et Jules de), 312, 320, 321.
Gontaud, 65, 287, 353.
Gontaud (Pierre II de), 115.
Gonzague (Henrie de), 240. — Voir : Clèves (Henriette de).
Gordièges de Mazières (Arnaud), 295.
Gossaux (M. Me Jean), 364.
Gossolme (Madeleine), 386.
Gosson (Dulcet de), 84, 90.
Gotz (Bertrand de), 200.
Goudailh (Armand de), 286.
Gouffier (Guillaume de), 204.
Gourdon, 128, 131.
Gourdon, 229.
Gourdon, comte de Naillac (Paul de), 294.
Goussainville, 61.
Goussainville (Réry de) 61.
Goussas (Nicolas), 326.
Gout ou Got (Bertrand de), 174, 180, 374.
Gout (Arnaud-Guasbert de), 174, 180.
Gout (le vicomte du), 524.
Gouts, 12, 13, 25, 89, 243, 321, 347, 349, 355, 364, 365, 366, 368, 370, 461.
   le château de), 70.
Gouts de Meilhan, 353.
Goutte, seigneur de Lapoujade (Henri de La), 313.

Goutz (Pierre de), 185.
Govencourt (Jean de), 142.
Gramond, sieur de Montastruc (René de) 230.
Granges (le bourg de), 309.
Grandselve (l'abbaye de), 62, 63, 81, 93, 95.
Grateloup, 106.
Grattecap (Guillaumette), 363.
Graulet (La), 191, 192.
Graulhet (Pierre de), 132.
Graulhié (Jean-Cyrille), 484, 485.
   Jeanne-Zélie) 515.
Gravisse (La), 19, 20.
Grésignac (Guillaume-Arnaud de), 186.
Grésigne (Bernard de) 140.
Grethered (Pierre), 130, 131.
Grimaldi (Gausselin), 142.
Grimard (Ferdinand), 500.
Grimard de Loulé (Catherine), 524.
Gron (Madeleine), 271.
Guemadeuc (Marie de), 292.
Guérin (Claude), 217.
Guerny (Claude), 216.
Guers (seigneur de Castelnau), 133.
Guesclin (Bertrand du), 188, 189, 190.
Guignes Morton, marquis de Chabrillant (Joseph-Dominique de), 325.
Guillaume (IV, évêque d'Agen), 67.
Guillaume (IX), 59, 94.
Guillaume (archev. d'Auch), 115.
Guillem (abbé de Grandselve), 60, 61.
Guillon (l'abbé), 347.
Guillore, 272.
Guimas (Alexandre), 493.
   Edouard), 494.
Guiraud (M. Me Louis), 364.
Guiraude (dame), 60.
Guise (le cardinal Louis de), 233, 234.
Guitard (Mr), 99.
Guodor, 176.
Guyonneau (Anne-Françoise), 378, 380.
Guytinières (Mr de), 224.

H

Habasque (F.), 224.
Hac (M. du), 234. — Voir : Ussac.
Hambourg, 335.
Harcourt (Godefroy d'), 172.
       le comte d'), 270, 283, 284.
Haustède (Jean de), 110.
Haute-Faye, 225.
Hauteville, 141.
Haye (Rodolphe de La), 66.
Hébert (Mgr François), 362, 372, 385.
Hébrard, seigneur de Mazières (Jacob d'), 268.
       du Rocal (François d'), 284.
       de Cadrès (Mlle d'), 525.
Hélie (abbé de Grandselve), 62, 94.
Hélie (V, comte de Périgord), 91.
Hémery (Mlle), 325.
Henri (II, roi de France), 219.
       (III), 233, 234, 236.
Henri de Navarre (futur Henri IV), 221, 229, 232, 233, 235.
Henri (III, roi d'Angleterre), 63, 65, 66.
       (IV), 77, 186, 192, 236, 239, 242.
Henri (François), 365.
Hesdin, 219.
Hiers (le domaine d'), 290.
Homs (Sanson des), 208, 216.
Honoratis (Rostand de), 81.
Hôpital (Pierre de l'), 140.
Houdetot (Robert d'), 131, 143.
Houssaye (Mlle la), 325.
Hozier (d'), 202, 203, 204, 206, 207, 219, 221, 237, 261, 268, 298, 311.
Husson (M. Martin), 290.
Huteaugens 157.

I

Ildefonse (Frère), 495.
Isle (L') 65.
Isle (Ansel de l'), 61.
Isle-Jourdain, (L'), 98, 99.
Isle (Jourdain de), 98, 99.
       Bernard Jourdain, comte de l'), 117, 118, 124, 140, 182.
       Jean de), 133, 140.
Issoire (le monastère d'), 172.
Itatius (Frère), 498.

J

Jacoupy (Mgr), 485.
Jalras de Jourdan (Siméon), 304.
       André), 304.
Janicoutet (île de), 2, 8.
Jauffret (M.), 478, 485, 492.
Jay (Nicolas Le), 271.
Jean (II, roi de France), 168, 185, 188.
Jean de France (duc de Berry), 192.
Jean (Ier, évêque d'Agen), 76.
Jean-le-Bel, 119.
Jehan (mestre), 152.
Jerlandi (l'évêque Jean), 374.
Joly (Mgr Claude), 349, 378, 380.
Joveloy (Pierre), 142.
       Perrin de), 165.
Jucondien (Frère), 495.
Julien (Catherine), 377, 386.
Justice (La), 20.
Justinus-Marie (Frère), 495, 498.

K

Kopf (M^r), 498.

L

Labadie (Joseph), 367, 393.
Labarrière (Raymond), 363, 364.
       Jean-Baptiste), 363.
       Marguerite), 364.
       Jacques J.-B.), 364.
       l'abbé J.-B.), 366.
Labarrière (M^r), 493.

Labénazie, 266, 389.
Laborde (M. de), 272.
Laborde (marquis de), 61.
Labourdonnay (M. de), 385.
Labrunie, 195, 335.
Laburthe (Anne-Françoise), 364.
    Mlle), 386.
    Anne), 386.
    Jeanne), 511.
Lacabane (Léon), 146.
Lacaze (l'abbé Bernard), 354, 386.
    Arnaud de), 358.
    Michel), 359, 371.
    André), 364.
    Jean-Joseph), 364.
    Françoise), 369.
    l'abbé Jean), 471.
    Du Padouen, 369.
Lacapelle-Biron (le marquisat de), 394.
Lacépède, 15, 70, 89, 126, 309, 353.
Lachoux (Etienne), 105.
Lacombe (l'abbé Henri), 471, 474.
Lacombe (Bernard de), 236.
Lacoste (Me Jean), 302.
    Antoine de), 302, 358, 386.
    Joseph de), 302, 510.
    Bernard de), 510.
Lacroix (Pierre), 500.
Lacrosse, sr de Gallarsolle (Mr), 363.
Ladebat (Bernard), 244.
Ladils (Bertrand de), 71.
Lafargue (Mr), 148, 150, 159, 170.
Lafargue dit Bichet (Jean), 244.
Lafargue (Claude), 386.
    J.-B.), 389.
Lafayette (le maréchal de), 163.
Lafitte, 11, 23.
    le château de), 70.
Lafitte (Angélique), 313.
    Joseph), 351.
    Jeanne), 362.
    Pierre), 362.
    Marthe), 366, 514.
    Antoinette), 511.

Lafon (Marie-Jeanne-Marguerite), 515.
    Jean-Emile), 515.
Lafon-Bourbon (le domaine de), 285.
Lafortune (Catherine), 365.
    Jean), 365.
Lafourcade (Bernard de), 265, 266, 350.
    Jean de), 266, 350.
Lafox, 109.
    le château de), 194.
Lagarde en Villorit (la maison noble de), 294.
Lagardelle-Malherbe (Hélène-Marie-Léontine de), 526.
    Bernardin-Marie de), 526.
Lagarrigue, 16, 17, 22, 23, 62, 67, 72, 243, 262, 263, 298, 321, 348, 349, 364, 365, 366, 406, 461, 471.
Lagaule, 211.
Lagraulet (Marthe de), 94.
Lagrèze de Bap (M. Me Antoine), 364.
Lagrèze (Jean Chaloupy de), 367.
Laisné (Elisabeth de), 368.
Lalande (Mr de), 228.
Lalande (Marie Fontaine de), 515.
Lalinde, 118.
Lamarque, 22.
Lamontjoie, 295.
Lamonzie, 118.
Lamothe (Marie de), 362.
Lamothe d'Anthé (la maison noble de) 294.
Lamothe-Bezat, 102.
Lamothe-Sudres, (la maison noble de) 394.
Lamothe-Turpin (Jean), 513.
Lanauze (Guillaume de), 362.
Lancastre (le duc de), 190.
Landreau (Léonie), 304.
Lanfranc, 91.
Langon, 65, 115, 192, 283.
Lanquais, 118.
Lansac (M. de), 227.
Lansac (Jacques Vincent Deguilhem), 390, 407, 409, 424, 453.
Lantelmet, et Lantelm, 91.
Laperche, (la seigneurie de), 294.
Laperche dit de Verdun (Jean de), 202.

Lapeyrière (Olympe Labat de), 387.
    M l'abbé de), 492, 493.
Laplume, 223, 236.
Lapoujade (Marie), 319.
Laroque (Joseph), 313.
Laroque-Timbaut, 68, 294.
Larrard (Marie de), 382-386.
Larrival, 17, 25.
Larrival (Marie de), 509.
Larroumieu, 223.
Lasalle (Jean de), 295.
Lascombes, 6.
Lassarrade (Jean), 303.
    Marie), 326.
Lasserre (le seigneur de), 197.
Latané, 5.
Laterrade (Albert), 304.
Latour d'Auvergne (Henri de), 294.
Lau (Jacques de), 234.
    Carbon de), 234.
Laugnac, 97, 219.
    le château de), 58.
Laulié (Françoise), 319.
Laumer (Frère), 495.
Launac (Bertrand, seigneur de), 158.
Launay (Mlle), 326.
Lauqué (quartier de), 44.
Laurent (Frère), 73, 74, 75, 76.
Laurent (Frère), 495, 498.
Lauriole (Thomas de), 90.
Lautrec (Guillaume, vicomte de), 139.
    Pierre, vicomte de), 131.
    Pierre Isarn), 132.
Lauvergnac (femme de Ranse), 457.
    Jeanne Pauline de), 515, 526.
Lauzières (Anglic de), 132.
Lauzun, 353.
Laval (le lieu de), 164.
Laval, jurid. de Penne (la sgrie de), 294.
Laval, baron de Madaillan (Pierre de), 286, 294.
Laval de Montpazier (Mlle), 525.
Lavardac, 223, 225.
    le château de), 70, 71,
    la seigneurie de), 71.

Lavergne (M. Gaston), 3, 14, 19, 30, 499, 500.
Lavergne (Me Martin), 215, 217.
Layrac, 265.
Layrac de Treilles, 218.
    Me Jean), 386.
    Me Jean Paul), 389.
Leaumont (maison), 46.
Leaumont (sieur de Gachot), 8.
Leaumont Pierre), 312.
    Jean Antoine), 318.
    l'abbé Pierre-Etienne), 355, 366, 367, 484.
    Pierre), 362.
    Elisabeth), 363.
    Jean Pierre), 394,
    Marie-Louise de), 515.
    Jean Célestin de), 515.
    Anne-Marie-Louise de), 515.
Lébé (Marie), 512.
    Encher), 512.
Léberon (Mr de), 223, 224, 225.
Leblanc (Adolphe), 512.
Leblanc, 217.
    (Mlle), 386.
    Marie), 511.
Lebret (Huguenin), 145.
Lèches (Les), 118.
Lectoure, 185, 220, 235.
Lèdre (Guillaume de), 132.
Lefébure (Marie-Jeanne), 365.
Lescot (Jean), 203.
Lescure (Me Jean-Simon), 302.
    Simon), 363.
    Marguerite de), 511.
Lésignan (le capitaine), 228.
Lesparre (Bernard de), 192.
Lesperon (Jehannot), 244.
    Pierre), 349.
Lespinasse, 43.
Lestelle (la seigneurie de), 295.
Lesterne, 89.
Leuza (Guy de), 175.
Levarhon (le château de), 37, 204. — Voir *Lunac*.

Levelu de Clairfontaine
    (Louis), 307, 310, 314, 367.
    Charles), 362.
    Charles-Anne-François), 367.
Levelu, s' de Vaudricourt (Louis), 362.
    Marie), 362.
Lévignac, 205, 295.
Lévis (Philippe de), 139.
    Bertrand de), 139.
Leydet (Foy), 387, 414.
Lheureux (François), 363.
    Marie), 363.
Lhonnorey (le seigneur de), 217.
Libourne, 118, 186.
Lidon (Jean de), 286.
Lignac (M^r), 499.
    Antoine), 500.
Limoges, 133.
Limons (le château de), 70, 71.
Loches, 134.
Loga (Etienne), 98.
Lolière (Jeanne), 390.
Lombart (Antoine de), 286.
Longuetille (Anne de), 356.
Lormer (Jean), 185.
Lormino (aubergiste), 317.
Lorraine (Marie de), 233.
    Charles, cardinal de), 234.
    Marguerite de), 269.
    Catherine de), 271.
    duc de Mayenne, Charles de), 233-240.
    duc de Guise, Henri de), 233.
    duc de Mayenne, Henri II de), 237, 239, 240, 241, 242, 259, 261, 266, 270-272, 376, 377.
Lorriz (Robert de), 135.
Losse (M^r de), 230. — Voir Lustrac.
Losse (François-Gaston de), 295.
Lot (le faubourg du), 329.
Loubières (M^r), 499.
Loue (M^r de La), 224.
Louis (IX, saint), 63, 68, 73.
    (XII), 205.
    (XIII), 265, 266, 268, 269, 273, 285.

Louis (XIV), 381.
    (XV), 312, 321.
    (XVI), 321.
Louis (Ier de France, duc d'Anjou), 188.
Loutchitzky (M^r), 233.
Luce (Siméon), 117, 119, 123, 160, 168, 188.
Luciennes, 320.
Luçon (futur cardinal de Richelieu, M^r de), 276, 277, 278.
Lugas (M^r), 493.
Lunac (le bourg de), 31, 44, 63, 83, 104-105, 107, 178, 179.
    le château de), 36, 37, 40, 46, 53, 58, 76, 80, 83, 84, 101, 106, 178, 179, 204, 221, 260, 311, 330, 345.
    la seigneurie de), 58, 59, 218.
Lunac (Pierre de), 61, 65, 93.
    Aimeri de), 61, 93.
    Astorg Ier de), 62, 63, 93.
    P. de), 67.
    P. Paul de), 68, 78, 93.
    Guillaume Ier de), 68, 78, 79, 80, 83, 93, 97.
    N. de), 73.
    Bertrand de), 78, 79, 80, 83, 93.
    Marmande de, 78, 79, 80, 93, 95.
    Guillaume II de), 83, 93, 95.
    Arstorg II de), 83, 93, 97, 98, 117, 124.
    Guillaume III de), 93, 114, 115, 117, 124, 125, 181, 182.
    Gualard de), 93, 117, 181.
Lupet (Mlle), 325.
Lur, vicomte d'Uza (Louis de), 228.
Lusignan, 21, 68.
    (le bourg de), 70.
    le château de), 195.
    le marquisat de), 293, 294.
Lusignan (marquis de), 42.
    le seigneur de), 197.
    Pierre de), 283.
    François de), 283.
    François II de), 283, 286, 293.

Lusignan (Arnaud de), 294.
Lustrac (Naudonet de), 194, 195.
    Antoine de), 230.
    Nicolas de), 284.
    François de), 285.
    Charles de), 294.
Luxembourg (Bonne de), 136, 188.
Luynes (Marie de), 278.
Lyon, 35, 281.

M

Macon (Pierre de), 172.
Madaillan (*Vieux*), 67.
Madaillan (le seigneur de), 67, 68.
Madaillan, près d'Agen, 23, 67, 94, 96, 198, 207, 239, 240, 241, 327.
    la baronnie de), 187.
    le château de), 109, 110, 112, 113, 184, 197, 230, 236.
Madronet (Arnaud de), 284.
    le sieur de), 284.
    Pierre-Joseph de), 284.
    Joseph de), 285.
Maduran, 118.
Magen (Adolphe), 328.
Maignelers (Jean de), 83. — Voir : Manalers et Malabers.
Maindeville (Marie-Anne), 512.
Malabers (Jean de), 90.
Malartic (le village du), 70.
Malbeste (Louis de), 367.
Malebaysse, 265.
Maleromets (la seigneurie de), 293.
Malet (Guillaume-Raymond), 107.
    Gaillard), 108.
Maleval, 60.
Mallet (Berthoumieu), 262.
Malleyrac (Hélène de), 524.
Malvin (Charles de), 24, 203, 204.
    Imbert de), 202, 203, 204.
    Menjon de), 202, 203, 204.
    Bertrand de), 202, 203.
    Jammes de), 203.
    Jean de), 203.
    Marguerite de), 203.
    Marie de), 203.
    Marie de), 203.
    Françoise de), 260.
    Jean de), 260.
Malvin de Montazet
    (Charles), 37, 202, 203, 204, 206.
    Anne-Charles-François de), 37.
    Barthélemy de), 206, 207, 219, 221, 223, 224, 225, 231, 262.
    François de), 206.
    François de), 231, 232, 233, 235, 237, 260.
    Honorat de), 231.
    Catherine de), 231.
    Marie de), 231.
    Anne de), 231.
    Jacquette de), 231.
    Jeanne de), 231.
    Antoine de), 237, 260, 261, 268.
    Charles de), 237.
    Jean de), 237.
    Jeanne de), 237.
    Charles de), 260, 261, 268.
    Geoffroy de), 261.
    François de), 261.
    Jeanne de), 261.
    Guillette de), 261.
    Geoffroy de), 268, 295, 296, 377.
    Jean-Louis de), 268.
    Jean-Joseph de), 268.
    Antoinette de), 268.
    Françoise de), 268.
    Charles de), 296, 305.
    Charles de), 296.
    Charles-François de), 296.
    Louis de), 296.
    Françoise de), 296.
    Marie-Thérèse de), 296.
    Anne-Charles-François de), 306, 310, 311, 313, 314, 316, 367.
    Antoine-Marie de), 306.

Antoine de), 306, 311, 347, 377.
Antoine de), 306.
Paul de), 307.
Léon de), 307.
Madeleine de), 307.
Julie-Angélique de), 307.
Catherine de), 307.
Angélique de), 307.
Geneviève de), 307.
Charles-François de), 316.
Charles de), 316, 336, 363, 364, 377.
Jeanne-Françoise de), 316.
Paule-Diane-Louise de), 316.
Malvin de Cessac et Primet (Charles de) 206.
    de-La-Roque-Roquazet (Jean de), 206.
    de Prignan (Jean-Marie de), 231.
    de La Barthère (Antoine-Jean de), 231, 262, 263.
    de La Beausse (Antoine de), 261.
    de Barrault (Charles de), 307, 314.
        Madeleine de), 367.
Malvin (Joseph-Geoffroy de), 310, 314.
    Marie-Anne de), 311, 316.
    Antoine de), 356.
Manalers (Jean de), 90.
Manas (Catherine de), 517.
Mancini (Hortense de), 301.
Manciet (le capitaine), 224.
Mandossa (Robert de), 227.
Mandillot (quartier de), 43, 490.
Manoruc (le château de), 95.
Marabail (Valmont), 500.
Marand, 154.
Marcasto (Bernard de), 141.
Marchastel, 222, 223.
Maremoustier, 133.
Marensin, 158.
Marensin (Miramonde, dame de), 158.
Mareuil de Villebois (Jeanne de), 205.
Marigny, évêque de Beauvais (Jean de), 114, 123, 134, 136, 148, 172, 175.
Marin (Mr de), 282.
Marin (Françoise), 428, 429.

Marmande, 44, 61, 62, 65, 83, 99, 106, 110, 112, 115, 128, 132, 145, 190, 192, 194, 196, 220, 221, 230, 231, 235, 236, 266, 283, 284, 315.
Marmande (Arnaud de), 64.
    Arnaud de), 99.
Marmier (le sieur), 163.
Marot (Frère Pierre-Barnabé), 406, 424, 453.
Marquefave (Guillaume-Arnaud de), 60.
Marquès (Raymond de), 107.
Marrigue (Marie), 219.
Marsac (la seigneurie de), 293.
Marsin, 283.
Martin (Henri), 158.
Martin (Jean), 243.
Mas (d'Agenais Le) 3, 12, 22, 65, 107, 108, 185, 223, 235.
Mascaron (Mr Jules de), 361, 371, 380, 384, 385.
Masparault (Mr de), 228.
Massac (Barthélemy de), 140.
Massac (Me Jean de), 301, 302, 363, 365.
    Pierre de), 336.
    Isabeau de), 363.
    Alexandre de), 365.
    Alexandre de), 365.
    Angélique-Thérèse de), 370, 398, 410, 413, 428, 457, 465.
    Cécile de), 457, 459.
    Cadette de), 457, 459.
Massencourt (le sr de), 232.
Massier, 260.
Massip (L.), 202.
Masson (Françoise), 387.
Matges (Catherine), 304.
Mathe (Paul), 135.
Matignon (le maréchal de), 234, 235, 236.
Mauny (Gautier de), 118, 129, 130, 131, 150, 162, 163, 188, 189.
Maurès (Guillaume de), 286.
    Clémence de), 294.
    Marie de), 294.
    Anne de), 294.

Mauri (Guillaume), 90, 107.
    Arnaud), 107.
Maulor (Louis), 336, 394, 511.
    l'abbé Jean-Daniel), 355, 458.
    Daniel), 365, 471, 474, 511.
    Louis-Antoine), 500.
Mauvezin (du Gers), 223.
Maydieu (Anne), 512.
Mazac (Jean-Jacques), 351, 364, 380.
    Jean), 351, 372.
    Pierre), 364, 365.
Mazarin (le cardinal), 282, 285.
Mayenne (la duchesse), 241.
    Madame de), 261, 262, 263, 272.
    — Voir Lorraine.
Mazères, 21.
Mazères (Raymond de), 90.
Mazel (dom.), 276.
Mazières (Mlle Jacobet de), 451.
    Léone-Félicité Jacobet de), 512.
    Françoise-Antoinette Jacobet de), 514.
Meaux, 46, 47.
Médeissant (le château de), 70.
Médicis (Catherine de), 221, 226.
    Marie de), 268, 269, 277, 279.
Mège (Mr du), 17.
Meilhan, 56, 65, 66, 119, 120, 235.
Meilleraye (le duc de La), 301.
Mélet (Mr), 57, 302, 493.
Mellou, 152.
Meneaux, 60.
Ménil (Hugues), 129, 177.
Ménoire (François), 205.
Mérignac (Mathurin du Bois de), 357.
    Jeanne de), 362.
    Jeanne de), 363.
Merle, 12.
Merle (M. Adrien), 12, 14.
Merle (Jean), 140.
Merle (Jean), 310.
Merle de Castillon (l'abbé Thomas), 347.
    Mlle), 428, 429.
Merle-Dubarry (Arnaud), 336, 367.
    Jean), 367.

Merle-Fontet (Xénovie), 450, 451.
Merle-Bellevue, 457.
Merle de Massonneau (MM.), 24.
    Simon-Pierre), 37, 336, 394, 415, 416, 428, 499, 511.
    Jean-Antoine), 37, 500.
    Pierre), 319, 511.
    Mr), 327.
    Jean), 386.
    Marguerite), 386.
    Léonard-Antoine-St-Germain), 500.
Mesmy, 220.
Messat, 91.
Métau (le camp de), 23.
Métau (Daniel), 244, 376.
    Bertrand de), 263.
    le capitaine), 263.
    Robert), 354.
    Jean de), 358.
Metge (Guirautine de), 523.
Meymont (Bernard de), 194.
Mézangès, 12.
Mézin, 223, 283.
Michel (Francisque), 63, 65.
Michel (Guillard), 180.
Mieulet de Lombrail (Marie-Claire), 526.
Miraben, 12.
Miraben (Marie-Anne), 512.
    Marie-Anne), 513.
    Bertrand), 513.
    Marie-Luçane), 514.
    Pierre-Edouard), 514.
Miradoux, 283.
Mirailh (Ramon du), 71.
    Catherine de), 355.
    Jean de), 355.
Miramion (Mme de), 290.
Miramont (près Lagarrigue), 62, 72, 89, 106, 114, 119, 120, 121, 122, 145, 243, 262, 298, 321, 336, 355, 475,

Miramont, (le château de), 70, 71, 77, l'église de), 67.
Miramont (Arnaud de), 63, 64, 65.
 Ogier I de), 64.
 Bernard de), 66.
 Ogier II de), 71, 77, 81, 98.
 Vital de), 72.
Moissac, 65, 133, 172, 176, 184, 188, 189.
Mola (Savarins de la), 153.
 Raymond de la), 153.
Moles (Bertrand de), 77.
Molinier (Auguste), 119, 127, 139, 185.
 Emile), 139.
Mollié, architecte (Mr), 334.
Monbalen, 68.
 la seigneurie de), 293.
Monberos ou *Fontirou*, 68.
Monbran, 193, 223.
Moncaut, 137.
Moncaut (Pierre de), 190.
Monceaus (Ade de), 63.
Monclar, 100, 106, 114, 335.
 le château de), 60.
Moncontour, 223.
Moncroc (l'abbé Benoît), 474.
Mondésir de Calviac (la maison noble de) 293.
Mondestour (Gilles de), 135.
Moneins (le capitaine), 223, 224, 225.
Monfabès, près Villeneuve (la maison noble de), 294.
Monflanquin, 114, 190, 220, 227, 265.
Monforton (l'abbé Louis), 353.
Monge (Fernandez de), 498.
Mongonméry, 222, 223, 225, 226.
Monheurt, 62, 89, 223, 224, 235, 266.
 la baronnie de), 290.
Monlezun (l'abbé de), 73, 114, 201.
Monlezun, sgr. de Montastruc
 (François de), 237.
 Jean de), 237.
Monluc, 3, 4, 89, 208, 223.
 l'église de), 56.
 la maison noble de), 295.

Monluc (Blaise de), 23, 220, 222, 224, 226, 227, 229, 230, 232, 234.
 le sénéchal de), 237.
Monmeian (François), 208, 216, 217.
Monségur (Gironde), 220, 266.
Monségur (Lot-et-Garonne), 119, 120, 195.
 le château de), 145.
Montagnac, 317.
Montagrier, 118.
Montagudet (St-Sulpice de), 353.
Montagudet (Catherine de), 202, 203, 204.
 Bernard de), 203.
Montagut (Guillaume de), 105.
 Bérot de), 144.
 Louis de), 203.
Montalembert (Marguerite de), 285.
 François de), 294.
Montamat (Me), 218.
 Marie), 513.
 Charles), 513.
Montauban, 65, 134, 135, 144, 188, 196, 220, 265.
Montaud (Othon, sgr de), 140, 164.
Montaugé (Henri-Théron de), 514.
 Louis-Théron de), 514.
Montauzier (Mme de), 287.
Moutayral (Bernard de), 365.
Montazet, 24, 202, 203, 204, 221, 235, 260.
Montberon (François de), 205.
Montcuq, 117.
Monteil (Jeanne de), 206, 231.
 Louis de), 206.
Montendre (Guillaume de), 180.
Mont-en-Vimeu, 142.
Montesquieu (Raymond de), 133.
 Bernard de), 133.
 Aissieu de), 185.
 Jean-Jacques de), 295.
Montfaucon (Girard de), 139.
 Guillaume de), 139, 145, 172.
Montferrand (Hugues, seigneur de), 140.
 Bernard de), 194.
 Bertrand de), 194.
 Mr de), 224, 286.

Montfort (Simon de), 46, 61, 94.
    Amaury de), 61.
Montgueyralh (le sieur de), 227.
Montjoie, 115.
Montlaur (Guy de), 131.
    Pons de), 131, 139.
    Guiot de), 139.
    Bertrand, sire de), 141.
Montmorency (Charles comte de), 124, 139, 162, 163.
    Anne, duc de), 219, 221.
    le maréchal Henri de), 222.
Montpellier, 279.
Montpezat, 60, 106, 119, 120, 121, 123, 126, 189, 198, 201, 207, 236, 239, 240, 241, 327, 355.
    le château de), 60, 61, 98, 109, 111, 115, 198, 236.
Montpezat (Bertrand de) 59, 93.
    Arnaud de), 59, 60, 93.
    B. de), 60.
    Pierre de), 60, 66.
    Arnaud de), 61-66, 72, 93, 94.
    Ponce-Amanieu de), 64.
    Guillaume de), 66.
    Amanieu de), 72, 94.
    Rainfroid Ier de), 72, 73, 78-81, 83, 90, 94, 95, 97, 99, 100, 108.
    Arnaud IV de), 78-81, 94, 95, 97, 98, 99, 108, 110, 111, 114, 115, 117.
    Julienne de), 78-81, 94, 95.
    Pierre de), 83.
    Hugues de), 108.
    Rainfroid II de), 108, 110, 111, 113, 115, 117, 121, 126, 181, 182, 186, 187, 188, 190, 191.
    Amanieu, bâtard de), 180.
    Amanieu III de), 191-194.
    Arnaud de), 191.
    Marie de), 191.
    Raymond-Bernard de), 191-196, 202.

Montpezat (Amanieu IV de), 196.
    Charles de), 196-201, 355.
    Bernard de), 24, 37, 196, 202-204.
    Jeanne de), 24, 37, 202-204.
    Guy de), 201-205.
    Antoine de), 201.
    Pierre de), 201.
    Alain de), 201.
    Jeanne de), 202.
    Antoinette de), 202-204.
    Françoise de), 205, 207.
    Jeanne de), 205.
    Anne de), 205.
    Me Guillaume de), 205.
    Jean de), 216.
    Madame de), 259, 261.
    Jean-Jacques de), 295.
    Antoine de), 295.
    Charles de), 295.
    François de), 344, 524.
    Marie de), 524.
    Jean de), 524.
Montpezat-Corbon (Bernard de), 295.
Montréal, 199. — Voir : Pécharoumas.
Montrevel (le château de), 116.
Montrevel (Guillaume de), 66.
Monviel (la maison noble de la Tour de), 293.
Monviel (M^r de), 267, 284. — Voir : Tourette.
Moranvillé (H.), 114, 122, 137, 145, 154, 170, 173.
Morély (Abraham de), 284.
Morhono (Jacques de), 77.
Moriac de Bois Delfour (Antoine), 525.
Morin (Pierre), 199, 200.
Mote (Gaillard de la), 142.
    Bertrand de la), 142.
Motte (Guillem-Bernard de la), 61.
    Amanieu de la), 61.
Motteville (Mme de), 280.
Mouliate (la), 25.
Moulins, 227.
Moullié (M. A.), 102.

Mounié (île), 9.
Moynié (Henri), 262.
    Françoise de), 303.
    Marthe), 315.
    Henri), 315.
Muneau (le faubourg du), 9, 177, 329, 369, 373.
Murac (M⁰), 327.
Muraille (Thècle de), 361.
    Pierre de), 361.
Musanchèze (la marquise de La), 326.
Mussidan, 265.

N

Najejouls (la maison noble de), 294.
Napoléon I⁰ʳ, 486.
Narbonne (Guillaume de), 132.
    Guillaume de), 132.
    le vicomte de), 188.
Narbonne (le sieur de), 286.
Narbonne (Jean de), 293.
    François de), 295.
Navailles (Jeanne-Victoire-Henriette de), 334, 486.
Navarre (le roi de), 231-236. — Voir : Henri.
Nebout (Gervais), 23.
    le docteur), 30, 32, 34, 37, 49, 53, 345.
    Jean-Pierre-Thomas), 393, 486.
    Antoine-Calixte), 394.
    Arthur), 44.
    Gervais), 500.
    Mᵉ Guillaume), 305, 319, 362.
    Joseph), 314.
    l'abbé Jean), 352, 461, 471, 474.
    Isabeau), 362.
    Marc-Antoine), 362.
    Adolphe), 451.
    Rose), 369.
    Mᵉ Jean), 377.
    Jean-Joseph Sent-Pé), 393.

Nebout de Riberot (Marguerite Dorothée), 37.
    Joseph), 37, 367.
    Ferdinand), 500.
    Marguerite-Antoinette-Mélanie), 304.
    Marguerite-Tivoline), 450, 451.
    Antoine, 500.
    Voir la *Généalogie des Nebout*, pages, 509-515.
Nérac (Lot-et-Garonne), 223, 229, 264, 335.
Nérac, 65.
Nesle (Raoul de), 83.
Nesmond (François-Théodore de), 294.
Neuville (Guillaume de), 73.
Neuville (Robert de), 130.
Nevers (le duc de), 240, 267.
    la duchesse de), 240.
Nicole, 4, 5, 16, 56, 81, 82, 89, 99, 106, 107, 110, 157, 178, 200, 235, 303, 309, 317, 336, 353, 390, 391, 392, 471.
    le bailliage de), 187.
Noaillac, 201.
Noalhac, 68.
Noalhan (Bertrand de), 71.
Noël (Jean), 208, 216, 217.
Nogaret (Mondaie de), 141.
Nomdieu (la commanderie du), 373, 389.
Nomprez (le seigneur de), 231.
Normandie (le duc de), 123, 124, 131-155, 157-160, 164-169, 174-176, 189.
Noulens (J.), 73, 155.
Nouguès (l'abbé Joseph), 353, 368, 409, 424.
Nougié (Jean), 271.
Noyers (Miles de), 114.
Nuchèze (Marguerite de), 283.
Nugues de Lille (Bernard), 500.
Nulhano (Garcie de), 108.

O

Odon (Antoine), 165.
Orléans (Gérard d'), 141.
      Girard d'), 141.
Orléans, comte d'Angoulême (Charles d'), 202.
      Gaston d'), 269, 270, 282.
Orglandres, 141.
Orgoullet (Bernard d'), 165.
Ornano, 264.
      (la duchesse d'), 267.
Orthez, 222.
      le château d'), 301.
Oxonia (Jourdain de), 60.

P

Padouen (Le), 4, 5.
Paillard (A.) 318.
Pailloles (Aymeric de), 79.
Palu (Pierre de La), 113, 115.
Pampelune, 73.
Pandellé (Antoine), 218, 372.
      Marie), 362, 367, 511.
Pansava (Jordan), 71.
Papon (le sieur), 285.
Parade (La), 113, 190, 287.
Parade (Gaston de) 190.
Parailloux (M. Joseph), 389.
Paravis (le couvent du), 60, 231, 261.
      le village du), 70.
Parcou (l'abbé), 290.
Pardaillan (la seigneurie de), 293.
Pardaillan (Bernard de), 193.
      Françoise de), 234.
      le sieur de), 263.
Paris, 63, 110, 123, 134, 282.
      le Châtelet de), 98, 108.
Paris (la maison noble de), 293.
Paris (Nicolas), 325.
Parlement (le lieu du), 21.
Pas-de-la-Grave, 7, 12, 22, 24.

Passage (l'ancien), 11, 16, 17, 25, 178.
Passalaigue (Jean-Bernard), 352, 366.
      Jeanne), 367.
      Claude), 367.
Passien (le sieur), 356.
Paulhac (Jean de), 354.
Pazumot (Jean-Baptiste), 219.
Péage (le), 4, 5, 22, 28.
Pech (Barthélemy de), 69, 71.
      Conraldus de), 138.
Péchagut (le captalat), 294.
Pécharoumas (Saint-Pierre de), 199. — Voir : *Montréal*.
Pech d'Ausseu, 5.
Pech de Bère, 4, 5, 6, 7, 16, 21, 22, 363, 390, 391.
Pech de Boudon, 5.
Pech de Crauste, 5.
Pech d'Espagnan, 5.
Pech de Rollin, 5.
Pélagat, 4, 5, 89, 243, 308, 309, 321, 352, 390, 461, 471, 473, 483.
Peleguignon (le seigneur de), 197.
Pélicier (Pierre), 137.
Pélissier, 171.
Pellegrue, 118.
Pellot (Claude), 287.
Pambroke (le comte de), 118, 130, 131, 162.
Penefort (Pierre de), 69.
Penne, 46, 65, 68, 109, 113, 114, 190, 220, 287.
Penne (Bernard de), 139.
Penne (Hugue de), 91.
Pens, sgr de la Garde (Guillaume de), 523.
Percy (Antoine de), 293.
Péregrin, 374.
Pérignac (l'abbaye de), 60, 126, 197, 198, 352.
Périgueux, 118, 128.
Perron (le), 5.
Perronelle (dame), 62, 95.
Perrotin (Rosalie), 514.
Pessac (Arnaud-Bernard de), 111.
Pessaigne de Janua (Antoine), 100.

Peyre (Isabeau de), 201.
   Antoine de), 201.
Peyrecave, sr de Pomès (Michel de), 222.
Peyrelongue, 20, 148.
   la tourasse de), 17.
Peyre-Martin, 25,
Peyrières (la seigneurie de), 293.
Peyronnet (Jean-Louis), 284, 285.
Piade (la), 12.
Philippe (Auguste), 62.
   le-Hardi), 68, 69, 73, 96.
   le-Bel), 82, 83, 84, 99, 101, 118.
   le-Long), 108.
   de Valois), 111, 115, 123, 127, 131, 135, 144, 155, 168, 173, 183.
Philippe de Bourgogne (comte de Boulogne), 123, 136, 139, 145, 170, 171.
Philips (Charles-Georges), 285.
Pierre Arnaud, 133.
Pierrepertuse (Bernard Béranger de), 132.
Pillote (le sieur), 261.
Pignac (Jacques), 262.
Pinac, 118,
Pineuil (la baronnie de), 293.
Pinne (le Roc de), 29.
Pins (Guillem-Raymond de), 62, 78, 79.
   Barthélemy de), 81.
   Anissant de), 175.
   Barthélemy de), 175.
Pinsevoir (la famille), 285.
Pistoulet (aou), 163.
Plaine du Sergent, 20, 21.
Pleix (du), 220, 222,
   Scipion du), 222.
Pleneselves, 68.
Plote (l'abbé), 290.
Podensac, 65.
Podevin (Pierre de), 98.
Pointe, 2.
Poitiers, 133.
Poitiers (Hautecœur de), 141.
   Guillaume de), 155.
Polastron (Assieu de), 139.
Polignac (le chevalier de), 324,

Polycarpe (le Père), 378.
Pomiers (le capitaine), 222. — Voir Peyrecave.
Pommiers (Hélie de), 187.
Pompadour (Philibert Hélie de), 294.
Pompéjac (Saint-Pierre de), 353.
Pompone (Jean de), 175.
Pons (M.), 497.
Pontac, 218.
Pont-aux-Dames (l'abbaye de), 321.
Pont-de-l'île, 52.
Pont-du-Casse, 226.
Pontcourlay (Mme de), 275, 276.
   Mlle de), 276, 278.
   Mr de), 277, 278. — Voir Wignerod (René de).
Port-de-Pascau, 3, 5, 77, 89, 223, 332.
   Voir : *Centudville*.
Port-de-Penne, 271.
Port-Sainte-Marie, 3, 20, 21, 46, 49, 55, 68-71, 99, 101, 105, 106, 113, 114, 125, 142-145, 165, 166, 181, 189, 192, 200, 221-226, 336, 265, 266, 283, 284, 294, 323, 351, 365, 426.
   le bailliage de), 187.
Porte (Suzanne de La), 275, 276, 277.
Porte Mazarini (Marie-Charlotte de La) 301.
Portets, 65.
Potier, 242.
Potier, seigneur de Silly (Bernard), 277.
Poudenas, (la baronnie de), 295.
Pouges (Mr), 493.
Pouleille (la), 21.
Poumayrol (Marguerite), 385.
   Isabeau), 385,
   Antoinette), 510.
Poussou (le seigneur de), 217.
Poutrault (Jean) 216.
Pradal (Estienne), 376.
Prades, jurid. de Puymirol (la maison noble de), 294.
Prades (l'abbé de), 320.
Prayssas, 185, 187, 193, 198, 201, 295.
   le château de), 70,

Prayssas, Praïsas, et Preïssas
(Bernard de), 70,
Pierre de), 71.
Pierre de), 205.
Aymerie de), 79.
Jean de), 203.
Marie de), 203.
Jeanne de), 203.
Jeanne de), 231, 237, 260.
Blaise de), 231.
Antoine de), 231,
Gilles de), 286.
Prez (Melchior des), 228, 233, 336.
Antoine des), 233.
Prie (Philippe de), 134.
Prignan (Jeanne de), 231.
Prince Noir, 190. — Voir : Galles.
Prohensia (Hélie de), 78.
Prohet (Jean de) 132, 139.
Puch en Albert (la baronnie de), 290.
Puidonnant, 140.
Puenfortan (Puy-Forte-Aiguille ?), 77.
Pujols, 91, 229.
Pujols (le seigneur de), 197.
Pujos (Emma), 512.
Puy (François du), 286.
Puy-Barsac (Ogier de), 79.
Puy-Begon, 140, 176.
Puy de Bure, 7, 390. — Voir : Pèch de Bère.
Puyguilhem, 113.
Puyguiraud (le château et la seigneurie de), 293.
Puymiclan (la seigneurie de), 294.
Puymirol, 68, 109, 112, 114, 265, 287, 351, 352.
Puypardin (le baron de), 195.

Q

Quélen (Marie-Marthe-Armande de), 525.
Quintran, 321.
Notre-Dame de), 353.

Quissac, 113, 183, 196, 347.
l'église Saint-Pierre de), 237.
Quissarme, 171.
Quissat ou Quissac (Jean de), 77.
Quittemont ou Quittimont, 193.
le bourg de), 70.

R

Rabastens, 65, 227.
Rabastens (Pierre-Raymond de), 112, 183, 189.
Rainfrède (dame), 60, 94.
Rambouillet (Mme de), 270, 281, 287.
Ramon (le camp de), 24.
Ranecose, 72.
Ranse (M. de), 229.
Guillaume de), 229, 318.
Dieudonné de), 318.
Jean-Caprais de), 336.
Hyacinthe-Dieudonné de), 336.
Marie-Anne de), 389.
Elisabeth de), 447.
Marie-Catherine-Elisabeth de), 515.
Charles-François-Armand de), 515.
— Voir la Généalogie des de Ranse, p. 516-526.
Rault de Ramsault (Caroline de), 514.
Ravelin (le), 8, 31, 46, 52-56, 58, 160, 166, 167, 177.
Raymond (V, comte de Toulouse), 60.
VI), 58, 61.
VII), 46, 47, 58, 61, 62, 63, 70.
Raymond (Marie de), 191.
Charles de), 294.
Louis de), 286.
Raymond (Marthe), 296.
Raymondi (Arnaud), 176.
Raygnac et Raignac (M. de), 287.
Mlle de), 323.
Aurore de), 422.
De Lacombe (Jean-Joseph de), 326.
M.), 422.
Raynal (le camp de), 23.

Raynal (M.), 4, 494.
  Mlle), 496.
Raynouard, 91.
Réau (Esprit), 261, 262.
Réaup (la maison noble de), 295.
Rébéquet (île de), 2, 4, 8, 9, 55, 56, 148, 327.
Redon (le sieur de), 304.
  sgr d'Auriolle (Joseph de), 313, 314.
  de Monplaisir (noble de), 315.
      Marc-Antoine de), 336, 338, 512.
      Marc-Antoine de), 336
      Joseph de), 512.
  des Fosses (Sébastien de), 336.
      l'abbé Gratien-Félix de) 352, 366.
  (Charles, marquis de), 348.
  Mme Dayres, née de), 348.
  Guillaume de), 377.
Renot (Hugues), 190.
Réole (La), 65, 110, 113, 114, 118-121, 124, 128, 129, 158, 174, 179, 184, 190, 196, 230, 232, 234,
  le château de La), 123.
Retel (Pierre), 142.
  Regnauld), 142.
Riberot (le domaine de), 314.
Richard (II, roi d'Angleterre), 186.
Richard (Me Jean de), 302, 361, 363, 372.
  Marie de), 361.
Richelieu (le château de), 276.
Richelieu (le cardinal Du Plessis de), 266, 268, 271, 273, 275, 277, 278, 279, 281, 288, 357.
  Louis Du Plessis de), 270.
  Mlle de), 275.— Voir Wignerod.
  Françoise de), 275. — Voir Pontcourbay.
  François Du Plessis de), 275.
  le marquis de), 277, 278, 289, 290.
  Henri Du Plessis, marq. de), 277.
  François-Louis Du Plessis de), 278.

Richelieu (le duc de), 289, 291.
  la duchesse de), 290.
  Louis-François-Armand Du Plessis), 317.
Ridès, 126.
Rieubet (le moulin de), 285, 386.
Rions, 59, 65, 66.
Rions (Guillaume de), 66.
Robillard (Geneviève-Michelle de), 311.
Roche (Jean), 71.
  Jean des), 81.
Roche (le sieur de La), 286.
Rochebrune (le capitaine), 226.
Rochefort de Saint-Angel (Charles de), 294.
Rochefoucault (le château de La), 169.
Rochefoucauld (Aimeric de La), 169.
  le cardinal de La), 279.
  François de La), 294.
Rochelaine (Philippe de), 130.
Rochelle (La), 65, 82.
Rocher (Michel), 186.
Rochers (M. des), 275, 282.
Rodes, 285.
Rodolès (Mr), 291.
  Jeanne), 510.
Roger (la seigneurie de), 293.
Roger Bernard, 60.
Rogier (Nicolas), 326.
Rohan (le duc de), 264.
Roland (Roland de), 193.
Rolland (Guillaume), 131.
Romas, 21.
Roque (Raymond de La), 79,
  Gaillard de La), 82, 90.
Roque ou Roke (Amanieu de La), 159.
Roquefeuil (Jeanne de), 201.
  Marie-Gilberte de), 295.
Roquefeuil-Blanquefort (Jean de), 201.
      Jean-Hector de), 295.
Roquefort (Hugues de), 71.
Roquelaure, 265.
Rose (le couvent de la), 272, 280, 357.
Roseades, 181.

Rostang (prieur de St-Macaire), 72.
Rougemont (Guillaume de), 139.
Rougié (Marie), 319.
Rouillé (Mme), 324.
Roumagne, 67.
Rouquet, 21.
Roure (Antoine de Beauvoir de Grimoard du), 273, 278, 279.
 Claude de), 278.
Roussillon (Girard de), 132, 133, 139.
 Aimonet de), 141.
Roux de Monplaisir (l'abbé Antoine du), 355.
Rovère (Léonard de la), 343.
Rovignan (Raymond-Bernard de), 81.
 Bernard de), 140.
Roy (M. Le), 318, 328.
Royan, 264.
Rudel (Elie de), 65.
 (II, sgr de Bergerac), 94.
Rueil, 269.
Ruère (Pierre), 386.
Rymer (Thomas), 63, 115, 131.

S

Sabaté (Jérôme), 500
Sabatier (Jean), 284.
Sablé (la marquise de), 280.
Sacriste (Pierre), 295.
Saint-Amans, 126.
Saint-Amans (M. de), 19, 27, 28, 58, 182, 195, 523,
Saint-Armand, 5.
Saint-Avit, 243, 321, 343, 348, 349, 355, 365, 366.
Saint-Barthélemy, 65, 114.
Saint-Blaise-du-Breuil, 352.
Saint-Brice, 355, 475.
Saint-Caprais, 126.
Saint-Cirq, 21, 183, 199, 315.
Saint-Côme, 5, 12, 16, 17, 18, 20, 22, 25, 26-29, 49, 88, 148, 163, 173, 243, 311, 315, 321, 355, 373, 387, 388, 389, 390, 404, 405, 461, 471, 474, 481, 482, 484.
Saint-Damian, 200.
Saint-Denis (Agenais), 97, 100, 113, 183, 196.
Sainte-Bazeille, 25, 110, 115, 119, 120, 235.
Sainte-Colombe, 68.
Sainte-Foy, 106, 127, 135, 165, 166, 335.
Sainte-Foy (Lafitte ?) 126.
Sainte-Livrade, 11, 55, 68, 95, 193, 198, 200, 201, 207, 226, 232, 239, 240, 241, 284, 309, 327.
Sainte-Livrade (le prieur de), 197.
Saint-Emilion, 48.
Sainte-Radegonde, 13, 63, 180, 243, 321, 343, 347, 349, 355, 364, 365, 368, 370, 461, 147, 481, 482, 484.
Saint-Félix d'Aiguillon (l'église de), 41, 58.
Saint-Gauzens, 140, 176.
Saint-Gelais (Jean de), 202.
Saint-Geran (le comte de), 265.
Saint-Germain (B de), 81.
Saint-Germain (près Paris), 269, 273.
Saint-Jean-d'Angély, 264.
Saint-Jean d'Aubès ou du Bosc, 28, 67, 243, 321, 343, 348, 349, 365, 366, 406.
Saint-Julien, 113, 183, 196, 199.
Saint-Laurent, 70.
Saint-Louis (l'île de), 8.
Saint-Luc (M. de), 283, 284.
Saint-Macaire, 65, 159, 179, 180.
Saint-Martin de Vuaus ou de la Beausse ou de la Beousse, 15, 25, 72, 343.
Saint-Maurin, 226.
Saint-Médard, 97.
Saint-Pardon (la seig. de), 293.
Saint-Pastour, 29, 73, 287, 373, 389.
 (l'hôpital de), 98, 148.
Saint-Pastour et Saint-Pasteur (Pierre de), 73-76, 101, 117, 373.
Saint-Priest (Jean de), 141.
Saintes, 63.

Saint-Salvi, 95, 198, 471, 475.
    le château de), 70.
Saint-Sardos, 108, 109, 126, 198, 200, 309.
    le château de), 70.
Saint-Sébastien (l'île de), 8.
Saint-Sever, 64, 72.
    l'abbaye de), 343.
Saint-Simon, 292.
Saint-Vincent (dame de), 317.
Saint-Vrain (la terre de), 321.
Salabéry (Charles-Louis-Vincent de), 365.
Salenabe (Catherine de), 519.
Salèves (Antoine), 216.
Salvandy (Mr), 5, 327.
Salves (Raymond de), 68.
    Raymond Huc de), 93.
Samazan (la baronnie de), 295.
Samazeuilh (J.-F.), 145, 194, 229.
Sanbusse (Marie de), 309.
    Jeanne de), 361.
    Marie de), 362.
    Pierre de). 362.
Sanson (Me Jean), 347.
Sarlat (le monastère de), 108, 198.
Sarreau (Jean de), 293.
Sarrossa, 96, 99.
Saugié (André), 326.
Saumur (le prieur de Saint-Florent de), 277.
Saurou, 15, 25.
Sautegrue, 8, 211, 321.
Sauvagnas, 68.
Sauvetat-de-Savères (la) 115, 188, 294.
Sauveterre, 195, 295.
Sauvigne (Jean-Louis), 325.
Savignac (le sieur de), 219.
Savoie (Honorat de) 207, 208, 218-221, 223, 227-230, 232, 233, 236.
    René de), 207.
        Emmanuel-Philibert, duc de), 218-220.
        Henri ou Henriette de), 233, 236, 239, 240, 260.
        duc de Nemours, Jacques de), 223.

Savoie marquis de Villars, Emmanuel-Philibert de), 236.
Sayt (Hust), 98.
Scatisse (Pierre), 135.
Schombert, 266.
Secheyran (l'abbé J.-B.), 353, 392, 471, 474.
Secondat (Henri de), 294.
    Jean-Gaston de), 295.
Seguier (le chancelier de), 356.
Seguin (Guillaume de), 59, 66.
    Guillaume de), 59.
    Amanieu de), 59.
Seguin (Etienne), 305.
Seguin (Marguerite), 386.
Ségur (Béranger de), 141.
Sénat (Pierre), 374.
Sent-Pé (le camp), 23, 164, 170.
Sent-Uville et *Sentudville*, 77, 89, 205.
— Voir : Centudville.
Sergabuo et *Sergabue*, 77, 78.
Sermet, 229.
Serres (Jean de), 294.
Serret (Jules), 48.
Servac (Armand), 90.
Sescars (Armand-Garcies de), 71.
Sévignac, 191.
Sevin (le président), 225.
    Charlotte de), 260.
Sevin du Pécil (Marguerite de), 524.
Seyches (Rudel de), 114.
Sidrac de Saint-Mathieu (Paul de), 307.
Soffis (Sophie), 512.
Soissons, 265.
Solignac l'abbaye de), 169.
Solignac (Géronte de), 131.
Sornard (Raymond), 125.
    Bernard), 125.
Sos, 22, 29.
Sos (Bertrand de), 141.
Soucy (François), 326.
Soulavie, 317, 334.
Soulié (maison), 52.
    Françoise), 319.
    Bernard), 319.

Sourdeau (le camp de), 21, 23.
Sourdeau (Etienne de), 261, 262.
Southampton, 117.
Staffort (Richard de), 118.
　　　　Raoul de), 123, 124, 125, 159, 179.
Stratton (Jean de), 186.
Stuart (Marie), 233.
　　　　Jacques V), 233.
Sud (le), 12, 16, 22, 24.

T

Taillebourg, 63.
Taillecavat, 64.
Talleyrand (Hélie de), 60.
　　　　Raymond de), 60.
Tamizey de Larroque, 61, 82, 97, 100, 227, 390.
Tancarville (le sire de), 168.
Tap de Gouts, 13.
Tapio de Monteils (Pierre), 362.
　　　　Thomas, 362.
Tarau (Madeleine de), 510.
Tardieu (Pierre), 76.
Targon, 220.
Temple (le), 11, 49.
Tenarèse, 22, 28.
Teoullès, (lous), 23.
Termes-Dubroca (Pierre), 500.
Terride (Antoine, bâtard de), 190.
Thany (Luc de), 71, 72, 77.
Theobaldi (Me Pierre), 246.
Théobon (le marquisat de), 294.
Thévenin (Marianne), 386.
Thésan (Pons de), 133.
Thézan (l'abbé Jean), 494, 495, 496.
Thodias (le capitaine), 225.
Tholin (Georges), 4, 6, 7, 20, 59, 67, 68, 96, 97, 113, 188, 200, 220, 321, 343, 348, 376, 430.
Thorel, s^r de Charlemont (Jean), 310.
Thouars, 3, 22, 62, 67, 94, 95.
　　　le château de), 70.
　　　la seigneurie de), 295.

Til (Bourgeois de), 99.
Tillet (Mlle du), 324.
Tissier (Anne), 524.
Tondeur (Gautier le), 142, 165.
Tonneins, 5, 22, 55, 65, 89, 110, 114, 121, 122, 145, 153, 176, 185, 189, 190, 220, 222, 224, 227, 230, 235, 265, 294, 335, 358.
　　　le château de), 123.
Touche (Jean de la), 130.
Touillet, 5, 8.
Toulouse, 61, 83, 118, 125, 126, 133, 134, 148, 151, 152, 154, 160, 188, 220, 222.
Tour de Prudaire (La), 118.
Tour (Pierre de La), 141.
　　　Pierre de la), 237.
Tourasse de Bourran (la), 11, 12, 16, 18.
Tourasse de Lagarrigue, 16.
Tourasse de Saint-Côme, 17, 20, 25.
Tourette (Jean de Vassal de la), 267, 268.
　　　— Voir Monviel et Vassal.
　　　Léonor de Vassal de la), 268.
Tournelle (Mme de La), 312. — Voir Châteauroux.
Tournon-d'Agenais, 68.
Tournon en Querci (la baronnie de), 290.
Tourtonde (Lucie de), 326.
　　　l'abbé Bernard de), 356.
Treilles (le sieur), 205.
Treilles (Me Jean), 262, 356.
Trémonts (Hugue de), 79.
Trenqueléon (la baronnie de), 295.
Tricherie (la), 183.
Tronche (M.), 499.
Troyes (Bernard de), 159.
Tufferan (Marguerite), 333.
Turenne, 60.
Turenne, 234, 235.
　　　le vicomte de), 56.
Turon (le), 10.
Turpin (le sieur), 328.
　　　Louise), 368.
　　　Jean-Symphorien), 500.
　　　Marie-Elise), 526.

Jean-Placide), 526.
Tuque (la), 16, 25.
Tuquet (le), 17, 22.

U

Unet, 89.
Urfé (Jacques Lascaris d'), 272.
Ussac (d'), 234.
Uxellodunum, 29.
Uzès (Béranger d'), 139.
  Guillaume d'), 139.

V

Vadier (Antoine), 302.
Vaissete (dom), 60, 120, 132, 151, 152.
Val d'Abbeville (Pierre du), 55, 302.
Valence, 236.
Valence (Guillaume de), 73.
Valéri, 7, 343, 389, 390. — Voir Valier.
Valès (Jean), 206.
Valette (M. de La), 229, 230.
  le duc de La), 271, 281.
Valier (Jean de), 7, 343.
Valler (M.), 24.
Valois (Charles de), 109, 110.
  Marguerite de), 259.
Varaize (Mlle de), 290.
Varreys (Amalvin de), 65.
Vassal (Jean de), 285.
  de Monviel (Joseph de), 336.
Vauguyon (le comte de La), 391.
Vaux (Guillaume-Raymond de), 107.
Verdolin (M⁰ Pierre), 336.
  de Jauguet (Bertrand), 390.
Vérets (le château de), 308.
Verneuil (Guillaume de), 90.
Véronne (l'abbé de), 327.
Véronne, 22.
Véronne (Guillaume de), 60.
  Arnaud de), 60.

Via Juliana, 28.
Vialard (l'abbé), 378, 494, 495.
Vianne, 106, 115.
Viard (commissaire des guerres), 224.
Viart (M.), 124, 138, 173.
Vidal (M.), 499.
Viau (Estienne), 208, 216, 217.
Vidalot, 21.
Videaux (les), 8, 25.
Vie (Arnaud de la), 139.
Viela (Bernard) 366.
Vigean (la baronne du), 280.
  la marquise du), 290.
Vigneau (Jacques), 508.
Vigneaux (Emmanuel-Armand), 326.
  Charles), 326.
  M.), 6, 7.
Vignolles (le capitaine), 264.
Vikio (Hugelin de), 73.
Vilaines (Geoffroy de), 142, 172.
Vilani (l'historien), 130, 138, 154, 155, 158.
Vilars (Guillaume-Bertrand de), 79.
Vilate (Pierre), 354.
Vilère (Hugue de), 79.
Villa-Lata, 63.
Villandrando (Rodrigue de), 189, 195.
Villandraut, 48.
Villars (le comte de), 217, 219.
  le marquis de), 224, 225, 227, 230, 236.
  M. de), 224. — Voir Savoie (Honorat de).
  l'amiral de), 230, 231.
  Nicolas de), 346.
Villat (Arnald-Mathieu), 70.
  Picon, 70.
Villedieu, 65.
Villefranche-du Queyran, 119, 121, 123, 145, 225.
Villeminot (Nicolas), 310.
Villemor, sieur de Lamothe (Jean de), 365.
Villemur (B. de), 60.
Villeneuve (d'Agen), 68, 106, 112, 188, 220, 223, 224, 226, 235, 236, 335.

Villeneuve, née Marie Luilier (Mme de), 378.
Villeréal, 82, 114, 176, 295.
Villères, sgr de Vernède (Bertrand de), 381.
Villesauvès (M.), 422.
　　　　Mlle), 422.
　　　　Pierre), 422.
Villeton, 295.
Vindalhac (Fort-Sanche de), 81.
Vinzelles, 17, 25.
Violet le Duc (M.), 56.
Vitruve, 10.
Vivans (Jean de), 295.
Vivant, 235.
Vivens (de), 20.
　　　M. de), 284.
　　　le chevalier de), 285.
　　　François de), 314.
Virazeil (la maison noble de), 294.
　　　la baronnie de), 295.
Voisin, 243.
Voisin (Marguerite de), 203.
Voisins (Amalric de), 151.
Voiture, 280.
Vopillon (le monastère de), 60.
Vouillé, 57.
Vrillère (le marquis de La), 385.

le marquis François de), 276, 292.
Marie-Thérèse de), 289, 292, 293, 301.
marquis de Richelieu Louis de), 292, 307.
Louis-Armand de), 301, 524.
Armand-Louis de), 307, 312, 315,
Emmanuel-Armand de), 312-316, 318, 320, 321, 324-327, 334, 341, 486, 488, 490.
Innocente-Aglaë de), 325, 377, 486.
Armand-Désiré de), 334, 335, 397, 398, 423, 430, 431, 452, 486, 488, 491.

X

Xaintrailles (le château de), 42.
　　　le camp de), 284.
　　　la baronnie de), 295.
Xaintrailles (Pothon de), 189.
Xivrey (Berger de), 221.

Y

Ylles (Thomas des), 142, 172.
Ysalguier (Les), 132.
　　　Pons), 136, 153.
　　　Bernard-Raymond), 136.
Yse de Saléon (Mgr d'), 348, 386.

W

Wallia, 57.
Waurin de Saint-Venant (Robert), 139.
Weston (Jean de), 110.
Wignerod de Pontcourlay, dame de Combalet (Marie de), 272, 275, 278, 288, 291, 301, 369, 380, 381.
　　　René de), 275, 276, 278.
　　　l'abbé de), 276.

Z

Zoller (M.), 498.

ERRATA

Page 11, ligne 17, *Tourasse,* au lieu de *Tourrasse.*
— 14, — 33, *pêle-mêle,* au lieu de *pèle-mêle.*
— 16, — 21, *Tourasse,* au lieu de *Tourrasse.*
— 19, — 5, *Gaston Lavergne,* au lieu de *Gaston Lavesgue.*
— 25, — 6, *il y a quelques années,* au lieu de *il y quelques années.*
— 25, — 11, *coteaux,* au lieu de *coteanx.*
— 25, — 16, *quelques-uns,* au lieu de *quelques uns.*
— 26, — 5, *un mètre quatre-vingts,* au lieu de *un mètre quatre vingt.*
— 33. — 7, *quatre-vingts centimètres,* au lieu de *quatre-vingt centimètres.*
— 33, — 27, *quatre-vingts centimètres,* au lieu de *quatre-vingt centimètres.*
— 35, — 21, *en fouillant,* au lieu de *en fouiltant.*
— 38, — 1, *huit mètres quatre-vingts,* au lieu de *huit mètres quatre-vingt.*
— 40, — 7, *quatre-vingts centimètres,* au lieu de *quatre-vingt centimètres.*
— 44, — 28, *avons-nous dit,* au lieu de *avons nous dit.*
— 48. — 15, *autrefois,* au lieu de *autrefots.*
— 49, — 15, *au dehors,* au lieu de *au-dehors.*
— 51, — 13, *dû,* au lieu de *du.*
— 52, — 31, *côté,* au lieu de *côtè.*
— 55, — 8, *par conséquent,* au lieu de *par conquent.*
— 60, — 5, *quelques-unes* au lieu de *quelques unes.*
— 89, — 4, *Saint-Symphorien de Nicole,* au lieu de *Saint-Symphorien, de Nicole.*
— 91, — 30, *le Bulletin,* au lieu de *le Bulletln.*
— 99, — 21, *concernaient,* au lieu de *cocernaient.*
— 108, — 17, *Rainfroid,* au lieu de *Raymond.*
— 119, — 30, *peut-être à tort,* au lieu de *peut-être tort.*
— 122, — 35, *communauté,* au lieu de *communautés.*
— 122, — 24, *les mois,* au lieu de *es mois.*
— 133, — 28, *mille quatre cent quatre-vingts,* au lieu de *mille quatre cent quatre-vingt.*
— 136, — 6, *fut chargé,* au lieu de *fut chargé.*

ERRATA

Page 141, ligne 19, *trois léopards*, au lieu de *trois lions*.
— 146, — 6 et 7, *toujours*, au lieu de *touours*.
— 146, — 9, *des murs*, au lieu de *des mur*.
— 148, — 8, *et* au lieu de *e*.
— 148, — 9, *être*, au lieu de *étret*.
— 151, — 35, *Dom Vaissete*, au lieu de *Don Vaissete*.
— 155, — 28, *Robert d'Augerant*, au lieu de *Robert d'Auguerant*.
— 158, — 13, *d'Albret*, au lieu de *d'Albert*.
— 162, — 3, *des approvisionnements*, au lieu de *des approvisionnement*.
— 162, — 4, *qu'ils affamaient*, au lieu de *qu'ils affamaients*.
— 163, — 14, *au camp*, au lieu de *au camq*.
— 169, — 3, *restituassent*, au lieu de *restitudssent*.
— 173, — 10, *dégât*, au lieu de *dégat*.
— 178, — 5, *jusqu'à la construction*, au lieu de *presqu'à la construction*.
— 219, — 18, *par prières à notre seigneur*, au lieu de *par prières. à notre seigneur*.
— 223, — 32, *quatre-vingts*, au lieu de *quatre-vingt*.
— 273, — 37, *du royaume*, au lieu de *du royanme*.
— 306, — 25, *trois lieues*, au lieu de *troies lieues*.
— 314, — 3, *rend*, au lieu de *ren*.
— 319, — 28, *Ces deux ailes*, au lieu de *Ces deux aîles*.
— 320, — 39, *Madame du Deffand*, au lieu de *Madame du Deffaud*.
— 348, — 31, *L'église de Saint-Jean*, au lieu de *L'église se Saint-Jean*.
— 361, — 17, *lad⁰ ville*, au lieu de *lad⁰ ville*.

www.ingramcontent.com/pod-product-compliance
Lightning Source LLC
Chambersburg PA
CBHW060502230426
43665CB00013B/1358